Wirtschaftliche Erwägungen im Arzthaftungsrecht –
eine Bestandsaufnahme

Europäische Hochschulschriften
Publications Universitaires Européennes
European University Studies

Reihe II
Rechtswissenschaft

Série II Series II
Droit
Law

Bd./Vol. 4512

PETER LANG
Frankfurt am Main · Berlin · Bern · Bruxelles · New York · Oxford · Wien

Andy Schmidt

Wirtschaftliche Erwägungen im Arzthaftungsrecht – eine Bestandsaufnahme

PETER LANG
Europäischer Verlag der Wissenschaften

Bibliografische Information der Deutschen Nationalbibliothek
Die Deutsche Nationalbibliothek verzeichnet diese Publikation in der Deutschen Nationalbibliografie; detaillierte bibliografische Daten sind im Internet über <http://www.d-nb.de> abrufbar.

Zugl.: Bremen, Univ., Diss., 2006

D 46
ISSN 0531-7312
ISBN-10: 3-631-56090-7
ISBN-13: 978-3-631-56090-7

www.peterlang.de

Meinen Eltern und Nicole

Vorwort

Die vorliegende Arbeit wurde im Wintersemester 2005/2006 vom Fachbereich Rechtswissenschaft der Universität Bremen als Dissertation angenommen. Das Manuskript wurde am 31. Oktober 2005 geschlossen.

Mein Dank gilt meinem Doktorvater Herrn Prof. Dr. Dieter Hart. Er gab den Anstoß zu dem Thema und begleitete die Arbeit mit kritischem Rat. Mit der von ihm geförderten Aufnahme in das Doktorandenkolleg „Technisierung, Objektivierung, Ökonomisierung und Verrechtlichung von Behandlungs- und Kommunikationsprozessen in der Medizin" am Institut für Gesundheits- und Medizinrecht (IGMR) der Universität Bremen wurde mir die inhaltliche und finanzielle Grundlage für die Dissertation eröffnet.

Herrn Prof. Dr. Reinhard Damm schulde ich Dank für die zügige Erstellung des Zweitgutachtens.

Bedanken möchte ich mich herzlich bei Richter Dr. Falk Bernau und Betriebswirt Kevin Schuster für die zuverlässige Hilfe beim Korrekturlesen.

Meinen Eltern Willi und Ingrid Schmidt danke ich für ihre Unterstützung. Sie waren immer für mich da und haben mich stets in allen Belangen gefördert. Mein abschließender Dank gilt Nicole. Ohne ihre Geduld und ihr Verständnis wäre die Arbeit nicht möglich gewesen.

Bremen, im Oktober 2006 *Andy Schmidt*

Inhaltsübersicht

Kapitel 1: Dogmatische Grundlegung

Kapitel 2: Wirtschaftliche Erwägungen und wirtschaftliche Folgenerwägungen in dogmatischen Bewertungen

Kapitel 3: Rechtsprechungsanalyse

Kapitel 4: Systematisierung von Wertungen

Inhaltsverzeichnis

Abkürzungsverzeichnis

a. A.	anderer Ansicht
a. a. O.	am angegebenen Ort
Abs.	Absatz
AcP	Archiv für die civilistische Praxis
ÄBW	Ärzteblatt Baden-Württemberg
a. F.	alte Fassung
AG	Amtsgericht
AHRS	Arzthaftpflicht-Rechtsprechung
AiP	Arzt im Praktikum
a. M.	am Main
AMG	Arzneimittelgesetz
Anh.	Anhang
Anm.	Anmerkung
AöR	Archiv des öffentlichen Rechts
AOI	Arbeitsgemeinschaft für Osteosynthesefragen – International
ArbG	Arbeitsgericht
ARSP	Archiv für Rechts- und Sozialphilosophie
Art.	Artikel
Artt.	Artikel (Mehrzahl)
ArztR	Arztrecht (Zeitschrift)
Ast.	Antragsteller
AT	Allgemeiner Teil
AtomG	Atomgesetz
Aufl.	Auflage
AWMF	Arbeitsgemeinschaft der wissenschaftlich medizinischen Fachgesellschaften
BadWürttUBG	Unterbringungsgesetz Baden-Württemberg
BAnz	Bundesanzeiger
BArbBl	Bundesarbeitsblatt
BayObLG	Bayerisches Oberstes Landesgericht
BB	Der Betriebs-Berater
Bd.	Band

Beih.	Beiheft
Bekl.	Beklagter/Beklagte
BerGer.	Berufungsgericht
BGB	Bürgerliches Gesetzbuch
BGBl.	Bundesgesetzblatt
BGH	Bundesgerichtshof
BGHZ	Amtliche Sammlung der Entscheidungen des Bundesgerichtshofes in Zivilsachen
BMJ	Bundesministerium der Justiz
BSG	Bundessozialgericht
BSGE	Amtliche Sammlung der Entscheidungen des Bundessozialgerichts
BT	Besonderer Teil
BT-Drucks.	Bundestagsdrucksache
Bundesgesundheitsbl.	Bundesgesundheitsblatt
BVerfG	Bundesverfassungsgericht
BVerfGE	Amtliche Sammlung der Entscheidungen des Bundesverfassungsgerichts
BzgA	Bundeszentrale für gesundheitliche Aufklärung
bzw.	beziehungsweise
CT	Computertomograph/Computertomographie
CTG	Cardiotokograph/Cardiotokogramm
DÄBl.	Deutsches Ärzteblatt
DAO	Deutsche Arbeitsgemeinschaft für Osteosynthesefragen
DAR	Deutsches Autorecht
DDR	Deutsche Demokratische Republik
ders.	derselbe
DGMR	Deutsche Gesellschaft für Medizinrecht
d. h.	das heißt
dies.	dieselbe(n)
Diss.	Dissertation
DJT	Deutscher Juristentag
DJZ	Deutsche Juristen-Zeitung
DKG	Deutsche Krebsgesellschaft e. V.

DM	Deutsche Mark
DMW	Deutsche Medizinische Wochenschrift
DRG	Diagnosis Related Groups
DRiZ	Deutsche Richterzeitung
EbM	Evidenz-basierte Medizin
ed.	edition
EG	Europäische Gemeinschaft
et al.	et alia
etc.	et cetera
EthikMed	Ethik in der Medizin (Zeitschrift)
e. V.	eingetragener Verein
EuGH	Europäischer Gerichtshof
f., ff.	folgende Seite(n)
FamRZ	Zeitschrift für das gesamte Familienrecht
FAZ	Frankfurter Allgemeine Zeitung
FS	Festschrift
Fn.	Fußnote
GG	Grundgesetz
ggf.	gegebenenfalls
GKV	Gesetzliche Krankenversicherung
GmbH	Gesellschaft mit beschränkter Haftung
GMG	Gesetz zur Modernisierung der gesetzlichen Krankenversicherung
GoA	Geschäftsführung ohne Auftrag
Hb.	Halbband
HKomm	Handkommentar
HIV	Human Immunodeficiency Virus
h. M.	herrschende Meinung
Hrsg./hrsg.	Herausgeber/herausgegeben
HTA	Health Technology Assessment

IGMR	Institut für Gesundheits- und Medizinrecht
IMML	International Medical Malpractice Law
inkl.	inklusive
i. S. d.	im Sinne des
i. S. v.	im Sinne von
i. V. m.	in Verbindung mit
JA	Juristische Arbeitsblätter
JR	Juristische Rundschau
Jura	Juristische Ausbildung
JuS	Juristische Schulung
JW	Juristische Wochenschrift
JZ	Juristenzeitung
KG	Kammergericht
KHG	Krankenhausfinanzierungsgesetz
KHKG	Krankenhaus-Kostendämpfungsgesetz
KhuR	Krankenhaus & Recht (Zeitschrift)
Kl.	Kläger/Klägerin
KritV	Kritische Vierteljahresschrift für Gesetzgebung und Rechtswissenschaft
KVKG	Krankenversicherungs-Kostendämpfungsgesetz
KVLG	Gesetz über die Krankenversicherung der Landwirte
Kza.	Kennzahl
LAA	Leitender Abteilungsarzt
LAG	Landesarbeitsgericht
LG	Landgericht
LM	Lindenmaier-Möhring, Nachschlagewerk des Bundesgerichtshofes
LMK	Lindenmaier-Möhring, Kommentierte BGH-Rechtsprechung
LS	Leitsatz
lt.	laut
MAZ	Märkische Allgemeine Zeitung
MDR	Monatsschrift für Deutsches Recht

medgen	medizinische Genetik (Zeitschrift)
MedGV	Verordnung über die Sicherheit medizinisch-technischer Geräte
MedR	Medizinrecht (Zeitschrift)
Mio.	Million
m. N.	mit Nachweisen
MPBetreibV	Medizinprodukte-Betreiberverordnung
MPG	Medizinproduktegesetz
MS	Multiple Sklerose
MünchKomm	Münchener Kommentar
m. w. N.	mit weiteren Nachweisen
N. F.	Neue Folge
NJOZ	Neue Juristische Online Zeitschrift
NJW	Neue Juristische Wochenschrift
NJW-RR	Neue Juristische Wochenschrift – Rechtsprechungsreport
Nr.	Nummer
NStZ	Neue Zeitschrift für Strafrecht
NZA	Neue Zeitschrift für Arbeits- und Sozialrecht
NZS	Neue Zeitschrift für Sozialrecht
OLG	Oberlandesgericht
OP	Operation
PEG	Pneumencephalographie
PPSB	Prothrombinbkomplex
RG	Reichsgericht
RGSt	Amtliche Sammlung der Entscheidungen des Reichsgerichts in Strafsachen
RGZ	Amtliche Sammlung der Entscheidungen des Reichsgerichts in Zivilsachen
RGRK	Reichsgerichtsrätekommentar
r+s	Recht und Schaden
RVO	Reichsversicherungsordnung

S.	Satz/Seite(n)
SchlHAnz	Schleswig-Holsteinische Anzeigen
SGB	Sozialgesetzbuch
SGb	Die Sozialgerichtsbarkeit (Zeitschrift)
sog.	sogenannte
Sp.	Spalte
Tb	Teilband
TFG	Transfusionsgesetz
TPG	Transplantationsgesetz
TSH	thyreoid stimulating hormone
u. a.	und andere/unter anderem
US(A)	United States (of America)
v.	versus (in Common-Law-Entscheidungen); vom/von
VersR	Versicherungsrecht
vgl.	vergleiche
VSSR	Vierteljahresschrift für Sozialrecht
WiVerw	Wirtschaft und Verwaltung
WuR	Wirtschaft und Recht
ZaeFQ	Zeitschrift für ärztliche Fortbildung und Qualität im Gesundheitswesen
z. B.	zum Beispiel
ZfA	Zeitschrift für Arbeitsrecht
ZfS	Zeitschrift für Schadensrecht
ZEuP	Zeitschrift für europäisches Privatrecht
ZG	Zeitschrift für Gesetzgebung
ZHR	Zeitschrift für das gesamte Handelsrecht und Wirtschaftsrecht
ZIP	Zeitschrift für Wirtschaftsrecht
ZPO	Zivilprozessordnung
ZRP	Zeitschrift für Rechtspolitik
ZVersWiss	Zeitschrift für die gesamte Versicherungswissenschaft

ZZP	Zeitschrift für Zivilprozess

Darüber hinaus wird verwiesen auf *Hildebert Kirchner*, Abkürzungsverzeichnis der Rechtssprache.

Einleitung

Über die zunehmende Entwicklung der Kosten im Gesundheitswesen bei knapper werdenden finanziellen Ressourcen wird seit Jahren in der Öffentlichkeit diskutiert. Vor diesem Hintergrund gewinnt die Frage an Bedeutung, welche Auswirkungen sich daraus für das Arzthaftungsrecht ergeben. Deshalb widmet sich die Arbeit dem möglichen Einfluss von ökonomischen Argumenten im Arzthaftungsrecht.

In den mehrbändigen Sammlungen der Rechtsprechung zu den Arzthaftpflichtentscheidungen der Gerichte aller Instanzen, die von (früheren) Richtern des BGH zusammengestellt wurden[1] und werden[2], sucht man in den Stichwortverzeichnissen[3] die Begriffe *ökonomische* Erwägungen, *wirtschaftliche* Überlegungen, *Kosten* oder andere Synonyme vergeblich. Dasselbe Ergebnis erhält der Nutzer bei einer online-Recherche[4] der genannten Schlagworte. Diesen Befund bestätigte unlängst ebenso die derzeitige Vorsitzende des VI. Zivilsenats, *Gerda Müller*, indem sie feststellte, dass der BGH bisher keinen Anlass zu der Entscheidung hatte, „ob echte Sparzwänge dem ärztlichen Handeln auch einmal Grenzen setzen können“.[5]

Diese Feststellungen überraschen zunächst nicht, denn die juristischen Maßstäbe des Arzthaftungsrechts orientieren sich zuförderst an dem Schutz von Rechtsgütern, Gesundheits- und Persönlichkeitsrechten. Die normativen Maßstäbe medizinischer und juristischer Bewertungen folgen anderen Zielen und Zwecken als ökonomische Bewertungen.

Deshalb spielten auch in den Publikationen des juristischen Schrifttums zum Arzthaftungsrecht ökonomische Erwägungen lange Zeit keine Rolle. Mit Beginn der neunziger Jahre des vergangenen Jahrhunderts hat sich dies geändert. Wirtschaftliche Erwägungen werden vor allem in Dissertationen[6] verstärkt zur

---

1 *AHRS*, Teil I (Band I-V, Entscheidungen v. 1949-1992) und Teil II (Band I-V, Entscheidungen v. 1.01.1993-31.12.1999).

2 *AHRS*, Teil III (Band I, Entscheidungen ab 1.01.2000).

3 Diese sind bisher zu Teil I und II erschienen.

4 Damit ist eine Recherche bei den bekanntesten Datenbanken gemeint; vgl. www.juris.de und www.beck.de.

5 *Müller*, in: FS für *Lorenz*, S. 475 (495) = GesR 2004, 257 (264).

6 *Goetze*, Arzthaftungsrecht und Kassenärztliches Wirtschaftlichkeitsgebot (1989); *Künschner*, Wirtschaftlicher Behandlungsverzicht und Patientenauswahl (1992); *Voß*, Kostendruck und Ressourcenknappheit im Arzthaftungsrecht (1999); *Röfer*, Zur Berücksichtigung wirtschaftlicher Überlegungen bei der Festlegung arzthaftungsrechtlicher Sorgfaltsanforderungen (2000); *Conradi*, Verknappung medizinischer Ressourcen und Arzthaftung (2000); *Vosteen*, Rationierung im Gesundheitswesen und Patientenschutz (2001); *Schelling*, Die ärztliche Aufklärung über die Qualität der Behandlung (2003). Im Ansatz *Pflüger*, Krankenhaushaftung und Organisationsverschulden (2002), S. 115ff.; *Nowak*, Leitlinien in der Medizin (2002), S. 74ff., 109f.; zuletzt *Walter*, Spezialisierung und Sorgfaltsstandards im Arzt- und Anwaltshaftungsrecht (2004), S. 133f., 162ff., 213f.

Kenntnis genommen. Weitergehend wurde der Versuch unternommen, ökonomische Überlegungen im Arzthaftungsrecht dogmatisch einzuordnen.

Unter Beachtung der Schutzperspektiven eines rechtsgutsbezogenen Patientenschutzes wird versucht, diesen Ansatz aufzunehmen und weiter fortzuführen. Dazu ist zunächst eine Bestandsaufnahme notwendig, bei der detailliert untersucht wird, inwieweit bisher tatsächlich ökonomische Argumente und ökonomische Folgenerwägungen in gerichtliche Entscheidungen eingeflossen sind. Die Struktur der Rechtsprechungsanalyse erfolgt anhand von Fallgruppen, die zuvor entwickelt und systematisiert wurden. Ziel der Arbeit ist es, am Ende zu bewerten, ob – und wenn ja in welcher Form – ökonomische Erwägungen in arzthaftungsrechtlichen Entscheidungen berücksichtigt werden dürfen.

Gegenstand des *ersten Kapitels* ist die dogmatische Grundlegung der drei Schwerpunkte: Qualität der Behandlung, Organisation der Behandlung und „Organisationsaufklärung". Bei der Qualität der medizinischen Behandlung steht der medizinische Standard und dessen rechtliche Rezeption im Mittelpunkt. Die Organisationspflichten der Behandlung werden danach untersucht, inwieweit deren Verletzung einen eigenständigen Haftungsanspruch des Patienten auslösen kann. Bisher ist es üblich, diese lediglich als einen Unterfall des Behandlungsfehlers zu betrachten. Im Vordergrund steht die Verantwortlichkeit des Krankenhausträgers bzw. des Praxisleiters, wobei dem Fortschreiten insbesondere der Krankenhäuser zu modernen medizinischen Dienstleistungsunternehmen mit allen Folgen wie Anonymisierung, Technisierung, Spezialisierung sowie Verwissenschaftlichung Rechnung zu tragen ist. Neben einer qualitativ guten Behandlung und der Einhaltung von Organisationsstandards stellt sich sodann die Frage, ob eine Verpflichtung zur Information der Patienten über die Behandlungsqualität und die Behandlungsorganisation besteht. Daraufhin soll die „Organisationsaufklärung" als partiell neue Form der direkten Aufklärungsverpflichtung untersucht werden. Mit ihr sind zwei unterschiedliche arzthaftungsrechtliche Informationskomplexe angesprochen: zum einen die Qualitätsaufklärung und zum anderen die Aufklärung über „Inkongruenzen" zwischen Haftungs- und Sozialrecht.

Im Mittelpunkt des *zweiten Kapitels* steht die Frage, an welcher Stelle und in welcher Form wirtschaftliche Überlegungen und wirtschaftliche Folgenüberlegungen im Arzthaftungsrecht auftreten können. Zunächst wird knapp der bisherige Umgang der Literatur mit ökonomischen Argumenten nachgezeichnet sowie auf erste Ansätze eingegangen, die wirtschaftliche Aspekte über das Zumutbarkeitskriterium in die Dogmatik des Arzthaftungsrecht einfließen lassen. Basierend auf diesen Überlegungen erfolgt eine tiefergehende Untersuchung, ob das Zumutbarkeitsmerkmal sowohl bei der Behandlungsfehler- als auch der Organisationsfehlerhaftung ein Anknüpfungspunkt für wirtschaftliche Überlegungen sein kann und wenn ja, wie dessen Einordnung in der vertraglichen und deliktischen Haftung zu erfolgen hat. Des Weiteren erfolgt eine Auseinandersetzung mit „der" ökonomischen Theorie des (Haftungs-)Rechts und es ist zu prüfen, inwieweit diese Theorie im Rahmen der Dissertation zu berücksichtigen ist. Weiterhin werden die systematischen Grundlagen der wirtschaftlichen Folgenerwägung erörtert, und es werden wirtschaftliche Argumente und wirtschaftliche Folgenerwägungen bei der Behandlung und der Organisation der Behandlung aufgezeigt. Abschließend wird auf Fallgruppen eingegangen, in denen Wirtschaftlichkeitsaspekte Einfluss entfalten können.

Im *dritten Kapitel* erfolgt die Rechtsprechungsanalyse anhand der am Ende des vorhergehenden Kapitels herausgearbeiteten Fallgruppen. Zunächst war geplant, nur einige wenige markante Urteile darzustellen. Die Auswertung der Rechtsprechung überraschte; sie ergab, dass zahlreiche auch ältere Entscheidungen existieren, die zumindest Kostenprobleme ansprechen. Deshalb erfolgt eine umfassende Darstellung der Urteile, in denen sich die Gerichte mit wirtschaftlichen Erwägungen und wirtschaftlichen Folgenerwägungen auseinander setzen. Nicht geboten werden kann und soll ein vollständiger Überblick in der Art eines Nachschlagewerkes. Vielmehr werden im Rahmen der strukturierten Auswahl z. T. auch Entscheidungen referiert, die nicht explizit ökonomische Gesichtspunkte erwähnen. Dadurch wird aufgezeigt, in welchen Bereichen wirtschaftliche Argumente keine Berücksichtigung finden dürfen und es wird deutlich, dass die Rechtsprechung noch kein einheitliches Bild im Umgang mit ökonomischen Erwägungen aufweist. Die Arbeit beschränkt sich bei der Organisation der Behandlung und der Qualitätsaufklärung auf eine Untersuchung der Krankenhausträgerhaftung. Anspruchsgrundlagen gegen die behandelnden Ärzte und das Pflegepersonal werden nicht erörtert.

Im *vierten* und letzten *Kapitel* wird normativ aufgezeigt, ob und in welcher Form wirtschaftliche Überlegungen berücksichtigt werden dürfen. Am Ende der jeweiligen Abschnitte erfolgt unter Berücksichtigung und Auswertung des vorhandenen Schrifttums – auf welches zum Teil schon im dritten Kapitel verwiesen wurde – eine detaillierte Stellungnahme. Dabei werden Lösungsvorschläge entwickelt, die darlegen, welche Anforderungen an Ärzte und insbesondere an Krankenhausträger zu stellen sind, um haftungsrechtliche Sanktionen zu vermeiden. Entschließt man sich, ökonomische Erwägungen teilweise im Rahmen der Organisation auf der Behandlungsebene anzuerkennen, dann dürfte wegen des berechtigten Patienteninteresses im Gegenzug eine Aufklärungsverpflichtung bestehen. Am Ende des Kapitels soll deshalb unter Zuhilfenahme der Qualitätsaufklärung geprüft werden, ob und inwieweit eine Kompensation von Standardrelativierungen auf Grund wirtschaftlicher Zwänge möglich ist.

Abschließend werden die in der Arbeit gewonnenen Erkenntnisse in den *wesentlichen Ergebnissen* zusammengefasst.

Kapitel 1: Dogmatische Grundlegung

Gegenstand des ersten Kapitels ist eine grundlegende begriffliche Auseinandersetzung mit den drei Schwerpunkten der Arbeit: Qualität medizinischer Behandlung (A); Organisation der Behandlung (B) und „Organisationsaufklärung" (C).

A Qualität medizinischer Behandlung als Gegenstand des Arzthaftungsrechts: Medizinischer Standard und rechtliche Rezeption

Die Qualität medizinischer Behandlungen steht als *ein* Schwerpunkt der Arbeit zunächst im Mittelpunkt der Untersuchungen. Dabei ist zuerst die Frage zu beantworten, was „Qualität" in diesem Kontext bedeutet.

Qualität selbst ist ein normativer Begriff und setzt eine wertende Entscheidung über das zu erreichende Ziel, die Mittel der Zielerreichung und vor allen Dingen über die Maßstäbe beider voraus.[1] Grundlage der Bildung und der Beurteilung eines solchen Maßstabes ist der *Standardbegriff.* Er ist der entscheidende Anknüpfungspunkt einer Einstandspflicht des Berufstätigen wegen der Enttäuschung einer bestimmten rollenbezogenen Verhaltenserwartung.[2]

I. Standardbegriff in der Medizin und im Recht

Im Rahmen einer dogmatischen Grundlegung muss geklärt werden, in welchem funktionalen Zusammenhang *medizinischer* und *rechtlicher Standard* stehen.

Es könnte sein, dass der ärztliche Standard die medizinische Norm guter Behandlung ist, die als rechtliche Norm gilt, wenn sie vom Recht übernommen wird. Würde sie rezipiert, dann würde der medizinische Standard die Qualität guter Behandlung bestimmen.[3] Würde sie nicht rezipiert, dann wäre die medizinische Norm zumindest die Wissensbasis für die rechtliche Bewertung.[4] Im ersteren Falle ist der medizinische Standard rechtlich verbindlich, im letzteren ist die rechtliche Bewertung prinzipiell autonom gegenüber der medizinischen.[5]

Grundlage beider divergierender Auffassungen ist der medizinische Standard, deshalb muss zunächst als Voraussetzung für eine Entscheidung, sowohl in die

---

1 *Francke/Hart*, Charta der Patientenrechte, S. 21.

2 *Katzenmeier*, Arzthaftung, S. 278.

3 So bereits *Hart*, Besprechung von *Katzenmeier*, Arzthaftung, AcP 203 (2003), 142 (145f.); *ders.*, MedR 2003, 603 (607f.).

4 *Hart*, Besprechung von *Katzenmeier*, Arzthaftung, AcP 203 (2003), 142 (145f.).

5 *Hart*, MedR, 1998, 8ff.; *Velten*, Der medizinische Standard im Arzthaftungsrecht, S. 36ff., 79ff.; jüngst *Walter*, Spezialisierung und Sorgfaltsstandard in Arzt- und Anwaltshaftungsrecht, S. 154ff.; allgemeiner *Danner*, Justizielle Risikoverteilung durch Richter und Sachverständige im Zivilprozess, S. 303ff.

eine als auch in die andere Richtung, eine definitorische Auseinandersetzung mit ihm erfolgen.

1. Medizinischer Standard

Der medizinische Standardbegriff ist die Umschreibung für den Prozess professioneller Normbildung in der Medizin.[6] Medizinische Standards sind selbstgesetzte Normen guter ärztlicher Behandlung. Als allgemeine Norm zur ärztlichen Handlungsanleitung repräsentiert der Standard den „state of the art" und somit den jeweiligen Stand der medizinischen Entwicklung.[7]

a) Definition

Nach ersten unscharfen Definitionsversuchen in der medizinrechtlichen Literatur[8] und der Rechtsprechung[9] hat der Mediziner *Carstensen*[10] den Begriff des medizinischen Standards zum Ende der achtziger Jahre präzisiert. Heutzutage besteht zwischen der medizinischen Literatur,[11] den Stellungnahmen der ärztlichen Selbstverwaltungsorgane,[12] den Autoren in der Rechtswissenschaft[13] sowie der Rechtsprechung[14] weitgehend Einigkeit über die Definition.

Der Begriff des Standards wird wie folgt charakterisiert:

---

6 *Hart*, MedR 2000, 1.

7 *Hart*, Jura 2000, 64 (65).

8 *Müller-Graff*, JuS 1985, 352 (356); *Taupitz*, NJW 1986, 2851 (2858).

9 BGH, NJW 1987, 1479 (1480); 1987, 2291 (2292).

10 *Carstensen*, DÄBl. 86 (1989), B 1736 (1737).

11 Vgl. im Ansatz schon *Buchborn*, MedR 1987, 221ff.; *ders.*, MedR 1993, 328ff.; *Fuchs*, in: *Nagel/Fuchs*, Leitlinien und Standards im Gesundheitswesen, S. 19; *Carstensen*, DÄBl. 86 (1989), B 1736 (1737).

12 Siehe dafür die umfangreichen Nachweise bei *Francke/Hart*, Charta der Patientenrechte, S. 22, Fn. 14.

13 Aktuell *Kern*, MedR 2004, 300 (301); *ders.*, ZaeFQ 2004, 222 (223); *ders.*, GesR 2002, 5; *Francke/Hart*, Charta der Patientenrechte, S. 22f., 25ff.; *Hart*, in: *Hart*, Ärztliche Leitlinien, S. 12, 137 (139f.); *ders.*, in: *Rieger*, Lexikon des Arztrechts, Kza. 530, Rdnr. 11; *ders.*, KritV 2005, 154 (158); *ders.*, in: *Preuss*, Risikoanalysen, S. 165 (170f.); *ders.*, MedR 1994, 94ff.; *ders.*, MedR 1998, 8ff.; *ders.*; Jura 2000, 64f.; *Damm*, in: *Hart*, Ärztliche Leitlinien im Medizin- und Gesundheitsrecht, S. 355 (378f.); *Laufs*, in: *Laufs/Uhlenbruck*, Handbuch des Arztrechts, § 99, Rdnr. 3; *Schreiber*, in: *Nagel/Fuchs*, Leitlinien und Standards im Gesundheitswesen, S. 167ff.; Steffen/*Dressler*, Arzthaftungsrecht, Rdnr. 133; *Steffen*, MedR 1995, 190; *Geiß/Greiner* Arzthaftpflichtrecht, A Rdnr. 2f.; *Katzenmeier*, Arzthaftung, S. 278f.; *Kullmann*, VersR 1997, 529; *Wendt*, Die ärztliche Dokumentation, S. 164ff.; *Regenbogen*, Ärztliche Aufklärung und Beratung in der prädiktiven genetischen Diagnostik, S. 222ff.; *Sickor*, Normenhierarchie im Arztrecht, S. 253ff. und sehr ausführlich *Velten*, Der medizinische Standard im Arzthaftungsprozess, S. 41ff.

14 Beispielsweise BGH, MedR 1995, 276 und BSG, NJW 1999, 1811 (1812).

Der medizinische Standard repräsentiert den jeweiligen Stand der naturwissenschaftlichen Erkenntnis und der ärztlichen Erfahrung, der zur Erreichung des Behandlungsziels erforderlich ist und sich in der Erprobung bewährt hat.[15]

Demnach lässt er sich in die drei bestimmenden Grundelemente

- naturwissenschaftliche Erkenntnis,
- ärztliche Erfahrung und
- professionelle Akzeptanz

untergliedern.

Die Kombination der drei Begriffe im Hinblick auf das definierte Behandlungsziel macht den Standard erst zur zu befolgenden Norm.[16] Dem einzelnen Berufsangehörigen soll eine Orientierungshilfe gegeben werden;[17] deren Nichteinhaltung begründet Verantwortlichkeit.[18] Bisher erscheint jedoch das Rangverhältnis der verschiedenen Elemente des Standardbegriffs zueinander noch offen und unklar; die drei Definitionselemente ihrerseits sind außerdem vage. Sie verdeutlichen noch nicht, welches Maß und welcher Grad an wissenschaftlicher Erkenntnis erforderlich und an praktischer ärztlicher Erfahrung notwendig sind sowie unter welchen Bedingungen wissenschaftliche Erkenntnis oder Erfahrung allein ausreichen, oder ob letztlich beide zusammenkommen müssen.[19] Schließlich gilt es festzustellen, welches Maß an Akzeptanz in der Profession (von der Mehrheit der wissenschaftlichen Experten und Praktiker bis hin zum Konsens) zu verlangen ist.[20]

aa) Wissenschaftliche Erkenntnis

Wissenschaftliche Erkenntnis beschreibt vor allem einen Prozess der Erarbeitung von Wissen, und sie hebt sich von der alltäglichen bzw. gewöhnlichen Erkenntnis durch die Forschung nach den Ursachen feststellbarer Tatsachen ab, indem sie Beobachtungen beschreibt, ordnet sowie systematisiert, gegebenenfalls abstrahiert und weiter experimentiert.[21] Auch neue Tatsachen, die durch den gegenwärtigen Stand der wissenschaftlichen Erkenntnis nicht erklärt werden können, werden durch Hypothesen und Prognosen einbezogen, die dann wieder anhand der Praxis überprüft werden müssen.[22]

---

15 *Carstensen*, DÄBl. 86 (1989), B 1736 (1737).
16 *Hart*, MedR 1998, 8 (9).
17 *Buchborn*, MedR 1993, 328ff.
18 *Katzenmeier*, Arzthaftung, S. 279.
19 *Hart*, in: *Hart*, Ärztliche Leitlinien, S. 137 (140); *ders.*, in: *Rieger*, Lexikon des Arztrechts, Kza. 530, Rdnr. 12; *ders.*, Jura 2000, 64 (65).
20 *Francke/Hart*, Charta der Patientenrechte, S. 22f.
21 *Velten*, Der medizinische Standard im Arzthaftungsprozess, S. 44.
22 *Velten*, Der medizinische Standard im Arzthaftungsprozess, S. 44.

Die Beziehung der Elemente wird in der Medizin durch die – sich in den letzten Jahren rasant entwickelnde und heute international anerkannte und angewandte Methode der – „Bewegung“[23] der *evidence based medicine* bzw. der *Evidenz-basierten Medizin*[24] neu thematisiert und beeinflusst.

„Evidenz-basierte Medizin ist der gewissenhafte, ausdrückliche und vernünftige Gebrauch der gegenwärtig besten externen, wissenschaftlichen Evidenz für Entscheidungen in der medizinischen Versorgung individueller Patienten. Die Praxis der EbM bedeutet die Integration individueller klinischer Expertise mit der bestmöglichen externen Evidenz aus systematischer Forschung.“[25]

Ziel der Methode ist es, durch Feststellung der bestmöglichen Evidenz die Sicherung der Qualität der ärztlichen Behandlungen zu erreichen.[26] Die EbM unterscheidet dazu verschiedene Arten der Evidenz in der Medizin. Angefangen bei Meta-Analysen von randomisierten kontrollierten Studien über einzelne randomisierte kontrollierte Studien, gut geplante nicht randomisierte Studien, Expertenwissen auf Grund kasuistischer Beobachtungen (Expertengruppen) bis hin zu klinischer Erfahrung („Fachautoritäten“).[27] Die Stufen der Hierarchie auf der Suche nach verwertbaren Ergebnissen sollen dabei von oben nach unten – geordnet nach dieser Rangskala[28] – durchlaufen werden. Der behandelnde Arzt kann somit durch EbM seine im klinischen Alltag vorzunehmenden Handlungsentscheidungen anhand der gegebenen Evidenz treffen und nach dieser ausrichten.

Prägnant formuliert: EbM ist eine empirische Methode der Verwissenschaftlichung der Medizin durch eine Qualitätsrangfestlegung für medizinische Evidenzen.[29]

---

23 Weltweit: The Cochrane Collaboration mit nationalen Cochrane Centers; in Deutschland existiert das Cochrane Zentrum in Freiburg seit 1997.

24 Grundlegend *Sackett/Richardson/Rosenberg/Haynes*, Evidenzbasierte Medizin; *Perleth/Antes*, Evidenz-basierte Medizin sowie *Kunz/Ollenschläger/Raspe/Jonitz/Kolkmann*, Lehrbuch Evidenz-basierte Medizin in Klinik und Praxis; guter Kurzüberblick noch bei *Antes*, Internist 1998, 899ff.

25 *Perleth/Antes*, in: *Perleth/Antes*, Evidenz-basierte Medizin, S. 7.

26 Vgl. *Hart*, DÄBl. 102 (2005), A 2693.

27 *Hart*, VSSR 2002, 265 (274), *ders.*, Zeitschrift für Rechtssoziologie 2001, 79 (91); *ders.*, in: *Rieger*, Lexikon des Arztrechts, Kza. 530, Rdnr. 12.

28 Von oben nach unten deshalb, weil oben die Evidenz durch die vorliegende Information über den wissenschaftlichen Stand am zuverlässigsten wiedergegeben wird. Ein ausführliches Beispiel der verschiedenen Stufen befindet sich bei *Bassler/Antes*, in: *Kunz/Ollenschläger/Raspe/Jonitz/Kolkmann*, Lehrbuch Evidenzbasierte Medizin in Klinik und Praxis, S. 89 (91); siehe speziell für den Diagnosebereich *Hart*, in: Liber Amicorum für *Schmidt*, S. 131 (138).

29 *Hart*, in: *Rieger*, Lexikon des Arztrechts, Kza. 530, Rdnr. 12; vgl. zu den rechtlichen Problemen insgesamt und den Überlegungen zu rechtlichen Konsequenzen der Verwissenschaftlichung der Medizin *Hart*, MedR 2000, 1ff.; *ders.*, VSSR 2002, 265ff. (speziell 274).

bb) Ärztliche Erfahrung

Es handelt sich bei diesem Merkmal nicht nur um eine Klarstellung beziehungsweise einen Hinweis darauf, dass die Basis medizinischen Wissens die Erfahrung und die Medizin eine empirische Wissenschaft ist. Dazu wäre es nicht erforderlich, die ärztliche Erfahrung als eigenständige Erkenntnisquelle neben den ebenfalls auf Erfahrung beruhenden wissenschaftlichen Erkenntnissen zu benennen.[30] Vielmehr ist ärztliche Erfahrung im jetzt gebrauchten – nicht wissenschaftlich überprüften – Sinne des Begriffs unkontrollierte Kasuistik. Es handelt sich dabei um eine Aneinanderreihung von Fallbeobachtungen, die weder systematisiert noch objektiviert sind.[31] Ärztliche Erfahrung wird dabei als „intuitives Wissen" gekennzeichnet.[32]

cc) Professionelle Akzeptanz

Der Status der beiden ersten Elemente wissenschaftliche Erkenntnis und ärztliche Erfahrung ist offensichtlich von der professionellen Akzeptanz beeinflusst. Nur solche Daten scheinen für den medizinischen Standard der guten Qualität der Behandlung bedeutungsvoll zu sein, die professionell akzeptiert sind.[33]

Dabei ist noch nicht hinreichend geklärt, ob Akzeptanz Konsens oder Mehrheitsmeinung meint. Es stellt sich deshalb die Frage, ob von Akzeptanz erst bei Einheitlichkeit der Meinungen in der Profession ausgegangen werden kann oder ob die Anerkennung durch anerkannte professionelle Institutionen beginnend bei Fachgesellschaften über Kammerbeschlüsse und die Richtlinien des Gemeinsamen Bundesausschusses sowie Leitlinien und Empfehlungen ausreicht. Die Frage kann nur insoweit beantwortet werden, dass institutionalisierte Verfahren mit einer Rechtsverfassung (z. B. Richtlinien des Gemeinsamen Bundesausschusses) oder mit hohem Seriositätsgrad (berufsrechtlich geregelte Verfahren der Fachgesellschaften) sowie die üblichen Verfahren der Fachgesellschaften (z. B. Konsensuskonferenzen, Delphi-Verfahren) gegenüber den nicht institutionalisierten Verfahren (z. B. Kongressen, Konferenzen, Lehrbuchmeinungen) eine höhere Anerkennung genießen.[34] *Kullmann*[35] vertritt dazu den Standpunkt, dass der Grad der Akzeptanz durch einzelne Stimmen in der Literatur jedenfalls nicht erreicht ist, denn solche *allein* können noch *keinen* neuen medizinischen Standard markieren.

---

30 *Velten*, Der medizinische Standard im Arzthaftungsprozess, S. 46.
31 *Francke/Hart*, Charta der Patientenrechte, S. 26.
32 *Hart*, medgen 2001, 63 (64).
33 So der Befund bei *Hart*, VSSR 2002, 265 (274).
34 Siehe zum ganzen *Francke/Hart*, Charta der Patientenrechte, S. 27.
35 *Kullmann*, VersR 1997, S. 529.

dd) Zusammenführung der Elemente

Idealerweise sollten bei der Standardbildung *alle* drei Merkmale erfüllt sein. Der Idealfall ist selten, denn nur etwa 10 % aller Behandlungen beruhen auf wissenschaftlicher Erkenntnis,[36] der Rest auf (teilweise kontrollierter) praktischer Erfahrung, die dann innerhalb der Profession akzeptiert werden muss.

Mit Klassifikations- und Qualitätsrangskalen für Evidenzen wird wissenschaftliche Evidenz präferiert.[37] Je höher die vorhandene wissenschaftliche Erkenntnis ist, desto eher werden ärztliche Erfahrung und professionelle Akzeptanz verdrängt und zurücktreten.[38] Wissenschaftliche Evidenz des höchsten Qualitätsranges gilt kraft ihrer methodischen und sachlichen Validität, und intiutive Evidenz gilt kraft professioneller Akzeptanz.[39]

Durch den Umstand, dass EbM wissenschaftliche Evidenz bevorzugt, befürchten Ärzte und sehen Kritiker die Gefahr, dass ärztliche und klinische Erfahrungen aus der praktischen Tätigkeit zweitrangig werden könnten und bei der Beurteilung dessen, was gute ärztliche Behandlung ausmacht, letztlich nicht gezählt würden. Besonders deutlich solle dies bei der Therapiefreiheit hervortreten, da bei konsequenter Anwendung von EbM der Arzt verstärkt in die Rolle eines Normanwenders trete. Von einer Einschränkung der Therapiefreiheit könnte aber nur dann gesprochen werden, wenn der umgangssprachlich gebrauchte Begriff der Therapiefreiheit als Bewertungsmaßstab zu Grunde gelegt wird. Das ist aber überhaupt nicht zwingend; denn betrachtet man den verfassungsrechtlichen Begriff der Therapiefreiheit,[40] welcher nicht mit dem umgangssprachlichen übereinstimmt, ist festzustellen, dass Therapiefreiheit gerade nur in den Grenzen zulässiger berufsausübungsbeschränkender rechtlicher Normen Geltung beanspruchen kann.[41] Um so mehr ist dann EbM auch als Chance zu verstehen, einen

---

36 Die Zahlenangabe beruht auf *Francke/Hart*, Charta der Patientenrechte, S. 25. Daraus ergibt sich, dass die positiven Auswirkungen der Evidenz-basierten Medizin auf die Bildung des medizinischen Standards nicht überschätzt werden dürfen. Denn ihre tatsächlichen Grenzen liegen dort, wo keine verlässlichen kontrollierten Studien i. S. d. höchsten Qualitätsranges existieren. Nach *Wigge*, ZaeFQ 2001, 452 (453), soll ebenso nur bei 10–20 % der Krankheitsbilder auf verlässliche kontrollierte Studien i. S. d. höchsten Qualitätsranges zurückgegriffen werden können.

37 *Hart*, MedR 2000, 1; *ders./Francke*, Forum DKG Sonderheft I 2000, S. 31f.

38 *Hart*, medgen 2001, 63 (64).

39 Vgl. mit weiterführenden Anmerkungen *Hart*, MedR 2000, 1 (2). Er betont aber auch, dass mit zunehmender Entwicklung von EbM das Akzeptanzelement weiterhin von erheblicher Tragweite bleiben werde, weil wissenschaftliche Erkenntnis allein weder eine Aussage über die Festlegung von Zielen noch über normative Nutzenbewertungen von Behandlungen treffen könne.

40 Zum verfassungsrechtlichen Begriff der ärztlichen Therapiefreiheit: *Francke*, Ärztliche Berufsfreiheit und Patientenrechte, insbesondere S. 64; dagegen *Laufs*, in: FS für *Deutsch*, S. 625 (627f., Fn. 17); aus medizinischer Sicht *Muir Gray*, ZaeFQ 1999, 392ff.

41 *Hart*, MedR 2000, 1 (4).

Beitrag zu leisten, dass ärztliche Therapiefreiheit auf eine veränderte und eben rechtlich geforderte Basis gestellt werden kann.

Als Folge der Statuierung des Vorrangs von wissenschaftlicher Evidenz lässt sich mit *Hart*[42] festhalten, dass EbM nach der „best available evidence" sucht, ohne allerdings die anderen Arten der Evidenz *gering zu schätzen* oder *gar auszuschließen*. Die Evidenz-basierte Medizin macht insoweit *keine* „Richtigkeitsvorgaben" für Behandlungsziele, sondern „Verfahrensvorgaben" für die Evaluation von medizinischen Erkenntnissen. Evidenz *und* die Akzeptanz in der ärztlichen Profession bilden *gemeinsam* den Standard. Durch die Orientierung an der Methode der Evidenz-basierten Medizin wird der Standardbegriff *nicht* verändert. Vielmehr *präzisiert* EbM methodisch die Anforderungen im Bereich der Erkenntnissammlung und -bewertung sowie das Verhältnis von wissenschaftlicher Erkenntnis und praktischer Erfahrung. EbM legitimiert hingegen keine Vorrangentscheidung bezüglich der Notwendigkeit einer bestimmten Art von Evidenz.[43]

b) Dynamik des medizinischen Standards

Es sei noch auf ein besonderes Charakteristikum des Standards – nämlich dessen *Dynamik* – verwiesen. Einige Stimmen in der Lehre[44] teilen diese Ansicht jedoch nicht. Sie geben zu bedenken, dass durch eine Standardisierung der Medizin[45] dieser die Gefahr drohe, auf ihrem gegenwärtigen Leistungsstand festgeschrieben zu werden.[46] Dadurch würde eine weitere Entfaltung behindert,[47] da standardgemäßes Verhalten stets mit einem rückwärtigen Blick verbunden sei, welcher die Erfüllung einer in der Vergangenheit geknüpften Erwartung bein-

---

42 *Hart*, VSSR 2002, 265 (274).

43 *Hart*, VSSR 2002, 265 (275).

44 Vgl. allgemein *Strache*, Das Denken in Standards, S. 16f.; teilweise kritisch *Schreiber*, Langenbecks Arch Chir 364 (1984), 295 (297); differenzierend *Bergmann/Kienzle*, in: *Bergmann/Kienzle*, Krankenhaushaftung, Rdnr. 149ff.; für einen dynamischen Standardbegriff dagegen ausdrücklich *Hart*, in: *Rieger*, Lexikon des Arztrechts, Kza. 530, Rdnr. 13.

45 Insgesamt den Begriff des Standards ablehnend die deutsche Sektion der *AOI*; vgl. ArztR 1997, 72. Sie hat auf ihrer Mitgliederversammlung 1996 in Ulm erklärt, der Begriff sei im deutschsprachigen Raum aus dem Bereich der Technik entlehnt und somit für die Medizin im Bereich der Diagnostik und Therapie wertentstellend und irreführend. Siehe auch *Debong*, ArztR 2003, 288 (289), der darauf verweist, dass die AWMF in ihren Empfehlungen angibt, den Begriff des Standards wegen seiner Mehrdeutigkeit nicht (mehr) zu verwenden.

46 *Schreiber*, Langenbecks Arch Chir 364 (1984), 295 (297).

47 *Conradi*, Verknappung medizinischer Ressourcen und Arzthaftung, S. 64.

halte.[48] Noch weitergehend wird sogar angeführt, dass Standards innovationshemmend seien und durch sie eine Defensivmedizin drohe.[49]

Die Bedenken sind unbegründet und im Ergebnis abzulehnen, denn durch den ganz überwiegenden Teil der Lehre[50] wird gerade der dynamische Teil[51] des Standards betont. Es wird herausgestellt, dass die Begrifflichkeit des Standards gerade ein *fortwährendes Sichanpassen* an Umstände und Gefahren mit umfasse.[52] Der medizinische Standard ist eben *nicht statisch*, vielmehr sind seine Elemente bedingt durch den ständigen Fortschritt bei medizinischen Erkenntnissen und dem ärztlichen Handeln einem ständigen Wandel unterworfen. Mit der täglich auf den praktizierenden Mediziner einfließenden Flut an neuen Erkenntnissen – so müsste etwa ein in der Inneren Medizin tätiger Arzt täglich 19 Artikel lesen, um die wichtigsten Entwicklungen in seinem Fachgebiet zu verfolgen[53] – ist eine immer schnellere Alterung des einmal in der Ausbildung erlernten medizinischen Fachwissens verbunden. Nach heutigen Schätzungen wird die Hälfte des medizinischen Wissens innerhalb eines Zeitraumes von sieben bis zehn Jahren, nach anderen Angaben sogar innerhalb von fünf Jahren[54] obsolet und überholt.[55] Angelehnt an dieses Wissen ist gerade die Beweglichkeit als ausdrückliches Wesensmerkmal dem medizinischen Standard zuzurechnen.[56]

2. Rechtlicher Standard

Es gilt, die bereits angedeutete Problematik des funktionalen Zusammenhangs zwischen medizinischem und rechtlichem Standard zu analysieren.

---

48 *Strache*, Das Denken in Standards, S. 16f.; siehe auch *Bergmann/Kienzle*, in: *Bergmann/Kienzle*, Krankenhaushaftung, Rdnr. 151.

49 Vgl. dazu noch ausführlicher *Conradi*, Verknappung medizinischer Ressourcen und Arzthaftung, S. 64.

50 Siehe nur *Kullmann*, VersR 1997, 529 sowie aus medizinischer Sicht *Carstensen*, DÄBl. 86 (1989), B 1736 (1737).

51 Zur Dynamik des Standards zuletzt *Debong*, ArztR 2003, 288; *Hart*, VSSR 2002, 265 (273); *ders.*, ZaeFQ 2000, 65 (67); *Vosteen*, Rationierung im Gesundheitswesen und Patientenschutz, S. 203.

52 *Laufs*, in: *Laufs/Uhlenbruck*, Handbuch des Arztrechts, § 99, Rdnr. 3; *ders.*, in: FS für *Gernhuber*, S. 245 (252); *Ehlers/Bank*, RPG 1999, 71 (73); *Etezami/Fenger*, Gynäkologie und Recht, S. 53; *Ulsenheimer/Schlüter/Böcker/Bayer*, Rechtliche Probleme in Geburtshilfe und Gynäkologie, S. 8; jüngst *Walter*, Spezialisierung und Sorgfaltsstandards im Arzt- und Anwaltshaftungsrecht, S. 10.

53 Beispiel nach *Antes*, in: *Perleth/Antes*, Evidenz-basierte Medizin, S. 19.

54 *Antes*, in: *Perleth/Antes*, Evidenz-basierte Medizin, S. 19.

55 Zuletzt wies *Barthold*, FAZ v. 18.06.2005, S. 57, darauf hin, dass sich das medizinische Wissen alle drei Jahre verdoppelt.

56 *Katzenmeier*, Arzthaftung, S. 281; *Hart*, MedR 1998, 8 (10); *Franzki*, MedR 1994, 171 (174); *Rehborn*, MDR 2000, 1101 (1102); *Deutsch*, JZ 1997, 1030 (1032); *ders.*, NJW 1987, 1480 (1481); *ders.*, VersR 1998, 261 (263).

Bevor mit der Problembeschreibung und -untersuchung begonnen wird, ist noch darauf hinzuweisen, dass es bei den jeweiligen rechtlichen Fragen um die Festsetzung der Anforderungen an eine *gute Qualität ärztlicher Behandlung* geht. Fragen nach der Qualität guter Information, Aufklärung und Dokumentation sowie Fragen guter Qualität der Organisation der Behandlung in Praxis und Krankenhaus werden an dieser Stelle (noch)[57] nicht erläutert. Lediglich ein Ausblick sei gestattet. Bei der Beantwortung der Frage nach der Qualität der Organisation der Behandlung ist zu erwarten, dass wegen der Interdisziplinarität und Multiprofessionalität der geforderten Kompetenzen eine Identifizierung von *allein* medizinischer und ihr folgender rechtlicher Bewertung unangemessen sein dürfte.[58]

a) Problembeschreibung

Der Dissens in der juristischen Diskussion besteht zwischen *Einheits-* und *Dominanz*ansätzen bezüglich des Verhältnisses von rechtlichen und medizinischen Beurteilungen. Es könnte einerseits vertreten werden, dass der medizinische Standard die ärztliche Norm guter Behandlung ist, die als rechtliche Norm gilt, wenn sie rechtlich rezipiert wird. Würde sie rezipiert, dann bestimmte der medizinische Standard die vertragsrechtliche Pflicht der Qualität guter Behandlung (vertragliche Arzthaftung) sowie die deliktsrechtliche Verkehrspflicht guter Qualität der Behandlung (deliktische Arzthaftung). Würde sie andererseits nicht rezipiert, dann wäre die ärztliche Norm zumindest die Wissensbasis für die rechtliche Bewertung. Nach der ersten Ansicht[59] ist der medizinische Standard rechtlich verbindlich, nach der zweiten[60] ist die rechtliche Bewertung prinzipiell autonom gegenüber der medizinischen.

Die Diskussion wird dabei entweder durch die Problematik der Unterscheidbarkeit zwischen Pflichtverletzung und Pflicht(Sorgfalts)widrigkeit überlagert oder im Zusammenhang mit dieser letzten Differenzierung („äußere" versus „innere" Sorgfalt) geführt. Unstreitig ist zunächst, dass die notwendigen Bewertungen in einem rechtlichen Rahmen stattfinden. Arzthaftungsrechtlich sind das – mangels

---

57 Zur Qualität der Organisation der Behandlung siehe insbesondere den nachfolgenden Abschnitt im Kapitel 1, unter B; weiter dazu Kapitel 2, D, II; Kapitel 3, B und Kapitel 4, B.

58 Ausführlich Kapitel 1, B, I.

59 Vgl. u. a. *Hart*, MedR 2003, 603 (608); *ders.*, Besprechung von *Katzenmeier*, Arzthaftung, AcP 203 (2003), 142 (146); *ders.*, VSSR, 265 (277, 291); *ders.*, Jura 2000, 64 (65); *ders.*, MedR 1998, 8f., 12f.; siehe auch *Franke/Hart*, Charta der Patientenrechte, S. 21ff.; *dies.*, Bürgerbeteiligung im Gesundheitswesen, S. 284f.

60 Beispielsweise *Deutsch/Spickhoff*, Medizinrecht, Rdnr. 125ff.; *Giesen*, Arzthaftungsrecht, Rdnr. 107; *Steffen/Dressler*, Arzthaftungsrecht, Rdnr. 151; *Katzenmeier*, Arzthaftung, S. 188; *Voß*, Kostendruck und Ressourcenknappheit im Arzthaftungsrecht, S. 57.

Vorliegen speziellerer Haftungstatbestände[61] – die allgemeinen Vorschriften von § 280 Abs. 1 BGB und § 823 Abs. 1 BGB.[62]

b) *Position I: Dominanz der Normen*

Nach wohl herrschender Ansicht[63] gilt die Dominanz von rechtlichen gegenüber medizinischen Normen. Prägnant formuliert: *Recht steht über Medizin.* Recht entscheidet über die Richtigkeit ärztlicher Behandlung unter Zuhilfenahme medizinischen Sachverstandes. Oft wird dem Recht eine *Letztentscheidungskompetenz* auferlegt oder zugebilligt, teilweise auch von einem prinzipiellen Vorrang ausgegangen. Ob ein Behandlungsfehler vorliegt, hängt somit von einer abschließenden rechtlichen Kontrolle ab.

Insbesondere *Giesen*[64] hebt den Vorrang des Rechts ausdrücklich hervor. Nach ihm müsse die „mögliche Gefahr einer Vernunfthoheit des Arztes über den Patienten (und den Richter) und eine umfassende ärztliche Gesundheitsbevormundung" verhindert werden.

---

61 Vgl. *Deutsch/Geiger*, Medizinischer Behandlungsvertrag, S. 1049ff. Dabei war die Aufwertung des Vertragsrechts ein Hauptanliegen in den 1981 v. BMJ herausgegebenen Gutachten und Vorschlägen zur Überarbeitung des Schuldrechts. Kritisch zum Gutachten *Schünemann*, NJW 1982, 2027 (2028ff.); positiv dagegen *Schiemann*, JuS 1983, 649 (652) und *Bunte*, JZ 1982, 279 (283); vgl. zum Versuch auf europäischer Ebene die Grundsätze der Haftpflicht bei Dienstleistungen und somit ebenfalls bei ärztlicher Tätigkeit einheitlich zu gestalten den Richtlinienvorschlag der Europäischen Gemeinschaft zur Dienstleistungshaftung in Europa, Abl. EG C 12 v. 18.01.1991, S. 8ff.; ablehnend dagegen *Deutsch*, ZRP 1990, 454f.; siehe ebenso die Stellungnahme des 94. Deutschen Ärztetages, MedR 1991, 165f.; des weiteren *Heinemann*, ZIP 1991, 1193ff. und *Skaupy*, BB 1991, 2021ff. Zu neueren Entwicklungen innerhalb Europas *Faure*, ZEuP 2000, 575ff. Zu allem umfangreich *Katzenmeier*, Arzthaftung, S. 76ff. Auch im Zuge des Schuldrechtsmodernisierungsgesetzes (v. 26.11.2001 BGBl. I 3138; in Kraft getreten am 1.01.2002) und des Zweiten Gesetzes zur Änderung schadensersatzrechtlicher Vorschriften (v. 19.07.2002 BGBl. I 2674; in Kraft getreten am 1.08.2002) hat sich daran nichts geändert.

62 Ausgangspunkt der Betrachtungen ist einzig die fahrlässige Verletzung von Körper und Gesundheit durch den behandelnden Arzt. Die vorsätzliche Verletzung von Körper und Gesundheit stellt einen *anderen Typus* von Unrecht dar, welcher praktisch nicht vorkommt und deshalb ganz vernachlässigt wird. Siehe dazu *Deutsch/Spickhoff*, Medizinrecht, Rdnr. 142.

63 So jüngst *Walter*, Spezialisierung und Sorgfaltsstandards im Arzt- und Anwaltshaftungsrecht, S. 156 („gerichtliche Grenzkontrolle"); *Deutsch/Spickhoff*, Medizinrecht, Rdnr. 125ff.; *Giesen*, Arzthaftungsrecht, Rdnr. 107; *Steffen/Dressler*, Arzthaftungsrecht, Rdnr. 151; *Katzenmeier*, Arzthaftung, S. 188; *Voß*, Kostendruck und Ressourcenknappheit im Arzthaftungsrecht, S. 57; *Nowak*, Leitlinien in der Medizin, S. 65ff.; *Schreiber*, DMW 1984, 1458 (1459) = Langenbecks Arch Chir 364 (1984), 295 (296); *Müller-Graff*, JuS 1985, 352 (356); *Jürgens*, Technische Standards im Haftungsrecht, S. 148; aus der Rechtsprechung z. B. BGH, VersR 2001, 646.

64 *Giesen*, Arzthaftungsrecht, Rdnr. 108.

Aus einer anderen Perspektive gelangt *Katzenmeier*[65] zu einer Letztentscheidungskompetenz des Rechts. Danach darf „die Außerachtlassung der im Verkehr erforderlichen Sorgfalt i. S. v. § 276 BGB nicht gleichgestellt werden mit dem Verstoß gegen die ärztliche Berufspflicht, die Haftung des Arztes folgt nicht schon aus dem Vorliegen eines Behandlungsfehlers". An gleicher Stelle relativiert er jedoch wenig später: „Dabei wird der Sorgfaltsmaßstab ärztlichen Handelns generell nicht von der Judikatur bestimmt, vielmehr überziehen sich die medizinischen Fachgebiete im Zuge ihres Fortschreitens, ihrer Professionalisierung und Spezialisierung selbst mit einem zunehmend engeren und angespannteren Netzwerk von Kunst- und Sorgfaltsregeln."[66]

Eine solche Trennung von medizinischem und rechtlichem Standard hat eine Tradition in der Literatur, die insbesondere von *Giesen*[67] hervorgehoben wurde. *Hart*[68] ist es jedoch gelungen aufzuzeigen, dass jene Unterscheidung einen partiellen Funktionswandel erfahren hat. *Giesen*[69] beabsichtigte einen Primat des Rechts gegenüber der Medizin zum Ausdruck zu bringen, um zu vermeiden, dass sich „ärztliche Vernunfthoheit gegenüber dem Patienten" durchsetzte oder eine „kollegiale Toleranzschwelle" sich als das Übliche herausbildete, die dann zur Bestimmung des rechtlichen Sorgfaltsmaßstabes akzeptiert werden würde. Dagegen nimmt *Katzenmeier*[70] die Medizin als „Grenzkontrolle"[71] gegen sich selbst „in Schutz", indem er den rechtlichen Maßstab gegenüber dem medizinischen für autonom erklärt, um letzteren gegebenenfalls auch „nach unten" korrigieren zu können.[72]

Demnach führen zwei gegensätzliche Argumentationsansätze in der arzthaftungsrechtlichen Literatur[73] zum gleichen Ergebnis, nämlich *der Kontrollfunktion von Recht gegenüber Medizin.*

---

65 *Katzenmeier*, Arzthaftung, S. 188.

66 *Katzenmeier*, Arzthaftung, S. 190; im Ansatz ähnlich schon *Schreiber*, DMW 1984, 1458 (1460) = Langenbecks Arch Chir 364 (1984), 295 (298).

67 *Giesen*, Arzthaftungsrecht, Rdnr. 108; ähnlich *Francke*, Ärztliche Berufsfreiheit und Patientenrechte, S. 148f.; dem nahe kommt auch die Formulierung bei *Steffen/Dressler*, Arzthaftungsrecht, Rdnr. 151: „Das Recht muss ihn zwar kontrollieren und gegebenenfalls korrigieren."

68 *Hart*, Besprechung von *Katzenmeier*, Arzthaftung, AcP 203 (2003), 142 (145f.).

69 *Giesen*, Arzthaftungsrecht, Rdnr. 106.

70 *Katzenmeier*, Arzthaftung, S. 282.

71 So auch bereits *Schreiber*, DMW 1984, 1458 (1458) = Langenbecks Arch Chir 364 (1984), 295 (296); zustimmend *Voß*, Kostendruck und Ressourcenknappheit im Arzthaftungsrecht, S. 59.

72 Vgl. *Hart*, Besprechung von *Katzenmeier*, Arzthaftung, AcP 203 (2003), 142 (146).

73 Ähnlich wie *Katzenmeier*, Arzthaftung, S. 282, argumentieren *Deutsch/Spickhoff*, Medizinrecht, Rdnr. 145. Die im Verkehr erforderliche Sorgfalt als rechtliche Bewertung wird von ihnen folgendermaßen charakterisiert: Sie „ist ein bewegliches Instrument: Es stellt keine starren Regeln auf und übernimmt keine unflexiblen Standards aus der Wissenschaft. Vielmehr wird stets gefragt, wie sich ein erfahrener und sorgfältiger Allgemeinmediziner oder Facharzt in der besonderen Situation verhalten hätte. Die Situation ist

Dagegen ist die höchstrichterliche Rechtsprechung nicht einheitlich, denn auf der einen Seite finden sich Urteile, in welchen der medizinische Standard mit dem rechtlichen identifiziert wird,[74] und auf der anderen Seite existieren Urteile, in denen die selbständige rechtliche Bewertung betont wird.[75] Über diese Grundsatzdiskussion hinaus führt die Rechtsprechung Beispiele für eine Rangfolge an, bei denen jedoch organisationsbezogene Pflichten im Mittelpunkt stehen.[76] Dabei handelt es sich dann aber nicht mehr ausschließlich um Fragen zum Behandlungsfehler. Solche werden nach der hier vertretenen Position gerade nicht durch einen medizinischen Standard bestimmt.[77]

c) Position II: Einheit der Normen

Eine andere Ansicht in der Literatur, insbesondere von *Hart*[78] vertreten, identifiziert den medizinischen mit dem rechtlichen Standard. Ebenso stellen *Bergmann/Kienzle*[79] fest: „[...] das Recht kann nicht von sich aus bestimmen, was ärztlicherseits möglich und nötig ist." Dabei heben sie ausdrücklich hervor, dass es sich *allein* um das Gebiet der Behandlungsfehlerhaftung handelt.[80] „In den medizinischen Kernbereichen der Diagnose, der Indikation und der Therapie sind die Gerichte auf den ärztlichen Sachverstand und die ärztlichen Sachverständigen angewiesen. Über sie sind es die Ärzte selbst, die den Standard bestimmen."[81] Ferner vertritt *Kern*[82] in einem aktuelleren Aufsatz diesen Stand-

---

Meister der Sorgfalt, der Standard wird von der Wissenschaft übernommen."

74 Zuletzt BGH, VersR 2003, 1128 (1130); 2001, 646; NJW 1995, 776.

75 OLG Düsseldorf, VersR 1993, 51 (52): „Im Arzthaftungsrecht bestimmt sich der Sorgfaltsmaßstab grundsätzlich nach dem medizinischen Standard, somit in erster Linie nach medizinischen Erkenntnissen. Allerdings ist es erforderlich, diesen Sorgfaltsmaßstab auf der Grundlage der zivilrechtlichen Haftungsnormen zu kontrollieren und erforderlichenfalls zu korrigieren." Siehe des Weiteren *Steffen/Dressler*, Arzthaftungsrecht, Rdnr. 151.

76 Das heben ebenso *Steffen/Dressler*, Arzthaftungsrecht, Rdnr. 151 hervor; vgl. etwa BGH NJW 1986, 2365 (2366); 1983, 1374 (1376).

77 Ausführlich der nachfolgende Abschnitt unter B in diesem Kapitel.

78 Zuletzt *Hart*, DÄBl. 102 (2005), A 2693; *ders.*, in: *Hart*, Klinische Leitlinien und Recht, S. 81 (93f.); *ders.*, in: Liber Amicorum für *Schmidt*, S. 131 (140ff.); *ders.*, MedR 2003, 603 (608); *ders.*, Besprechung von *Katzenmeier*, Arzthaftung, AcP 203 (2003), 142 (146); *ders.*, MedR 2002, 471; *ders.*, VSSR 2002, 265 (277, 291); *ders.*, ZaeFQ 2001, 517 (519f.); *ders.*, Jura 2000, 64 (65); *ders.*, MedR 1998, 8f., 12f.; *Franke/Hart*, Charta der Patientenrechte, S. 21ff.; *dies.*, Bürgerbeteiligung im Gesundheitswesen, S. 284f.; ebenfalls *Becker-Schwarze/Lelgemann*, in: *Hart*, Ärztliche Leitlinien im Medizin- und Gesundheitsrecht, S. 303 (330).

79 *Bergmann/Kienzle*, in: *Bergmann/Kienzle*, Krankenhaushaftung, Rdnr. 150.

80 Siehe bereits *Bergmann*, in: *Arbeitsgemeinschaft Rechtsanwälte im Medizinrecht e. V.*, Leitlinien, Richtlinien und Gesetz, S. 65 (77f.).

81 *Bergmann/Kienzle*, in: *Bergmann/Kienzle*, Krankenhaushaftung, Rdnr. 150.

82 *Kern*, MedR 2004, 300 (300f.).

punkt; nach ihm „bilden Haftungsrecht und Standard eine *Einheit*, weil für jede erhebliche Standardabweichung gehaftet wird".[83]

Demnach ist also eine medizinisch qualitativ gute Behandlung auch eine rechtlich qualitativ gute Behandlung.[84] Entscheidender Anknüpfungspunkt der Einheitsposition ist die *professionelle Kompetenz* des freien Berufs Arzt, die Qualität guter Behandlung kraft Wissen und Fähigkeiten festzusetzen und im fehlenden Wissen und der mangelnden Fähigkeit des Rechts, diese zu kontrollieren. Zugleich ist die Kompetenz der ärztlichen Profession aber nicht nur Grund, sondern ebenso Grenze der rechtlichen Rezeption des medizinischen Standards.[85] Wo professionelle Kompetenz und Zuständigkeit endet, dort endet auch die Legitimation für die Setzung einer medizinischen und die Rezeption als rechtliche Norm.[86] Es fehlt dem Recht in diesem Bereich des Professionsvorbehalts die Kompetenz zur Kontrolle.[87]

Weitere Konsequenz der Auffassung ist: Wenn Erwägungen über die ärztliche Profession hinaus in den medizinischen Standardbegriff einfließen, dann fehlte hierfür die Legitimation. Eine rechtliche Befolgung könnte und dürfte nicht stattfinden, sondern bedürfte zusätzlicher rechtlicher Legitimation.

d) Einheit durch Rezeption

Die Einheitsposition ist wegen der genannten Gründe der Dominanzposition vorzuziehen, weshalb ihr gefolgt wird. Der medizinische Standard guter Qualität der Behandlung bestimmt somit den rechtlichen Standard guter Qualität der Behandlung. Die Rezeptionsfrage ist dabei Rechtsfrage und nicht Tatfrage. Der medizinische Standard wird dabei in einem rechtlichen Verfahren – im Rahmen des Behandlungsfehlers – mit Hilfe eines medizinischen Sachverständigen festgestellt, wobei es dem Gericht obliegt, eine strenge Plausibilitätskontrolle des vorgelegten Gutachtens vorzunehmen.[88]

Betrachtet man die Rechtsprechung in Haftpflichtprozessen nochmals eingehender, so ist festzustellen, dass die Identifikation von medizinischer und rechtlicher Norm nur dann nicht erfolgte, wenn organisationsbezogene Pflichten im Mittelpunkt der zu treffenden Entscheidungen standen.[89] Insoweit besteht dann Einig-

---

83 *Kern*, MedR 2004, 300 (301) – Kursive Hervorhebung nicht im Original.

84 So wohl auch *Dressler*, in: FS für *Geiß*, S. 379 (380f.)

85 *Hart*, in: Liber Amicorum für *Schmidt*, S. 131 (136); *ders.*, DÄBl. 102 (2005), A 2693; *ders.*, MedR 2003, 603 (608).

86 *Hart*, in: Liber Amicorum für *Schmidt*, S. 131 (136); *ders.*, MedR 2000, 1 (2f.). So auch *Walter*, Spezialisierung und Sorgfaltsstandards im Arzt- und Anwaltshaftungsrecht, S. 156, auch wenn er eher ein Vertreter des Dominanz-Ansatzes ist.

87 *Hart*, Besprechung von *Katzenmeier*, Arzthaftung, AcP 203 (2003), 142 (146).

88 Zum letzten Aspekt vgl. *Hart*, Besprechung von *Katzenmeier*, Arzthaftung, AcP 203 (2003), 142 (146).

89 Beispielsweise BGH NJW 1986, 2365 (2366); 1983, 1374 (1376).

keit mit der hier vertretenen Position, denn über diesen *anderen Fehlertypus* entscheidet die juristische Profession.[90]

Giesens[91] grundsätzliches Argument gegen die ärztliche „Vernunfthoheit“ hat, durch die Weiterentwicklung der Kommunikation zwischen Arzt und Patient bis hin zu einem „therapeutischen Arbeitsbündnis“, an Überzeugungskraft eingebüßt und ist nicht mehr in der Lage, das Verhältnis angemessen und treffend zu umschreiben. Die Zeiten einer „befangenen Inschutznahme“ des Arztes durch den ärztlichen Sachverständigen sind nicht mehr gegeben.[92] Vielmehr ist es „heute durchaus nicht selten, dass der medizinische Sachverständige das Verhalten des beklagten Kollegen ungeschönt und sogar schonungslos beurteilt.“[93]

Auch die grundsätzlich diametrale Argumentation *Katzenmeiers*,[94] der vom „Wissenschaftsvorbehalt“ spricht, beschreibt das Verhältnis nicht treffend. Es steht nicht zu befürchten, dass dem praktisch tätigen Arzt „überzogene“ wissenschaftliche Anforderungen durch den ärztlichen Sachverständigen bevorstehen.[95] In der Konzeption von EbM[96] wird gerade durch das Prinzip der Integration von externer Expertise mit interner Erfahrung der Befürchtung einer wissenschaftlichen Überforderung der Praxis entgegengesteuert.

Zusammengefasst gilt: Der Haftpflichtprozess über den Behandlungsfehler ist der haftungsrechtliche Rahmen für eine externe medizinische Qualitätskontrolle.[97] Dem Recht fehlt in diesem Bereich des ärztlichen „Professionsvorbehalts“

---

90 Dazu ausführlich unter Kapitel 1, B.

91 Siehe bei *Giesen*, Arzthaftungsrecht, S. 465 im Stichwortverzeichnis unter Sachverständiger die Formulierung „Krähentheorie“ und die Erläuterung in Rdnr. 396. Unter Verweis auf *Dunz*, Aktuelle Fragen zum Arzthaftungsrecht unter Berücksichtigung der neueren höchstrichterlichen Rechtsprechung, S. 53: „Nur wenige Jahre liegt [...] das Ablehnungsgesuch eines Chefarztes gegen einen Gutachter zurück, damit begründet, dass dieser – nach verbreitetem Missbrauch außergerichtlich angesprochen – erklärt habe, er werde ohne Standesrücksichten streng sachlich urteilen (!).“ Ähnlich auch noch der VI. Senat in einer Entscheidung aus den siebziger Jahren, siehe BGH, NJW 1971, 241 (243), wo die Richter anmerken, dass Gutachter dazu neigen Tatsachenfeststellungen zu treffen, welche dem Richter vorbehalten bleiben müssen. „Dass gerade für medizinische Gutachter im Kunstfehlerprozess solche Versuchungen aus einer unterschwelligen Standessolidarität mitunter erwachsen können, ist eine Erfahrungstatsache, die kein Richter außer Acht lassen darf.“ Vgl. dazu auch *Carstensen*, in: FS für *Deutsch*, S. 505 (509).

92 *Hart*, Besprechung von *Katzenmeier*, Arzthaftung, AcP 203 (2003), 142 (146); *ders.*, in: Liber Amicorum für *Schmidt*, S. 131 (141); *ders.*, in: *Hart*, Klinische Leitlinien und Recht, S. 81 (94).

93 *Müller*, in: FS für *Lorenz*, S. 475 = GesR 2004, 257. Sie betont ebenso, a. a. O., dass die früher verbreitete Auffassung, dass eine Klage gegen einen Arzt wenig aussichtsreich sei, „weil ‘eine Krähe einer anderen kein Auge aushackt‘ (womit die Solidarität der medizinischen Gutachter angesprochen war)“, der Vergangenheit angehört.

94 *Katzenmeier*, Arzthaftung, S. 282.

95 *Hart*, MedR 2003, 603 (608).

96 Zur Evidenz-basierten Medizin bereits unter Kapitel 1, A, I., 1.

97 *Bergmann/Kienzle*, in: *Bergmann/Kienzle*, Krankenhaushaftung, Rdnr. 150. Ebenso *Bergmann*, in: *Arbeitsgemeinschaft Rechtsanwälte im Medizinrecht e. V.*, Leitlinien,

die Kompetenz zur Kontrolle. *Die medizinische Qualität guter Behandlung bestimmt die rechtliche Qualität guter Behandlung. Recht rezipiert den medizinischen Standard im rechtlichen Verfahren.* Die Rezeptionsfrage ist Rechtsfrage und keine Tatfrage.

II. Rezeption des medizinischen Standards im Arzthaftungsrecht

Nunmehr stellt sich die Frage, über welche (konkreten) rechtlichen Normen der rechtliche Rahmen für die Rezeption des medizinischen Standards in das Arzthaftungsrecht bereit gestellt wird.

Wegen mangelnder spezieller Regelungen zur zivilrechtlichen Arzthaftung[98] ist auf die allgemeinen Vorschriften zurückzugreifen.[99] Literatur[100] und Rechtsprechung[101] gehen im vertraglichen wie deliktischen Arzthaftungsrecht von einer

---

Richtlinien und Gesetz, S. 65 (77f.).

98 Gesetzliche Regelungen bestehen dagegen in einigen Spezialgesetzen (beispielsweise TPG, TFG, etc.).

99 *Puhl/Dierks*, in: FS für *Geiß*, S. 477; *Giesen*, Arzthaftungsrecht, Rdnr. 1, erwähnt, dass „von wenigen Ausnahmen abgesehen, bisher kein Rechtssystem der Welt spezielle Vorschriften der zivilrechtlichen Arzthaftung erlassen hat." Zu den Ausnahmen zählt auch die Niederlande, die den medizinischen Behandlungsvertrag 1995 in das Neue Bürgerliche Gesetzbuch aufgenommen hat. Insgesamt zu Reformüberlegungen auf europäischer Ebene *Hänlein*, ArztR 2001, 315 (319ff. m. w. N.); vgl. dazu auch *Spickhoff*, Aktuelle Rechtsfragen des medizinischen Behandlungsverhältnisses, S. 7. Nach *Uhlenbruck/Laufs*, in: *Laufs/Uhlenbruck*, Handbuch des Arztrechts, § 39, Rdnr. 15, sind dementsprechende Regelungen in nächster Zeit in unserem Land nicht zu erwarten. Entsprechende Erwägungen sind durch den Gesetzgeber auch im Zuge des Schuldrechtsmodernisierungsgesetzes (Gesetz vom 26.11.2001 BGBl. I 3138; in Kraft getreten am 1.01.2002) und des Zweiten Gesetzes zur Änderung schadensersatzrechtlicher Vorschriften (Gesetz vom 19.07.2002 BGBl. I 2674; in Kraft getreten am 1.08.2002) nicht umgesetzt worden. Schon zu Beginn der achtziger Jahre hatten *Deutsch/Geiger*, Medizinischer Behandlungsvertrag, S. 1049ff., in einem v. BMJ in Auftrag gegebenen Gutachten zur Überarbeitung des Schuldrechts eine Aufnahme des medizinischen Behandlungsvertrages befürwortet und begründet. Auch 1988 verneinte der Bundesminister der Justiz in einem Bericht die Anfrage des Petitionsausschusses des Deutschen Bundestages bezüglich einer Aufnahme des medizinischen Behandlungsvertrages ins BGB. Dafür ausschlaggebend war die negative Empfehlung des 52. DJT (Verhandlungen Bd. II, Teil 1, Abteilung Arztrecht, S. I 204) zu Wiesbaden; vgl. zur Entwicklung der Arzthaftung schon Kapitel 1, A, I., 2., a).

100 *Spindler/Rieckers*, JuS 2004, 272; *Katzenmeier*, Arzthaftung, S. 80ff.; *Geiß/Greiner*, Arzthaftpflichtrecht, Einl., Rdnr. 1; *Giesen*, Arzthaftungsrecht, Rdnr. 4; *Hart*, Jura 2000, 64 (70); *Hirte*, Berufshaftung, S. 91; *Spindler*, in: *Bamberger/Roth*, § 823, Rdnr. 588; *RGRK-Nüßgens*, § 823 Anh. II, Rdnr. 4; *Reiling*, MedR 1995, 443; *Stoll*, AcP 176 (1976), 145 (166).

101 Beispielsweise der 1. LS des VI. Zivilsenats, BGH, VersR 1988, 1273: „Die einem Arzt bei der Behandlung seines Patienten obliegenden vertraglichen und deliktischen Sorgfaltspflichten sind grundsätzlich identisch." Ebenso BGH, NJW 1991, 2960; 1989, 767; 1985, 2749.

Identität des Pflichtengefüges aus. Jedoch basieren beide Haftungsanordnungen auf unterschiedlichen Prinzipien: Zum einen Selbstbindung durch Willenseinigung und zum anderen Fremdbindung über Integritätsschutz, letzteres unabhängig vom Willen der Parteien.

Wesentlicher Grund für die Gleichstellung war die wegen der Rechtsfolgenanordnungen prinzipiell deliktsrechtliche Orientierung der Arzthaftung. In gerichtlich ausgetragenen Fällen stand oftmals ausschließlich die Verfolgung deliktsrechtlicher Ansprüche im Vordergrund, denn nur hier wurde Ersatz des immateriellen Schadens gewährt.[102] Dieser Grund ist in der Form nicht mehr gegeben, denn durch die Gesetzesänderungen[103] sind Rechtsfolgenangleichungen[104] eingetreten. Deshalb dürfte nach Ansicht vieler Autoren[105] eine Verlagerung der Arzthaftung in das Vertragsrecht stattfinden.[106] Begründet wird das u. a. mit einer möglicherweise erleichterten Rechtsdurchsetzung.[107]

Ein nach wie vor gültiger Grund der Identifizierung der Pflichtenstellungen liegt in der berufsrechtlichen Herleitung ärztlicher Pflichten, denn (ziviles) Arztrecht ist Berufsrecht.[108] Erinnert sei daran, dass berufsrechtliche Pflichten nicht nur deliktsrechtliche Bestätigung erfuhren, sondern deliktische Verkehrspflichten

---

102 Vgl. zuletzt *Müller*, in: FS für *Lorenz*, S. 475 (476) = GesR 2004, 257.

103 Zum einen das Schuldrechtsmodernisierungsgesetz (v. 26.11.2001 BGBl. I 3138; in Kraft getreten am 1.01.2002) und zum anderen das Zweite Gesetz zur Änderung schadensersatzrechtlicher Vorschriften (v. 19.07.2002 BGBl. I 2674; in Kraft getreten am 1.08.2002).

104 Im Mittelpunkt steht die Vorschrift des § 253 Abs. 2 BGB (umfangreich zum damaligen Gesetzesentwurf schon *Müller*, ZRP 1998, 258 [261f.]), wodurch sich erstmals im deutschen Recht ein umfassender, d. h. von einem Haftungsgrund unabhängiger Anspruch auf Schmerzensgeld ergibt. Im Gegenzug ist die Gewährung nur auf Grund außervertraglicher Haftung nach § 847 BGB aufgehoben worden. Im Ergebnis der Gesetzesänderungen standen weitere Vereinheitlichungen von vertraglichen und deliktischen Regelungen, u. a. des Verjährungsrechts; vgl. zu allem zuletzt *Spindler/Rieckers*, JuS 2004, 272ff.

105 *Heidelk*, Gesundheitsverletzung und Gesundheitsschaden, S. 24ff., 94; *Schmidt/Brüggemeier*, Zivilrechtlicher Grundkurs, S. 316; *Schmidt*, KritV 2005, 177 (179); *Spindler/Rieckers*, JuS 2004, 272 (275, 278); *Spickhoff*, NJW 2002, 2530ff.; *Deutsch*, JZ 2002, 588ff.; *ders.*, AcP 202 (2002), 889 (898); *Katzenmeier*, JZ 2002, 1029ff.; *ders.*, VersR 2002, 1066; *Wagner*, NJW 2002, 2049 (2055f.); zurückhaltender *Lippert*, GesR 2002, 41 (45) sowie *Bäune/Dahm*, MedR 2004, 645 (652f.), die von einem Nebeneinander von Deliktsrecht und Vertragsrecht ausgehen.

106 Offen gelassen von *Müller*, in: FS für *Lorenz*, S. 475 (483f.) = GesR 2004, 257 (260).

107 Beispielsweise geht § 278 BGB von einer unbedingten Einstandspflicht für Hilfspersonen aus, dagegen besteht bei § 831 Abs. 1 S. 2 BGB ein (zumindest möglicher) Exkulpationsbeweis. Zu weiteren Gründen einer erleichterten Rechtsdurchsetzung siehe *Heidelk*, Gesundheitsverletzung und Gesundheitsschaden, S. 24ff.; *Spindler/Rieckers*, JuS 2004, 272ff; *Spickhoff*, NJW 2002, 2530ff.; *ders.*, Aktuelle Rechtsfragen des medizinischen Behandlungsverhältnisses, S. 58ff.; *Katzenmeier*, VersR 2002, 1066ff.

108 *Hart*, Jura 2000, 14, beschreibt das Arzthaftungsrecht als den am weitesten entwickelten Teil des zivilen Berufsrechts der Dienstleistungen. Siehe auch *Steffen/Dressler*, Arzthaftungsrecht, Rdnr. 1ff.

erst Berufspflichten begründet haben oder Auslöser für eine berufsrechtliche Anerkennung waren.[109] Deshalb kann das Recht der unerlaubten Handlungen möglicherweise und prinzipiell zur Fortbildung des Berufsrechts eher als das Vertragsrecht geeignet sein, und es ist auch wegen der Begrenztheit der Vertragsschuldner gegenüber den potentiellen Deliktsschuldnern anzunehmen, dass das Deliktsrecht zumindest teilweise dominant bleibt.

1. Vertraglicher Rahmen

Während die Behandlung eines Privatpatienten durch einen niedergelassenen Arzt unbestritten auf der Grundlage eines zwischen beiden geschlossenen zivilrechtlichen Vertrages erfolgt,[110] wird die *Geltung privatrechtlicher Normen* für das Verhältnis von Vertragsarzt und der Mehrheit der Patienten, den gesetzlich Versicherten, *in Frage gestellt.* Dabei stehen sich zwei gegensätzliche Standpunkte gegenüber.

a) Position I: Versorgungslösung

Hiernach schuldet der Vertragsarzt allein kraft öffentlich-rechtlicher Verpflichtung gegenüber seiner Kassenärztlichen Vereinigung die Behandlung des Patienten. Darüber hinaus soll eine privatrechtliche Beziehung zwischen den Parteien nicht gegeben sein, weil eine weitere Verpflichtung des Arztes gegenüber dem Patienten gerade nicht bestehe. Deshalb wird die Auffassung der Vertreter[111] unter dem Begriff Versorgungslösung zusammengefasst.

Als Argumente werden u. a. angeführt, dass bereits vor dem Hintergrund der gesetzlichen Ordnung im SGB V von einer krankenversicherungsrechtlichen Leistungserbringung auszugehen sei.[112] Wegen der Einbeziehung der sozialversicherungsrechtlichen Patienten und des Arztes in das System der vertragsärztli-

---

109 Vgl. u. a. die Rechtsprechung zur Dokumentationspflicht und zum Einsichtsrecht: BGHZ 72, 132 (137ff.); 85, 327 (338f.).

110 Ganz h. M., vgl. nur *Uhlenbruck/Laufs*, in: *Laufs/Uhlenbruck*, Handbuch des Arztrechts, § 40, Rdnr. 1f.

111 Für die Position stehen vor allem das BSG, beispielsweise BSGE 33, 158 (160f.); 55, 144 (149); 59, 172 (177) und sozialrechtliche Vertreter des Schrifttums wie *Bley/Kreikebohm/Marschner*, Sozialrecht, Rdnr. 664; *Clemens*, in: *Schulin*, Handbuch des Sozialversicherungsrechts, Bd. 1: Krankenversicherungsrecht, § 36, Rdnr. 27; *Krauskopf*, in: *Laufs/Uhlenbruck*, Handbuch des Arztrechts, § 25, Rdnr. 6ff.; *Haueisen*, NJW 1956, 1745 (1746); *Schmidt-De Caluwe*, VSSR 1998, 207ff.; siehe auch *Eberhardt*, AcP 171 (1971), 289 (301) und *Waltermann*, Sozialrecht, S. 98, die im Rahmen der Versorgungskonzeption von einem gesetzlichen Schuldverhältnis ausgehen. Siehe zum gesamten Themenkomplex die Diss. von *Buddee*, Der Arztvertrag nach dem SGB V, S. 20ff. sowie *Natter*, Der Arztvertrag mit dem sozialversicherten Patienten, S. 17ff. und jüngst *Hinz*, Das Behandlungsverhältnis zwischen Vertragsarzt und Patient in der gesetzlichen Krankenversicherung, S. 47ff.

112 *Waltermann*, Sozialrecht, S. 97.

chen Versorgung müsse darauf geschlossen werden, dass die Patient-Arzt-Beziehung durch das öffentlich-rechtlich ausgestaltete Sozialversicherungsrecht „überlagert" werde.[113] Der Vertragsarzt erfülle bei der Behandlung des Patienten gerade keine vertraglichen, sondern lediglich mitgliedschaftliche Pflichten.[114] Der Arzt handele eben nicht als privates Wirtschaftssubjekt, sondern er habe bei der Konkretisierung des Anspruchs des Versicherten eine amtsähnliche Stellung inne.[115] Somit sei die Erbringung der Leistung als Resultat der Amtsstellung des Vertragsarztes zu werten.[116] Letztlich wird noch auf die Norm des § 76 Abs. 4 SGB V verwiesen, die lediglich den Rückgriff auf den Sorgfaltsmaßstab des BGB beinhalten solle.[117]

---

113 Das ist ein Hauptargument der Vertreter der Versorgungsposition, vgl. *Schneider*, Handbuch des Kassenarztrechts, Rdnr. 1159. *Schneider* selbst jedoch, als Vertreter der Vertragskonzeption, lehnt die Argumentation als nicht durchgreifend ab. Nach *Baltzer*, JuS 1982, 651 (652), würde bei einer lediglich privatrechtlichen Sicht der Dinge die Bedeutung des Sozialversicherungssystems als Ursprung des gesamten kassenärztlichen Systems verkannt.

114 *Tiemann*, NJW 1985, 2169 (2170). Dazu wird weiter von *Peter*, Das Recht auf Einsicht in Krankenunterlagen, S. 52, angemerkt, dass der Vertragsarzt folglich nur in Ausführung des Sicherstellungsauftrages handele, welcher der kassenärztlichen Vereinigung kraft Gesetzes übertragen sei, damit die Krankenkasse ihrerseits gegenüber den Versicherten die Pflicht zur Sachleistung erfüllen könne. Somit sind nach *Buddee*, Der Arztvertrag nach dem SGB V, S. 21, durch den Kontrahierungszwang des Vertragsarztes und die fehlende Gestaltungsfreiheit in Folge der Bindungen an das Sozialrecht zudem weitere Argumente gegen einen in der Privatautonomie wurzelnden und damit privatrechtlichen Vertrag gegeben.

115 *Kötter*, Die Steuerung der ambulanten ärztlichen Versorgung im Recht der gesetzlichen Krankenversicherung, S. 201. Dazu wird weiter ausgeführt, dass der Patient gegenüber dem Vertragsarzt – vor dem Hintergrund der die Behandlung als Kassenpatient prägenden krankenversicherungsrechtlichen Lage – keine auf einen Vertragsschluss gerichtete Willenserklärung abgebe. Der Kassenpatient nehme vielmehr die Sachleistung – vgl. vor allem § 2 Abs. 2 und § 13 Abs. 1 SGB V – in Anspruch. Erbringe der Arzt dann dem Anspruchsberechtigten die Sach- und Dienstleistung, erkläre er nicht privatrechtlich, dass er sich zu Diensten verpflichten wolle, sondern er erfülle lediglich seine Verpflichtung zur Teilnahme an der vertragsärztlichen Versorgung. Darauf verweist *Waltermann*, Sozialrecht, S. 97. Nach der Änderung von § 13 SGB V durch das Gesetz zur Modernisierung der gesetzlichen Krankenversicherung (GMG) können Versicherte jedoch anstelle der Dienstleistungen jetzt ebenso Kostenerstattung wählen. Siehe dazu § 13 Abs. 2 und Abs. 4 SGB V, BGBl., Teil I, 2003, 2191.

116 Bei der Behandlung selbst werde dann nur der vorgegebene Anspruch konkretisiert. So *Schnapp*, NZS 2001, 337 (340).

117 *Baltzer*, JuS 1982, 651 (652), allerdings im Zusammenhang mit der damals geltenden Vorschrift des § 368 d Abs. 4 RVO. Wie bereits zur Geltung des § 368 d Abs. 4 RVO a. F. schlussfolgert man, dass § 76 Abs. 4 SGB V als Vorschrift erforderlich sei, weil eben zwischen Kassenpatient und Vertragsarzt kein Vertrag bestehe und der Patient andernfalls schutzlos gestellt wäre. Das Argument ist nach *Schneider*, Handbuch des Kassenarztrechts, Rdnr. 1159, zweites Hauptargument der Vertreter der Versorgungskonzeption. § 368 d Abs. 4 RVO ist inhaltsgleich mit § 76 Abs. 4 SGB V, welcher bestimmte: „Die Übernahme der Behandlung verpflichtet den an der kassenärztlichen Versorgung teilnehmenden Arzt dem zu Behandelnden gegenüber zur Sorgfalt nach den Vorschriften

Die Rechtsprechung ist nicht einheitlich. Während das BSG[118] die Versorgungskonzeption vertritt, stellte das BVerfG,[119] ohne eine Stellungnahme zu beziehen, fest, dass die Vertrags- und Leistungsbeziehungen zwischen Vertragsarzt und Kassenpatient in einem „subtil organisierten öffentlich-rechtlichen System"[120] eingebettet seien. Demgegenüber lehnt der BGH[121] die Versorgungskonzeption – bis auf eine Ausnahme[122] – ab.

b) Position II: Vertragslösung

Der BGH[123] favorisiert wie fast die gesamte zivilrechtliche Literatur[124] und Stimmen in der sozialrechtlichen Lehre[125] die sogenannte Vertragskonzeption, weil zwischen Vertragsarzt und Patient ein privatrechtlicher Vertrag zustande komme.

Die Auffassung wird u. a. damit begründet, dass sich sowohl die Partei- als auch die Pflichtenstellung des Vertragsarztes gegenüber dem Kassenpatienten nicht grundsätzlich von derjenigen gegenüber dem Selbstzahler unterscheidet; denn primär sei Gegenstand die ärztliche Behandlung.[126]

---

des bürgerlichen Vertragsrechts."

118 BSGE 33, 158 (160f.); 55, 144 (149); 59, 172 (177).

119 BVerfGE 11, 30 (40).

120 Das Urteil, in: BVerfGE 11, 30ff., erging noch zur alten Gesetzeslage, wobei das Kassenarztrecht noch in den §§ 368ff. RVO normiert war; vgl. zu diesem Befund aus der Literatur *Brackmann*, Handbuch der Sozialversicherung, S. 457ff. sowie jüngst, *Hinz*, Das Behandlungsverhältnis zwischen Vertragsarzt und Patient in der gesetzlichen Krankenversicherung, S. 22.

121 So der BGH in ständiger Rechtsprechung, beispielsweise BGHZ 63, 306 (309); 76, 259 (261); 100, 363 (367); BGH, NJW 2000, 3429 (3430).

122 Auf die Ausnahme in BGHZ 67, 92 (94), weist *Peter*, Das Recht auf Einsicht in Krankenunterlagen, S. 55, hin.

123 BGHZ 63, 306 (309); 76, 259 (261); 100, 363 (367); BGH, NJW 2000, 3429 (3430).

124 *Hart*, Jura 2000, 14 (15); *Schmidt/Brüggemeier*, Zivilrechtlicher Grundkurs, S. 238f.; *Giesen*, Arzthaftungsrecht, Rdnr. 5; *Steffen/Dressler*, Arzthaftungsrecht, Rdnr. 48; *Geiß/ Greiner*, Arzthaftpflichtrecht, Rdnr. A 9; *Deutsch/Spickhoff*, Medizinrecht, Rdnr. 3; *Frahm/Nixdorf*, Arzthaftungsrecht, Rdnr. 1; *Uhlenbruck/Laufs*, in: *Laufs/Uhlenbruck*, Handbuch des Arztrechts, § 40, Rdnr. 31; *Katzenmeier*, Arzthaftung, S. 94ff.; *Medicus*, Schuldrecht II, BT, Rdnr. 355; *Tiemann*, ArztR 1985, 291ff.; *Spindler/Rieckers*, JuS 2004, 272 (273); *MünchKomm-Müller-Glöge*, § 611, Rdnr. 49; *Palandt-Putzo*, vor § 611, Rdnr. 18; *RGRK-Nüßgens*, § 823 Anh. II, Rdnr. 9; *Soergel-Kraft*, vor § 611, Rdnr. 105; *Staudinger-Richardi*, Vorbem. zu § 611, Rdnr. 1252; *Erman-Edenfeld*, § 611, Rdnr. 48; *Michalski*, VersR 1997, 137f.; *Heinze*, MedR 1996, 252 (255).

125 *Francke*, Ärztliche Berufsfreiheit und Patientenrechte, S. 91; *Schmitt*, in: *Schulin*, Handbuch des Sozialversicherungsrechts, Bd. 1: Krankenversicherungsrecht, § 30, Rdnr. 42; *Schneider*, Handbuch des Kassenarztrechts, Rdnr. 1158ff.; *ders.*, MedR 2000, 497 (499); *Schimmelpfeng-Schütte*, MedR 2002, 286 (288).

126 *Steffen/Dressler*, Arzthaftungsrecht, Rdnr. 48 a; *Uhlenbruck/Laufs*, in: *Laufs/Uhlenbruck*, Handbuch des Arztrechts, § 40, Rdnr. 31. Deshalb bestehe nach *Schmitt*, in: *Schulin*, Handbuch des Sozialversicherungsrechts, Bd. 1: Krankenversicherungsrecht, § 30,

Für einen zivilrechtlichen Vertrag spreche ferner die Stellung der Vertragsärzte. Sie seien gerade keine „Medizinbeamten“ und nehmen nicht wie z. B. Notare als hoheitlich beliehene Privatrechtssubjekte am Rechtsverkehr teil, sondern sie sind, wenn zwar als Vertragsärzte besonders zugelassen und zur Behandlung verpflichtet, als selbständige Freiberufler tätig.[127]

c) *Traditionelle Argumente und die Leistungsebene im Mittelpunkt der Betrachtungen*

In der bisher geführten Diskussion überwiegen die Argumente für eine Vertragslösung; der von der Gegenseite u. a. angeführte § 76 Abs. 4 SGB V steht dem nicht entgegen.[128] Nach der Gesetzesbegründung soll die Vorschrift lediglich eine klarstellende Funktion erfüllen.[129] Sie kann deshalb als Bestätigung einer bereits bestehenden bürgerlich-rechtlichen Beziehung aufgefasst werden.[130] Ebenfalls sprechen systematische Gründe gegen die Versorgungskonzeption. Das SGB V hat das Rechtsverhältnis zwischen Vertragsarzt und Kassenpatient offengelassen.[131] Dagegen finden sich für die anderen Beziehungen der Beteiligten ausdrückliche Regelungen. Der eminenten Bedeutung des Behandlungsverhält-

---

Rdnr. 42, kein Unterschied zwischen der Behandlung eines gesetzlich Versicherten und der eines Privatversicherten. Ebenso erlaube sich keine unterschiedliche Behandlung deshalb, weil sich die Honorarforderung des Leistungserbringers gegen die Kassenärztliche Vereinigung statt gegen den Patienten richte. Allein die Einbettung des Behandlungssystems in das Vertragsarztsystem vermag das Verhältnis zweier Privatpersonen nicht grundsätzlich in ein öffentlich-rechtliches umzuwandeln. Denn sowohl Privat- als auch Kassenpatienten erhalten zunächst Leistungen durch den Arzt, woraus sie gegebenenfalls, nämlich bei fehlerhafter Behandlung, die gleichen Ansprüche auf Herausgabe von Unterlagen oder auf Schadensersatz sowie Schmerzensgeld durchsetzen wollen. Da der Inhalt des Rechtsverhältnisses in dem Fall dem Zivilrecht zuzuordnen sei, müsse insgesamt das Rechtsverhältnis der Beteiligten dem Zivilrecht zugeordnet werden. Zum letzten Aspekt nochmals *Schmitt*, in: *Schulin*, Handbuch des Sozialversicherungsrechts, Bd. 1: Krankenversicherungsrecht, § 30, Rdnr. 46.

127 So ausdrücklich *Waltermann*, Sozialrecht, S. 97, der selbst jedoch ein Vertreter der Versorgungslösung ist. Weder die kassenärztlichen Vereinigungen noch die Krankenkassen haben bei der Zulassung – selbst angesichts der Zulassungsbeschränkungen – tatsächlich eine Auswahlmöglichkeit; so *Hess*, in: *KasselerKomm*, § 103, Rdnr. 22ff. *Buddee*, Der Arztvertrag nach dem SGB V, S. 24, führt weiter aus, dass demnach der behandelnde Arzt eigenverantwortlich am Rechts- und Geschäftsleben teilnehme und seine Zulassung nicht mit einer Anstellung i. S. v. § 839 BGB verglichen werden könne. *Deutsch/Spickhoff*, Medizinrecht, Rdnr. 18, befürchten gar, dass der Arzt bei einem öffentlich-rechtlichen Verhältnis zum „Werkzeug“ der Sozialversicherung werden könnte.

128 Vgl. dazu *Katzenmeier*, Arzthaftung, S. 98 sowie jüngst *Hinz*, Das Behandlungsverhältnis zwischen Vertragsarzt und Patient in der gesetzlichen Krankenversicherung, S. 136ff.

129 Siehe dazu die amtliche Begründung zur Vorgängervorschrift des § 368 d Abs. 4 RVO, BT-Drucks. 1/3904, S. 20.

130 *Katzenmeier*, Arzthaftung, S. 98; *Frahm/Nixdorf*, Arzthaftungsrecht, Rdnr. 1; *Brox/Walker*, Besonderes Schuldrecht, S. 304.

131 Siehe insbesondere § 69 SGB V.

nisses zwischen Arzt und Patient wird man aber nicht gerecht, wenn die rechtlichen Grundlagen lediglich aus dem Kontext anderer Vorschriften abgeleitet werden.[132]

Der bisherige Diskussionsstand soll noch um einen weiteren Aspekt – der bisher noch nicht erörtert worden ist – ergänzt werden.

Eine Entscheidung für die Versorgungskonzeption hätte zur Folge, dass schon die Leistungsebene zwischen den Beteiligten durch das Sozialrecht bestimmt würde. In der Konsequenz wäre bei der Rezeption des medizinischen Standards durch das Haftungsrecht die Berücksichtigung sozialrechtlicher Vorgaben eine Selbstverständlichkeit. Folge der Auffassung wäre ebenso, dass die Grundrechte zwischen den Beteiligten unmittelbar gelten würden, mithin eine direkte Grundrechtsbindung der Parteien vorläge. Der Staat könnte dann weitergehend als bisher und unmittelbar über Art. 12 Abs. 1 GG das ärztliche Berufsrecht reglementieren[133] und durch den Schutz des Patienteninteresses als Abwehrrecht aus Artt. 2 Abs. 1 i. V. m. 1 GG (allgemeines Persönlichkeitsrecht) sowie nach Art. 2 Abs. 2 S. 1 GG (körperliche Integrität)[134] in die Arzt-Patient-Beziehung eingreifen. Ob dadurch eine qualitative Steigerung der sozialrechtlichen Versorgungsaufgabe erreicht werden könnte, bliebe zweifelhaft. Unmittelbare Grundrechtsbindung bedeutet zunächst lediglich ein Abwehrrecht[135] und darüber hinaus die Errichtung eines medizinischen Versorgungssystems,[136] in welchem eine angemessene[137] Behandlungsqualität erreicht wird. Dagegen besteht kein automatisches Teilhaberecht auf Zugang zur *optimalen* medizinischen Versorgung.[138]

Somit ist ein Gesundheitssystem, welches einem weitergehenden staatlichen Einfluss unterliegen würde und demnach auch die Versorgungskonzeption, im

---

132 So *Buddee*, Der Arztvertrag nach dem SGB V, S. 23.

133 Vgl. ausführlich *Stockhausen*, Ärztliche Berufsfreiheit und Kostendämpfung, S. 144ff. und zuletzt *Hinz*, Das Behandlungsverhältnis zwischen Vertragsarzt und Patient in der gesetzlichen Krankenversicherung, S. 81ff.

134 Dazu insbesondere *Francke*, Ärztliche Berufsfreiheit und Patientenrechte, S. 101ff. sowie *Francke/Hart*, in: *Hart*, Klinische Leitlinien und Recht, S. 187 (191).

135 *Taupitz*, in: *Nagel/Fuchs*, Rationalisierung und Rationierung im deutschen Gesundheitswesen, S. 86 (91); *Kliemt*, in: *Taupitz/Brewe*, Medizinische Versorgung in Zeiten knapper Kassen, S. 31 (40ff.); offen gelassen von *Quaas*, MedR 2001, 34 (37); a. A. *Seewald*, Gesundheit als Grundrecht, S. 7ff.; *Schwabe*, NJW 1969, 2274ff. Die Autoren versuchen einen Anspruch auf Gesundheitsversorgung aus der Ableitung originärer Teilhaberechte aus Abwehrrechten herzuleiten.

136 Ausführlicher zu dieser Problematik *Francke*, GesR 2003, 97 (99f.); *ders.*, Ärztliche Berufsfreiheit und Patientenrechte, S. 272.

137 Zur Qualität der medizinischen Versorgung als Gewährleistungsauftrag der öffentlichen Versorgung siehe ausführlicher *Francke/Hart*, in: *Hart*, Klinische Leitlinien und Recht, S. 187 (190ff.).

138 Vgl. *Kliemt*, in: *Taupitz/Brewe*, Medizinische Versorgung in Zeiten knapper Kassen, S. 31 (40ff.).

Ergebnis abzulehnen.[139] *Francke,*[140] der selbst davon ausgeht, dass sich die ärztliche Behandlung in der rechtlichen Beziehung zwischen Privaten vollzieht, hat überzeugend aufgezeigt, dass die Interessen der beiden Parteien auch in der Vertragslösung ausreichend gesichert und hinreichend berücksichtigt werden. Dazu bedarf es keines vermehrten staatlichen Einflusses auf das Gesundheitssystem.[141]

Ausgangspunkt ist vielmehr, dass die Leistungsebene im Vertragsverhältnis durch die Autonomie der Parteien bestimmt wird. Gerade ein Vertrag ist in der Lage, beiderseitige (Eigen-)Verantwortung i. S. v. Pflichten (Arzt = Behandlung) und Rechten (Patient = Mitwirkung) zu verdeutlichen. Ebenso wird dadurch der Kommunikationsprozess zwischen Arzt und Patient gefördert, ohne dass er ständiger (staatlicher) Reglementierung bedürfte. Weiterhin hat *Francke*[142] dargelegt, dass die Interessen des Patienten auch in einer privatrechtlichen Beziehung genügend Berücksichtigung finden. Das geschieht durch die Berücksichtigung *staatlicher Schutzpflichten*, wodurch die Grundrechte von Patienten und die ärztliche Berufsfreiheit auch im einfachen Recht einer interessengerechten Lösung zugeführt werden.

Dementsprechend kann auch das oben gefundene Ergebnis, dass das Haftungsrecht den medizinischen Standard rezipiert, bestätigt werden. Fließen sozialrechtliche Vorgaben in das Vertragsverhältnis auf der Leistungsebene mit ein, können und dürfen diese nicht ohne weiteres berücksichtigt werden. Es bedürfte zunächst zumindest eines *Trennungs- und Transparenzgebotes*, wenn überhaupt eine Rezeption erfolgen sollte.[143]

d) Die Norm des § 280 Abs. 1 BGB

Der Arztvertrag kommt beim privat und gesetzlich versicherten Patienten durch übereinstimmende Willenserklärungen der Beteiligten zu Stande, wobei die vertraglichen Erklärungen – wie bei vielen anderen Verträgen auch – nicht ausdrücklich abgegeben werden müssen, sondern schlüssiges Verhalten genügt.[144] Da konkludente Vereinbarungen in der Praxis den Regelfall bilden, gelten bei-

---

139 Eindringlich gegen eine Verstaatlichung des Gesundheitssystems *Stockhausen*, Ärztliche Berufsfreiheit und Kostendämpfung, S. 146f.

140 Vgl. insgesamt *Francke*, Ärztliche Berufsfreiheit und Patientenrechte.

141 *Stockhausen*, Ärztliche Berufsfreiheit und Kostendämpfung, S. 146f. In diese Richtung wohl auch *Hinz*, Das Behandlungsverhältnis zwischen Vertragsarzt und Patient in der gesetzlichen Krankenversicherung, S. 23, der vom „Rückzug der mittelbaren Staatsverwaltung aus dem Individualverhältnis Arzt-Patient" spricht, das im Gegenzug zu einer vermehrten Eigenverantwortung führt.

142 Zu den staatlichen Schutzpflichten siehe *Francke*, Ärztliche Berufsfreiheit und Patientenrechte, S. 91f. sowie insgesamt die Zusammenfassung S. 271ff.

143 Siehe dazu weiter unter Kapitel 1, IV.; weiterführend zum Spannungsverhältnis zwischen Haftungs- und Sozialrecht *Hart*, MedR 2002, 321ff.

144 Ganz h. M., vgl. *Uhlenbruck/Laufs*, in: *Laufs/Uhlenbruck*, Handbuch des Arztrechts, § 41, Rdnr. 10 und § 42, Rdnr. 2.

derseitige Erwartungsinteressen. Der Arzt will entsprechend dem medizinischen Standard diagnostizieren und therapieren, und der Patient wiederum erwartet dies. Folglich gilt der medizinische Standard kraft Vereinbarung der Parteien, wobei es sich nach fast ganz herrschender Ansicht[145] um eine dienstvertragliche Hauptleistungspflicht handelt. Dieser Standard ist objektiv-gruppenbezogen, und er ist nicht dem subjektiv-individuellen Leistungsvermögen des jeweiligen Arztes angepasst.[146]

Die Abweichung vom Standard bestimmt den Behandlungsfehler und eröffnet den Anwendungsbereich von § 280 Abs. 1 S. 1 BGB. Nach der Gesetzessystematik löst die gegenstands- bzw. erfolgsbezogene[147] Pflichtverletzung des § 280 Abs. 1 S. 1 BGB die Verschuldensvermutung des § 280 Abs. 1 S. 2 BGB mit der Folge aus, dass sich der Arzt nunmehr hinsichtlich der Sorgfaltswidrigkeit seines Handelns (in der Regel § 276 Abs. 2 BGB) zu entlasten hätte.[148] Ein solches Ergebnis vermag indessen nicht zu überzeugen.[149]

---

145 Für die höchstrichterliche und die oberlandesgerichtliche Rechtsprechung: BGHZ 63, 306 (309); 76, 249 (261); 97, 273 (276); OLG Braunschweig, VersR 1980, 853 (854); OLG Zweibrücken, NJW 1983, 2094; OLG Koblenz, NJW-RR 1994, 52; OLG München, VersR 1994, 862; OLG Köln, VersR 1998, 1510 (hier für die Durchführung einer kosmetischen Operation). In der Literatur u. a. *Hart*, Jura 2000, 14 (15); *Giesen*, Arzthaftungsrecht, Rdnr. 7; *Uhlenbruck/Laufs*, in: *Laufs/Uhlenbruck*, Handbuch des Arztrechts, § 39, Rdnr. 10; *Geiß/Greiner*; Arzthaftpflichtrecht, A Rdnr. 4; *Frahm/Nixdorf*, Arzthaftungsrecht, Rdnr. 2; *Steffen/Dressler*, Arzthaftungsrecht, Rdnr. 8; *Kern*, in: *Rieger*, Lexikon des Arztrechts, Kza. 335, Rdnr. 2; *Esser/Weyers*, Schuldrecht, Bd. II, BT, Tb 1, § 27 II. 3. d), S. 235; *Larenz*, Schuldrecht II, Bd. I, § 52 I, S. 310f.; *Broglie*, in: *Ehlers/Broglie*, Arzthaftungsrecht, Rdnr. 616; *Narr*, Arzt – Patient – Krankenhaus, S. 22; *Dietze/Brandenburg*, Recht in der Arztpraxis, S. 74f.; *Fuchs*, NJW 1981, 610 (611); *Spindler/Rieckers*, JuS 2004, 272 (273); *MünchKomm-Müller-Glöge*, § 611, Rdnr. 79; *MünchKomm*[3]*-Soergel*, § 631, Rdnr. 62f.; *Palandt-Putzo*, vor § 611, Rdnr. 18; *Jauernig-Schlechtriem*, vor § 611, Rdnr. 21; *RGRK-Anders/Gehle*, § 611, Rdnr. 165ff.; *Soergel-Kraft*, vor § 611, Rdnr. 104ff.; *Soergel-Teichmann*, vor § 631, Rdnr. 38; *Staudinger-Richardi*, Vorbem. zu § 611, Rdnr. 53f.; *Erman-Edenfeld*, § 611, Rdnr. 47. Dagegen für die Auslegung der Arzt-Patient-Beziehung als Werkvertrag *Jakobs*, NJW 1975, 1437 (1438). Noch anders *Deutsch/Geiger*, Medizinischer Behandlungsvertrag, S. 1049 (1095f.) sowie *Deutsch*, Medizinrecht[3], Rdnr. 67. Diese Autoren sprechen von einem Vertrag sui generis; dazu auch *Ehlers*, Die ärztliche Aufklärung vor medizinischen Eingriffen, S. 39.

146 BGHZ 113, 297 (303); *Müller*, DRiZ 259 (261); *Francke*, Ärztliche Berufsfreiheit und Patientenrechte, S. 188; *Giesen*, Arzthaftung, Rdnr. 72; *Geiß/Greiner*, Arzthaftpflichtrecht, B Rdnr. 2; *Frahm/Nixdorf*, Arzthaftungsrecht, Rdnr. 64; *Laufs*, in: *Laufs/Uhlenbruck*, Handbuch des Arztrechts, § 9, Rdnr. 11; *ders.*, in: FS für *Gernhuber*, S. 245 (252); *MünchKomm-Grundmann*, § 276, Rdnr. 54ff.; *Palandt-Heinrichs*, § 276, Rdnr. 15; *Jauernig-Vollkommer*, § 276, Rdnr. 29; *Spindler/Rieckers*, JuS 2004, 272 (274); *Kullmann*, VersR 1997, 529. Allgemein zum objektiven Fahrlässigkeitsmaßstab zuletzt *Brüggemeier*, in: Liber Amicorum für *Schmidt*, S. 33 (52f.).

147 Siehe zu ihrer Stellung im Rahmen von § 280 Abs. 1 S. 1 BGB, *Schmidt*, Das Schuldverhältnis, Rdnr. 188ff. und ausführlich *Heidelk*, Gesundheitsverletzung und Gesundheitsschaden, S. 94ff.

148 Ausführlich *Heidelk*, Gesundheitsverletzung und Gesundheitsschaden, S. 99ff.; speziell

Die Ursache dafür, dass sich das Grundkonzept des § 280 Abs. 1 BGB bei der Behandlungsfehlerhaftung nicht verwirklichen lässt, liegt darin, dass das fragliche Schuldverhältnis gar keine Erfolgsherbeiführung vorsieht. Im Dienstvertragsrecht der freien Berufe[150] existieren grundsätzlich keine gegenstands- bzw. erfolgsbezogenen Pflichten, es handelt sich um *rein verhaltensbezogene Pflichten*. Deshalb muss der Verletzungstatbestand schon von vornherein Verhaltensbezug aufweisen, mithin ist die von § 280 Abs. 1 BGB anvisierte Zweiteilung in objektive Gläubigerbeeinträchtigung und subjektives Vertretenmüssen nicht möglich.[151] Die Sorgfaltswidrigkeit gehört demnach bereits zum objektiven Verletzungstatbestand.

Im Rahmen der Arzthaftung gilt: *Die Abweichung vom Standard bestimmt den Behandlungsfehler*. Da der Standard die Pflicht und die Abweichung deren Verletzung ist, ist die Pflichtverletzung identisch mit dem Behandlungsfehler, und die Pflichtverletzung ist von der Pflichtwidrigkeit (= Fahrlässigkeit) nicht zu unterscheiden. In der Systematik des § 280 Abs. 1 BGB ist demnach der Behandlungsfehler identisch mit der Pflichtverletzung des § 280 Abs. 1 S. 1 BGB, und die Pflichtverletzung ist gleichzeitig die Pflichtwidrigkeit (= Fahrlässigkeit) des § 280 Abs. 1 S. 2 BGB.[152] Letzteres deshalb, weil die Unterscheidung zwischen innerer und äußerer Sorgfalt nicht überzeugen kann.[153] Subjektiv begründbare Abweichungen vom objektiven Standard existieren nicht; man kann in dem Zusammenhang lediglich von *medizinisch-situationsbezogenen Standardverände-*

---

zum Diagnosefehler jüngst *Hart*, in: Liber Amicorum für *Schmidt*, S. 131 (140ff.); *ders.*, MedR 2003, 603 (607).

149 Zum Versuch, die rechtliche Einordnung gleichwohl mit der in § 280 Abs. 1 BGB vorgesehenen Zweiteilung zu erreichen, *Spickhoff*, NJW 2002, 2530ff. und zuletzt *Spindler/Rieckers*, JuS 2004, 272 (274f.).

150 Siehe an gleicher Stelle Kapitel 1, A, II., 1., d), wonach der Arztvertrag nach fast einhelliger Auffassung als Dienstvertrag einzuordnen ist.

151 *Heidelk*, Gesundheitsverletzung und Gesundheitsschaden, S. 118ff.; *Schmidt*, Das Schuldverhältnis, Rdnr. 193; zuletzt *Hart*, in: Liber Amicorum für *Schmidt*, S. 131 (140) sowie *ders.*, in: *Hart*, Ärztliche Leitlinien im Medizin- und Gesundheitsrecht, S. 85 (97).

152 *Hart*, MedR 2003, 603 (608); aktuell *ders.*, in: Liber Amicorum für *Schmidt*, S. 131 (143).

153 Systematisch schon früh *Schmidt*, Athenäum-Zivilrecht I, Grundlagen des Vertrags- und Schuldrechts, S. 497, 500ff., 505f.; *ders.*, Das Schuldverhältnis, Rdnr. 193f.; *Brüggemeier*, Prinzipien des Haftungsrechts, S. 62ff., 73ff.; *Hart*, MedR 2003, 603 (608); *ders.*, in: *Hart*, Klinische Leitlinien und Recht, S. 81 (96); *Fabarius*, Äußere und innere Sorgfalt, S. 77ff.; *Heidelk*, Gesundheitsverletzung und Gesundheitsschaden, S. 118ff., a. A. *Deutsch*, NJW 1993, 1506ff.; *ders./Spickhoff*, Medizinrecht, Rdnr. 135ff. *Katzenmeier*, Arzthaftung, S. 186ff.; *Schelling*, Die ärztliche Aufklärung über die Qualität der Behandlung, S. 11f.; *Spickhoff*, NJW 2002, 2530ff.; *ders.*, NJW 2003, 1701 (1705, 1707); *ders.*, NJW 2005, 1694 (1698); *Voit*, KhuR 2003, 70 (76); *Spindler/Rieckers*, JuS 2004, 272 (273ff.); *Jürgens*, Technische Standards im Haftungsrecht, S. 149f.; *Rohde*, NJW 1988, 2285 (2286); vgl. auch *Walter*, Spezialisierung und Sorgfaltsstandards im Arzt- und Anwaltshaftungsrecht, S. 100ff.

rungen sprechen.[154] Solche können beim Vorliegen einer Notfallsituation auftreten.[155] Die Unkenntnis und/oder Nichterkennbarkeit eines bestehenden Standards darf und kann nicht entlasten. Folglich ist § 280 Abs. 1 S. 2 BGB im Bereich des Behandlungsfehlers bedeutungslos.[156]

2. Deliktsrechtlicher Rahmen

Im Rahmen des § 823 Abs. 1 BGB ist die deliktische Verkehrspflicht einer qualitativ guten Behandlung bei der Verfehlung des Standards verletzt. Das ist die logische Folge der im Vertragsrecht vertretenen Auffassung der fehlenden Unterscheidbarkeit von äußerer und innerer Sorgfalt. Demnach lässt sich auch im Recht der unerlaubten Handlungen eine Unterscheidung von („objektiver") Verkehrspflichtverletzung und („subjektiver") Pflichtwidrigkeit (= Fahrlässigkeit) nicht rechtfertigen.[157] Die Verkehrspflichtverletzung ist demgemäß von der Verkehrspflichtwidrigkeit nicht zu unterscheiden.

Im Ergebnis sind Vertrags- und Deliktsrecht im Bereich der Behandlungsfehlerhaftung im Pflichtengefüge und der Haftungsstruktur identisch. *Die Pflicht wird durch den Standard bestimmt.*

---

154 Das von *Deutsch*, Medizinrecht[3], Rdnr. 180, angeführte Beispiel des Augenarztes, welchem bei der Operation die Hand zittert, obwohl er in den Tagen vorher weder Tennis gespielt noch Alkohol getrunken hat, als Beispiel innerer Sorgfalt, taugt nicht für subjektiv begründbare Abweichungen vom objektiven Standard. Auch der BGH lehnt dies in ständiger Rechtsprechung ab. Für den groben Behandlungsfehler BGH, NJW 1992, 754 (755) mit Verweis auf die a. A. von *Deutsch*. „Bei der Beurteilung der Frage, ob ein grober Behandlungsfehler vorliegt, [...], geht es nicht, [...], um den Grad subjektiver Vorwerfbarkeit gegenüber dem Arzt. [...] Es kommt also nur darauf an, ob das ärztliche Verhalten eindeutig gegen gesicherte und bewährte medizinische Erkenntnisse und Erfahrungen verstieß. Wenn Ausführungen in einigen Senatsurteilen [...] anders zu verstehen sein sollten, wird daran nicht festgehalten." Zuletzt für den einfachen Behandlungsfehler bestätigt BGH, MedR 2004, 51, im LS: „Auf die subjektiven Fähigkeiten des behandelnden Arztes kommt es insoweit nicht an." Siehe des Weiteren BGH, a. a. O., S. 53 m. w. N. Dazu zustimmend in der Problemstellung zum Urteil *Kern*, MedR 2004, 51.

155 *Hart*, in: Liber Amicorum für *Schmidt*, S. 131 (143) und ausführlich sogleich Kapitel 1, A, III.

156 *Hart*, MedR 2003, 603 (608).

157 Aktuell *Hart*, in: *Hart*, Ärztliche Leitlinien im Medizin- und Gesundheitsrecht, S. 23 (62) und *ders.*, in: *Hart*, Klinische Leitlinien und Recht, S. 81 (96.); *ders.*, MedR 2003, 603 (608); *Schmidt*, Das Schuldverhältnis, Rdnr. 193f.; *Brüggemeier*, Prinzipien des Haftungsrechts, S. 62ff., 73ff.; *Schmidt/Brüggemeier*, Zivilrechtlicher Grundkurs, S. 242ff.; *Fabarius*, Äußere und innere Sorgfalt, S. 77ff.; systematisch schon früh *Schmidt*, Athenäum-Zivilrecht I, Grundlagen des Vertrags- und Schuldrechts, S. 497, 500ff., 505f.

III. Qualität medizinischer Behandlung bei der Notfallbehandlung

Bei der Rezeption des medizinischen Standards in das Arzthaftungsrecht ist festgestellt worden, dass *keine* subjektiv begründbare Abweichung vom objektiven Standard möglich ist. Unter bestimmten Umständen jedoch kann eine *medizinisch-situationsbezogene Standardveränderung* gestattet sein.[158] Das ist dann der Fall, wenn eine *Notfallsituation* vorliegt.[159] Von einer Notfallsituation ist u. a. bei Unglücksfällen, akut auftretenden Krankheiten, bedrohlichen Schwächezuständen und bei sich (rapide) verschlechternden Leiden auszugehen.[160] Kennzeichnend sind Elemente wie Überraschung, Plötzlichkeit, Unvorbereitetsein und Unvorhersehbarkeit.[161] Im Wesentlichen geht es um Sofortmaßnahmen, die der Arzt zur dringlichen Erstversorgung einzuleiten und durchzuführen hat.

Es müssen demnach zwangsläufig Beschränkungen an Entschlusszeit ebenso wie konkret zur Verfügung stehende sachlich/technische Mittel angemessen berücksichtigt werden. Daraus leitet die herrschende Meinung ab, dass zwar nicht der medizinische Standard von Beginn an niedriger anzusetzen sei, jedoch die Qualität der Behandlung eine der Situation entsprechende erforderliche Anpassung erfahren solle.[162]

Durch die Notfallsituation darf dem Arzt in keinerlei Hinsicht eine Haftungsprivilegierung gewährt werden; so aber eine Ansicht in der Literatur,[163] die bei der ärztlichen Behandlung von Bewusstlosen, insbesondere von Unfallopfern, über die Regeln der GoA § 680 BGB zur Anwendung bringen will. Diese Position ist abzulehnen. Sie hätte zur Folge, dass für den behandelnden Arzt lediglich der Sorgfaltsmaßstab grober Fahrlässigkeit gelten würde.[164]

---

158 So auch zuletzt *Heidelk*, Gesundheitsverletzung und Gesundheitsschaden, S. 121.

159 Dazu jüngst, *Walter*, Spezialisierung und Sorgfaltsstandards im Arzt- und Anwaltshaftungsrecht, S. 177ff. sowie *Debong*, ArztR 2003, 288ff.

160 *Laufs*, in: *Laufs/Uhlenbruck*, Handbuch des Arztrechts, § 17, Rdnr. 19; *Debong*, ArztR 2003, 288 (290).

161 *Deutsch/Spickhoff*, Medizinrecht, Rdnr. 483; *Debong*, ArztR 2003, 288 (290).

162 Schon früh *Rabel*, Die Haftpflicht des Arztes, S. 7; *Geiß/Greiner*, Arzthaftpflichtrecht, B Rdnr. 27; *Steffen/Dressler*, Arzthaftungsrecht, Rdnr. 65; *Deutsch/Spickhoff*, Medizinrecht, Rdnr. 483; *Giesen*, Arzthaftungsrecht, Rdnr. 98; *Laufs*, in: *Laufs/Uhlenbruck*, Handbuch des Arztrechts, § 17, Rdnr. 19f., 23f.; sowie § 100, Rdnr. 29; *Debong*, ArztR 2003, 288ff.; zuletzt *Walter*, Spezialisierung und Sorgfaltsstandards im Arzt- und Anwaltshaftungsrecht, S. 177ff.

163 *Deutsch/Spickhoff*, Medizinrecht, Rdnr. 486; *Kollhosser/Kubillus*, JA 1996, 339 (345); *MünchKomm*[3]*-Seiler*, § 680, Rdnr. 6; *Staudinger-Wittmann*, Vorbem. zu §§ 677ff., Rdnr. 20 sowie *ders.*, § 680, Rdnr. 1; differenzierend *Erman-Ehmann*, § 680, Rdnr. 2; *Lippert*, GesR 2002, 41 (44); offen gelassen von *Reiling*, MedR 1995, 443, Fn. 2.

164 *Steffen/Dressler*, Arzthaftungsrecht, Rdnr. 65: „Die Haftungsbeschränkungen ... [des § 680 BGB, Hinweis v. Verfasser] passen für die Berufshaftung des Arztes nicht; der Bundesgerichtshof hat stets den – freilich unter Umständen der Notsituation angepassten – allgemeinen ärztlichen Sorgfaltsmaßstab angelegt." Siehe auch *Geiß/Greiner*, Arzthaftpflichtrecht, A Rdnr. 27, m. w. Rechtsprechungsangaben; *Uhlenbruck/Laufs*, in:

Schmidt/Brüggemeier[165] zeigen z. B. auf, dass die Anwendung der GoA nicht zwingend ist, denn nimmt man bei der Behandlung Bewusstloser ein Vertragsschuldverhältnis ohne Vertragsschluss (sog. faktischer Vertrag) an, dann ergibt sich ein Rückgriff auf § 680 BGB nicht.[166] Durch eine teleologische Reduktion der Gesetzesnorm gelangt die vorherrschende Lehre[167] zum gleichen Ergebnis. Die Privilegierung soll vor allem als Ermutigung außenstehender Dritter für Hilfeleistungen in Notsituationen wirken,[168] dem Arzt dagegen, als professionellem Nothelfer, wird der Rückgriff auf § 680 BGB versagt. Das Ergebnis entspricht gleichzeitig den Interessen der beteiligten Parteien, denn einerseits fällt die Beherrschung medizinischer Notsituationen in den Rahmen der normalen ärztlichen Berufstätigkeit, für die er auch seine übliche Tätigkeitsvergütung und nicht nur den Ersatz seiner Aufwendungen (wie es § 683 BGB eigentlich vorsieht) erhält. Andererseits ist es nicht sachgerecht, dass das Unfallopfer, an dem bei der Operation ein Behandlungsfehler begangen wird, von Beginn an schlechter dastehen soll als der Patient, der einen ordentlichen Arzt- oder Krankenhausvertrag abgeschlossen hat.

Zusammenfassend lässt sich festhalten, dass eine *medizinisch-situationsbezogene* Standardänderung bei der Notfallbehandlung *akzeptiert* und dann wiederum *rezipiert* wird.

Die Aussage gilt allerdings nur für den Standard einer Notfallbehandlung. Damit ist noch keine Feststellung darüber getroffen, dass möglicherweise zum Notdienst eingeteilte Ärzte sowie an der Notversorgung beteiligte Krankenhäuser und auf Notfälle spezialisierte Kliniken weitergehenden Anforderungen genügen müssen. Hier können freilich bereits Pflichten zu rechtzeitigen Notfallvorkehrungen bestehen. Die letztgenannten Fallkonstellationen betreffen aber nicht mehr die Behandlung allein, sondern dort stehen Fragen der Organisation guter Behandlung im Mittelpunkt, welche voneinander zu trennen sind.[169]

Laufs/Uhlenbruck, Handbuch des Arztrechts, § 45, Rdnr. 19; *Katzenmeier*, Arzthaftung, S. 110; *Debong*, ArztR 2003, 288 (289f.); *Velten*, Der medizinische Standard im Arzthaftungsprozess, S. 15.

165 *Schmidt/Brüggemeier*, Zivilrechtlicher Grundkurs, S. 239.

166 So *Schmidt/Brüggemeier*, Zivilrechtlicher Grundkurs, S. 239f. Sie verweisen gerade für diese Konstellation darauf, dass die Regelung systematisch zutreffender wäre. In der Praxis stellten sich – jedenfalls bei erfolgreichen Behandlungen – zumeist keine Probleme, weil in der Regel eine nachträgliche Zustimmung des Patienten zu der Behandlung vorliegen wird.

167 Vgl. nur *Katzenmeier*, Arzthaftung, S. 110, m. w. N.

168 Zutreffend *Katzenmeier*, Arzthaftung, S. 110.

169 Siehe dazu unter Kapitel 1, B, I.

IV. Berücksichtigung wirtschaftlicher Erfordernisse im medizinischen Standard

In der Einleitung wurde herausgestellt, dass die Untersuchung zur Verwendung von ökonomischen Argumenten in der arzthaftungsrechtlichen Rechtsprechung Aufgabe der Arbeit ist. Deshalb gilt es, bereits im Rahmen der dogmatischen Grundlegung auf die Problematik einzugehen.

Denn es könnte sein, dass schon bei der oder für die Genese medizinischer Standards nicht-medizinische Aspekte mit einfließen. Solche Erwägungen – die vom Mediziner *Buchborn*[170] als sachfremd charakterisiert werden – könnten beispielsweise sein: ethisch bewertende Überlegungen, die vom medizinischen Wissen unabhängig sind,[171] (standes)politische[172] und gesundheitsökonomische Erwägungen[173] sowie allgemeine wirtschaftliche Überlegungen,[174] letztere u. a. vor allem beeinflusst durch das sozialversicherungsrechtliche Wirtschaftlichkeitsgebot[175] nach § 12 SGB V.

Das hat *Laufs*[176] zu der Aussage veranlasst, dass eine *ärztliche Internalisierung* des Wirtschaftlichkeitsgebots drohe, welche zu einer *ökonomischen Infiltration* des medizinischen Standards führen könne. Diese Linie führt *Kern*[177] in einem neueren Aufsatz fort. Der Autor zeichnet dabei den möglichen Weg einer zukünftigen Entwicklung vor und gelangt zu der Annahme, dass sich der Interessenkonflikt von knappen Ressourcen und medizinischem Standard bereits *in* der Standardbestimmung widerspiegeln werde.[178] Noch präziser formuliert *Hart*;[179] es könnte sein, dass „*ökonomische Überlegungen schon Bewertungskriterien für Diagnose- und Therapiestrategien bestimmen* und medizinische Forschung daran orientiert wird".[180]

---

170 *Buchborn*, MedR 1993, 328, 330f.

171 *Röfer*, Zur Berücksichtigung wirtschaftlicher Überlegungen bei der Festlegung arzthaftungsrechtlicher Sorgfaltsanforderungen, S. 56; *Buchborn*, MedR 1993, 328 (331); *Fuchs*, MedR 1993, 323 (324). So allgemein auch *Damm/Hart*, in: *Damm/Hart*, Rechtliche Regulierung von Gesundheitsrisiken, S. 7 (8).

172 *Hart*, VSSR 265 (273); *Buchborn*, MedR 1993, 328, 331; *Fuchs*, MedR 1993, 323 (326).

173 *Röfer*, Zur Berücksichtigung wirtschaftlicher Überlegungen bei der Festlegung arzthaftungsrechtlicher Sorgfaltsanforderungen, S. 54f.

174 *Hess*, in: *Nagel/Fuchs*, Leitlinien und Standards im Gesundheitswesen, S. 59 (63); *Ratzel*, Gynäkologe 1999, 944 (949).

175 *Hart*, MedR 1996, 60 (70); *Laufs*, in: *Laufs/Uhlenbruck*, Handbuch des Arztrechts, § 99, Rdnr. 25; *Conradi*, Verknappung medizinischer Ressourcen und Arzthaftung, S. 135; *Ulsenheimer*, MedR 1995, 438 (439f.); *Ehlers*, MedR 1993, 334 (336).

176 *Laufs*, in: *Laufs/Uhlenbruck*, Handbuch des Arztrechts, § 99, Rdnr. 25.

177 *Kern*, MedR 2004, 300 (301, 303).

178 *Kern*, MedR 2004, 300 (303).

179 *Hart*, MedR 1996, 60 (70).

180 *Hart*, MedR 1996, 60 (70), kursive Hervorhebung von ihm; vgl. auch *Hart*, MedR 1997, 51, der aufzeigt, dass in der Tumorbehandlung pharmazeutisch-unternehmerische Interessen (als finanzielle Interessen) mit medizinischen Interessen konfligieren können.

Solche nicht-medizinischen Aspekte, insbesondere die als Zielstellung der Arbeit erfassten *wirtschaftlichen Überlegungen, müssen strikt vom medizinischen Standard getrennt werden*, da es sich bei ihnen um *unterschiedliche Bewertungskriterien* handelt. Es soll im weiteren Verlauf der Arbeit der Versuch unternommen werden, diese internen Ökonomisierungen zu entdecken und zu isolieren, denn es bedarf ihrer *Transparenz*.[181] Das folgt nicht nur aus dem Gebot methodischer Redlichkeit, sondern aus dem Erfordernis arzthaftungsrechtlicher Anforderungen eines rechtsgutsbezogenen Patientenschutzes.[182] Die normativen Maßstäbe medizinischer und juristischer Bewertungen folgen *anderen* Zielen und Zwecken als die Ökonomie. Die juristischen Maßstäbe orientieren sich an dem Schutz von Rechtsgütern und Persönlichkeitsrechten. Diese Schutzperspektiven erfordern deshalb die Trennung und Transparenz der normativen und wirkungsbezogenen Orientierung der Entscheidungen in den medizinischen und juristischen Teilsystemen.[183]

Fließen Erwägungen über die ärztliche Profession hinaus in den medizinischen Standard ein, fehlt hierfür die Legitimation. Die Kompetenz der ärztlichen Profession ist nicht nur Grund der rechtlichen Rezeption des medizinischen Standards, sondern ebenso dessen Grenze.[184] Dort wo professionelle Kompetenz und Zuständigkeit endet, endet auch die Legitimation für die Setzung einer medizinischen und die Rezeption als rechtliche Norm. Die Identität von medizinischem und rechtlichem Standard wäre nicht mehr gegeben. Die Rezeption als rechtliche Norm kann und wird dann nicht mehr erfolgen. Nur dadurch lässt sich ein hoher Stand der Qualität der Behandlung aufrechterhalten.

Es muss geklärt werden, ob solche ökonomischen Erwägungen in allen Teilgebieten des Arzthaftungsrechts legitim sind, wo ein solcher Abwägungsprozess stattfinden könnte und welche Kriterien dafür maßgebend sind. Auf diese Problematik wird weiter in den nachfolgenden Kapiteln[185] eingegangen.

---

181 So ebenfalls *Fuchs*, in: *Nagel/Fuchs*, Rationalisierung und Rationierung im deutschen Gesundheitswesen, S. 42 (44); allgemeiner auch *Damm/Hart*, in: *Damm/Hart*, Rechtliche Regulierung von Gesundheitsrisiken, S. 7 (8). Missverständlich dagegen *Uhlenbruck*, MedR 1995, 427 (435), *Schelling*, Die ärztliche Aufklärung über die Qualität der Behandlung, S. 68 und teilweise auch *Conradi*, Verknappung medizinischer Ressourcen und Arzthaftung, S. 135. Die Autoren wollen z. T. schon im medizinischen Standard Kostenaspekte berücksichtigen.

182 *Taupitz*, in: *Nagel/Fuchs*, Rationalisierung und Rationierung im deutschen Gesundheitswesen, S. 86 (107).

183 *Hart*, MedR 1996, 60 (71).

184 Siehe oben Kapitel 1, A, I., 2., d).

185 Vgl. Kapitel 2, A, III.; Kapitel 4, A.

B Organisation: Organisationspflichten bezüglich der Qualität der Behandlung

Neben dem soeben dargestellten Standard, welcher die Qualität der Behandlung bestimmt, existiert ebenso ein Standard für die gute Organisation der Behandlung. Dieser bezieht sich insbesondere auf die Behandlung im Krankenhaus,[186] er gilt aber gleichermaßen, jedoch der Natur der Sache entsprechend regelmäßig weniger stark,[187] auch in der Praxis des niedergelassenen Arztes.[188] Für die Einhaltung der Standards guter Organisation sind der Krankenhausträger bzw. der Praxisleiter (je nach Organisationsform[189] von der Kapitalgesellschaft bis zur GbR) verantwortlich.[190] Die sich für den Organisationsverantwortlichen (Krankenhausträger, Praxisleiter) ergebenden Pflichten – als *organisatorische Gefahrabwendungspflichten*[191] – stellen umgekehrt Ansprüche des Patienten auf die Wahrung der Voraussetzungen guter Organisation dar.[192]

Der Organisationsbereich umfasst ein sehr weites Spektrum und kann sich auf die Patienteninformation (Aufklärung), die Dokumentation und die Einsichtgewährung beziehen.[193] Letztere Aspekte betreffen jedoch nicht die Problemstellung der Arbeit, es geht um die Organisation der Behandlung.[194] Dabei stehen Pflichten des ärztlichen und nicht-ärztlichen Krankenhaus- und Praxisbetriebes im Mittelpunkt.

---

186 *Francke/Hart*, Ärztliche Verantwortung und Patienteninformation, S. 102ff.; *dies.*, Charta der Patientenrechte, S. 29f.; vgl. auch *Hart*, in: *Preuss*, Risikoanalysen, S. 165 (173).

187 So der Befund bei *Deutsch/Spickhoff*, Medizinrecht, Rdnr. 297; *Laufs*, in: *Laufs/Uhlenbruck*, Handbuch des Arztrechts, § 102, Rdnr. 1; sowie *Zwiehoff*, MedR 2004, 364. Die Autorin führt, a. a. O., zahlreiche Gründe an, warum organisatorische Pflichten und damit die Haftungsfragen in einer großen Klinik naturgemäß weitaus umfangreicher sind.

188 *Hart*, MedR 1999, 47; *Zwiehoff*, MedR 2004, 364; *Ulsenheimer*, Arztstrafrecht in der Praxis, Rdnr. 142.

189 Zu den verschiedenen Organisationsformen siehe ausführlich die gesamte Diss. v. *Franke*, Die Ärzte-Partnerschaft.

190 *Francke/Hart*, Charta der Patientenrechte, S. 30.

191 Siehe dazu ferner *Hart*, MedR 1999, 47; *ders.*, Jura 2000, 64 (68f.).

192 Damit ist noch keine Aussage darüber getroffen, ob es sich um einen eigenen Haftungsanspruch wegen einer Organisationspflichtverletzung oder um einen Unterfall des Behandlungsfehlers handelt; dazu sogleich.

193 Vgl. zuletzt *Hart/Becker-Schwarze*, GesR 2005, 1 (3).

194 Zu den Organisationspflichten, die sich auf die Patienteninformation (z. B. Richtlinien über Zuständigkeiten, Art, Durchführung und Verwendung von Aufklärungsformularen), Dokumentation (z. B. Richtlinien über Zuständigkeiten, Art, Durchführung und Verwendung von Software) und Einsichtsgewährung (z. B. Richtlinien über Zuständigkeiten, Art, Durchführung und Kostentragung der Einsichtsgewährung) beziehen, siehe umfassend und weiterführend *Becker-Schwarze/Hart*, Risikomanagement in Bremer Krankenhäusern, S. 13., 167ff., 182ff., 185ff.

I. Bedeutung der Organisationspflichtverletzung

Zunächst soll untersucht werden, ob dem Patienten wegen einer Organisationspflichtverletzung bezüglich der Behandlungsqualität ein selbständiger hieraus abgeleiteter Haftungsanspruch zur Verfügung steht. Falls die Frage positiv beantwortet werden kann, ist anschließend auf die Haftungsgrundlagen einzugehen.

1. Konsequenz der von der Einheit der Normen vertretenen Ansicht beim Behandlungsfehler für die Organisationspflichtverletzung

Folge der bei der Behandlungsqualität vertretenen Ansicht ist, dass der Organisationsfehler einen *eigenständigen Fehlertypus* unabhängig vom Behandlungsfehler darstellt.[195] Deshalb könnte der Patient bei Vorliegen der entsprechenden Voraussetzungen aus einem *selbständigen Haftungsanspruch*, und zwar wegen *einer Organisationspflichtverletzung*, gegen den Krankenhausträger bzw. Praxisleiter vorgehen.

Das ist die dogmatische Fortführung des obigen Ergebnisses,[196] an welches nochmals erinnert werden soll: Medizin bestimmt Recht (ausschließlich allein) im definierten Bereich der ärztlichen Behandlung. Nur dort bestimmt der medizinische Standard guter Behandlungsqualität den rechtlichen Standard guter Behandlungsqualität. Dem Behandlungsfehler steht aber umgekehrt die *Vorherrschaft rechtlicher Kriterienbildung bei allen anderen Pflichtenstellungen und Fehlertypen in der Arzthaftung* gegenüber, der ärztliche „Professionsvorbehalt" gilt hier gerade nicht mehr.

Somit ist die Feststellung eines Organisationsfehlers eine rechtliche Frage, die vom Gericht unter Zuhilfenahme von Organisationssachverstand, der *interdisziplinär* und *multiprofessionell* aber eben nicht nur medizinisch besetzt ist, bewertet werden muss.

2. Gegenansicht

Unbestrittener Ausgangspunkt aller Vertreter der herrschenden Lehre[197] sowie der Rechtsprechung[198] ist, dass Patienten Ansprüche wegen der Verletzung von

---

195 Vgl. nochmals insbesondere Kapitel 1, A, I., 2., c).

196 Dazu Kapitel 1, A, I., 2.

197 *Francke/Hart*, Charta der Patientenrechte, S. 64ff.; *Giesen*, Arzthaftungsrecht, Rdnr. 142ff.; *Deutsch/Spickhoff*, Medizinrecht, Rdnr. 297ff.; *Laufs/Uhlenbruck*, Handbuch des Arztrechts, § 101, Rdnr. 1ff.; *Bergmann/Kienzle*, in: *Bergmann/Kienzle*, Krankenhaushaftung, Rdnr. 123ff.; *Brüggemeier*, Deliktsrecht, Rdnr. 443ff.; *Steffen/Dressler*, Arzthaftung, Rdnr. 190; *MünchKomm-Wagner*, § 823, Rdnr. 466ff., 651ff.

198 Z. B. BGH, VersR 1998, 1381 (1382); 634 (636); 1993, 1231 (1232f.); OLG Stuttgart, VersR 2000, 1108 (1109).

Organisationspflichten geltend machen können. Für die Gegenposition ergibt sich jedoch kein selbständiger Haftungsanspruch, sondern es soll lediglich ein Anspruch als ein Unterfall des Behandlungsfehlers vorliegen.

Stellvertretend für diese Annahme sei auf drei namhafte Autoren und die Rechtsprechung verwiesen. *Katzenmeier*,[199] der beim Behandlungsfehler von einer Dominanz der Normen ausgegangen ist, vollzieht keine *deutliche Trennung* zwischen Behandlung und Organisation. Er geht in einem neueren Aufsatz[200] wieder von seiner bekannten „Grenzkontrolle der Gerichte" aus und stellt unter Bezugnahme auf ein BGH-Urteil[201] zunächst zögerlich den Organisationsfehler heraus: „die Kooperation der Spezialisten *scheint auf den ersten Blick* eine Organisationsangelegenheit zu sein".[202] Seine Zweifel bezüglich eines *eigenständigen* Anspruchs wegen einer Organisationspflichtverletzung setzen sich fort, indem Katzenmeier schlussfolgert, dass „die Verantwortung in *erster Linie* die beteiligten Ärzte"[203] treffe. Der Autor erwähnt zwar, dass sich „die Frage stelle, ob und inwieweit der Krankenhausträger darauf achten muss, dass getroffene Kooperationsvereinbarungen eingehalten werden",[204] um dann abschließend aber wieder die *Behandelnden* in den Vordergrund zu rücken: „Die Gerichte können insoweit eigenständige Anforderungen an die beteiligten Mediziner stellen."[205]

Noch deutlicher äußert sich *Laufs*.[206] Mit seiner Aussage, dass „organisatorische Sorgfaltspflichten des Arztes wie des Krankenhausträgers an Gewicht gewinnen",[207] trennt er zunächst ebenso wenig zwischen Anforderungen an den behandelnden Arzt und organisatorischen Anforderungen an den Krankenhausträger. Er führt dann weiter aus: „Organisatorische Nachlässigkeiten und Versäumnisse der Verantwortlichen können dem Patienten zum Verhängnis werden. Ärztliche Verstöße gegen die zum Schutz des Patienten bestehenden organi-

---

199 *Katzenmeier*, Arzthaftung, S. 282 und siehe bereits oben unter Kapitel 1, A, I., 2., b).

200 *Katzenmeier*, MedR 2004, 34ff.

201 Es handelt sich um BGHZ 140, 309 ff.

202 *Katzenmeier*, MedR 2004, 34 (36); kursive Hervorhebungen nicht im Original.

203 *Katzenmeier*, MedR 2004, 34 (36); kursive Hervorhebungen nicht im Original.

204 *Katzenmeier*, MedR 2004, 34 (36f.).

205 *Katzenmeier*, MedR 2004, 34 (37).

206 *Laufs*, in: *Laufs/Uhlenbruck*, Handbuch des Arztrechts, § 102, Rdnr. 1ff. Als Überschrift formuliert *ders.* „I. Organisatorisches Fehlverhalten als Behandlungsfehler". So ebenfalls zunächst *Brandes*, Die Haftung für Organisationspflichtverletzung, S. 188 (insbesondere auch S. 140). Nach ihm fallen unter den Begriff der Behandlung alle Pflichten im Umfeld der Behandlung. „Insoweit sind auch ärztliche Pflichtverletzungen im organisatorischen Bereich als Behandlungsfehler einzuordnen. Das gilt [...] auch für organisatorische Aufgaben des Krankenhausträgers. Auch diese Aufgaben stehen im weiteren Zusammenhang mit der Behandlung." Dann jedoch widersprüchlich auf S. 142 seiner Dissertation: „Die primäre Organisationspflicht des Organisationspflichtigen (z. B. des Krankenhausträgers) besteht darin, für eine an der zu erfüllenden Aufgabe orientierte, zweckmäßige Organisation zu sorgen."; in diese Richtung gleichfalls S. 190.

207 *Laufs*, in: *Laufs/Uhlenbruck*, Handbuch des Arztrechts, § 102, Rdnr. 1.

satorischen Pflichten lassen sich durchaus als *Behandlungsfehler* bezeichnen."[208] Dieser Auffassung stimmt *Uhlenbruck*[209] ohne nähere Begründung zu.

Die Rechtsprechung vollzieht ebenfalls keine Trennung von Organisations- und Behandlungsfehler. Teilweise geht sie nur von einem Behandlungsfehler aus,[210] in anderen Urteilen wird der Begriff des Organisationsfehlers synonym mit dem Begriff des Behandlungsfehlers sowie auch als Behandlungsfehler im weiteren Sinn verwendet,[211] und schließlich existieren Urteile, in denen lediglich vom Organisationsfehler[212] bzw. Organisationsmangel[213] oder „Organisationsverschulden"[214] gesprochen wird.[215]

3. Problemaufriss

Die Frage ist, ob es sich lohnt, die Forderung nach einem selbständigen Haftungsanspruch wegen einer Organisationspflichtverletzung so sehr zu betonen.[216] Auf der einen Seite führt zwar nur dieser, die bei der Behandlungsqualität gewonnenen Ergebnisse stringent fort, dem steht aber auf der anderen Seite eine funktionsfähige und überwiegend ergebnisgerechte Dogmatik gegenüber. Größere dogmatische Klarheit vermag jedoch allein die Antwort auf eine solche Frage kaum zu geben, denn dogmatische Strukturfragen werden auf der Basis sachbezogener Argumente prinzipienorientiert und praktisch-ergebnisbezogen beantwortet.[217] Demnach ist weiter zu klären, worin Gründe und Folgen der unterschiedlichen Einordnung beider Positionen bestehen.

---

208 *Laufs*, in: *Laufs/Uhlenbruck*, Handbuch des Arztrechts, § 102, Rdnr. 3. Die Hervorhebung ist im Original ein Fettdruck. Des Weiteren verweist er in Fn. 2 von § 102, Rdnr. 3, auf eine Gegenansicht von *Brüggemeier*, Deliktsrecht, Rdnr. 765, der den Begriff des ärztlichen Behandlungsfehlers beschränkt wissen will.

209 *Uhlenbruck*, JZ 1994, 789, unter Hinweis auf *Laufs* sowie die Gegenansicht von *Brüggemeier* (siehe vorherige Fn.).

210 Z. B. BGHZ 88, 245 (252).

211 Das stellt auch *Pflüger* in seiner Dissertation, Krankenhaushaftung und Organisationsverschulden, S. 102, 133, fest. Aus der Rechtsprechung z. B. BGH, VersR 1993, 1231 (1232); 1998, 1381(1382).

212 BGH, VersR 1998, 634 (636).

213 OLG Stuttgart, VersR 2000, 1108 (1109).

214 OLG Köln, NJW 1978, 1690.

215 Das Unterschiede in der Rechtsprechung bestehen, übersieht *Beyerle*, Rechtsfragen medizinischer Qualitätskontrolle, S. 16, Fn. 21, die unter Verweis auf lediglich *eine* BGH-Entscheidung behauptet, dass die Rechtsprechung im Arzthaftungsrecht das „Organisationsverschulden" inzwischen zu einem eigenständigen Haftungsgrund entwickelt habe.

216 Dagegen *Nüßgens*, in: *RGRK*, § 823 Anh. II, Rdnr. 210: „Es mag dahinstehen, ob die Verletzung von Sorgfaltspflichten im organisatorischen Bereich als ‚Behandlungsfehler' einzuordnen ist, was wohl überwiegend geschieht, oder eine selbständige Fallgruppe darstellt (‚Organisationsfehler')."

217 *Hart*, in: FS für *Heinrichs*, S. 291, der des Weiteren darauf verweist, dass dogmatische Konstruktion geronnene Argumentation sei.

Es gilt, das Arzt-Patient-Verhältnis als Ausdruck eines *besonderen Vertrauensbündnisses* einerseits *gegen* die zunehmende *Spezialisierung*, *Technisierung*, *Wissenschaftlichkeit* und *Anonymisierung* der Medizin andererseits abzuwägen. Zu prüfen ist, ob Vergleiche mit Rechtsinstituten, die unserer Rechtsordnung immanent sind, Stichwort Produzenten- und Unternehmenshaftung, argumentativ berücksichtigt werden können und ebenso, ob ausländische Rechtsordnungen die Diskussion beeinflussen. Es gilt, über Beweiserleichterungen hinaus, mögliche Vorteile für den Patienten darzustellen, wenn ihm die Möglichkeit eingeräumt wird, direkt gegen den Praxisleiter respektive Krankenhausträger vorzugehen.

Die Akzeptanz eines eigenen Anspruchs wegen Verletzung von Organisationspflichten bei der Behandlung hätte zur Folge, dass eine Haftung nicht ausschließlich mit Rücksicht auf den *individuellen Behandlungsfall* getroffen wird, sondern dass sich die Haftung zum einen für den Organisationsverantwortlichen bereits *präventiv* auf der vorgelagerten Entscheidungsebene begründen ließe. Zum anderen würde die Entscheidung des Krankenhausträgers/Praxisleiters (die möglicherweise im Hinblick auf den medizinischen Gesamtablauf getroffen wurde) haftungsrechtlich sanktioniert, auch wenn sie sich *tatsächlich nur mittelbar* auf den einzelnen Patienten auswirkt.

a) Position I: *Vertrauen als der Inbegriff einer Arzt-Patient-Beziehung*

Ausgangspunkt der Auffassung[218] vom *Vertrauen als Inbegriff* einer Arzt-Patient-Beziehung ist, dass das Verhältnis zwischen Arzt und einzelnem Patienten im Vordergrund tradierter Berufsregeln stehe und sich personales Ethos zwischen Beiden nur dann angemessen entwickeln könne, wenn auch der institutionelle Rahmen den sittlichen Grundsätzen der medizinischen Ethik entspreche.[219] Diese von *Laufs*[220] vorgezeichnete Linie führt *Katzenmeier*[221] in seiner Habilitationsschrift weiter fort und bestätigt die tiefgehende Bedeutung der Korrelation zwischen Arzt und Patient wie folgt: „Der Verfasser sieht sich dem auf Freiheit und persönliche Verantwortung gegründeten, überlieferten Gefüge des Arzthaftungsrechts verpflichtet."[222] Das Vertrauen des Patienten sei als akzeptierte Abhängigkeit ein notwendiges Korrelat zur ärztlichen Verantwortung und dem Ethos der mitmenschlichen Gegenseitigkeit. Vertrauen sei durch nichts zu ersetzen, und als tragenden Grund der Arzt-Patient-Beziehung gebe es schlechter-

---

218 Die Hauptvertreter der Ansicht sind *Laufs* und *Katzenmeier*. Siehe für die entsprechenden Literaturnachweise die nachfolgenden Fn.

219 *Laufs*, in: *Laufs/Uhlenbruck*, Handbuch des Arztrechts, § 4, Rdnr. 4, 34; vgl. *ders.*, in: FS für *Lange*, S. 163ff. In diese Richtung auch *Schipperges*, Die Technik der Medizin und die Ethik des Arztes, S. 27ff.

220 Siehe insgesamt *Laufs*, in: *Laufs/Uhlenbruck*, Handbuch des Arztrechts, § 1 - § 14.

221 Umfassend *Katzenmeier*, Arzthaftung, S. 5ff., 150ff., 264ff.

222 Aus dem Vorwort von *Katzenmeier*, Arzthaftung, S. VII.

dings keine gleichwertige Alternative.[223] Dagegen beraube die neuere naturwissenschaftliche Medizin den Arzt seiner Partnerfunktion, welche er über Jahrtausende innehatte.[224]

Weiterhin sieht *Katzenmeier*[225] die Gefahr einer übermäßigen Jurifizierung. Dadurch könnte das Verhältnis zwischen Arzt und Patient zu einer reinen Geschäftsbeziehung herabsinken. Mit einer Kollektivierung von Risiken könne die Ausgliederung von Haftung aus dem Arzt-Patient-Verhältnis zu einer weiteren Reduzierung des personalen Elements der Beziehung führen.[226]

Ebenso gibt *Kern*[227] zu bedenken, dass durch die Akzeptanz eines selbständigen Haftungsanspruchs die Ausdehnung von Anforderungen an die Behandlungsseite drohe und das Missbehagen der Ärzteschaft durch Bedrängung von Verwaltung und Justiz wachse sowie eine Verrechtlichung der Medizin gefördert werde. Weiterhin bestehe die Gefahr, dass das gesamte ärztliche Handeln unter dem Gesichtspunkt der Organisationspflichtverletzung erfasst werde und somit für Versäumnisse gehaftet werden könne, obwohl im klassischen Sinne kein Behandlungsfehler vorliege.[228]

Die Rechtsprechung[229] lässt sich weder endgültig der einen noch der anderen Meinung zuordnen. Soweit ersichtlich stehen bedarfsgerechte prozessorientierte Handlungsstrategien im Vordergrund, die eine praktisch-ergebnisbezogene Argumentation bedingen.[230]

b) Position II: Organisationspflichtverletzung als eigenständiger Fehlertypus

Zahlreiche Autoren der Lehre[231] wollen dagegen dem Patienten einen eigenständigen Anspruch wegen der Verletzung von Organisationspflichten bei der Be-

---

223 *Katzenmeier*, Arzthaftung, S.10.

224 Die Aussage von *Katzenmeier*, Arzthaftung, S. 16, findet sich unter der Überschrift: „Verwissenschaftlichung der Medizin, Technisierung und Spezialisierung".

225 *Katzenmeier*, Arzthaftung, S. 36. Diese Argumentationslinie setzt sich insbesondere auf den S. 150ff. fort. Persönliches Verschulden sei nach Ansicht des Autors ein unabdingbarer Grund des Arzthaftungsrechts.

226 *Katzenmeier*, Arzthaftung, S. 265. Die Aussage ist aber im Zusammenhang mit einer Versicherungslösung zu sehen.

227 *Kern*, MedR 2000, 347 (351).

228 *Kern*, MedR 2000, 347 (351).

229 Vgl. die verschiedenen Urteile: BGHZ, 88, 245 (252); BGH, VersR 1993, 1231 (1232); 1998, 1381(1382); OLG Stuttgart, VersR 2000, 1108 (1109).

230 Auf einzelne Urteile wird deshalb in diesem Abschnitt an den entsprechenden Stellen verwiesen.

231 *Hart/Becker-Schwarze*, GesR 2005, 1 (3); *Hart*, MedR 1999, 47; *Deutsch/Spickhoff*, Medizinrecht, Rdnr. 297ff.; *Brüggemeier*, Deliktsrecht, Rdnr. 638; *Bergmann/Kienzle*, in: *Bergmann/Kienzle*, Krankenhaushaftung, Rdnr. 123ff.; *Bergmann*, VersR 1996, 810 (811); *Pflüger*, Krankenhaushaftung und Organisationsverschulden, S. 256ff.; *Münch-Komm-Wagner*, § 823; Rdnr. 651ff; *Deutsch*; NJW 2000, 1745ff.; siehe ebenfalls schon zu einem frühen Zeitpunkt die Forderung von *Sluyters* mit seinem Vortrag „Liability in

handlung gegen den Krankenhausträger zugestehen. Ihre Argumente werden analysiert und strukturiert.

aa) Sprachliche und systematische Gründe

Als einer der ersten Vertreter in der Lehre betonte *Brüggemeier*[232] die Eigenständigkeit eines selbständigen Anspruchs. Schon aus sprachlichen und systematischen Gründen müsse der Behandlungsfehler vom Organisationsfehler unterschieden werden. Bei Verletzung einer guten Behandlungsqualität gehe es ausschließlich um die medizinische Behandlung eines Menschen durch einen Arzt bzw. die ärztlich angeordnete Behandlung durch medizinisches Hilfspersonal.[233] Die juristische Sonderbehandlung des Behandlungsfehlers liege darin, dass dem Leben und der Gesundheit als betroffenen Rechtsgütern, der gewissen Unberechenbarkeit der Reaktion des lebenden menschlichen Organismus auf die medizinische Behandlung je nach dem nie völlig durchschaubaren Zustand des Patienten, mit der doppelten Folge eines verbleibenden mehr oder weniger großen Risikos bei jeder Behandlung, Rechnung getragen werden müsse.[234] Der Begriff des Behandlungsfehlers könne daher auf alle diejenigen fehlerhaften Verhaltensweisen des Arztes gegenüber seinen Patienten nicht angewendet *werden*, welche *nicht in der medizinischen Behandlung selbst* bestehen, auch wenn sie für den Schaden des Patienten kausal geworden sind, wie etwa Fehler in der Krankenhausorganisation.[235]

bb) Spezialisierung und Anonymisierung

Ebenso tritt *Deutsch*[236] für eine möglichst weitgehende Haftung wegen der Verletzung von Organisationspflichten ein, denn ein eigenständiger Anspruch würde *die heutige medizinische Versorgung* entsprechend *widerspiegeln*. Als Hauptargument führt er dafür die Anonymisierung im modernen Krankenhausbetrieb an.[237] Der Krankenhausträger müsse auf Grund seiner Organisationsverantwortung Aufgaben und Kompetenzen der Ärzte verschiedener Fachdisziplinen ko-

---

connection with hospital treatment" während des Kolloquiums des Europarats über das Thema „Zivilrechtliche Arzthaftung" im Jahre 1975, wobei er eine Kanalisierung der Haftung beim Krankenhausträger forderte, mitgeteilt von *Deutsch*, NJW 1975, 1452. Vgl. allgemein zur zunehmenden Prägung des Haftungsrechts durch Organisation *Damm*, VersR 1999, 129 (140).

232 Soweit ersichtlich hat als erster konsequent *Brüggemeier*, Deliktsrecht, Rdnr. 765, Fn. 303, diese Trennung vorgenommen: „Der Begriff des Behandlungsfehlers sollte aus systematischen und sprachlichen Gründen auf den medizinischen Behandlungsprozess im engeren Sinne beschränkt bleiben."

233 *Brüggemeier*, Deliktsrecht, Rdnr. 638.

234 *Brüggemeier*, Deliktsrecht, Rdnr. 640.

235 *Brüggemeier*, Deliktsrecht, Rdnr. 640.

236 *Deutsch*, NJW 2000, 1745 (1749).

237 *Deutsch*, NJW 2000, 1745 (1749).

ordinieren und miteinander abstimmen.[238] Dazu trete noch die umfangreiche Tätigkeit nicht-ärztlichen Personals, welches weiterer Absprache und Zuordnung bedürfe.[239] Angesichts ständig wechselnder Ärzte und Pflegekräfte und ihrer relativen Unbekanntheit ist die Anonymisierung im Krankenhaus groß.[240]

Die Unbekanntheit der Handelnden wird durch weiter zunehmende Arbeitsteilung und Spezialisierung in der modernen Medizin noch verstärkt.[241] Die moderne Medizin, vor allem im Krankenhaus, bedient sich zur Erfüllung ihrer Aufgaben aber nicht nur Medizinern. Der Arzt versieht seinen Dienst in immer ausgedehnteren therapeutischen Prozessen[242] mehr und mehr an der Seite nichtärztlicher Experten, beispielsweise arbeitet er mit einer wachsenden Anzahl von Physikern, Pharmakologen, Chemikern, Bioingenieuren, Psychologen und Psychotherapeuten sowie Sozialpädagogen zusammen.[243] Auch obliegen dem Krankenhausträger selbstverständlich Pflichten zur Sicherung eines gefahrlosen und hygienischen Zustands der Räumlichkeiten und Geräte, obwohl diese mit der Heilbehandlung direkt nichts zu tun haben, deren Erfüllung aber ebenfalls nur durch arbeitsteiliges Zusammenwirken aller Bediensteten sämtlicher Hierarchiestufen ermöglicht werden kann.[244]

Da der Patient nicht die Möglichkeit habe, die komplexen Abläufe zu überblikken, müsse ihm ein Haftungsanspruch direkt gegen den Krankenhausträger zur Verfügung gestellt werden, der sich dann – was sich gleichermaßen positiv für den Patienten auswirke – als passiv Legitimierter auch leichter ermitteln ließe.[245]

cc) Vergleich mit Produzentenhaftung

Bereits frühzeitig traten *Francke/Hart*[246] dafür ein, dem Patienten einen eigenständigen Haftungsanspruch wegen einer Organisationspflichtverletzung hinsichtlich der Qualität ärztlicher Leistungen im Krankenhaus zur Seite zu stellen. Die Begründung einer entsprechenden Pflicht ergebe sich aus einer Parallele zur Produzentenhaftung[247] und den dort unumstritten existierenden Produktbeobach-

---

238 *Genzel/Giess*, MedR 1999, 1 (5).

239 *Barthold*, FAZ v. 18.06.2005, S. 57.

240 *Deutsch*, NJW 2000, 1745 (1749).

241 *Pflüger*, Krankenhaushaftung und Organisationsverschulden, S. 242, spricht insoweit von einem kollektiven Systemversagen.

242 *Barthold*, FAZ v. 18.06.2005, S. 57.

243 Auf letzteres verweist *Laufs*, in: *Laufs/Uhlenbruck*, Handbuch des Arztrechts, § 1, Rdnr. 5. Er formuliert aber eher negativ, dass die anderen Disziplinen „in die klinischen Stäbe eindringen".

244 *MünchKomm-Wagner*, § 823, Rdnr. 653.

245 So *Deutsch*, NJW 2000, 1745 (1749).

246 *Francke/Hart*, Ärztliche Verantwortung und Patienteninformation, S. 50f., 102f.

247 Eine solche Formulierung, die aus dem Zusammenhang der Produzentenhaftung stammt, benutzt die Rechtsprechung in einer die Organisationspflicht des Krankenhausträgers betreffenden Entscheidung; BGH, VersR 1982, 161 (162): „Der Schaden beruht auf einem Fehler des in der Klinik der Beklagten hergestellten ‚Produkts' [...]".

tungspflichten.[248] Daraus folge die Verpflichtung, vermeidbare – d. h. beherrschbare – Qualitätsmängel in der Organisation der Behandlung auszuschließen und dadurch den Standard sicher einzuhalten.

Aufgegriffen und weiter fortgeführt wurde der Ansatz von *Drumm.*[249] Ähnlich wie der Produzent industrieller Waren „produziere" das Krankenhaus das Gut „Gesundheit", wenn es selbstverständlich keine Erfolgsgarantie für die Einzelbehandlung übernehmen könne. Es handele sich also um Verkehrspflichten des Krankenhausträgers, allgemein eine optimale Organisation der Behandlung im Krankenhaus zur Verfügung zu stellen.[250]

dd) Vergleich mit Unternehmenshaftung

Zahlreiche neuere Beiträge in der Literatur[251] ziehen nicht nur den Vergleich mit einem Warenproduzenten, sondern stellen generell Parallelen mit der Unternehmenshaftung her,[252] welche darüber hinaus auch die Dienstleistungsunternehmen erfasst. Anknüpfungspunkt ihrer Argumentation ist, dass Kliniken heutzutage modernen „Betrieben" entsprächen, weil bei der ärztlichen Versorgung in Krankenhäusern und Arztpraxen[253] strukturell die gleichen Probleme wie im Bereich der betrieblichen Organisation eines Unternehmens auftreten.

Deshalb seien die Probleme für Patienten auch im gleichen Sinne zu lösen, nämlich mithilfe eines eigenen Haftungsanspruchs, der sich aus der Organisationspflichtverletzung ergebe.[254] Die Funktion bestehe auch im Rahmen der Arzthaftung darin, die Haftung eines Unternehmers für sämtliche Pflichtverletzungen

---

248 *Francke/Hart*, Ärztliche Verantwortung und Patienteninformation, S. 102. Ebenso sind auch nach *Giesen*, Arzthaftungsrecht, Rdnr. 142, die Organisationspflichten des Krankenhausträgers vergleichbar mit den Grundsätzen über die Organisationspflichten des Produzenten.

249 Die Bearbeitung der Thematik erfolgte im Rahmen seiner Dissertation: *Drumm*, Die Grundsätze der Produzentenhaftung nach § 823 Abs. 1 BGB als Leitbild für die deliktische Haftung des Krankenhausträgers für medizinische Fehlleistungen, S. 90ff.; zustimmend *Brandes*, Die Haftung für Organisationspflichtverletzung, S. 189; a. A. *Pflüger*, Krankenhaushaftung und Organisationsverschulden, S. 258f.

250 *Drumm*, Die Grundsätze der Produzentenhaftung nach § 823 Abs. 1 BGB als Leitbild für die deliktische Haftung des Krankenhausträgers für medizinische Fehlleistungen, S. 166ff.

251 Siehe u. a. *Deutsch*, NJW 2000, 1745; *Genzel/Siess*, MedR 1999, 1 (4); *Ehlers*, RPG 1999, 85 (90); *Debong*, ArztR 2002, 32; *MünchKomm-Wagner*, § 823, Rdnr. 468, 651.

252 Siehe grundlegend zur Unternehmenshaftung bereits RGZ 53, 53 (58) und im gleichen Band 276 (281f.).

253 Ausdrücklich *Ehlers*, RPG 1999, 85 (90).

254 Eingehend zur Entwicklung der Unternehmenshaftung und der Herausbildung der Anspruchsgrundlagen *Brüggemeier*, Deliktsrecht, Rdnr. 501ff.; *ders.*, AcP 182 (1982), 385 (417ff.); *ders.*, AcP 191 (1991), 33ff.; *Matusche-Beckmann*, Das Organisationsverschulden, S. 14ff.; *Kleindiek*, Deliktshaftung und juristische Person, S. 292ff.; *Brandes*, Die Haftung für Organisationspflichtverletzung, dabei insbesondere für den Krankenhausträger S. 56ff.

im Rahmen der betrieblichen Arbeitsteilung zu etablieren.[255] Der Krankenhausträger sei gehalten, die Qualität der Behandlung durch organisatorische Maßnahmen zu sichern.[256] Nach *Wagner*[257] empfiehlt es sich schon aus der Funktion von Organisationspflichten nicht, „das Organisationsverschulden als Unterfall des Behandlungsfehlers zu verstehen".

Dem Vergleich mit der Unternehmenshaftung stimmt ebenfalls *Bergmann*[258] zu. Nach ihm handelt es sich bei Krankenhäusern um *„kundenpräsenzbedingte Dienstleistungsbetriebe"*, die im Bereich von Diagnostik, Therapie, Pflege, Betreuung, Unterbringung und Versorgung Dienstleistungen erbringen. In den sämtlichen Dienstleistungsteilbereichen bestehen Haftungsgefahren, die durch den Krankenhausträger als Organisationsverantwortlichem beherrschbar sind und bei Verletzung ihm, als eigenständigem Haftungssubjekt, zugeordnet werden müssen.[259]

ee) Rechtsvergleich

Ein weiteres Argument für einen eigenständigen Anspruch wegen einer Organisationspflichtverletzung lässt sich aus Vergleichen mit anderen Rechtsordnungen herleiten.[260]

Giesen[261] führte erst vor einigen Jahren aus, dass die *Konzentrierung der Schadensregulierung beim Krankenhausträger* eine Entwicklung darstelle, die ebenso in anderen deutsprachigen Ländern[262] und international[263] zu beobachten sei. In der Schweiz beispielsweise ergebe sich eine Enthaftung der in einem öffentlich-rechtlichen Amtsverhältnis stehenden Krankenhausärzte durch das kantonale Recht, worauf *Katzenmeier*[264] verweist. In den Niederlanden existiert eine erweiterte Haftungszuständigkeit des Krankenhausträgers für alle in der Klinik un-

---

255 *MünchKomm-Wagner*, § 823, Rdnr. 651.
256 *MünchKomm-Wagner*, § 823, Rdnr. 652.
257 *MünchKomm-Wagner*, § 823, Rdnr. 653.
258 *Bergmann*, in: *Bergmann/Kienzle*, Krankenhaushaftung, Rdnr. 527ff. Die Hervorhebung beruht auf den Verfassern *Bergmann/Kienzle*. So ausdrücklich *Genzel/Siess*, MedR 1999, 1 (4); auch *Stegers*, MedR 1997, 390 (396) sah das Krankenhaus bereits zu dem Zeitpunkt im Umbruch zum Dienstleistungsunternehmen.
259 *Bergmann*, in: *Bergmann/Kienzle*, Krankenhaushaftung, Rdnr. 527.
260 Eine rechtsvergleichende Betrachtung kann für das eigene Recht grundsätzlich rechtskulturell bereichernd wirken, das gilt insbesondere für ein modernes Gesundheits- und Medizinrecht. Siehe beispielsweise das internationale Netz von Leitlinienorganisationen zur Entwicklung und Verbreitung von Qualitätskriterien für Leitlinien – Guidelines International Network; näheres unter www.g-i-n.net.
261 *Giesen*, Arzthaftungsrecht, Rdnr. 24.
262 *Giesen*, Arzthaftungsrecht, Rdnr. 24, Fn. 98, mit Rechtsprechungsnachweisen für Österreich und die Schweiz.
263 Ausführlich dazu *Giesen*, International Medical Malpractice Law, Rdnr. 50–106; siehe auch *Katzenmeier*, Arzthaftung, S. 141.
264 *Katzenmeier*, Arzthaftung, S. 141, Fn. 422, m. w. N.

terlaufenen Fehler.[265] In Großbritannien übernimmt die Gesundheitsbehörde die unmittelbare Verantwortung für Schadensersatzansprüche gegenüber den bei ihnen beschäftigten Ärzten.[266] Auch für die USA sah der Health Care Security Act 1993 vor, dass an die Stelle der persönlichen Arzthaftung eine ausschließliche Haftung des Krankenhausträgers treten solle.[267]

Giesen[268] gebührt der Verdienst, die Diskussion bezüglich eines eigenständigen Anspruchs für den Patienten wegen einer Organisationspflichtverletzung mit dem rechtsvergleichenden Element aktualisiert zu haben. Die Forderung auf europäischer Ebene ist unterdessen nicht neu, bereits im Jahre 1975 hat sich *Sluyters*[269] beim Kolloquium des Europarats über europäisches Recht, das Fragen der Arzthaftung gewidmet war, für eine Konzentration der Schadensregulierung beim Krankenhausträger ausgesprochen. Der Referent vertrat den Standpunkt, die Haftung solle beim Krankenhausträger zentralisiert werden, damit sich der Krankenhauspatient wegen *jeder Fehlbehandlung* an den Krankenhausträger halten könne, denn es könne vom Patienten nicht verlangt werden, dass er dem System selbständiger oder unselbständiger Behandlung im Krankenhaus nachgehe. *Deutsch*,[270] der die Organisationspflichtverletzung ebenso als selbständigen Haftungsgrund einordnet, teilte mit, dass die Thesen *Sluyters* allgemeine Zustimmung unter den damaligen Teilnehmern fanden.[271]

ff) Stärkung der Patientenposition in Folge von Beweiserleichterungen

Durch einen eigenständigen Anspruch gegen den Praxisinhaber bzw. Krankenhausträger wegen einer Organisationspflichtverletzung, der sich aus Vertrag und Delikt (§ 823 Abs. 1 BGB) ergeben könnte,[272] stände dem Patienten ein weiterer

---

265 Regelung des Dutch Medical Act 1994, Artikel 7:462. *Fischer/Lilie*, Ärztliche Verantwortung im europäischen Rechtsvergleich, S. 161f., sehen die Regelung als „nachahmenswertes Vorbild" für das deutsche Recht.

266 Das ist zurückzuführen auf das am 1.1.1990 in Kraft getretene NHS-Indemnity Scheme.

267 Letztlich scheiterte dieser jedoch, dazu *Katzenmeier*, Arzthaftung, S. 141, unter Bezugnahme auf *Hirte/Otte*, VersR 1994, 1387 (1389); 1996, 274 (275f.); ZG 1994, 157 (170).

268 Nochmals *Giesen*, Arzthaftungsrecht, Rdnr. 24, Fn. 98, mit Rechtsprechungsnachweisen für Österreich und die Schweiz.

269 *Sluyters* mit seinem Vortrag „Liability in connection with hospital treatment" während des 5. Kolloquiums des Europarats (vom 3.-5.06.1975 in Lyon) über europäisches Recht, das dem Thema „Zivilrechtliche Arzthaftung" gewidmet war.

270 Zum Standpunkt von *Deutsch* ausführlich schon oben unter Kapitel 1, B, I., 3., b), bb) sowie *Deutsch*, NJW 2000, 1745ff.

271 Mitgeteilt von *Deutsch*, NJW 1975, 1452. Der Autor, a. a. O., führt weiter aus, dass an dem Kolloquium Vertreter aus 16 Ländern teilnahmen. Unser Land wurde vom damaligen Richter am BGH *Dunz* und eben *Deutsch* vertreten, daneben trat noch *Giesen* als Referent auf.

272 Dazu sogleich unter Kapitel 1, B, II.

Anspruch zur Seite: Er hätte die Möglichkeit, gegen mehrere Gesamtschuldner vorzugehen.[273]

Das würde zur Stärkung der Rechtsposition des Patienten führen, worauf fast alle Autoren[274] verweisen, weil dem Patienten im Rahmen dieses Anspruchs Beweiserleichterungen zu Gute kommen. Nach ständiger Rechtsprechung,[275] die von der Literatur[276] uneingeschränkte Zustimmung erfährt, hat sich der Organisationsverantwortliche wegen einer „Fehlervermutung"[277] (= Pflichtverletzungsvermutung) zu entlasten, wenn feststeht, dass die Verletzung bzw. Schädigung aus einem Bereich stammt, dessen Gefahren voll beherrscht werden können und deshalb vermieden werden müssen.[278] Ausgangspunkt der Beweiserleichterung für den Patienten war ein Fall des Versagens medizinisch-technischer Geräte.[279] Die Rechtsprechung[280] hat die dort entwickelten Grundsätze der Pflichtverletzungsvermutung schrittweise auf all jene Bereiche ausgedehnt, die vom Patienten unabhängig und von den individuellen Eigenheiten seines Organismus nicht beeinflusst sind.

---

273 Zum letzteren Aspekt siehe *Deutsch*, NJW 2000, 1745 (1749). Ansprüche gegen den Krankenhausträger bestehen daneben gemäß § 823 Abs. 1 BGB i. V. m. §§ 31, 89 BGB für Fehler von Organen (ärztliche Direktoren, Klinikleiter, Chefärzte) und gemäß § 839 BGB i. V. m. §§ 31, 89 BGB bei beamteten Organen und stationärer Behandlung (nach ständiger Rechtsprechung des BGH gilt für den beamteten Arzt das Verweisungsprivileg des § 839 Abs. 1 S. 2 BGB, siehe BGHZ 85, 393 [396ff.]; 95, 63 [75], sofern der Patient im Krankenhaus stationär behandelt wurde; bei ambulanter Behandlung im Krankenhaus richtet sich die Haftung des beamteten Chefarztes nach § 823 Abs. 1 BGB und nicht § 839 BGB, weil er nicht aus seiner dienstrechtlichen Stellung heraus tätig wird, so dass auch das Verweisungsprivileg nicht greifen kann, siehe dazu BGHZ 120, 376 [381ff.]) sowie gemäß § 831 BGB für Fehler des sonstigen – auch beamteten – ärztlichen und nicht-ärztlichen Personals. Zur Haftung des Krankenhausträgers und weiterer möglicher Gesamtschuldner, wie Krankenhausärzte und nicht-ärztliches Personal, siehe beispielsweise umfassend die Übersicht im *RGRK-Nüßgens*, § 823 Anh. II, Rdnr. 86, 256ff.

274 Stellvertretend dazu *Deutsch*, NJW 2000, 1745 (1749).

275 BGH, NJW 1978, 584f.; 1984, 1403 (1404); 1991, 1540 (1541); 1994, 1594 (1595f.).

276 *Francke/Hart*, Charta der Patientenrechte, S. 64ff.; *Becker-Schwarze/Lelgemann*, in: *Hart*, Ärztliche Leitlinien im Medizin- und Gesundheitsrecht, S. 303 (334). *Frahm/Nixdorf*, Arzthaftungsrecht, Rdnr. 137ff.; *Nixdorf*, VersR 1996, 160 (162f.); *Schwenzer*, Gynäkologe 1999, 927; *Müller*, NJW 1997, 3049 (3050); *Weber*, NJW 1997, 761 (764); *Schmid*, NJW 1994, 767 (773). In die Richtung ging schon früh die Forderung von *Sluyters* mit seinem Vortrag „Liability in connection with hospital treatment" während des Kolloquiums des Europarats über das Thema „Zivilrechtliche Arzthaftung" im Jahre 1975, wobei er eine Beweislastumkehr zu Gunsten des Patienten im Krankenhaus verlangte, mitgeteilt von *Deutsch*, NJW 1975, 1452.

277 Vgl. *Steffen/Dressler*, Arzthaftungsrecht, Rdnr. 500.

278 Zuletzt *Hart/Becker-Schwarze*, GesR 2005, 1 (5).

279 BGH, NJW 1978, 584f.; weitere Nachweise bei *Dubischar*, in: *AlternativKomm*, § 823, Rdnr. 31.

280 Vgl. BGH, NJW 1984, 1403 (1404); 1991, 1540 (1541); 1994, 1594 (1595).

Der BGH wendet diese Regelungen für Organisationsmängel ebenso bei der Prüfung der haftungsbegründenden Kausalität an.[281] Das ist u. a. dann der Fall, wenn der Krankenhausträger zur Behandlung eines Patienten unterdurchschnittlich qualifizierte Ärzte einsetzt.[282] Erleidet der Patient daraufhin einen Gesundheitsschaden, dann greifen Beweiserleichterungen für ihn bei der Frage der Kausalität ein. Der Krankenhausträger trägt im Prozess die Darlegungs- und Beweislast dafür, dass die eingetretene „Primärschädigung" nicht auf mangelnder Kenntnis und Erfahrung des Behandelnden beruhte.[283] Die Rechtsprechung weist zur Begründung der Verlagerung der Beweislast auf den Krankenhausträger auf die verschlechterte Prozesssituation des Patienten hin. Dieser wird den Nachweis, dass sich gerade bei ihm das spezifisch erhöhte Risiko der Anfängeroperation verwirklicht hat, kaum führen können. Vor allem aber begründet der VI. Senat des BGH[284] die Vermutung der Schadensursächlichkeit einer unzulänglichen Qualifikation des Operateurs damit, dass „das Risiko der Anfängeroperation, das Krankenhausträger und auszubildende Ärzte setzen und das geeignet ist, den Schaden beim Patienten zu verursachen, für sie voll beherrschbar [ist]. Dann müssen sie – ähnlich wie bei Vorliegen eines schweren Behandlungsfehlers – auch die Gefahr der Unaufklärbarkeit der Kausalität der vorwerfbar geschaffenen Risikoerhöhung für den eingetretenen Schaden tragen".[285] Weitere zahlreiche Beispiele aus der Rechtsprechung, in denen voll beherrschbare Risiken – und somit Beweiserleichterungen hinsichtlich der haftungsbegründenden Kausalität – aus der Sicht des Krankenhausträgers angesprochen sind, führen *Geiß/ Greiner*[286] an.

Insgesamt soll somit den Beweisnöten eines geschädigten Patienten – in Folge von Konkretisierung sowie Anonymisierung und Spezialisierung[287] in der Arztpraxis und vor allem im Krankenhaus – Rechnung getragen werden. In der heutigen Zeit ist anerkannt, dass Beweiserleichterungen für den Patienten hinsichtlich der gesamten Organisation des Behandlungsgeschehens gewährt werden.[288]

---

281 Vgl. die Darstellung der vielen Entscheidungen bei *Geiß/Greiner*, Arzthaftpflichtrecht, Rdnr. B 238ff.; etwas einschränkender *Katzenmeier*, MedR 2004, 34 (38f.); für den Bereich der technisch-apparativen Ausstattung wohl auch *Spickhoff*, Aktuelle Rechtsfragen des medizinischen Behandlungsverhältnisses, S. 60.

282 Das Beispiel ist entnommen bei *Katzenmeier*, MedR 2004, 34 (39).

283 *Steffen/Dressler*, Arzthaftungsrecht, Rdnr. 250ff; *Deutsch*, NJW 2000, 1745 (1748f.).

284 BGHZ 88, 248ff.; vgl. zur Darstellung der Entscheidung ausführlich unten Kapitel 3, B, VI., 2., b).

285 BGHZ 88, 248 (257); vgl. zur Darstellung der Entscheidung ausführlich unten Kapitel 3, B, VI., 2., b).

286 *Geiß/Greiner*, Arzthaftpflichtrecht, Rdnr. B 241ff.; u. a. werden etliche Entscheidungen aus den Bereichen Hygiene, Gerätesicherheit, Lagerungsschäden, Verrichtungssicherheit des Pflegepersonals u. s. w. aufgeführt; vgl. auch *Deutsch*, NJW 2000, 1745 (1748f.).

287 Dazu schon oben Kapitel 1, B., I., 3., a) bb).

288 *Geiß/Greiner*, Arzthaftpflichtrecht, Rdnr. B 238ff.; *Becker-Schwarze/Lelgemann*, in: *Hart*, Ärztliche Leitlinien im Medizin- und Gesundheitsrecht, S. 303 (330); mit Einschränkungen für die haftungsbegründende Kausalität siehe ebenfalls *Katzenmeier*,

gg) Rechtspraxis und Arzt-Patient-Verhältnis

Abschließend sei auch noch auf einen empirischen Faktor aus der anwaltlichen Praxis verwiesen. Nach einer rechtstatsächlichen Erhebung handelt es sich nach *Bergmann*[289] bei „sicherlich" 75 % aller von der Rechtsprechung zu entscheidenden Fälle nicht um Behandlungsvorwürfe im engeren Sinne, d. h. nicht um solche, bei denen die Frage zu klären wäre, ob der Arzt im konkreten Einzelfall den medizinischen Standard eingehalten habe, sondern um Fehler im Organisationsbereich des Krankenhauses.[290]

Eine solche Statistik wird durch den Rechtsanwalt *Stegers*[291] bestätigt. Er vertritt ebenso die Ansicht, dass die Erfahrung aus einer Vielzahl von Fällen mit Hospitälern lehre, dass heute neben den eigentlichen kurativen Pflichten vor allen Dingen institutionelle Pflichten und damit Fragen der Organisation, die in guter Qualität 24 Stunden am Tag erbracht werden müsse, in den Vordergrund rükken.[292] Um der Rechtspraxis zu entsprechen, soll auch aus diesem Grund der Organisationsfehler als eigenständiger Fehlertypus und nicht lediglich als Unterfall des Behandlungsfehlers berücksichtigt werden.

Unter Berücksichtigung der rechtstatsächlichen Erhebungen hat nunmehr *Zwiehoff*[293] als Vertreterin der Lehre festgestellt, dass es für den Bereich des Zivilrechts mittlerweile ausgemacht sei, dass „in vielen Fällen unabhängig davon, auf welcher Ebene die Erfüllung der Organisationspflichten angesiedelt ist, der Krankenhaus*träger* letztlich nach außen haftet".[294]

Schließlich soll noch ein Gedanke erwähnt werden, der einhellige Zustimmung bei allen Autoren[295] findet. Diese stimmen darin überein, dass eine weitgehende Konzentrierung der Schadensregulierung beim Krankenhausträger *dem Arzt-*

MedR 2004, S. 34 (38).

289 Die Zahlenangabe stammt von *Bergmann*, VersR 1996, 810 (811). In diese Richtung, ohne konkrete Zahlen zu nennen, auch *Pflüger*, Krankenhaushaftung und Organisationsverschulden, S. 241.

290 *Bergmann*, VersR 1996, 810 (811) fasst unter die Zahlenangabe und den Begriff des Organisationsfehlers auch Mängel, welche sich aus mangelnder Organisation der Aufklärung bzw. Dokumentation ergeben.

291 *Stegers*, MedR 1997, 390.

292 Zur Unterstützung seines Ergebnisses bezieht sich der Autor, a. a. O., Fn. 1, auch auf die Fallzahlen von *Bergmann*, VersR 1996, 810 (811).

293 *Zwiehoff*, MedR 2004, 364. Die Autorin, a. a. O., bezieht in ihren Befund die Fallangaben von *Bergmann*, VersR 1996, 810 (811) mit ein.

294 *Zwiehoff*, MedR 2004, 364f. (Die Hervorhebung [kursiv] stammt von der Autorin selbst).

295 Unter Verweis auf BGHZ 85, 393 (396), führte *Giesen* (Arzthaftung, Rdnr. 24, 142; so schon *ders.*, JZ 1990, 1053 [1055]) den Gedanken in die Literatur ein. *Laufs*, NJW 1996, 1571 (1576), nahm den Gedanken auf und spricht vom patientenfreundlichen Grundsatz umfassender Leistungs- und Haftungskonzentration beim Krankenhausträger. Zuletzt bestätigt in der Literatur durch *Zwiehoff*, MedR 2004, 364 (365). Aus der Rechtsprechung vgl. noch BGHZ 121, 107 (112f.).

Patient-Verhältnis zu Gute komme, weil die Streitigkeiten dann nicht mehr zwischen Arzt und Patient stattfinden, sondern zwischen Patient und Träger.[296]

c) *Plädoyer für eine Entkoppelung von Organisations- und Behandlungsfehler*

Der Patient kann bei einer Organisationspflichtverletzung in Bezug auf die Behandlungsqualität aus einem *selbständigen Haftungsanspruch gegen* den *Praxisleiter* bzw. *Krankenhausträger* vorgehen.

Das war bereits dogmatische Folge der bei der Behandlungsqualität vertretenen Auffassung. Die von der Gegenansicht vorgetragenen Argumente verändern das gefundene Ergebnis nicht.

Die Aussagen von *Katzenmeier*,[297] beispielsweise: „Anstatt dessen beraubt sie [die naturwissenschaftliche Medizin] den Arzt seiner Partnerfunktion, die er über Jahrtausende innehatte [...]“[298] reflektieren die Entwicklung der modernen naturwissenschaftlichen Medizin in nicht genügendem Maße.[299] Verwissenschaftlichung, Technisierung und Spezialisierung sind nicht nur einseitig zu Lasten der Arzt-Patient-Beziehung zu wertende Elemente, sondern sie sind das Spiegelbild der faktischen Umformung der ärztlichen Tätigkeit zu einem modernen, den Interessen des mündigen Patienten gerecht werdenden, „Dienstleistungsunternehmen“. Eine ständige Qualitätserhöhung von Behandlung und ihrer Organisation beinhaltet für Patienten erhöhte Heilungschancen, aber das beinhaltet auch für Ärzte – eingebettet in die Organisation Krankenhaus – die Möglichkeit, sich neuen beruflichen Herausforderungen zu stellen. Dieser *Zugewinn an Chancen* kann aber nur interessengerecht gelöst werden, wenn mit ihm auch ein *Zugewinn an Patientensicherheit* korrespondiert. Dieser lässt sich nur über einen selbständigen Anspruch des Patienten gegen den Träger des Krankenhauses erreichen.

Dass somit *auch* für Fehler gehaftet wird, *die nicht dem „klassischen“ Behandlungsfehler* zuzuordnen sind, ist das Ergebnis, welches die Entwicklung im Arzthaftungsrecht widerspiegelt. Das kann dann aber nicht wie von *Kern*[300] beschrieben als „Gefährdung und Verrechtlichung der Medizin“ postuliert werden.

Am Ende der Autorenbeiträge[301] ist jedoch zu sehen, dass zumindest die Schadensregulierung beim Krankenhausträger begrüßt wird und damit übertriebenes Krisengerede verblasst. Denn umgekehrt kann eine Haftungskonzentration

---

296 Das heben gleichermaßen *Katzenmeier*, MedR 2004, 34 (39f.) sowie *Kern*, MedR 2000, 347 (351) als Vertreter der Gegenauffassung ausdrücklich hervor.

297 Siehe ebenfalls oben Kapitel 1, B, 3., a).

298 *Katzenmeier*, Arzthaftung, S. 16.

299 *Künschner*, Wirtschaftlicher Behandlungsverzicht und Patientenauswahl, S. 242f., stellt in Frage, ob der Bedeutungsschwund persönlichen Vertrauens im Patient-Arzt-Verhältnis überhaupt als Faktum anerkannt werden sollte.

300 *Kern*, MedR 2000, 347 (351).

301 *Katzenmeier*, MedR 2004, 34 (39f.) und *Kern*, MedR 2000, 347 (351).

durchaus in der Lage sein, Vertrauensbeziehungen zwischen Patient und Arzt zu fördern, weil das insbesondere von *Katzenmeier*[302] betonte unverzichtbare Vertrauensverhältnis zwischen Arzt und Patient – infolge der Konzentration beim Krankenhausträger – nicht so sehr belastet wird.[303]

Zusammenfassend lässt sich festhalten, dass Organisationspflichten bezüglich der Behandlung nicht *unmittelbar* in die *individuelle Beziehung* zwischen Arzt und Patient eingreifen und ebenso wenig *unmittelbar* in die *konkrete, einzelne Behandlung*, die durch die ärztliche Verantwortung begründet ist. Deshalb müssen Praxisinhaber und Krankenhausträger verpflichtet werden, eine Organisation vorzuhalten, die es dem ärztlichen, aber auch dem nicht-ärztlichen Personal ermöglicht, in einem durch Organisationsmaßnahmen weitgehend rechtsklaren und rechtssicheren Raum ihren beruflichen Pflichten nachzugehen.

Dem Fortschreiten der Krankenhäuser zu modernen medizinischen Dienstleistungsunternehmen mit allen Folgen wie Anonymisierung, Technisierung, Spezialisierung sowie Verwissenschaftlichung muss im Interesse eines effektiven Patientenschutzes – durch eine *interessengerechte Haftungsbündelung* beim Krankenhausträger – entsprochen werden. Ein solcher Anspruch entspricht zugleich rechtstatsächlichen Erhebungen.

Zusammenfassend gilt: In der *modernen Arzthaftung* kann der Patient bei Verletzung von Organisationspflichten hinsichtlich der Behandlungsqualität aus einem *selbständigen Haftungsanspruch gegen* den *Krankenhausträger* respektive *Praxisleiter* vorgehen. Weiterhin gilt: *Moderne „Arzt"haftung ist zum Großteil Organisationshaftung.*[304]

II. Haftungsgrundlagen

Nachdem die Frage eines selbständigen Anspruchs positiv beantwortet werden konnte, gilt es, den rechtlichen Rahmen anhand der konkreten Haftungsnormen darzustellen.

1. Vertraglicher Rahmen

Bei Verletzung von Organisationspflichten folgt die Haftung des Praxisleiters bzw. des Krankenhausträgers aus Vertrag[305] und Delikt.[306]

---

302 *Katzenmeier*, Arzthaftung, S.10.

303 Darauf weist ebenfalls ausdrücklich *Zwiehoff*, MedR 2004, 364 (365), hin.

304 Früh schon *Franzki*, MedR 1994, 171 (177), bei dem es heißt: „Große Bedeutung kommt der Haftung für Organisationsmängel zu." Ihm folgend und noch deutlicher *Deutsch*, NJW 2000, 1745 (1749), der formuliert: „Medizinhaftung ist zu nicht geringem Teil Organisationshaftung."

305 Für Kassenpatienten ist der Vertrag zum Krankenhausträger ebenfalls als bürgerlich-

Der organisatorische Standard gilt im vertraglichen Rahmen zwischen Patient und Krankenhausträger[307] auf Grund konkludenter Vereinbarung.[308] Der Träger des Krankenhauses schuldet danach die Organisation der Behandlung nach dem Standard. Gleiches trifft für die vertragliche Beziehung zwischen Patient und (Gruppen-)Praxis-leiter[309] zu, wobei hier, je nach Größe der Einrichtung, ebenso Konkludenz überwiegen wird. Folglich gelten beiderseitige Erwartungsinteressen, wobei der Patient eine Organisation entsprechend dem Standard erwartet, der erfüllt werden muss. Dieser Standard ist objektiv-gruppenbezogen, und er ist nicht dem subjektiv-individuellen Leistungsvermögen des einzelnen Krankenhauses angepasst.[310]

Von der haftungsrechtlichen Struktur her sind Organisationsfehler in der vertraglichen Praxis-/Krankenhausträgerhaftung ebenso zu behandeln wie Behand-

---

rechtlicher Vertrag zu qualifizieren, siehe *Uhlenbruck/Laufs*, in: *Laufs/Uhlenbruck*, Handbuch des Arztrechts, § 41, Rdnr. 15; *Armbrüster*, JuS 1997, 907; *Baur*, in: FS für *Narr*, S. 150. Dabei ist unerheblich, ob der Krankenhausträger öffentlich-rechtlich organisiert ist; vgl. dazu *Katzenmeier*, Arzthaftung, S. 98. Hoheitlich geprägt ist das Verhältnis nur, wenn die Unterbringung im öffentlichen Interesse angeordnet worden ist, beispielsweise auf der Grundlage der Unterbringungsgesetze der Länder.

306 *Hart*, MedR 2003, 603 (608); *ders.*, Jura 2000, 64 (69); *ders./Francke*, Ärztliche Verantwortung und Patienteninformation, S. 53; *Deutsch/Spickhoff*, Medizinrecht, Rdnr. 298; *Schmidt/Brüggemeier*, Zivilrechtlicher Grundkurs, S. 317; *Pflüger*, Krankenhaushaftung und Organisationsverschulden, S. 95; *Brandes*, Die Haftung für Organisationspflichtverletzung, S. 130f., 161; *Voß*, Kostendruck und Ressourcenknappheit im Arzthaftungsrecht, S. 70; *Baur*, in: FS für *Narr*, S. 150; *Bergmann*, VersR 1996, 810 (811); *Ehlers*, RPG 1999, 85.

307 Zu den drei verschiedenen Grundtypen von Krankenhausverträgen siehe *Hart*, Jura 2000, 14 (17f.) und *Genzel*, in: *Laufs/Uhlenbruck*, Handbuch des Arztrechts, § 93 Rdnr. 2ff. Daneben bestehen noch Krankenhausverträge, die auf bestimmte Behandlungsleistungen beschränkt sind, siehe §§ 115 a, 115 b, 117, 118, 119 SGB V. Die ambulante Krankenhausbehandlung dagegen ist Arzt- und nicht Krankenhausvertrag, dazu BGHZ 105, 189; 120, 376.

308 In aller Regel unterzeichnet der Patient persönlich die Aufnahmeerklärung. Einen anderen Bereich betrifft die zwangsweise Einweisung eines Patienten auf Grund strafprozessualer oder sicherheitsrechtlicher Vorschriften (z. B. landesrechtlicher Verwahrungsgesetze), dazu BGHZ 38, 49. Dabei bestehen öffentlich-rechtliche Beziehungen zwischen den Parteien, der Krankenhausträger wird hier aus dem Deliktsrecht zur Einhaltung des organisatorischen Standards verpflichtet.

309 Der einzelne niedergelassene Arzt ist gleichzeitig Praxisleiter. Der Organisationsstandard ist dann auf Grund der vertraglichen Arzt-Patient-Beziehung einzuhalten. Unter den Begriff der Gruppenpraxis fallen Kooperationen von Ärzten; dies können Praxisgemeinschaften, Gemeinschaftspraxen, Partnerschaftsgesellschaften, GmbHs (streitig) und andere Rechtsformen sein, welche unterschiedliche Größen aufweisen. Der Praxisleiter wird dann selbst nicht mehr ärztlich tätig sein. Siehe umfassend *Uhlenbruck/Schlund*, in: *Laufs/Uhlenbruck*, Handbuch des Arztrechts, § 18, Rdnr. 6ff. und speziell zu Problemen bei der Rechtsform der GmbH *Taupitz*, JZ 1994, 1100ff.; *ders.*; NJW 1992, 2317ff.; *ders.*, in: FS für *Geiß*, S. 503ff.

310 Zu der Frage, ob Abstufungen zwischen unterschiedlichen Einrichtungen wie einem Versorgungskrankenhaus oder einer Universitätsklinik zulässig sind, später in Kapitel 4, B, I., 2.

lungsfehler.[311] Deshalb gilt auch hier: Die Abweichung vom Standard bestimmt den Organisationsfehler und eröffnet den Anwendungsbereich von § 280 Abs. 1 S. 1 BGB.[312] Da der *Standard die Pflicht* und *die Abweichung deren Verletzung* ist, ist die *Pflichtverletzung identisch mit dem Organisationsfehler*, und die Pflichtverletzung ist von der Pflichtwidrigkeit (= Fahrlässigkeit) nicht zu unterscheiden. Nochmals: Die Entscheidung über das Bestehen einer Organisationspflicht ist Rechtsentscheidung nach Beratung durch Organisationssachverstand, der *multidisziplinär* und *nicht nur medizinisch* definiert ist. In der Systematik des § 280 Abs. 1 BGB ist demnach der Organisationsfehler identisch mit der Pflichtverletzung des § 280 Abs. 1 S. 1 BGB, und die Pflichtverletzung ist gleichzeitig die Pflichtwidrigkeit (= Fahrlässigkeit) des § 280 Abs. 1 S. 2 BGB. Ebenso wie im Deliktsrecht ist aus Sachgründen der Organisationsverantwortliche auch nachweispflichtig dafür, dass eine Organisationspflichtverletzung nicht vorliegt.[313] Ein Grund für eine beweisrechtliche Differenzierung zwischen Delikts- und Vertragsrecht ist nicht gegeben.[314] Deshalb gilt § 280 Abs. 1 S. 2 BGB auch hier nicht. Wenn feststeht, dass die Verletzung bzw. Schädigung aus einem Bereich stammt, dessen Gefahren voll beherrscht werden können und darum vermieden werden müssen, hat sich nach ständiger Rechtsprechung, die von der Literatur uneingeschränkte Zustimmung erfährt, der Organisationsverantwortliche wegen einer „Fehlervermutung" (= Pflichtverletzungsvermutung) zu entlasten.

2. Deliktsrechtlicher Rahmen

Im Rahmen des Deliktsrechts ist die Organisationspflicht (guter Behandlung) als allgemeine Geschäftsherrnpflicht des Krankenhausträgers bzw. Praxisleiters – rechtsform-unabhängig – in § 823 Abs. 1 BGB angesiedelt.[315] Dabei handelt es sich um eine *Verkehrspflicht* des Organisationsverantwortlichen.[316]

---

311 So auch *Heidelk*, Gesundheitsverletzung und Gesundheitsschaden, S. 131 sowie *Hart*, MedR 2003, 603 (608).

312 Siehe schon oben Kapitel 1, A, II., 1., d).

313 Siehe nochmals unter Kapitel 1, A, II., 1., d).

314 *Brandes*, Die Haftung für Organisationspflichtverletzung, S. 143, in Bezug auf die alte Rechtslage; für die Neuregelung siehe *Hart*, MedR 2003, 603 (609).

315 *Brüggemeier*, Prinzipien des Haftungsrechts, S. 112ff.; *ders.*, Deliktsrecht, Rdnr. 112ff., *Schmidt/Brüggemeier*, Zivilrechtlicher Grundkurs, S. 328; *v. Bar*, Verkehrspflichten, S. 284ff.; *MünchKomm-Wagner*, § 823, Rdnr. 368; *RGRK-Steffen*, § 831, Rdnr. 4; speziell für die Krankenhaushaftung, *Pflüger*, Krankenhaushaftung und Organisationsverschulden, S. 250 sowie *Lippert*, NJW 1984, 2606 (2607); aus der Rechtsprechung BGH, NJW 1986, 776; VersR 1985, 1043ff.; a. A. *Canaris*, in: FS für *Larenz*, S. 26 (82).

316 *Schmidt/Brüggemeier*, Zivilrechtlicher Grundkurs, S. 328; *Brüggemeier*, Prinzipien des Haftungsrechts, S. 112ff.; *ders.*, Deliktsrecht, Rdnr. 112ff.; siehe auch *Katzenmeier*, Arzthaftung, S. 163ff.; *Pflüger*, Krankenhaushaftung und Organisationsverschulden, S. 95. Warum es sich bei Organisationspflichten um Verkehrspflichten handelt, hat ausführlich *Brandes*, Die Haftung für Organisationspflichtverletzung, S. 161ff., dargestellt;

Die deliktische *Verkehrspflicht* einer qualitativ guten Organisation der Behandlung ist bei der Verfehlung des Organisationsstandards verletzt. Das ist die Folge der im Vertragsrecht vertretenen Auffassung der fehlenden Unterscheidbarkeit von äußerer und innerer Sorgfalt. Demnach lässt sich auch im Recht der unerlaubten Handlungen eine Unterscheidung von („objektiver“) Verkehrspflichtverletzung und („subjektiver“) Pflichtwidrigkeit (= Fahrlässigkeit) nicht rechtfertigen.[317] Die Organisationspflichtverletzung ist demgemäß von der Organisationspflichtwidrigkeit nicht zu unterscheiden.[318]

Im Ergebnis sind Vertragsrecht und Deliktsrecht im Bereich der Organisationsfehlerhaftung im Pflichtengefüge und in der Haftungsstruktur identisch. *Die Organisationspflicht wird auch hier durch den Standard bestimmt.*

3. Organisationspflicht als vertragliche Haupt- oder Nebenpflicht

Stimmen in der Literatur[319] ordnen wie die Rechtsprechung[320] die Organisationspflicht des Krankenhausträgers als vertragliche Nebenpflicht ein. Nach *Schmidt/ Brüggemeier*[321] kommt ihr jedoch im Gegensatz zu anderen Nebenpflichten (Aufklärungs-, Dokumentations- und Schweigepflicht) eine gesteigerte Bedeutung zu.

Deshalb wird von *Geiß/Greiner*[322] erwogen, die Organisationspflicht als vertragliche Hauptpflicht anzusehen, weil sie im Ergebnis den Integritätsschutz des Patienten bezweckt. Bisher haben soweit ersichtlich nur *Ehlers*[323] sowie *Bolsinger*[324] explizit Organisationspflichten als vertragliche Hauptpflicht eingeordnet. Allerdings begründet *Ehlers*[325] seine Auffassung von einem entgegengesetzten Standpunkt als dem hier vertretenen. Er meint, die Behandlungsorganisation las-

---

vgl. dazu schon *v. Bar*, Verkehrspflichten, S. 83, 84ff., 92ff.

317 A. A. *Pflüger*, Krankenhaushaftung und Organisationsverschulden, S. 95. Sein konstruiertes Beispiel, dass bei Nichteinhaltung der „äußeren Sorgfalt“ die „innere Sorgfalt“ gegeben sein kann, überzeugt nicht.

318 Diese Aussage entspricht der beim Behandlungsfehler, denn von der haftungsrechtlichen Struktur sind beide identisch.

319 *Pflüger*, Krankenhaushaftung und Organisationsverschulden, S. 95; differenzierend *Brandes*, Die Haftung für Organisationspflichtverletzung, S. 130f., 215. Nach ihm handelt es sich generell um Hauptleistungspflichten, jedoch im Bereich des Krankenhauses um Nebenleistungspflichten, wobei aber u. a. die pflegerische Betreuung von ihm als Hauptleistungspflicht eingeordnet wird.

320 BGH, VersR 1996, 976ff.; OLG Stuttgart, VersR 1994, 1114.

321 *Schmidt/Brüggemeier*, Zivilrechtlicher Grundkurs, S. 241ff., 245f.

322 *Geiß/Greiner*, Arzthaftpflichtrecht, Rdnr. A 6. Die Autoren gelangen zu der Begründung ihrer Auffassung, weil sie bei der Darstellung der Rechtsprechungsurteile nicht ausdrücklich zwischen Behandlungs- und Organisationsfehler unterscheiden.

323 *Ehlers*, RPG 1999, 85 (86).

324 *Bolsinger*, Dogmatik der Arzhaftung, S. 20. Der Autor geht allerdings nur sehr kurz auf die Problematik ein und ordnet nicht alle Organisationsmaßnahmen als Hauptpflicht ein.

325 *Ehlers*, RPG 1999, 85 (86).

se sich nur schwer von der Hauptpflicht zur ordnungsgemäßen ärztlichen Behandlung trennen, und sie müsse deshalb als vertragliche Hauptpflicht betrachtet werden.

Nur dem Ergebnis ist zuzustimmen, nicht jedoch der Begründung. Es wurde aufgezeigt, dass sich die Organisation der Behandlung von der individuellen Behandlung unterscheidet. Gerade um die *Eigenständigkeit* und *Bedeutung* der Organisationspflichten hervorzuheben, sind sie als *vertragliche Hauptpflicht* einzuordnen. Nach dem hier vertretenen Standpunkt spiegelt eine andere Auffassung modernes Arzthaftungsrecht nicht mehr hinreichend wider.

III. Qualitätsbezogene Organisationspflichten

Nachdem dargestellt wurde, dass sich aus der Verletzung von Organisationspflichten ein selbständiger vertraglicher und deliktischer Anspruch für den Patienten ergeben kann, sollen die qualitätsbezogenen Organisationspflichten zunächst knapp spezifiziert werden.[326]

Dazu zählen u. a. die Organisation der Behandlungsarten (z. B. Standardbehandlung, klinische Studien), die Organisation der Behandlungsabläufe (z. B. Einteilung, Nachtdienst und Teamarbeit), die Organisation der Behandlungsbedingungen (z. B. Hygiene, sonstige Versorgung) sowie die Organisation der personellen Ausstattung (z. B. ausreichende Zahl von Anästhesisten) und der sachlichen Ausstattung (technisches Gerät, räumliche und technische Voraussetzungen einer standardgemäßen Behandlung).[327]

IV. Rechtliche Berücksichtigung wirtschaftlicher Erfordernisse

Ebenso wie zu untersuchen ist, ob und in welcher Weise ökonomische Erwägungen die medizinische Behandlung beeinflussen können, muss auch im Rahmen der Organisation der Behandlung geprüft werden, an welchen Stellen wirtschaftliche Argumente bzw. wirtschaftliche Folgenüberlegungen auftreten können. Es stellt sich zwar hier nicht das Problem der Rezeption, da zur Bestimmung des Organisationsstandards rechtliche Normen entscheidungserheblich sind und gerade kein ausschließlicher medizinischer Maßstab gilt, aber ökonomische Überlegungen bedürfen in diesem Bereich ebenfalls einer juristischen Legitimation.

---

[326] Ausführlich unten Kapitel 2, D, II. und Kapitel 3, B.

[327] Eine kurze Übersicht über die Organisationsqualität findet sich auch bei *Stindt*, in: *Arbeitsgemeinschaft Rechtsanwälte im Medizinrecht e. V.*, Krankenhaus im Brennpunkt, S. 27 (33ff.).

Demnach ist zu untersuchen, ob solche ökonomischen Erwägungen legitim sind, wo ein solcher Abwägungsprozess stattfinden könnte und welche Kriterien dafür maßgebend sind. Diesbezügliche Überlegungen werden ausführlich im zweiten Kapitel der Arbeit behandelt.[328]

C „Organisationsaufklärung" – Information hinsichtlich Qualität und Organisation der Behandlung

Neben der qualitativ guten Behandlung und der Einhaltung von Organisationsstandards stellt sich die Frage, ob eine Verpflichtung zur Information der Patienten über Behandlungsqualität, Behandlungsorganisation[329] und Versorgungsqualität[330] besteht.

I. Bedeutung der „Organisationsaufklärung"

Hart[331] hat für diesen Themenkomplex den Begriff der „Organisationsaufklärung" geprägt und verwendet; andere Autoren[332] haben ihn präzisiert.[333] Mittlerweile hat der Begriff „Organisationsaufklärung" Eingang in die Kommentarliteratur[334] gefunden und ist Bestandteil von Dissertationen.[335] Die von *Hart*[336] mit dem Stichwort „Organisationsaufklärung" ausgelöste Debatte[337] als partiell neu-

---

328 Siehe Kapitel 2, besonders hier A, B und D.

329 Davon muss die Aufklärungsorganisation strikt getrennt werden. In deren Mittelpunkt steht die Pflicht zur organisatorischen Sicherstellung der Therapie-, Verlaufs- und Risikoaufklärung, wie sie seitens des medizinischen Führungspersonals einer Klinik durch entsprechende Dienstanweisungen und Richtlinien gewährleistet sein soll; vgl. OLG Celle, NJW 1979, 1251f.; OLG Frankfurt, VersR 1989, 254; OLG Karlsruhe, VersR 1989, 1053; *Pflüger*, MedR 2000, 6f.; *Lippert*, NJW 1984, 2606ff.; *Bergmann*, VersR 1996, 810 (813); *Stegers*, MedR 1997, 390 (394).

330 Darunter sind Fälle mit Systembezug zu verstehen. Dazu sogleich in diesem Kapitel unter C, I., 2., a).

331 Erstmals *Hart*, MedR 1999, 47ff.; *Francke/Hart*, Charta der Patientenrechte, S. 116, 181ff.; *dies.*, ZaeFQ 2001, 732 (733); *Hart*, MedR 2002, S. 324 (326); *Becker-Schwarze/Hart*, Risikomanagement in Bremer Krankenhäusern, S. 176ff.

332 Als erster Autor nahm *Laufs*, NJW 1999, 1758 (1765) den Begriff auf; ausführlich sodann *Pflüger*, MedR 2000, 6ff.; siehe auch *Steffen*, in: FS für *Geiß*, S. 487ff.

333 Vor allem *Pflüger*, MedR 2000, 6ff.; vgl. ebenfalls *Steffen*, in: FS für *Geiß*, S. 487ff.

334 *Bamberger/Roth-Spindler*, § 823, Rdnr. 629.

335 *Pflüger*, Krankenhaushaftung und Organisationsverschulden, S. 115ff.; umfassend *Schelling*, Die ärztliche Aufklärung über die Qualität der Behandlung; angedeutet auch schon bei *Vosteen*, Rationierung im Gesundheitswesen und Patientenschutz, S. 212, 202, Fn. 496.

336 Grundlegend *Hart*, MedR 1999, S. 47ff.

337 Aktuell *Kern*, Besprechung von *Schelling*, Die ärztliche Aufklärung über die Qualität der Behandlung, MedR 2004, 285, der feststellt, dass die Problematik in letzter Zeit wieder verstärkt diskutiert wird.

er Form der direkten Aufklärungsverpflichtung betrifft zwei unterschiedliche arzthaftungsrechtliche Informationskomplexe: zum einen die Qualitätsaufklärung[338] und zum anderen die Aufklärung über „Inkongruenzen" zwischen Haftungs- und Sozialrecht.[339]

Die „Organisationsaufklärung" steht jedoch nicht nur für die beiden Themenkomplexe, sondern sie kann möglicherweise auch als *Lösungsansatz* einer umfassenden Problematik dienen und somit wiederum einen Beitrag zur *Qualitätssicherung der Organisation der Behandlung* leisten. Zum besseren Verständnis dieser weiteren Bedeutung der „Organisationsaufklärung" sei ein Blick voraus gestattet und die dahinter stehende Frage angedeutet. Falls als Ergebnis einer Analyse der Rechtsprechung Wirtschaftlichkeitsüberlegungen auf der Organisationsebene existieren sollten und man diese akzeptierte, dann wäre zu untersuchen, ob solche Überlegungen gegenüber dem Patienten auch auf der Aufklärungsebene berücksichtigt werden müssten. Dafür könnte möglicherweise auf die „Organisationsaufklärung" als Lösungsansatz zurückgegriffen werden. Es wäre ferner herauszuarbeiten, ob und inwieweit mit ihrer Hilfe eine *Kompensation* von Standardrelativierungen auf Grund *wirtschaftlicher Zwänge* auf der Aufklärungsebene möglich ist.

Bevor eine solche Analyse durchgeführt wird, bedarf es der Erörterung, ob die „Organisationsaufklärung" überhaupt *als Lösungsansatz geeignet* ist oder ob nicht schon generelle Gründe für eine Ablehnung sprechen. Dabei wird eine Trennung entsprechend der unterschiedlichen arzthaftungsrechtlichen Informationskomplexe vorgenommen, wobei die Qualitätsaufklärung im Vordergrund steht, aber entsprechend knapp auch auf die Aufklärung über „Inkongruenzen" zwischen Haftungs- und Sozialrecht einzugehen ist.

1. Qualitätsaufklärung

Diese Aufklärungsart umschreibt Pflichten, die zur Patienteninformation über Behandlungsqualität und -organisation bestehen. Die Frage nach dem Bestehen solcher Aufklärungspflichten kann z. B. in folgenden Fallkonstellationen relevant werden: Einsatz älterer, aber noch nicht veralteter Technik, Fehlen neuer

---

338 Diesen Begriff abgeleitet aus der „Organisationsaufklärung" hat erstmals so *Pflüger*, MedR 2000, 6ff., verwandt. *Hart*, MedR 2002, 321 (326), spricht für diesen Bereich jetzt ebenso von der *Qualitätssicherungsaufklärung*. Siehe auch die Diss. v. *Schelling*, Die ärztliche Aufklärung über die Qualität der Behandlung; *Deutsch/Spickhoff*, Medizinrecht, Rdnr. 211.

339 Zu letzterem insbesondere *Steffen*, in: FS für *Geiß*, S. 487 (501f.) und wiederum *Hart*, MedR 2002, 321 (326). Siehe auch eine Informationspflicht für den Bereich befürwortend die Empfehlungen des Workshops 2003 der *DGMR* in MedR 2003, 711 (712). Zum gesamten Themenkomplex vgl. auch die Beiträge in *Arbeitsgemeinschaft Rechtsanwälte im Medizinrecht e. V.*, Die ärztliche Behandlung im Spannungsfeld zwischen kassenärztlicher Verantwortung und zivilrechtlicher Haftung.

Technik, Nicht-Einsatz neuer technisch-apparativer Ausstattung aus Gründen fehlender Investitionsmittel, suboptimaler Hygiene-Standard und Einsatz nicht ausreichend qualifizierten ärztlichen Personals.

Um diese Fallgruppen besser strukturieren zu können, bietet sich eine Gliederung an, welche die unterschiedlichen Aspekte des Qualitätsmanagements[340] im GKV-Recht[341] aufnimmt.[342] Relevant sind im Rahmen der Qualitätsaufklärung die Struktur- und die Prozessqualität.[343]

a) *Strukturqualität*

Hauptinhalt der Strukturqualität[344] ist ein *externer* Vergleich. Es stellt sich die Frage, ob der Patient andernorts eine qualitativ höherwertige Behandlung erwarten kann. Es geht um eine vergleichende Aufklärung über die Behandlungsqualität der eigenen Einrichtung, also um die Unterrichtung des Patienten[345] darüber, dass die im behandelnden Krankenhaus oder in der Praxis geplante Maßnahme zwar (noch) dem anerkannten Stand entspricht, anderswo aber durch versiertere Ärzte oder mit modernerem Gerät durchgeführt werden könnte. Die andernorts qualitativ höherwertige Behandlung kann für die Patienten günstigere Heilungschancen und -verläufe mit weniger gravierenden Risiken bedeuten. Es geht also nicht um Informationen über klinikinterne Organisationsstrukturen, sondern vielmehr um die Aufklärung über Qualitätsmerkmale von Krankenhäusern im Quervergleich mit anderen Einrichtungen.[346]

---

340 Siehe zur Problematik insgesamt die verschiedenen Beiträge der Autoren in *BZgA*, Qualitätsmanagement in Gesundheitsförderung und Prävention.

341 Das betrifft die §§ 135 – 139 SGB V mit den entsprechenden Verweisungen.

342 Siehe zu dieser Unterscheidung schon *Hart*, MedR 1999, S. 47 (48f.); *Francke/Hart*, Charta der Patientenrechte, S. 183ff.; *Becker-Schwarze/Hart*, Risikomanagement in Bremer Krankenhäusern, S. 179f.

343 Beide bilden ebenso im Recht der gesetzlichen Krankenversicherung den Schwerpunkt. Eingeschränkt wird dort auch die Ergebnisqualität erfasst. Siehe zu dieser *Hart/Francke*, in: *BZgA*, Qualitätsmanagement in Gesundheitsförderung und Prävention, S. 129 (137ff.).

344 Ausführlicher dargestellt bei *Kienzle*, in: *Bergmann/Kienzle*, Krankenhaushaftung, Rdnr. 138ff. sowie *Krause*, in: *Bergmann/Kienzle*, Krankenhaushaftung, Rdnr. 555. Des Weiteren *Krauskopf*, in: *Laufs/Uhlenbruck*, Handbuch des Arztrechts, § 26, Rdnr. 21ff.; zum Begriff auch *Steffen*, in: FS für *Deutsch*, S. 799 (802).

345 Es geht dabei um die Unterrichtung des Patienten, ohne dass dieser nachgefragt hat. Rechtsprechung und Literatur sind sich einig, dass bei Fragen des Patienten nach etwaigen neuen, überlegeneren und noch nicht überall zur Verfügung stehenden Behandlungsmöglichkeiten eine Pflicht des Arztes zur umfassenden Aufklärung besteht. Vgl. schon BGH, NJW 1974, 1422 (1423). *Francke/Hart*, Ärztliche Verantwortung und Patienteninformation, S. 45; *Schelling*, Die ärztliche Aufklärung über die Qualität der Behandlung, S. 31, 49; *Giesen*, JZ 1987, 282 (284); *Schaffer*, VersR 1993, 1458 (1462).

346 So auch *Pflüger*, MedR 2000, 6.

b) Prozessqualität

Dagegen handelt es sich bei der Prozessqualität[347] um einen *internen* Vergleich über die vorhandene Fach- und Sachausstattung, welche den Patienten erwartet. Im Mittelpunkt steht die Frage, ob der Patient erfahren muss, wie die fachlichen Qualifikationen des behandelnden Arztes im Vergleich mit anderen Kollegen sind. Es geht um den konkreten, für die beabsichtigte Behandlung relevanten, persönlichen Erfahrungs- und Kenntnisstand des Arztes.[348] Inwieweit der Patient ohne Nachfrage[349] über die für die konkrete Behandlung nicht ausreichende Qualifikation hinzuweisen ist, wird unterschiedlich beurteilt.

c) Problemaufriss

Im Rahmen der Qualitätssicherung ist die „Organisationsaufklärung" noch von allen Autoren zur Umschreibung der Thematik akzeptiert, ihre Notwendigkeit wird jedoch teilweise[350] oder generell[351] bestritten. Nachfolgend wird ein Überblick über den Meinungsstand in der Literatur gegeben. In der Rechtsprechung finden sich sowohl Urteile in die eine als auch in die andere Richtung.[352] Auf deren Darstellung wird an dieser Stelle verzichtet, da die einschlägigen Entscheidungen der Rechtsprechungsanalyse[353] vorbehalten bleiben.

d) Position I: Ablehnung dieser Aufklärungsverpflichtung

Insbesondere *Pflüger*[354] hat sich ausdrücklich gegen eine vergleichende Unterrichtung des Patienten über krankenhausintern vorhandene Fach- und Sachausstattung sowie extern erreichbare höhere Versorgungsniveaus ausgesprochen. Er lehnt die Qualitätsaufklärung bei Fällen der Prozess- und Strukturqualität als

---

347 *Kienzle*, in: *Bergmann/Kienzle*, Krankenhaushaftung, Rdnr. 138ff. und *Krause*, in: *Bergmann/Kienzle*, Krankenhaushaftung, Rdnr. 556; vgl. auch *Steffen*, in: FS für *Deutsch*, S. 799 (802).

348 *Schelling*, Die ärztliche Aufklärung über die Qualität der Behandlung, S. 103f.

349 Es sei betont, dass der Patient bei einer Nachfrage in jedem Fall wahrheitsgemäß über die fachlichen Fähigkeiten des behandelnden Arztes zu informieren ist. Siehe beispielsweise *Müller-Graf*, JuS 1985, 352 (358) sowie *Giesen*, Arzthaftungsrecht, Rdnr. 93.

350 Differenzierend *Schelling*, Die ärztliche Aufklärung über die Qualität der Behandlung, S. 54ff., 64, 99, 124, 129 sowie *Voß*, Kostendruck und Ressourcenknappheit im Arzthaftungsrecht, S. 175ff.; vgl. schon *Künschner*, Wirtschaftlicher Behandlungsverzicht und Patientenauswahl, S. 241f; siehe noch *Katzenmeier*, MedR 1997, 498ff.

351 *Pflüger*, Krankenhaushaftung und Organisationsverschulden, S. 110, 115ff.; *ders.*, MedR 2000, 6ff.

352 Ähnlich der Befund bei *Pflüger*, MedR 2000, 6 (7), der davon spricht, dass die gewählten Formulierungen der Rechtsprechung gewisse „Sollbruchstellen" erkennen lassen.

353 Vgl. Kapitel 3, D, I., II.

354 *Pflüger*, Krankenhaushaftung und Organisationsverschulden, S. 110, 115ff.; *ders.*, MedR 2000, 6ff. Allgemeiner und zurückhaltender, aber ebenso in diese Richtung *Walter*, Spezialisierung und Sorgfaltsstandards im Arzt- und Anwaltshaftungsrecht, S. 169.

überflüssig ab;[355] genügender Patientenschutz werde durch die Rechtsprechung zum Behandlungsfehler gewährleistet.[356]

Differenzierter fällt die Stellungnahme von *Schelling*[357] aus. Im Rahmen der Strukturqualität unterteilt er die Behandlung in drei Fallgruppen – unterhalb des Standards, im unterdurchschnittlichen Standard sowie im durchschnittlichen Standard – und fragt, ob es einer Aufklärung des Patienten bedarf.[358] Im Ergebnis bedürfe es in der ersten Fallgruppe einer Aufklärung nicht mehr, in der zweiten hingegen sei eine Haftung wegen Aufklärungspflichtverletzung dem Behandlungsfehler gegenüber vorzuziehen und in der dritten Gruppe habe eine Aufklärung nur unter ganz bestimmten Aspekten zu erfolgen. *Schelling*[359] unterteilt dabei nach Ausmaß der Chancenerhöhung und Risikoverringerung, Schwere des Leidens sowie Gefährlichkeit des Eingriffs und Nachhaltigkeit negativer Folgen. Im Rahmen der Prozessqualität unterteilt der Autor zwei Fallgruppen: ungenügende fachliche Qualifikation und durchschnittliche fachliche Qualifikation des Arztes. In der ersten Gruppe bedarf es einer Aufklärung nicht, in der zweiten nur unter bestimmten Gesichtspunkten, wobei die gleiche Differenzierung wie bei der Strukturqualität im durchschnittlichen Standard vorgenommen wird.[360]

aa) Rechtliche Implikationen

Schelling[361] und *Pflüger*[362] führen gegen eine Qualitätsaufklärung Bedenken aus rechtlicher Sicht an. Beim Aufklärungsfehler stelle sich – im Gegensatz zum Behandlungsfehler – die Frage nach dem persönlichen Verschulden des Arztes nicht.[363] Deshalb bestehe bei einer Ausweitung der Aufklärungspflicht die Gefahr eines weiteren „Rückzugs des Verschuldensprinzips".[364]

---

355 Ablehnend auch *Katzenmeier*, Arzthaftung, S. 332f.

356 Dazu ausführlicher am Ende dieses Abschnittes. Die Ansicht vertritt ebenso *Laufs*, in: *Laufs/Uhlenbruck*, Handbuch des Arztrechts, § 64, Rdnr. 6f.

357 *Schelling*, Die ärztliche Aufklärung über die Qualität der Behandlung, S. 54ff., 64, 99, 124, 129; differenzierter ebenfalls *MünchKomm-Wagner*, § 823, Rdnr. 708.

358 *Schelling*, Die ärztliche Aufklärung über die Qualität der Behandlung, S. 52ff., 58ff., 65ff.

359 *Schelling*, Die ärztliche Aufklärung über die Qualität der Behandlung, S. 95ff.

360 *Schelling*, Die ärztliche Aufklärung über die Qualität der Behandlung, S. 103ff. (insbesondere 124), 125ff. (insbesondere 129).

361 *Schelling*, Die ärztliche Aufklärung über die Qualität der Behandlung, S. 90f.

362 *Pflüger*, MedR 2000, 6 (8).

363 *Schelling*, Die ärztliche Aufklärung über die Qualität der Behandlung, S. 90f.; *Pflüger*, MedR 2000, 6 (8), mit Verweis auf *Franzki*, in: FS für *Remmers*, S. 467 (477); *Ulsenheimer*, MedR 1992, 127 (133).

364 *Pflüger*, MedR 2000, 6 (8), spricht beim Verschuldensprinzip gar vom zentralen Baustein der Arzthaftung. Gegen die Annahme schon oben unter Kapitel 1, A, II., d) und B, II.

Pflüger[365] meint weiterhin, dass infolge einer solchen Aufklärungsverpflichtung Patientengruppen ohne Indikation Spitzenversorgungen begehren könnten und sich dadurch auf Makroebene[366] das Allokationsproblem gleich zweifach verstärken würde. Der Nachfrageüberhang bei medizinischer Optimalversorgung als knappem Gut werde größer und die „gerechte" Einzelfallentscheidung problematischer.[367] Die Kompensation von rationierungsbedingten Haftungsminderungen beim Behandlungsfehler durch Erweiterung des Aufklärungsumfangs eröffne leider keinen „Königsweg", auf dem die schmerzliche Abwägung zwischen kollektivem und individuellem Wohl elegant umgangen werden könne.[368]

bb) Mögliche Belastung des Arzt-Patient-Verhältnisses

Über die rechtlichen Bedenken hinaus werden weitere Gründe angeführt, die gegen eine Aufklärung sprechen sollen. Bejaht man eine derartige Pflicht, sieht *Pflüger*[369] das Arzt-Patient-Verhältnis aus folgenden Gesichtspunkten belastet:

Auf Ärzteseite sei die Therapiefreiheit gefährdet, wenn nach ärztlichem Dafürhalten eine Indikation zur umfassenden Differenzialdiagnostik oder eine Spezialtherapie sowie eine entsprechende Verlegung in eine andere Klinik gerade nicht möglich wäre, der Patient jedoch die bestmögliche Behandlung wolle.[370] Auf Patientenseite könne das Vertrauen in die Ärztekompetenz schwinden, falls er von keiner renommierten „Kapazität" behandelt würde.[371] Infolgedessen seien negative Auswirkungen auf die Compliance und den persönlichen Genesungswillen des Patienten zu befürchten.[372] Auch wäre fraglich, ob der Patient, welcher sich gewöhnlich in einer seelischen Ausnahmesituation befinde,[373] überhaupt in der Lage sei, neben den ohnehin vermittelten medizinischen Fakten

---

365 *Pflüger*, Krankenhaushaftung und Organisationsverschulden, S. 119.

366 Auf der Makroebene werden die Wirtschaftlichkeit und Finanzierbarkeit des gesamten Gesundheitssystems diskutiert und untersucht. Dagegen beschäftigt sich die Mikroebene im medizinischen Bereich mit der Frage, welche Maßnahmen von ärztlicher Seite zum Schutz des Patienten verlangt werden können, ohne die Praxis oder das Krankenhaus finanziell zu überfordern. Siehe dazu ausführlich die Dissertation von *Röfer*, Zur Berücksichtigung wirtschaftlicher Überlegungen bei der Festlegung arzthaftungsrechtlicher Sorgfaltsanforderungen, S. 75ff. Vgl. zu beiden Begriffen auch *Wieland*, in: *Koslowski*, Maximen in der Medizin, S. 112 (117f.).

367 Vgl. auch *Voß*, Kostendruck und Ressourcenknappheit im Arzthaftungsrecht, S. 149ff.

368 *Pflüger*, Krankenhaushaftung und Organisationsverschulden, S. 120; *ders.*, MedR 2000, 6 (8); *Schelling*, Die ärztliche Aufklärung über die Qualität der Behandlung, S. 87.

369 *Pflüger*, MedR 2000, 6 (8).

370 *Pflüger*, MedR 2000, 6 (8); differenzierter an dieser Stelle *Schelling*, Die ärztliche Aufklärung über die Qualität der Behandlung, S. 82f.

371 *Pflüger*, Krankenhaushaftung und Organisationsverschulden, S. 117.

372 *Pflüger*, MedR 2000, 6 (7).

373 So ebenfalls für den stationär aufgenommenen Patienten *Saternus/Kernbach-Wighton*, in: FS für *Deutsch*, S. 723.

weitere Informationen über neueste medizinische Erkenntnisse intellektuell zu verarbeiten.[374]

cc) Praktische Umsetzbarkeit

Das Postulat einer entsprechenden Aufklärungspflicht ist nach *Schelling*[375] auch unter dem Aspekt der praktischen Umsetzbarkeit im klinischen Alltag nicht unproblematisch. In dem durch hohe Fallzahlen geprägten Krankenhausbetrieb könne es für den Arzt schwierig sein, *ex ante* zu beurteilen, ob ein neues, erst ansatzweise bekanntes Verfahren für das jeweilige Krankheitsbild tatsächlich eine bessere Prognose verspreche.[376] Die Behandlungsseite werde überfordert, wenn ihr zusätzlich zur Kontrolle, ob die beabsichtigte Behandlung standardgemäß sei oder nicht, ebenfalls noch die Überprüfung abverlangt werde, ob es andernorts bessere Behandlungsalternativen gebe.[377]

e) Position II: Befürwortung dieser Aufklärungspflicht

Insbesondere *Hart*[378] sowie zahlreiche weitere Stimmen der Lehre[379] setzen sich dafür ein, dass der Patient sowohl auf die interne Fach- und Sachausstattung als auch auf die andernorts existierende höhere Behandlungsqualität oder bessere und modernere Organisation der Behandlung hingewiesen werden muss, um ihn die Entscheidung über eine optimale Behandlung zu ermöglichen. Zur strukturierteren Darstellung bietet es sich an, die oben vorgenommene Trennung von Struktur- und Prozessqualität wieder aufzunehmen.[380]

aa) Strukturqualität

Ein Unterschreiten der Behandlungsqualität führe für den Arzt unstreitig zum Behandlungsfehler und aus Sicht des Krankenhausträgers zu einer Organisati-

---

374 *Pflüger*, MedR 2000, 6 (7).

375 *Schelling*, Die ärztliche Aufklärung über die Qualität der Behandlung, S. 94.

376 *Pflüger*, Krankenhaushaftung und Organisationsverschulden, S. 118.

377 *Schelling*, Die ärztliche Aufklärung über die Qualität der Behandlung, S. 94.

378 *Hart*, MedR 1999, 47ff.; *Francke/Hart*, in: *Badura/Hart/Schellschmidt*, Bürgerorientierung des Gesundheitswesens, S. 135 (150); *dies.*, Charta der Patientenrechte, S. 116, 181ff.; *Becker-Schwarze/Hart*, Risikomanagement in Bremer Krankenhäusern, S. 176ff.

379 *Bamberger/Roth-Spindler*, § 823, Rdnr. 629; *Deutsch/Spickhoff*, Medizinrecht, Rdnr. 211. Von den weiteren Autorinnen und Autoren werden oft nur einzelne Bereiche angesprochen. Schon früh für die interne Fachausstattung *Brüggemeier*, Deliktsrecht, Rdnr. 764. Vehement für eine Aufklärungspflicht bei externer besserer Ausstattung *Giesen*, Arzthaftungsrecht, Rdnr. 219ff. (bes. Rdnr. 220); ebenso *Damm*, NJW 1989, 737 (744); *Francke*, Ärztliche Berufsfreiheit und Patientenrechte, S. 192; *Rumler-Detzel*, VersR 1998, 546 (549); *Hart*, MedR 1996, 60 (69). Vgl. allgemein zur Aufwertung der ärztlichen Aufklärungspflicht und entsprechenden Informationsansprüchen des Patienten *Damm*, in: Liber Amicorum für *Schmidt*, S. 73 (83).

380 Dazu oben Kapitel 1, C, I., 1.

onspflichtverletzung. Ist der Mangel erkennbar, so habe eine Behandlung zu unterbleiben, oder es sind Vorkehrungen der Risikominimierung zu treffen, oder der Patient muss überwiesen bzw. weiter verwiesen werden.[381] Werde dennoch behandelt, sei der Patient über die Unterschreitung des Standards aufzuklären.[382] Verpflichtungen zur Aufklärung des Patienten, damit dieser sich anders entscheiden könne, bestehen als Anreiz zur Sicherung der Qualität der Krankenhausbehandlung.[383]

Bleibe die Krankenhausbehandlung (noch) innerhalb des Standards, werden andernorts aber qualitativ höherwertige Behandlungen mit günstigeren Heilungschancen und -verläufen und weniger gravierenden Risiken angeboten, dann müsse darüber aufgeklärt werden.[384] Entscheidend für die Begründung der Qualitätsaufklärung sei die Parallele zur Risikoaufklärung über Behandlungsalternativen.[385] Besteht eine echte Alternative (Verfügbarkeit jenseits der Erprobung) und unterscheiden sich Nutzen und Risiken der Behandlungen, muss der Patient darauf unaufgefordert hingewiesen werden.[386]

bb) Prozessqualität

Ebenso wird von dieser Auffassung[387] bei der Prozessqualität eine Aufklärungspflicht angenommen, denn entscheidend sei, dass der Patient in die Lage versetzt werde, eine eigene Entscheidung über die möglichst optimale Behandlung zu treffen.[388] Deshalb dürfe allein das Argument der richtigen dogmatischen „Verortung" nicht dafür entscheidend sein, dass der Patient über den Behandlungsfehlertatbestand – weil es um prinzipiell beherrschbare und vermeidbare Patientengefährdungen gehe, die auszuschließen seien, während sich die Aufklärung auf prinzipiell unbeherrschbare, auch bei standardgemäßer Behandlung nicht vermeidbare Gefahren beziehe – womöglich ausreichend geschützt sei.[389] Im Sinne eines effektiven Patientenschutzes könne es nicht hingenommen werden, keine Informationen über die persönliche – nur unterstandardgemäße – Qualifikation des behandelnden Arztes zu offenbaren.[390]

---

381 *Francke/Hart*, Charta der Patientenrechte, S. 185.

382 *Hart*, MedR 1999, 47 (49).

383 *Francke/Hart*, Charta der Patientenrechte, S. 186.

384 Gleichermaßen *Bamberger/Roth-Spindler*, § 823, Rdnr. 629.

385 *Damm*, NJW 1989, 737 (744); *Francke/Hart*, Charta der Patientenrechte, S. 185.

386 *Becker-Schwarze/Hart*, Risikomanagement in Bremer Krankenhäusern, S. 181.

387 Schon früh *Brüggemeier*, Deliktsrecht, Rdnr. 764; des Weiteren vgl. *Francke/Hart*, Charta der Patientenrechte, S. 185f.; *Hart*, MedR 1999, 47 (48f.); *Giesen*, Arzthaftung, Rdnr. 91ff.

388 *Hart*, MedR 1999, 47 (48).

389 Vgl. *Giesen*, Arzthaftung, Rdnr. 91ff.; *Brüggemeier*, Deliktsrecht, Rdnr. 764.

390 *Francke/Hart*, Charta der Patientenrechte, S. 185f.; a. A. *Fahrenhorst*, MedR 1991, 173 (177), die Autorin spricht sich dabei gegen eine Aufklärung über die Anfängereigenschaft eines Arztes im Praktikum aus. In die gleiche Richtung für den Assistenzarzt

f) Organisationsverantwortlicher

Bevor eine Stellungnahme zum Meinungsstand erfolgt, soll geklärt werden, wem die Pflicht zu einer solchen Qualitätsaufklärung obliegen würde. Dadurch lassen sich möglicherweise Argumente gewinnen, welche die Streitentscheidung positiv beeinflussen können.

Im Rahmen der Aufklärung über die Prozessqualität hat sich *Hart*[391] ausdrücklich dafür ausgesprochen, die Qualitätsaufklärung *ausschließlich beim Krankenhausträger* anzusiedeln und *nicht* beim einzelnen Arzt. Falls der Träger einer Einrichtung über entsprechende negative Informationen bezüglich seiner Mitarbeiter verfügt, sei er zu Qualitätssicherungsmaßnahmen im Krankenhaus verpflichtet. Der Krankenhausträger müsse für die entsprechende Fortbildung des (unerfahrenen) Arztes oder für eine entsprechende (kompensatorische) Anleitung und Überwachung durch Organisation des Krankenhausbetriebes sorgen.[392] Komme er jener Pflicht aus zeitlichen oder sachlichen Gründen nicht nach und trage dadurch zur Erhöhung des Risikos der Behandlung bei, so treffe ihn die Aufklärungsverpflichtung hinsichtlich der persönlichen Unterqualifikation des zur Behandlung vorgesehenen oder eingesetzten Arztes.[393]

Akzeptiert man die Qualitätsaufklärung als Lösungsansatz für die Kompensation von Standardrelativierungen auf Grund wirtschaftlicher Zwänge, dann wäre in der Tat der Träger eines Krankenhauses derjenige, der für die Aufklärung verantwortlich ist. Nur der Krankenhausträger weist die *erforderliche Distanz* zum Geschehen auf, er ist die einzige Instanz, die Eigenkontrollen (interne Qualitätssicherungskontrollen) effizient gestalten und initiieren kann. Dagegen ist der einzelne Arzt mit der Aufklärung über die eigene unzureichende Qualifikation überfordert.[394] *Hart*[395] weist in dem Zusammenhang darauf hin, dass Ärzte in Krankenhaushierarchien eher zum Verschweigen als zur offenen Fehlerdebatte („Jeder Fehler ist ein Schatz.") angehalten sind und Patienten nicht als „Fehler-Gesprächspartner" anerkannt werden.[396] Diesen Standpunkt vertritt ebenso *Rumler-Detzel*,[397] die aufzeigt,[398] dass insgesamt ein Defizit im Medizinbetrieb bei

---

Deutsch, NJW 1984, 650.

391 *Hart*, MedR 1999, 47 (48f.).

392 *Francke/Hart*, Charta der Patientenrechte, S. 184.

393 In diese Richtung schon die Überlegungen bei *Francke/Hart*, Ärztliche Verantwortung und Patienteninformation, S. 49ff., 102ff.

394 *Hart*, MedR 1999, 47 (48f.).

395 *Francke/Hart*, Charta der Patientenrechte, S. 184f.; vgl. auch *Hart/Becker-Schwarze*, GesR 2005, 1, 2.

396 Vgl. aus der Rechtsprechung z. B. BGH, VersR 1978, 82 (83) sowie in der Literatur schon früh *Franzki/Franzki*, NJW 1975, 2225 (2226f.).

397 *Rumler-Detzel*, in: FS für *Steffen*, S. 373ff.

398 Zur Unterstützung ihres Ergebnisses verweist *Rumler-Detzel*, in: FS für *Steffen*, S. 373, auf eine Untersuchung der Ärztekammer Nordrhein aus dem Jahre 1990.

der Aufarbeitung von Misserfolgen besteht.[399] Mit der möglichen Sanktion einer Verletzung der Krankenhausträgerpflicht zur Qualitätsaufklärung könnte demnach ein Durchsetzungsmittel für die notwendige Organisation der fachlichen Anleitung und Überwachung geschaffen werden.

Die Bestandsaufnahme trifft im Rahmen der Strukturqualität gleichfalls zu; der Krankenhausträger ist *allein* für die Aufklärung des Patienten verantwortlich. Zwar muss der Arzt eigenverantwortlich neueste Erkenntnisse und Methoden speziell in seinem Fachgebiet verfolgen, die in der Medizin ernsthaft und auf breiter Basis (beispielsweise in Fachzeitschriften, auf Kongressen u. s. w.) diskutiert werden.[400] Dennoch dürfte es ihn überfordern, wenn von ihm zusätzlich zur Kontrolle, ob die beabsichtigte Maßnahme standardgemäß ist oder nicht, auch noch die Überprüfung verlangt werden würde, ob andernorts eine noch bessere bzw. optimalere Behandlung möglich ist.[401] Der Krankenhausträger ist jedoch die Instanz, die solche Vergleiche durchführen kann und der diese auch im Interesse des Patientenschutzes zuzumuten sind. Der Träger der Einrichtung hat die erforderliche Distanz zum Behandlungsgeschehen und kann gegebenenfalls durch Fremdkontrollen (externe Qualitätssicherung) feststellen lassen, über welches Behandlungsniveau sein Haus verfügt.

g) Plädoyer für die Qualitätsaufklärung als Lösungsansatz bei der Strukturqualität

Die „Organisationsaufklärung" dient u. a. der Umschreibung eines Themenkomplexes. Darüber hinaus bestehen keine Bedenken, sie als Lösungsansatz zur *Kompensation* von Standardrelativierungen auf Grund *von Wirtschaftlichkeitszwängen* auf der Aufklärungsebene im Rahmen der Strukturqualität[402] zu akzeptieren.

Die von *Schelling*[403] und *Pflüger*[404] vorgebrachten rechtlichen Einwände überzeugen nicht. Bei einer Ausweitung der Aufklärungspflicht besteht keine Gefahr für den weiteren „Rückzug des Verschuldensprinzips", weil es darauf überhaupt

---

399 Einen anderen Sachverhalt betrifft die Frage, wie sich der Arzt verhalten soll, wenn er einen Behandlungsfehler begangen hat. Weiterführend zu dieser Problematik *Uhlenbruck/Schlund*, in: *Laufs/Uhlenbruck*, Handbuch des Arztrechts, § 22, Rdnr. 9f. sowie die Monographie von *Taupitz*, Die zivilrechtliche Pflicht zur unaufgeforderten Offenbarung eigenen Fehlverhaltens, S. 57ff.; *Gubernatis*, JZ 1982, 363ff.

400 Vgl. dazu *Steffen/Dressler*, Arzthaftungsrecht, Rdnr. 169 a, m. w. N. Zum enormen Umfang siehe Kapitel 1, A, I., 1., b), unter Verweis auf *Antes*, in: *Perleth/Antes*, Evidenzbasierte Medizin, S. 19.

401 Darauf verweist *Schelling*, Die ärztliche Aufklärung über die Qualität der Behandlung, S. 95, ohne allerdings den Schluss zu ziehen, dass die Aufklärungspflicht dem Krankenhausträger obliegt.

402 Zur Prozessqualität sogleich Kapitel 1, C, I., 1., h).

403 *Schelling*, Die ärztliche Aufklärung über die Qualität der Behandlung, S. 90f.

404 *Pflüger*, MedR 2000, 6 (8).

nicht ankommt. Im Arzthaftungsrecht ist sowohl beim Behandlungsfehler als auch beim Organisationsfehler *kein Raum* für ein persönliches Verschulden.[405]

Das Argument der Ressourcenknappheit und Allokation trägt gleichfalls nicht. *Pflüger*[406] gelangt ohne empirische Nachweise, vielmehr auf Vermutungen gestützt, zu seiner nicht zwingenden Schlussfolgerung. Es ist fraglich, ob sich der Patient infolge einer Aufklärung über bessere Behandlungsbedingungen in anderen Einrichtungen auch wirklich für diese entscheiden und dorthin überwechseln würde. Jedoch nur und erst dann kann sich ein Allokationsproblem stellen. Der Entschluss des Patienten für oder gegen die vorgeschlagene bzw. eine alternative Behandlung wird ebenso von einer Vielzahl anderer Faktoren beeinflusst; beispielsweise von der örtlichen Nähe der Klinik zum Wohnsitz des Patienten, die Akzeptanz vorgeschlagener Verfahren, Bequemlichkeit oder mangelnde Konfliktfähigkeit des Patienten.[407] Insbesondere frühere, erfolgreich durchgeführte Behandlungen können Patienten in ihrem Entschluss bekräftigen, die Operation in „ihrem" Krankenhaus begleitet von den vorhandenen sachlichen und personellen Gegebenheiten durchführen zu lassen und sie in ihrer Skepsis gegenüber neuen und deshalb noch nicht Langzeit erprobten Behandlungen bestärken. Die bessere Ausstattung muss demnach nicht zwingend der allein ausschlaggebende Aspekt im Entscheidungsprozess sein. *Schelling*[408] stellte zutreffend fest, dass der offensichtlich befürchtete „Medizintourismus" bzw. die „Wanderbewegung" der Patienten von den „normalen" Krankenhäusern zu den „Spitzenkliniken" nicht unbedingte Folge der Aufklärung sein muss.

Desgleichen überzeugen die Gründe nicht, die für eine mögliche Belastung des Arzt-Patient-Verhältnisses angeführt werden.[409] Es wurde aufgezeigt, dass der Krankenhausträger und *nicht* der einzelne Arzt für die Qualitätsaufklärung verantwortlich sein sollte.[410] Somit können zunächst die bei der Organisationspflichtverletzung aufgeführten Gründe wiederholt werden[411]: *Arzthaftung ist heutzutage zu einem großen Teil Organisationshaftung.* Der Entwicklung des Krankenhauses zum modernen medizinischen Dienstleistungsunternehmen gilt es, im Interesse eines effektiven Patientenschutzes durch eine *Haftungsbündelung* beim Träger des Krankenhauses gerecht zu werden. Die Haftungskonzentration kommt der Beziehung zwischen Arzt und Patient sogar zu Gute, weil die

---

405 Das wurde in den beiden vorangegangenen Abschnitten über die Behandlungsqualität und die Organisation der Behandlung herausgearbeitet.

406 *Pflüger*, Krankenhaushaftung und Organisationsverschulden, S. 119.

407 *Schelling*, Die ärztliche Aufklärung über die Qualität der Behandlung, S. 85f.

408 *Schelling*, Die ärztliche Aufklärung über die Qualität der Behandlung, S. 86.

409 *Künschner*, Wirtschaftlicher Behandlungsverzicht und Patientenauswahl, S. 242f., stellt in Frage, ob der Bedeutungsschwund persönlichen Vertrauens im Patient-Arzt-Verhältnis überhaupt als Faktum anerkannt werden sollte.

410 Vgl. Kapitel 1, C, I., 1., d).

411 Siehe ausführlich Kapitel 1, B, II.

Streitigkeiten nicht mehr zwischen ihnen, sondern zwischen Patient und Träger stattfinden.

Die weiteren Gegenargumente können ebenfalls kein anderes Ergebnis begründen. Die Therapiefreiheit des Arztes ist nicht gefährdet. Durch den pauschalen und unausgewogenen Hinweis vernachlässigt *Pflüger*[412] ebenso zu schützende Patientenrechte. Es sei nur daran erinnert, dass in der Literatur[413] die ärztliche Therapiefreiheit vielmehr als eine Freiheit verstanden wird, die primär im Interesse des Patienten besteht und nur sekundär der eigenen Berufsverwirklichung des Arztes dient. Ohne dazu Stellung zu nehmen, muss zumindest eine Wechselwirkung[414] zwischen dem Patientenrecht auf Information und ärztlicher Therapiefreiheit gewährleistet werden. Den Patienten müssen also alle Informationen[415] über mögliche Behandlungsalternativen zur Verfügung gestellt werden, damit sie sich eigenverantwortlich entscheiden können.

Die Aufklärungspflicht mit dem „Wohlergehen" des Patienten zu verneinen, trägt gleichermaßen nicht. Anhand einer Mutmaßung wird eine Argumentationskette aufgebaut, die nicht schlüssig ist. Solch restriktive Linie steht insgesamt im Widerspruch zur allgemeinen Forderung nach *mehr Transparenz* des Gesundheitssystems und nach *mehr Information* über die Qualität der medizinischen Versorgung.[416] Im zeitgemäßen Arzthaftungsrecht kann vielmehr diese Aufklärungsart im Rahmen der Strukturqualität einen *wichtigen Beitrag zur Qualitätssicherung und -verbesserung* leisten.

Schließlich bereitet die praktische Umsetzbarkeit im klinischen Alltag nicht die beschriebenen Schwierigkeiten, da es dabei gerade *nicht* auf den einzelnen behandelnden Arzt, sondern auf den Krankenhausträger ankommt.[417] Es wurde aufgezeigt,[418] dass der Träger des Krankenhauses durchaus in der Lage ist, zu überprüfen, ob andernorts bessere Behandlungsalternativen bestehen.

---

412 *Pflüger*, MedR 2000, 6 (8).

413 *Künschner*, Wirtschaftlicher Behandlungsverzicht und Patientenauswahl, S. 220; *Laufs*, ZaeFQ 1997, 586 (588); *ders.*, in: FS für *Deutsch*, S. 625 (626); *Katzenmeier*, Arzthaftung, S. 308f.

414 *Giesen*, Arzthaftung, Rdnr. 215ff.; *ders.*, JZ 1988, 414f.

415 *Francke/Hart*, Charta der Patientenrechte, S. 126.

416 *Katzenmeier*, MedR 1997, 498 (499); *Schelling*, Die ärztliche Aufklärung über die Qualität der Behandlung, S. 96; insgesamt zu dieser Problematik *Hart*, medgen 2003, S. 60ff.

417 Das berücksichtigen *Pflüger*, Krankenhaushaftung und Organisationsverschulden, S. 118 und *Schelling*, Die ärztliche Aufklärung über die Qualität der Behandlung, S. 95, an dieser Stelle nicht.

418 Vgl. Kapitel 1, C, I., 1., d).

h) *Eingeschränkte Anwendbarkeit der Qualitätsaufklärung bei der Prozessqualität*

Dagegen ist die Qualitätsaufklärung im Rahmen der Prozessqualität differenzierter zu beurteilen. Zwar wäre es im Sinne eines effektiven Patientenschutzes wünschenswert, dass der Patient alle Information über die persönliche Qualifikation des behandelnden Arztes erhält, wie von einer Ansicht[419] auch gefordert wird. Zuletzt hat jedoch *Schelling*[420] dargelegt, dass eine *generelle* Verpflichtung zur Aufklärung in dem Zusammenhang nicht besteht. Vielmehr ist diese partiell nur dann gegeben, wenn der vorgesehene Eingriff von einem anderen Arzt deutlich risikoärmer oder mit erheblich besseren Erfolgsaussichten durchgeführt werden kann.[421] Neben der zutreffenden dogmatischen Verortung[422] ist des Weiteren ein ausreichender Patientenschutz durch die ausdifferenzierte Rechtsprechung[423] gewährleistet.

Der praktisch wichtigste und tragende Grund[424] für die Ablehnung einer generellen Aufklärungsverpflichtung ist aber ein ausbildungspolitischer. Die Statuierung einer solchen Verpflichtung zur Aufklärung über persönliche Qualifikationsumstände dürfte eine geordnete Medizinerausbildung und -weiterbildung am Patienten erheblich erschweren.[425] *Müller-Graff*[426] äußert die Vermutung, dass die Bereitschaft des Patienten, sich wissentlich von einem Arzt operieren zu lassen, der eine derartige Operation bislang noch gar nicht oder erst einige wenige Male selbst durchgeführt hat, begrenzt sein dürfte, selbst wenn die Aufsicht eines erfahrenen Arztes zugesichert wird. Dem ist zuzustimmen, das gilt besonders dann, wenn ein invasiver oder schwieriger Eingriff bevorsteht.[427] Vor allem im chirurgischen Bereich könnte eine erhebliche Anzahl von Patienten die Einwilligung zur Operation verweigern, wodurch letztlich für den ärztlichen Nachwuchs das Erreichen des praktischen Ausbildungsziels erheblich erschwert würde.[428] Gegen die prinzipielle Annahme einer Qualitätsaufklärung in diesem Be-

---

419 *Brüggemeier*, Deliktsrecht, Rdnr. 764; *Francke/Hart*, Charta der Patientenrechte, S. 185f.; *Hart*, MedR 1999, 47 (48f.); *Giesen*, Arzthaftung, Rdnr. 91ff.

420 *Schelling*, Die ärztliche Aufklärung über die Qualität der Behandlung, S. 105ff.

421 Wann dies der Fall ist, dazu ausführlich *Schelling*, Die ärztliche Aufklärung über die Qualität der Behandlung, S. 105, 125, 129.

422 Dogmatisch ist die Verortung auf der Behandlungs- und Organisationsfehlerebene deshalb zutreffend, weil es sich um vermeidbare Patientengefährdungen handelt, die auszuschließen sind, während sich die Aufklärung prinzipiell auf unbeherrschbare auch bei standardgemäßer Behandlung nicht vermeidbare Gefahren bezieht.

423 Darauf wird ausführlich unten in Kapitel 3, B, und D eingegangen.

424 Siehe dazu auch die Ausführungen von *Hart*, MedR 1999, 47 (48).

425 Ebenso *Schelling*, Die ärztliche Aufklärung über die Qualität der Behandlung, S. 120 und *Groß*, Ärztlicher Standard, S. 7. Noch weitergehend führen *Hart*, MedR 1999, 47 (48) und *Franzki*, MedR 1984, 186f. an, dass dadurch eine Aus- und Weiterbildung „unmöglich" wäre bzw. die Nachwuchsausbildung vollständig zum Erliegen komme.

426 *Müller-Graff*, JuS 1985, 352 (357).

427 So auch *Schelling*, Die ärztliche Aufklärung über die Qualität der Behandlung, S. 120.

428 *Schelling*, Die ärztliche Aufklärung über die Qualität der Behandlung, S. 120, Fn. 666,

reich spricht ebenso, dass es keinen erfahrenen Operateur geben kann, ohne dass der von ihm vorgenommene Eingriff einmal zum ersten Mal vorgenommen worden ist.[429] Dadurch wird deutlich, dass die generelle Forderung nach einer Aufklärungspflicht über die Anfängereigenschaft mit dem Interesse, auch künftig eine qualifizierte Gesundheitsfürsorge zu gewährleisten, in Konflikt geraten könnte.[430]

2. Aufklärung über Inkongruenzen zwischen Haftungs- und Sozialrecht

Daneben umfasst die „Organisationsaufklärung" – wie bereits zu Beginn des Abschnittes erwähnt – noch die Aufklärung über Inkongruenzen zwischen Haftungs- und Sozialrecht. Darunter werden wiederum zwei Themenkomplexe zusammengefasst, die von *Hart*[431] als Fälle mit Systembezug (= Versorgungsqualität) bezeichnet werden. Zum einen geht es um strukturelle Diskrepanzen zwischen haftungs- und sozialrechtlicher Standardbehandlung, die durch Zeitverzögerungen bei der „Zulassung" neuer Untersuchungs- und Behandlungsmethoden auftreten können,[432] zum anderen um medizinische Leistungen, die möglicherweise aus dem Leistungsumfang der gesetzlichen Krankenkassen auf Grund von Rationierungen herausfallen.[433]

a) *Problemaufriss*

Dass im ersten Fall eine Verpflichtung zur Aufklärung besteht und auf solche zeitlichen Verzögerungen hinzuweisen ist, dürfte unstreitig sein.[434] Schwieriger zu beantworten ist dagegen die in der zweiten Konstellation aufgeworfene Frage, nämlich ob der Patient erfahren muss, dass es zur beabsichtigten Behandlung optimalere Behandlungsalternativen gibt, welche aber nicht bei ihm zur Anwendung gelangen können, weil die medizinische Leistung nicht vom System der gesetzlichen Krankenkassen erfasst wird. Der BGH[435] hatte bisher keinen An-

---

weist in dem Zusammenhang darauf hin, dass der junge Mediziner am Ende seiner Ausbildungszeit für die Anerkennung als Facharzt für ein bestimmtes Gebiet den Nachweis führen muss, dass er auf diesem Gebiet anfallende Operationen in der erforderlichen Anzahl selbständig und erfolgreich ausgeführt hat, MWBO, Abschnitt I i. V. m. den entsprechenden Richtlinien. Siehe auch *Franzki*, MedR 1984, 186f.

429 *Müller-Graff*, JuS 1985, 352 (357).

430 Nochmals *Schelling*, Die ärztliche Aufklärung über die Qualität der Behandlung, S. 120.

431 U. a. *Hart*, MedR 1999, 47 (49f.).

432 Vgl. aus der Rechtsprechung OLG Köln, VersR 1991, 186ff. Das Urteil ist ausführlich unten in Kapitel 3, D., IV. besprochen.

433 Ausführlich zu der Problematik *Hart*, MedR 1999, 47 (49f.); *Francke/Hart*, Charta der Patientenrechte, S. 116, 181ff.; *dies.*, ZaeFQ 2001, 732ff.; *Hart*, MedR 2002, S. 324 (325); *Becker-Schwarze/Hart*, Risikomanagement in Bremer Krankenhäusern, S. 176ff.

434 *Hart*, MedR 1999, 47 (49f.). Darüber wird soweit ersichtlich auch keine Diskussion geführt.

435 So zuletzt *Müller*, Vorsitzende Richterin des VI. Zivilsenats (Arzthaftungsrecht) am

lass, über ein solches Spannungsverhältnis zwischen Arzthaftungsrecht und Sozialrecht zu entscheiden; ebenso existieren keine Urteile der Instanzgerichte.[436] Dagegen sind in der Literatur divergierende Stellungnahmen vorhanden.

b) *Position I: Ablehnung dieser Aufklärungsverpflichtung*

Pflüger[437] hat sich ausdrücklich gegen eine Verpflichtung zur Aufklärung bei Inkongruenzen zwischen Haftungs- und Sozialrecht ausgesprochen. Er vertritt die Auffassung, dass „systembedingte Unterschiede auf Grund von Rationalisierung und Budgetierung im Gesundheitswesen" hinzunehmen seien. Eine Verpflichtung zur Aufklärung als Kompensation des auf der Behandlungs- und Organisationsebene zurückgenommenen Patientenschutzes lehnt der Autor ab, denn dadurch würde nach seiner Meinung die Diskussion zwischen Haftungsmaßstab und Ressourcenknappheit lediglich auf die Aufklärungsebene verlagert.[438] Die „schmerzliche Abwägung zwischen kollektivem und individuellem Wohl" könne somit auch nicht umgangen werden. Des Weiteren sieht *Pflüger*[439] keinen dogmatischen Anknüpfungspunkt, um eine solche Aufklärungspflicht rechtlich begründen zu können. Vielmehr müssten Aufklärungspflichten insgesamt eingeschränkt werden, weitere Aufklärungspflichten wären lediglich „Übermaß".[440]

Skeptisch äußerten sich auch *Steffen/Dressler*.[441] Sie gehen davon aus, dass insoweit keine Aufklärungspflicht des Arztes bestehe, sondern allenfalls ein Aufklärungsrecht, mit dem dieser aber verständnisvoll umgehen solle.

Schelling[442] hat sich in seiner Dissertation und in einem nachfolgenden Aufsatz[443] wiederum differenzierter geäußert. Nach seiner Ansicht müsse eine Aufklärung über bessere Behandlungsalternativen nicht grundsätzlich deshalb ausgeschlossen werden, weil diese vom Leistungsumfang der gesetzlichen Krankenversicherung nicht (vollständig) erfasst sind.[444] Die Verpflichtung zur Aufklärung sollte jedoch eingeschränkt sein und beispielsweise dann nicht erfolgen,

---

BGH, GesR 2004, 257 (264); ebenso *Steffen/Dressler*, Arzthaftungsrecht, Rdnr. 385.

436 Dem Verfasser sind zumindest keine bekannt. So auch der aktuelle Befund bei *Schelling*, MedR 2004, 422 sowie bei *Hart*, MedR 1999, 47 (49) und *Sandbiller*, MedR 2002, 19 (23).

437 *Pflüger*, MedR 2000, 6 (7).

438 Mit diesem Argument wandte sich *Pflüger*, MedR 2000, 6 (7), bereits gegen die Qualitätsaufklärung. Zu weiteren Aspekten, die seiner Auffassung nach auch gegen eine „Inkongruenzaufklärung" sprechen sollen, siehe bereits oben unter Kapitel 1, C, I., 1., b).

439 *Pflüger*, Krankenhaushaftung und Organisationsverschulden, S. 120.

440 *Pflüger*, MedR 2000, 6 (9).

441 *Steffen/Dressler*, Arzthaftungsrecht, Rdnr. 385. Siehe aber auch die gegenteilige Auffassung von *Steffen*, in: FS für *Geiß*, 487 (502), dargestellt im nachfolgenden Abschnitt.

442 *Schelling*, Die ärztliche Aufklärung über die Qualität der Behandlung, S. 155f.

443 *Schelling*, MedR 2004, 422 (427ff.).

444 *Schelling*, MedR 2004, 422 (428).

wenn ein neues, aber nicht versichertes Verfahren gegenüber dem versicherten Verfahren lediglich geringe therapeutische Vorteile bieten würde.[445]

c) *Position II: Befürwortung dieser Aufklärungsverpflichtung*

Die Mehrzahl der Autoren[446] im Schrifttum hat sich hingegen für eine Verpflichtung zur Aufklärung ausgesprochen, wenn es zu Inkongruenzen zwischen Haftungs- und Sozialrecht kommen sollte.

Frühzeitig wies *Rumler-Detzel*[447] daraufhin, dass eine „Aufklärungspflicht unbedingt zu bejahen [wäre], wenn es tatsächlich einmal zur Rationierung ärztlicher Leistungen kommen sollte. Sollte das Versicherungssystem einmal nicht mehr verpflichtet oder fähig sein, für Gruppen von Patienten bestimmte Leistungen bereitzustellen, so müsste ihnen [...] die Möglichkeit eröffnet werden, diese Leistungen selbst zu finanzieren". *Hart*[448] führt weiter aus, wenn durch die gesetzliche Krankenversicherung der Leistungsanspruch des Versicherten begrenzt wird, in der Medizin aber effektive Behandlungsmöglichkeiten zur Verfügung stehen, dann besteht die Verpflichtung, den Patienten über mögliche und vorhandene bessere Behandlungsmöglichkeiten außerhalb der GKV zu informieren, damit der Patient sich dieser Behandlung privat versichern kann. Etwas zurückhaltender äußerte sich *Steffen*;[449] nach seiner Auffassung besteht die Verpflichtung zur Aufklärung dann, wenn die Versorgung des Versicherten „in dem konkreten Zustand, in dem er sich befindet, mit den Möglichkeiten, die die GKV eröffnet, nach dem modernen Stand der Medizin nicht mehr gewährleistet ist". Grundsätzlich vertrat auch *Laufs*[450] in einem Referat den Standpunkt, den Patienten über bestehende Behandlungsalternativen zu informieren, soweit diese im konkreten Fall indiziert seien. Die *Deutsche Gesellschaft für Medizinrecht*[451] hat sich ebenfalls in jüngster Zeit dafür ausgesprochen, dass der Patient über bestehende Differenzen zwischen ökonomischen Vorgaben im sozialrechtlichen Bereich und dem medizinisch gebotenen Standard informiert werden muss. Auch

---

445 *Schelling*, Die ärztliche Aufklärung über die Qualität der Behandlung, S. 156. Der Autor verweist an der Stelle noch auf weitere Einschränkungen.

446 Siehe die Stellungnahmen der nachfolgend Aufgeführten.

447 *Rumler-Detzel*, VersR 1998, 546 (549); *dies.*, in: *Arbeitsgemeinschaft Rechtsanwälte im Medizinrecht e. V.*, Die Budgetierung im Gesundheitswesen, S. 146 (3. Podiumsdiskussion).

448 *Hart*, MedR 1999, 47 (50).

449 *Steffen*, in: FS für *Geiß*, 487 (502); ähnlich *Makiol*, in: *Arbeitsgemeinschaft Rechtsanwälte im Medizinrecht e. V.*, Die Budgetierung des Gesundheitswesens, S. 105 (107f.).

450 So *Laufs* bei den 7. Karlsruher Gesprächen zwischen Ärzten und Juristen in seinem Vortrag: Aufklärungspflicht und Ressourcenknappheit, zitiert nach *Schmid*, ÄBW 2003, 248.

451 Die *DGMR* hat diese Empfehlungen anlässlich einer am 26./27.09.2003 in Berlin stattgefundenen Veranstaltung zum medizinisch Standard und Leitlinien ausgesprochen (vgl. MedR 2003, 711 [712]).

Ulsenheimer[452] sieht es als selbstverständlich an, dass der Patient bei Behandlungsbeginn oder der Fortsetzung einer Behandlung aufzuklären ist, wenn eine Reduktion des Standards erfolgen würde. Darüber hinaus hat eine Expertengruppe[453] zur „Patientenautonomie in ressourcenintensiver Hochleistungsmedizin" Vorschläge zur Neustrukturierung des Aufklärungsgesprächs erarbeitet. Dabei soll eine Sensibilisierung des Patienten für ökonomische Konsequenzen erreicht werden, die sich aus der Wahl einer Therapiealternative ergeben würden. Aktuell wurde die Diskussion infolge eines Beitrags der Richterin am BGH *Diederichsen*[454] bereichert. Sie geht ebenso davon aus, dass eine Aufklärungspflicht gegenüber Patienten bestehe, wenn eine Therapiemöglichkeit existiert, die unbestritten effektiver bei gleichem oder niedrigerem Behandlungsrisiko ist, jedoch für den Kassenpatienten nur bei Selbstzahlung in Betracht käme. Die Vorsitzende Richterin des Arzthaftungssenats am BGH *Müller*[455] räumte jüngst ein, dass die Konfliktlage kaum noch theoretischer Natur sei. Die Rechtsprechung müsse womöglich schon bald entscheiden, ob eine Aufklärungspflicht bestehe, „wenn es tatsächlich zur Rationierung ärztlicher Leistungen komme, weil das Versicherungssystem nicht mehr verpflichtet oder fähig sei, bestimmte Leistungen bereit zu stellen". Ohne dem vorgreifen zu wollen, verweist sie darauf, dass eine Aufklärungspflicht des Patienten von der rechtlichen Konzeption der Arzthaftung her nicht auszuschließen ist.

d) *Plädoyer für die Verpflichtung zur Aufklärung bei Inkongruenzen zwischen Haftungs- und Sozialrecht*

Werden die Fälle expliziter Rationierung Realität, dann bestehen keine Zweifel, dass eine Verpflichtung zur Aufklärung besteht. Der Patient muss dann darüber informiert werden, dass bessere Behandlungsmöglichkeiten existieren und außerhalb der GKV vorhanden sind. Dies ist notwendig, damit sich der Patient für solche Behandlungen privat versichern kann. Die insbesondere von *Pflüger*[456] vorgetragenen Argumente überzeugen nicht. Es ist nicht ersichtlich, warum „systembedingte Unterschiede auf Grund von Rationalisierung und Budgetierung im Gesundheitswesen" hinzunehmen sein sollen.

Das Gegenteil ist der Fall; nur durch das Erfordernis einer Pflicht zur Aufklärung kann eine Kompensation für den Patienten erreicht werden. Dass eine derartige Aufklärung „Übermaß" sein soll und Aufklärungspflichten insgesamt eingeschränkt werden müssten, überzeugt ebenso wenig. Die Rechtstatsachenforschung[457] belegt, dass die durch Aufklärungsrügen postulierten „Prozesslawi-

---

452 *Ulsenheimer*, in: FS für *Kohlmann*, S. 319 (331f.)
453 *Rixen/Höfling/Kuhlmann/Westhofen*, MedR 2003, 191 (193).
454 *Diederichsen*, in: *Hart*, Klinische Leitlinien und Recht, S. 105 (111f.).
455 *Müller*, GesR 2004, 257 (264).
456 Siehe Kapitel 1, C, 2., b).
457 Nach *Spickhoff*, NJW 2001, 1757 (1762), nimmt die Haftung für Behandlungs- und Or-

nen“ nicht existieren. Schließlich hat sich auch der Diskussionstand nach *Pflügers*[458] erstmaliger Stellungnahme im Jahre 2000 entscheidend weiterentwickelt. Aktuelle Beiträge[459] stellen nicht mehr die Verpflichtung einer solchen Aufklärung in Frage, sondern nach ihnen ist nur noch umstritten, worin der dogmatische[460] Anknüpfungspunkt besteht.

II. Dogmatische Rückführung der „Organisationsaufklärung“

Die Diskussion hierzu befindet sich noch im Fluss; die bisherigen Beiträge beschränkten sich vornehmlich auf den aufklärungspflichtigen Arzt[461] und betrafen nicht den Krankenhausträger. Lediglich *Hart*[462] und im Ansatz *Künschner*[463] haben explizit herausgestellt, dass es sich um eine ausschließliche Aufklärungspflicht des Krankenhausträgers handelt.

1. Qualitätsaufklärung

Bei der Qualitätsaufklärung bestehen zwei divergierende Auffassungen. Die eine Position geht davon aus, dass sie sich auf die *Sicherungsaufklärung* zurückführen lässt, die andere favorisiert die *Selbstbestimmungsaufklärung*.

---

ganisationsfehler im Verhältnis zur Haftung wegen fehlender Aufklärung sogar zu. *Rumler-Detzel*, in: FS *Deutsch*, S. 699 (704f.), hat dargelegt, dass Verfahren die vom Arzthaftungssenat des OLG Köln in den Jahren von 1987–1988 zu entscheiden waren, nur in 20 % der Fälle auf die Aufklärungsrüge gestützt wurden. In den Jahren 1993–1997 ging die Häufigkeit von Aufklärungspflichtverletzungen sogar auf 10–13 % zurück. So auch der Trend bei *Sethe/Krumpaszky* in VersR 1998, 420 (423ff.); siehe ebenso die früheren Ergebnisse bei *Seehafer*, MedR 1989, 123ff; *ders.*, Der Arzthaftungsprozess in der Praxis, S. 64, 74, 96. Der Autor stellte fest, dass die Quote der erfolgreichen Klagen, die wegen Aufklärungsmangels gegen Bremer Krankenhäuser zwischen 1977–1987 geltend gemacht wurden, nur bei ca. 10 % lag. Siehe ebenfalls die weiteren Zahlenangaben bei *Pflüger* selbst, Krankenhaushaftung und Organisationsverschulden, S. 108. Neueres statistisches Material findet man bei *Eissler*, MedR 2004, 429ff. und aus der Sicht eines Versicherers bei *Weidinger*, MedR 2004, 289ff.

458 Erstmals *Pflüger* in MedR 2000, 6ff. und nochmals in seiner Dissertation, Krankenhaushaftung und Organisationsverschulden, S. 115ff., die im Jahre 2002 veröffentlicht wurde.

459 Siehe oben im vorherigen Abschnitt, beispielsweise *DGMR*, MedR 2003, 711 (712); *Ulsenheimer*, in: FS für *Kohlmann*, S. 319 (331f.); *Müller*, GesR 2004, 257 (264).

460 Dazu sogleich im nächsten Abschnitt.

461 Vgl. *Giesen*, Arzthaftungsrecht, Rdnr. 219ff., bes. 220; *Francke*, Ärztliche Berufsfreiheit und Patientenrechte, S. 192; *Rumler-Detzel*, VersR 1998, 546 (549).

462 *Hart*, MedR, 1999, 47 (48f.).

463 *Künschner*, Wirtschaftlicher Behandlungsverzicht und Patientenauswahl, S. 233.

a) *Problemaufriss*

Die Sicherungsaufklärung wiederum wird dogmatisch dem Behandlungsfehler und die Selbstbestimmungsaufklärung dem Aufklärungsfehler zugerechnet. Das ist einhellige Auffassung.[464] Dementsprechend hat eine Entscheidung für die eine oder die andere Seite erhebliche Folgen (prozessual z. B. Beweislastverteilung), und es geht materiell-rechtlich um eine nicht immer einfache Grenzziehung des Verhältnisses zwischen Behandlungs- und Aufklärungsfehler. Bevor der Streit, ob Qualitätsaufklärung Teil der Selbstbestimmungs- oder Sicherungsaufklärung (therapeutische Aufklärung)[465] ist, dargestellt und entschieden wird, ist zum besseren Verständnis das *allgemeine* Verhältnis von Behandlungs- und Aufklärungsfehler knapp zu skizzieren.

aa) *Verhältnis Behandlungsfehler und Aufklärungspflichtverletzung*

Über die Behandlungsfehlerhaftung soll ein angemessener Qualitätsstandard ärztlicher Behandlung verwirklicht werden; weiterhin gilt es, beherrschbare Qualitätsmängel zu vermeiden.[466] Über die Behandlungsfehlerhaftung wird sichergestellt, dass der Arzt die aus seiner Behandlung *contra legem artis* resultierenden Schadenslasten abnimmt.[467]

Dagegen ist Sinn der Aufklärung,[468] Patienten über Art und Risiken regelgerechter Behandlung aufzuklären, damit sie sich entscheiden können, ob sie diese Risiken gegen das Krankheitsrisiko „tauschen" wollen oder nicht.[469] Die Aufklärungspflichtverletzung umfasst „unvermeidbare" Risiken, d. h. solche Gefährdungen des Patienten, welche auch bei Anwendung größtmöglicher Sorgfalt auftreten.

Während sich der Behandlungsfehlervorwurf demnach auf behandlungseigene „vermeidbare" Risiken bezieht und die Aufklärungspflichtverletzung gerade „unvermeidbare" Risiken erfasst, sind deshalb nach herrschender Meinung[470]

---

464 Zuletzt ausdrücklich *Schelling*, Die ärztliche Aufklärung über die Qualität der Behandlung, insbesondere S. 24ff. Ausführlich dazu auch *Scholz*, MDR 1996, 649ff. sowie *Wussow*, VersR 2002, 1337ff.

465 Den Begriff verwendet z. B. *Laufs*, in: *Laufs/Uhlenbruck*, Handbuch des Arztrechts, § 62, Rdnr. 1ff.

466 Oben Kapitel 1, A.

467 *Schelling*, Die ärztliche Aufklärung über die Qualität der Behandlung, S. 16.

468 Damit ist vor allem die Selbstbestimmungsaufklärung angesprochen und gerade nicht die Sicherungsaufklärung.

469 *Francke/Hart*, Ärztliche Verantwortung und Patienteninformation, S. 20.

470 Ausführlich zuletzt *Schelling*, Die ärztliche Aufklärung über die Qualität der Behandlung, insbesondere S. 17; *Schaffer*, VersR 1993, 1458 (1461); a. A. *RGRK-Nüßgens*, § 823, Anh. II, Rdnr. 136.

Behandlungsfehler und Aufklärungspflichtverletzung nicht beliebig austauschbar. Sie stehen vielmehr in einem *Alternativverhältnis*.[471]

bb) Schwierigkeiten der Trennung zwischen Behandlungsfehler und Aufklärungspflichtverletzung

Die strikte Grenzziehung zwischen Behandlungs- und Aufklärungsfehler wird jedoch in der gerichtlichen Praxis nicht immer aufrecht erhalten. Der BGH[472] hatte den Fall einer Fersenoperation zu entscheiden. Dabei mussten die Richter beurteilen, ob die Hautschiebeplastik an einer Ferse gegenüber alternativen Behandlungsarten (freies Hauttransplantat, Fernlappenplastik) die richtige Behandlungsmethode war und der Patient vor der Operation ausreichend aufgeklärt wurde. In den Entscheidungsgründen stellte der Senat fest: „Fragen ärztlicher Kunst und Anforderungen an die (Selbstbestimmungs-)Aufklärung des Patienten berühren sich hier.“[473]

Ebenso wird in oberlandesgerichtlicher Rechtsprechung das Alternativverhältnis zwischen beiden Fehlerarten nicht konsequent eingehalten, so beispielhaft hierzu das OLG Düsseldorf:[474] „Deshalb stand die Vornahme der Operation [...] ohne vorherige ausführliche Diskussion [...] mit der Klägerin schon einem ärztlichen Behandlungsfehler gleich: Fragen ärztlicher Kunst und Anforderungen an die Aufklärung des Patienten berühren sich hier.“

cc) Fortsetzung der Schwierigkeiten bei der Trennung zwischen Selbstbestimmungs- und Sicherungsaufklärung

Die Schwierigkeiten einer Unterscheidung setzen sich sodann bei der Frage fort, worauf die Qualitätsaufklärung zurückzuführen ist. Die Rechtsprechung des BGH[475] und zahlreiche Autoren der Lehre[476] gehen in dem Zusammenhang von einer Selbstbestimmungsaufklärung aus. Zunächst bedarf es einer kurzen Definition, was unter diesem Rechtsbegriff verstanden wird.

---

471 A. A. wohl nur *RGRK-Nüßgens*, § 823, Anh. II, Rdnr. 136.

472 BGH, NJW 1981, 633f.

473 BGH, NJW 1981, 633. Der Klammerzusatz stammt vom Verfasser.

474 OLG Düsseldorf, MedR 1985, 85 (87); vgl. auch *Kern*, MedR 1985, 85f., in der Problemstellung zu dieser Entscheidung.

475 Ausdrücklich mit Stellungnahme gegen die Sicherungsaufklärung in BGHZ, 102, 17 (22); siehe auch BGH, MedR 1984, 230 (231) sowie *Geiß/Greiner*, Arzthaftpflichtrecht, C Rdnr. 29ff., m. w. N. der Rechtsprechung.

476 *Francke/Hart*, Ärztliche Verantwortung und Patienteninformation, S. 35ff.; *Damm*, NJW 1989, 737ff.; *ders.*, JZ 1998, 926 (929f.); *Giesen*, Arzthaftungsrecht, Rdnr. 215ff.; *Voß*, Kostendruck und Ressourcenknappheit im Arzthaftungsrecht, S. 84, 175ff.; *Pflüger*, MedR 2000, 6 (7); *Schelling*, Die ärztliche Aufklärung über die Qualität der Behandlung, S. 73ff.

Die Selbstbestimmungsaufklärung dient dem Interesse des Patienten, als *freie, selbstverantwortliche Persönlichkeit behandelt zu werden.*[477] Durch das Selbstbestimmungsrecht soll die leiblich seelische Integrität des Patienten gesichert und es ihm ermöglicht werden, auch in der Krankheit nach seinen *eigenen* Regeln und Vorstellungen zu leben und sich nicht einem ärztlichen Urteil unterwerfen zu müssen, so treuhänderisch wohlmeinend und fürsorgend das auch sein mag.[478]

Die Gegenauffassung[479] ordnet die Aufklärung über die Qualität der Behandlung und deren Organisation der Sicherungsaufklärung[480] zu.

Unter diesem Rechtsbegriff werden zwei Zwecke des *Gesundheitsschutzes* zusammengefasst.[481] Erstens dient die Sicherungsaufklärung dem Patienten als *Information zur Mitwirkung an seiner Behandlung* (Compliance) und zielt dabei auf ein therapiegerechtes Verhalten zur Sicherung des Heilerfolges ab,[482] und zweitens bezweckt sie eine *Gefahrenabwehr* bei der Behandlung durch Information über die Behandlung.[483] Darüber hinaus soll sie Behandlungsmaßnahmen ermöglichen, vorbereiten und flankieren.[484]

---

477 *Giesen*, Arzthaftungsrecht, Rdnr. 208; vgl. auch *Damm*, in: *Hart*, Ärztliche Leitlinien im Medizin- und Gesundheitsrecht, S. 355 (379).

478 *Hart*, Arzneimitteltherapie und ärztliche Verantwortung, S. 120f.; vgl. *ders.*, MedR 2003, 603 (605).

479 Zu Entscheidungen der Rechtsprechung insbesondere OLG Celle, VersR 1987, 591f. sowie aktuell OLG Nürnberg, VersR 2003, 1444ff. Für die Literatur z. B. *Kern*, MedR 1985, 85 (86); *Künschner*, Wirtschaftlicher Behandlungsverzicht und Patientenauswahl, S. 232f.; differenzierend *Francke/Hart*, Charta der Patientenrechte, S. 114, 116, 181 sowie *Becker-Schwarze/Hart*, Risikomanagement in Bremer Krankenhäusern, S. 180f.

480 Grundlegend zur Sicherungsaufklärung die Diss. v. *Menter*, Die therapeutische Aufklärung als Ausgleich des Spannungsverhältnisses zwischen Heilpflichtprimat des Arztes und Selbstbestimmungsrecht des Patienten, S. 65ff.

481 Vg. Zuletzt *Hart*, in: Liber Amicorum für *Schmidt*, S. 131 (151).

482 Deshalb z. T. auch als therapeutische Aufklärung bezeichnet. Siehe dazu *Laufs*, in: *Laufs/Uhlenbruck*, Handbuch des Arztrechts, § 62, Rdnr. 17. *Francke*, Ärztliche Berufsfreiheit und Patientenrechte, S. 111ff.; *Müller*, in: FS für *Geiß*, S. 461 (462); *dies.*, MedR 2001, 487 (489); *Damm*, in: *Hart*, Ärztliche Leitlinien im Medizin- und Gesundheitsrecht, S. 355 (379); *Regenbogen*, Ärztliche Aufklärung und Beratung in der prädiktiven genetischen Diagnostik, S. 191; *Katzenmeier*, Arzthaftung, S. 326f.; *Steffen/Dressler*, Arzthaftungsrecht, Rdnr. 325; *Deutsch/Spickhoff*, Medizinrecht, Rdnr. 210; *Ankermann*, in: FS für *Steffen*, S. 1 (4ff.); *Nüßgens*, in: FS für *Hauß*, S. 287 (288); *RGRK-Nüßgens*, § 823 Anh. II, Rdnr. 45ff.; vgl. auch BGHZ 107, 222ff.; OLG Köln, VersR 2001, 66; OLG Oldenburg, NJW-RR, 2000, 240f.; VersR 1998, 720.

483 Vor allem zum zweiten Aspekt *Francke/Hart*, Charta der Patientenrechte, S. 114f.; *dies.* in: *Badura/Hart/Schellschmidt*, Bürgerorientierung des Gesundheitswesens, S. 135 (148); *Hart*, MedR 1991, 300 (303); ausführlich zum Zweck der Sicherungsaufklärung *Hart*, Arzneimitteltherapie und ärztliche Verantwortung, S. 116ff.; *ders.*, MedR 2003, 603 (605) und zuletzt speziell zur diagnostischen Sicherungsaufklärung *ders.*, in: Liber Amicorum für *Schmidt*, S. 131 (151f.). Vgl. auch *Hart*, in: *Hart/Kemnitz/Schnieders*, Arzneimittelrisiken: Kommunikation und Rechtsverfassung, S. 139 (154f.), dort geht der Autor ausführlich auf Risikoinformationen als Sicherheitsvorsorge im Bereich der Arz-

Trotz der definitorischen Unterschiede stellte *Laufs*[485] fest, dass es vielfach Schwierigkeiten bereite, die Sicherungsaufklärung von der der Selbstbestimmung des Patienten dienenden Aufklärung zu unterscheiden, da dies dann wiederum eng mit der Entscheidung für einen Behandlungs- oder einen Aufklärungsfehler zusammenhänge.[486]

Ankermann[487] beispielsweise verwendet den Begriff „therapeutische Beratung"[488] und meint damit die Gesprächsabläufe zwischen Patient und Arzt als einheitlichen Lebensvorgang, der beide Arten der Aufklärung (Sicherungs- und Selbstbestimmungsaufklärung) umfasse, die aber juristisch wegen der verschiedenen haftungsrechtlichen Folgen „künstlich" aufgespalten werden.[489] Diesen Gedanken nahm ebenso *Hart*[490] zum Anlass, stärker das Tatbestandsmerkmal der Beratung gegenüber dem Element der Aufklärung in den Vordergrund zu stellen. Beratung ist dabei eine permanent während der Dauer des Behandlungsverhältnisses geschuldete Pflicht, die eben nicht nur Sicherungs- und Selbstbestimmungsaufklärung beinhalte, sondern sich auf die gesamte komplexe Kommunikation zwischen Arzt und Patient beziehe.[491]

Jüngst wurde die Diskussion durch einen Beitrag von *Diederichsen*[492] erweitert. Die Autorin nimmt gleichermaßen wie *Ankermann*[493] keine strikte dogmatische Trennung zwischen Sicherungs- und Selbstbestimmungsaufklärung vor, sondern

---

neimittel ein.

484 *Laufs*, Arztrecht, Rdnr. 163; *Pflüger*, Krankenhaushaftung und Organisationsverschulden, S. 110; *Kern/Laufs*, Die ärztliche Aufklärungspflicht, 183ff.; *Francke*, Ärztliche Berufsfreiheit und Patientenrechte, 112f.

485 *Laufs*, Arztrecht, Rdnr. 163; ähnlich der Befund bei *Regenbogen*, Ärztliche Aufklärung und Beratung in der prädiktiven genetischen Diagnostik, S. 186ff. Siehe auch zu Stellungnahmen des BGH, NJW 1987, 2923; VersR 1981, 730 (731), die das Verhältnis zwischen beiden grundsätzlich darlegen und OLG Karlsruhe, VersR 1987, 1247 (1248). *Deutsch/Spickhoff*, Medizinrecht, Rdnr. 203, gelangen insgesamt zur Einschätzung, dass es sich bei den verschiedenen Aufklärungsarten insgesamt um eine in ihrer Vielfalt verwirrende Terminologie handele.

486 Vgl. dazu oben den Abschnitt Kapitel 1, C, II., 1., a), aa).

487 *Ankermann*, in: FS für *Steffen*, S. 1 (2f.).

488 *Ankermann*, in: FS für *Steffen*, S. 1 (2), Fn. 1, verweist für den Begriff „Therapeutische Beratung (Sicherheitsaufklärung)" auf BGH, NJW 1989, 2320.

489 *Regenbogen*, Ärztliche Aufklärung und Beratung in der prädiktiven genetischen Diagnostik, S. 194f., verweist darauf, dass zum Teil sogar dafür plädiert wird, mit dem Begriff der „therapeutischen Beratung" den herkömmlichen Begriff der therapeutischen Aufklärung abzulösen. Sie nimmt dabei auf *Glatz*, Der Arzt zwischen Aufklärung und Beratung, S. 232 sowie *Taupitz*, Die zivilrechtliche Pflicht zur unaufgeforderten Offenbarung eigenen Fehlverhaltens, S. 57, Bezug.

490 *Hart*, in: FS für *Heinrichs*, S. 291 (295f.).

491 *Hart*, in: FS für *Heinrichs*, S. 291 (295f., Fn. 16). Ausführlicher dazu auch *Regenbogen*, Ärztliche Aufklärung und Beratung in der prädiktiven genetischen Diagnostik, S. 196ff.

492 *Diederichsen*, in *Hart*: Klinische Leitlinien und Recht, S. 105 (112).

493 *Ankermann*, in: FS für *Steffen*, S. 1 (2f.).

vertritt vielmehr den Standpunkt, dass auch die therapeutische Aufklärung eine das Selbstbestimmungsrecht des Patienten gewährleistende Aufklärung sei.

Festzuhalten bleibt, dass der Zweck der therapeutischen Aufklärung sowie insbesondere die Abgrenzung zur Selbstbestimmungsaufklärung weiterer Erörterung bedarf.[494]

b) *Position I: Sicherungsaufklärung*

Eine Auffassung[495] ordnet die Qualitätsaufklärung der Sicherungsaufklärung zu. Einigkeit besteht in der Lehre[496] noch insoweit, dass zur Begründung eine Parallele zur Aufklärung über Behandlungsalternativen[497] gebildet werden kann. Es ist jedoch schon lange umstritten, welcher Aufklärungsart die Aufklärung über Behandlungsalternativen zuzuordnen ist.[498]

Insbesondere die ältere höchstrichterliche strafrechtliche Rechtsprechung[499] ging bei bestehenden Behandlungsalternativen von der Verwirklichung eines Behandlungsfehlers aus.[500] Im *Isselsfall*[501] verurteilte der BGH den Angeklagten – ohne auf den Gesichtspunkt der Aufklärungspflichtverletzung einzugehen – wegen eines Behandlungsfehlers, weil der Arzt nur nach „interner Tumortherapie" behandelte und es unterließ, zu veranlassen, dass sich die Patienten *alternativ* Operationen und Bestrahlungen unterzogen.[502]

494 So schon der Befund bei *Hart*, Arzneimitteltherapie und ärztliche Verantwortung, S. 116; ebenso *Damm*, in: *Hart*, Ärztliche Leitlinien im Medizin- und Gesundheitsrecht, S. 355 (387f.) sowie *Regenbogen*, Ärztliche Aufklärung und Beratung in der prädiktiven genetischen Diagnostik, S. 196; vgl. ebenfalls *Giesen*, JZ 1982, 391 (402).

495 Zur Entwicklung der Rechtsprechung siehe diesen Abschnitt, insbesondere OLG Celle, VersR 1987, 591f. Für die Literatur z. B. *Kern*, MedR 1985, 85 (86); *Künschner*, Wirtschaftlicher Behandlungsverzicht und Patientenauswahl, S. 232f; differenzierend *Francke/Hart*, Charta der Patientenrechte, S. 114, 116, 181 sowie *Becker-Schwarze/Hart*, Risikomanagement in Bremer Krankenhäusern, S. 180f.

496 Vgl. nur *Hart*, MedR 1999, 47 (49).

497 Zu den unterschiedlichen Fallgruppen im Rahmen der Aufklärung über Behandlungsalternativen siehe jüngst *Schelling/Erlinger*, MedR 2003, 331ff. sowie umfassend *Greiner*, in: FS für *Geiß*, S. 411ff.

498 Siehe aus der Literatur zuletzt *Regenbogen*, Ärztliche Aufklärung und Beratung in der prädiktiven genetischen Diagnostik, S. 196.

499 In NJW 1960, 2253f., verurteilte der BGH wegen eines Behandlungsfehlers, weil sich der Arzt bewusst über eine Schulmethode hinwegsetzte, die mit einem Wahrscheinlichkeitsgrad von 70 % zur Heilung geführt hätte. Besonders schwer wog, dass es sich bei der Krankheit um Krebs handelte. Siehe auch schon RGSt, 74, 60 (61); RG, JW 1937, 3087, Nr. 14.

500 Diese Bestandsaufnahme vollziehen gleichermaßen *Francke/Hart*, Ärztliche Verantwortung und Patientenrechte, S. 40.

501 BGH, NJW 1962, 1780ff.

502 BGH, NJW 1962, 1780 (1781).

Auch Zivilgerichte gingen bei fehlender Aufklärung über bestehende Behandlungsalternativen von einer Verletzung der Sicherungsaufklärung aus.[503] Ausführlich befasste sich das OLG Celle[504] mit der Themenstellung. Im Sachverhalt war streitig, ob der Patient auf eine andere Behandlungsmethode, die in anderen Kliniken bereits durchgeführt wurde, hätte hingewiesen werden müssen. Dabei handelte es sich um die Operation einer Linsentrübung bei einem Säugling. Der Senat urteilte, dass nur unter besonderen Voraussetzungen eine Unterrichtungspflicht (für den behandelnden Arzt)[505] bestehe, auf die in anderen Kliniken bereits angewandten Operationsmethoden hinzuweisen. Weiter stellte das Gericht – allerdings ohne Begründung – fest, dass es sich bei dieser Sachlage gerade nicht um einen Fall der Selbstbestimmungsaufklärung handelt, sondern vielmehr eine therapeutische Aufklärung gegeben ist, deren Unterlassen dann wiederum einen Behandlungsfehler darstellt.

Ähnlich äußerte sich zu einem späteren Zeitpunkt das OLG Stuttgart,[506] welches ebenfalls über eine operative Augenbehandlung entscheiden musste. Nach Ansicht der Richter waren „die Grenzen zur Selbstbestimmung [...] fließend". Entgegen der Vorinstanz lag jedoch nicht (nur) eine unzureichende Selbstbestimmungsaufklärung vor, sondern der Senat vertrat den Standpunkt, ohne dafür weitere Gründe anzuführen,[507] dass die fehlende Beratung während einer bloßen Verlaufskontrolle gegenüber einer vorzugswürdigeren Alternative – nämlich der Koagulationsbehandlung am Auge – einen Behandlungsfehler darstellt.

Ein aktuelleres Urteil des OLG Nürnberg[508] fügt sich nahtlos in diese Rechtsprechung ein. Der Kläger litt an einer sehr seltenen rezessiv vererbbaren Krankheit, der familiären hämophagozytischen Lymphohistiozytose (Morbus Farquar). Er warf dem Beklagten vor, dass er die Behandlung nur medikamentös durchführte, ohne ihn auf die *mögliche Alternative* einer Knochenmarktransplantation hinzuweisen. Das Gericht stellte fest, dass ein solches Versäumnis eine Verletzung der therapeutischen Aufklärungspflicht beinhaltet. Der Patient ist über Behandlungsalternativen aufzuklären, wenn Behandlung und Alternative jeweils unter-

---

503 Aus der höchstrichterlichen Rechtsprechung nicht eindeutig BGH, NJW 1981, 633 (schon oben erwähnt); siehe auch BGH VersR 1981, 730 (731). Des Weiteren andeutend OLG Celle, VersR 1986, 554 (555).

504 OLG Celle, VersR 1987, 591f.

505 Eine Haftung des Krankenhausträgers wurde durch das Gericht in Erwägung gezogen, aber im Ergebnis abgelehnt. Dass die Hinweispflicht auf die andere Behandlungsmethode möglicherweise dem Träger der Klinik obliegt, wurde dagegen nicht diskutiert.

506 OLG Stuttgart, VersR 1997, 700ff.

507 Der Hinweis verdient insoweit Erwähnung, da das Urteil zeitlich nach der Entscheidung BGHZ 102, 17 (22), ergangen ist, und die Richter des BGH, a. a. O., sich damals in den Entscheidungsgründen ausdrücklich gegen die Auffassung des OLG Celle, VersR 1987, 591f. und somit gegen eine Sicherungsaufklärung in dem Zusammenhang gewandt hatten.

508 OLG Nürnberg, VersR 2003, 1444ff. Der BGH hat die Nichtzulassungsbeschwerde zu diesem Urteil durch Beschluss vom 5.11.2002 – VI ZR 212/02 – zurückgewiesen.

schiedliche Erfolgschancen bieten und unterschiedliche Belastungen und Risiken aufweisen. Diese für die Selbstbestimmung entwickelten Grundsätze gelten nach Meinung der Richter „sinngemäß auch für den vorliegenden Fall; Selbstbestimmung und Eigenverantwortlichkeit des Patienten sind auch im Rahmen der therapeutischen Aufklärung Richtschnur ärztlichen Verhaltens".

Einige Autoren der Lehre[509] haben sich ebenfalls beim Vorliegen echter Behandlungsalternativen für die Annahme einer Sicherungsaufklärung ausgesprochen. Insbesondere in den achtziger Jahren vertraten sie[510] den Standpunkt, dass ein Behandlungsfehler darin liege, dass der Arzt den Eingriff selbst vornehme, statt den Patienten auf eine besser ausgestattete Klinik hinzuweisen.[511] Die Nichtaufklärung werde dadurch zum Behandlungsfehler.[512]

Später äußerte *Künschner*[513] starke Kritik an der Rechtsprechung, weil sie auf den Vorwurf der therapeutischen Aufklärung verzichte und statt dessen den Weg der Selbstbestimmungsaufklärung wähle. Der Autor meint, ein solches Ergebnis gehe zu Lasten der Patienten, denn man befreie zwar den einzelnen Arzt vom Vorwurf des Behandlungsfehlers, soweit er nicht die neueste Behandlungsmethode anwende, weil sie ihm (noch) nicht zur Verfügung stehe. Mittelbar werde aber dadurch der Krankenhausträger von rechtlichen Zwängen zur Innovation befreit, die den Patienten somit nicht zu Gute kommen können.[514]

Differenzierend zur dogmatischen Herleitung der Qualitätsaufklärung äußerte sich zuletzt *Hart*.[515] Er stellte fest, dass sie beide Aufklärungselemente beinhalte. Die Aufklärung soll zum einen den Patienten in den Stand versetzen, eine informierte Qualitätsentscheidung über die Behandlung seiner Erkrankung zu treffen (Selbstbestimmungsaufklärung), und zum anderen soll sie gleichzeitig der effektiven Krankenbehandlung und dem Gesundheitsschutz des Patienten dienen (Sicherungsaufklärung). *Becker-Schwarze*[516] nimmt in dem Zusammenhang gleichermaßen eine Differenzierung vor, allerdings aus einem anderen Blickwinkel. Die Autorin greift die bereits dargestellte Unterteilung von Prozess- und Strukturqualität[517] wieder auf und ordnet die Qualitätsaufklärung im Rahmen der Pro-

---

509 *Kern*, MedR 1985, 85 (86), in der Problemstellung eines Urteils des OLG Düsseldorf aus dem Jahre 1983; *Kern/Laufs*, Die ärztliche Aufklärungspflicht, S. 107ff. und 187f.

510 Siehe insgesamt dazu *Kern/Laufs*, Die ärztliche Aufklärungspflicht, S. 107ff. und 187f.

511 *Kern*, MedR 1985, 85 (86), in der Problemstellung eines Urteils des OLG Düsseldorf v. 1983. Wenn zwischen den Kliniken ein deutliches Risikogefälle besteht, dann liegt auch nach *Mertens*, in: *MünchKomm*², § 823, Rdnr. 432, eine Verletzung der Behandlungspflicht vor.

512 Nochmals *Kern*, MedR 1985, 85 (86).

513 *Künschner*, Wirtschaftlicher Behandlungsverzicht und Patientenauswahl, S. 232f., erschienen 1992.

514 Siehe dazu noch ausführlich Kapitel 4 der Arbeit.

515 *Francke/Hart*, Charta der Patientenrechte, S. 114, 116, 181.

516 *Becker-Schwarze/Hart*, Risikomanagement in Bremer Krankenhäusern, S. 180f.

517 Zu den Begriffen unter Kapitel 1, C, II., 3.

zessqualität der Sicherungsaufklärung und im Falle der Strukturqualität der Selbstbestimmungsaufklärung zu.[518]

c) *Position II: Selbstbestimmungsaufklärung*

Nach neuester höchstrichterlicher zivilrechtlicher Rechtsprechung[519] und der Mehrheit der Autoren[520] soll es sich, wegen der vergleichbaren Sachlage mit der Aufklärung über alternative Behandlungsmethoden, bei der Qualitätsaufklärung um eine Fallgruppe der Selbstbestimmungsaufklärung handeln.[521]

Im bekannten *Elektrokoagulations-Fall*[522] sprachen sich die Richter des VI. Senats ausdrücklich dafür aus: Wegen der Wahrung des Selbstbestimmungsrechts des Patienten ist dieser über alternativ zur Verfügung stehende Behandlungsmöglichkeiten zu informieren. Bei einer *echten* Behandlungsalternative (Verfügbarkeit jenseits der Erprobung) ist nach dem BGH[523] eine Information des Patienten immer dann erforderlich, wenn eine andersartige Chancen- und Risikenverteilung besteht.[524] Die Aufklärungsverpflichtung über Behandlungsalternativen beginne dort, wo der Behandlungsfehler ende, genauer gesagt, wo sich Behandlungsmethoden noch nicht bzw. nicht mehr *per se* als fehlerhaft qualifizieren lassen.[525] Nur durch das Abstellen auf das Selbstbestimmungsinteresse des

---

518 *Becker-Schwarze/Hart*, Risikomanagement in Bremer Krankenhäusern, S. 180f.

519 Vgl. jüngst BGH, NJW 2005, 1718, 1. LS: „Auch die Aufklärung über bestehende unterschiedliche Behandlungsmöglichkeiten dient dem Selbstbestimmungsrecht des Patienten [...].“ Dabei nahm der VI. Senat Bezug auf eine frühere Entscheidung, und zwar BGHZ, 102, 17 (22) sowie auf *Laufs*, in: *Laufs/Uhlenbruck*, Handbuch des Arztrechts, § 63, Rdnr. 21ff.; vgl. auch schon BGH, MedR 1984, 230 (231) sowie *Geiß/Greiner*, Arzthaftpflichtrecht, C Rdnr. 29ff., m. w. N. der Rechtsprechung.

520 *Francke/Hart*, Ärztliche Verantwortung und Patienteninformation, S. 35ff.; *Damm*, NJW 1989, 737ff.; *ders.*, JZ 1998, 926 (929f.); *Giesen*, Arzthaftungsrecht, Rdnr. 215ff.; *Voß*, Kostendruck und Ressourcenknappheit im Arzthaftungsrecht, S. 84, 175ff.; *Pflüger*, MedR 2000, 6 (7); *Schelling*, Die ärztliche Aufklärung über die Qualität der Behandlung, S. 73ff.

521 Zum Teil werden die Behandlungsalternativen in unterschiedliche Fallkonstellationen gegliedert. *Damm*, NJW 1989, 737, bezeichnet z. B. drei Gruppen; ebenso *Künschner*, Wirtschaftlicher Behandlungsverzicht und Patientenauswahl, S. 240, wobei dann aber die Bezeichnungen innerhalb der Unterteilungen differieren. Siehe auch *Francke/Hart*, Ärztliche Verantwortung und Patienteninformation, S. 36 sowie *Weber-Steinhaus*, Ärztliche Berufshaftung, S. 295ff. Aktuell siehe *Schelling/Erlinger*, MedR 2003, 331f., dabei gehen diese Autoren von insgesamt fünf (theoretisch möglichen) verschiedenen Fallgruppen aus.

522 BGHZ, 102, 17 (22). Der VI. Senat wendet sich dabei ausdrücklich gegen die therapeutische Aufklärung und nimmt gegen das oben bei der Sicherungsaufklärung erwähnte Urteil des OLG Celle, VersR 1987, 591, Stellung.

523 BGH, VersR 1998, 766f.; 1980, 1145ff.

524 So in der Literatur auch *Francke/Hart*, Ärztliche Verantwortung und Patienteninformation, S. 35ff.; *dies.*, Charta der Patientenrechte, S. 185; *Pflüger*, MedR 6 (7); *Schelling*, Die ärztliche Aufklärung über die Qualität der Behandlung, S. 73.

525 *Francke/Hart*, Ärztliche Verantwortung und Patienteninformation, S. 35.

Patienten könne auch dessen Schutzbedürftigkeit hinreichend gewährleistet werden.[526]

Weiterhin wird darauf verwiesen, dass der Tatbestand der Aufklärungspflichtverletzung das im Vergleich zum Behandlungsfehler flexiblere Haftungsinstrument sei und den schonenderen Eingriff in den medizinischen Bereich darstelle.[527] Auch für den behandelnden Arzt sei die Aufklärungspflicht schonender, denn ihm bleibe das vernichtende Urteil des Behandlungsfehlers erspart, auf welches Patienten und Öffentlichkeit erfahrungsgemäß besonders nachhaltig reagieren.[528]

d) Plädoyer für die Selbstbestimmungsaufklärung

Die Qualitätsaufklärung ist dogmatisch der Selbstbestimmungsaufklärung zuzurechen. Eine Einordnung gestaltet sich nicht leicht, einige Argumente sprechen ebenso für den von *Hart*[529] festgestellten Befund, dass sich sowohl Elemente der Sicherungs- als auch der Selbstbestimmungsaufklärung vereinen. Nach der hier vertretenen Auffassung rücken jedoch Aspekte letzterer so sehr in den Vordergrund, dass sie die Elemente der Sicherungsaufklärung überlagern. Es erscheint damit gerechtfertigt, *allein* auf eine Selbstbestimmungsaufklärung abzustellen; denn es geht in erster Linie um Entscheidungschancen. Der Patient muss in den Stand versetzt werden, eine informierte Entscheidung über die Qualität der Behandlung seiner Erkrankung zu treffen. Diese Entscheidungschancen wahrzunehmen, beruht auf dem Recht des Patienten, als freie und selbstverantwortliche Persönlichkeit zu handeln.

Die Sicherungsaufklärung bezweckt zwar als einen Aspekt[530] die Mitwirkung des Patienten an seiner Behandlung, letztlich geht es aber um die Wahrnehmung von Dispositionsrechten, die im Selbstbestimmungsrecht des Patienten verankert sind. Dem Patienten sind zunächst – nach hier vertretener Auffassung –[531] durch den Krankenhausträger oder den Praxisleiter diejenigen Informationen zur Verfügung zu stellen, die ihm eine Entscheidung über die Behandlung seiner Erkrankung ermöglichen. Die Bekanntgabe der Informationen bildet den Beginn eines Entscheidungsprozesses, der unbestritten auch dem Gesundheitsschutz dient. Am Ende dieses Prozesses steht jedoch die Wahrnehmung der Dispositionsbefugnis des Patienten im Mittelpunkt. Er entscheidet nunmehr abschließend, auf welche Chancen und Risiken einer Behandlung er sich einlassen will.

---

526 Vehement *Giesen*, Arzthaftungsrecht, Rdnr. 215ff. (besonders 220).

527 *Schelling*, Die ärztliche Aufklärung über die Qualität der Behandlung, S. 63.

528 *Weber-Steinhaus*, Ärztliche Berufshaftung als Sonderdeliktsrecht, S. 195; *Giesen*, Arzthaftung, Rdnr. 347.

529 *Francke/Hart*, Charta der Patientenrechte, S. 114, 116, 181.

530 Das weitere Merkmal der Gefahrenabwehr scheidet als Anknüpfungspunkt aus, da es hierbei nicht um die Mitwirkung des Patienten geht.

531 Dazu ausführlich Kapitel 1, C, II., 4.

Wenig hilfreich erscheint es ebenso, wie von *Ankermann*[532] angedeutet, die Diskussion unter den *terminus* der „therapeutischen Beratung" zu verlagern, denn es ist im Arzthaftungsrecht[533] bisher nicht hinreichend geklärt, was unter „Beratung"[534] zu verstehen ist. Insbesondere kann noch kein eigenständiger Rechtsgutsbezug und eine rechtliche Selbständigkeit der Pflicht zur ärztlichen Beratung ausgemacht werden.[535]

2. Inkongruenzen zwischen Haftungs- und Sozialrecht

Fraglich ist ebenso, worauf sich die Verpflichtung zur Aufklärung über mögliche Inkongruenzen zwischen Haftungs- und Sozialrecht dogmatisch zurückführen lässt. Prinzipiell bestehen drei divergierende Auffassungen.[536] Eine[537] geht wiederum davon aus, dass sich die „Organisationsaufklärung" auch für diesen Bereich der Selbstbestimmungsaufklärung zuordnen lässt, die zweite Ansicht[538]

---

532 *Ankermann*, in: FS für *Steffen*, S. 1 (2f.).

533 In anderen Bereichen des Dienstleistungsrechts, z. B. im Bankrecht (bei der Geldanlage), scheint der Entwicklungsprozess hinsichtlich der Begriffsdefinitionen fortgeschrittener. Dabei ist Beratung im dort verstandenen Sinne umfassender als Aufklärung. Bei der Aufklärung soll es sich dort um die nicht angeforderten Mitteilungen bestimmter Umstände zur Vermeidung von Gefahren oder Nachteilen für den Empfänger handeln. Die Beratung dagegen beinhaltet die Erklärung der Tatsachen einschließlich der Darstellung und Bewertung von Entscheidungsalternativen, so *Palandt-Sprau*, § 675, Rdnr. 26. Umfassend zu der Problematik *Lange*, Informationspflichten von Finanzdienstleistern, S. 19ff.; vgl. auch *Damm*, in: FS für *Derleder*, S. 55 (72ff.).

534 Z. T. wird sie mit der Sicherungsaufklärung assoziiert. Dafür jüngst wieder *Kern*, Besprechung von *Schelling*, Die ärztliche Aufklärung über die Qualität der Behandlung, MedR 2004, 285. „[...], inwieweit es sich um Beratung („therapeutische Aufklärung") handelt [...]." Es erfolgt auch eine Verwendung mit der Aufklärung als Begriffstandem; dazu Nachweise bei *Regenbogen*, Ärztliche Aufklärung und Beratung in der prädiktiven genetischen Diagnostik, S. 198 und *Damm*, in: *Hart*, Ärztliche Leitlinien im Medizin- und Gesundheitsrecht, S. 355 (387f.).

535 So auch der Befund bei *Regenbogen*, Ärztliche Aufklärung und Beratung in der prädiktiven genetischen Diagnostik, S. 198 und *Damm*, in: *Hart*, Ärztliche Leitlinien im Medizin- und Gesundheitsrecht, S. 355 (389).

536 Als vierte Meinung soll noch auf die von *Diederichsen*, in *Hart*: Klinische Leitlinien und Recht, S. 105 (112) verwiesen werden. Sie favorisiert – soweit ersichtlich als Einzige – die dogmatische Rückführung zur therapeutischen Aufklärung. Die Autorin rückt dabei jedoch ebenfalls das Selbstbestimmungsrecht des Patienten in den Vordergrund. Siehe zur Überlagerung von Sicherungs- und Selbstbestimmungsaufklärung auch schon oben in diesem Kapitel unter B, II., 1., a), cc).

537 *Hart*, MedR 2002, 321 (326); *ders.*, MedR 1999, 47 (50); *Francke/Hart*, Charta der Patientenrechte, S. 187; *dies.*, ZaeFQ 2001, 732 (733); *Steffen*, in: FS für *Geiß*, 487 (501f.); *Rumler-Detzel* VersR 1998, 546 (549).

538 *Pflüger*, Krankenhaushaftung und Organisationsverschulden, S. 121; *ders.*, MedR 2000, 6 (9), welcher im Ergebnis die Verpflichtung zur Aufklärung insgesamt ablehnt. Siehe zuletzt *Müller*, GesR 2004, 257 (264f.)

favorisiert die wirtschaftliche Aufklärung, und eine dritte Meinung[539] geht von einer wirtschaftlichen Aufklärung im weiteren Sinne aus.

a) Position I: Wirtschaftliche Aufklärung

Pflüger,[540] der jedoch einer diesbezüglichen Aufklärungspflicht generell ablehnend gegenübersteht, meint, es könnte sich nur um eine wirtschaftliche Aufklärung handeln, da sich der Zweck der Aufklärung auf Vermögensinteressen beziehe und es nicht um den selbstverantwortlichen Schutz der Integritätsinteressen des Patienten gehe.[541] *Müller*[542] deutete, ohne einer konkreten Entscheidung der Rechtsprechung vorgreifen zu wollen, ebenso an, dass es sich dogmatisch um eine wirtschaftliche Aufklärung handele, weil finanzielle Gesichtspunkte bei der Selbstbestimmungsaufklärung keine Rolle spielen dürfen.

b) Position II: Wirtschaftliche Aufklärung im weiteren Sinne

Schelling hat in seiner Dissertation[543] und in einem späteren Aufsatz[544] versucht, eine neue Fallgruppe als Anknüpfungspunkt zu bilden. Dabei soll es sich um die wirtschaftliche Aufklärung im weiteren Sinne handeln. Nach seiner Ansicht geht es in einem ersten Schritt um die Selbstbestimmungsaufklärung über Behandlungsalternativen, welche die „ursprüngliche" wirtschaftliche Aufklärung jedoch in einem zweiten Schritt beinhalte.[545] Somit könne der bestehenden Wechselwirkung zwischen medizinischem Rat und wirtschaftlicher Aufklärung Rechnung getragen werden.[546]

c) Position III: Selbstbestimmungsaufklärung

Rumler-Detzel[547] vertritt den Standpunkt, wenn das Versichertensystem der GKV nicht mehr fähig sein sollte, für Patienten bestimmte Leistungen bereitzustellen, dann müsste ihnen wegen ihres Selbstbestimmungsrechts die Möglichkeit eröffnet werden, diese Leistungen selbst zu finanzieren. Ebenso bedarf es nach *Steffen*[548] auf Grund der Patientenselbstbestimmung einer Aufklärung über

---

539 *Schelling*, Die ärztliche Aufklärung über die Qualität der Behandlung, S. 149ff.; *ders.*, MedR 2004, 422 (427).

540 *Pflüger*, MedR 2000, 6 (9).

541 *Pflüger*, Krankenhaushaftung und Organisationsverschulden, S. 121.

542 *Müller*, GesR 2004, 257 (264f.).

543 *Schelling*, Die ärztliche Aufklärung über die Qualität der Behandlung, S. 149ff.

544 *Schelling*, MedR 2004, 422 (427).

545 Ausführlich *Schelling*, Die ärztliche Aufklärung über die Qualität der Behandlung, S. 149ff.

546 *Schelling*, MedR 2004, 422 (428).

547 *Rumler-Detzel*, VersR 1998, 546 (549).

548 *Steffen*, in: FS für *Geiß*, 487 (501).

Kürzungen im Leistungsspektrum der GKV. *Hart*[549] zieht eine Parallele zur Aufklärung über Behandlungsalternativen. Über die Wahl einer Behandlungsmethode, welche vom System der GKV nicht oder nicht vollständig umfasst werde, könne der Patient sein Recht auf selbstverantwortlichen Schutz seiner Integritätsinteressen wahrnehmen, so dass es sich um eine Selbstbestimmungsaufklärung handele.[550]

d) Inhalt der wirtschaftlichen Aufklärung

Bevor eine Streitentscheidung erfolgt, soll der Inhalt der wirtschaftlichen Aufklärung knapp erläutert werden. Bei der wirtschaftlichen Aufklärung geht es um die Frage, ob der Patient darauf hingewiesen werden muss, dass sich die konkret ins Auge gefasste medizinische Maßnahme außerhalb des Leistungsumfangs der Krankenversicherung bewegt und deswegen von ihm mit eigenen Mitteln finanziert werden muss.[551]

Eine solche Aufklärungspflicht wird von der Rechtsprechung[552] nur unter engen Voraussetzungen bejaht. In der Lehre[553] besteht Einigkeit, dass der Arzt kein vermögensberatender Beruf und insofern die vermögensbezogene Information des Patienten keine originäre und allgemeine Berufspflicht des Arztes ist. Der Patient ist prinzipiell für seine Vermögensangelegenheiten selbst verantwortlich. Es muss aber ebenso bedacht werden, dass der Arzt – wegen der Wahrnehmung eigener Vermögensinteressen gegenüber den Kassenärztlichen Vereinigungen und den privaten Krankenkassen[554] – häufig Kenntnis über die Kostentragung von Kassen für Behandlungen besitzt und demnach üblicherweise über bessere Informationsmöglichkeiten als der Patient verfügt. Aus diesem Informationsungleichgewicht zwischen Patient und Arzt über die Kostenseite von Behandlungen kann aber keinesfalls die Begründung einer allgemeinen treuhänderischen Verantwortlichkeit des Arztes für Vermögensangelegenheiten des Patienten im Gesundheitsbereich abgeleitet werden.[555]

---

549 *Hart*, MedR 1999, 47 (50); siehe auch *Francke/Hart*, Charta der Patientenrechte, S. 187.

550 Ähnlich *Bergmann*, Arzthaftung, S. 119.

551 Siehe zuletzt *Schelling*, MedR 2004, 422.

552 Zur Rechtsprechung sogleich im nächsten Abschnitt.

553 *Laufs*, in: *Laufs/Uhlenbruck*, Handbuch des Arztrechts, § 65, Rdnr. 17f.; *Giesen*, Arzthaftungsrecht, Rdnr. 267f.; *Francke/Hart*, Charta der Patientenrechte, S. 189; *Katzenmeier*, Arzthaftung, S. 320; *Geiß/Greiner*, Arzthaftpflichtrecht, Rdnr. A 4, A 96; *Herkenhoff/Karthaus*, in: *Bergmann/Kienzle*, Krankenhaushaftung, Rdnr. 463, 477; *Pflüger*, Krankenhaushaftung und Organisationsverschulden, S. 121; *Schelling*, Die ärztliche Aufklärung über die Qualität der Behandlung, S. 132ff.; *ders.*, MedR 2004. Siehe auch *Michalski*, VersR 1997, 137; *Baden*, NJW 1988, 746; *Fehse*, MedR 1986, 115ff.; *Füllgraf*, NJW 1984, 2619ff.

554 Siehe zur Differenzierung von gesetzlicher und privater Krankenversicherung bei der wirtschaftlichen Aufklärung *Michalski*, VersR 1997, 137 (143ff.).

555 *Francke/Hart*, Charta der Patientenrechte, S. 189; *Laufs*, in: *Laufs/Uhlenbruck*, Hand-

Daraus folgt, dass solche möglichen Pflichten nicht allgemein aus der Berufsstellung hergeleitet und den weiteren Berufspflichten gleichgestellt werden können.[556] Sie bedürfen vielmehr besonderer Begründung. Bei der wirtschaftlichen Aufklärung handelt es sich deshalb nach einhelliger Auffassung[557] um eine Nebenpflicht aus dem Vertragsverhältnis zwischen Arzt und Patient.

Es sei noch betont, dass die wirtschaftliche Aufklärungspflicht strikt von der therapeutischen und der Selbstbestimmungsaufklärung abzugrenzen ist.[558] Es geht weder um Gesundheits- noch um Persönlichkeitsrechtsschutz des Patienten, sondern um den Schutz seiner Vermögensinteressen vor zu starker finanzieller Belastung.

e) *Der Umgang der Rechtsprechung mit der wirtschaftlichen Aufklärung*

Die Rechtsprechung setzte sich erstmals zu Beginn der achtziger Jahre[559] mit der Frage auseinander, ob der Patient darüber aufgeklärt werden muss, dass sich die medizinische Maßnahme außerhalb des Leistungsumfangs der Krankenversicherung befindet und deshalb mit eigenen Mitteln finanziert werden muss. Wenn ein Arzt einem Patienten eine stationäre Behandlung vorschlägt und begründete Zweifel bestehen, ob die Krankenkasse die Kosten übernehmen wird, so hat der Arzt nach höchstrichterlicher Rechtsprechung[560] die vertragliche Pflicht, den Patienten darauf hinzuweisen. Der BGH[561] stellte aber auch deutlich heraus, dass sich keine grundsätzliche Verpflichtung ergebe, sich mit finanziellen Verhältnissen von Patienten vertraut zu machen und deren Vermögensinteressen wahrzunehmen.[562] Die Gerichte[563] entwickelten über die Jahre eine gefestigte und aus-

---

buch des Arztrechts, § 65, Rdnr. 17; *Katzenmeier*, Arzthaftung, S. 320.

556 *Francke/Hart*, Charta der Patientenrechte, S. 189.

557 So zuletzt wiederum Müller, GesR 2004, 257 (265); des Weiteren *Pflüger*, Krankenhaushaftung und Organisationsverschulden, S. 121.

558 *Laufs*, in: *Laufs/Uhlenbruck*, Handbuch des Arztrechts, § 65, Rdnr. 17f.; *Katzenmeier*, Arzthaftung, S. 320; *Francke/Hart*, Charta der Patientenrechte, S. 189; *Pflüger*, Krankenhaushaftung und Organisationsverschulden, S. 121; *Schelling*, MedR 2004, 422 (426), der darauf verweist, dass *Füllgraf*, NJW 1984, 2619f. und *Fehse*, MedR 1986, 115 (116) sowie *Michalski*, VersR 1997, 137 (144), die wirtschaftliche Aufklärung und die Selbstbestimmungsaufklärung z. T. vermengen.

559 Es handelt sich um ein Urteil des AG Köln, NJW 1980, 2756. Dabei urteilte das Gericht, dass der pflichtversicherte Patient über einen zu tragenden Selbstkostenanteil beim Zahnarzt aufzuklären ist.

560 BGH, VersR 1983, 443ff.

561 BGH, VersR 1983, 443ff.

562 Dies wird auch in den zahlreichen weiteren Entscheidungen immer wieder betont, z. B. LG Saarbrücken, NJW 1984, 2632 (2633); OLG Düsseldorf, NJW 1985, 458 (459); OLG Hamburg, NJW 1987, 2937 (2938); OLG Köln, NJW 1987, 2304.

563 Der BGH ging in einer weiteren Entscheidung, NJW 1988, 759ff., von der Nichtigkeit des Vertrages nach § 138 Abs. 1 BGB aus. In dem Urteil stellten die Richter heraus, dass der Krankenhausträger dem Patienten gegenüber aus dem Krankenhausaufnahmevertrag verpflichtet sei, ihn vor unnötigen Behandlungskosten und unverhältnismäßigen finanzi-

differenzierte Rechtsprechung, wobei im Einzelfall[564] eine Kostenerstattung bzw. Aufrechnung des Patienten gegen die Forderung des Arztes oftmals nicht erfolgte. Aktuell[565] kam *Schelling*[566] zu der Schlussfolgerung, dass die Rechtsprechung vom Arzt verlangt, den Patienten dann über die finanziellen Aspekte der vorgeschlagenen Behandlung aufzuklären, wenn und soweit er diese besser beurteilen kann als der Patient.[567]

f) Plädoyer für die Selbstbestimmungsaufklärung

Die Verpflichtung zur Aufklärung über mögliche Inkongruenzen zwischen Haftungs- und Sozialrecht ist dogmatisch der Selbstbestimmungsaufklärung zuzurechen.

Dabei kann eine Parallele zur Aufklärung über Behandlungsalternativen gezogen werden. Bestehen echte und bessere oder risikoärmere Behandlungsmöglichkeiten, so ist vor der Behandlung über diese sowohl im Hinblick auf einen unterschiedlichen Verlauf der Erkrankung mit den unterschiedlichen Behandlungen als auch über deren unterschiedliches Nutzen/Risiko-Profil aufzuklären.[568] Dasselbe gilt, wenn es zur beabsichtigten Behandlungsmethode bessere Alternativen gibt, welche aber vom System der GKV nicht (mehr) oder nicht vollständig umfasst werden. Auch hier ist der Patient auf Grund seines Rechts auf selbstverantwortlichen Schutz seiner Integritätsinteressen darüber aufzuklären, damit er sich gegebenenfalls solcher Leistungen versichern kann.

Davon strikt zu trennen sind die Fälle der wirtschaftlichen Aufklärung, in denen die ärztliche Seite den Patienten darauf hinzuweisen hat, dass die konkret ins Auge gefasste medizinische Maßnahme außerhalb des Leistungsumfangs der ge-

---

ellen Belastungen zu bewahren. Nach dem LG Bremen, NJW 1991, 2353, ist der Patient bei einer kosmetischen OP unmissverständlich darauf hinzuweisen, dass die Krankenkasse die Kosten der Operation möglicherweise nicht tragen werde. Das OLG Koblenz, NJW-RR 1991, 876f., verlangte einen Hinweis auf die bevorstehende Umstufung des Patienten von einem Behandlungs- zu einem Pflegefall. Die Verpflichtung zur wirtschaftlichen Aufklärung wurde ebenfalls in einer Entscheidung des OLG München, NJW-RR 1993, 1240 (1241), bejaht.

564 Beispielhaft siehe BGH, NJW 1996, 781f. (keine Erstattung von Wahlleistungen) oder OLG Köln, VersR 1997, 1362 (keine Hinweispflicht des Zahnarztes über besondere Kosten). Siehe aber des Weiteren die Entscheidungen in denen immer wieder betont wird, dass es sich um eine vertragliche Nebenpflicht handelt, beispielsweise OLG Düsseldorf, NJW-RR 2000, 906; sehr ausführlich BGH, NJW 2000, 3429 (3431f.) oder KG, VersR 2000, 89ff.

565 Zu weiteren Entscheidungen vgl. OLG Hamm, NJW 1995, 790; VersR 2001, 895ff. und aktuell AG Pforzheim, MedR 2003, 234f.

566 *Schelling*, MedR 2004, 422 (427).

567 *Schelling* verweist in seinem Aufsatz, MedR 2004, 422 (427), weiterhin darauf, dass die neuere Rechtsprechung bei der Verpflichtung zur Aufklärung danach differenziert, ob der zu behandelnde Patient gesetzlich oder privat krankenversichert ist.

568 Dazu nochmals *Francke/Hart*, Charta der Patientenrechte, S. 188f.

setzlichen oder aber auch der privaten Krankenversicherung liegt und deshalb mit eigenen finanziellen Mitteln gestaltet werden muss. Zwar weisen beide Varianten einen Bezug zur Kostenseite auf, sie unterscheiden sich jedoch bereits in ihrer Ausgangslage wesentlich.[569] Die wirtschaftliche Aufklärung betrifft die Kosten der konkret beabsichtigten Behandlung, welche sich für den Patienten unabhängig davon ergeben können, ob er gesetzlich oder privat versichert ist.[570] Dagegen geht es bei der Aufklärung über Inkongruenzen zwischen Haftungs- und Sozialrecht um Behandlungsalternativen, die dem gesetzlich versicherten Patienten sonst verschlossen blieben, da deren Realisation in finanzieller Hinsicht problematisch erscheint.[571]

III. Haftung

Abschließend ist zu beurteilen, welche Haftungsgrundlage bei der Verletzung der „Organisationsaufklärung" eingreift.

1. Qualitätsaufklärung

Es gilt, den Blickwinkel wieder auf die rechtliche Verantwortung des *Haftungssubjektes* – den Krankenhausträger als Verantwortlichen der Qualitätsaufklärung – zu fokussieren.

a) *Pflichten des Krankenhausträgers*

Der Krankenhausträger hat dafür Sorge zu tragen, dass die Aufklärung erfolgt. Nach *Hart*,[572] steht die Qualitätsaufklärung im engen Zusammenhang mit den Organisationspflichten des Krankenhausträgers.

Den Gedankengang aufgreifend kann weiter ausgeführt werden, dass nicht nur ein enger Zusammenhang zwischen beiden besteht, sondern dass die Qualitätsaufklärung ***selbst*** eine ***Organisationspflicht des Krankenhausträgers ist.*** Der Träger der Einrichtung hat durch allgemeine Anweisungen sicherzustellen, dass eine Kommunikation mit dem Patienten stattfindet, welche diesen zu einer Entscheidung befähigt, ob er eine andernorts qualitativ bessere Organisation der Behandlung in Anspruch nehmen möchte. Die Voraussetzungen dafür können beispielsweise durch entsprechende krankenhausinterne Richtlinien sichergestellt werden. Kommt der Krankenhausträger der Pflicht nicht nach, muss er sich

---

569 So schon der Befund bei *Schelling*, MedR 2004, 422 (423).

570 Die soeben kurz aufgeführten Urteile der Rechtsprechung betreffen sowohl gesetzlich als auch privat versicherte Patienten.

571 Ähnlich *Schelling*, MedR 2004, 422 (423).

572 *Hart*, MedR 1999, 47 (49).

dafür im Wege der vertraglichen und deliktischen Haftung verantworten.[573] Die unterlassene oder fehlerhafte Aufklärung über die Organisation und die Qualität der Behandlung kann somit selbst eine Haftung wegen einer Organisationspflichtverletzung auslösen.

Das ermittelte Ergebnis steht ebenso im Einklang mit den in Abschnitt B dieses Kapitels gewonnenen Erkenntnissen und zieht konsequent dessen Linie weiter fort – *moderne Arzthaftung ist zum Großteil Organisationshaftung.*

b) Vertragliche und deliktische Haftung

Eine Aufklärung über die Behandlungsqualität bzw. Behandlungsorganisation stellt demnach eine vertragliche und deliktische Pflicht[574] des Krankenhausträgers dar.

Es handelt sich um eine Organisationspflichtverletzung, die im Recht der unerlaubten Handlungen ausschließlich nach § 823 Abs. 1 BGB zu bewerten ist sowie um eine *vertragliche Hauptpflicht* des Krankenhausträgers. Insofern kann auf die getätigten Ausführungen bei den Organisationspflichten der Qualität der Behandlung verwiesen werden.[575]

2. Aufklärung über Inkongruenzen zwischen Haftungs- und Sozialrecht

Auch in den Fällen gesetzlichen Leistungsausschlusses sollte wiederum für den Krankenhausträger die Verpflichtung zur Aufklärung bestehen. Der Krankenhausträger müsste *als Organisationsverantwortlicher* darüber informieren, dass mögliche und vorhandene bessere Behandlungsmöglichkeiten außerhalb der GKV existieren, damit der Patient sich dann dieser Behandlung versichern könnte.

Für Aufklärungsversäumnisse würde der Krankenhausträger dann wieder vertraglich und deliktisch haften.

---

573 Dazu sogleich Kapitel 1, C, III., 1., b).

574 Diese Konsequenz zeigt auch *Pflüger*, MedR 2000, 6 (7), auf. Er ist jedoch ein Vertreter der Literatur, der die Qualitätsaufklärung als möglichen Lösungsansatz vollständig ablehnt.

575 Vgl. Kapitel 1, B, II.

Kapitel 2: Wirtschaftliche Erwägungen und wirtschaftliche Folgenerwägungen in dogmatischen Bewertungen

Nach der dogmatischen Grundlegung der drei Schwerpunkte der Arbeit, Behandlung, Organisation und „Organisationsaufklärung“ gilt es, eine methodische Leitlinie für das weitere Vorgehen zu entwickeln.

A Wirtschaftliche Erwägungen

Dafür ist es hilfreich, zunächst einen Überblick zu geben, welche Bedeutung die Literatur bisher wirtschaftlichen Erwägungen im Arzthaftungsrecht beigemessen hat. Bei dieser Analyse stehen neue Entwicklungstendenzen der Lehre im Umgang mit ökonomischen Argumenten im Vordergrund. Anschließend wird auf Grund dieser Erkenntnisse untersucht, ob es im Rahmen der Behandlungs- und der Organisationsfehlerhaftung einen dogmatischen Anknüpfungspunkt für wirtschaftliche Erwägungen gibt. Falls diese Frage positiv beantwortet werden kann, ist des Weiteren herauszuarbeiten, wo und wie dies im Arzthaftungsrecht zu erfolgen hat.

I. Bisheriger Umgang der Literatur mit wirtschaftlichen Erwägungen

Zunächst sind – bis auf eine Ausnahme[1] – ökonomische Gesichtspunkte im Schrifttum kaum wahrgenommen, später dagegen angesprochen und teilweise ausführlich erörtert worden.

1. „Frühe“ Ausnahme in der Literatur

Der Rechtsanwalt *Hartmann* und der Mediziner *Goldhahn* kritisierten im Jahre 1937 ein reichsgerichtliches Urteil[2] in heftiger Form, da die Entscheidung für sie unter ökonomischen Gesichtspunkten nicht akzeptabel war.

Dabei[3] ging es um einen Patienten, der sich wegen einer Lungenentzündung im Krankenhaus befand. Die Schwester übertrug während ihrer Abwesenheit die Aufsicht einem anderen in der Genesung begriffenen Kranken. Dieser warf den

---

1 Dazu sogleich im folgenden Abschnitt.

2 *Goldhahn/Hartmann*, Chirurgie und Recht, S. 176f. Beide Autoren gehen davon aus, dass es sich um ein Urteil des Preußischen Oberverwaltungsgerichts handelte, siehe aber bei *Ebermayer*, Der Arzt im Recht, S. 112, der am Ende auf das RG verweist.

3 Es handelt sich um eine Entscheidung des III. Zivilsenats des RG v. 10.01.1916. Siehe ausführlicher zum Tatbestand und den Entscheidungsgründen *Ebermayer*, Der Arzt im Recht, S. 111f.

an Lungenentzündung Erkrankten, der im Fieber aus dem Bett wollte, mit solcher Kraft zurück, dass er ihm die Wirbelsäule brach. Der Klage gegen den Krankenhausträger wurde stattgegeben und eine Haftung aus § 823 Abs. 1 BGB bejaht. Der Senat entschied, dass die Krankenhausverwaltung alle Maßregeln treffen musste, „die geeignet waren, den Fieberkranken vor Schaden zu bewahren". Dies sei aber gerade nicht geschehen. Wegen der zu geringen Anzahl von Schwestern mussten andere Kranke zur Überwachung herangezogen werden. Das ist aber nicht unbedenklich, da solche Personen leicht falsche Maßnahmen ergreifen und dadurch die Patienten schädigen können. „Diese Gefahr konnte der Krankenhausträger erkennen und musste deshalb für ausreichendes Pflegepersonal sorgen." Unter keinen Umständen durfte die Auswahl der zur Aufsicht im Notfall herangezogenen anderen Kranken der Schwester überlassen werden. Dass in anderen Krankenhäusern ähnliche Missstände bestanden, konnte der Beklagten nicht zur „Entschuldigung" dienen.

Goldhahn/Hartmann[4] stützten ihre kritische Argumentation hauptsächlich auf wirtschaftliche Erwägungen. Sie meinten, wenn man den Forderungen der Richter tatsächlich nachkommen wolle, so würde dies bedeuten, dass ständig eine „Sonderwache" für die Kranken bereit gestellt werden müsse. Auf die „hierdurch *entstehenden Kosten* dürfe dann keine Rücksicht genommen werden".[5] Über die Kenntnisnahme der Kostenaspekte führen sie dann weiter aus, dass das Gericht jedoch nicht bedacht habe, dass vor allem kleinere Krankenhäuser nicht in der Lage seien, einen solchen Nachtwachdienst einzurichten, „ohne dabei *finanziell zu Grunde zu gehen*".[6] Nach ihrer Auffassung existierten Krankenhäuser, die solchen Anforderungen genügten, außer den großen „Irrenanstalten" nicht.

2. Zeitabhängigkeit der Debatte

Nach dieser Kritik ist die Literatur lange Zeit nicht mehr auf wirtschaftliche Erwägungen eingegangen. In den letzten zwei Jahrzehnten ist nunmehr zu beobachten, dass sich – mit stark zunehmender Tendenz – über die mögliche Berechtigung von ökonomischen Erwägungen im Arzthaftungsrecht auseinander gesetzt wird.

Dazu dürfte beigetragen haben, dass zunehmend Fragen der Finanzierung des Gesundheitswesens in die öffentliche Diskussion gelangten, welche besonders durch Tätigkeiten des Gesetzgebers geprägt wurden und in zahlreichen Gesetzesänderungen münd(et)en.[7] Zeitgleich bildete sich ebenfalls die Gesundheits-

---

4 *Goldhahn/Hartmann*, Chirurgie und Recht, S. 177.

5 Kursive Hervorhebungen nicht im Original.

6 Kursive Hervorhebungen nicht im Original.

7 Markant teilweise bereits die jeweiligen Gesetzestitel, beispielsweise das Krankenversicherungs-Kostendämpfungsgesetz (das KVKG trat am 1.07.1977 in Kraft, BGBl., Teil I,

ökonomie[8] als eine neue, anerkannte Fachdisziplin heraus, der es durch zahlreiche Publikationen gelang, Fragen von Kostenaspekten im Gesundheitswesen stärker in den Mittelpunkt der Debatte zu rücken.[9] Die Entwicklung könnte u. a. mitverantwortlich dafür gewesen sein, dass auch Juristen, die sich intensiv mit dem Arzthaftungsrecht auseinander setzen, ökonomische Aspekte (verstärkt) zur Kenntnis nehmen.

Ein nachhaltiges, aber ebenso geteiltes Echo im Schrifttum[10] fanden auch zwei Entscheidungen des BGH,[11] in denen die Richter ausdrücklich ökonomische Aspekte in den Mittelpunkt ihrer Entscheidungsbegründung stellten.[12]

1976, S. 1069); Krankenhaus-Kostendämpfungsgesetz (das KHKG trat am 1.01.1982 in Kraft, BGBl., Teil I, 1981, S. 1568); Gesundheitsstrukturgesetz (das GSG trat in Kraft am 1.01.1993, BGBl., Teil I, 1992, S. 2266); Beitragsentlastungsgesetz v. 1.11.1996, BGBl., Teil I, 1631; Gesetz zur Begrenzung der Arzneimittelausgaben der GKV v. 15.02.2002, BGBl., Teil I, S. 684 und vor allem das Gesetz zur Modernisierung der gesetzlichen Krankenversicherung (das GMG trat am 1.01.2004 in Kraft, BGBl., Teil I, 2003, S. 2180). Umfassender und guter Überblick über die weitere Gesetzgebung bei *Krauskopf*, in: *Laufs/Uhlenbruck*, Handbuch des Arztrechts, § 23, Rdnr. 1ff.

8 „Seit den sechziger Jahren ist die Gesundheitsökonomie als Teildisziplin der Wirtschaftswissenschaften in den angelsächsischen Ländern wohletabliert. [...] Im deutschen Sprachraum ist der Beginn etwa ein Jahrzehnt später anzusetzen." So der Befund von *Breyer/Zweifel*, Gesundheitsökonomie, in ihrem Vorwort zur 1. Auflage des Werkes.

9 Vgl. z. B. den von *Nagel/Fuchs* herausgegebenen Tagungsband: Rationalisierung und Rationierung im deutschen Gesundheitswesen, anlässlich eines Symposiums organisiert von der Internationalen Gesellschaft für Gesundheitsökonomie e. V.; ebenso die Beiträge von Ökonomen in der von *Nagel/Fuchs* herausgegebenen Dokumentation eines wissenschaftlichen Symposiums der Akademie der Wissenschaften und der Literatur, in: Leitlinien und Standards im Gesundheitswesen sowie beispielhaft *v. d. Schulenburg*, ZVersWiss 1993, 71ff.; *Henke*, ZVersWiss 1993, 97ff.; *Wasem*, ZVersWiss 1993, 123ff.; *Anschütz*, ZVersWiss 1993, 161ff.; *Pichlmayr/Nagel*, ZVersWiss 1993, 179ff. sowie *Gäfgen*, in: *Robert Bosch Stiftung*, Entwicklungstendenzen im Gesundheitswesen und ihre ökonomische Bedeutung, S. 57ff. oder auch *Arnold*, in: *Robert Bosch Stiftung*, Entwicklungstendenzen im Gesundheitswesen und ihre ökonomische Bedeutung, S. 163ff.

10 Vgl. die Kritik bei *Damm*, NJW 1989, 737ff. und *Giesen* JZ 1988, 414ff. Die Entscheidung positiv bewertend dagegen *Narr*, MedR 1988, 91ff. sowie *Laufs*, in: *Laufs/Uhlenbruck*, Handbuch des Arztrechts, § 64, Rdnr. 7.

11 BGH, NJW 1984, 310f.; BGHZ 102, 17ff.

12 Neuere Bearbeitungen setzen sich ebenfalls noch intensiv mit den beiden Urteilen auseinander. Beispielsweise *Röfer*, Zur Berücksichtigung wirtschaftlicher Überlegungen bei der Festlegung arzthaftungsrechtlicher Sorgfaltsanforderungen, S. 95f., 106f., 108ff.; *Voß*, Kostendruck und Ressourcenknappheit im Arzthaftungsrecht, S. 171f., 175f.; *Conradi*, Verknappung medizinischer Ressourcen und Arzthaftung, S. 76; *Schelling*, Die ärztliche Aufklärung über die Qualität der Behandlung, S. 79ff. Beide Entscheidungen sind mit Sachverhalt und Entscheidungsgründen im 3. Kapitel, B, III., 1., ausführlich dargestellt.

3. Jetziger Stand der Literatur

In der neueren Lehre ging zunächst *Brüggemeier*[13] auf Kostenaspekte, und zwar im Rahmen der Diagnostik,[14] ein. Nach seiner Auffassung werden Art und Umfang diagnostischer Maßnahmen primär durch das Erfordernis bestimmt, Krankheitsbilder vollständig und zutreffend festzustellen. Bei der Fülle der sich anbietenden diagnostischen Methoden habe der Arzt von Fall zu Fall zu entscheiden, wobei auch *finanzielle Möglichkeiten* zu berücksichtigen seien.[15]

Maßgebende arzthaftungsrechtliche Stimmen *bezogen* dann in den neunziger Jahren *ökonomische Aspekte* in ihre Erwägungen mit *ein*. Beispielsweise verwies *Hart*[16] darauf, dass im Rahmen der Bestimmung der Behandlungspflichten ausnahmsweise ökonomische Überlegungen in der Rechtsprechung zum Tragen kommen. Nach der Auffassung von *Deutsch*[17] habe sich das Haftungsrecht bisher um die Finanzierung der Verhinderung der Verletzung von Körper und Gesundheit kaum gekümmert. *Uhlenbruck/Laufs*[18] wiederum begrüßen grundsätzlich ein Kosten-Nutzen-Kalkül; sie zeigen aber auch auf, dass der Arzt immer verpflichtet sei, die größtmögliche Sorgfalt walten zu lassen und beste Vorkehrungen zum Schutz und zur Heilung des Patienten zu treffen. Die Grenzen der Sparsamkeit seien dort zu finden, wo der Patient im Rahmen des Notwendigen nicht ausreichend ärztlich und apparativ versorgt werde. Ökonomische Interessen dürften aber niemals dazu führen, dass der Inhalt des Arztvertrages Leistungen vorsehe, die unter den anerkannten Standards lägen. Nach der Ansicht von *Steffen/Dressler*[19] sollten bei der Bestimmung des arzthaftungsrechtlichen Sorgfaltsmaßstabes die Grenzen der Finanzierbarkeit und Wirtschaftlichkeit nicht vernachlässigt werden. *Taupitz*[20] meint, die Ökonomie könne bestimmte Input-Faktoren für die normativen Maßstäbe juristischer Bewertung liefern; es werde aber gefährlich, wenn die Rechtsordnung unter das Primat der Ökonomie gerate. *Ulsenheimer*[21] gibt zu bedenken, dass auch in der kurativen Medizin ein Kosten-Nutzen-Denken nicht länger als Tabu erscheinen dürfe. Noch weiter geht *Kern*;[22] er vertritt nunmehr den Standpunkt, dass sich der medizinische Standard nicht oder nicht ausschließlich nach medizinischen Gesichtspunkten bestimmen lasse,

---

13 *Brüggemeier*, Deliktsrecht, Rdnr. 646.

14 Zum Begriff der Diagnose ausführlicher Kapitel 2, C, I.

15 *Brüggemeier*, Deliktsrecht, Rdnr. 646. Der Autor verweist dabei auf BGH, VersR 1975, 43f.

16 *Hart*, MedR 1996, 60 (69).

17 *Deutsch*, VersR 1998, 261 (263).

18 *Uhlenbruck/Laufs*, in: *Laufs/Uhlenbruck*, Handbuch des Arztrechts, § 44, Rdnr. 7. Siehe des Weiteren *Uhlenbruck*, MedR 1995, 427ff.

19 *Steffen/Dressler*, Arzthaftungsrecht, Rdnr. 134.

20 *Taupitz*, in: *Nagel/Fuchs*, Rationalisierung und Rationierung im deutschen Gesundheitswesen, S. 86 (108).

21 *Ulsenheimer*, MedR 1995, 438. Siehe jetzt auch *ders.*, in: FS für *Kohlmann*, S. 319ff.

22 *Kern*, MedR 2004, 300.

sondern es müssten zum Teil auch finanzielle Erwägungen berücksichtigt werden. Eine elementare und expansive Verknüpfung zwischen Medizin und Ökonomie sieht *Damm*,[23] der weiter feststellt, dass der Zusammenhang zwischen Wirtschaftlichkeitserwägungen und Ressourcenknappheit für Patientenrechte wie auch für ärztliche Entscheidungsprozesse zunehmend enger wird.

Weitere Verfasser äußerten sich ähnlich. *Künschner*[24] tritt für die Berücksichtigung ökonomischer Überlegungen ein; diese dürften jedoch nicht allein entscheidungserheblich sein, sondern es müssten ebenso sozialpolitische und humanitäre Zielsetzungen berücksichtigt werden. *Bergmann/Kienzle*[25] heben hervor, dass sich die Gerichte bisher nur peripher mit Kostenaspekten befasst hätten. Der Gedanke, dass auch zur Wahrung von Leben und Gesundheit – den höchsten Rechtsgütern – Grenzen der wirtschaftlichen Rationalität zu beachten seien, ist in bisherigen haftungsrechtlichen Entscheidungen nur vereinzelt angeklungen. Sie vertreten die Ansicht, der ärztliche Standard beruhe nicht allein auf dem Können der Ärzte, sondern gleichermaßen auf den ihnen zur Verfügung stehenden sachlichen und finanziellen Mitteln. Eine medizinische Maximaldiagnostik und -therapie dürfe deshalb nicht zum Haftungsmaßstab erhoben werden.[26] Nach der Meinung von *Goetze*[27] müsse deshalb die geforderte Sorgfalt durch den Kostengesichtspunkt mitbestimmt werden. Für *Kleinewefers*[28] kennt das Recht auf Behandlung durchaus finanzielle Grenzen, die besonders bei der technischen Ausrüstung einer Klinik hervortreten. *Genzel*[29] tritt dafür ein, dass beim Abwägen zwischen Aufwand und Wirksamkeit die günstigste Kosten-Nutzen-Relation erreicht werden solle. Dabei müsse aber in jedem Fall der therapeutische Nutzen vor dem Preis entscheiden; als Beispiel verweist er auf die Krankenhausbehandlung: Wenn bei einer Behandlung eine ambulante Versorgung zur Erzielung des Heil- oder Linderungserfolges nicht ausreiche, sei eine Krankenhausbehandlung gleichwohl wirtschaftlich, auch wenn sie die teurere Behandlung darstelle. Ebenso wenig dürfe es dann auf die Verweildauer in der Klinik ankommen. *Kramer*[30] meint, die ständig wachsenden Kosten in der medizinischen Versorgung müssten stärker berücksichtigt werden. Noch weitergehend führt *Krämer*[31] aus, dass sich „Kostendämpfung" langfristig nicht nur über Rationalisierung, sondern dezidiert auch über Rationierung erreichen lasse.

23 *Damm*, MedR 2002, 375 (378).

24 *Künschner*, Wirtschaftlicher Behandlungsverzicht und Patientenauswahl, S. 103.

25 *Bergmann/Kienzle*, in: *Bergmann/Kienzle*, Krankenhaushaftung, Rdnr. 130.

26 *Bergmann/Kienzle*, in: *Bergmann/Kienzle*, Krankenhaushaftung, Rdnr. 146, unter Bezugnahme auf einen Vortrag von *Franzki* vor der AWMF mit dem Titel Heilauftrag und Wirtschaftlichkeitsgebot (ohne weitere Angaben).

27 *Goetze*, Arzthaftungsrecht und Kassenärztliches Wirtschaftlichkeitsgebot, S. 200.

28 *Kleinewefers*, VersR 1992, 1425 (1427).

29 *Genzel*, in: *Laufs/Uhlenbruck*, Handbuch des Arztrechts, § 87, Rdnr. 25.

30 *Kramer*, MedR 1993, 345f.

31 *Krämer*, MedR 1996, 1; vgl. *ders.*, Die Krankheit des Gesundheitswesens, S. 15ff., mit seiner insgesamt sehr scharfen Kritk am deutschen Gesundheitswesen.

Nach *Bossmann*[32] müssten Kostenaspekte durchaus berücksichtigt werden, jedoch gehe *Krämer*[33] mit seinen Vorschlägen zu weit.

a) Einfluss neuerer Monographien auf die Diskussion

Eine neuere Habilitationsschrift[34] und einige Dissertationen[35] haben sich ausführlich oder zumindest partiell damit beschäftigt, ob und in welcher Weise wirtschaftliche Überlegungen zu berücksichtigen sind.

Nach *Katzenmeier*[36] haben Gerichte ökonomischen Gesichtspunkten bislang kaum Beachtung geschenkt. Er kommt zu dem Schluss, dass hinsichtlich der Behandlungskosten nicht danach differenziert werde, ob einzelne Maßnahmen hohe oder geringe Kosten verursachen; entscheidend sei vielmehr, ob die Behandlung medizinisch indiziert gewesen sei oder nicht.[37] Genauso äußert sich *Conradi*;[38] er stellt heraus, dass bereits das RG[39] die Beachtlichkeit von Kostenfragen nicht völlig ablehnte. Allerdings müssten ökonomische Gesichtspunkte häufig – wenn nicht sogar meist – hinter die Interessen des Erkrankten zurücktreten. Die Sicherung der ärztlichen Versorgung der übrigen Versicherten könne allerdings im Einzelfall dazu führen, dass eine weniger wirksame, aber kostengünstigere Heilbehandlung angewendet werde. Nach seiner Darstellung finden sich beim BGH und der oberlandesgerichtlichen Rechtsprechung Ansätze, die auf die Beachtlichkeit von Kostenaspekten in der Haftungsfrage hindeuten. Im Ergebnis hält er fest, dass der Einfluss von Kostenaspekten auf die Sorgfaltsanforderungen nicht völlig ignoriert werde; gerade in jüngeren Entscheidungen erfolge eine grundsätzliche – wenn auch zurückhaltende – Anerkennung.[40]

---

32 *Bossmann*, MedR 1996, 456ff.

33 *Krämer*, MedR 1996, 1ff.

34 *Katzenmeier*, Arzthaftung.

35 *Goetze*, Arzthaftungsrecht und Kassenärztliches Wirtschaftlichkeitsgebot; *Conradi*, Verknappung medizinischer Ressourcen und Arzthaftung; *Künschner*, Wirtschaftlicher Behandlungsverzicht und Patientenauswahl; *Röfer*, Zur Berücksichtigung wirtschaftlicher Überlegungen bei der Festlegung arzthaftungsrechtlicher Sorgfaltsanforderungen; *Voß*, Kostendruck und Ressourcenknappheit im Arzthaftungsrecht; *Vosteen*, Rationierung im Gesundheitswesen und Patientenschutz; *Schelling*, Die ärztliche Aufklärung über die Qualität der Behandlung. Im Ansatz auch *Pflüger*, Krankenhaushaftung und Organisationsverschulden, S. 115ff.; *Nowak*, Leitlinien in der Medizin, S. 74ff., 109f. sowie *Walter*, Spezialisierung und Sorgfaltsstandards im Arzt- und Anwaltshaftungsrecht (S. 162ff.).

36 *Katzenmeier*, Arzthaftung, S. 292. Seine Auffassung belegt er in Fn. 123 derselben Seite mit acht verschiedenen Urteilen, die er teilweise inhaltlich ganz kurz beschreibt.

37 *Katzenmeier*, Arzthaftung, S. 292.

38 *Conradi*, Verknappung medizinischer Ressourcen und Arzthaftung, S. 127.

39 Allerdings verweist *Conradi*, Verknappung medizinischer Ressourcen und Arzthaftung, S. 127, dabei auf eine Entscheidung eines Strafsenats in RGSt 61, 412.

40 Zur Unterstützung seines Ergebnisses verweist *Conradi*, Verknappung medizinischer Ressourcen und Arzthaftung, S. 127f., auf drei Urteile des BGH und zwei OLG-Entscheidungen.

Letztere Aussage ist insoweit beachtlich, weil sie einen auffälligen Trend neuerer Dissertationen wiedergibt. Es wird nicht mehr in Frage gestellt, dass ökonomische Aspekte überhaupt beachtet werden müssen, sondern davon wird bereits allgemein ausgegangen.

Als Beleg dafür ist stellvertretend auf weitere Dissertationen hinzuweisen. *Röfer*[41] vertritt in ihrer Arbeit die Meinung, dass wirtschaftliche Überlegungen meist unter dem Stichwort der *Zumutbarkeit* abgehandelt werden.[42] Dem Ergebnis stimmt *Voß*[43] in ihrer Arbeit zu; die Autorin stellt zunächst allgemein heraus, dass die Berücksichtigung des wirtschaftlichen Aufwandes bei der Pflichtenbestimmung dem Zivilrecht nicht fremd sei. Aus dem Grunde könnten ebenso Gesichtspunkte der Finanzierbarkeit und Wirtschaftlichkeit im Arzthaftungsrecht nicht völlig außer Betracht bleiben, denn das hieße, die Augen vor der Wirklichkeit zu verschließen. Es sei grundsätzlich anerkannt, dass die Sorgfaltsanforderungen unter dem Gesichtspunkt der *wirtschaftlichen Zumutbarkeit* begrenzt sein können.[44] Ebenso fließen nach *Schelling*[45] wirtschaftliche Überlegungen in das Arzthaftungsrecht ein, wobei er solche gleichermaßen daran misst, ob der Behandlungsseite die Aufwendung und der Einsatz von erforderlichen Investitionsmitteln *zuzumuten* sei. Für *Nowak*[46] sind wirtschaftliche Gesichtspunkte bei der Bemessung der Sorgfaltspflicht eines Arztes zunächst nachrangig: „Die Wirtschaftlichkeit bzw. *finanzielle Zumutbarkeit* findet allerdings insofern Berücksichtigung, als die Kosten nicht völlig außer Verhältnis zu dem Nutzen bzw. den zu vermeidenden Risiken stehen dürfen."[47] Jüngst stellte *Walter*[48] für das Arzthaftungsrecht heraus, dass ökonomische Einflüsse zur Bemessung der erforderlichen Sorgfalt unter dem Merkmal der Zumutbarkeit zu akzeptieren seien. „Wirtschaftlichkeitsfragen gehören also – unter Zumutbarkeitsgesichtspunkten –

---

41 *Röfer*, Zur Berücksichtigung wirtschaftlicher Überlegungen bei der Festlegung arzthaftungsrechtlicher Sorgfaltsanforderungen, S. 75ff.

42 *Röfer*, Zur Berücksichtigung wirtschaftlicher Überlegungen bei der Festlegung arzthaftungsrechtlicher Sorgfaltsanforderungen, S. 76, Fn. 317. Vgl. auch *Vosteen*, Rationierung im Gesundheitswesen und Patientenschutz, S. 148, der sich jedoch vor allem mit dem Zumutbarkeitsmerkmal unter strafrechtlichen Gesichtspunkten auseinander setzt und zu dem Schluss kommt, „dass die wirtschaflichen Interessen des behandelnden Arztes bzw. der Klinik hinter dem Interesse der Lebenserhaltung und der Schmerzlinderung des Patienten zurücktreten müssen".

43 *Voß*, Kostendruck und Ressourcenknappheit im Arzthaftungsrecht, S. 190. Ausführlich erörtert die Autorin, a. a. O., S. 197ff., den Aspekt der „Zumutbarkeit" bei der Krankenhausbehandlung.

44 *Voß*, Kostendruck und Ressourcenknappheit im Arzthaftungsrecht, S. 152f.

45 *Schelling*, Die ärztliche Aufklärung über die Qualität der Behandlung, S. 58, 62, 68, 87.

46 *Nowak*, Leitlinien in der Medizin, S. 109f.

47 Hervorhebung nicht im Original.

48 *Walter*, Spezialisierung und Sorgfaltsstandards im Arzt- und Anwaltshaftungsrecht, S. 170.

in gewissen Grenzen zu den in den Sorgfaltsstandard einfließenden Umständen."[49]

b) Erste Ansätze der Einordnung wirtschaftlicher Aspekte

Der Gesichtspunkt der (wirtschaftlichen) *Zumutbarkeit* wird nun ebenso verstärkt von renommierten arzthaftungsrechtlichen Autoren, namentlich *Laufs*[50] und *Katzenmeier*,[51] und zwar im Rahmen der Besprechung einer BGH-Entscheidung,[52] diskutiert. Die Autoren stellen dabei aber nicht nur die Frage in den Raum, was *zumutbar* ist, sondern zeigen im Ansatz bereits Abwägungskriterien dafür auf, wie solche wirtschaftlichen Erwägungen einzuordnen sind. *Laufs*[53] stellt in seiner Anmerkung fest, dass die Kunst des Richters darin bestehe, „im Einzelfall das Erforderliche oder Notwendige im Rahmen des Zumutbaren zu bestimmen". Dabei müsse im Interesse der Handlungsfreiheit gelten, dass Überspannungen des Güterschutzes zu vermeiden sind.

Gleichermaßen verfährt *Katzenmeier*;[54] er vertritt den Standpunkt, dass in Anbetracht der sich verschärfenden finanziellen und personellen Engpässe im Gesundheitswesen von den über ärztliches Verhalten Urteilenden die *Zumutbarkeitsfrage* nicht vernachlässigt werden dürfe.[55] Abstellend auf Verkehrspflichten merkt er weiter an, dass nur solche Vorkehrungen von der Behandlungsseite getroffen werden können, die nach den Sicherheitserwartungen der Patienten im Rahmen des *Möglichen* und des *wirtschaftlich Zumutbaren* geeignet seien, Gefahren von diesen abzuwenden.[56]

Noch früher und eingehender hat sich bereits *Hart*[57] – und zwar im Wege seiner Publikation „Ärztliche Leitlinien und Haftungsrecht" – mit dem Problem auseinander gesetzt, inwieweit ökonomische Aspekte berücksichtigt werden können und dürfen sowie im Ansatz versucht, solche rechtlich einzuordnen. Dabei sind seine Aussagen zur Möglichkeit und Zumutbarkeit ähnlich denen von *Laufs*[58] und *Katzenmeier*.[59] Indem *Hart*[60] eine Parallele zwischen Arzthaftung und all-

---

49 *Walter*, Spezialisierung und Sorgfaltsstandards im Arzt- und Anwaltshaftungsrecht, S. 170.

50 *Laufs*, NJW 2003, 2288f.; vgl. zur Verwendung der Formulierung „zumutbare Maßnahmen" auch schon *Laufs*, in: *Laufs/Uhlenbruck*, Handbuch des Arztrechts, § 99, Rdnr. 16.

51 *Katzenmeier*, MedR 2003, 629 (631f.).

52 BGH, NJW 2003, 2309ff. Nach hier vertretener Ansicht ist die Entscheidung aber der Organisation der Behandlung zuzuordnen. Ausführlich zu dem Urteil siehe Kapitel 3, B, VIII., 5.

53 *Laufs*, NJW 2003, 2288.

54 *Katzenmeier*, MedR 2003, 629 (631).

55 *Katzenmeier*, MedR 2003, 629 (631).

56 Nochmals *Katzenmeier*, MedR 2003, 629 (632).

57 *Hart*, in: *Hart*, Ärztliche Leitlinien, S. 137 (142ff.).

58 *Laufs*, NJW 2003, 2288.

59 *Katzenmeier*, MedR 2003, 629 (631).

gemeiner sonstiger Dienstleistungshaftung sowie Produzentenhaftung zieht, gelangt er zunächst zu der Schlussfolgerung, dass im Arzthaftungsrecht Haftungsgrund allgemein die Verletzung einer Gefahrabwendungspflicht sei. Auf Grund dieser müsse der Verpflichtete dann alle ihm *möglichen* und *zumutbaren Maßnahmen* ergreifen,[61] um Verletzungen Dritter in ihren Rechtsgütern zu vermeiden. Dabei handele es sich aber um einen Abwägungsvorgang, in welchem prinzipiell auch wirtschaftliche Erwägungen für die Bestimmung des Sorgfaltsmaßstabes bedeutungsvoll werden können.[62]

c) *Zwischenfazit*

Ökonomische Gesichtspunkte sind verstärkt in das Blickfeld zahlreicher Autoren[63] getreten. Über ihre anfängliche bloße Kenntnisnahme hinaus bestehen gerade in neueren Stellungnahmen – die nach hier vertretener Ansicht die Organisation der Behandlung betreffen[64] – Bemühungen, jene auch rechtlich, und zwar bei den Merkmalen des *Zumutbaren* und des *Möglichen*, einzuordnen.

---

60 *Hart*, in: *Hart*, Ärztliche Leitlinien, S. 137 (142ff.).

61 Vgl. speziell zu den Problemen beim ambulantem Operieren die Ausführungen von *Kern*, NJW 1996, 1561. In diesem Zusammenhang vertritt der Autor die gleiche Auffassung und führt aus: „Den Arzt trifft insoweit die Pflicht, die ihm möglichen und zumutbaren Maßnahmen durchzuführen."

62 *Hart*, in: *Hart*, Ärztliche Leitlinien, S. 137 (144).

63 Des Weiteren wird immer häufiger die Frage diskutiert, welche Auswirkungen die Verknappung finanzieller Ressourcen im Gesundheitswesen auf das Haftungsrecht haben können und dürfen. Insbesondere das Verhältnis zwischen medizinischem und sozialrechtlichem Standard rückt dabei in den Mittelpunkt. Die Frage ist noch nicht ausreichend geklärt. Weiterführend und vertiefend zu der Problematik *Hart*, MedR 2002, 321ff; *Francke/Hart*, ZaeFQ 2001, 732ff.

64 Zur Unterscheidung zwischen Behandlungs- und Organisationsfehlerhaftung Kapitel 1, B, 3.

II. Nähere Umschreibung der Merkmale der Möglichkeit und Zumutbarkeit

Die dargestellten Erwägungen zur Möglichkeit und Zumutbarkeit, insbesondere von *Hart*,[65] *Laufs*[66] und *Katzenmeier*,[67] sollen deshalb aufgenommen und weiter intensiviert werden.

1. Mögliches für den Patienten

Der Grundsatz, je hochwertiger das betroffene Rechtsgut und je höher das Risiko, desto geringer die Beschränkbarkeit der Gefahrabwendungspflicht für den Normadressaten, ist allgemein anerkannt.[68] Da beim Patienten fast immer[69] die Rechtsgüter Leben, Gesundheit und körperliche Unversehrtheit sowie das Recht auf Selbstbestimmung betroffen sind, also die hochrangigsten vorstellbaren Rechtsgüter zur Disposition stehen, müsste demnach dem Arzt und Krankenhausträger die Verpflichtung obliegen, *alles* zum Schutz des Patienten zu unternehmen.[70] Ein Höchstmaß an Sicherheit würde somit eine Behandlung im Sinne des theoretischen Optimums für den Patienten bedeuten.

Die Frage ist jedoch, welche Maßnahmen überhaupt *möglich* sind, um den Patienten hinreichend zu schützen. Dabei ist zu beachten, dass die Formulierung „*möglich*" bereits gewissen Einschränkungen unterliegt. Das ist zumindest immer dann der Fall, wenn sich die Behandlung technischer Apparaturen bedient. Denn im Rahmen der Behandlung – bei der medizinisch-technische Mittel zum Einsatz gelangen – kann immer nur das geleistet werden, was technisch zum jeweiligen Behandlungszeitpunkt überhaupt realisierbar – also möglich – ist.[71] Der jeweilige Stand der Technik bildet die Grenze des Machbaren (= *des Möglichen*). Nach *Mertens*[72] und *Kern*[73] bedarf es dabei einer Beschränkung auf den Einsatz technischer Mittel nicht, da der Arzt generell nicht verpflichtet sei, optimale Bedingungen für eine Behandlungsmaßnahme zu gewährleisten.[74]

---

65 *Hart*, in: *Hart*, Ärztliche Leitlinien, S. 137 (142ff.).
66 *Laufs*, NJW 2003, 2288f.
67 *Katzenmeier*, MedR 2003, 629 (631f.).
68 Siehe für das Arzthaftungsrecht *Hart*, in: *Hart*, Ärztliche Leitlinien, S. 137 (143f.); allgemein für Verkehrspflichten *Edenfeld*, VersR 2002, 272 (276).
69 Dabei bildet die wirtschaftliche Aufklärungsverpflichtung eine Ausnahme. Es handelt sich dabei um eine vertragliche Nebenverpflichtung der Behandelndenseite, die zum Schutz des Vermögens des Patienten bestehen kann. Ausführlich Kapitel 1, C, II., 2., d) und e).
70 Im Ausgangspunkt ähnlich *Bruns*, ArztR 2000, 184 (185).
71 *Hart*, in: *Hart*, Ärztliche Leitlinien, S. 137 (143).
72 *Mertens*, in: *MünchKomm*³, § 823, Rdnr. 395, 356.
73 *Kern*, MedR 2004, 300 (301).
74 Ähnlich schon *Brüggemeier*, Deliktsrecht, Rdnr. 643. Der Autor nimmt ebenso Einschränkungen vor, indem er die Formulierung des „praktisch Möglichen" verwendet.

Darüber hinaus ist allgemein im Bereich der Technik anerkannt, dass sich bei ihrer Aufbietung eine *absolute Sicherheit nie* erreichen lässt,[75] denn dies liefe auf die unerfüllbare Forderung nach *völliger Risikofreiheit* hinaus.[76] Der Schutz des Patienten vor dem Einsatz technischer Instrumente *muss* aber dort *absoluten Vorrang* genießen, wo auf Grund gesicherter Erkenntnis eindeutig Gefahren für seine Rechtsgüter bestehen.[77] Unterhalb solcher Gefahrenschwellen, also dort, wo etwa wegen minimalster Eintrittswahrscheinlichkeit nur eine sehr entfernte Schadensmöglichkeit besteht oder nach dem vorhandenen Erkenntnisstand unwahrscheinlich, aber eben nicht gänzlich unmöglich ist, kann wie das BVerfG[78] – in einem anderen Zusammenhang – formulierte, nur ein Gebot *bestmöglicher* Vorsorge[79] bestehen. Ähnlich äußerte sich *Brüggemeier*[80] mit der Formulierung des *praktisch Möglichen.* Danach kann eine medizinische Behandlung nicht im Sinne eines medizinisch-theoretischen Optimums verstanden werden, sondern sie ist stets im Sinne des *ex ante*, also im Behandlungszeitpunkt, nach den konkreten Umständen in der gegebenen Situation zu beurteilen.

2. Zumutbares für Arzt und Krankenhausträger

Es wurde bereits darauf hingewiesen, dass die Beschränkbarkeit der Gefahrabwendungspflicht wegen der Hochwertigkeit der beim Patienten betroffenen Rechtsgüter als gering einzuschätzen sein dürfte. Generell schließt das aber – vor allem unter Berücksichtigung neuerer arzthaftungsrechtlicher Beiträge[81] –

---

75 Für den gesamten Bereich der Technik *Marburger*, Die Regeln der Technik im Recht, S. 162; *ders.*, WiVerw. 1981, 241 (244). Zustimmend *MünchKomm³-Mertens*, § 823, Rdnr. 29 sowie *MünchKomm³-Stein*, § 831, Rdnr. 9.

76 Vgl. nochmals *Marburger*, WiVerw. 1981, 241 (244) und *MünchKomm³-Mertens*, § 823, Rdnr. 33; ebenso – aber im Bereich des Atomrechts – BVerfGE 49, 89 (143).

77 Ein einfaches Beispiel ist die Sterilisation von Instrumenten.

78 BVerfGE 49, 89 (139). Die Aussage stammt jedoch nicht aus der Beurteilung eines arzthaftungsrechtlichen Sachverhaltes, sondern sie ist dem Bereich des Atomrechts zuzuordnen. Zum letzteren Sachgebiet ausführlich *Marburger*, Atomrechtliche Schadensvorsorge, S. 39ff. Dabei zeigt der Autor anhand der damals noch gültigen Normen von § 1 Nr. 1 u. Nr. 2 AtomG auf, dass absolute Sicherheit nicht erreichbar ist. Es gelingt dem Autor auf diesem Rechtsgebiet jedoch, den Zielkonflikt zwischen Schutz- und Förderungszweck eindrucksvoll aufzulösen. Zu den Gemeinsamkeiten zwischen Atomtechnik und Medizintechnik siehe auch *Damm*, ARSP 1993, 159 (163f.). Der Autor, a. a. O., zeigt auf, dass bei beiden Techniken primär der Schutz von Leben und Gesundheit im Mittelpunkt steht. Darüber hinaus geht es aber bei der Medizintechnik auch um den Schutz von Autonomie und Persönlichkeitsrechten.

79 Daran lässt sich erkennen, dass das BVerfG bei der Verwendung der Formulierung „bestmöglich" selbst von einer gewissen Einschränkung ausgeht.

80 *Brüggemeier*, Deliktsrecht, Rdnr. 643.

81 *Röfer*, Zur Berücksichtigung wirtschaftlicher Überlegungen bei der Festlegung arzthaftungsrechtlicher Sorgfaltsanforderungen, S. 76, Fn. 317; *Voß*, Kostendruck und Ressourcenknappheit im Arzthaftungsrecht, S. 152f., 190; *Schelling*, Die ärztliche Aufklärung über die Qualität der Behandlung, S. 58, 62, 68, 87; *Hart*, in: *Hart*, Ärztliche Leitlinien,

nicht aus, dass auch wirtschaftliche Erwägungen für die Bestimmung des Sorgfaltsmaßstabes beim Arzt bzw. Krankenhausträger bedeutungsvoll sein können.[82]

Hierfür ist bisher der *terminus* der *Zumutbarkeit* verwendet, aber noch nicht näher konkretisiert worden.[83] Deshalb soll der Versuch unternommen werden, diese Lücke zu schließen und eine Konkretisierung herbeizuführen. Akzeptanz und Einigkeit besteht noch insoweit, dass Erwägungen der Zumutbarkeit die der Möglichkeit einschränken.[84]

Die zu diskutierende Frage der *wirtschaftlichen Zumutbarkeit* zielt darauf ab, den durch bestimmte Schutzmaßnahmen erreichbaren Sicherheitsstandard zu dem dafür erforderlichen Kostenaufwand in die rechtliche Bewertung einzubeziehen. Das bedeutet auf das Arzthaftungsrecht übertragen, die *zumutbaren Kosten* auf der behandelnden Seite *für mehr Sicherheit oder weniger Unsicherheit* im Interesse der Patienten festzulegen. Derartige Wirtschaftlichkeitserwägungen sollen selbstverständlich nicht dazu führen, einen nach medizinisch-wissenschaftlicher sowie beim Einsatz von Technik wissenschaftlich-technischer Erkenntnis für unabdingbar erachteten Sicherheitsstandard zu reduzieren. Jedoch könnte die Grenze dann erreicht sein, wenn erforderliche Investitionskosten für den Praxisinhaber oder Krankenhausträger im Verhältnis zum erreichbaren Sicherheitsgewinn für den Patienten so hoch sind, dass man nicht mehr von einer nachvollziehbaren Maßnahme sprechen kann.[85] Wann dies der Fall ist und um welche wirtschaftlichen Erwägungen es sich dabei im Einzelnen handelt, wird in einem späteren Abschnitt[86] detailliert dargestellt.

III. Einordnung der Zumutbarkeit im System des Arzthaftungsrechts

Dessen ungeachtet würde bereits die *generelle Akzeptanz* von wirtschaftlichen Zumutbarkeitserwägungen *Einschnitte für den Patienten* mit sich bringen. Deshalb bedarf es weiterer Begründung, ob Zumutbarkeitserwägungen dogmatisch in das System des Arzthaftungsrechts eingeordnet werden können.

S. 137 (142ff.); *Laufs*, NJW 2003, 2288f.; *Katzenmeier*, MedR 2003, 629 (631f.).

82 So schon *Hart*, in: *Hart*, Ärztliche Leitlinien, S. 137 (143f.).

83 Als Ausnahme gilt *Voß*, Kostendruck und Ressourcenknappheit im Arzthaftungsrecht. Sie beschreibt ebenfalls, a. a. O., S. 40, 190f., 197ff. den Aspekt der wirtschaftlichen „Zumutbarkeit“.

84 Siehe nochmals *Hart*, in: *Hart*, Ärztliche Leitlinien, S. 137 (143).

85 So für den gesamten Bereich der Technik *Marburger*, Die Regeln der Technik im Recht, S. 162.

86 Vgl. Abschnitt D in diesem Kapitel.

1. Bestandsaufnahme

Im Rahmen spezieller Schuldverhältnisse[87] und in einer Vielzahl weiterer Regelungen des BGB[88] taucht zwar der Begriff der Zumutbarkeit auf, jedoch findet er keine ausdrückliche Erwähnung in den für das Arzthaftungsrecht entscheidungserheblichen Normierungen, nämlich §§ 280 Abs. 1, 823 Abs. 1 BGB.[89] Darüber hinaus hat die Rechtsprechung diesen Rechtsbegriff bei anerkannten Rechtsinstituten eingeführt,[90] und es besteht Einigkeit,[91] dass der Zumutbarkeitsbegriff auch sonst häufig eine haftungsbegrenzende Funktion erfüllt. Infolge der Allgegenwärtigkeit des Merkmals gehen Autoren der Lehre[92] dementsprechend von einem regulativen Prinzip aus. Das besagt jedoch noch nicht, ob dieses Prinzip im *gesamten Bereich* des Arzthaftungsrechts angewendet werden kann und – falls eine Anwendung erfolgt – wie stark die Regulationswirkung ist.[93]

2. Zumutbarkeitserwägungen bei der Behandlungsfehlerhaftung

Entsprechend der Systematik der Arbeit[94] erfolgt auch an dieser Stelle eine getrennte Darstellung zwischen der Qualität der Behandlung und der Organisation der Behandlung. Zunächst wird geprüft, ob im Rahmen der Behandlungsfehlerhaftung ein dogmatischer Anknüpfungspunkt für wirtschaftliche Erwägungen existiert.

---

87 Vgl. u. a. im Mietrecht §§ 543 Abs. 1 S. 2, 553 Abs. 1 S. 2, 553 Abs. 2, 574 Abs. 2 BGB; im Landpachtrecht § 595 Abs. 2 S. 2 BGB; im Dienstvertragsrecht § 626 Abs. 1 BGB; im Werkvertragsrecht §§ 636, 637 Abs. 2 S. 2 BGB sowie im Reisevertragsrecht § 651 e Abs. 1 S. 2 BGB.

88 Siehe z. B. einige Vorschriften wie §§ 305 Abs. 2 Nr. 2, 306 Abs. 3, 308 Nr. 4, 313 Abs. 1, 313 Abs. 3 S. 1, 314 Abs. 1 S. 2, 324, 543 Abs. 1 S. 2, 553 Abs. 1 S. 2, 553 Abs. 2, 574 Abs. 2, 595 Abs. 2 S. 2, 626 Abs. 1, 636, 637 Abs. 2 S. 2, 651 e Abs. 1 S. 2, 906 Abs. 2 S. 1, 906 Abs. 2 S. 2, 1898 Abs. 1, 1901 Abs. 3 S. 1, 2331 a Abs. 1 S. 2 BGB.

89 Siehe dazu ausführlich oben Kapitel 1, A, II. und B., II.

90 Beispielsweise beim Wegfall bzw. der Störung der Geschäftsgrundlage. Das Rechtsinstitut ist nunmehr gesetzlich in § 313 BGB geregelt; vgl. jetzt insbesondere die Formulierungen in den Abs. 1 u. 3 der Vorschrift.

91 Vgl. zur Bedeutung von Zumutbarkeitserwägungen u. a. die Referate anlässlich der 8. Helgoländer Richtertage, welche sich mit dem Thema „Der Grundsatz der Zumutbarkeit im Recht" beschäftigten; dazu *Nofız*, SchlHAnz 1969, S. 167f.; *Schlegel*, SchlHAnz 1969, S. 168ff.; *Pusch*, SchlHAnz 1969, S. 171f.; *Buche*, SchlHAnz 1969, S. 172ff.; *Bluhm*, SchlHAnz 1969, S. 174ff.

92 So schon früh die Bestandsaufnahme bei *Henkel*, in: FS für *Mezger*, S. 249 (267); vgl. ebenfalls *Bluhm*, SchlHAnz 1969, S. 173 (174).

93 Diesen Schluss zieht allgemein zum Zivilrecht auch *Scholz*, Der Begriff der Zumutbarkeit im Deliktsrecht, S. 22.

94 Siehe oben Kapitel 1, B, I., wo ausführlich die strikte Trennung zwischen Behandlungs- und Organisationsfehler dargestellt wurde.

Nochmals sei betont, dass es sich bei wirtschaftlichen Zumutbarkeitskriterien um *nicht-medizinische Erwägungen* handelt, welche dementsprechend über die ärztliche Profession hinaus gehen. Die Folge ist, dass die Legitimation für die Setzung einer medizinischen und die Rezeption als rechtliche Norm nicht mehr gegeben ist. Es bedarf also weiterer Legitimation, die allein juristisch zu qualifizieren wäre.[95] Deshalb handelt es sich bei der Zumutbarkeit nicht um ein Element, welches bei der Bestimmung des Standards enthalten sein darf, sondern um ein juristisches Element.

Dementsprechend lassen sich drei verschiedene Positionen vertreten. Erstens, die Zumutbarkeit bildet ein nachträgliches rechtliches Korrektiv, das dogmatisch § 242 BGB zugerechnet wird; zweitens, es handelt sich bei der Zumutbarkeit um ein rechtliches, die Sorgfalt begrenzendes Merkmal, welches bereits bei der Pflichtenbestimmung zu berücksichtigen ist; oder drittens, Zumutbarkeitserwägungen müssen beim Behandlungsfehler unberücksichtigt bleiben, weil eine zusätzliche juristische Legitimation nicht möglich ist.

a) Keine Berücksichtigung des Zumutbarkeitsmerkmals im Vertragsrecht

Ohne auf die beiden erstgenannten Positionen näher einzugehen, bleibt nach der hier vertretenen Auffassung für wirtschaftliche Erwägungen im Bereich des Behandlungsfehlers kein Raum. Eine dogmatische Anknüpfung beim Zumutbarkeitsmerkmal ist nicht statthaft, da ansonsten ein Widerspruch zum bisher gefundenen Ergebnis auftritt.

Es sei daran erinnert, dass bei der Behandlungsfehlerhaftung gilt: Die Abweichung vom Standard bestimmt den Behandlungsfehler. Da der Standard die Pflicht und die Abweichung deren Verletzung ist, ist die Pflichtverletzung identisch mit dem Behandlungsfehler, und die Pflichtverletzung ist von der Pflichtwidrigkeit (= Fahrlässigkeit) nicht zu unterscheiden. In der Systematik des § 280 Abs. 1 BGB ist demnach der Behandlungsfehler identisch mit der Pflichtverletzung des § 280 Abs. 1 S. 1 BGB, und die Pflichtverletzung ist gleichzeitig die Pflichtwidrigkeit (= Fahrlässigkeit) des § 280 Abs. 1 S. 2 BGB.[96]

Folgt man den beiden erstgenannten Positionen, dann würde *nachträglich* ein rechtliches Korrektiv oder ein die Pflichten begrenzendes rechtliches Merkmal in die vertragliche Haftung eingeführt. Dies würde das oben gefundene Ergebnis[97] konterkarieren. Denn einerseits wurde soeben wiederholt, dass der Standard die Pflicht bestimmt und seine Verletzung eine Pflichtverletzung darstellt, andererseits bestände durch diese „Hintertür" jedoch die Möglichkeit, eine Pflichtverletzung wegen wirtschaftlicher Unzumutbarkeit zu verneinen. Dies wiederum

---

95 Dazu bereits ausführlich oben Kapitel 1, A, IV.

96 Vgl. ausführlich oben Kapitel 1, A, II., 1., d).

97 Siehe soeben die Kurzwiederholung und die Verweise in den beiden vorangegangenen Fußnoten, wo die Thematik ausführlich erörtert worden ist.

hätte zur Folge, dass der medizinische Standard doch rechtlich korrigiert werden könnte.

b) Keine Berücksichtigung des Zumutbarkeitsmerkmals im Deliktsrecht

Da das Deliktsrecht im Bereich der Behandlungsfehlerhaftung im Pflichtengefüge und der Haftungsstruktur mit dem Vertragsrecht identisch ist,[98] gibt es gleichermaßen keinen Anknüpfungspunkt für wirtschaftliche Erwägungen.

3. Zumutbarkeitserwägungen bei der vertraglichen Organisationsfehlerhaftung

Bei der vertraglichen Organisationshaftung ist die Frage weitaus schwieriger zu beantworten, ob dogmatisch ein Anknüpfungspunkt für wirtschaftliche Erwägungen besteht. Denn es wurde im 1. Kapitel[99] herausgearbeitet, dass der medizinische Standard den rechtlichen Standard im Rahmen der Organisation der Behandlung nicht *allein* bestimmt. Eine Entscheidung über das Bestehen einer Organisationspflicht ist vielmehr Rechtsentscheidung nach Beratung durch Organisationssachverstand, wobei dieser im Gegensatz zur Behandlung gerade nicht ausschließlich medizinisch definiert ist. Da somit ein juristischer Anknüpfungspunkt im Rahmen der vertraglichen Organisationshaftung bestehen könnte, bedarf es einer intensiveren Auseinandersetzung mit den bereits genannten Positionen.

a) Position I: Zumutbarkeit als rechtliches Korrektiv im Rahmen von § 242 BGB

Möglicherweise könnte die Zumutbarkeit ein nachträgliches rechtliches Korrektiv für die Fälle darstellen, in denen eine Pflichtverletzung des Krankenhausträgers wegen wirtschaftlicher Unzumutbarkeit verneint werden muss. Dabei wäre das Merkmal der Zumutbarkeit als *besonderer Ausfluss* des zivilrechtlichen Verhältnismäßigkeitsprinzips aus § 242 BGB anzusehen. Nach diesem Prinzip besteht ein Spannungsverhältnis zwischen der Handlungsfreiheit des Normadressaten und dem Integritätsanspruch der Schutzgüter des Anspruchstellers, wobei diese widerstreitenden Interessen in der jeweiligen Konfliktsituation herausgearbeitet und gegeneinander ausbalanciert werden müssen. [100] Es ist eine normativ-abwägende rechtliche Wertentscheidung zwischen der Schwere drohender Verletzungen, insbesondere der Wahrscheinlichkeit der Gefährdung der

---

[98] Ausführlicher Kapitel 1, A, II., 2.

[99] Vgl. nochmals oben Kapitel 1, B, I.

[100] So für das allgemeine Zivilrecht auch *Soergel-Wolf*, § 276, Rdnr. 90; *MünchKomm-Grundmann*, § 276, Rdnr. 61; *Huber*, in: FS für *Wahl*, S. 301 (309); *Mertens*, VersR 1980, 397 (401f.); vgl. ebenso *Medicus*, AcP 192 (1992), 35 (36).

Rechtsgüter Leben und Gesundheit, für den Patienten einerseits und den für die Herabsetzung dieser Gefahren erforderlichen wirtschaftlichen Aufwendungen für den Krankenhausträger andererseits zu treffen. Jedoch gilt auch hier: Je hochwertiger das betroffene Rechtsgut und je höher das Risiko, desto geringer die Beschränkbarkeit der Gefahrabwendungspflicht für den Normadressaten.[101] Für die Geltung und Berücksichtigung dieses Verhältnismäßigkeitsgrundsatzes im Arzthaftungsrecht ist *Laufs*[102] eingetreten. *Taupitz*[103] hat den Ansatz im Rahmen eines Referats bestätigt: „Handlungsanleitung muss auch für das *ärztliche Handeln* der unsere Rechtsordnung ganz allgemein beherrschende Grundsatz der Verhältnismäßigkeit sein, [...].“

Nach Teilen des Schrifttums[104] und der Rechtsprechung[105] ist der dogmatische Anknüpfungspunkt für die Berücksichtigung von (wirtschaftlichen) Zumutbarkeitsaspekten im Vertragsrecht die Generalklausel des § 242 BGB als im allgemeinen Schuldrecht verankerte Norm. Zumutbarkeitskriterien sind schon früh als Unterfall des § 242 BGB angesehen worden.[106] Zu dem durch § 242 BGB verkörperten Gerechtigkeitsideal – als besonderen Ausfluss des zivilrechtlichen Verhältnismäßigkeitsprinzips – gehöre, dass der Anspruchsgegner gegen eine unzumutbare wirtschaftliche Inanspruchnahme geschützt werden müsse.[107] Die umfassendste theoretische Rechtfertigung zur Problematik stammt von *Weber*;[108] er zeigte auf, dass auf § 242 BGB aber nur dann zurückgegriffen werden darf, wenn irgendwelche gegenseitigen Rechte und Pflichten begründenden Rechtsbeziehungen zwischen den Parteien bestehen. Diese Voraussetzung wäre mit

---

101 Vgl. *Hart*, in: *Hart*, Ärztliche Leitlinien, S. 137 (143f.) sowie *Edenfeld*, VersR 2002, 272 (276).

102 *Laufs*, Arztrecht, Rdnr. 491. Ihm folgend später *Ulsenheimer*, MedR 1995, 438, mit zustimmendem und bejahendem Verweis auf *Laufs*, a. a. O.

103 Dabei ging es um einen Beitrag zur „Rationalisierung und Rationierung im Gesundheitswesen“ im Jahre 1998 anlässlich eines Symposiums der Internationalen Gesellschaft für Gesundheitsökonomie, siehe *Taupitz*, in: *Nagel/Fuchs*, S. 86 (105). Der Autor schlussfolgert dann aus dem Verhältnismäßigkeitsprinzip, dass dieses bei begrenzten Ressourcen den Individualrechtsschutz mit dem Gleichheitsprinzip verknüpfe. Zur Geltung des Grundsatzes der Verhältnismäßigkeit nimmt er ebenfalls Bezug auf *Laufs*, a. a. O. (Die Hervorhebungen [kursiv] sind vom Verfasser.).

104 *Scholz*, Der Begriff der Zumutbarkeit im Deliktsrecht, S. 49ff., mit Verweis auf *Nipperdey*, Vertragstreue und Nichtzumutbarkeit der Leistung, S. 16f.; *Titze*, Die Unmöglichkeit der Leistung nach deutschem bürgerlichen Recht, S. 2; *Hamburger*, Treu und Glauben im Verkehr, S. 219; *Brandis*, JW 1922, 1434 sowie *Lobe*, DJZ 1923, Sp. 128 (134).

105 BGH, LM, Nr. 12 zu § 242 (Bb) BGB, Bl. 1, Rückseite.

106 Überblick bei *Scholz*, Der Begriff der Zumutbarkeit im Deliktsrecht, S. 49ff.; vgl. ebenso *Brandis*, JW 1922, 1434; *Lobe*, DJZ 1923, Sp. 128 (134).

107 Allgemeiner dazu *Scholz*, Der Begriff der Zumutbarkeit im Deliktsrecht, S. 50 und *Bosch/Habscheid*, JZ 1954, 213 (214f.).

108 *Weber*, in: *Staudinger*[11], § 242, gesamte Rdnr. B, widmet dem Thema 244 Seiten; die Kommentierung stammt bereits aus dem Jahre 1961. Siehe auch *Bluhm*, SchlHAnz 1969, S. 173 (174), m. w. N.

dem *Vertrag* – als der stärksten rechtlichen Bindung – zwischen Krankenhausträger und Patient gegeben.[109]

b) Position II: Pflichtenbegrenzendes Merkmal

Das Merkmal der Zumutbarkeit könnte aber ebenso schon *bei der Festlegung von Pflichten* für den Krankenhausträger *berücksichtigt werden.* Die wirtschaftliche Zumutbarkeit wäre dann bereits *zur Bestimmung des Sorgfaltsmaßstabes auf der Pflichtenebene* heranzuziehen.

In der Lehre[110] und der Rechtsprechung[111] sind wirtschaftliche Zumutbarkeitsüberlegungen schon immer im Vertragsrecht zur Bestimmung des Sorgfaltsmaßstabes im Rahmen von § 276 Abs. 2 BGB[112] anerkannt und angewendet worden. Über das Merkmal der Zumutbarkeit kann eine Begrenzung der Sorgfaltsanforderungen durchgeführt werden.[113] Dabei findet eine Abwägung zwischen dem erzielbaren Nutzen einer Maßnahme und dem damit verbundenen Kostenaufwand statt.[114] Demnach wären bei einer solchen Nutzen/Kosten-Abwägung der Nutzen einer Behandlungsmaßnahme für den Patienten auf der einen Seite und die dafür erforderlichen Kostenaufwendungen für den Krankenhausträger auf der anderen Seite gegenüberzustellen.

Würde dieser Auffassung der Vorzug erteilt, dann dürfte die Diskussion jedoch nicht mehr auf der Ebene von § 276 Abs. 2 BGB geführt werden, sondern im Vertragsrecht bei § 280 Abs. 1 BGB, weil diese Norm nunmehr die Pflichtverletzungsfolgen nach der Schuldrechtsmodernisierung[115] regelt.[116]

---

109 Zu den Ausgestaltungen der vertraglichen Beziehungen zwischen Patient und Arzt sowie Krankenhausträger und Patient Kapitel 1, A, II., 1. und B, II., 1.

110 *Soergel-Wolf,* § 276, Rdnr. 90, 97; *MünchKomm³-Hanau,* § 276, Rdnr. 96; *MünchKomm-Grund-mann,* § 276, Rdnr. 61, 78, 81; *Esser/Schmidt,* Schuldrecht, Bd. I, AT, Tb. 1, § 2 IV, S. 42, mit besonderer Hervorhebung von finanziellen Zumutbarkeitserwägungen im Rahmen von § 276 Abs. 1 S. 2 BGB für die dienstleistenden Berufe („Geschäftssektor"). *Voß,* Kostendruck und Ressourcenknappheit im Arzthaftungsrecht, S. 39f, 190; *Röfer,* Zur Berücksichtigung wirtschaftlicher Überlegungen bei der Festlegung arzthaftungsrechtlicher Sorgfaltsanforderungen, S. 76, Fn. 317.

111 BGH, VersR 1976, 776 (778); 1978, 561 (562); NJW 1984, 801 (802); OLG Hamm, VersR 1972, 1148 (1149); OLG Düsseldorf VersR 1983, 542 (543); LG Wuppertal VersR 1977, 826.

112 Vor in Kraft treten, dies geschah am 1.01.2002, des Gesetzes zur Modernisierung des Schuldrechts v. 26.11.2001 (BGBl. I, S. 3138) war die Regelung wortgleich in § 276 Abs. 1, S. 2 BGB normiert.

113 Vgl. nochmals *Soergel-Wolf,* § 276, 97; *MünchKomm³-Hanau,* § 276, Rdnr. 96.

114 So zuletzt *Grundmann,* in: *MünchKomm,* § 276, Rdnr. 61 sowie *HKomm-Schulze,* § 276, Rdnr. 15.

115 Damit ist nochmals das des Gesetzes zur Modernisierung des Schuldrechts v. 26.11.2001 (BGBl. I, S. 3138) angesprochen, welches am 1.01.2002 in Kraft trat.

116 So auch schon *Hart,* MedR 2004, 122, in der Besprechung von *Igloffstein,* Regelwerke für die humanmedizinische Individualbehandlung – Eine Untersuchung der zivil-, straf-

c) Position III: Keine Berücksichtigung des Zumutbarkeitsmerkmals

Trotz der möglichen juristischen Legitimation könnte auch hier vertreten werden, dass die Zumutbarkeit keinen Anknüpfungspunkt für wirtschaftliche Erwägungen darstellt, weil sie in den für die Organisationsfehlerhaftung entscheidenden Normen nicht ausdrücklich erwähnt wird. Die Folge wäre, dass ökonomische Aspekte von vornherein unberücksichtigt bleiben müssten.

Ein solches Ergebnis ist abzulehnen, denn das gesamte Arzthaftungsrecht hat im Gesetz keine ausdrückliche Regelung erfahren. Es war und ist sich entwickelndes fortbildendes Richterrecht, nicht zuletzt stark durch die Literatur beeinflusst. Vor allem die Erkenntnisse der neueren Lehre[117] haben aber gezeigt, dass gerade bei der Organisation der Behandlung Ansätze bestehen, ökonomische Erwägungen über das Merkmal der Zumutbarkeit in die Diskussion mit einzubeziehen. Ein Ziel der Arbeit ist es, diese Ideen und Gedanken aufzunehmen und sodann weiterzuführen.

Damit ist noch keine Aussage darüber getroffen, ob wirtschaftliche Erwägungen tatsächlich zu berücksichtigen sind, sondern lediglich, dass trotz fehlender ausdrücklicher gesetzlicher Regelung auf die Zumutbarkeit als Anknüpfungspunkt zurückgegriffen werden kann.

d) Plädoyer für die Zumutbarkeit als pflichtenbegrenzendes Merkmal

Die Zumutbarkeit ist bereits bei der Bestimmung des Sorgfaltsmaßstabes auf der Pflichtenebene zu berücksichtigen. Es handelt sich um ein rechtliches Merkmal, das schon innerhalb der Prüfung der Pflichtverletzung herangezogen werden kann. Es wäre wenig sinnvoll, zunächst eine Pflichtverletzung des Krankenhausträgers zu bejahen, um dann nachträglich über das rechtliche Korrektiv des § 242 BGB eine Pflichtverletzung wegen wirtschaftlicher Unzumutbarkeit wieder zu verneinen. Für den Krankenhausträger bedeutet dies ebenso einen *Gewinn an Rechtssicherheit*, denn er kann sein Verhalten an den vorgegebenen Pflichten ausrichten.

Das gefundene Ergebnis entspricht auch in vollem Umfang der Intention der ganz herrschenden Ansicht,[118] die einen *behutsamen Umgang* mit der Generalklausel des § 242 BGB postuliert und überhaupt erst dann die Möglichkeit einer Ergänzungsfunktion[119] annimmt, wenn die gesetzlichen Regelungen unzureichend erscheinen.

---

und berufsrechtlichen Bedeutung medizinischer Richt- und Leitlinien.

117 Vgl. nochmals *Laufs*, NJW 2003, 2288f. und *Katzenmeier*, MedR 2003, 629 (631f.) sowie *Hart*, in: *Hart*, Ärztliche Leitlinien, S. 137 (142ff.).

118 Siehe aktuell die Kommentierung von *Roth*, in: *MünchKomm*, § 242, Rdnr. 1-45, wo der Autor unter Bezugnahme auf zahlreiche w. N. den Normzweck des § 242 BGB beschreibt.

119 Zur Ergänzungsfunktion und den weiteren Funktionskreisen des § 242 BGB im Kurz-

e) *Auswirkungen auf die Prüfung des § 280 Abs. 1 BGB*

Bei der vertraglichen Haftung müssen wirtschaftliche Zumutbarkeitsüberlegungen als *objektive* Prüfungskriterien, und zwar als juristisches Element bei der Pflichtverletzung, berücksichtigt werden.[120]

Das ist die Folge der Systematik des § 280 Abs. 1 BGB, wonach der Organisationsfehler identisch mit der Pflichtverletzung und die Pflichtverletzung gleichzeitig die Pflichtwidrigkeit des § 280 Abs. 1 S. 2 BGB ist.[121] Da subjektiv begründbare Abweichungen vom objektiven Standard nicht existieren, kann es ebenso auf subjektive Zumutbarkeitskriterien *nicht* ankommen.[122] Es könnten ausschließlich wirtschaftlich objektiv-gruppenbezogene Zumutbarkeitserwägungen zur Anwendung gelangen und nicht solche, die dem subjektiv-individuellen Leistungsvermögen des jeweiligen Krankenhausträgers angepasst sind.

4. Zumutbarkeitserwägungen bei der deliktischen Organisationsfehlerhaftung

Ferner ist zu prüfen, ob im Bereich der unerlaubten Handlungen ein Anknüpfungspunkt für wirtschaftliche Zumutbarkeitskriterien hergeleitet werden kann.

a) *Dogmatischer Ausschluss der Anwendungsmöglichkeit von § 242 BGB im Deliktsrecht*

Nach der herrschenden Lehre[123] und der Rechtsprechung[124] kann § 242 BGB nur dann zur Anwendung gelangen, wenn zwischen den Parteien eine rechtliche

---

überblick: *Palandt-Heinrichs*, § 242, Rdnr. 13.

120 Die Rechtsprechung geht zum Teil ebenfalls von objektiven Zumutbarkeitsaspekten aus. Dafür z. B. RG, Gruchot 48, 784 (789); BGH, VersR 1973, 126 (127). Von subjektiver Zumutbarkeit spricht dagegen das OLG Hamm, VersR 1977, 757. Siehe zu weiteren Nachweisen der Rechtsprechung, *Scholz*, Der Begriff der Zumutbarkeit im Deliktsrecht, S. 124f.

121 *Hart*, MedR 2003, 603 (608) und schon ausführlich oben Kapitel 1, A, II., 1., d).

122 Vgl. für die Einordnung als objektive Merkmale *MünchKomm-Grundmann*, § 276, Rdnr. 61; Offen gelassen von *Voß*, Kostendruck und Ressourcenknappheit im Arzthaftungsrecht, S. 26. A. A. *Scholz*, Der Begriff der Zumutbarkeit im Deliktsrecht, S. 124ff., der neben objektiven ebenso subjektive Zumutbarkeitskriterien anerkennen will. Er gelangt zu diesem Ergebnis, indem er zwischen innerer und äußerer Sorgfalt unterscheidet. Dagegen wiederum *Schmidt*, Das Schuldverhältnis, Rdnr. 193f.; *Brüggemeier*, Prinzipien des Haftungsrechts, S. 62ff., 73ff.; *Hart*, MedR 2003, 603 (608); *Fabarius*, Äußere und innere Sorgfalt, S. 77ff.

123 *Scholz*, Der Begriff der Zumutbarkeit im Deliktsrecht, S. 52; *Fikentscher*, Schuldrecht, Rdnr. 160; *Soergel-Teichmann*, § 242, Rdnr. 30ff.

124 A. A. noch RGZ 113, 19 (24), welches davon ausging, dass § 242 BGB als eine das gesamte Rechtsleben beeinflussende Norm zu sehen ist. Dagegen aber die ständige Rechtsprechung seit RGZ 160, 349 (357). Ebenfalls der BGH, LM, Nr. 66 zu § 242 (D) BGB; BGHZ 95, 274 (279); 95, 285 (288); BGH, NJW 1989, 389 (390).

Sonderbeziehung besteht.[125] Im Deliktsrecht sind die Voraussetzungen gerade nicht erfüllt, da durch die unerlaubte Handlung erst ein gesetzliches Schuldverhältnis begründet wird. Folglich werden die Pflichten der Beteiligten ausschließlich durch das Recht der unerlaubten Handlung bestimmt. Hier werden die Maßstäbe festgelegt, wie sich Personen anderen gegenüber verhalten müssen, mit denen sie bisher noch keinen Kontakt gepflegt haben und deshalb keinen Sorgfaltsmaßstab im Umgang miteinander vereinbaren konnten.[126] Ein Rückgriff auf § 242 BGB ist folglich ausgeschlossen.[127]

Bis auf *Scholz*[128] hat noch niemand versucht, eine dogmatische Begründung für die Herleitung von (wirtschaftlichen) Zumutbarkeitserwägungen im Deliktsrecht zu erbringen.[129] Er gelangt zu dem Ergebnis, dass Zumutbarkeitsgesichtspunkte in diesem Bereich auf verfassungsrechtliche Vorgaben zurückzuführen seien.[130] Dieses Ergebnis jedoch ist nicht zwingend.

b) *Zumutbarkeit als verkehrspflichtenbegrenzendes Merkmal*

Wie von der Literatur[131] und der Rechtsprechung[132] im Vertragsrecht schon immer wirtschaftliche Überlegungen zur Bestimmung des Sorgfaltsmaßstabes berücksichtigt werden, so gilt dies *ebenso bei der Prüfung von Verkehrspflichten.* Auch hier besteht zwischen ganz herrschender Lehre[133] und Rechtsprechung[134]

---

125 Siehe noch *Scholz*, Der Begriff der Zumutbarkeit im Deliktsrecht, S. 54, der darauf verweist, dass nach einzelnen Stimmen in der Literatur bereits ein qualifizierter sozialer Kontakt als ausreichend angesehen wird.

126 *Scholz*, Der Begriff der Zumutbarkeit im Deliktsrecht, S. 54.

127 Ausführlich zur Begründung *Scholz*, Der Begriff der Zumutbarkeit im Deliktsrecht, S. 53ff.

128 Vgl. nochmals die Dissertation von *Scholz*, Der Begriff der Zumutbarkeit im Deliktsrecht, S. 92ff.; *Weber*, in: *Staudinger*[11], § 242, gesamte Rdnr. B. Der Autor beschränkte sich bei seinen Untersuchungen ausschließlich auf das Vertragsrecht.

129 *Voß*, Kostendruck und Ressourcenknappheit im Arzthaftungsrecht, S. 197, geht ohne Begründung davon aus, dass sich wirtschaftliche Zumutbarkeitserwägungen und Gründe der „Unzumutbarkeit" auch aus dem Deliktsrecht herleiten lassen.

130 *Scholz*, Der Begriff der Zumutbarkeit im Deliktsrecht, S. 92ff.

131 Nochmals *Soergel-Wolf*, § 276, Rdnr. 90, 97; *MünchKomm*[3]*-Hanau*, § 276, Rdnr. 96; *MünchKomm-Grundmann*, § 276, Rdnr. 61, 78, 81; *Esser/Schmidt*, Schuldrecht, Bd. I, AT, Tb. 1, § 2 IV, S. 42; *Voß*, Kostendruck und Ressourcenknappheit im Arzthaftungsrecht, S. 39f., 190.

132 BGH, VersR 1976, 776 (778); 1978, 561f.; 1984, 801 (802).

133 *V. Bar*, Verkehrspflichten, S. 127; *Brüggemeier*, Deliktsrecht, Rdnr. 515; *Deutsch*, Allgemeines Haftungsrecht, S. 3; *ders.*, JZ 1978, 277 (278); *Brandes*, Die Haftung für Organisationspflichtverletzung, S. 167; *RGRK-Steffen*, § 823, Rdnr. 148; *MünchKomm-Wagner*, § 823, Rdnr. 248; *Bamberger/Roth-Spindler*, § 823, Rdnr. 234ff.; *Staudinger-Hager*, § 823, Rdnr. E 35; *Erman-Schiemann*, § 823, Rdnr. 81; *Edenfeld*, VersR 2002, 272 (276).

134 BGHZ 44, 103 (106); 58, 149 (158); 108, 273 (274); BGH, VersR 1958, 640; NJW 1978, 1629; 1985, 1076 (1077); OLG Düsseldorf, VersR 1959, 529; OLG Köln, VersR 1969, 619; OLG Karlsruhe, VersR 1971, 1022.

Einigkeit darüber, dass durch das Merkmal der wirtschaftlichen Zumutbarkeit eine Begrenzung der Pflichten erfolgen kann. Dies ist durch eine Abwägung zwischen dem erzielbaren Nutzen einer Maßnahme und dem damit verbundenen Kostenaufwand möglich.[135] Demnach wären bei einer solchen Nutzen/Kosten-Abwägung der Nutzen einer Behandlungsmaßnahme für den Patienten auf der einen Seite und die dafür erforderlichen Kostenaufwendungen für den Krankenhausträger auf der anderen Seite gegenüberzustellen.

c) Auswirkungen auf die Prüfung des § 823 Abs. 1 BGB

Die *(„Haupt")-*[136] *Verkehrspflicht*[137] einer qualitativ guten Organisation der Behandlung ist bei der Verfehlung des Organisationsstandards verletzt. Es lässt sich auch im Recht der unerlaubten Handlungen eine Unterscheidung von („objektiver") Verkehrspflichtverletzung und („subjektiver") Pflichtwidrigkeit (= Fahrlässigkeit) nicht rechtfertigen.[138] Wegen der Identität zwischen vertraglicher und deliktischer Haftung im Pflichtengefüge werden die wirtschaftlichen Zumutbarkeitskriterien gleichfalls als objektive Prüfungskriterien[139] – und zwar auf der Verkehrspflichtenebene – geprüft.

IV. Zwischenfazit

Es wurde aufgezeigt, dass ökonomische Gesichtspunkte erst seit neuerer Zeit durch die Literatur wahrgenommen werden. Über ihre bloße Kenntnisnahme hinaus bestehen erste Ansätze, wirtschaftliche Erwägungen (vor allem) bei der Organisationsfehlerhaftung rechtlich einzuordnen. Da der Grundsatz gilt, dass „zumutbar" „möglich" einschränkt, bedurfte der Begriff der Zumutbarkeit weiterer Untersuchungen.

Es wurde herausgearbeitet, dass das Merkmal der Zumutbarkeit bei der Behandlungsfehlerhaftung keinen Anknüpfungspunkt für wirtschaftliche Erwägungen

---

135 Siehe nochmals ausdrücklich *Brüggemeier*, Deliktsrecht, Rdnr. 515; *v. Bar*, Verkehrspflichten, S. 127 und *Deutsch*, Allgemeines Haftungsrecht, S. 3, welche die Höhe der Kosten für Sicherheitsmaßnahmen in ihre Argumentation einfließen lassen.

136 Zu dieser Formulierung siehe *Schmidt/Brüggemeier*, Zivilrechtlicher Grundkurs, S. 328.

137 Dazu insgesamt *Brüggemeier*, Prinzipien des Haftungsrechts, S. 112ff.; *ders.*, Deliktsrecht, Rdnr. 112ff.; siehe auch *Katzenmeier*, Arzthaftung, S. 163ff.; *Pflüger*, Krankenhaushaftung und Organisationsverschulden, S. 95. Warum es sich bei Organisationspflichten um Verkehrspflichten handelt, hat ausführlich *Brandes*, Die Haftung für Organisationspflichtverletzung, S. 161ff., dargestellt; vgl. dazu schon *v. Bar*, Verkehrspflichten, S. 83, 84ff., 92ff.

138 Aktuell *Hart*, MedR 2003, 603 (608); des Weiteren *Schmidt*, Das Schuldverhältnis, Rdnr. 193f.; *Brüggemeier*, Prinzipien des Haftungsrechts, S. 62ff., 73ff.; *Fabarius*, Äußere und innere Sorgfalt, S. 77ff. A. A. *Pflüger*, Krankenhaushaftung und Organisationsverschulden, S. 95. Sein konstruiertes Beispiel kann aber nicht überzeugen.

139 *Staudinger-Hager*, § 823, Rdnr. E 27; *Erman-Schiemann*, § 823, Rdnr. 82.

darstellen kann. Anders ist es dagegen bei der Organisationsfehlerhaftung. Dort bestehen aus dogmatischer Sicht keine Bedenken, wirtschaftliche Erwägungen über das Zumutbarkeitsmerkmal sowohl im Vertrags- als auch im Deliktsrecht zu berücksichtigen.

Bei den Zumutbarkeitserwägungen handelt es sich stets um objektive Kriterien, weil eine Unterscheidung zwischen innerer und äußerer Sorgfalt nicht durchführbar ist.

V. Sonderproblem: Die ökonomische Analyse des Haftungsrechts

Mit der ökonomischen Analyse des Rechts wird der Versuch unternommen, ein Instrumentarium der Wirtschaftswissenschaften für die Behandlung rechtlicher Probleme fruchtbar zu machen.[140] Da die Arbeit die Verwendung von wirtschaftlichen Argumenten in der Rechtsprechung zum Arzthaftungsrecht untersucht, hat sie sich – zumindest im Ansatz – auch mit „der"[141] ökonomischen Analyse des Haftungsrechts auseinander zu setzen. Es gilt festzustellen, inwieweit Ansätze der Theorie im Rahmen der Dissertation berücksichtigt werden können.

1. Beschreibung und Bestandsaufnahme der Theorie

Ausgangspunkt ist die Annahme, dass sich die eigentliche Logik rechtlicher Regelungen erst mit den Ansätzen der Ökonomie aufspüren lasse.[142] Die Kernaussage der ökonomischen Analyse lautet: „Das Recht hat die Aufgabe, das rational-wirtschaftliche Nutzenstreben des Einzelnen in der Weise zu begrenzen oder zu stimulieren, dass das so gesteuerte Verhalten zur optimalen Nutzung der knappen Ressourcen führt."[143] Seit Mitte der sechziger Jahre des vorigen Jahr-

---

140 *Taupitz*, AcP 196 (1996), 114 (116); *Eidenmüller*, Effizienz als Rechtsprinzip, S. 5.

141 Es bereitet Schwierigkeiten, von „*der*" ökonomischen Analyse des Rechts zu sprechen, denn zwischen den Anhängern der Theorie selbst bestehen vielfach Meinungsverschiedenheiten sowohl in Grundsatz- als auch in Einzelfragen; siehe dazu *Heinrichs*, in: *Palandt*, Einl., Rdnr. 38 sowie *Damm*, in: *Hoffmann-Riem/Schmidt-Aßmann*, Öffentliches Recht und Privatrecht als wechselseitige Auffangordnungen, S. 85 (104f.). *Taupitz*, AcP 196 (1996), 114 (120, Fn. 32), verweist darauf, dass man mittlerweile schon von der „neuen" ökonomischen Analyse des Rechts spricht, wobei wiederum „neu" unterschiedlich interpretiert wird. *Taupitz*, a. a. O, stellt ausführlich die „internen" Verwerfungen innerhalb „*der*" ökonomischen Theorie dar.

142 Nach *Ott/Schäfer*, JZ 1988, 213 (214), soll die ökonomische Analyse als „umfassende und einheitliche wissenschaftliche Erklärung des Phänomens Recht" dienen können. Kritisch dagegen *Horn*, AcP 176 (1976), 307 (309, 332f.) und *Hotz*, WuR 1982, 293 (295ff.) sowie insbesondere *Taupitz*, AcP 196 (1996), 114 (116f.).

143 Zitiert bei *Taupitz*, AcP 196 (1996), 114 (118); ebenso in Kurzform nachzulesen bei *Wagner*, in: *MünchKomm*, Vor § 823, Rdnr. 39ff.; ausführlich für das deutsche Recht *Schäfer/Ott*, Lehrbuch der ökonomischen Analyse des Rechts, S. 109ff.; *Adams*, Ökonomische Theorie des Rechts, S. 11ff.

hunderts ist die Theorie besonders in den USA[144] auf dem Vormarsch und wird mittlerweile auch hier zu Lande[145] gepflegt. Dabei wurden nicht nur entsprechende Grundlagenwerke[146] hervorgebracht, sondern es existieren ebenso diverse Bereichs- und Institutionsanalysen[147] für „alle Winkel des Rechts“[148] bis hin zum Kosten-Nutzen-Kalkül der Todesstrafe[149] oder der Eheschließung.[150] Besonders gründlich haben sich Ökonomen[151] mit dem Haftungsrecht beschäftigt.[152]

a) Richter als Adressaten wirtschaftlicher Erwägungen

Allerdings bestehen im deutschen Recht[153] gegen die Anwendung der ökonomischen Analyse Bedenken,[154] oder sie wird von einer Vielzahl von Autoren[155] zu-

---

144 Repräsentativ *Posner*, Economic Analysis of Law; sowie *Calabresi*, The Costs of Accidents.

145 Als Wegbereiter dürften Assmann/Kirchner/Schanze, Ökonomische Analyse des Rechts, das im Jahre 1978 in der Erstauflage erschien, gelten.

146 Insbesondere *Schäfer/Ott*, Lehrbuch der ökonomischen Analyse des Rechts; *Behrens*, Die ökonomischen Grundlagen des Rechts, S. 6ff. Siehe auch *Kötz*, in FS: für *Steindorff*, S. 643ff.; *Kötz/Wagner*, Deliktsrecht, Rdnr. 41, 119ff., 305ff., 343ff., 482, 541f.

147 Genannt seien etwa *Adams*, Ökonomische Analyse der Gefährdungs- und Verschuldenshaftung; *ders.*, Ökonomische Theorie des Rechts, hierbei mit Beiträgen u. a. zum Versicherungs-, Straf- und Prozessrecht; *ders.*, ZZP 1986, 129ff., zum Umweltrecht; *Kötz/Schäfer*, AcP 189 (1989), S. 501ff., zum Arbeitsunfall; *Behrens*, ZfA 1989, 209ff., zum Arbeitsrecht. Des Weiteren *Buhbe*, Ökonomische Analyse von Eigentumsrechten; zur ökonomischen Analyse des Haftungsrechts ferner Endres, Ökonomische Grundlagen des Haftungsrechts und *Hart*, in: *Arbeitsgemeinschaft Rechtsanwälte im Medizinrecht e. V.*, Arzneimittel und Medizinprodukte, S. 47 (54ff.); siehe z. T. kritisch *Blaschczok*, Gefährdungshaftung und Risikozuweisung, S. 141ff.

148 So die Formulierung bei *Taupitz*, AcP 196 (1996), 114 (118).

149 *Posner*, Economic Analysis of Law, S. 217ff.; dazu *Taupitz*, AcP 196 (1996), 114 (118), m. w. N.

150 *Fuchs*, FamRZ 1979, 553ff., wo Ehe und Scheidung einer (kritischen) ökonomischen Analyse des Rechts unterzogen werden; vgl. nochmals *Posner*, Economic Analysis of Law, S. 139ff. Dagegen verweist *Bydlinski*, Juristische Methodenlehre und Rechtsbegriff, S. 331 darauf, dass ein streng ökonomischer Ansatz bei Fragen der Ehe oder dem Problem der Todesstrafe vollkommen „inadäquat“ sei.

151 Siehe nochmals für das deutsche Recht die Grundlagenwerke von *Schäfer/Ott*, Lehrbuch der ökonomischen Analyse des Rechts, S. 109ff.; *Adams*, Ökonomische Theorie des Rechts, S. 137ff.

152 Vgl. *Taupitz*, AcP 196 (1996), 114 (121) und *Kötz*, ZversWiss 1993, 57 (59), jeweils m. w. N.

153 Gründe für die breite Rezeption der ökonomischen Analyse des Rechts in den USA im Vergleich zu ihrer zurückhaltenden Aufnahme im kontinentaleuropäischen Recht sind von *Taupitz*, AcP 196 (1996), 114, (128ff.), dargestellt worden.

154 Vor allem *Fezer*, JZ 1988, 223 (224f.). Illustrativ insgesamt die heftige Kontroverse zwischen *Fezer*, JZ 1986, 817ff. und *Ott/Schäfer*, JZ 1988, 213ff., mit eben der Erwiderung von *Fezer*, JZ 1988, 223ff.; *ders.*, JuS 1991, 889 (893). In die Richtung ebenso *Deutsch*, Allgemeines Haftungsrecht, S. 3f. Der Autor meint, die Selbständigkeit des Rechtsschutzes sowie der Normcharakter des Haftungsrecht werden bei der ökonomi-

mindest kritisch beurteilt. Dies lässt sich darauf zurückführen, dass die Theorie über *eine bloße Beschreibung* des Rechts hinaus, dieses auch *bewerten* und *formen* will.[156] Dementsprechend sind die Hauptadressaten der ökonomischen Analyse einerseits der Gesetzgeber und andererseits *die Richterschaft*. Im Bereich der rechtspolitischen Funktion will die Theorie aufzeigen, welcher von mehreren denkbaren Wegen zur Erreichung eines feststehenden politischen Ziels der effizienteste ist bzw. welcher Preis für eine politisch erstrebte Lösung gezahlt werden muss.[157] Im Rahmen dieser Dissertation – schon auf Grund des Titels[158] – ist es jedoch von größerer Bedeutung, dass sich die Forderungen der Vertreter der ökonomischen Analyse vor allem an den Richter als Adressaten[159] richten.[160] Der Richter habe sich bei der Rechtsanwendung vom Postulat ökonomischer Effizienz leiten zu lassen und seine Entscheidungen so zu fällen, dass die Individuen

schen Analyse des Rechts außer Acht gelassen. Unter Verweis auf *Mataja*, Das Recht des Schadensersatzes vom Standpunkte der Nationalökonomie (dort siehe beispielsweise S. 7) sowie *Heck*, Grundriss des Schuldrechts, S. 460, stellt *Deutsch*, a. a. O., weiterhin fest, dass die Vorstellungen, betriebswirtschaftliche und „ökonomische" Prävention im Haftungsrecht zu berücksichtigen, schon auf das 19. Jahrhundert zurückgehe. Es handele sich hierbei nicht um einen Verdienst der ökonomischen Analyse des Rechts. Kritisch gegen die offene Ablehnung *Kübler*, in: FS für *Steindorff*, S. 687 (691).

155 *Larenz/Canaris*, Schuldrecht, Bd. II, Hb. 2, § 76 III, 4, h, S. 417; *Eidenmüller*, Effizienz als Rechtsprinzip, S. 429ff., 455f.; *Blaschczok*, Gefährdungshaftung und Risikozuweisung, S. 255ff.; *Bydlinski*, AcP 188 (1988), 447 (466f.); *Soergel-Wolf*, § 276, Rdnr. 90; *Staudinger-Hager*, Vorbem. § 823, Rdnr. 15ff.; *Palandt-Heinrichs*, Einl., Rdnr. 38; *Brüggemeier*, JZ 1986, 969 (970f.); *Taupitz*, AcP 196 (1996), 114ff. Positive Grundeinstellung dagegen bei *Wagner*, in: *MünchKomm*, Vor § 823, Rdnr. 39ff; ebenso *Schmidt*, in *Esser/Schmidt*, Schuldrecht, Bd. I, AT, Tb. 1, § 2, IV, S. 38ff., der die Theorie allerdings nur als Teil einer Gesamtbetrachtung versteht und es als vorzugswürdiger ansieht von einer *sozialökonomischen* Analyse des Rechts zu sprechen. Siehe für den Bereich des Arzthaftungsrechts *Katzenmeier*, Arzthaftung, S. 294.

156 So ausdrücklich *Schäfer/Ott*, JZ 1988, 213 (214).

157 Darüber hinaus wiederum will sich die Theorie nicht nur als Angebot an den Gesetzgeber verstehen, sondern sie erhebt den normativen Anspruch, rechtspolitische Ziele selbst vorzugeben. Weiterführend (kritisch) *Taupitz*, AcP 196 (1996), 114 (123ff.), m. w. N. sowie *Schulz*, VersR 1984, 608 (611).

158 Vgl. auch die Einleitung der Arbeit.

159 Zum normativen Anspruch der Theorie im Rahmen der Rechtsanwendung siehe *Taupitz*, AcP 196 (1996), 114 (125ff.).

160 Deshalb wird auf den rechtspolitischen Aspekt nicht näher eingegangen; vgl. dazu die Beiträge von *Taupitz*, AcP 196 (1996), 114 (123ff.), m. w. N. sowie *Schulz*, VersR 1984, 608 (611).

zu effizientem Verhalten angeregt werden,[161] wobei in Zweifelsfällen die ökonomisch effizienteste Lösung auch die rechtlich richtige sei.[162]

b) *Ökonomische Effizienz*

Somit bedarf die Bedeutung ökonomischer Effizienz generell für das Haftungsrecht und speziell für das Arzthaftungsrecht weiterer Untersuchung und Konkretisierung. Stellt man zunächst auf den praktischen Befund der ökonomischen Analyse ab und misst die Theorie daran, in welchem Ausmaß sie von der Rechtsprechung übernommen und ausdrücklich zur Grundlage ihrer bisherigen Urteile gemacht wurde, so fällt das Ergebnis bescheiden aus. Bisher findet sich keine gerichtliche Entscheidung,[163] in der das Ergebnis *explizit* auf *die ökonomische Analyse des Rechts* gestützt worden wäre.[164] Dieser Ist-Zustand der Rechtspraxis ist aber nicht in der Lage, eine Aussage über den Umfang der Debatte in der Lehre[165] zu treffen.

Deshalb soll weiter auf die ökonomische Effizienz der Theorie eingegangen werden. Sie verfolgt im Haftungsrecht zunächst das übergeordnete Ziel gesamtgesellschaftlicher Wohlfahrtsmaximierung, die dadurch erreicht wird, dass Individuen zu effizientem Verhalten angehalten werden, indem der Saldo aus Nutzen und Kosten ihrer Aktivitäten maximiert wird.[166] Dabei gilt die Regel, demje-

---

161 *Schäfer/Ott*, Lehrbuch der ökonomischen Analyse des Zivilrechts, S. 16ff.; *Eidenmüller*, Effizienz als Rechtsprinzip, S. 397ff. sowie *Taupitz*, AcP 196 (1996), 114 (126), der darauf verweist, dass die darin steckende Brisanz allerdings erheblich abgemildert werde, weil eine große Anzahl der Vertreter der ökonomischen Analyse des Rechts heutzutage dem Anspruch entsagen, dass sie eine alleinige und abschließende Bewertung des Rechts und seiner Ziele vornehmen wollen.

162 *Palandt-Heinrichs*, Einl., Rdnr. 38.

163 Das ist auch nicht in BGHZ 108, 273ff., wo es um die Errichtung eines Wildschutzzaunes ging, erfolgt. Dieser Fall ist vielmehr als Illustration der ökonomischen Analyse häufig aufgegriffen und nach Auffassung ihrer Vertreter als falsch sowohl im ökonomischen Ergebnis als auch in der ökonomischen Begründung bezeichnet worden. Siehe beispielsweise *Schäfer*, KritV 1992, 374 (377ff.); *ders./Ott*, Lehrbuch der ökonomischen Analyse des Zivilrechts, S. 95ff., 173ff.; *Kötz/Schäfer*, JZ 1992, 355f.; *Kötz*, ZversWiss 1993, 57 (61); *ders./Wagner*, Deliktsrecht, Rdnr. 129; *Kötz*, in: FS für *Steindorff*, S. 643 (647ff.). Gegen die mögliche Fehlerhaftigkeit der Berechnungen wiederum *Taupitz*, AcP 196 (1996), 114 (156ff.), mit beachtlichen Argumenten; ebenso *Hager*, in: *Staudinger*, Vorbem. § 823, Rdnr. 17.

164 *Taupitz*, AcP 196 (1996), 114 (121), verweist des Weiteren darauf, dass der damalige Vorsitzende des Haftungssenats des BGH *Steffen* zwar ausdrücklich davon sprach, dass die soziale Überalterung des BGB im Haftungsrecht besonders spürbar sei und deshalb steter Verjüngungskuren bedürfe, er die ökonomische Analyse des Rechts als solche jedoch überhaupt nicht erwähnte (vgl. *Steffen*, ZVersWiss 1993, 13ff.).

165 Zu den zahlreichen Beiträgen zur ökonomischen Analyse des Rechts vgl. Kapitel 2, A, IV., 1.

166 *Ott/Schäfer*, JZ 1990, 563 (566); *MünchKomm-Wagner*, Vor § 823, Rdnr. 40; *Brüggemeier*, ZHR 1988, 511 (514f.).

nigen Haftungsrisiken und Schadenskosten aufzuerlegen, der sie mit dem geringsten Aufwand hätte vermeiden können.[167]

c) Learned-Hand-Formel

Ausgangspunkt für die Bestimmung maßgeblicher Verhaltensstandards im Haftungsrecht ist für die ökonomische Analyse des Rechts die durch den amerikanischen Richter *Learned Hand*[168] im Jahre 1947 entwickelte abstrakte mathematische Formel[169] zur Festlegung des Fahrlässigkeitsmaßstabes. Dabei hat er ausgeführt, dass ein Fahrlässigkeitsvorwurf nur dann zu erheben sei, wenn die Kosten der in *concreto* außer Acht gelassenen Sorgfaltsmaßnahme kleiner seien als die mit der Eintrittswahrscheinlichkeit multiplizierten Schadenskosten.[170] Der Ansatz ist dann von Vertretern[171] der ökonomischen Theorie insoweit verfeinert worden, als es nicht auf den Vergleich der Gesamtkosten möglicher Sorgfaltsmaßnahmen mit den Gesamtkosten der zu vermeidenden Schäden ankomme, sondern auf eine sogenannte Marginalanalyse,[172] welche die zur Debatte stehenden Grenzkosten ermittelt: „Der potenzielle Schädiger sollte seinen Sorgfaltsaufwand so lange ausdehnen, bis die Grenzkosten einer zusätzlichen Sorgfaltseinheit größer sind als die dadurch zu vermeidenden Grenzschäden."[173]

---

167 In Kurzform *Staudinger-Hager*, Vorbem. § 823, Rdnr. 18; ausführlich u. a. *Schäfer/Ott*, Lehrbuch der ökonomischen Analyse des Zivilrechts, S. 109ff.

168 *Learned Hand* war Bundesrichter des U. S. Court of Appeals (2d Circuit). Dem Fall – United States v. Carroll Towing Co. Inc., 159 F. 2d 169 (1947) – lag die Kollision eines Lastkahns mit einem Tanker im Hafen von New York zu Grunde. Der Lastkahn war durch Schlepper der Beklagten von seinem Liegeplatz gedrängt worden; zu entscheiden war, ob den Eigentümer des gesunkenen Lastkahns ein Mitverschulden traf, weil er sein festgemachtes Schiff im belebten Hafen längere Zeit ohne Aufsichtsperson ließ. Siehe zur grundsätzlichen Anwendung des Konzeptes durch *Learned Hand* schon Conway v. O'Brien, 111 F. 2d 611 (1940). *Grundmann*, in: *MünchKomm*, § 276, Rdnr. 62, weist darauf hin, dass seit etwa einem Jahrzehnt auch der U. S. Supreme Court: Carnival Cruise Lines Inc. V. Shute, 111 S. Ct. 1522 (1991), grundsätzlich so vorgeht.

169 Die Formel lautet: $F = V < S \times q$. Fahrlässigkeit (F) liegt vor, wenn die Vorsorgeaufwendung (V) kleiner ist als der Schaden im Falle des Schadenseintritts (S) multipliziert mit der Schadenswahrscheinlichkeit (q).

170 Ausführlich *Schäfer/Ott*, Lehrbuch der ökonomischen Analyse des Zivilrechts, S. 146ff. Gegen die Anwendung dieser Formel im deutschen Deliktsrecht vgl. *Steffen*, VersR 1980, 409 (411).

171 Hier setzt die Kritik von *Brüggemeier*, Prinzipien des Haftungsrechts, S. 67, an. Er meint, insbesondere die von *Posner*, u. a. in: Economic Analysis of Law, reformulierte Learned-Hand-Formel in der Sprache der ökonomischen Mariginalanalyse als Basisteorem des Haftungsrechts habe zur Folge, dass sie „praktisch unanwendbar wurde". Die marginalisierte Learned-Hand-Formel findet sich erläutert bei *Schäfer/Ott*, Lehrbuch der ökonomischen Analyse des Zivilrechts, S. 146f., Fn. 8.

172 Bei der Marginalanalyse handelt es sich um eine Grenzbetrachtung, d. h. Grenznutzen *minus* Grenzaufwendungen.

173 Zitiert *MünchKomm-Wagner*, Vor § 823, Rdnr. 40.

2. Argumente gegen die Theorie

Bereits eingangs wurde erwähnt, dass gegen die ökonomische Analyse des Rechts Vorbehalte bestehen. Die Argumente sind dabei unterschiedlicher Natur und verdienen nur teilweise Zustimmung.

Im allgemeinen Haftungsrecht vertritt beispielsweise *Grundmann*[174] die Ansicht, die Anwendung der Learned-Hand-Formel müsse schon deshalb abgelehnt werden, weil „Richter diese Formel nicht anwenden könnten". Eine ähnliche Bestandsaufnahme bezüglich der *subjektiven* Qualifikation der Richterschaft betont *Röfer*[175] für das Arzthaftungsrecht. Die Autorin vertritt den Standpunkt, wirtschaftliche Erwägungen könnten keine Erwägungen i. S. d. Theorie der ökonomischen Analyse darstellen, „da es sich bei den deutschen Richtern meistens um ökonomische Laien handele", und demnach dürften nur solche Erwägungen gemeint sein, die von Juristen ohne intensive ökonomische Kenntnisse zu erbringen wären. Dieser Befund ist allgemein im Haftungsrecht als auch speziell im Arzthaftungsrecht abzulehnen, da für solche Aussagen keinerlei empirische Anhaltspunkte bestehen.[176] Richtig ist vielmehr, dass man sich schon die grundsätzliche Frage stellen müsse,[177] ob der Zivilprozess mit seiner Dispositionsmaxime und dem Verhandlungsgrundsatz sowie mit seinen Kostenregeln überhaupt dazu geeignet sein könne, der ökonomischen Analyse sinnvoll nachzugehen. Darüber hinaus bestehen zumindest dann *objektive* Grenzen für die Gerichte, wenn es an statistischem Material, notwendigen Informationen und Daten sowie „harten

---

174 *Grundmann*, in: *MünchKomm*, § 276, Rdnr. 62.

175 *Röfer*, Zur Berücksichtigung wirtschaftlicher Überlegungen bei der Festlegung arzthaftungsrechtlicher Sorgfaltsanforderungen, S. 76. Die Autorin spricht dann weiter von „laienhaften Wirtschaftlichkeitsüberlegungen".

176 Tatsache ist lediglich, dass für amerikanische Bundesrichter regelmäßig Intensivkurse stattfinden, in denen u. a. die Grundlagen der Mikroökonomik sowie der ökonomischen Analyse des Rechts vermittelt werden. Dazu *Eidenmüller*, Effizienz als Rechtsprinzip, S. 405. Tatsache ist auch, dass führende Law Schools der USA seit jeher eine große Anzahl von Studenten rekrutieren, die über wirtschaftswissenschaftliche Abschlüsse verfügen. Siehe hierzu *Assmann/Kirchner/Schanze*, Ökonomische Analyse des Rechts, S. XI. *Taupitz*, AcP 196 (1996), 114 (123), Fn. 110, verweist des Weiteren darauf, dass in den Vereinigten Staaten Lehrveranstaltungen zur ökonomischen Analyse an den Law Schools verbreitet sind. Dagegen ist die Verbreitung von Lehrveranstaltungen an deutschen Rechtsfakultäten eher gering, vgl. die Bestandsaufnahme bei *Burow*, JuS 1993, 8. Dieser Befund kann die Aussagen von *Grundmann* und *Röfer* (in den beiden vorangegangenen Fn.) jedoch nicht rechtfertigen.

177 Siehe *Larenz/Canaris*, Schuldrecht, Bd. II, Hb. 2, § 76 III, 4, h, S. 417; *Eidenmüller*, Effizienz als Rechtsprinzip, S. 429ff., 455; *Steffen*, Karlsruher Forum 1990, 31 (32); *Taupitz*, AcP 196 (1996), 114 (165), spricht in dem Zusammenhang von einem „Zwei-Fronten-System gegeneinander kämpfender Privatparteien".

Zahlen“[178] fehle. Folglich sind die Richter bereits aus diesen *objektiven* Gründen oftmals nicht in der Lage, entsprechend genaue Berechnungen durchzuführen.[179]

3. Die ökonomische Analyse im Arzthaftungsrecht

Für die Vertreter[180] der ökonomischen Analyse hat bisher das Arzthaftungsrecht keine entscheidende Rolle gespielt. *Schäfer/Ott*[181] führen in ihrem Lehrbuch lediglich drei Fälle der Rechtsprechung[182] zur Setzung von Sorgfaltsstandards durch die Gerichte an. Dagegen stellt die arzthaftungsrechtliche Literatur nunmehr selbst – namentlich durch *Katzenmeier*[183] – fest, dass „die Erkenntnisse der ökonomischen Analyse des Haftungsrechts [...] in der Diskussion nicht länger gänzlich unberücksichtigt bleiben können“.

a) *Ihre Bedeutung bei der Behandlungsfehlerhaftung*

Brüggemeier[184] hingegen, welcher im Arzthaftungsrecht ebenfalls für eine strikte Trennung zwischen Behandlungsfehlerhaftung und Organisationspflichtverletzung eintritt,[185] lehnt für den Bereich der Behandlungsfehlerhaftung die Anwendung der Learned-Hand-Formel ab.[186] Er vertritt den Standpunkt, um den Behandlungsfehler des Arztes zu ermitteln, sei vielmehr auf die Verletzung der jeweiligen Regeln der medizinischen Wissenschaft abzustellen. Hierfür verweist er beispielhaft auf den Arzt, der versehentlich den Nerv der Patientin durchtrennt und so eine fahrlässige Rechtsgutverletzung begeht.[187] Bei der Feststel-

---

178 Ebenso *MünchKomm-Wagner*, Vor § 823, Rdnr. 53, der daraus jedoch eine andere Schlussfolgerung zieht.

179 Ähnlich *Taupitz*, AcP 196 (1996), 114 (144, 157ff., insbesondere 165). Deshalb fordert *Schäfer*, KritV 1992, 374 (389), die Gerichte müssen in die Lage versetzt werden, sich die entsprechenden Informationen zu beschaffen. Dagegen wendet sich *Taupitz*, a. a. O., und er wirft die Frage auf, ob es bei solchen Forderungen nicht eine Überlegung wert sei, die ökonomische Analyse ihrerseits ökonomisch zu analysieren.

180 Siehe zu den grundlegenden Werken oben Kapitel 2, A, IV., 1.

181 *Schäfer/Ott*, Lehrbuch der ökonomischen Analyse des Zivilrechts, S. 170.

182 Dabei wird auf BGH, NJW 1994, 3008; 1993, 2989; 1992, 1560 verwiesen. Es geht jeweils um die Übertragung der Operation auf einen noch nicht genügend qualifizierten Assistenzarzt.

183 *Katzenmeier*, Arzthaftung, S. 294; zur weiteren Stellungnahme im arzthaftungsrechtlichen Schrifttum siehe *Röfer*, Zur Berücksichtigung wirtschaftlicher Überlegungen bei der Festlegung arzthaftungsrechtlicher Sorgfaltsanforderungen, S. 76., schon eben unter Kapitel 2, A, IV., 2.

184 *Brüggemeier*, Prinzipien des Haftungsrechts, S. 68.

185 Warum die Organisationspflichtverletzung als eigenständiger Haftungsanspruch zu bewerten ist, wurde ausführlich oben im Kapitel 1, B, I. beschrieben.

186 Ebenso *Walter*, Spezialisierung und Sorgfaltsstandards im Arzt und Anwaltshaftungsrecht, S. 133f.

187 *Brüggemeier*, Prinzipien des Haftungsrechts, S. 68. Generell wird die Auffassung von *Hager*, in: *Staudinger*, Vorbem. § 823 Rdnr. 16, geteilt. Er meint schon die Grundan-

lung dieses *individuellen ad hoc Fehlers* könne die Vorhersehbarkeit oder ein Kosten-Nutzen-Vergleich keine Rolle spielen.[188] Für solche Beispiele im Rahmen der Behandlungsfehlerhaftung ist diese Argumentation von *Brüggemeier*[189] überzeugend. Es handelt sich dabei um die Fallgruppe *bloßer individueller Unachtsamkeiten*, in welcher zu treffende Entscheidungen in Sekundenschnelle herbeigeführt werden müssen. Es besteht deshalb gar keine Möglichkeit, die von der ökonomischen Theorie geforderte rationale Abwägung von Kosten und Nutzen durchzuführen.[190]

b) *Ihre Bedeutung bei der Organisationspflichtverletzung*

Es ist jedoch zu prüfen, ob die ökonomische Analyse des Rechts nicht im Bereich der Organisationsfehlerhaftung für den Krankenhausträger ihre Berechtigung hat.[191] Bei dem soeben erörterten Beispiel vom Arzt, der fahrlässig den Nerv durchtrennt, könnte man zunächst argumentieren, dass zumindest der Krankenhausträger in der Lage wäre, entsprechende Vorkehrungen zu treffen. Derartige Maßnahmen könnten von ihm jedenfalls dann erwogen werden, wenn sich die Behandlungsfehlervorwürfe gegen *diesen* Arzt häufen. Der Krankenhausträger müsste dann in einem *rationalen* Abwägungsvorgang entscheiden, ob er den Arzt überhaupt noch (bzw. nur für bestimmte Operationen) einsetzen wollte[192] oder, falls es sich um einen Assistenzarzt handeln sollte, ob dieser verstärkter (ständiger) Überwachung bedürfte, um die Gefährdung von Patienten

---

nahme, dass sich Individuen stets rational verhalten, sei unzutreffend. Das könne bei lange im Voraus planbarem und gut überlegtem Handeln möglich sein, liege jedoch bei spontan zu fällenden Entscheidungen eher fern.

188 Allgemein zustimmend auch *Katzenmeier*, Arzthaftung, S. 252; *Laufs*, Unglück und Unrecht, S. 15, vgl. auch *Steffen*, Karlsruher Forum 1990, 31. Als weiteres (vergleichbares) Beispiel wird in der Literatur der Autofahrer angeführt, der sich „blitzschnell" entscheiden müsse, um z. B. nicht auf das vor ihm abbremsende Kfz aufzufahren. Auch hier könne wegen einer bloßen individuellen Unachtsamkeit die ökonomische Theorie nicht angewendet werden. Dazu nochmals *Brüggemeier*, Prinzipien des Haftungsrechts, S. 68; *Taupitz*, AcP 196 (1996), 114 (139); ähnlich *Engel*, JZ 1995, 213 (215f.). Ebenfalls schließen die Vertreter der ökonomischen Analyse solche Fallgestaltung von der Anwendung der Theorie aus, vgl. *Kötz/Wagner*, Deliktsrecht, Rdnr. 132; *Kötz*, in: FS für *Steindorff*, S. 643 (652ff.); *ders.*, ZversWiss 1993, 57 (62); *ders./Schäfer*, AcP 189 (1989), 501ff.

189 *Brüggemeier*, Prinzipien des Haftungsrechts, S. 68; ihm folgend *Walter*, Spezialisierung und Sorgfaltsstandards im Arzt und Anwaltshaftungsrecht, S. 133.

190 Siehe bereits Kapitel 2, A, III., 2., b), wo hergeleitet wurde, dass wirtschaftliche Erwägungen bei der Behandlungsfehlerhaftung nicht berücksichtigt werden können. So auch *Walter*, Spezialisierung und Sorgfaltsstandards im Arzt und Anwaltshaftungsrecht, S. 134.

191 Ebenso stellt *Brüggemeier*, Prinzipien des Haftungsrechts, S. 68ff., dann auf den Bereich der Unternehmenshaftung ab, um die Theorie im Ergebnis aber auch dort abzulehnen.

192 Zum haftungsrechtlichen Versuch einen solchen Ansatz als Organisationspflichtverletzung einzuordnen, siehe jetzt *Beyerle*, Rechtsfragen medizinischer Qualitätskontrolle, S. 17f. und vgl. die Ausführungen im 4. Kapitel, II., 3.

wegen eventueller Behandlungsfehler schon von vornherein auszuschließen bzw. auf ein Minimum zu reduzieren.[193]

So legitim solche Überlegungen sind, so stößt die Theorie der ökonomischen Analyse des Rechts auch an dieser Stelle an ihre Grenzen, und sie kann keine Antwort auf die *normativen Einwände* ihrer Kritiker[194] geben. Es wird darauf verwiesen, dass durch eine *reine* Kosten-Nutzen-Abwägung *immaterielle Rechtsgüter* nicht mehr ausreichend geschützt sind.[195] Dieser Einwand trifft besonders für das Arzthaftungsrecht zu. Denn mit dem Recht auf Leben, auf körperliche Unversehrtheit und Erhaltung der Gesundheit, auf Wiederherstellung von Gesundheit (Recht auf Heilung) und dem Selbstbestimmungsrecht – allesamt vom Schutzbereich der Artt. 2 Abs. 2 S. 1 und 1 GG erfasst[196] – sind die elementarsten Rechtspositionen des Patienten betroffen. Die hochrangigsten, verfassungsrechtlich geschützten Rechte des Einzelnen dürfen nicht vernachlässigt werden.[197] Deshalb sind dem Krankenhausträger auch im Rahmen der Organisation der Behandlung ausschließliche Effizienzerwägungen i. S. d. ökonomischen Analyse nicht zu gestatten.[198] Dies wird ebenso von *Damm*[199] betont, der darauf verweist, dass die ökonomische Effizienz nicht zum vorrangigen oder gar alleinigen Funktionsprinzip erhoben werden kann, wenn die Gesundheitsversorgung betroffen ist.

4. Weitere normative Gegenargumente

Ferner werden über die Organisationshaftung hinaus gegen die ökonomische Theorie wertorientierte Grundvorbehalte entgegengebracht, die sich auf materiale Gebote der Billigkeit, der Fairness und sozialer Gerechtigkeit beziehen.[200] *Taupitz*[201] führt dazu weiter aus, die ökonomische Theorie könne keine Antwort auf die Frage geben, mit welcher Größe der Umstand in die Kosten-Nutzen-Bilanz einzustellen sei, dass *die soziale Sicherung der Menschen* zu den Vorzü-

---

193 Zu diesen Überlegungen und insbesondere zum Problem der sogenannten Anfängeroperation vgl. die Darstellungen im 3. Kapitel, B, V., 2. und 4. Kapitel, B, V., 2., 3., und 4.

194 Zur kritischen Einstellung vieler Autoren siehe bereits Kapitel 2, A, IV., 1.

195 Vgl. *Damm*, in: *Hart*, Privatrecht im „Risikostaat", S. 13 (20f.); *Taupitz*, AcP 196 (1996), 114 (126, 133, 164).

196 Siehe ausführlicher *Francke*, Ärztliche Berufsfreiheit und Patientenrechte, S. 272.

197 Vehement *Larenz/Canaris*, Schuldrecht Bd. II, Hb. 2, § 76 III, 4, h, S. 417; ähnlich *Eidenmüller*, Effizienz als Rechtsprinzip, S. 455f. sowie bereits *Steffen*, VersR 1980, 409 (411); vgl. auch *Damm*, in: *Hart*, Privatrecht im „Risikostaat", S. 13 (20f.)

198 Vgl. dazu *Hart*, MedR 1996, 60 (61), m. w. N.

199 *Damm*, in: *Hart*, Privatrecht im „Risikostaat", S. 13 (20); vgl. *ders.*, in: *Hoffmann-Riem/Schmidt-Aßmann*, Öffentliches Recht und Privatrecht als wechselseitige Auffangordnungen, S. 85 (107f.).

200 Ausführlich zuletzt *Sailer*, Prävention im Haftungsrecht, S. 144ff.; vgl. auch *Taupitz*, AcP 196 (1996), 114 (126, 133) und *Deutsch*, VersR 1998, 261 (263).

201 *Taupitz*, AcP 196 (1996), 114 (164).

gen des technisch-industriellen Systems zähle und deshalb das rein ökonomische Haftungsregime verzerre. Die Nichtberücksichtigung sozialer Komponenten vertieft *Schmidt*[202] in seinen Erörterungen zur ökonomischen Analyse des Schuldrechts. Er zeigt in dem Zusammenhang auf, dass eine Verknüpfung nicht zu vernachlässigender „Wirtschaftlichkeitsbetrachtungen mit ebenso *unverzichtbaren sozialen Gerechtigkeitsbemühungen*" unerlässlich sei. Des Weiteren weist *Schmidt*[203] darauf hin, dass es den Vertretern der ökonomischen Theorie bisher nicht gelungen sei, zu *Fragen der Verteilungsgerechtigkeit* und des Schutzes *humaner Integrität* eine eigenständige Aussage zu treffen. Das müsse aber geschehen, denn ansonsten laufe die „*economic analysis* [...] latent Gefahr, [...] an der Realität unserer *mixed economy* vorbei zu analysieren".[204]

5. Fazit

Die vorstehenden Überlegungen sollten aufzeigen, dass die ökonomische Analyse für den Bereich des (Arzt-)Haftungsrechts nicht in der Lage ist, unmittelbare Anweisungen an die Gerichte zu liefern, wie diese einen konkreten Fall zu lösen haben. Dazu sind die bei der Urteilsfindung zu berücksichtigenden weiteren Faktoren *zu komplex* und *vielfältig*.

Das bedeutet jedoch nicht, dass die Theorie für die Rechtsprechung bedeutungslos ist. Ihr gebührt der *Verdienst*, eine *Sensibilisierung für Kosten-Nutzen-Erwägungen* erreicht zu haben.[205] Über ihre beschreibende Funktion kann die ökonomische Analyse der Rechtsprechung annäherungsweise den Preis aufzeigen, der für die Verwirklichung einer als gerecht empfundenen Lösung geleistet werden muss.[206] Durch sie kann bei den Gerichten zumindest eine Begründungslast bewirkt werden, wenn eine ineffiziente Lösung verwirklicht werden soll.[207] Im Rahmen teleologischer Argumentationen eröffnet die ökonomische Analyse des Rechts die Möglichkeit für weitere Folgenanalysen.[208] Als Teil einer *allumfassenden Gesamtbetrachtung*[209] kann die Theorie ihren Beitrag zur Fortentwicklung des Rechts liefern.

---

202 *Esser/Schmidt*, Schuldrecht, Bd. I, AT, Tb. 1, § 2, IV, S. 39, der deshalb von einer *sozialökonomischen* Analyse des Rechts spricht; vgl. ebenso *Esser/Schmidt*, Schuldrecht, Bd. I, AT, Tb 2, § 25, I, S. 53f.

203 *Esser/Schmidt*, Schuldrecht, Bd. I, AT, Tb. 1, § 2, IV, S. 38f., mit Verweis auf *Schäfer/Ott*, JZ 1988, 213 (219); siehe dagegen aber den Versuch *ders.*, JZ 1990, 563ff., zur Bemessung von Schmerzensgeld.

204 *Esser/Schmidt*, Schuldrecht, Bd. I, AT, Tb. 1, § 2, IV, S. 38.

205 Ähnlich *Taupitz*, AcP 196 (1996), 114 (164).

206 Das hat zutreffend immer wieder *Kötz* als ein Vertreter der ökonomischen Analyse betont, z. B. *Kötz*, Karlsruher Forum 1990, 41 (42); *ders.*, ZversWiss 1993, 57 (63f.).

207 *Kirchgässner*, JZ 1991, 104 (109f.).

208 Dazu gehören z. B. wirtschaftliche Folgenerwägungen, vgl. den nächsten Abschnitt Kapitel 2, B.

209 So gleichermaßen zuletzt *Sailer*, Prävention im Haftungsrecht, S. 150; *Soergel-Wolf*,

Dafür bedarf es dann aber nicht „*der*" ausschließlichen ökonomischen Analyse des Rechts, sondern es ist *eine* Untersuchung über wirtschaftliche Erwägungen im Recht ausreichend. Bei *einer* solchen Untersuchung treten zu den ökonomischen Erwägungen ebenso Erwägungen über die unabdingbaren, verfassungsrechtlich geschützten Rechtsgüter des Einzelnen hinzu. Ausgangspunkt *dieser* Untersuchung sind dabei *wirtschaftliche Zumutbarkeitserwägungen*,[210] in deren Rahmen dann das Bewusstsein für Kostenüberlegungen geweckt werden kann. Darüber hinaus kann ebenso verdeutlicht werden, welche weitreichenden *ökonomischen Folgen*[211] die Entscheidungen der Rechtsprechung haben.

B Wirtschaftliche Folgenerwägungen

Bei Entscheidungsfindungen vor allem im Rahmen von Organisationspflichtverletzungen (bezogen auf die Qualität der Behandlung) ist es denkbar, dass neben wirtschaftlichen *Argumenten* in der *Entscheidungsbegründung* ebenso wirtschaftliche *Folgen* von *Entscheidungen* – dann wiederum als *ein* Faktor unter *mehreren*[212] – durch die Rechtsprechung zu berücksichtigen sind. Dabei können wirtschaftliche Folgenüberlegungen separat oder gemeinsam mit wirtschaftlichen Argumenten Bestandteil gerichtlicher Urteile sein;[213] jedoch handelt es sich um strukturell unterschiedliche Elemente, weshalb es einer näheren methodischen Präzisierung der Folgenbeurteilung bedarf.

---

§ 276, Rdnr. 90; *Palandt-Heinrichs*, Einl., Rdnr. 38; in die Richtung auch *Taupitz*, in: *Nagel/Fuchs*, Rationalisierung und Rationierung im deutschen Gesundheitswesen, S. 86 (108). Ähnlich schon *Steffen*, MedR 1993, 338; *ders.*, MedR 1995, 190. Dabei stellt der Autor fest, dass ein Nutzen-Kosten-Vergleich nur dort einen Einfluss auf die medizinische Indikation haben könne, wo die Erfüllung des Heilauftrages nicht in Frage stehe und Leben und Gesundheit des Patienten nicht einer Qualitätsbewertung zugeführt werden.

210 So *Taupitz*, AcP 196 (1996), 114 (166). Das gilt im Arzthaftungsrecht zumindest für die Organisationsfehlerhaftung, vgl. Kapitel 2, A, III., 3. und 4.

211 Dazu sogleich Kapitel 2, B.

212 Darauf verweist nochmals zutreffend *Hager*, in: *Staudinger*, Vorbem. zu §§ 823ff., Rdnr. 15. Der Autor hebt das Argument im Rahmen seiner Erläuterungen zu Folgenbeurteilungen von rechtlichen Entscheidungen hervor. Damit soll auch in diesem Bereich eine Abgrenzung zur ökonomischen Analyse des Rechts erfolgen. Positiv zur Folgenorientierung aus Sicht der ökonomischen Theorie *Schäfer/Ott*, Lehrbuch der ökonomischen Analyse des Zivilrechts, S. 16ff.; sowie *Kübler*, in: FS für *Steindorff*, S. 687 (693f.).

213 Vgl. den nachfolgenden Abschnitt Kapitel 2, C. Zur konkreten Untersuchung der Rechtsprechung auf wirtschaftliche Argumente und wirtschaftliche Folgenerwägungen vgl. Kapitel 3.

I. Bestandsaufnahme

Die Akzeptanz und Berücksichtigung von wirtschaftlichen Folgenüberlegungen in gerichtlichen Urteilen[214] ist auf die folgenorientierte Auslegung zurückzuführen.[215] Hierbei handelt es sich um eine „moderne" Auslegungs- bzw. Argumentationslehre, die sich vor allem in den siebziger[216] und achtziger Jahren[217] zunächst als Ergänzung zur „klassischen" Auslegungsmethode[218] herausbildete. Nunmehr hat sich – nach zum Teil kontroversen Diskussionen[219] –, die an den

---

214 Beispiele für die Anwendung in der höchst- und instanzgerichtlichen Rechtsprechung finden sich bei *Sambuc*, Folgenerwägungen im Richterrecht, S. 16f.; 53ff. sowie umfassend *Kilian*, Juristische Entscheidung und elektronische Datenverarbeitung. Des Weiteren verweist *Deckert*, JuS 1995, 480, Fn. 6, auf die zahlreichen Nachweise im (unveröffentlichten) Schlussbericht des Münchener Forschungsprojekts „Argumentationstheoretische Aspekte höchstrichterlicher Rechtsprechungsänderungen".

215 *Deckert*, JuS 1995, 480, meint jedoch zutreffend, dass die Folgenorientierung in der deutschen Rechtswissenschaft keine Neuerung darstellt. Vielmehr wurden bereits im 19. Jahrhundert (vor der Herrschaft der Begriffsjurisprudenz – bekannteste Vertreter dieser Theorie waren *v. Savigny* und *Windscheid*) die Folgen rechtlicher Entscheidungen unter dem Stichwort der *ratio legis* berücksichtigt. Durch das grundlegende zweibändige Werk von *v. Jhering*, Der Zweck im Recht, rückten Zweckmäßigkeitsüberlegungen dann wieder in den Mittelpunkt der Diskussion. Ausführlich dazu zuletzt *Sailer*, Prävention im Haftungsrecht, S. 147ff.

216 Wichtiger Anreger und neuer Auslöser der Diskussion um die Berücksichtigung von Folgen im Recht war der Aufsatz von *Podlech*, AöR 95 (1970), 185ff. Eine kritische Weiterentwicklung und Verbindungen mit Fallkonstellationen aus dem Zivilrecht finden sich dann in der Habilitationsschrift bei *Kilian*, Juristische Entscheidung und elektronische Datenverarbeitung. Es folgten zwei Dissertationen, die das Folgenkonzept absicherten und weiter ausbauten, und zwar die von *Sambuc*, Folgenerwägungen im Richterrecht sowie die von *Wälde*, Juristische Folgenorientierung. Siehe zur weiteren Entwicklung die Nachweise bei *Hassemer*, in: FS für *Coing*, Bd. 1, S. 492 (495ff.).

217 Besonders hervorzuheben ist die Darstellung von *Koch/Rüßmann*, Juristische Begründungslehre, S. 170f., 172, 227ff., 374; siehe auch *Rottleuthner*, Rechtstheorie und Rechtssoziologie, S. 120, 144, 210, 213.

218 Die klassische Auslegungslehre ist auf *v. Savigny* (1779-1861) zurückzuführen und beinhaltet vier Elemente: Die *wörtliche* (sprachlich-grammatikalische) Auslegung, die nach dem Wortsinn fragt; die *systematische* Auslegung, welche nach dem Bedeutungszusammenhang des Gesetzes fragt; die *historische* Auslegung, die Regelungsabsichten und Normvorstellungen des historischen Gesetzgebers ermittelt und die *teleologische* Auslegung, welche nach „objektiven" Zwecken des Gesetzes sucht. Zum Kurzüberblick siehe *Palandt-Heinrichs*, Einleitung, Rdnr. 41ff; ausführlich *Larenz*, Methodenlehre der Rechtswissenschaft, S. 312ff.

219 Kritisch besonders der Sozialwissenschaftler *Luhmann*, Rechtssystem und Rechtsdogmatik, S. 7ff.; *ders.*, AöR 94 (1969), 1 (3f.). Zur Widerlegung von Luhmanns Thesen siehe *Lübbe-Wolff*, Rechtsfolgen und Realfolgen, S. 11ff. sowie *Koch/Rüßmann*, Juristische Begründungslehre, S. 233ff.; ebenso *Hassemer*, in: FS für *Coing*, Bd. 1, S. 492 (495, 497). Im übrigen hält Luhmann selbst in bestimmten Situationen, beispielsweise als Korrektiv, eine Folgendiskussion durchaus für legitim; vgl. dazu *Luhmann*, Rechtssystem und Rechtsdogmatik, S. 34, 40.

Folgen von Entscheidungen orientierte Auslegung etabliert.[220] Sie hat mittlerweile ihren festen Platz in der juristischen Lehre[221] eingenommen.[222]

II. Nähere Beschreibung der Methode

Die folgenorientierte Auslegung geht davon aus, dass die Rechtsanwendung nicht mit dem Aussprechen einer Rechtsfolge oder deren zwangsweiser Durchsetzung endet.[223] Dabei werden unter Rechtsfolgen die gesetzlich vorgesehenen, an einen bestimmten Tatbestand geknüpften (Rechts-)Folgen verstanden, d. h. diejenigen, die durch Rechtssätze an das Vorliegen bestimmter Voraussetzungen gebunden sind.[224] Eine solche Rechtsfolge ist z. B. die Zahlung von Schadensersatz und/oder Schmerzensgeld durch den Arzt bzw. Krankenhausträger an den Patienten.[225] Das sind jedoch Rechtsfolgen, die durch das BGB vorgegeben sind[226] und deshalb nicht zum Folgenbegriff des Folgenkonzepts gehören.[227]

---

220 So die Bestandsaufnahme aus neuerer Zeit bei *Deckert*, JuS 1995, 480f., allerdings mit durchaus kritischen Erwägungen.

221 Vgl. *Koch/Rüßmann*, Juristische Begründungslehre, S. 170f., 172, 227ff., 374; *Münch-Komm-Säcker*, Einl. Vor §§ 1-240, Rdnr. 128; *Staudinger-Hager*, Vorbem. zu §§ 823ff., Rdnr. 15; *Taupitz*, AcP 196 (1996), 114 (145); *Larenz/Canaris*, Methodenlehre der Rechtswissenschaft, S. 185; *Eidenmüller*, Effizienz als Rechtsprinzip, S. 397.

222 Umfassender Gesamtüberblick bei *Deckert*, Folgenorientierung in der Rechtsanwendung, S. 10ff. und *Sailer*, Prävention im Haftungsrecht, S. 147ff.

223 *Rottleuthner*, Rechtstheorie und Rechtssoziologie, S. 120.

224 *Lübbe-Wolff*, Rechtsfolgen und Realfolgen, S. 25; *Sambuc*, Folgenerwägungen im Richterrecht, S. 100; *Deckert*, JuS 1995, 480 (481).

225 Allgemeiner gefasst: Das Verhängen und Vollstrecken von Strafe, die Beseitigung unrechter Belastung sowie die Scheidung einer Ehe; vgl. weitere Beispiele bei *Hassemer*, in: FS für *Coing*, Bd. I, S. 492 (496).

226 Eine gesonderte Stellung nimmt dabei die Zahlung von Schmerzensgeld bei Verletzung des *allgemeinen Persönlichkeitsrechts* ein. Bei der Neufassung des § 253 Abs. 2 BGB hat das allgemeine Persönlichkeitsrecht, bei dessen Verletzung die Rechtsprechung (siehe u. a. BGHZ 20, 345 [353]; 26, 349ff.; 35, 363ff.) seit nunmehr fast einem halben Jahrhundert unter bestimmten Voraussetzungen Schmerzensgeld gewährt, *keine Erwähnung* gefunden. Siehe das Zweite Gesetz zur Änderung schadensrechtlicher Vorschriften, v. 19.07.2002, BGBl. I 2674, in Kraft getreten am 1.08.2002. Siehe dazu ausführlich *Katzenmeier*, VersR 2002, 1066 (1073). Der Frage soll an dieser Stelle nicht weiter nachgegangen werden. Sie hat aber für das Arzthaftungsrecht große Bedeutung, wenn man abweichend von der höchstrichterlichen Rechtsprechung die Heilbehandlung ohne wirksame Einwilligung nicht als Körperverletzung, sondern als Verletzung des Selbstbestimmungsrechts des Patienten qualifiziert. Ausweislich der Begründung des Regierungsentwurfs soll keine Rechtsänderung eingeleitet werden. BT-Drucks. 14/7752 S. 25: „Dass Verletzungen des allgemeinen Persönlichkeitsrechts nicht ausdrücklich in die Aufzählung der Schmerzensgeldansprüche auslösenden Rechtsgutsverletzungen aufgenommen sind, steht auch künftig einer Geldentschädigung bei nach § 823 BGB erheblichen Persönlichkeitsrechtsverletzungen nicht entgegen.“

227 *Deckert*, JuS 1995, 480 (481); *Wälde*, Juristische Folgenorientierung, S. 6; *Hassemer*, in: FS für *Coing*, Bd. I, S. 492 (511).

Bei dem für die Folgendiskussion relevanten Bereich handelt es sich um die sogenannten Realfolgen einer Entscheidung;[228] das sind all jene, die über die bloßen Rechtsfolgen hinausgehen. Dabei geht es um die empirisch identifizierbaren Folgen einer Entscheidung im sozialen Raum.[229]

Solche gesellschaftlichen Folgen der Auslegung sollen von den Gerichten bei der Gesetzesinterpretation berücksichtigt werden. Erwägungen können hierbei u. a. wirtschaftliche Gesichtspunkte[230] sein. Allein die Kenntnis über die voraussichtlichen Entscheidungsfolgen ermöglicht noch keine Entscheidung;[231] dafür ist vielmehr eine Folgenbewertung notwendig, die gegebenenfalls dann wieder die Auslegung an ihren Folgen korrigiert.[232] Denn durch die Darstellung des Zusammenhangs zwischen einer bestimmten Wertentscheidung und ihrer zu erwartenden Auswirkung kann Transparenz erzielt werden, die zur Förderung einer kritischen Diskussion hilfreich ist.[233]

Auf die Trennung von Folgenanalyse und Folgenbewertung verweisen ausdrücklich *Koch/Rüßmann*.[234] Nach ihrer Auffassung lassen sich aus der Unterscheidung Begründungsaufgaben für die Gerichte herleiten; hierbei handelt es sich bei der ersten Aufgabe um eine empirisch analytische und bei der zweiten um eine normative. Es gelte einerseits, die angestrebten Ziele auszuweisen und andererseits, den Zusammenhang darzulegen, der zwischen der vorgeschlagenen Rechtsfortbildung und dem angestrebten Ziel bestehe.[235]

---

228 Siehe zum Begriff der Realfolgen nur *Deckert*, JuS 1995, 480 (481). Die Autorin, a. a. O., zeigt ferner weitere Unterteilungen in der Literatur auf.

229 *Deckert*, JuS 1995, 480 (481); *Sambuc*, Folgenerwägungen im Richterrecht, S. 107.

230 Vgl. dazu die Beispiele von *Larenz/Canaris*, Methodenlehre der Rechtswissenschaft, S. 185. *Canaris*, a. a. O., fordert, dass bei Grundsatzentscheidungen (von großer wirtschaftlicher Tragweite) die Folgen allgemeinwirtschaftlicher oder sozialer Art vom Gericht bedacht werden müssen.

231 *Rüßmann*, JuS 1975, 352 (357).

232 Dazu sehr kritisch *Böhlk/Unterseher*, JuS 1980, 323 (324ff.).

233 In diese Richtung schon *Winter*, Rechtstheorie 1971, S. 171 (179ff.); *Rüßmann*, JuS 1975, 352 (357).

234 *Koch/Rüßmann*, Juristische Begründungslehre, S. 262.

235 *Koch/Rüßmann*, Juristische Begründungslehre, S. 262.

III. Folgenerwägungen als Bestandteil der objektiv-teleologischen Auslegungsmethode

In der Lehre haben bisher erst wenige Autoren[236] den Versuch unternommen, die Folgenberücksichtigung methodisch zu klassifizieren. Dabei ist eine Ansicht[237] davon ausgegangen, dass Folgenerwägungen zu den klassischen Auslegungsregeln hinzutreten und sich somit von der objektiv-teleologischen Auslegungsmethode unterscheiden lassen. *Koch/Rüßmann*[238] gebührt der Verdienst, überzeugend dargelegt zu haben, dass eine solche Trennung nicht möglich ist. Vielmehr sind Folgenberücksichtigungen bereits in der objektiv-teleologischen Auslegung intendiert; u. a. führen die beiden Verfasser[239] zur Begründung aus, dass die Folgenberücksichtigung die gebotene Gesetzesbindung nicht überspielen dürfe. Nur jenseits der Bindungskraft des Gesagten und des Gewollten sollen Begründungsmöglichkeiten eröffnet werden. „Im Rahmen der objektiv-teleologischen ‚Auslegung' sind vielmehr alle Zielpräzisierungen und Zieloptimierungen durchzuführen, die – unter Beachtung der durch die partiell interpretierte Norm gezogenen Grenzen – notwendig sind, um den in Frage stehenden Fall definitiv entscheiden zu können."[240] Vertiefend führt *Säcker*[241] an, dass in der teleologischen Interpretation den Entscheidungsfolgen gerade in Bezug auf ihre *wirtschaftliche Betrachtungsweise* eine besondere Bedeutung zukommt. Bestätigt wurde diese Bestandsaufnahme aktuell durch *Sailer*[242] in ihrer Dissertation.

IV. Ausblick

Die Untersuchung von Rechtsprechungsurteilen[243] soll sodann – vor allem bei der Organisationsfehlerhaftung bezogen auf die Qualität der Behandlung – offen legen, an welchen Stellen konkret wirtschaftliche Folgenerwägungen durch die Gerichte erfolgten.

---

236 Siehe nochmals vor allem *Koch/Rüßmann*, Juristische Begründungslehre, S. 230ff.; *Rottleuthner*, ARSP 1980, Beih. N. F., Nr. 13, S. 97 (105ff.); *Hassemer*, in: FS für *Coing*, Bd. I, S. 492 (494ff., insbesondere 496); *Deckert*, JuS 1995, 480 (482); *MünchKomm-Säcker*, Einl. Vor §§ 1-240, Rdnr. 128.

237 Siehe nur *Rottleuthner*, ARSP 1980, Beih. N. F., Nr. 13, S. 97 (105ff.) sowie *Deckert*, JuS 1995, 480 (482).

238 *Koch/Rüßmann*, Juristische Begründungslehre, S. 230ff. So schon *Hassemer*, in: FS für *Coing*, Bd. I, S. 492 (496); aktuell dieser Auffassung folgend *MünchKomm-Säcker*, Einl. Vor §§ 1-240, Rdnr. 128.

239 *Koch/Rüßmann*, Juristische Begründungslehre, S. 232.

240 *Koch/Rüßmann*, Juristische Begründungslehre, S. 233.

241 *Säcker*, in: *MünchKomm*, Einl. Vor §§ 1-240, Rdnr. 128. Der Autor verweist dazu auf Beispiele aus dem Steuer- und Wirtschaftsrecht.

242 *Sailer*, Prävention im Haftungsrecht, S. 147.

243 Vgl. Kapitel 3, B.

C Benennung wirtschaftlicher Erwägungen und wirtschaftlicher Folgenerwägungen bei der Organisation der Behandlung

Bisher wurden die Schlagworte *wirtschaftliche Erwägungen* und *wirtschaftliche Folgenerwägungen* nur genannt, ohne sie näher zu spezifizieren. Im Folgenden soll diese Lücke geschlossen werden, wobei ebenso eine Abgrenzung der beiden – *strukturell unterschiedlichen* – Elemente voneinander erfolgt.

Unter *wirtschaftlichen Erwägungen* oder Aspekten, ökonomischen Argumenten oder finanziellen Gesichtspunkten, Kostenerwägungen u. s. w. – alle Begriffe werden synonym verwandt – wird ein Aufwand verstanden, der sich in Geld ausdrücken lässt.[244] Diese Erwägungen können für die Rechtsprechung bei der Entscheidungsfindung als Argumente in der Entscheidungsbegründung eine Rolle spielen. Bei ökonomischen oder *wirtschaftlichen Folgenerwägungen* geht es darum, welche finanziellen Auswirkungen Urteile haben können. Die Rechtsprechung kann diese ebenfalls bei der Urteilsfindung berücksichtigen, und zwar als Folgen von Entscheidungen.[245] Das sind jedoch *zwei verschiedene Prinzipien.* Zum besseren Verständnis sollen exemplarisch einige Beispiele aufgezählt werden, bei denen es sich sowohl um wirtschaftliche Erwägungen als auch um wirtschaftliche Folgenerwägungen im Arzthaftungsrecht handelt.

Wirtschaftliche Erwägungen stehen im Mittelpunkt bei der Anschaffung neuer medizinischer Gerätschaften. Dafür notwendige Investitionen können sehr hohe Kosten für den Krankenhausträger verursachen, wenn es beispielsweise um den Kauf von modernen Hochleistungsapparaten wie Röntgengeräten, Computertomographen,[246] Magnet-Resonanz-Tomographen oder Positronen-Emissions-Tomographen geht. Neben dem Kostenaufwand für moderne Hochleistungsapparate und ständigem Modernisierungsdruck ist die Bedeutung ökonomischer Aspekte ebenso für die weitere sachliche Ausstattung eines Krankenhauses von Bedeutung. Einfache medizinische Geräte (Fieberthermometer, Wärmflaschen etc.), medizinische Hilfsgeräte (Rollstühle, Liegen, Gehkrücken, Duschstühle u. s. w.) und Verbrauchsmaterialien (Einmalwaren, Verbandsmaterialien u. a.) verursachen in der Anschaffung zunächst wenig Aufwand. Der Kostenfaktor nimmt jedoch an Bedeutung zu, wenn medizinische Hilfsgeräte nur für einen bestimmten Zeitraum genutzt werden dürfen, weil ihre weitere Verwendung die mögliche Gefährdung von Patienten beinhaltet. So kann z. B. eine defekte Wärmfla-

---

[244] Siehe ausführlichere Beschreibungen noch unter den jeweiligen Stichwörtern im *Wahrig*, Deutsches Wörterbuch.

[245] Ausführlicher zu wirtschaftlichen Folgenerwägungen der vorherige Abschnitt in diesem Kapitel unter B.

[246] Die Kosten für einen neuen hochleistungsfähigen CT (Brilliance 40), durch den ein Patient innerhalb von 23 Sekunden komplett gescannt werden kann und von dem es zum damaligen Zeitpunkt nur zwei Stück in Deutschland gab, betrugen inkl. des Einbaus in einem Hamburger Neurozentrum 2 Mio. Euro. Angabe aus Die Welt, S. 34 (Hamburg-Beilage), v. 15.02.2005.

sche infolge porösen Gummis zu Verbrühungen führen. Ökonomische Erwägungen sind auch berührt, wenn anstatt der einmaligen Verwendung von Einwegartikeln eine Reinigung dieser erfolgt und sie weitere Male verwendet werden. Ebenso stellt sich bei Operationen das Problem, ob der Krankenhausträger verpflichtet ist, sämtliche Größen und Sorten (also verschiedenste Legierungen) von Gelenkimplantaten vorrätig zu halten oder ob es aus Kostenerwägungen ausreicht, dass nur eine bestimmte Anzahl von Implantaten zur Verfügung steht.

Wirtschaftliche Gesichtspunkte können auch räumliche Ausstattungen von Krankenhäusern beeinflussen. Es stellt sich beispielsweise die Frage, ob in einem älteren Krankenhaus noch (alle) Behandlungsmaßnahmen durchgeführt werden dürfen, falls in Operationssälen keine Klimaanlagen vorhanden sind. Entschieden werden muss, ob und zu welchem Zeitpunkt eine Nachrüstung erforderlich ist, die dann wiederum mit hohen Investitionen verbunden ist. Deutlich treten Kostenerwägungen zu Tage, wenn es um die Ausgestaltung psychiatrischer Einrichtungen geht. Müssen beispielsweise die gesamten Objekte mit sicherheitsverglasten Fenstern ausgestattet sein, welche erheblich teurer als herkömmliche Fenster sind, oder ist diese Ausstattung nur in den oberen Etagen der Kliniken zu verlangen. Es ist jedoch auch denkbar, dass selbst Sicherheitsverglasungen ungenügend sind und es weiterer zusätzlicher Maßnahmen wie Metallschienen an den Fenstern bedarf, um ein Hinabstürzen von Patienten (sicher) zu vermeiden.

Neben der medizinisch-technischen Einrichtung und der räumlichen Ausgestaltung bildet die personelle Ausstattung in Kliniken einen weiteren Schwerpunkt. Dabei handelt es sich nach *Zinganell*[247] und *Röfer*[248] unter ökonomischen Aspekten um den wichtigsten, weil kostenträchtigsten Bereich für den Krankenhausträger.[249] Ihren Angaben zufolge sollen Personalkosten durchschnittlich 70 – 75 %[250] der in einer Klinik anfallenden Kosten ausmachen.[251] Nehmen Kranken-

---

247 *Zinganell*, MedR 1993, 342.

248 *Röfer*, Zur Berücksichtigung wirtschaftlicher Überlegungen bei der Feststellung arzthaftungsrechtlicher Sorgfaltsanforderungen, S. 76.

249 Das Personal als bedeutungsvollster Faktor in einer Klinik wird ebenso von *Laufs*, Arztrecht, Rdnr. 493 und *Voß*, Kostendruck und Ressourcenknappheit im Arzthaftungsrecht, S. 164, hervorgehoben.

250 *Zinganell*, MedR 1993, 342, spricht von 70 % und *Röfer*, Zur Berücksichtigung wirtschaftlicher Überlegungen bei der Feststellung arzthaftungsrechtlicher Sorgfaltsanforderungen, S. 76, von 75 %. Die Zahlenangabe führt die Autorin auf Encke zurück.

251 Relativierend zum Kostenfaktor Personal jedoch *Genzel*, in: *Laufs/Uhlenbruck*, Handbuch des Arztrechts, § 88, Rdnr. 6 a. Der Autor verweist darauf, dass die Anforderungen an ein modernes Krankenhausmanagement ebenso die ärztlichen Mitarbeiter als wesentliche Leistungsträger im Haus erfasst. Sie tragen Verantwortung im Kernbereich und ihr Handeln hat erhebliche Kostenrelevanz. Nach *Genzel*, a. a. O., entstehen 70 % – 80 % der Kosten einer Klinik unmittelbar oder mittelbar durch ärztliches Handeln oder auf Grund ärztlicher Veranlassung. Diese Zahl erscheint für eine hochwertig ausgestattete Klinik zutreffend, wenn man sich allein die Kosten für moderne Hochleistungsapparate vergegenwärtigt (vgl. dazu nochmals oben den Preis für einen neuen CT, welcher inkl.

häuser demnach Einsparungen bei Ärzten oder Pflegepersonal vor, schlägt sich dies auf Grund des hohen Anteils an den Gesamtkosten besonders positiv auf der Aufgabenseite nieder. Spiegelbildlich besteht jedoch die Gefahr, dass sich derartige Maßnahmen negativ auf die Patienten auswirken können. Das ist dann der Fall, wenn das Personalmanagement des Krankenhausträgers dazu führt, dass zu wenig ärztliches oder nicht-ärztliches Personal[252] die erforderlichen Aufgaben erfüllen muss. Kostenerwägungen können ebenfalls bei der Ausbildung des medizinischen Nachwuchses relevant werden. Es stellt sich die Frage, ob es ausreichend ist, bestimmte Stationen bei Nacht- oder Sonntagsdiensten lediglich mit einem Assistenzarzt zu besetzen, oder ob ständig ein Facharzt (vor Ort) erreichbar sein muss, um den entsprechenden Standard zu wahren. Die Ausbildung des Nachwuchses kann auch bei Operationen mit ökonomischen Aspekten korrelieren. Dabei ist zu entscheiden, wie viel Kosten der Krankenhausträger aufwenden muss, um eine ordnungsgemäße Überwachung der unerfahrenen durch erfahrene Ärzte sicher zu stellen.

Wirtschaftliche Folgenerwägungen sind oftmals schwerer ersichtlich als wirtschaftliche Erwägungen, deshalb bereitet ihre Isolation Schwierigkeiten. Sie schließen sich im Arzthaftungsrecht häufig an wirtschaftliche Erwägungen an.

Wenn die Rechtsprechung auf Grund fehlender apparativer Ausstattung dem Krankenhausträger nicht mehr gestattet, Patienten weiter zu behandeln, weil die Organisation von Behandlungsstandards nicht (mehr) gesichert wird, dann bedarf es zunächst Investitionen in die neuere Technik. Werden diese jedoch nicht durchgeführt, muss der Krankenhausträger reagieren. Für bestimmte Behandlungen darf er dann keine Patienten mehr aufnehmen. Sind von diesem Umstand mehrere Abteilungen einer Klinik betroffen, stellt sich nicht mehr nur die Frage nach deren Schließung, sondern als ökonomische Folgenerwägung steht die Existenz des gesamten Hauses in Frage. Gestattet die Rechtsprechung umgekehrt dem Träger einer Klinik mit vorhandener älterer Ausstattung, sei es auch nur für einen gewissen Übergangszeitraum, Patienten weiterzubehandeln, da die Be-

---

des Einbaus 2 Mio. € betrug). Dagegen wird das Gesamtbudget eines Pathologischen Instituts entsprechend der außerordentlichen Personalintensität seines Dienstleistungsauftrags zu mehr als 90 % vom Personalbudget dieses Instituts bestimmt, nur knapp 10 % entfallen auf den sogenannten medizinischen Bedarf, d. h. auf die Summe aller für den diagnostischen Auftrag benötigten Mittel. Vgl. dazu *Bleyl*, in: *Taupitz/Brewe*, Medizinische Versorgung in Zeiten knapper Kassen, S. 135 (136, 138 [ausführliche Tabelle]).

252 Aus der ärztlichen Praxis berichtet *Kienzle*, in: *Bergmann/Kienzle*, Krankenhaushaftung, Rdnr. 36, dass schon seit Jahren im Pflegedienst Personalmangel herrsche, der das vorhandene Personal außerordentlich belaste. Ursache dafür ist nach seiner Auffassung, a. a. O., der zunehmende Kostendruck. Anders dagegen der Krankenhausbericht des Landes Brandenburg für das Jahr 2004. Danach habe sich die Anzahl der Ärzte seit 1991 um 400 auf 3.018 im Jahre 2003 erhöht. Im selben Zeitraum sei die Anzahl der Pflegekräfte um rund 700 auf 10.200 gestiegen. Im Gegenzug habe sich auch die Anzahl der Betten in Brandenburgs Krankenhäusern seit 1999 um 3,1 % auf 16.187 verringert; vgl. die Zahlenangaben in MAZ, S. 1, 6, v. 4.08.2004.

handlung noch dem Standard entspricht, dann bedarf es zunächst keiner (sofortigen) Investition in die neue Technik. Entscheidet sich aber die Mehrzahl von Patienten für eine Behandlung in besser ausgestatteten Einrichtungen,[253] dann muss der Krankenhausträger abwägen, wann er die Investition durchführen will, denn fehlende Patienten werfen wieder die Frage wirtschaftlicher Folgenerwägungen auf.

Verlangt die Rechtsprechung, dass medizinische Hilfsgeräte ab einer bestimmten Gebrauchszeit auszusondern sind, dann bedarf es nicht nur der Kosten für Neuanschaffungen. Es muss ebenso Personal abgestellt werden, welches die Aussonderungen vornimmt und kontrolliert, wann die Produkte angeschafft und gegebenenfalls auch wie oft sie in dieser Zeit verwendet wurden. Somit sind wieder ökonomische Folgenerwägungen angesprochen.

Bei der räumlichen Ausstattung stehen zunächst Aufwendungen im Mittelpunkt, die eine Behandlung gewährleisten, welche dem Standard entspricht. Auch hier kann sich aber für den Krankenhausträger die Frage wirtschaftlicher Folgenerwägungen – in Form der Existenz seines Hauses – stellen, wenn er z. B. nicht in der Lage ist, psychiatrische Abteilungen entsprechend sicher einzurichten. Genauso dürfen ökonomische Folgenerwägungen geringeren Ausmaßes nicht unberücksichtigt bleiben. Sind beispielsweise die Operationssäle nunmehr mit Klimaanlagen ausgestattet, bedarf es neben den Erwerbskosten auch – jetzt als Folgenerwägung – deren ständiger Wartung und Pflege, um wiederum die hygienischen Verhältnisse sicherzustellen.

Um den Stationsbetrieb auch an Sonn- und Feiertagen aufrecht zu erhalten, müssen (höhere) finanzielle Aufwendungen für das ärztliche und nicht-ärztliche Personal getätigt werden. Verlangt die Rechtsprechung die ständige (örtliche) Anwesenheit von Fachärzten, um den Standard sicher zu stellen, muss eine höhere Anzahl von ihnen eingestellt werden. Dabei hat der Krankenhausträger dann als ökonomische Folgenerwägung zu berücksichtigen, dass er verpflichtet ist, mehr und besser bezahlte Fachärzte gegenüber den geringer verdienenden Assistenzärzten einzustellen. Ähnliche Überlegungen gelten für die Anzahl des Pflegepersonals. Wird nach (komplizierten) Operationen eine ständige Beaufsichtigung der Patienten verlangt, bedarf es neben den Räumlichkeiten (weiterer) Krankenschwestern für die Überwachung der Operierten.

---

[253] Siehe schon oben Kapitel 2, C, I., 1., e), aa), dass der Patient darüber aufzuklären ist.

D Ansätze für Fallgruppen, in denen Wirtschaftlichkeitsaspekte berücksichtigt werden könnten

Es wird der Versuch unternommen, Fallgruppen zu bilden, in denen wirtschaftliche Erwägungen und wirtschaftliche Folgenerwägungen die *Entscheidungsfindung* der Rechtsprechung beeinflussen könn(t)en. Neben der Behandlungsqualität, der Organisationsqualität und der Qualitätsaufklärung werden auch versorgungsorientierte Argumente[254] berücksichtigt. In einigen Abschnitten sind Beispiele aufgeführt, in denen Mediziner Kostenerwägungen in ihre Erörterungen mit einbeziehen.

I. Qualität medizinischer Behandlungen

Wirtschaftliche Erwägungen sind – nach hier vertretener Position[255] – im Rahmen der Behandlungsfehlerhaftung bei der individuellen Arztentscheidung nicht zu berücksichtigen. Das schließt aber nicht aus, dass die Rechtsprechung derartige Überlegungen in ihre Entscheidungsfindung mit einbezieht. Deshalb wird aufgezeigt, an welchen Stellen die Qualität der Behandlung durch wirtschaftliche Kriterien beeinflusst werden könnte.

Es sei daran erinnert, dass entsprechend dem Leistungskonzept des Vertragsrechts und dem Schutzgutskonzept des Deliktsrechts im Behandlungsfehlerbereich der Schutz der *individuellen Gesundheit* des Patienten durch die standardgemäße ärztliche Leistung im Mittelpunkt steht.[256] Sowohl vertragliche als auch deliktische Haftung zielen bei der Behandlungsqualität zuförderst[257] auf die *individuelle Qualitätssicherung* ab.[258] Eine solche Systematisierung von Fallgruppen, bei der die individuelle Qualitätssicherung[259] im Mittelpunkt steht, wird erreicht, wenn man den Klassifizierungen in der Medizin folgt. Den Stufen des

---

254 Zur näheren Erläuterung des Begriffs unten Kapitel 2, D, III.

255 Siehe oben Kapitel 2, A, III., 2.

256 Vgl. ausführlicher *Hart*, VSSR 2002, 265 (291, 293f.); *Francke/Hart*, SGb 2003, 653.

257 *Hart*, VSSR 2002, 265 (291, 293f.); *Francke/Hart*, SGb 2003, 653.

258 Daneben werden auch prospektiv und präventiv Verhaltenspflichten festgelegt, die zukünftige Fehler vermeiden sollen. Siehe sehr ausführlich zur Präventionswirkung im Haftungsrecht *Katzenmeier*, Arzthaftung, S. 249ff.; siehe zur Funktion des Arzthaftungsrechts auch *Hart*, MedR 2002, 321; *Francke/Hart*, ZaeFQ 2001, 732 (733).

259 Die *individuelle* Qualitätssicherung wird besonders betont, weil Anhaltspunkte bestehen, die vermuten lassen, dass in die Behandlungsfehlerhaftung zusätzlich *allgemeine* Argumente offen oder verdeckt in den Standard eingehen. Solche Überlegungen finden sich schon bei *Hart*, VSSR 2002, 265 (275), im Rahmen der Diskussion über die Verbindlichkeit von Leitlinien. *Hart*, a. a. O., Fn. 28, merkt an, dass „kollektive" Elemente einflussreich die Standardbildung beeinflussen können. Siehe dazu noch ausführlich in diesem Kapitel unter D, III.

medizinischen Behandlungsprozesses entsprechend sind das die Bereiche Diagnose, Indikation, Therapie und Nachsorge.[260]

1. Bewertungskriterien für Diagnosestrategien

Die Diagnose stellt den ersten Schritt im medizinischen Behandlungsablauf dar;[261] deshalb fällt ihr in der Praxis eine *entscheidende Rolle* zu.[262] Sie bildet die *Grundlage* jeder ärztlichen Behandlung.[263]

a) Bemerkungen zur Empirie

Bedenklich ist jedoch, dass sich laut *Brüggemeier*[264] bei einer vor mehr als 20 Jahren durchgeführten Analyse[265] herausstellte, dass nur bei 81 % der Verstorbenen die Grundkrankheit richtig erkannt wurde. In Anlehnung an diese Analyse führt *Bischoff*[266] aus, dass sich seither vielleicht die Quote in einem gewissen Umfang erhöht haben möge, was aber grundsätzlich nichts an der Aussage ändere, dass ärztliche Diagnosen nicht selten falsch seien.[267] Die Auffassung wurde

260 In der Medizin erfolgt häufig auch eine Unterteilung nach Fachgebieten. Juristen haben die einzelnen Fälle in Fallgruppen unterteilt, wobei den Klassifizierungen der Mediziner gefolgt wurde. Siehe für die Einteilung den Stufen des medizinischen Behandlungsprozesses folgend *Brüggemeier*, Deliktsrecht, Rdnr. 644ff.; zuletzt ebenso *Wagner*, in: *MünchKomm*, § 823, Rdnr. 686ff. Andere Einteilungen etwa nach Behandlungsgebieten sind möglich und inzwischen üblich geworden, dazu ausführlich beispielsweise *Kern*, in: *Laufs/Uhlenbruck*, Handbuch des Arztrechts, §§ 167 – 193.

261 Sie beinhaltet das Erkennen und Benennen einer Krankheit, so die Definition bei *Pfandl*, Das neue Gesundheitslexikon, S. 93, linke Sp., Stichwort Diagnose. Um zu einer sachgerechten Diagnose zu gelangen, kann der Patient zunächst erwarten, dass der Arzt zu Beginn der Behandlung in einem ärztlichen Gespräch eine ordnungsgemäße Anamnese vornimmt; diese Patientenvorgeschichte soll ein mehrdeutiges Krankheitsbild aufklären. Die Bedeutung der Anamnese als unverzichtbarer Bestandteil einer effektiven Diagnostik wird besonders von *Uhlenbruck/Laufs*, in: *Laufs/Uhlenbruck*, Handbuch des Arztrechts, § 48, Rdnr. 2 hervorgehoben; siehe auch *Giesen*, Arzthaftungsrecht, Rdnr. 112.

262 *Brüggemeier*, Deliktsrecht, Rdnr. 645.

263 Vgl. nur *Uhlenbruck/Laufs*, in: *Laufs/Uhlenbruck*, Handbuch des Arztrechts, § 50, Rdnr. 1, mit Verweis auf die Rechtsprechung des BGH.

264 *Brüggemeier*, Deliktsrecht, Rdnr. 645. Der Autor gibt dabei eine Auskunft wieder, die vom Vorsitzenden des Ausschusses für Qualitätssicherung der deutschen Gesellschaft für Chirurgie stammte.

265 Das Ergebnis der Studie beruhte auf der Auswertung von über eintausend Sektionen in Freiburg; vgl. dazu *Brüggemeier*, Deliktsrechts, Rdnr. 645.

266 *Bischoff*, in: FS für *Geiß*, S. 345.

267 Ebenso verweist *Hart*, in: Liber Amicorum für *Schmidt*, S. 131 (136), auf ein Gutachten des *Sachverständigenrates für die Konzertierte Aktion im Gesundheitswesen* aus dem Jahre 2003 „Finanzierung, Nutzerorientierung und Qualität“, Bd. I, Rdnr. 384, wo sich folgende Feststellung findet: „In Autopsiestudien werden seit langem relativ hohe Raten an Fehldiagnosen bzw. nicht zutreffenden Angaben zu den Todesursachen in amtlichen Todesbescheinigungen nachgewiesen. [...] Bemerkenswerterweise hat anscheinend – zumindest bei einigen Erkrankungen wie Pneumonie, Lungenembolie, Herzinfarkt und

jüngst durch *Beyerle*[268] bestätigt; danach sollen sogar 30 – 40 % der klinischen Diagnosen falsch oder zumindest ergänzungsbedürftig sein.

b) Bisheriger Umgang mit Diagnosefehlern und neuere Erkenntnisse dazu

Vor diesem Hintergrund stellt sich die Frage, warum die Rechtsprechung[269] Diagnosefehler nur mit *Zurückhaltung* als Behandlungsfehler bewertet.[270] Grund dafür soll sein, dass die Symptome einer Erkrankung nicht immer eindeutig sind, sondern oft auf verschiedene Faktoren hindeuten und Patienten wegen der Unterschiedlichkeiten im menschlichen Organismus die Anzeichen ein und derselben Krankheit in anderer Ausprägung aufweisen können.[271] Der alleinige Verweis auf die Verschiedenheiten menschlicher Organismen ist jedoch unpräzise und unzureichend. Fraglich ist vielmehr, wann der Arzt haften muss und an welcher Stelle ökonomische Aspekte die Diagnose beeinflussen könnten.

Einigkeit besteht insoweit, dass ein Diagnosefehler vorliegt, wenn Krankheitsbilder in einer vom Arzt nicht mehr zu akzeptierenden Weise gedeutet werden.[272] Es liegen in dem Zusammenhang jedoch *keine* erkennbaren Anhaltspunkte vor, die Raum für wirtschaftliche Erwägungen ließen. Gleiches gilt für die un-

---

Tumorleiden – der medizinisch-technische Fortschritt die prämortale ‚diagnostische Trefferquote' nicht wesentlich erhöht." Weitere Bemerkungen zur Empirie bei *Hart*, a. a. O.

268 *Beyerle*, Rechtsfragen medizinischer Qualitätskontrolle, S. 136f., mit Verweis auf *Jansen*, MedR 1991, 246.

269 Vgl. aus der höchstrichterlichen Rechtsprechung BGH, VersR 1981, 1033 (1034); AHRS 1815/102 sowie aus der oberlandesgerichtlichen Rechtsprechung OLG Köln, VersR 1999, 366f.; 1991, 1288; 1989, 631; OLG Bamberg, VersR 1992, 578; 831 (832f.); OLG Oldenburg, VersR 1991, 1141; OLG Düsseldorf VersR 1988, 807 und OLG Karlsruhe, AHRS 2002/27.

270 So wieder jüngst *Müller*, in: FS für *Lorenz*, S. 475 (482) = GesR 2004, 257 (259); *Bischoff*, in: FS für *Geiß*, S. 345 (346); vgl. ferner *Steffen/Dressler*, Arzthaftungsrecht, Rdnr. 154, m. w. N. der Rechtsprechung; *Giesen*, Arzthaftungsrecht, Rdnr. 114; *Francke/Hart*, Charta der Patientenrechte, S. 34; *Uhlenbruck/Laufs*, in: *Laufs/Uhlenbruck*, Handbuch des Arztrechts, § 50, Rdnr. 3; *Kern*, NJW 1996, 1561 (1562). Umfassend zuletzt zum Diagnosefehler *Hart*, in: Liber Amicorum für *Schmidt*, S. 131ff.

271 *Müller*, in: FS für *Lorenz*, S. 475 (482) = GesR 2004, 257 (259).

272 Es handelt sich hierbei um die Fallgruppe der krassen (so *Francke/Hart*, Charta der Patientenrechte, S. 35) bzw. der eindeutigen (so *Brüggemeier*, Deliktsrecht, Rdnr. 650) Fehldiagnose. Sie ist in dem Moment gegeben, wenn Symptome vorliegen, die für eine ganz bestimmte Erkrankung kennzeichnend sind, vom Arzt jedoch nicht erkannt werden. In der Literatur wird häufig ein Rechtsprechungsurteil zitiert, bei dem trotz mehrerer klarer Hinweise auf eine Mumpserkrankung die Diagnose Angina gestellt wurde. Siehe *Brüggemeier*, Deliktsrecht, Rdnr. 650; *Francke/Hart*, Charta der Patientenrechte, S. 35; *Bischoff*, in: FS für *Geiß*, S. 345 (346), alle Autoren mit Verweis auf OLG Frankfurt, VersR 1983, 349 (350). Weitere Beispiele dazu sind, bei einer Venentrombose von einem Muskelkater auszugehen (vgl. dazu OLG Köln, VersR 1993, 190f.) oder eine Tubusobstruktion als Bronchospasmus zu diagnostizieren (hierzu OLG Celle, VersR 1981, 783f.).

terlassene Diagnose,[273] denn Fälle, in denen der Arzt ohne jede Diagnosestellung tätig wird, kommen in der Praxis sehr selten vor.[274] Sollte sich ihre Anzahl erhöhen, dürfte sich eine Untersuchung, ob Kostenerwägungen für das Nichttätigwerden des Arztes mitursächlich sind, nachvollziehbar und transparent gestalten, denn es müsste „lediglich" ermittelt werden, aus welchen Gründen *gar keine* Diagnosestellung erfolgte.[275]

Jüngst legte *Hart*[276] umfassend dar, dass der Diagnosefehler *eine Variante* des Behandlungsfehlers ist und die haftungsrechtlichen Folgen nach §§ 280 Abs. 1 S. 1, 823 Abs. 1 BGB auslöst, *wenn* und *weil* er den medizinischen Standard einer guten Diagnose verfehlt.[277] Der Diagnosefehler wird wie die anderen Behandlungsfehler[278] durch die *negative Standardabweichung* definiert.[279] *Hart*[280] begründet überzeugend, dass kein Grund ersichtlich ist, den Diagnosefehler („Diagnoseirrtum")[281] abweichend vom Behandlungsfehler zu beurteilen.

c) Ungenügende Diagnose

In der Hauptsache beruht diagnostisches Fehlverhalten auf einer *ungenügenden* Diagnose.[282] Es ist das Gebiet der Diagnostik angesprochen, in welchem sich die Bewertungskriterien für Diagnosestrategien am schwierigsten ermitteln und überprüfen lassen. Grundsätzlich gilt, wenn die klassischen Methoden der Anamnese und der unmittelbaren Untersuchung zur Befunderhebung ausreichen, so

---

273 Hierbei sieht der Arzt – vor seiner dann unrichtigen Therapie – von den medizinischen für die Diagnose erforderlichen Untersuchungen und Befunderhebungen *gänzlich* ab. Dazu *Bischoff*, in: FS für *Geiß*, S. 345 (347); vgl. ferner *Giesen*, Arzthaftungsrecht, Rdnr. 140, m. w. N. der Rechtsprechung; ebenfalls *Kern*, in: *Laufs/Uhlenbruck*, Handbuch des Arztrechts, § 156, Rdnr. 77ff. In der juristischen Literatur hat sich dafür die Formulierung der Behandlung „auf Verdacht" etabliert, vgl. *Brüggemeier*, Deliktsrecht, Rdnr. 651; *Francke/Hart*, Charta der Patientenrechte, S. 37f.

274 So *Bischoff*, in: FS für *Geiß*, S. 345 (347) und *Brüggemeier*, Deliktsrecht, Rdnr. 651; a. A. wohl *Wunsch*, Ablösung der Verschuldenshaftung im Arzt-Patienten-Verhältnis?, S. 33.

275 Pauschaler dagegen *Voß*, Kostendruck und Ressourcenknappheit im Arzthaftungsrecht, S. 61., wonach in erster Linie die Nichterhebung von Befunden für wirtschaftliche Gesichtspunkte von Bedeutung sein soll.

276 *Hart*, in: Liber Amicorum für *Schmidt*, S. 131ff.

277 Ausführlich zum medizinischen Standard oben Kapitel 1, A, I. und II.

278 Nachfolgend wird noch intensiver auf Indikations- und Therapiefehler eingegangen. Weitere Behandlungsfehler stellen z. B. Anamnese-, Befunderhebungs-, Evaluations- oder Nachsorgefehler dar.

279 *Hart*, in: Liber Amicorum für *Schmidt*, S. 131 (140ff.).

280 *Hart*, in: Liber Amicorum für *Schmidt*, S. 131 (140ff.).

281 Die Rechtsprechung benutzt häufig den Begriff Diagnoseirrtum, vgl. zuletzt NJW 2003, 2827f.

282 Dabei führt der Arzt zur Abklärung einer Krankheit zwar eine gewisse Anzahl von Untersuchungen durch, diese entsprechen jedoch nicht der Qualität ärztlicher Behandlung, weil sie sich als unzureichend darstellen und somit nicht zu einer vollständigen Erfassung des Krankheitsbildes des Patienten führen.

kann sich der Arzt darauf beschränken;[283] es bedarf dann keiner weiteren Befunderhebungen.[284]

Fraglich ist aber, welche Möglichkeiten der Arzt noch ausschöpfen muss, wenn sich eine *Verdachtsdiagnose* aufdrängt, die aber noch nicht hinreichend gesichert ist. Primär wird in der Lehre[285] davon ausgegangen, dass Art und Umfang der Diagnostik sich nach dem Erfordernis bestimmen, das Krankheitsbild des Patienten vollständig und zutreffend festzustellen. Dazu sollen alle Kenntnisquellen ausgeschöpft werden, z. B. Röntgen, Durchleuchten, Laboruntersuchungen, mikroskopische Untersuchungen und sonstige differential-diagnostische Mittel.[286] Die aus der Fülle vorhandener diagnostischer Methoden und Möglichkeiten resultierenden Entscheidungen des Arztes richten sich dann nach dem medizinischen Standard der Diagnostik.

Das diagnostische Vorgehen wird sich dabei häufig in der Art eines *Entscheidungsbaumes* darstellen, der beim Symptom Kopfschmerz beispielsweise in der Regel mit der Verschreibung von Tabletten beginnt. Wegen relativer Seltenheit eines Gehirntumors als Ursache der Komplikation steht am Ende des Entscheidungsbaumes der Einsatz einer Magnetresonanztomographie, obwohl die Methode möglicherweise am ehesten geeignet ist, diese Erkrankung zu diagnostizieren.[287] Die Begründung für eine solche Reihenfolge kann auf ärztlicher Erfahrung über die Häufigkeit des Zusammenhangs Kopfschmerz und Gehirntumor beruhen. Es könnte jedoch sein, dass sich medizinische Bewertungen *nicht ausschließlich* nach Krankheitshäufigkeiten richten, sondern dass bestimmte diagnostische Verfahren wegen ihrer *Kostenintensität* – bei dem genannten Beispiel

---

283 *Brüggemeier*, Deliktsrecht, Rdnr. 647.

284 Der Arzt darf insoweit auch keine Überdiagnostik betreiben, denn sie kann ihrerseits einen Behandlungsfehler darstellen. Dazu ausführlicher *Deutsch/Spickhoff*, Medizinrecht, Rdnr. 151; *Bischoff*, in: FS für *Geiß*, S. 345 (349); *Uhlenbruck/Laufs*, in: *Laufs/Uhlenbruck*, Handbuch des Arztrechts, § 50, Rdnr. 8, 10; aus der Rechtsprechung OLG Hamm, VersR 1997, 1342 (1343); OLG Oldenburg, VersR 1994, 1196 (1197); OLG Frankfurt, AHRS 1815/111; OLG Schleswig, AHRS 1820/15; OLG Düsseldorf, AHRS 1876/15 sowie *Steffen/Dressler*, Arzthaftungsrecht, Rdnr. 153, 155, insbesondere 155 b, m. w. N.

285 *Brüggemeier*, Deliktsrecht, Rdnr. 646; *Uhlenbruck/Laufs*, in: *Laufs/Uhlenbruck*, Handbuch des Arztrechts, § 50, Rdnr. 8; *Gaisbauer*, VersR 1994, 431 (432).

286 Damit ist jedoch noch nicht die Organisation der Behandlung angesprochen, vgl. dazu in diesem Kapitel, Abschnitt D und zur Trennung zwischen Organisationspflichtverletzung und Behandlungsfehlerhaftung Kapitel 1, B, 3. c). Siehe für die Forderung, weitere Erkenntnisquellen zu bemühen, zuletzt BGH, MedR 2004, 107 (108); aber auch schon RGZ 163, 129 (131ff.); 128, 121 (123f.) sowie RG, JW 1923, 603; vgl. des Weiteren BGH VersR 1970, 839 (840); OLG Köln, VersR 1958, 722 (723); LG Lübeck, VersR 1963, 690 (691); AG Hagen, VersR 1955, 496.

287 Der Begriff Entscheidungsbaum und das zugehörige Beispiel stammen von *Hart*, anlässlich eines Vortrages mit dem Titel: „Haftungsmaßstäbe und Ressourcenknappheit" auf den 7. Karlsruher Gesprächen zwischen Ärzten und Juristen der Bezirksärztekammer Nordbaden im April 2003 (unveröffentlicht).

die Magnetresonanztomographie – erst am Ende des Entscheidungsbaumes zur Anwendung gelangen. Somit würde ein an wirtschaftlichen Erwägungen ausgerichtetes Vorgehen eine ähnliche Reihung nahe legen.

d) Sonderproblem: Pränataldiagnostik

Hinzuweisen ist noch auf eine besondere Problematik, und zwar die der Pränataldiagnostik. Auf Grund der Zunahme der Untersuchungsmethoden wie Chorionbiopsien, Fruchtwasseruntersuchungen, Fetoskopien, Hautbiopsien etc. hat die vorgeburtliche Diagnostik[288] in den letzten Jahren eine besondere Bedeutung erlangt.[289] Durch die rasante Entwicklung auf diesem Gebiet nimmt der Verantwortungsbereich des Arztes zu; er muss (neue) erkennbare Gefahren für das zu erwartende Kind ermitteln. Je weiter die Methoden und Möglichkeiten der pränatalen Diagnostik entwickelt werden, um so stärker wird ebenso der Wunsch der werdenden Eltern wachsen, die sich daraus ergebenden Chancen wahrzunehmen.[290] Das kann zu Diskrepanzen führen, die auch auf ökonomische Erwägungen[291] zurückzuführen sind. Fraglich ist z. B., wie die Situation in dem Moment zu beurteilen wäre, wenn medizinisch eine Zuführung zur pränatalen Diagnostik angezeigt ist, dieser jedoch nicht entsprochen werden kann, weil dafür die Anzahl der Untersuchungsstellen nicht ausreicht.

2. Bewertungskriterien für Indikationsstrategien

In dem Maße wie ökonomische Erwägungen Bewertungskriterien für Diagnosestrategien beeinflussen könnten, gilt das gleichermaßen für die Indikation.[292] Im Behandlungsvertrag ist die Diagnose der erste Schritt, von deren Qualität die In-

---

288 Einführend und mit weiterführenden Nachweisen dazu *Eberbach*, JR 1989, 265f.; *Schröder*, VersR 1990, 243ff.; *Laufs*, NJW 1998, 1750 (1753f.); 1999, 1758 (1762f.); 2000, 1757 (1765f.).

289 *Uhlenbruck/Laufs*, in: *Laufs/Uhlenbruck*, Handbuch des Arztrechts, § 50, Rdnr. 12.

290 Vgl. zur Problematik vor allem auch unter ethischen Gesichtspunkten *Laufs*, in: *Laufs/Uhlenbruck*, Handbuch des Arztrechts, § 129, Rdnr. 1ff.; dazu auch schon *Giesen*, in: FS für *Hegnauer*, S. 55 (57).

291 Nicht näher eingegangen wird im Rahmen von Geburten auf die Zahlung von Unterhalt, welche der Arzt ggf. an die Eltern leisten muss. Dabei handelt es sich zwar um Kostenaspekte, jedoch nicht um solche, die im Rahmen der Arbeit untersucht werden. Siehe zu dieser Problematik in der Literatur z. B. *Müller*, in: FS für *Steffen*, S. 355ff.; sehr kritisch dagegen *Picker*, AcP 195 (1995), 483ff.; vgl. auch *Backhaus*, MedR 1996, 201ff. Aus der Rechtsprechung siehe BVerfGE 88, 203ff. (II. Senat); dagegen BVerfG, NJW 1998, 519ff. (I. Senat); sowie BGHZ 124, 128ff.; vgl. auch *Giesen*, JZ 1994, 286ff. und *Deutsch*, NJW 1994, 776ff.; zuletzt *ders.*, JZ 2005, 987 (994).

292 Die Indikation bezieht sich auf Krankheitsbegriffe, vgl. ausführlicher *Hart*, Arzneimitteltherapie und ärztliche Verantwortung, S. 88.

dikation und die Therapie abhängen und die Indikation wiederum vermittelt zwischen Diagnose und Therapie.[293]

Die Indikation beinhaltet die zentrale Feststellung, welche medizinische Methode zur Heilung des diagnostizierten Krankheitsbefundes bei dem konkreten Patienten vorzunehmen ist.[294] *Engisch*[295] hat darauf hingewiesen, dass die Frage der Indikation zugleich auch eine der Interessenabwägung sei; die Gefährlichkeit der beabsichtigten Maßnahme, Risiko und Schwere des Eingriffs, Erfolgsaussichten und erstrebter Zweck der Heilbehandlung müssen in einem angemessenen und vernünftigen Verhältnis zueinander stehen.[296] *Katzenmeier*[297] hat die Interessenabwägung um einen weiteren Faktor ergänzt; nach ihm müsse der Arzt in Zukunft bei seiner Indikationsstellung (noch häufiger als bisher) nicht nur den möglichen Nutzen für den individuellen Kranken, sondern ebenfalls die gesamtgesellschaftlichen Auswirkungen bedenken.[298] Die Indikation umfasst zunächst die medizinische Auswahl der standardgemäßen Behandlungsmethode,[299] d. h. der Arzt entscheidet nach medizinischen Erkenntnissen.[300] Sollten mehrere *gleich wirksame* Behandlungsmethoden zur Verfügung stehen, und der Arzt entscheidet sich aus ökonomischen Erwägungen für die eine oder die andere Behandlungsmethode, dann hat er dies aus Transparenzgründen darzulegen.

a) Der rechtliche Indikationsfehler

Der Indikationsfehler als weitere Variante des Behandlungsfehlers steht zwischen Diagnose- und Therapiefehler.[301] Er löst ebenfalls die haftungsrechtlichen Folgen nach §§ 280 Abs. 1 S. 1, 823 Abs. 1 BGB aus, *wenn* und *weil* er den medizinischen Standard einer guten Indikation verfehlt.

b) Beispiel: Die elektive Sectio

Dass ökonomische Erwägungen die Indikation mitbestimmen können, verdeutlicht *ein* Beispiel, welches von Ärzten[302] im Bereich der Geburtshilfe und Gynäkologie diskutiert wird. Es geht darum, ob eine elektive Sectio nach unkompli-

---

293 *Hart*, in: Liber Amicorum für *Schmidt*, S. 131 (149).

294 Siehe dazu *Francke/Hart*, Charta der Patientenrechte, S. 38; ebenfalls *Brüggemeier*, Deliktsrecht, Rdnr. 652; *Katzenmeier*, Arzthaftung, S. 272.

295 *Engisch*, Die rechtliche Bedeutung der ärztlichen Operation, S. 7., zitiert nach *Uhlenbruck/Laufs*, in: *Laufs/Uhlenbruck*, Handbuch des Arztrechts, § 51, Rdnr. 2.

296 Vgl. *Uhlenbruck/Laufs*, in: *Laufs/Uhlenbruck*, Handbuch des Arztrechts, § 51, Rdnr. 2.

297 *Katzenmeier*, Arzthaftung, S. 289, unter Bezugnahmen auf u. a. *Dunz*, Aktuelle Fragen zum Arzthaftungsrecht, S. 23.

298 Ebenfalls *Laufs*, in: *Laufs/Uhlenbruck*, Handbuch des Arztrechts, § 99, Rdnr. 24.

299 *Francke/Hart*, Charta der Patientenrechte, S. 38.

300 *Uhlenbruck/Laufs*, in: *Laufs/Uhlenbruck*, Handbuch des Arztrechts, § 44, Rdnr. 6.

301 Die Fehler lassen sich nicht immer isolieren und können ineinander übergehen.

302 *Husslein/Langer*, Gynäkologe 2000, 849ff., mit umfangreichen w. N. aus der medizinischen Lehre.

ziert verlaufender Schwangerschaft ohne Vorliegen medizinischer Indikation gegenüber einer vaginalen Geburt vorzuziehen ist.[303] In die medizinische Diskussion fließen Gedanken über die Reduktion der Mortalität und Morbidität der Sectio und die stärkere Beachtung von Problemen bei der vaginalen Geburt (z. B. Schäden am Beckenboden, Sexualitätsstörungen *post partum*) mit ein.[304] Obwohl deshalb nach Auffassung der Gynäkologen[305] aus medizinischer Sicht möglicherweise gute Gründe für eine *weitere Ausdehnung* der elektiven Sectio sprechen würden, wird die Sectiorate streng überwacht.[306] Wenn die Sectiofrequenz noch weiter zunimmt, dann könnte dies im Einzelfall zu einem Verlust der Abrechnungsfähigkeit mit den Krankenkassen führen.[307] Die beiden Mediziner[308] treten deshalb dafür ein, in einer zukünftigen Diskussion Kostenerwägungen stärker zu berücksichtigen. Ihrer Ansicht zufolge müsste man „darüber diskutieren, die Sectio billiger zu machen, was bei entsprechend straffer Organisation in Wirklichkeit auch der Fall ist", denn bisher werden Krankenhausfinanzierung und ärztliches Honorar für jede Geburt, egal ob Sectio oder vaginale Geburt, pauschalisiert.[309]

c) Medikation

Des Weiteren sei darauf hingewiesen, dass die Ausführungen über Kostenerwägungen ebenfalls im Bereich der Medikation relevant werden können,[310] da es sich hierbei um die häufigste Behandlungsform handelt.[311] Insbesondere *Voß*[312] betont, dass das Verordnungsverhalten der Ärzte in Bezug auf Arzneimittel von großer finanzieller Bedeutung ist. Verordnet der Arzt demnach ein Arzneimittel,

---

303 Dabei ist der Kaiserschnitt für die Einen weiterhin ein risikobehafteter, operativer Eingriff, der nur zur Abwehr auftretender Probleme streng indiziert vorgenommen werden darf, während es für Andere die zielstrebigste, einfachste und für alle Beteiligten in der Summe risikoärmste Art ist, den für die Reproduktion notwendigen Akt der Geburt zu absolvieren. Vgl. *Husslein/Langer*, Gynäkologe 2000, 849 und aktuell *Axt-Fliedner/Wiegank/Friedrich/Diedrich*, Gynäkologe 2004, 346ff.

304 Unbedingt zu erwähnen ist, dass hierbei auch das Selbstbestimmungsrecht der Patientin eine entscheidende Rolle spielt; so auch *Husslein/Langer*, Gynäkologe 2000, 849, 856; dazu ausführlich *Damm/Schulte in den Bäumen*, KritV 2005, 101 (121f.).

305 *Husslein/Langer*, Gynäkologe 2000, 849 (851).

306 Nach *Husslein/Langer*, Gynäkologe 2000, 849 (851), ist die Sectiorate einer der am strengsten überwachten Parameter, das gilt vor allem für die Qualitätssicherungsprogramme in der Bundesrepublik.

307 *Husslein/Langer*, Gynäkologe 2000, 849 (851).

308 *Husslein/Langer*, Gynäkologe 2000, 849 (855).

309 *Husslein/Langer*, Gynäkologe 2000, 849 (855).

310 Ausführlich *Hart*, Arzneimitteltherapie und ärztliche Verantwortung, S. 88f.

311 So *Francke/Hart*, Charta der Patientenrechte, S. 51 und mit entsprechenden Zahlenangaben *Brech*, in: *Taupitz/Brewe*, Medizinische Versorgung in Zeiten knapper Kassen, S. 79ff.; vgl. zur Medikation als Indikation ferner *Geiß/Greiner*, Arzthaftpflichtrecht, B Rdnr. 34.

312 *Voß*, Kostendruck und Ressourcenknappheit im Arzthaftungsrecht, S. 65.

so müssen ökonomische Überlegungen – aus rechtlicher Sicht u. a. wegen des Transparenzgebotes[313] – offen gelegt werden, falls diese neben medizinischen Erkenntnissen für die Entscheidung des Arztes ausschlaggebend gewesen sein sollten.

3. Bewertungskriterien für Therapiestrategien

Nach zutreffend erstellter Diagnose hat der Arzt in Anwendung der medizinisch indizierten Methode die Qualität guter ärztlicher Behandlung im Rahmen der gewählten Maßnahme einzuhalten.[314] Bei Bewertungskriterien für Therapiestrategien gelten die gleichen Ausführungen wie im Rahmen der Indikation und Diagnose. Auch bei der Therapie muss sich die Behandlung ausschließlich nach medizinischen Faktoren richten, um vom Recht rezipiert zu werden.

a) Der rechtliche Therapiefehler

Ebenso gilt für den Therapiefehler, dass er eine Form des Behandlungsfehlers darstellt. Die haftungsrechtlichen Folgen nach §§ 280 Abs. 1 S. 1, 823 Abs. 1 BGB werden ausgelöst, *wenn* und *weil* der medizinische Standard einer guten Therapie verfehlt wurde.

b) Beispiel: Immunmodulatorische Stufentherapie bei Multipler Sklerose

Die Berücksichtigung von ökonomischen Erwägungen und wirtschaftlichen Folgenerwägungen stand kürzlich im Mittelpunkt der aktualisierten Fassung des Konsensus zum Einsatz der immunmodulatorischen Stufentherapie bei der Multiplen Sklerose.[315] Dabei wurde darauf hingewiesen, dass Multiple Sklerose jährlich insgesamt Krankheitskosten in Höhe von über 3,86 Mrd. Euro verursacht, wobei fast die Hälfte der Summe durch Krankheitsfehlzeiten, vorzeitige Berentung und Betriebsausfall entsteht.[316] Die Kosten für die Therapie i. e. S. belaufen sich nach Auskunft der medizinischen Experten[317] auf lediglich 7 % der Gesamt-

---

313 Vgl. dazu ausführlich Kapitel 1, IV.

314 Siehe *Pschyrembel*, Klinisches Wörterbuch, zur Begriffsdefinition der Therapie aus medizinischer Sicht.

315 Siehe den Beitrag der *Multiplen-Sklerose-Therapie-Konsensus-Gruppe*, Nervenarzt 2002, 556ff.

316 Ein weiterer bedeutender Kostenfaktor sind dabei die nicht finanzierten Leistungen, die durch Angehörige oder Freunde erbracht werden. Zu weiteren Zahlenangeben siehe auch *Brech*, in: *Taupitz/Brewe*, Medizinische Versorgung in Zeiten knapper Kassen, S. 79 (97f.).

317 Dabei ist nach ihrer Auskunft der Einsatz innovativer Präparate (ca. 15 % der MS-Patienten wurden zum Zeitpunkt der Erhebung mit ß–Interferonen oder Glatirameracetat behandelt) berücksichtigt. Siehe zu Zahlenangaben speziell bei der Behandlung mit Interferonpräparaten auch *Brech*, in: *Taupitz/Brewe*, Medizinische Versorgung in Zeiten knapper Kassen, S. 79 (97f.).

krankheitskosten. Da sich die Kosten nicht gleichmäßig über die verschiedenen Krankheitsstadien verteilen, sondern progressiv bei höheren Behinderungsstufen entstehen, plädieren die Neurologen[318] für eine Stabilisierung der Erkrankung auf einem niedrigen Behinderungsniveau (EDSS-Grade ohne wesentliche Einschränkung der Gehfähigkeit). Dadurch ließe sich heutzutage neben der Lebensqualität des einzelnen Patienten auch unter volkswirtschaftlichen Gesichtspunkten eine Lösung finden, die für die Aufrechterhaltung einer bedarfsangepassten Versorgung aller MS-Patienten unerlässlich sei.[319] Dauerhaft können Kostensenkungen jedoch ausschließlich durch neue Therapieformen erreicht werden und nicht nur durch eine zeitliche Verschiebung der Progredienz der Multiplen Sklerose bis hin zu einer schweren Behinderung.[320]

c) *Pharmakotherapie*

Nach Angaben von Fachleuten[321] kommt ebenso der Pharmakotherapie eine erhebliche quantitative und qualitative Bedeutung zu, wobei hier nicht die Verordnung, sondern die Behandlung mit dem verordneten Arzneimittel zur Diskussion steht.[322] Die Bedeutung des Kostenfaktors bei der medikamentösen Therapie wird vor allem von *Voß*[323] hervorgehoben. Eine nähere Betrachtung des quantitativen Faktors führt beispielsweise zur Problematik, welcher Verteilungsmaßstab anzuwenden wäre, wenn eine ausreichende Versorgung aller Patienten mit Medikamenten – die sich auf einem therapeutisch deutlich höheren Niveau befinden[324] – nicht möglich ist, beispielsweise als Folge einer sich rasch ausbreitenden Infektionskrankheit.

---

318 *Multiple-Sklerose-Therapie-Konsensus-Gruppe*, Nervenarzt 2002, 556 (558f.).

319 *Multiple-Sklerose-Therapie-Konsensus-Gruppe*, Nervenarzt 2002, 556 (558).

320 *Multiple-Sklerose-Therapie-Konsensus-Gruppe*, Nervenarzt 2002, 556 (558f.).

321 Vgl. die entsprechenden Nachweise bei *Francke/Hart*, Charta der Patientenrechte, S. 53., Fn. 142.

322 *Francke/Hart*, Charta der Patientenrechte, S. 53.

323 *Voß*, Kostendruck und Ressourcenknappheit im Arzthaftungsrecht, S. 65; entsprechende Zahlenangaben finden sich bei *Brech*, in: *Taupitz/Brewe*, Medizinische Versorgung in Zeiten knapper Kassen, S. 79ff.

324 In die Richtung geht die Hämophilie-Entscheidung des OLG Köln, MedR 1996, 27ff.; vgl. dazu die Anmerkungen von *Hart*, MedR 1996, 30ff. Zu den auch im Urteil angesprochenen komplexen Fragen gab es einen Untersuchungsausschuss des Deutschen Bundestages (HIV-Infektionen durch Blut und Blutprodukte), siehe dazu wiederum *Hart*, MedR 1995, 61ff. und vgl. insgesamt die zahlreichen Nachweise zu weiterführender Literatur bei *Hart*, MedR 1996, 30ff. In der Entscheidung wurde herausgestellt, dass es einen Versorgungsengpass mit Medikamenten bei Hämophiliepatienten gab. Einem theoretischen Bedarf des Beklagten von 100 Millionen Präparaten (dies entsprach etwa einem Drittel des bundesweiten Bedarfs) stand zunächst im Jahre 1983 nur eine Produktion von 4,5 Millionen Einheiten gegenüber.

4. Bewertungskriterien für Notfallstrategien

In einer Notfallsituation *kann* (unter bestimmten Umständen)[325] für den Arzt eine *medizinisch-situationsbezogene Standardveränderung* gestattet sein.[326] Dementsprechend unterscheiden sich die Bewertungskriterien für Notfälle von denen einer „regulären" ärztlichen Behandlung. Grundsätzlich soll zunächst auch bei dringlichen Eingriffen auf Anamnesen, körperliche Untersuchungen, Prüfung von Befunden und auf Diagnose- und Indikationsstellungen nicht verzichtet werden;[327] je dringlicher der Notfall aber ist, desto weniger Zeit darf auf präoperative Untersuchungen entfallen.[328] Eine detaillierte Beschreibung einzelner Bewertungskriterien ist somit nicht durchführbar. Da die Notfallbehandlung durch dringliche Erstversorgung sowie *medizinisch gebotene ad hoc Maßnahmen* geprägt ist[329] und diese zusätzlich von herrschendem Zeitdruck begleitet werden, dürfte der Einfluss wirtschaftlicher Bewertungskriterien an dieser Stelle nicht relevant werden.

Davon unabhängig ist festzuhalten, dass mit geringeren Anforderungen in Akutsituationen freilich die Pflicht zu rechtzeitigen Notfallvorkehrungen in ruhigeren Vorbereitungsphasen korrespondiert.[330] Ein höherer Standard gilt wiederum auch für Einrichtungen, die an der Notversorgung beteiligt sind, oder wenn die konkrete Notlage vorhersehbar war. Dann ist beispielsweise zu ermitteln, was wegen dieser Vorhersehbarkeit an Vorsorge möglich gewesen wäre. Die beiden letzten Aspekte betreffen jedoch die *Organisation von Notfallbehandlungen*; ob dort wirtschaftliche Aspekte eine Rolle spielen können, bleibt einer gesonderten Prüfung vorbehalten.[331]

---

325 *Geiß/Greiner*, Arzthaftpflichtrecht, Rdnr. B 27, mit zahlreichen Rechtsprechungsnachweisen.

326 Vgl. ausführlicher schon Kapitel 1, A, III. Für die vorherrschende Auffassung beispielsweise *Geiß/Greiner*, Arzthaftpflichtrecht, B Rdnr. 27; *Steffen/Dressler*, Arzthaftungsrecht, Rdnr. 65; *Laufs*, in: *Laufs/Uhlenbruck*, Handbuch des Arztrechts, § 17, Rdnr. 19f., 23f. sowie § 100, Rdnr. 29; *Deutsch/Spickhoff*, Medizinrecht, Rdnr. 483; *Giesen*, Arzthaftungsrecht, Rdnr. 98; *Debong*, ArztR 2003, 288 (290).

327 *Laufs*, in: *Laufs/Uhlenbruck*, Handbuch des Arztrechts, § 50, Rdnr. 6.

328 Bei lebensrettenden Eingriffen ist eine Reduktion auf Null denkbar, so *Uhlenbruck/Laufs*, in: *Laufs/Uhlenbruck*, Handbuch des Arztrechts, § 50, Rdnr. 6, die darauf verweisen, dass die unbedingt notwendige Diagnostik in solchen Fällen intraoperativ stattzufinden habe.

329 Zum individuellen *ad hoc Fehler* als Fallgruppe bloßer Unaufmerksamkeit vgl. schon Kapitel 2, A, V., 3., a).

330 *Geiß/Greiner*, Arzthaftpflichtrecht, B Rdnr. 27; *Debong*, ArztR, 2003, 288 (291).

331 Vgl. die Untersuchung der Rechtsprechung im 3. Kapitel, B, I., 4 und zu den Ergebnissen im 4. Kapitel, B, I., 4.

II. Organisation der Behandlungsqualität

Für den Organisationsverantwortlichen (Krankenhausträger, Praxisleiter) ergeben sich organisatorische Gefahrabwendungspflichten.[332] Diese stellen umgekehrt Ansprüche des Patienten auf die Wahrung der Voraussetzungen guter Organisation dar.[333] Nachfolgend wird vertiefend[334] dargestellt, an welchen Stellen die Rechtsprechung bei der Festlegung der Pflichten im Rahmen der Organisation der Behandlung möglicherweise wirtschaftliche Kriterien in ihre Entscheidungsfindung mit einbezieht und inwieweit es auf wirtschaftliche Folgenerwägungen ankommt.

1. Kriterien für die Differenzierung zwischen niedergelassenem Arzt und unterschiedlichen Krankenhaustypen

Zunächst soll der Frage nachgegangen werden, worauf sich die Differenzierungen über den in der Organisation angebotenen und erreichten Behandlungsstandard innerhalb verschiedener Krankenhaus- und Praxistypen zurückführen lassen.

Das Schrifttum[335] geht davon aus, dass eine sogenannte *unverzichtbare Basisschwelle*, die den medizinischen Qualitätsanforderungen der Gegenwart zu entsprechen habe,[336] den Ausgangspunkt für niedergelassene Ärzte, die „Land-", „Kreis-" und „Stadtkrankenhäuser" als Versorgungskrankenhäuser sowie die Spezial- bzw. Universitätskliniken bilde.[337] Oberhalb einer solchen unverzichtbaren Basisschwelle werden Abstufungen über den in der Organisation angebotenen und erreichten Behandlungsstandard akzeptiert, aber ebenso wird klargestellt, dass diese „Standardniveauüberschreitungen", die beispielsweise in Universitätskliniken vorhanden sein können, auch realisiert werden müssen. Stellvertretend sei auf die Formulierung von *Hart*[338] verwiesen: „Es ist klar, dass z. B. die Behandlung in einer Universitätsklinik und einem ‚Landkrankenhaus'

---

332 Es geht entsprechend dem Titel der Arbeit nur um die Behandlung. Daneben existieren noch weitere Organisationspflichten als Gefahrabwendungspflichten für den Krankenhausträger, z. B. bezogen auf die *Patienteninformation*, die *Dokumentation* sowie die *Einsichtsgewährung*.

333 Vgl. bereits Kapitel 1, B; siehe ferner *Hart*, MedR 1999, 47; *ders.*, Jura 2000, 64 (68f.).

334 Siehe zu Ansätzen bereits oben in diesem Kapitel, C.

335 *Bergmann*, VersR 1996, 810 (812); *Kullmann*, VersR 1997, 529 (531); *Katzenmeier*, Arzthaftung, S. 284; *Bergmann/Kienzle*, in: *Bergmann/Kienzle*, Krankenhaushaftung, Rdnr. 131.

336 *Steffen/Dressler*, Arzthaftungsrecht, Rdnr. 137; *Ulsenheimer*, MedR 1995, 438.

337 Die Krankenhäuser lassen sich in verschiedene Typen klassifizieren. Zu den unterschiedlichsten Einteilungen siehe ausführlich *Genzel*, in: *Laufs/Uhlenbruck*, Handbuch des Arztrechts, § 83, Rdnr. 1ff. Daneben enthält § 2 Nr. 1 KHG eine Legaldefinition, welche für alle Krankenhäuser gilt. Siehe des Weiteren für zweckbestimmte Sonderregelungen z. B. § 107 Abs. 1 SGB V.

338 *Hart*, MedR 1999, 47.

sich hinsichtlich des Standards von Qualität und Sicherheit unterscheiden können. Es ist auch klar, dass der ‚bessere' Standard der Universitätsklinik bei der Patientenbehandlung realisiert werden muss, und es ist weiterhin klar, dass das ‚Landkrankenhaus' einen solchen Standard nicht realisieren kann und muss."

Es ist jedoch noch nicht geklärt, worin die Gründe für diese verschiedenen Standards liegen und warum sich der Patient mit den „faktisch erreichbaren Gegebenheiten"[339] abfinden muss. Explizit vertritt *Röfer*[340] die Auffassung, dass für diese medizinisch, aber vor allem *rechtlich*, situationsorientierten unterschiedlichen Organisationsstandards Finanzierungsaspekte ausschlaggebend seien. Sie meint, die organisatorische Bandbreite der Standards beruhe auf wirtschaftlichen Überlegungen, weil die Ausstattungsunterschiede der Einrichtungen letztendlich durch finanzielle Ressourcen vorgegeben werden.[341] Jüngst stellte ebenso *Walter*[342] heraus, dass die medizinische Versorgung anhand unterschiedlicher Organisationsstandards auch auf ökonomischen Gegebenheiten beruhe. Die Abstufungen, welche zwischen einer Universitätsklinik und einem kleineren Krankenhaus infolge ökonomischer Zwänge und Finanzierbarkeitsüberlegungen bestehen, seien ins Verhältnis zu den Sicherheits- und Qualitätsinteressen der Patienten zu setzen.[343]

a) Horizontale Arbeitsteilung

Kostenerwägungen werden in dem Zusammenhang ebenfalls von *Laufs*[344] und *Bergmann*[345] angesprochen. Nach ihnen dürfen in *einer*[346] Fallgruppe der horizontalen Arbeitsteilung,[347] und zwar der Zusammenarbeit zwischen niedergelas-

---

339 Die Formulierung stammt von *Steffen/Dressler*, Arzthaftungsrecht, Rdnr. 138.

340 *Röfer*, Zur Berücksichtigung wirtschaftlicher Überlegungen bei der Festlegung arzthaftungsrechtlicher Sorgfaltsanforderungen, S. 81.

341 *Röfer*, Zur Berücksichtigung wirtschaftlicher Überlegungen bei der Festlegung arzthaftungsrechtlicher Sorgfaltsanforderungen, S. 81, 99.

342 *Walter*, Spezialisierung und Sorgfaltsstandards im Arzt- und Anwaltshaftungsrecht, S. 213f.

343 *Walter*, Spezialisierung und Sorgfaltsstandards im Arzt- und Anwaltshaftungsrecht, S. 213f.

344 *Laufs*, Arztrecht, Rdnr. 528; *ders.*, in: *Laufs/Uhlenbruck*, Handbuch des Arztrechts, § 101, Rdnr. 8.

345 Die fast identische Formulierung findet sich bei *Bergmann*, Arzthaftung, S. 44.

346 Von einer horizontalen Arbeitsteilung wird insbesondere in folgenden Fallgruppen ausgegangen: 1. Bei der Zusammenarbeit zwischen den einzelnen Fachabteilungen eines Krankenhauses; 2. Bei der Zusammenarbeit der niedergelassenen Ärzte untereinander und 3. Bei der Zusammenarbeit zwischen niedergelassenen Ärzten und Krankenhausärzten (wie im vorliegenden Beispiel). Vgl. *RGRK-Nüßgens*, § 823 Anh. II, Rdnr. 218ff.

347 Gleichordnung und Weisungsfreiheit der Beteiligten kennzeichnen die horizontale Arbeitsteilung als kollegiales Prinzip verschieden zusammenarbeitender Disziplinen. Dagegen besteht bei der vertikalen Arbeitsteilung eine fachliche Über- und Unterordnung, die sich in einem hierarchischen Prinzip in der Rangfolge vom Chefarzt über den Oberarzt zum Assistenten und bis hin zum nicht-ärztlichen Personal ausdrückt. Ausführlich

senen Ärzten und Spezialisten im Krankenhaus, Letztere die operativ und im Labor erhobenen Befunde der Ersteren übernehmen. „Im Interesse eines schonenden Umgangs mit dem Patienten und der *Kostenersparnis* lässt sich [dies] grundsätzlich bejahen."[348] Bestehen jedoch Qualitätsunterschiede, die nach Erfahrungen des Krankenhauses in der Person des niedergelassenen Arztes liegen können oder wenn Befunde des Einweisenden nicht zum Krankheitsbild passen oder wenn Kliniken auf Grund überlegener technisch-apparativer Ausstattung zuverlässigere und genauere Ergebnisse liefern können, dann haben Krankenhäuser zusätzlich eigene Befunde zu erheben.[349]

b) *Organisation der Notfallbehandlungen*

Auch das schon an anderen Stellen[350] erörterte Problem, inwieweit der Patient in *akuten Notfallsituationen* gegebenenfalls *Abstufungen* bei der Qualität der Organisation hinzunehmen hat, soll bei einer Analyse der Rechtsprechung in die Diskussion über Kostenerwägungen mit einbezogen werden.

2. Kriterien technisch-apparativer Ausstattung in unterschiedlichen Krankenhaustypen

Neben den zu differenzierenden Fähigkeiten und Kenntnissen des ärztlichen Personals – so ist zwischen den Anforderungen an Landärzte am nächtlichen Unfallort, an Allgemeinmediziner in ihren Praxen, an Fachärzte in „Landkrankenhäusern" und an Chefärzte in Spezialkliniken zu unterscheiden[351] – wird die jeweilige stationäre Versorgungsstufe („Landkrankenhaus", Universitätsklinik) ebenso durch die apparativ-technische Ausstattung bestimmt und geprägt.

a) *Investitionsintensive Veränderungen*

Ökonomische Aspekte treten bei der ständig zunehmenden Technisierung in der Medizin verstärkt in den Vordergrund. Wo Geld vorübergehend oder auf Dauer fehlt, besteht die Gefahr, dass auf Grund fehlender apparativer Technik die ent-

---

Laufs, in: *Laufs/Uhlenbruck*, Handbuch des Arztrechts, § 101, Rdnr. 1ff; *Tegtmeyer-Metzdorf/Grundmann*, Krankenhausarzt und Recht, S. 31ff.; vgl. auch die Graphik bei *Bergmann*, Arzthaftung, S. 44; speziell für den Bereich der Chirurgie *Rumler-Detzel*, VersR 1994, 254 (255f.).

348 *Laufs*, in: *Laufs/Uhlenbruck*, Handbuch des Arztrechts, § 101, Rdnr. 8; fast wortgleich *Bergmann*, Arzthaftung, S. 44. Hervorhebung nicht im Original.

349 *RGRK-Nüßgens*, § 823 Anh. II, Rdnr. 220; ihm folgend *Laufs*, in: *Laufs/Uhlenbruck*, Handbuch des Arztrechts, § 101, Rdnr. 8.

350 Vgl. Kapitel 1, A, III. und Kapitel 2, C, I. 5.

351 Ähnlich nimmt *Brüggemeier*, Prinzipien des Haftungsrechts, S. 64, eine solche Unterteilung vor. Zu möglichen Einflüssen wirtschaftlicher Gesichtspunkte beim ärztlichen und nicht-ärztlichen Personal siehe ausführlicher Kapitel 2, D, V.

sprechende Qualität der Behandlung nicht mehr gesichert ist. Die Frage ist, wie sich solche Investitionsdefizite auf die Qualität der Behandlung auswirken. Um den (Operations-)Betrieb aufrecht zu erhalten, muss die Behandlung so organisiert werden, dass der Krankenhausträger anstatt der fehlenden moderneren Technik weiterhin die vorhandene ältere Technik einsetzt. Die Problematik besteht für den Krankenhausträger darin, zu erkennen, ab wann Apparaturen derart veraltet sind, dass mit ihnen vorgegebene Organisationsstandards nicht mehr erfüllt werden.[352] Die Schwierigkeit erhöht sich in der Konstellation,[353] wenn eine Investitionsentscheidung für eine Neuanschaffung zwar getroffen wurde, ebenso die Bestellung erfolgte, jedoch die Lieferung des neuen Gerätes sich verzögert. Der Krankenhausträger steht wieder vor der Frage, ob er in der Übergangszeit noch nach der herkömmlichen Behandlungsmethode mit der alten bzw. veralteten Krankenhausausrüstung behandeln darf.

Sinngemäß formulierte *Katzenmeier*[354] zu dieser Problematik: Die Grenzen der Sparsamkeit seien spätestens dann erreicht, wenn eine Erhöhung des Verletzungsrisikos (von Körper und Gesundheit des Patienten) nicht mehr auszuschließen wäre. Es ist somit zu ermitteln, welche Anstrengungen dem Krankenhausträger in finanzieller Hinsicht *zuzumuten* sind, um haftungsrechtliche Konsequenzen zu vermeiden. Ein Unterschreiten des jeweils zu ermittelnden Organisationsstandards wegen technischer Unzulänglichkeiten führt jedenfalls aus Krankenhausträgersicht zum Organisationsmangel. Sind derartige Mängel erkennbar, ist der Krankenhausträger aufgefordert zu reagieren und muss *Vorkehrungen zur Risikominimierung* treffen. Diese können darin bestehen, dass Patienten nicht mehr aufgenommen werden dürfen.

b) Auswirkungen von Investitionsdefiziten

Letztere Aussage erfordert eine vertiefte Diskussion, denn mit ihr sind wirtschaftliche Folgenerwägungen angesprochen. Fehlende Investitionen in die technisch-apparative Ausstattung könnten demnach zu sinkenden Behandlungszahlen führen, weil Patienten wegen der haftungsrechtlichen Vorgaben nicht mehr aufgenommen werden dürfen. Die Anzahl der Behandelten könnte sich aber bereits dadurch verringern, dass sich der aufgeklärte Patient unter Wahrnehmung seines Selbstbestimmungsrechts[355] für eine besser ausgestattete Klinik entscheidet, obwohl die im Krankenhaus angewandten Methoden *noch* dem Standard entsprechen. In letzter Konsequenz könnten anhaltende Investitionsdefizite sodann zu der Frage führen, ob der Träger des Krankenhauses trotz allem

---

352 Vgl. *Hansis/Hansis*, Der ärztliche Behandlungsfehler, S. 22 sowie *Kleinewefers*, VersR 1992, 1425 (1427).

353 Ähnlich die Fallgestaltung in der bekannten *Elektrokoagulations-Entscheidung* des BGH, zum Sachverhalt ausführlich Kapitel 3, B, III., 1.

354 Vgl. *Katzenmeier*, Arzthaftung, S. 294.

355 Ausführlich zur Selbstbestimmungsaufklärung oben Kapitel 1, C, II., 1.

in der Lage ist, die Einrichtung fortzuführen (Existenz), oder ob er sie schließen muss („Ruin“ = Nichtexistenz).

3. Weitere Kriterien sachlicher Ausstattung in Krankenhäusern

Die Bedeutung von wirtschaftlichen Erwägungen kann neben dem Kostenaufwand für moderne Hochleistungsapparate und dem ständigen Modernisierungsdruck ebenso für die *weitere sachliche Ausstattung* eines Krankenhauses bedeutend sein.

Es gilt herauszuarbeiten, welcher Kostenaufwand dem Krankenhausträger *zuzumuten* ist, um möglichst alle Risiken für Patienten zu vermeiden. Die Frage ist, inwieweit dafür *erhöhte Sorgfaltsanforderungen* und *Vorsorgemaßnahmen* ausreichen, beispielsweise durch vermehrte Kontrollen und Wartungen der sachlichen Ausstattung. Um *Risikopotenziale zu minimieren*, könnte es z. B. erforderlich sein, „einfache“ medizinische Geräte wie Fieberthermometer oder Wärmflaschen auf ihre Funktionsfähigkeit zu überprüfen und gegebenenfalls Aussonderungen bei solchen Materialien nach einer bestimmten (Gebrauchs-)Zeit vorzunehmen. Neben dem Kostenaufwand für Neuanschaffungen sind gleichermaßen wieder ökonomische Folgenerwägungen zu berücksichtigen. Diese äußern sich neben den Lagerungskosten darin, dass der Krankenhausträger dem Personal für solche Aufgaben Freiräume schaffen muss, denn das Personal hat zu kontrollieren, wann Produkte angeschafft wurden und wie oft diese in einer bestimmten Zeit genutzt wurden.

Die Organisationspflichten hinsichtlich der Gebrauchs- und Funktionsfähigkeit gelten jedoch nicht nur für medizinische Geräte, sondern auch für medizinische „Hilfsgeräte“. Dabei handelt es sich um Gegenstände, die nicht unmittelbar der Behandlung dienen, jedoch für Betreuungen im Krankenhaus unverzichtbar sind. Sei es z. B. das Bett, in dem der Patient entsprechend den Umständen die meiste Zeit seines Klinikaufenthaltes verbringen wird, die Gehkrücke, der Rollstuhl respektive die Liege, auf die er angewiesen ist, um therapeutische Maßnahmen innerhalb der Einrichtung wahrnehmen zu können, der Duschstuhl, um die Körperhygiene durchzuführen oder andere ähnliche Hilfsgeräte.[356]

Darüber hinaus kann der Krankenhausträger ebenso verpflichtet sein, für die Durchführung einer erfolgreichen Operation beim Patienten künstliche Gelenke, Prothesen, Nägel etc. vorzuhalten. Die Frage ist, ob Organisationspflichten die Vorhaltung solcher Materialien in sämtlichen Formen und Größen beinhalten.[357] Neben dem finanziellen Aufwand für den Erwerb der Produkte einerseits geht es andererseits wiederum um wirtschaftliche Folgenerwägungen, die sich durch

356 Die Aufzählung ist beispielhaft und keineswegs abschließend.

357 Vgl. *Kuhlmann*, Ethik Med 1999, 146 (153), die darauf hinweist, dass Implantate extreme Preis- und Qualitätsunterschiede aufweisen können.

entsprechende Lagerungen derselben (Räumlichkeit, Desinfektion, Sterilität) anschließen.

4. Kriterien der Hygiene in Krankenhäusern

Organisationsmaßnahmen, die zur Erhöhung und zur Sicherung der Behandlungsqualität beitragen, umfassen sämtliche Maßnahmen medizinischer Hygiene. Der Patient, der sich in den Klinikbereich begibt, muss darauf vertrauen können, dass neben dem Risiko der Behandlung *nicht noch weitere Risiken* hinzutreten; so ist beispielsweise auszuschließen, dass Keime von behandelnden Ärzten auf Patienten übertragen werden. Ebenso hat der Krankenhausträger dafür zu sorgen, dass keine Übertragung von Erregern von einem Patienten auf einen anderen erfolgt.[358] Für die Aufbewahrung von Blut(-spenden) und anderen Flüssigkeiten bedarf es Vorkehrungen, um Verunreinigungen zu vermeiden. So nachvollziehbar die Forderungen zur Risikovermeidung für die aufgeführten Beispiele sein mögen, so sind diese Maßnahmen für mehr Sicherheit bzw. weniger Unsicherheit bezüglich des Patienten abermals mit finanziellen Aufwendungen des Krankenhausträgers verbunden. Es ist zu ermitteln, wo die Belastungen ihre Grenzen erreichen. Zu klären ist, ob ein Krankenhaus älteren Typs noch jede Operation ausführen darf, obwohl z. B. in den Operationssälen keine Klimaanlagen vorhanden sind.[359] Die Frage ist, ob solche hygienischen Mängel durch andere Vorkehrungen ausgeglichen werden können, oder ob von solchen Umständen wiederum die Existenz der jeweiligen Einrichtung abhängt, weil keine Patienten mehr aufgenommen werden dürfen bzw. diese eine andere Einrichtung wählen.

a) Eigenblutspenden

Der BGH[360] verlangt vor der Operation eine Aufklärung darüber, ob bei einer Bluttransfusion eine Eigen- oder Fremdblutspende durchgeführt werden soll, dem Patienten sind die Vor- und Nachteile beider Transfusionsmethoden zu erläutern.[361]

---

358 Weitere Beispiele für Hygienevorkehrungen finden sich u. a. bei *Krause*, in: *Bergmann/Kienzle*, Krankenhaushaftung, Rdnr. 582.

359 Wo Klimaanlagen vorhanden sind, müssen regelmäßig Wartungen durchgeführt werden, dafür wird abermals Geld benötigt. Damit korrespondieren also wiederum wirtschaftliche Folgenerwägungen.

360 BGHZ, 116, 379ff.

361 Zustimmend *Giesen*, JR 1993, 21 (22) sowie *Deutsch*, JZ 1992, 423; ablehnend *Laufs*, NJW 1993, 1497 (1502), weil somit die Aufklärungspflicht auf Maßnahmen erstreckt werde, die nach dem Eingriff notwendig werden könnten.

Damit für den Krankenhausträger zusammenhängende finanzielle Aufwendungen werden von dem Anästhesisten und Intensivmediziner *Silomon*[362] diskutiert. Der Autor[363] hat unter Berücksichtigung von Nutzen/Kosten-Analysen in einem Aufsatz Eigenblutkonzepte mit allogenen Transfusionen verglichen. Dabei zeigt er auf, dass trotz regelmäßigem Screening von Blutspendern ein gewisses Restrisiko für die Übertragung von Krankheitserregern (z. B. HIV, Hepatitis, Creutzfeldt-Jakob[?]) durch die Transfusion allogener Konserven besteht. Durch autologe Spenden kann bei planbaren Eingriffen dieses Risiko verringert werden.[364] Allerdings ergaben bisherige Studien, dass der Nutzengewinn bei der Eigenblutspende für den Patienten mit erhöhten Mehrkosten verbunden sei.[365] Die Kosteneffizienz von autologen Blutspenden verbessere sich aber, wenn *Silomon*[366] zufolge in den Berechnungen *weitere Folgekosten* berücksichtigt werden, die bedingt durch Transfusionen allogener Konserven auftreten. Hierzu zählen eventuelle virale Infektionen und sich daraus ergebende Komplikationen (Leberzirrhose, hepatozelluläres Karzinom) sowie eine erhöhte Rate an bakteriellen Komplikationen durch Beeinträchtigung der Immunkompetenz.[367]

b) Einmalwaren

Prägnant lässt sich der Grenzbereich zwischen Fragen der Hygiene und damit zusammenhängenden Kosten auch beim Gebrauch von Einwegartikeln erörtern.[368] Werden Artikel tatsächlich nur einmal verwendet, ist anzunehmen – davon ausgehend, dass sich keine weiteren Defizite verwirklichen –, dass aus hygienischer Sicht das Verhalten nicht zu bemängeln wäre. Dagegen wird eine Kostenersparnis in dem Moment erreicht, wenn Artikel ein zweites oder drittes Mal benutzt würden. Ob die Sicherheit des Patienten noch hinreichend gewährleistet und das Risiko für den Krankenhausträger noch tragbar ist, falls nur eine „einfa-

---

362 *Silomon*, Anästhesist 2001, 34ff.

363 *Silomon*, Anästhesist 2001, 34ff.

364 Der Autor verweist darauf, dass sich auch bei Eigenblutspenden Verwechslungen nicht gänzlich ausschließen lassen, und ebenso bakterielle Kontaminationen auftreten können.

365 Dabei nimmt *Silimon*, Anästhesist 2001, 34 (36f.), Bezug auf verschiedene Studien.

366 *Silimon*, Anästhesist 2001, 34 (37).

367 Nunmehr ist in den aktuellen Richtlinien zur Gewinnung von Blut und Blutbestandteilen und zur Anwendung von Blutprodukten (Hämotherapie) die unmissverständliche Vorgabe enthalten, dass Patienten auf die Möglichkeit autologer Verfahren hinzuweisen sind: „Besteht bei planbaren Eingriffen die Wahrscheinlichkeit von mindestens 10 % für die Notwendigkeit einer Transfusion, ist der Patient über das Risiko allogener Bluttransfusionen aufzuklären und rechtzeitig auf die Möglichkeit der Anwendung autologer Hämotherapieverfahren hinzuweisen." Dazu nochmals *Silimon*, Anästhesist 2001, 34; des Weiteren siehe § 13 TFG, der vorschreibt, dass Patienten über die Möglichkeit von Eigenblutspenden aufzuklären sind.

368 Siehe *Schneider*, MedR 1996, 267; *Bergmann*, in: *Arbeitsgemeinschaft Rechtsanwälte im Medizinrecht e. V.*, Die Budgetierung des Gesundheitswesens, S. 45f.; *Bender*, MedR 2000, 365ff.; *Andreas*, ArztR 2003, 67.

che" Reinigung, eine Desinfektion oder Sterilisierung der bereits verwendeten Einmalwaren erfolgt, bedarf noch weiterer Prüfung.[369]

5. Kriterien personeller Ausstattung – unter besonderer Berücksichtigung der Ausbildung des medizinischen Nachwuchses

Es wurde bereits darauf hingewiesen, dass Kostenerwägungen die personelle Ausstattung von Kliniken beeinflussen können.[370] Das Personalmanagement des Krankenhausträgers darf jedoch nicht dazu führen, dass zu wenig qualifiziertes ärztliches oder nicht-ärztliches Personal vorhanden ist, um die geforderten Aufgaben zu erfüllen. Durch eine solche Organisation bestände die Gefahr, dass sich die Risiken der Behandlung für den Patienten erhöhten.

a) Medizinischer Nachwuchs

Eng damit verbunden ist eine weitere Aufgabe, für die dem Träger des Krankenhauses die Verantwortung obliegt; dabei handelt es sich um die Organisation der Ausbildung des medizinischen Nachwuchses. Einerseits ist der Berufsanfänger notwendigerweise am Patienten auszubilden, was aber andererseits nicht zu dessen Lasten geschehen darf.[371] Die Notwendigkeit, dem in der Fachausbildung stehenden Arzt – sei es im (früheren)[372] praktischen Jahr,[373] sei es zur Approbation,[374] sei es in der Weiterbildung zum Arzt mit einer Gebietsbezeichnung[375] – Fachkenntnisse und -erfahrung „am Fall" zu verschaffen, ist *kein* dem Patienten *zuzumutendes* Risiko.[376] Deshalb besteht Einigkeit darin, dass mit Anfängertätigkeiten[377] verbundene höhere Gefahren durch *besondere Vorkehrungen* zu *kompensieren* sind;[378] jedoch ist noch nicht abschließend geklärt, *wie* das zu geschehen hat. Aus ökonomischer Sicht gilt es, die Kosten einer ordnungsgemäßen Überwachung der unerfahrenen durch erfahrene Ärzte in die Überlegungen mit einzubeziehen.

---

369 Siehe dazu Kapitel 3, B, IV., 3. und Kapitel 4, B, IV., 3.

370 Vgl. bereits oben in diesem Kapitel, C, m. N. aus dem Schrifttum.

371 *MünchKomm³-Mertens*, Vor §§ 823-853, Rdnr. 59.

372 Das praktische Jahr existiert in der Form nicht mehr. Seinerzeit war nach dem Medizinstudium eine achtzehnmonatige Tätigkeit als AiP erforderlich; vgl. umfassend *Laufs*, in: *Laufs/Uhlenbruck*, Handbuch des Arztrechts, § 7, Rdnr. 23ff.

373 Vertiefend auch *Baur*, MedR 1989, 111ff.; *Rieger*, DMW 1988, 1204ff.

374 *Haage*, MedR 1998, 209ff.; *ders.*, MedR 1999, 112ff.

375 Insgesamt zur Ausbildung des Arztes *Laufs*, in: *Laufs/Uhlenbruck*, Handbuch des Arztrechts, §§ 7ff.

376 *Steffen/Dressler*, Arzthaftungsrecht, Rdnr. 246.

377 Mehr zu den sogenannten „Anfängeroperationen" und den Entscheidungen der Rechtsprechung im 3. Kapitel.

378 *Francke/Hart*, Charta der Patientenrechte, S. 40; *Steffen/Dressler*, Arzthaftungsrecht, Rdnr. 246.

b) *Ausblick*

Welche nachteiligen Auswirkungen Patienten tatsächlich treffen können, wenn unerfahrenes und/oder ungenügend qualifiziertes ärztliches und/oder nicht-ärztliches Personal durch den Krankenhausträger eingesetzt wird, soll bei der Analyse der Rechtsprechung[379] am Beispiel chirurgischer Abläufe als umfassenden Fachbereich in der Medizin näher ausgeführt werden. Weitere Untersuchungen werden sich auf die Organisation der – eng mit der Chirurgie zusammenhängenden – Anästhesie konzentrieren (wobei hier aber schon berufsbedingt Unterschiede auftreten)[380] sowie schließlich auf den Bereich der Gynäkologie und dort insbesondere auf die Geburtshilfe.[381]

c) *Geburtshilfe*

Gerade im Bereich der Geburtshilfe werden personelle Einsparungen – über die Beziehung zwischen Krankenhausträger und Patient hinaus – von Versicherern in der Heilwesenhaftpflichtversicherung mit gesteigertem Interesse verfolgt, da die Sparte nach den Äußerungen von *Bergmann*[382] für diese als besonders „schadensträchtig" gilt,[383] weil erhöhte Überlebensquoten bei Geburtsschäden – bedingt durch den medizinischen Fortschritt – mit gestiegenen Pflegegeldern verbunden seien.[384]

In der Geburtshilfe[385] hat u. a. letztere Problematik zu der aktuellen Diskussion geführt, inwieweit eine elektive Geburtseinleitung oder eine elektive Sectio *caesarea*, die ohne medizinische oder geburtshilfliche Indikation stattfinden, der spontanen Geburt vorzuziehen sind.[386] Neben der Berücksichtigung der Patientinnenseite (Wahrnehmung des Selbstbestimmungsrechts) und weiteren familiären, sozialen und beruflichen Gründen könnten für eine elektive Entbindung ebenso Interessen des Krankenhausträgers sprechen. Die Wahl der Geburtsein-

---

379 Vgl. Kapitel 3, B, VI., 2.

380 So die Bestandsaufnahme bei *Francke/Hart*, Charta der Patientenrechte, S. 43.

381 Die drei ausgewählten Fachbereiche der Chirurgie, Anästhesie und Gynäkologie werden von *Zwiehoff*, MedR 2004, 364 (365), unter Verweis auf *Ulsenheimer*, Arztstrafrecht in der Praxis, S. 7, als besonders „haftungsträchtige" Fachgebiete in der Medizin herausgestellt.

382 *Bergmann*, VersR 1996, 810f. Der Autor, a. a. O., verweist darauf, dass sich allein von 1981 bis 1991 der Schadensaufwand von 11.938 DM auf 73.009 DM erhöht habe.

383 Dazu schon *Jahn/Kümper*, MedR 1993, 413ff., für die Winterthur-Versicherung; sowie *Schlund*, VersR 1994, 657 (658). *Katzenmeier*, Arzthaftung, S. 201, ergänzt mit Verweis u. a. auf *Jung*, in: *Laufs/Dierks/Wienke/Graf-Baumann/Hirsch*, Die Entwicklung der Arzthaftung, S. 85 (92), dass sich der Schadensaufwand mittlerweile auf fast 70.000 Euro erhöht habe.

384 *Bergmann*, VersR 1996, 810f.

385 *Axt-Fliedner/Wiegank/Diedrich*, Gynäkologe 2004, 346ff.

386 Vgl. schon *Ulsenheimer/Schlüter/Böcker/Bayer*, Rechtliche Probleme in Geburtshilfe und Gynäkologie, S. 10ff., die sich ausführlich mit der Rechtsprechung zu dieser Problematik auseinander setzen.

leitung am Termin würde nach Angaben der Mediziner[387] zu einer effektiveren Ausnutzung und Planbarkeit im Kreißsaal führen, denn die Geburten würden fast alle in der „Kernarbeitszeit" zwischen 8:00 Uhr und 18:00 Uhr stattfinden.[388] Da die Kliniken in dem Zeitraum optimal besetzt sind, würde bei eintretenden Problemen entsprechend schnell und effektiv gehandelt werden, Risiken für Kind und Patientin ließen sich so reduzieren. Ein weiterer positiver Effekt sei, dass die betreuende Geburtshelferin, welche die Frau durch die Schwangerschaft begleitet habe, bei der Geburt anwesend sein könne.[389]

6. Kriterien für die ständige Aufrechterhaltung der Behandlungsabläufe im Krankenhaus

Kosteneinsparungen beim Personal spiegeln sich besonders in den Zeiträumen wider, die von der juristischen Lehre[390] mit Diensten „zu schlechten Zeiten" umschrieben werden. Darunter fällt die dem Verantwortungsbereich des Krankenhausträgers obliegende Organisation der Dienste an Wochenenden, Feiertagen, in der Nacht, aber ebenso in Notfällen,[391] die eine Behandlung von Patienten sicherstellen soll.

a) Organisation der Dienste

Zu prüfen ist, welche Anforderungen an die Organisation der Dienste an solchen Tagen zu stellen sind. Es könnte sein, dass eine personelle Ausstattung aufgewiesen werden muss, die bei der Behandlung *fachärztliche Anforderungen* ständig und sofort zu erfüllen hat. Fraglich ist, ob diese Anforderungen erfüllt sind, wenn ein Facharzt auf Abruf bereit steht. Weiterhin ist herauszuarbeiten, wie der Klinikträger dies zu organisieren hat. Es ist zwischen der Rufbereitschaft,[392] die

---

387 *Axt-Fliedner/Wiegank/Diedrich*, Gynäkologe 2004, 346 (348).

388 Die Autoren, a. a. O., verweisen darauf, dass in einer Studie 88 % aller Geburten zwischen 9:00 und 21:00 Uhr und in einer anderen Studie 95 % der Entbindungen zwischen 8:00 und 18:00 Uhr stattgefunden haben.

389 Zu anderen Problemen die bei einer elektiven Geburtseinleitung eintreten können und den möglicherweise damit verbundenen (höheren) Kosten siehe nochmals *Axt-Fliedner/Wiegank/Diedrich*, Gynäkologe 2004, 346 (350).

390 *Geiß/Greiner*, Arzthaftpflichtrecht, B Rdnr. 4 sowie 53; *Krause*, in: *Bergmann/Kienzle*, Krankenhaushaftung, Rdnr. 581.

391 *Ulsenheimer*, Arztstrafrecht in der Praxis, Rdnr. 179 b, zählt zu den aufgeführten Diensten noch den Kreißsaaldienst.

392 Unter Rufbereitschaft ist die Verpflichtung des Arbeitnehmers zu verstehen, sich an einem selbst bestimmten, aber dem Arbeitgeber anzugebenden Ort auf Abruf arbeitsbereit zu halten. Wesentliches Merkmal der Rufbereitschaft gegenüber dem Bereitschaftsdienst (dazu siehe sogleich) ist, dass der Arbeitnehmer seinen Aufenthaltsort selbst bestimmen kann. Dazu ausführlich *Genzel*, in: *Laufs/Uhlenbruck*, Handbuch des Arztrechts, § 90, Rdnr. 44.

unterschiedlich ausgestaltet sein kann,[393] und dem Bereitschaftsdienst[394] zu unterscheiden.

Für den Träger des Krankenhauses sind die Antworten[395] bezüglich der Gefahren- und Risikovorsorge von erheblichem finanziellem Interesse. Darf er auf Auszubildende zurückgreifen, kann er Teilen des Fachpersonals die notwendigen Erholungsphasen für den werktäglichen Dienst verschaffen. Würde dem Krankenhausträger das nicht gestattet werden und sollte mit dem vorhandenen Personal die Qualität der Behandlung im Klinikbetrieb nicht mehr gewährleistet sein, dann wäre als letzte Konsequenz und wirtschaftliche Folgenerwägung die Schließung einzelner Stationen oder der gesamten Einrichtung eine mögliche Konsequenz. Alternativ dazu muss zumindest ein Aufnahmestopp für Patienten zu bestimmten Zeitpunkten (Wochenende, Feiertag) diskutiert werden.[396]

b) *Einfluss einer EuGH-Entscheidung auf das Personalmanagement*

Zuletzt soll knapp auf eine aktuellere Entscheidung des EuGH[397] hingewiesen werden, die zu weitreichenden Veränderungen[398] bezüglich des Personalmanagements von Krankenhausträgern führen wird. Im Kern der Entscheidung geht es darum, dass der Bereitschaftsdienst, den ein Arzt in Form persönlicher Anwesenheit im Krankenhaus leistet, in vollem Umfang Arbeitszeit in deutschen Krankenhäusern darstellt, auch wenn es dem Arzt in Zeiten, in denen er nicht in Anspruch genommen wird, gestattet ist, sich an der Arbeitsstelle auszuruhen (im vorliegenden Fall[399] zu schlafen). Bislang galt diese Zeit für Ärzte nach deutschem Arbeitszeitgesetz lediglich als Ruhezeit.[400]

---

393 *Genzel*, in: *Laufs/Uhlenbruck*, Handbuch des Arztrechts, § 90, Rdnr. 44, führt zwei denkbare Formen der Rufbereitschaft an. Zum einen handelt es sich um einen Dienst fachlich besonders qualifizierter Ärzte, die dann gerufen werden, wenn dies die Schwierigkeit der Situation in der Klinik verlangt. Zum anderen werden ebenso Mitarbeiter in Rufbereitschaft gehalten, die zur Verfügung stehen müssen, weil beispielsweise größere Operationen eine höhere Anzahl an Personal erfordern, als es sonst die Verhältnisse erfordern.

394 Um Bereitschaftsdienst handelt es sich, wenn der Arbeitnehmer sich an einer vom Arbeitgeber bestimmten Stelle innerhalb oder außerhalb des Betriebs aufzuhalten hat, um bei Notwendigkeit seine Arbeit aufzunehmen, ohne sich im Zustand wacher Achtsamkeit zu befinden. Die Definition ist entnommen bei *Genzel*, in: *Laufs/Uhlenbruck*, Handbuch des Arztrechts, § 90, Rdnr. 43, siehe dort auch zu entsprechenden Rechtsprechungsnachweisen.

395 Vgl. zu den Lösungsvorschlägen auch Kapitel 4, B, VI.

396 Siehe Kapitel 4, B, VI.

397 EuGH, NJW 2003, 2971f.

398 So *Mareck*, GesR 2004, 83 (84f.) sowie *Manssen*, GesR 2004, 81ff.

399 Im Ausgangsfall begehrte ein in einem Kieler Krankenhaus tätiger Assistenzarzt die Feststellung, dass die von ihm auf Anordnung des Krankenhauses abzuleistenden Bereitschaftsdienste vollständig zur Arbeitszeit zu rechnen sind. Der Kläger war damit in der erster Instanz vor dem Arbeitsgericht Kiel (ArbG Kiel, NZA 2002, 150f.) – das ausschließlich die arbeitsschutzrechtliche und nicht die vergütungsrechtliche Seite des Be-

Mareck[401] weist in seinem Aufsatz darauf hin, dass die wirtschaftlichen Konsequenzen der Umsetzung der EuGH-Entscheidung für die rund 2.200 Krankenhäuser in der ganzen Republik noch nicht vollständig abzusehen seien. Er stellt dar, dass der Marburger Bund einen Mehrbedarf von 15.000 zusätzlichen Ärzten und Mehrkosten von ca. einer Milliarde Euro pro Jahr erwartet.[402] Die Deutsche Krankenhausgesellschaft in Berlin geht sogar von einem Mehrbedarf von 27.000 Ärzten und 14.000 weiteren Beschäftigten in Pflege, Technik und Verwaltung aus, der mit rund 1,75 Milliarden Euro zu Buche schlagen würde.[403]

7. Kriterien der Patientensicherheit in verschiedenen Behandlungseinrichtungen – unter besonderer Berücksichtigung psychiatrischer Einrichtungen

Es ist herauszuarbeiten, ob in die Entscheidungsfindung der Rechtsprechung Kostenerwägungen mit einfließen, wenn es um die Sicherheit von Patienten vor, während und nach der Behandlung geht. Es geht hierbei um räumliche, sachliche und personelle Unzulänglichkeiten, welche einzeln, aber ebenso gemeinsam auftreten können. Fraglich ist beispielsweise, ob für den Krankenhausträger bzw. den Praxisinhaber während der Behandlungsmaßnahme eine Verpflichtung besteht, für die ständige Beaufsichtigung und Überwachung des Patienten durch entsprechendes Personal zu sorgen. Des Weiteren geht es darum, welche Maßnahmen vor allem im stationären Bereich zu treffen sind, um Gefährdungen von Patienten durch andere Patienten auszuschließen. Weiterhin ist beispielsweise zu prüfen, ob bei der ambulanten Behandlung unter bestimmten Umständen zusätzliche Räumlichkeiten für die Unterbringung von Patienten vorhanden sein müssen.

a) Nachsorge

Ökonomische Überlegungen könnten auch bei der Organisation der Nachsorge zu berücksichtigen sein, wobei Kontrollen und Überwachungen von Patienten nach Operationen gleichermaßen wie Nachbehandlungen und Rehabilitationen

---

reitschaftsdienstes berührte – erfolgreich. Daraufhin legte das in der Berufungsinstanz angerufene LAG Schleswig-Holstein den Rechtsstreit dem EuGH zur Vorabentscheidung vor, mit der Frage, ob die bisherige nationale Regelung gegen europäisches Recht verstoße.

400 Kritisch zur bisherigen Umsetzung des Urteils, *Eickhoff/Fenger*, Chirurgie und Recht, S. 187f.; umfassend zur Problematik *Quaas/Zuck*, Medizinrecht, S. 316ff.

401 *Mareck*, GesR 2004, 83 (85).

402 *Mareck*, GesR 2004, 83 (85).

403 Dagegen erhoffte sich die damalige Bundesregierung wegen neuer Arbeitszeitmodelle laut *Mareck*, GesR 2004, 83 (85), weitaus weniger Mehrkosten und stellte für deren Erprobung bis zum Jahr 2009 100 Mio. € zur Verfügung.

umfasst werden.[404] Da heutzutage viele schwere Erkrankungen Rehabilitationsmaßnahmen erfordern, kommt dem Krankenhausträger hierbei eine Schlüsselrolle zu. Er hat dafür Sorge zu tragen, dass die Behandlung des Patienten so organisiert ist, dass dieser entsprechenden Maßnahmen zugeführt wird.[405] Dabei können wirtschaftliche Überlegungen medizinische Nachsorgestrategien in der Art und Weise beeinflussen, dass bestimmte erforderliche Rehabilitationsmaßnahmen gar nicht oder nicht mehr im medizinisch erforderlichen Umfang, d. h. nur noch in verkürzter Form, durchgeführt werden.

b) *Psychiatrie*

Ebenso sind die für die Sorgfaltspflichten aufzuwendenden Kosten des Krankenhausträgers bei der Betreuung suizidgefährdeter und psychisch kranker Patienten gesondert zu bestimmen, denn hierbei ist ein „schmaler Grad" auszubalancieren, den Patienten einerseits vor Selbstschädigungen zu schützen und andererseits seine Autonomie- und Freiheitsansprüche zu wahren.[406] Der Abwägung zwischen Erfolgsaussicht und Risiko einer Behandlung kommt – seit man „Zwangsjackenmethoden" weitgehend aufgegeben hat[407] – in der stationären Psychiatrie eine besondere Bedeutung zu. Heute besteht eben – anders als noch vor einigen Jahrzehnten – deren Aufgabe nicht mehr darin, „Geisteskranke" zu verwahren, sondern zu behandeln und zu heilen.[408] Nach moderner psychiatrischer Auffassung müssen bei der Behandlung suizidaler Patienten gewisse Restrisiken in Kauf genommen werden, solange nicht eine krisenhafte Zuspitzung des Zustandes vorliegt.[409] Um die Organisationspflichten für den Klinikträger

---

404 *Uhlenbruck/Laufs*, in: *Laufs/Uhlenbruck*, Handbuch des Arztrechts, § 57, Rdnr. 1ff. Zu weiteren Fallgruppenbildungen der Rechtsprechung vgl. *Steffen/Dressler*, Arzthaftungsrecht, Rdnr. 178ff.; siehe ferner *Giesen*, Arzthaftungsrecht, Rdnr. 123ff.; *Francke/Hart*, Charta der Patientenrechte, S. 50f.

405 *Uhlenbruck/Laufs*, in: *Laufs/Uhlenbruck*, Handbuch des Arztrechts, § 57, Rdnr. 4. Die Autoren verweisen darauf, dass insbesondere die Rehabilitation von geriatrischen Patienten eine besondere Bedeutung erlangt hat.

406 *Laufs*, in: *Laufs/Uhlenbruck*, Handbuch des Arztrechts, § 102, Rdnr. 11; *Francke/Hart*, Charta der Patientenrechte S. 66.

407 So ausdrücklich *Dunz*, MedR 1984, 69 (70).

408 *Deutsch*, VersR 1984, 338 (339). Nach Auffassung der Richter des OLG Frankfurt, VersR 1993, 1271 (1272), sollte das Ziel der Behandlung bei Stabilisierung und Verbesserung des psychischen Zustandes die Entlassung aus der Klinik sein. Dem entsprechen auch landesgesetzliche Regelungen; gemäß dem Unterbringungsgesetz Baden-Württembergs, § 21, besteht trotz der Untersuchungsbedürftigkeit die Möglichkeit eines Urlaubs von bis zu vier Wochen, worüber im Einzelfall nach pflichtgemäßem Ermessen zu entscheiden ist. Das gilt ebenso für die wegen Suizidgefahr untergebrachten Personen, § 1 Abs. IV BadWürttUBG, darauf verweist das OLG Stuttgart, NJW-RR 1995, 662 (663) und zieht diese Vorschriften zur Begründung des Sorgfaltsmaßstabes mit heran.

409 OLG Stuttgart, NJW-RR 1995, 662 (663), unter Angabe zahlreicher Literaturnachweise. Die Rechtsprechung geht mittlerweile davon aus, dass ein zum Selbstmord Entschlossener ohnehin Mittel und Wege findet seinen Plan auszuführen; vgl. dazu BGH, VersR

festzulegen, wird deshalb darauf abgestellt, ob vor dem Unfall (*ex ante*) eine Selbstmordgefahr akut oder nur latent erkennbar vorhanden war, und nur bei Akutfällen wird eine verstärkte Sicherungspflicht erwogen.[410]

III. Versorgungsorientierte Argumente

Es bestehen Anhaltspunkte, die vermuten lassen, dass in die Qualität und ebenso in die Organisation der Behandlung weitere *nicht-medizinische Argumente* offen oder verdeckt eingehen.[411] Solche Kriterien betreffen den Behandelten dann nicht vordergründig in seiner Position als Patient, sondern vielmehr als (gesetzlich) *Versicherten* bzw. als *Teil der Gesamtheit der Versicherten* im *Versorgungssystem*. Angesprochen ist dabei der Einfluss des Sozialrechts – namentlich das Recht der Gesetzlichen Krankenversicherung – als *allgemeines*, präventives, durch Institutionen konkretisiertes Zulassungsrecht für Leistungen (also Behandlungen), wobei es als solches die *abstrakten Bedingungen* für die individuelle Behandlung der GKV-Patienten festlegt.[412]

Die nachfolgende Untersuchung wird diese Argumente, welche von *Hart*[413] als *versorgungsbezogen bzw. versorgungsorientiert* bezeichnet werden, systematisieren und kurz darstellen.

Bevor eine Konkretisierung einzelner Aspekte erfolgt, bedarf es einer knappen Darstellung des diesen Strategien zu Grunde liegenden *Wirtschaftlichkeitsgebotes*.[414] Gemäß § 2 Abs. 1 S. 1 SGB V haben Krankenkassen den Versicherten die

---

1994, 50 (51) sowie OLG Hamm, VersR 1983, 43.

410 Zuletzt BGH, VersR 2000, 1240 (1241).

411 Solche Überlegungen sind ebenso bei *Hart*, VSSR 2002, 265 (275), im Rahmen der Diskussion über die Verbindlichkeit von Leitlinien zu finden. *Hart*, a. a. O., Fn. 28, merkt weiterhin an, dass nicht ausgeschlossen sei, dass solche kollektiven Elemente ebenso einflussreich in die Standardbildung eingehen können.

412 Die Definition ist bei *Hart*, MedR 2002, 321, entnommen; zu weiteren Elementen des Sozialrechts vgl. *ders.*, a. a. O.

413 *Hart*, VSSR 2002, 265 (275); *ders.*, anlässlich eines Vortrages mit dem Titel: „Haftungsmaßstäbe und Ressourcenknappheit“ auf den 7. Karlsruher Gesprächen zwischen Ärzten und Juristen der Bezirksärztekammer Nordbaden im April 2003 (unveröffentlicht).

414 Umfassend zuletzt *Francke*, in: *Hart*, Ärztliche Leitlinien im Medizin- und Gesundheitsrecht, S. 171 (186ff.) und *ders.*, in: *Hart*, Klinische Leitlinien und Recht, S. 123 (127). Zu beachten ist weiterhin, dass die sozialrechtliche Kommentarliteratur zurzeit davon ausgeht, dass die §§ 12, 2 Abs. 1 S. 3, 27, 28, 70, 92 SGB V von individuellbehandlungsbezogenen Orientierungen der Zweckmäßigkeit, Notwendigkeit und Wirtschaftlichkeit ausgehen und kollektiv-behandlungs- und -versorgungsbezogene Maßstäbe nicht herangezogen werden. Siehe dazu *Höfler*, in: *KasselerKomm*, SGB V, § 12, Rdnr. 2; siehe ebenso *Kruschinsky*, in: *Hauck/Noftz*, SGB V, § 135, Rdnr. 15. Dagegen wirft *Hart*, VSSR 2002, 265 (282), Fn. 54, die Frage auf, ob insoweit nicht ein Wandel des Vorverständnisses beim Normanwender vorliege, welcher der Sache nach eine Uminterpretation oder Erweiterung des Regelungszweckes enthalte. Er zeigt weiter auf,

im Leistungsrecht näher geregelten Leistungen – unter Beachtung des Wirtschaftlichkeitsgebotes nach § 12 SGB V[415] – zur Verfügung zu stellen. Das Wirtschaftlichkeitsgebot wird durch die Begriffe *ausreichend*, *zweckmäßig*, *wirtschaftlich* und *notwendig* näher definiert (§ 12 Abs. 1 S. 1 SGB V).[416] Leistungen, die nicht notwendig oder unwirtschaftlich sind, können Versicherte nicht beanspruchen, dürfen die Leistungserbringer nicht bewirken und die Krankenkassen nicht bewilligen (§ 12 Abs. 1 S. 2 SGB V). Um den Bedeutungsgehalt von § 12 SGB V – als Zentralvorschrift[417] bzw. Grundsatznorm[418] des Rechts der GKV – einordnen zu können, bedarf es eines Grundverständnisses der Teilbegriffe.

Durch das Element *ausreichend*[419] wird die untere Grenze[420] – der Mindeststandard[421] – der Leistungsverpflichtung festgelegt. Die Krankenkasse muss nach Art, Umfang und Dauer mindestens die Leistungen gewähren, welche erforderlich sind, um die Krankheit wirksam zu bekämpfen.[422] Was in dem Sinne jedoch ausreichend sei, lasse sich nach dem BSG[423] nicht abstrakt bestimmen, sondern bedürfe der Definition im konkreten Einzelfall. Eine Behandlung nach § 12 Abs. 1 SGB V sei dann *zweckmäßig*[424], wenn das bestehende Krankheitsbild nach dem wissenschaftlichen Erkenntnisstand die begründete Vermutung rechtfertige, dass die vom Arzt angenommene Erkrankung vorliege und mit der vor-

---

dass insofern innerhalb des Sozialrechts zwischen den oben genannten Vorschriften einerseits und der des § 135 Abs. 1 S. 1 Nr. 1 SGB V andererseits eine Maßstabsdifferenz bestehen könnte. Zur Weiterführung und Vertiefung der Problematik siehe *Hart*, VSSR 2002, 265 (285ff.).

415 Durch die Notverordnung des Reichspräsidenten vom 26. Juli 1930 ist das Wirtschaftlichkeitsgebot in die RVO übernommen worden. Die in § 182 Abs. 2 RVO enthaltene Regelung ist nach dem Gesetz zur Strukturreform im Gesundheitswesen nahezu wortgleich in § 12 Abs. 1 S. 1 SGB V übernommen worden. Ausführlich zum Wirtschaftlichkeitsgebot u. a. *Neugebauer*, Das Wirtschaftlichkeitsgebot in der gesetzlichen Krankenversicherung, S. 21ff.

416 *Krauskopf*, in: *Laufs/Uhlenbruck*, Handbuch des Arztrechts, § 34, Rdnr. 4, weist nochmals ausdrücklich darauf hin, dass das Wirtschaftlichkeitsgebot alle anderen Begriffe in sich trägt; vgl. zu den Einzelmerkmalen des Wirtschaftlichkeitsgebots ausführlich *Francke*, in: *Hart*, Ärztliche Leitlinien im Medizin- und Gesundheitsrecht, S. 171 (188ff.).

417 Der Begriff wird von *Noftz*, in: *Hauck/Noftz*, § 12, Rdnr. 6, verwendet.

418 So der Befund der sozialrechtlichen Kommentarliteratur, beispielsweise *Höfler*, in: *KasselerKomm*, § 12, Rdnr. 2

419 Siehe auch *Francke*, in: *Hart*, Ärztliche Leitlinien im Medizin- und Gesundheitsrecht, S. 171 (190) und *Vosteen*, Rationierung im Gesundheitswesen und Patientenschutz, S. 119f.

420 *Mrozynski*, in: *Wannagat*, § 12, Rdnr. 11; *Genzel*, in: *Laufs/Uhlenbruck*, Handbuch des Arztrechts, § 87, Rdnr. 21.

421 *KasselerKomm-Höfer*, § 12, Rdnr. 22; *Noftz*, in: *Hauck/Noftz*, § 12, Rdnr. 18.

422 *Genzel*, in: *Laufs/Uhlenbruck*, Handbuch des Arztrechts, § 87, Rdnr. 21.

423 BSGE 55, 188 (193f.).

424 Umfangreiche Erläuterungen bei *Francke*, in: *Hart*, Ärztliche Leitlinien im Medizin- und Gesundheitsrecht, S. 171 (188ff.) und *Vosteen*, Rationierung im Gesundheitswesen und Patientenschutz, S. 120ff.

geschlagenen Therapie wirksam behandelt werden könne.[425] Das Element der Zweckmäßigkeit bietet die rechtsdogmatische Grundlage für die notwendige systematische Verknüpfung mit den Geboten der Wirksamkeit und Qualität der Leistungen nach dem allgemein anerkannten Stand der medizinischen Erkenntnis.[426] Das Verhältnis von Zweckmäßigkeit und Wirtschaftlichkeit ist noch nicht hinreichend geklärt, wird von der Rechtsprechung[427] jedoch vielfach identisch verwendet. Durch den Begriff *notwendig*[428] wird die Obergrenze einer Maßnahme gekennzeichnet; dadurch werden Art, Umfang und Dauer der Leistungspflicht näher umschrieben,[429] wobei ein Übermaß[430] an Leistungen auszuschließen ist. Bei der Leistungsgewährung haben die Krankenkassen auf Wünsche der Versicherten Rücksicht zu nehmen; die Wünsche können jedoch nicht dazu geeignet sein, Leistungsansprüche über das notwendige Maß hinaus zu begründen.[431] Die *Wirtschaftlichkeit i. e. S.*[432] umfasst die besondere Beziehung zwischen Leistungsaufwand (Kosten) und diagnostischem sowie therapeutischem Nutzen der Leistung.[433] Stehen nach dem Stand der medizinischen Erkenntnis gleichwertige Behandlungsmethoden zur Verfügung, so soll diejenige bewirkt oder bewilligt werden, welche die geringsten Kosten verursacht.[434] Die kostenmäßig zunächst billigste Leistung werde jedoch nicht verlangt, vielmehr könne ein zunächst höherer Aufwand im Einzelfall die wirtschaftlichere Lösung sein,[435] denn in die Abwägung einer Gesamtbilanz sind ebenso qualitative medizinische Gesichtspunkte, insbesondere Art, Dauer und Nachhaltigkeit des Heilerfolges, einzubeziehen.[436]

Unter Beachtung der Merkmale des Wirtschaftlichkeitsgebotes sollen nun einige Argumente vorgestellt werden, welche – offen oder verdeckt – die Qualität und Organisation der Behandlung beeinflussen können.

---

425 BSGE 85, 56 (59ff.).

426 *Noftz*, in: *Hauck/Noftz*, § 12, Rdnr. 7.

427 BSGE 64, 255 (257ff.); 70, 24 (26ff.).

428 Vgl. zum „Maß des Notwendigen" ausführlich *Francke*, in: *Hart*, Ärztliche Leitlinien im Medizin- und Gesundheitsrecht, S. 171 (190f.) und *Vosteen*, Rationierung im Gesundheitswesen und Patientenschutz, S. 126ff.

429 *Genzel*, in: *Laufs/Uhlenbruck*, Handbuch des Arztrechts, § 87, Rdnr. 23.

430 *Noftz*, in: *Hauck/Noftz*, § 12, Rdnr. 21.

431 SozR 3-2500, § 33, Nr. 23.

432 Vgl. *Francke*, in: *Hart*, Ärztliche Leitlinien im Medizin- und Gesundheitsrecht, S. 171 (191ff.) und *Vosteen*, Rationierung im Gesundheitswesen und Patientenschutz, S. 123ff.

433 *Noftz*, in: *Hauck/Noftz*, § 12, Rdnr. 23.

434 *Genzel*, in: *Laufs/Uhlenbruck*, Handbuch des Arztrechts, § 87, Rdnr. 25.

435 SozR 3-1200, § 33, Nr. 1.

436 *Noftz*, in: *Hauck/Noftz*, § 12, Rdnr. 23.

1. Budgetierungen

Die Herabsenkung von Qualität und Organisation medizinischer Behandlungen wäre in dem Moment möglich, wenn ein Vertragsarzt wegen Einhaltung, Erschöpfung oder Überschreitung seines Budgets bestimmte Behandlungsmethoden (derzeit) gar nicht oder (derzeit) in nicht zureichendem Maße erbringen würde, er also sein Behandlungs- und Verordnungsverhalten an die Budgetgrenzen anpasst, ohne sich (in ausreichendem Umfang) an medizinischen Notwendigkeiten zu orientieren.[437]

Wegen des Wirtschaftlichkeitsgebots enthalten die Honorarverteilungsmaßstäbe genau wie die einheitlichen Bewertungsmaßstäbe eine Reihe von Budgetierungen bei der vertragsärztlichen Honorierung. Dabei sollen die Honorarverteilungsmaßstäbe sicherstellen, dass eine übermäßige Ausdehnung der Tätigkeit eines Vertragsarztes vermieden wird. Des Weiteren können Budgets für die einzelne Arztpraxis in Form von Fallzahlbegrenzungen[438] und Fallwertbegrenzungen[439] festgelegt werden. Ebenso beinhaltet der einheitliche Bewertungsmaßstab Praxisbudgets in Form von fallzahlabhängigen Budgetierungen als individuelle Honorarbegrenzungen; dadurch soll dem Wertverlust der einzelnen Leistung durch Leistungssteigerung entgegengewirkt werden.

2. Vergütungsstrategien

Denkbar wäre es, die Qualität medizinischer Behandlungen dadurch zu steuern, dass dem Vertragsarzt bestimmte Behandlungsmethoden nicht, nicht mehr oder nicht ihm gegenüber[440] vergütet werden und er deshalb, obwohl er dazu fachlich in der Lage ist, diese unterlässt bzw. in nur unzureichendem Maße durchführt.[441]

Zu beachten ist jedoch, dass die Vergütung nicht direkt an den einzelnen Arzt erfolgt. Vielmehr vereinbart die Krankenkasse mit der jeweiligen Kassenärztlichen Vereinigung nach § 85 SGB V eine Gesamtvergütung,[442] die sie mit befreiender Wirkung an die Kassenärztliche Vereinigung auszahlt. Durch diese Ge-

---

437 Dazu zuletzt *Kluth*, MedR 2005, 65 (68); ausführlich *Kretschmer*, ArztR 2003, 144ff. Zur Budgetierung aus der Sicht des Krankenhausmanagements *Janischowski*, in: *Arbeitsgemeinschaft Rechtsanwälte im Medizinrecht e. V.*, Medizinische Notwendigkeit und Ethik, S. 91ff.

438 Auf Grund dessen darf der Arzt nur eine begrenzte Steigerung von Behandlungsfällen vornehmen.

439 Dabei erfolgt eine Beschränkung des Punktzahlvolumens pro Behandlungsfall.

440 Damit sind Leistungen gemeint, die zusätzlicher Qualifikation bedürfen bzw. nur von wenigen Ärzten der jeweiligen Gruppe erbracht werden, siehe dazu auch *Voß*, Kostendruck und Ressourcenknappheit im Arzthaftungsrecht, S. 117.

441 Zum Einfluss von Vergütungsformen vgl. auch *Marckmann*, in: *Mazouz/Werner/Wiesing*, S. 57ff.

442 Dabei sind die in § 71 SGB V niedergelegten Grundsätze der Beitragsstabilität zu beachten.

samtvergütung wird das an alle Vertragsärzte auszuzahlende Honorarvolumen begrenzt, das nach Maßgabe des Honorarverteilungsmaßstabes (§ 85 Abs. 4 SGB V) unter den Vertragsärzten verteilt wird. Der Honoraranspruch des einzelnen Vertragsarztes ergibt sich aus dem einheitlichen Bewertungsmaßstab (§ 87 Abs. 2 SGB V), der den Inhalt der abrechnungsfähigen Leistungen und ihr wertmäßiges, in Punkten ausgedrücktes Verhältnis zueinander bestimmt. Die Leistungskataloge der Bewertungsmaßstäbe sind durch den Bewertungsausschuss festgelegt, der hierfür einen weiten Gestaltungsspielraum hat. Sind Leistungen in dem Verzeichnis nicht enthalten, dann dürfen sie nicht zu Lasten der Krankenkassen abgerechnet werden.[443] Nach der Rechtsprechung des BSG[444] hat der Bewertungsausschuss die Befugnis, das Leistungsverhalten der Ärzte steuernd zu beeinflussen. Durch § 87 Abs. 2 S. 2 SGB V ist der Bewertungsausschuss bei der Überprüfung der Bewertungsmaßstäbe nicht nur zur Beachtung medizinischer Wissenschaft verpflichtet, sondern ebenso zur Berücksichtigung einer wirtschaftlichen Leistungserbringung angehalten. Somit fließt in die Norm das Wirtschaftlichkeitsgebot mit ein.[445]

3. Richtlinien

Eine Konkretisierung des Wirtschaftlichkeitsgebotes – in Form einer abstrakt-generellen Konkretisierung[446] – erfolgt durch die Richtlinien des Gemeinsamen Bundesausschusses (§ 92 Abs. 1 S. 1 SGB V), wodurch eine Sicherung der ärztlichen Versorgung für rund 90 % der Patienten[447] erreicht werden soll. Obwohl selbst in der sozialrechtlichen Rechtsprechung[448] und der sozialrechtlichen Lehre[449] – nicht zuletzt wegen der fehlenden Verbindlichkeitserklärung gegenüber den Versicherten[450] – die Rechtsnatur der Richtlinien lange umstritten war, kön-

---

443 BSGE 79, 239 (240ff.).

444 BSGE 79, 239 (240ff.).

445 BSGE 79, 239 (240ff.).

446 BSGE 73, 271 (280f.).

447 Die Prozentzahl der Angabe der gesetzlich Versicherten stammt aus dem Jahre 2002 und beruht auf *Stegers*, in: *Arbeitsgemeinschaft Rechtsanwälte im Medizinrecht e.V.*, Leitlinien, Richtlinien und Gesetz, S. 11.

448 BSGE 63, 102ff.; 73, 271ff. (insbesondere 280f.); 78, 70ff.

449 Ausführlich *Tempel-Kromminga*, Die Problematik der Richtlinien der Bundesausschüsse der Ärzte und Krankenkassen nach dem neuen Recht des SGB V; *Spellbrink*, Wirtschaftlichkeitsprüfung im Kassenarztrecht nach dem GSG, Rdnr. 431ff.; *Baader*, JZ 1990, 409ff.; *Ebsen*, VSSR 1990, 57 (67ff.); *Jörg*, Das neue Kassenarztrecht, Rdnr. 91ff. Einen Kurzüberblick mit weiteren Autorennachweisen geben *Krauskopf*, in: *Laufs/Uhlenbruck*, Handbuch des Arztrechts, § 28, Rdnr. 12ff; *Röfer*, Zur Berücksichtigung wirtschaftlicher Überlegungen bei der Festlegung arzthaftungsrechtlicher Sorgfaltsanforderungen, S. 185ff.; *Voß*, Kostendruck und Ressourcenknappheit im Arzthaftungsrecht, S. 102ff.

450 *Krauskopf*, in: *Laufs/Uhlenbruck*, Handbuch des Arztrechts, § 28 Rdnr. 12. Siehe noch zum Problem der mangelnden demokratischen Legitimation der Bundesausschüsse *Schwertfeger*, NZS 1998, 49 (51f.).

nen sich ebenso Probleme für die Qualität der medizinischen Behandlung ergeben. Das wäre dann der Fall, wenn eine Entscheidung des Gemeinsamen Bundesausschusses nicht mehr dem medizinischen Standard entspräche, der Arzt sich jedoch bei der Behandlung richtlinienkonform zu verhalten hätte.[451] Ein Konflikt würde ebenfalls eintreten, wenn die Richtlinie bei Erlass zunächst dem medizinischen Standard entsprach, eine notwendige Aktualisierung unterblieb, der Arzt aber bei der Behandlung der Richtlinie vertraute.

4. „Inkongruenz" zwischen haftungs- und sozialrechtlicher Standardbehandlung

Es ist der Teil der „Organisationsaufklärung" angesprochen, der von *Hart*[452] als ein Fall mit Systembezug (= Versorgungsqualität) bezeichnet wird. Dabei geht es um strukturelle Diskrepanzen zwischen haftungs- und sozialrechtlicher Standardbehandlung, die durch Zeitverzögerungen bei der „Zulassung" neuer Untersuchungs- und Behandlungsmethoden auftreten können.[453] Da die (sozialrechtliche) Erstattungsfähigkeit an die Zulassung eines Arzneimittels gebunden ist,[454] trat der Konflikt zwischen Haftungs- und Sozialrecht in folgender Situation ein: Das Arzneimittel Aciclovir (Zovirax) befand sich zum Zeitpunkt der Behandlung eines Encephalitis-Patienten noch im Stadium der klinischen Prüfung.[455] Aciclovir war mit einem anderen Indikationsbereich bereits zugelassen und wurde für den neuen Indikationsbereich geprüft. Ein Zulassungsantrag war jedoch noch nicht gestellt.[456] Die ersten klinischen Prüfungen und Studien im Ausland hatten positive Ergebnisse über die Wirksamkeit bei geringen Risiken erbracht. Entscheidend für den behandelnden Arzt war, ob eine haftungsrechtliche Verpflichtung zur Anwendung des noch nicht zugelassenen Medikaments bestand. Dieser Frage soll in der Rechtsprechungsanalyse weiter nachgegangen werden.[457]

---

451 Zu den weitreichenden Befugnissen des Gemeinsamen Bundesausschusses siehe insbesondere § 135 Abs. 1 SGB V. Mögliche Folgen der Vorschrift für das Haftungsrecht in dem Zusammenhang zeigen *Francke/Hart*, ZaeFQ 2001, 732ff. sowie *Hart*, VSSR 2002, 265 (293f.) auf.

452 *Hart*, MedR 1994, 94 (97); *ders.*, MedR 1996, 60 (70); *ders.*, MedR 1999, 47 (49f.); *ders.*, 2002, 321 (322); *Francke/Hart*, ZaeFQ 2001, 732 (733).

453 Vgl. ausführlich oben Kapitel 1, C, I., 2., a).

454 *Sandbiller*, MedR 2002, 19 (22).

455 *Hart*, MedR 1994, 94 (97), geht davon aus, dass es sich um Phase III der klinischen Prüfung handelte.

456 Das verkennt *Voß*, Kostendruck und Ressourcenknappheit im Arzthaftungsrecht, S. 142f., indem sie behauptet, das Präparat sei auch für diesen Indikationsbereich bereits zugelassen gewesen. Zutreffend dagegen *Conradi*, Verknappung medizinischer Ressourcen und Arzthaftung, S. 81 sowie *Bergmann*, Arzthaftung, S. 23, der ebenso von Phase III der Zulassung ausgeht; vgl. auch *Sandbiller*, MedR 2002, 19 (22).

457 Siehe Kapitel 3, C, IV. und dort die Entscheidung des OLG Köln, VersR 1991, 186ff.

5. Versorgungsbedingte Knappheiten

Die Qualität von Behandlungen könnte sich auf Grund versorgungsbedingter („geplanter") Knappheiten[458] verschlechtern. Vorstellbar ist, dass im Rahmen von Behandlungsmethoden nur eine gewisse – nicht für alle Patienten ausreichende – Anzahl von Plätzen für bestimmte Untersuchungen zur Verfügung steht. Soll eine Entscheidung darüber, welche Patienten den Zugang zu bestimmten Behandlungsmaßnahmen erhalten, getroffen werden, könnte eine Steuerung in der Art und Weise geschehen, dass *Altersbegrenzungen*[459] *entgegen* der *medizinischen Notwendigkeit* festgelegt werden.[460] Dabei sind Abstufungen in zwei Richtungen denkbar: Einerseits eine Altergrenze nach oben, infolgedessen werden ab einem gewissen Alter Behandlungen nicht mehr durchgeführt, andererseits auch nach unten, wonach die Untersuchung erst ab einem bestimmten Alter durchgeführt werden soll.

Durch Juristen[461] und Gesundheitsökonomen[462] wird die Möglichkeit erwähnt, dass es unter den Aspekten demographischer Entwicklung und Ressourcenverknappung nicht ausgeschlossen sei, dass etwa im Bereich der Geriatrie bestimmte Therapieangebote lebenszeitlich begrenzt werden könnten. Dadurch besteht jedoch die Gefahr, dass sich diese Maßnahmen als medizinische Standards etablierten und man ihnen die ökonomischen Implikationen nicht mehr „ansehen" würde.[463]

Nutzen/Kosten-Analysen unter Berücksichtigung des Alters werden ebenso von Medizinern[464] diskutiert. Die Autoren[465] fordern beispielsweise schon bei jungen Frauen, routinemäßig und wiederholt[466] Screeninguntersuchungen zur Bestim-

---

458 So auch *Hart*, anlässlich eines Vortrages mit dem Titel: „Haftungsmaßstäbe und Ressourcenknappheit" auf den 7. Karlsruher Gesprächen zwischen Ärzten und Juristen der Bezirksärztekammer Nordbaden im April 2003 (unveröffentlicht), mit diversen Beispielen.

459 *Hart*, a. a. O., der ebenfalls auf die Altersbegrenzung für ärztliche Leistungen eingeht.

460 *Fuchs*, in: *Nagel/Fuchs*, Rationalisierung und Rationierung im deutschen Gesundheitswesen, S. 42 (44), spricht in dem Zusammenhang von einer „barmherzigen Lüge". Er führt, a. a. O., ein Beispiel des National Health Service in Großbritannien an, wo die Zugangsbeschränkungen über 60-jähriger Patienten zur Dialysebehandlung kaschiert werden sollten.

461 *Hart*, MedR 1996, 60 (70); ebenso *Ulsenheimer*, MedR 1995, 438 (441); angedeutet auch bei *Uhlenbruck/Laufs*, in: *Laufs/Uhlenbruck*, Handbuch des Arztrechts, § 57, Rdnr. 4; vgl. auch *Uhlenbruck*, MedR 1995, 427 (432f.).

462 *Fuchs*, in: *Nagel/Fuchs*, Rationalisierung und Rationierung im deutschen Gesundheitswesen, S. 42 (45). Der Autor, a. a. O., verweist hierfür auch auf die onkologische Chirurgie. Des Weiteren stellt er dar, dass in den Niederlanden eine Altersgrenze für herzchirurgische Eingriffe diskutiert wurde. Ebenso wurden im Bundesstaat Oregon keine Lebertransplantationen bei Sozialhilfeempfängern mehr durchgeführt.

463 *Hart*, MedR 1996, 60 (70).

464 Vgl. z. B. *Usadel/Schrumm-Draeger*, Internist, 2003, 433ff.

465 *Usadel/Schrumm-Draeger*, Internist, 2003, 433ff.

466 *Usadel/Schrumm-Draeger*, Internist, 2003, 433 (434f.), verweisen auf Ärzte, die ein

mung des Serum-TSH-Wertes durchzuführen. Damit sollen Schilddrüsendysfunktionen schneller erkannt werden, und es bestände die frühzeitige Möglichkeit, die entsprechenden Maßnahmen bei einer latenten Hypothyreose einzuleiten. Dabei müssten die inzwischen niedrigen Kosten einer generellen Bestimmung des Serum-TSH gegen die späteren erheblich höheren Kosten einer Behandlung bei einer manifesten Hypothyreose gegenüber gestellt werden.[467] Letztere Kosten würden sich aus der breit gestreuten Diagnostik unspezifischer Symptome sowie den teureren Aufwendungen der Therapie z. B. mit cholesterinsenkenden Medikamenten ergeben.[468]

IV. Qualitätsaufklärung

Abschließend wird noch auf die Qualitätsaufklärung eingegangen. Beeinflussen ökonomische Erwägungen die Organisation der Behandlung, so stellt sich die Frage, inwieweit diese gegenüber den Patienten auf der Aufklärungsebene zu berücksichtigen sind. Es gilt festzustellen, ob und inwieweit die Rechtsprechung mit Hilfe der Qualitätsaufklärung eine *Kompensation* von Standardrelativierungen auf Grund *wirtschaftlicher Einflüsse* vornimmt.[469]

Anknüpfend an die Trennung[470] zwischen Struktur- und Prozessqualität steht bei der Strukturqualität ein *externer* Vergleich zur Diskussion. Fraglich ist dabei, inwieweit der Patient darüber zu unterrichten ist, dass die Behandlungsqualität der eigenen Einrichtung auf Grund von Investitionsdefiziten zwar noch dem anerkannten Stand entspricht, anderswo aber mit modernerem Gerät eine höhere Behandlungsqualität erreicht werden könnte.

Bei der Prozessqualität hingegen geht es um einen *internen* Vergleich über die vorhandene personelle Ausstattung, die den Patienten erwartet. Im Mittelpunkt steht die Frage, ob nach Ansicht der Rechtsprechung[471] der Patient erfahren muss, wie die fachlichen Qualifikationen des behandelnden Arztes (persönlicher Erfahrungs- und Kenntnisstand) im Vergleich mit anderen Kollegen derselben Einrichtung sind.

THS-Screening für Frauen ab 35 Jahren vorschlagen und bei denen in Abständen von 5 Jahren weitere THS-Kontrollen durchgeführt werden sollen. Des Weiteren treten die Autoren, a. a. O., mit Nachdruck dafür ein, Screeningtest bei schwangeren Frauen unabhängig vom Alter durchzuführen.

467 *Usadel/Schrumm-Draeger*, Internist, 2003, 433 (434).

468 *Usadel/Schrumm-Draeger*, Internist, 2003, 433 (434).

469 Vgl. bereits oben Kapitel 1, C, I.

470 Vgl. oben Kapitel 1, C, I., 1.

471 Nach hier vertretener Ansicht ist eine generelle Aufklärungsverpflichtung aus ausbildungspolitischen Gründen abzulehnen. Siehe ausführlich oben Kapitel 1, C, I., 1., h).

Kapitel 3: Rechtsprechungsanalyse

In diesem Kapitel werden Entscheidungen dargestellt, in die wirtschaftliche Erwägungen eingehen; z. T.[1] werden ebenfalls wirtschaftliche Folgenerwägungen aufgezeigt. Grundlage der Analyse bilden die Fallgruppen, die im 2. Kapitel[2] herausgearbeitet wurden. Es handelt sich um folgende vier Hauptgruppen: Berücksichtigung wirtschaftlicher Erwägungen bei medizinischen Behandlungen **(A)**; Berücksichtigung wirtschaftlicher Erwägungen und wirtschaftlicher Folgenerwägungen bei der Organisation der Behandlung **(B)**; Versorgungsorientierte Argumente **(C)** sowie die Qualitätsaufklärung **(D)**.

A Berücksichtigung wirtschaftlicher Erwägungen bei medizinischen Behandlungen

Es werden Entscheidungen aus dem Bereich des medizinischen Behandlungsablaufes, und zwar der Diagnose, der Indikation und der Therapie dargestellt, in die wirtschaftliche Überlegungen einfließen. Für den Bereich der Nachsorge sind entsprechende Urteile bisher nicht ersichtlich.[3]

I. Kostenerwägungen im Rahmen der Diagnose

Im Rahmen der Diagnose hat sich die Rechtsprechung mit wirtschaftlichen Erwägungen auseinander gesetzt, oder es wurden zumindest Kostenprobleme in den Urteilen erwähnt.

In einer BGH-Entscheidung[4] ging es um eine Klägerin, die sich unter Narkose der Extraktion eines Marknagels unterzog. Dazu fixierte der beklagte Arzt einen Arm der Patientin vor ihrem Körper; infolge der das Nervengeflecht belastenden Lage trat bei der Klägerin eine Lähmung des Armes im Armplexusbereich ein. Nachträglich wurde festgestellt, dass bei ihr eine sogenannte Halsrippe 3. Grades[5] bestand, die unter Narkose den Eintritt einer Nervenlähmung begünstigen kann. Umstritten war, ob der Beklagte eine genaue diagnostische Prüfung auf

---

1 Das ist bei der Organisation der Behandlung der Fall; an den entsprechenden Stellen wird dies besonders hervorgehoben.

2 Was darunter zu verstehen ist, vgl. oben Kapitel 2, D.

3 Siehe aber auch Kapitel 3, B, VII., 4., wobei die *Organisation* der Nachsorge betroffen ist.

4 BGH, Urteil v. 8.10.1974 - VI ZR 159/72 -, VersR 1975, 43f. — *Halsrippen.* Vgl. zur Entscheidung *Ulsenheimer*, MedR 1995, 438 (439); *Giesen*, Arzthaftungsrecht, Rdnr. 111; *Katzenmeier*, Arzthaftung, S. 292, Fn. 123; *Voß*, Kostendruck und Ressourcenknappheit im Arzthaftungsrecht, S. 156; *Brüggemeier*, Deliktsrecht, Rdnr. 646.

5 Dabei handelt es sich um eine zusätzliche Rippe im Bereich der Halswirbelsäule.

das Vorhandensein der Halsrippen vor der Operation vornehmen musste.[6] Nach dem Berufungsgericht dürfte die allgemeine Häufigkeit von Halsrippen in der Bevölkerung bei 1 % liegen.[7] Deshalb sei, „[...] angesichts der zu verhütenden Gefahr einerseits und andererseits mit Rücksicht auf anderweitige Nachteile und *vermehrten Aufwand*, die in Kauf zu nehmen waren, [... eine röntgenologische Untersuchung] *zumutbar* gewesen".[8] Der BGH hob das Urteil auf und kritisierte, dass die Vorinstanz keine Feststellungen getroffen habe, welche konkrete Gefahr bei Narkosezwischenfällen der streitigen Art bestehe. Jedenfalls könne die Anzahl von Halsrippen nicht mit der Zwischenfallhäufigkeit bei derartigen Narkosen prozentual gleichgesetzt werden. Unter Bezugnahme auf wirtschaftliche Erwägungen stellten die Richter jedoch fest, dass dem Berufungsgericht in seinem Ausgangspunkt zuzustimmen sei. Eine solche Untersuchungspflicht müsse sich aus einer Abwägung ergeben, „in die vor allem einzubeziehen sind die statistische Häufigkeit der gefahrdrohenden Anomalie, das Gewicht der verwirklichten Gefahr, schließlich der *wirtschaftliche* und allgemeine *Aufwand*, den die Feststellung erfordert. [D]abei [kann] auch der Umstand von hinweisender Bedeutung sein, dass es guter ärztlicher Übung entspricht, bestimmte Gefahren entweder in Kauf zu nehmen, oder aber ihnen – ggf. mit *einigem Aufwand* – vorzubeugen. Es habe deshalb auch ein *‚nicht ungewöhnlicher* operativer (gemeint wohl: apparativer) *Aufwand'* in Kauf genommen werden müssen."[9]

Das OLG Hamm[10] hatte über die Klage eines Patienten (seinerzeit 47 Jahre alt) zu entscheiden, der sich wegen eintretender Verschlechterung seines Sehvermögens in augenärztliche Behandlung begab. Auf Grund beginnender Alterssichtigkeit verordnete der Beklagte ihm eine Brille. Bei keiner der drei Konsultationen erfolgte eine Messung des Augeninnendrucks nach Art der Tonometrie. Wenig später traten beim Kläger trotz neuer Brille Sehbeschwerden auf und es setzte eine plötzliche Erblindung eines Auges verursacht durch ein Glaukom ein. Der Senat schloss sich – auch unter Berücksichtigung wirtschaftlicher Erwägungen – dem erstinstanzlichen Urteil an. „Zutreffend wird festgestellt, dass die Tonometrie bei Patienten über 40 Jahren [...] zu den einzusetzenden diagnostischen Mitteln gehört hat. [...] Schon wegen der weitreichenden Bedeutung der Tonometrie für die Früherkennung der gefährlichen Glaukomerkrankung gehört diese

---

6 Dies wäre unstreitig durch eine Röntgenuntersuchung möglich gewesen.

7 Der BGH, VersR 1975, 43 (44) fügt unter Verweis auf *Pschyrembel*, Stichwort „Halsrippen" hinzu, „eine Schätzung, die auch sonst vertreten wird".

8 Kursive Hervorhebung nicht im Original.

9 Kursive Hervorhebungen nicht im Original.

10 OLG Hamm, Urteil v. 29.11.1977 - 9 U 23/77 -, VersR 1979, 826f. — *Augeninnendruck.* Die Revision des Beklagten wurde vom BGH durch Beschluss v. 19.06.1979 - VI ZR 35/78 - abgelehnt. Vgl. zur Entscheidung auch *Voß*, Kostendruck und Ressourcenknappheit im Arzthaftungsrecht, S. 156 und *Oldiges*, in: *Arbeitsgemeinschaft Rechtsanwälte im Medizinrecht e. V.*, Die ärztliche Behandlung im Spannungsfeld zwischen kassenärztlicher Verantwortung und zivilrechtlicher Haftung, S. 49 (51).

Maßnahme zur Routineuntersuchung, zumal sie *ein Minimum an* Zeit und *Kosten* verursacht."[11]

Das OLG Celle[12] nahm eine Nutzen/Kosten-Abwägung bei einer Behandlungsmaßnahme vor. Beim Kläger sollte auf Grund von Schmerzen im Knie eine Arthroskopie durchgeführt werden. Wegen trüber Gelenkflüssigkeit misslang diese dem Arzt; eine bakteriologische Untersuchung der Flüssigkeit fand zunächst nicht statt. Kurze Zeit später trat eine Schwellung des Gelenks auf. Eine nunmehr vorgenommene Punktion und anschließende bakteriologische Untersuchung ergab eine Infektion. Trotz weiterer Behandlungen musste das Knie versteift werden. Der Kläger behauptet, die Gelenkfunktionen wären zu erhalten gewesen, wenn man die trübe Flüssigkeit sofort untersucht hätte. Der Senat bestätigte die Auffassung, weil keine Bedenken gegen das Erfordernis einer solchen Maßnahme bestanden. „Die Untersuchung kann unstreitig schnell und – im Verhältnis zum drohenden Schaden – *ohne nennenswerte Kosten* durchgeführt werden. Ihre Risiken sind im Verhältnis zu den diagnostischen Erkenntnissen, die sie ermöglicht, gering."[13]

Jüngst bezog das OLG Bamberg[14] wirtschaftliche Erwägungen in seine Überlegungen mit ein, um damit die Entscheidung abschließend zu begründen. Der Kläger ließ sich sterilisieren; zwei Gewebeteile des Samenleiters wurden wegen Krebsverdachts zum beklagten Pathologen gesandt. Der Beklagte stellte fest, dass die beiden Samenleiterteile keine auffälligen Befunde ergaben. Jedoch wies ein weiteres Samenleiterstück Tumorformationen und -nekrosen auf, woraus sich für ihn der dringende Verdacht auf das Vorliegen eines malignen Hodentumors ergab. Infolge einer später eingeholten DNA-Analyse stellte sich heraus, dass das tumorverdächtige Gewebeteil gar nicht vom Kläger stammte. Wegen Verwechslung der Proben verlangte der Kläger Schmerzensgeld mit der Begründung, er habe in Todesangst gelebt. Das Gericht gab der Klage statt. Der Beklagte war vor einer Diagnosestellung verpflichtet, die Identität des unspezifizierten Gewebestücks aufzuklären. Daher war es unverständlich, dass in einem für den Kläger bestimmten Untersuchungsbericht auch auf das unspezifizierte – vom Untersuchungsauftrag nicht umfasste – Gewebeteil eingegangen worden ist. Die Richter stellten fest: „Hinsichtlich *der Kosten der weiteren Untersuchung* hätte sich auch schon wegen der ungeklärten Herkunft des Gewebestücks zunächst eine Abstimmung des weiteren Vorgehens mit [dem vorausbehandelnden Chirurgen] aufgedrängt."[15]

---

11 Kursive Hervorhebungen nicht im Original.

12 OLG Celle, Urteil v. 9.01.1984 – 1 U 5/83 -, VersR 1985, 1047ff. — *Kniegelenkuntersuchung.* Dazu *Voß*, Kostendruck und Ressourcenknappheit im Arzthaftungsrecht, S. 156.

13 Kursive Hervorhebungen nicht im Original.

14 OLG Bamberg, Urteil v. 24.03.2003 - 4 U 172/02 -, VersR 2004, 198f. — *Fehldiagnose.*

15 Kursive Hervorhebungen nicht im Original.

Aktuell stützte auch das OLG Düsseldorf[16] seine Entscheidung auf ökonomische Aspekte. Die Klägerin begehrte von der beklagten Kinderärztin Schmerzensgeld, weil diese auf Grund einer fehlerhaften Diagnose eine Hüftgelenkdystplasie nicht rechtzeitig erkannte. Dem medizinischen Standard bei der Sonographie von Säuglingshüften entsprach ein Abbildungsverhältnis von 1:1 auch im gedruckten Bild. Mangels eines verkleinerten Abbildungsmaßstabes und auf Grund qualitativ ungeeigneter Ausdrucke erkannte die Beklagte den pathologischen Zustand der Hüfte nicht. Allerdings handelte es sich nach dem Senat nicht um einen Fehler, welcher einer Ärztin schlechterdings nicht unterlaufen darf, denn die Frage der Abbildungsgröße war damals umstritten. Unter den praktischen Kinderärzten herrschte die Auffassung vor, dass die „Anforderungen der Kassenärztlichen Vereinigung im Hinblick auf die damit *verbundenen Kosten* überzogen"[17] seien. Zugleich duldeten die Kassenärztlichen Vereinigungen, denen die Problematik bekannt war, diese Handhabung lange Zeit.[18]

II. Kostenerwägungen im Rahmen der Indikation

Im Rahmen der Indikation liegt eine Entscheidung des OLG Hamm[19] vor, die sich intensiv mit Kostenproblemen auseinander setzt. Wegen Kniegelenkbeschwerden, die operativ nicht behandelt werden konnten, war die Klägerin bei einem niedergelassenen Orthopäden, dem Beklagten, in Behandlung. Später erwog der Beklagte, zur Behandlung der Beschwerden ein neu im Handel befindliches Medikament anzuwenden. Der Beklagte bescheinigte der Klägerin, dass er das Medikament für geeignet halte, ihre Schmerzen zu lindern. Auf Grund der Kosten des Medikaments fürchtete er aber einen Regress und verschrieb es deshalb nicht. Die Klägerin verlangte auf Grund des bestehenden Arztvertrages die Verschreibung des Medikaments zu Lasten der Krankenkasse, weil es das einzige Medikament sei, welches nachhaltig geeignet wäre, die nicht reparablen Beschwerden zu mildern. Die Richter lehnten die Klage mit folgender Begründung ab: „Aus dem [...] privatrechtlichen Dienstverhältnis zwischen der Kl. und dem Bekl. folgt dessen Verpflichtung, u. a. im Rahmen des kassenärztlichen Wirtschaftlichkeitsgebotes dasjenige Mittel zu verschreiben, das die beste Wirkung verspricht. Für *Kostenerwägungen* bleibt deshalb nur dann Raum, wenn gleich wirksame Mittel verfügbar sind. Selbst bei *besonders hohen Kosten*[20] darf aus haftungsrechtlichen Gründen der Arzt nicht auf die Verschreibung des bestwirk-

---

16 OLG Düsseldorf, Urteil v. 27.03.2003 - 8 U 213/01 -, NJOZ 2003, 2819ff. = Beck RS 2003, 06551 — *Hüftgelenkdystplasie*.

17 Kursive Hervorhebungen nicht im Original.

18 Über die Dauer finden sich keine Angaben in der Entscheidung.

19 OLG Hamm, Urteil v. 22.03.1995 - 3 U 229/94 -, MedR 1995, 373f. — *Teureres Medikament*. Siehe *Schimmelpfeng-Schütte*, MedR 2002, 286 (290).

20 Kursive Hervorhebungen in diesem und dem vorherigen Satz nicht im Original.

samsten Medikaments verzichten.[21] Dieser Verpflichtung des Arztes steht jedoch – jedenfalls im vorliegenden Fall – kein entsprechender *Leistungs*anspruch[22] gegenüber."[23]

III. Kostenerwägungen im Rahmen der Therapie

Bezüglich der Therapie findet sich ein Beschluss des ArbG Gelsenkirchen,[24] der Bezug auf wirtschaftliche Erwägungen nimmt. Es handelt sich um einen Rechtsstreit, der das Verhältnis von Arzt und Patient nicht unmittelbar berührt, da sich beide nicht als Parteien des Prozesses gegenüber stehen. Für Patienten hat die Entscheidung jedoch Bedeutung, weil Fragen der Behandlungsqualität erörtert wurden.[25]

Der Antragsteller war seit siebzehn Jahren als leitender Abteilungsarzt einer chirurgischen Abteilung bei der Antragsgegnerin, der Krankenhausträgerin, beschäftigt. Der Anstellungsvertrag enthielt die nicht unübliche Klausel, dass der LAA in seinem Fachgebiet der Alleinverantwortliche ist. In seinen ärztlichen Entscheidungen ist er unabhängig und ein nur dem Gesetz – auch dem kirchlichen – unterworfener Träger der ärztlichen Beratung und Behandlung aller Patienten seiner Abteilung. Im November 1996 ordnete die Antragsgegnerin vor dem Hintergrund einer sich abzeichnenden Budgetüberschreitung eine sektorale Haushaltsperre im direkten medizinischen Bereich an und verfügte, dass in der chirurgischen Abteilung keine Implantat-Operationen bis zum Jahresende durchzuführen sind. Diese sollten auf die Zeit nach dem 6.01.1997 verschoben werden. Außergerichtliche Versuche des Antragstellers hiervon Notfalloperationen auszunehmen scheiterten. Daraufhin gab das Gericht der Antragsgegnerin auf, dem Antragsteller zu gestatten, in Notfällen Implantat-Operationen, ohne solche verschieben zu müssen, durchzuführen. Das Gericht führte in den Gründen an: „Danach obliegt es allein der Verantwortung des Ast., welche Therapie – wozu auch Implantat-Operationen gehören – er wählt. Die Therapiewahl kann nicht von *haushaltsrechtlichen Erwägungen* abhängig gemacht werden."[26]

---

[21] Unter Verweis auf *Uhlenbruck*, in: *Laufs/Uhlenbruck*, Handbuch des Arzthaftungsrechts[1], S. 321, Fn. 4.

[22] Kursive Schreibweise im Original.

[23] Nach dem Gericht hätte die Injizierung von Zeel oder ebenso eine Behandlung mit anderen Medikamenten wie z. B. Cortison vorliegend noch dem Standard entsprochen.

[24] ArbG Gelsenkirchen, Beschluss v. 20.12.1996 - 1 GA 45/96 -, MedR 1997, 224 = ArztR 1997, 295f. — *Therapiefreiheit.*

[25] Der Beschluss ist sehr knapp gehalten, da er im einstweiligen Verfügungsverfahren (§ 940 ZPO) erging. Ein Hauptverfahren hat – soweit ersichtlich – nicht mehr stattgefunden.

[26] Kursive Hervorhebungen nicht im Original.

IV. Kostenerwägungen im Rahmen der Notfallbehandlung

Bei der Notfallbehandlung gilt es, zu zeigen, dass die Rechtsprechung unter bestimmten Umständen für den Arzt eine medizinisch-situationsbezogene Standardveränderung akzeptiert. Ob dafür wirtschaftliche Erwägungen ausschlaggebend sind, ist anhand der Urteile zu überprüfen.

In einer OLG-Entscheidung[27] ging es um eine zehnjährige Klägerin, die an einem ventilversorgten Hydrozephalus litt. Sie war routinemäßig bei einer Krankengymnastin, wo sie plötzlich einen epileptischen Anfall bekam. Die Krankengymnastin holte den Beklagten zu Hilfe, dessen nervenärztliche Praxis sich in derselben Etage befand. Der Beklagte versuchte, der Klägerin intravenös Valium zu spritzen, was ihm wegen des Krampfanfalls nicht gelang. Daraufhin spritze er das Medikament intramuskulär. Die Klägerin erlitt eine cerebrale Schädigung, eine Haftung des Beklagten wurde jedoch abgelehnt. Nach dem Gericht führte dieser zwar nicht die bestmögliche Behandlung durch, es konnte bei der Bewertung seines Handelns aber nicht außer Betracht bleiben, dass er aus der Praxis heraus zu einem akuten Notfall gerufen wurde. Der Beklagte bemühte sich nach Kräften, die notwendige Behandlung durchzuführen. In der Notsituation verblieb ihm kaum eine Überlegungsfrist, auch hatte er keine Möglichkeit, eine Hilfeleistung abzulehnen.[28]

In einem anderen Sachverhalt[29] brach ein knapp 60-Jähriger auf einem Bahnhof zusammen. Man rief den Beklagten, der als niedergelassener Internist seine Praxis in Bahnhofsnähe betrieb, und die Rettungsleitstelle. Der Beklagte untersuchte den Kläger und erklärte ihn, ohne eine Reanimation aufzunehmen, für tot; anschließend verließ er den Bahnhof. Wenig später traf die Notärztin ein, und es gelang ihr, dem Kläger das Leben zu retten. Das Gericht stellte zunächst eine Pflichtverletzung fest, da der Arzt gegen die Leitlinien für Wiederbelebung und Notfallversorgung verstoßen habe, weil er nicht für eine Wiederaufnahme der Basisreanimation sorgte und sich an ihr nicht bis zum Eintreffen der Notärztin

---

27 OLG München, Urteil v. 18.04.1991 - 1 U 6113/90 -, NJW-RR 1991, 1432. Vgl. zur Entscheidung *Giesen*, Arzthaftungsrecht, Rdnr. 98.

28 So entschied wenig später auch das OLG Hamm, Urteil v. 16.09.1991 - 3 U 308/90 -, NJW-RR 1992, 1504f.: Der beklagte Arzt hatte dem Kläger, der an einem akuten Anfall litt, ein Beruhigungsmittel gespritzt, ohne sich zuvor die Hände gewaschen, Schutzhandschuhe übergestreift und die Haut im Bereich der Einstichstelle desinfiziert zu haben. Wegen einer aufgetretenen Abszessbildung verlangte der Kläger erfolglos Schadensersatz. Das Gericht ging von einer Pflichtverletzung aus, jedoch sei es dem Kläger nicht gelungen, die Ursächlichkeit des Behandlungsfehlers für seinen Schaden zu beweisen. Abstellend auf die Notfallsituation berücksichtigten die Richter, dass es sich um keine normale Behandlung in einer Praxis handelte, sondern dass ein eiliger Notfall vorlag, der vom Beklagten eine schnelle Entscheidung und unverzügliches Eingreifen unter erschwerten Verhältnissen verlangte. Dass der Beklagte infolge der Eilbedürftigkeit eine mögliche Hautdesinfektion falsch einschätzte, sei nicht schlechterdings unverständlich.

29 OLG Hamm, Urteil v. 11.01.1999 - 3 U 131/98 -, NJW-RR 2000, 401f.

beteiligte. Ein Schadensersatzanspruch wurde jedoch verneint, da auch bei einer Basisreanimation – bis zum Eintreffen der Notärztin – eine Hirnschädigung gleichen Ausmaßes aufgetreten wäre. Die Richter berücksichtigten dabei, dass der Beklagte niedergelassener Arzt war. Bei einem Nicht-Notfallmediziner ist das Verhalten nicht in die Kategorie schwerster Fehler einzuordnen und kann nicht als medizinisch unverständlich angesehen werden.

In einer weiteren Entscheidung[30] begab sich der Kläger zusammen mit seiner Mutter zum Beklagten, der an diesem Abend den ärztlichen Notdienst versah. Die Mutter schilderte den bisherigen Krankheitsverlauf einschließlich aufgetretener Symptome und äußerte – wie bereits zuvor bei der telefonischen Ankündigung des Arztbesuchs – den Verdacht auf eine Hirnhautentzündung. Der Beklagte ging lediglich von einer abgeklungenen Mandelentzündung aus und schickte den Kläger wieder nach Hause. Der Senat stellte fest, dass es auf Grund der Anamnese angezeigt war, die zutreffende Diagnose Meningitis an die erste Stelle der differenzialdiagnostischen Möglichkeiten zu setzen. Deshalb wurde der Beklagte zur Zahlung von Schmerzensgeld verurteilt. Zur Begründung der Entscheidung führten die Richter aus, dass der Sorgfaltsmaßstab im Rahmen eines Notfall- oder Bereitschaftsdienstes grundsätzlich nicht gemildert sei.[31] „Der Notarzt hat nicht nur akute Beschwerden zu behandeln, sondern im Rahmen seiner Möglichkeiten das Krankheitsbild vollständig zu ermitteln."[32]

In einem aktuellen Urteil des LG München[33] fand der Beklagte, ein Notarzt, den Kläger, einen jungen Familienvater, bei seinem Eintreffen im Bett liegend und ansprechbar vor. Die Notfallmaßnahme war ihm zuvor als dringend – bei Vorliegen von Atemnot und Schmerzzuständen – mitgeteilt worden. Nachdem der Beklagte Puls und Blutdruck gemessen hatte und dem Kläger eine Spritze verabreichte, verließ er die Wohnung. Kurze Zeit später brach der Kläger bewusstlos zusammen; im Krankenhaus wurde später die Diagnose eines akuten Hinterwandinfarkts mit kardiogenem Schock gestellt. Die Kammer nahm eine Pflichtverletzung des Beklagten an, da er wegen der vorhandenen Informationen von einer kardialen Erkrankung hätte ausgehen müssen. Bei diagnostischen Zweifeln muss immer der bedrohlichste Zustand angenommen werden, der Beklagte musste deshalb wenigstens ein EKG veranlassen. Im medizinischen Notfall sei ein *Zuviel* an Diagnostik *eher verzeihlich*, und ein *Zuwenig unter Umständen gefährlich.* Nach Auffassung der Richter ist das ein wichtiger Grundsatz derartiger Notfalleinsätze.

---

30 OLG Stuttgart, Urteil v. 21.01.1993 - 14 U 3/91 -, VersR 1994, 313ff.

31 Unter Verweis auf OLG Stuttgart v. 25.08.1987 - 10 U 228/85 -, NJW-RR 1988, 608f.

32 Mit Hinweis auf *Steffen*, Neuere Entwicklungslinien der BGH-Rechtsprechung zum Arzthaftungsrecht[5], S. 21, m. w. N.

33 LG München I, Urteil v. 28.05.2003 - 9 O 14993/99 -, VersR 2004, 649.

B Berücksichtigung wirtschaftlicher Erwägungen und wirtschaftlicher Folgenerwägungen bei der Organisation der Behandlung

In diesem Themenkomplex wird der Einfluss ökonomischer Erwägungen bei der Organisation der Behandlung analysiert, und es wird aufgezeigt, wann wirtschaftliche Folgenüberlegungen auftreten. Bei der Darstellung der Urteile erfolgt entsprechend dem Schwerpunkt der Arbeit eine Konzentration auf den Krankenhausträger als *Organisationsverantwortlichem.*[34]

I. Unterschiedliche institutionelle Bedingungen für Behandlungen

Es werden Entscheidungen bezüglich der Fragestellung untersucht, ob die unterschiedlichen Anforderungen an niedergelassene Ärzte gegenüber den umfassenderen Pflichten, die dem Krankenhaussektor auferlegt werden, auf finanzielle Erwägungen zurückzuführen sind. Die gleiche Problematik gilt für Abstufungen über den in der Organisation angebotenen und erreichten Behandlungsstandard zwischen Versorgungskrankenhäusern und Universitäts- bzw. Spezialkliniken. Zu prüfen ist ebenso, ob Kostenaspekte die Zusammenarbeit von niedergelassenen Ärzten mit Krankenhäusern beeinflussen.

1. Niedergelassene Ärzte und Krankenhäuser

In einer OLG-Entscheidung[35] wandte sich der Kläger an die Praxis des beklagten Hautarztes wegen einer Knotenbildung an einem zwei Jahre zuvor entfernten und histologisch abgesicherten gutartigen Atherom am Hinterkopf. Der Beklagte nahm eine operative Revision vor, ohne aber eine anschließende Gewebeuntersuchung vornehmen zu lassen. Wenig später entwickelte sich ein bösartiges Basaliom der Haut, das weitere schwierige Operationen erforderte. Der Kläger meint, diese Eingriffe seien vermeidbar gewesen, wäre das Gewebe histologisch untersucht worden. Die Richter sahen den geschuldeten Standard einer fachärztlichen Hautpraxis jedoch nicht verletzt und betonten, nur im Universitätsbereich könne von regelmäßigen Gewebeuntersuchungen ausgegangen werden. Diese lassen sich mit den dortigen Besonderheiten im Ausbildungs- und Forschungsbereich begründen. Das sei aber „nicht ohne Weiteres auf die außeruniversitäre fachärztliche dermatologische Ambulanz zu übertragen". An anderer Stelle vor-

---

34 Gleiches gilt ebenso für den Praxisleiter. Dagegen wird nicht problematisiert, inwieweit der einzelne behandelnde Arzt auch durch den Patienten als Haftungsgegner verklagt worden ist. Fragen der Qualitätsaufklärung werden unten im 3. Kapitel, unter D behandelt.

35 OLG Oldenburg, Urteil v. 7.11.1989 - 5 U 13/89 -, NJW 1990, 1538ff. = AHRS 1990/3 — *Atherom.* Dazu *Röfer*, Zur Berücksichtigung wirtschaftlicher Überlegungen bei der Festlegung arzthaftungsrechtlicher Sorgfaltsanforderungen, S. 80.

handene bessere Möglichkeiten können nicht stets den zu fordernden Standard bilden, denn ansonsten bestünde kein medizinisch sinnvolles, sondern ein ausnahmsloses Untersuchungsgebot.

In einem weiteren OLG-Urteil,[36] in dem ein niedergelassener Arzt im Mittelpunkt stand, ist diese Rechtsprechung bestätigt worden. Es galt zu entscheiden, ob der Beklagte verpflichtet gewesen war, weitere augenärztliche Kontrolluntersuchungen durchzuführen, um eine Retinopathie bei einem Frühgeborenen zu erkennen. Die Richter verneinten eine solche Pflicht. Dabei betonten sie, dass diese Untersuchung nicht zum allgemein geltenden Standard eines niedergelassenen Augenarztes gehört.

2. Versorgungskrankenhäuser und Universitätskliniken

Der BGH[37] überprüfte in einem Urteil die Äußerung eines medizinischen Sachverständigen kritisch und stellte in dem Zusammenhang fest, dass zwischen der Organisation einer Behandlung im Versorgungskrankenhaus und in einer Universitätsklinik unterschieden werden muss. Die Mutter der Klägerin begab sich mit einer Zwillingsschwangerschaft zur Niederkunft in die geburtshilfliche Abteilung eines Versorgungskrankenhauses. Wegen der Steißlage eines Kindes traten Probleme auf; die zunächst eingeleitete vaginale Geburt wurde abgebrochen und eine Kaiserschnitt-Entbindung vorgenommen. Ein Neugeborenes litt u. a. an einer Cerebralparese. Ursache dafür war nach Ansicht des Berufungsgerichts, das durch einen Sachverständigen beraten wurde, eine Organisationspflichtverletzung des Beklagten. Man habe es versäumt, die für eine Zwillingsgeburt erforderlichen organisatorischen Vorkehrungen zu treffen. Insbesondere sei das Entbindungsteam (fachlich) unzureichend zusammengesetzt gewesen. Zur angemessenen klinischen Versorgung gehöre das Hinzuziehen von zwei Personen für jedes Kind, am Besten eines Pädiaters und einer in der Reanimation erfahrenen Schwester; daneben habe ebenso noch die Mutter versorgt werden müssen. Der VI. Senat sprach sich jedoch gegen den Vorwurf der fehlerhaften Organisation der Entbindung aus und wandte sich gegen die Ausführungen des Sachverständigen. „In diesem Zusammenhang hätte das BerGer. auch bedenken müssen, dass sich die Anforderungen des medizinischen Sachverständigen nicht unbesehen an den Möglichkeiten von Universitätskliniken und Spezialkrankenhäusern orientieren dürfen, sondern auch an den für diesen Patienten in dieser Situation faktisch erreichbaren Gegebenheiten ausrichten müssen, sofern mit ihnen ein

---

36 OLG Düsseldorf, Urteil v. 27.04.1995 - 8 U 68/93 -, AHRS 1840/101 — *Retrolentale Fibroplasie*. Der BGH hat die Revision des Klägers durch Beschluss v. 26.03.1996 - VI ZR 175/95 - nicht angenommen. Vgl. auch *Röfer*, Zur Berücksichtigung wirtschaftlicher Überlegungen bei der Festlegung arzthaftungsrechtlicher Sorgfaltsanforderungen, S. 80.

37 BGH, Urteil v. 14.12.1993 - VI ZR 67/93 -, NJW 1994, 1596ff. = VersR 1994, 480ff. = ArztR 1994, 203 — *Medizinischer Sachverständiger*. Vgl. *Giesen*, Arzthaftungsrecht, besonders Rdnr. 75.

zwar nicht optimaler, aber noch ausreichender medizinischer Standard erwartet werden kann."

Differenzierungen im Organisationsstandard zwischen Krankenhäusern und Universitätskliniken werden gleichermaßen in der oberlandesgerichtlichen Rechtsprechung vorgenommen. Das OLG Köln[38] führte aus: „Jeder Patient hat grundsätzlich einen Anspruch auf eine dem Stand der Medizin entsprechende sorgfältige Behandlung, mag auch in Grenzen oberhalb einer unverzichtbaren Basisschwelle, die aber den medizinischen Qualitätsanforderungen der Gegenwart zu entsprechen hat, der Standard für die personellen, räumlichen und apparativen Behandlungsbedingungen für ein Landkrankenhaus niedriger anzusetzen sein als für eine Universitätsklinik."[39]

Auch das OLG Celle[40] nahm das klägerische Vorbringen auf, um den Organisationsstandard einer Universitätsklinik hervorzuheben. Danach sei der Kläger gerade deshalb in die Universitätsklinik gekommen, um eine weitere Hodenatrophie zu vermeiden. Er habe sich dort ein größeres Können als im Krankenhaus – wo er zuvor behandelt wurde[41] – erhofft.

Ebenso sind aber dem Standard von Universitätskliniken Grenzen gesetzt. Das wird durch eine Entscheidung des OLG Karlsruhe[42] deutlich. Es ging um die Prüfung der Funktionsfähigkeit der Hinterstränge im Bereich des Rückenmarks durch somatosensorisch evozierte Potentiale. Nach dem Gericht gehörte dieses apparative Untersuchungsverfahren „*auch* in einer chirurgischen Universitätsklinik noch nicht zum Standard".[43]

---

38 OLG Köln, Urteil v. 20.09.1989 - 27 U 158/88 -, VersR 1990, 1242ff. Der BGH hat die Revision des Klägers durch Beschluss v. 19.06.1990 - VI ZR 287/89 - nicht angenommen. Zur Begründung der Ablehnung siehe ebenfalls VersR 1990, 1242. In dem Fall ging es um den Unterhaltsanspruch der hinterbliebenen Kinder, da ihr Vater im Krankenhaus an den Folgen einer Streptokokken-A-Sepsis verstorben war.

39 Mit Verweis auf *Steffen*, Neue Entwicklungslinien der BGH-Rechtsprechung zum Arzthaftungsrecht[3], S. 33 und BGH, Urteil v. 8.03.1988 - VI ZR 201/87 -, NJW 1988, 1511ff. — *Unfallpatient II.* Siehe zu dieser Entscheidung unter Kapitel 3, B, I., 4., bei der Notfallorganisation in der Fn. des ersten Urteils.

40 OLG Celle, Urteil v. 10.07.1978 - 1 U 40/77 -, NJW 1979, 1251ff. — *Hodenatrophie.* Insgesamt kritisch *Wachsmuth*, NJW 1979, 1253.

41 Nach der Tatbestandsschilderung dürfte es sich bei dem Krankenhaus, in welchem der Kläger zuvor behandelt wurde, um ein Versorgungskrankenhaus handeln. In diesem wurde er bereits mehrmals wegen eines Leistenbruchs operiert. Die letzte Operation hatte jedoch eine Einengung des Samenstrangs und eine Atrophie eines Hodens zur Folge gehabt.

42 OLG Karlsruhe, Urteil v. 14.12.1994 - 7 U 147/92 -, AHRS 1873/102 — *Aortaoperation.* Der BGH hat die Revision des Klägers durch Beschluss v. 10.10.1995 - VI ZR 45/95 - nicht angenommen.

43 Kursive Hervorhebung nicht im Original.

3. Zusammenspiel zwischen niedergelassenen Ärzten und Krankenhäusern

Der BGH[44] befasste sich mit Kostenerwägungen in *einer* Fallgruppe der *horizontalen Arbeitsteilung*,[45] und zwar dem Zusammenwirken eines niedergelassenen Arztes mit einem Arzt im Krankenhaus. Die Klägerin, eine Haftpflichtversicherung, verlangte vom beklagten Chefarzt einer Augenklinik aus übergegangenem Recht Ersatz ihrer Aufwendungen mit der Begründung, dieser hafte als Gesamtschuldner neben dem bei ihr versicherten Augenarzt für die bei einem Kind durch fehlerhafte Behandlung verursachten Gesundheitsschäden. Das Kind wurde auf Grund einer Überweisung des Augenarztes dem Beklagten in der Klinik zur Tränenwegsondierung vorgestellt; dazu kam es jedoch nicht. Der Beklagte unterließ es, den niedergelassenen Augenarzt darüber zu informieren. Darin sahen die Richter eine Pflichtverletzung und stellten in dem Zusammenhang fest, dass der hinzugezogene Arzt grundsätzlich an den Auftrag des überweisenden Arztes gebunden sei und eigenmächtig keine weiteren Untersuchungen durchführen darf. Hat der hinzugezogene Arzt infolge bestimmter Anhaltspunkte aber Zweifel an der Diagnose, dann müsse er diesen nachgehen. Das gilt nach Ansicht des Senats „insbesondere dann, wenn sich der überweisende Arzt an einen Spezialisten oder, wie hier, an eine Klinik wegen einer Leistung wendet, die er selbst nicht erbringen kann". Schließlich wiesen die Richter unter Berücksichtigung von Kostenerwägungen darauf hin, dass der Beklagte auch dann zur weitergehenden Behandlung verpflichtet ist, wenn er bestimmte Maßnahmen nicht abrechnen kann. „Er könnte sich nicht darauf berufen, dass er für *zusätzliche*, von dem Auftrag *nicht gedeckte Leistungen* für einen Kassenpatienten *keine Gebühren erhält*, und aus diesem Grunde von der für angezeigt gehaltenen Maßnahme absehen."[46]

Bei der Weiterbehandlung eines Patienten darf nach oberlandesgerichtlicher Rechtsprechung[47] der überweisende Arzt die Ergebnisse der ihm in personeller und apparativer Ausstattung überlegenen Fachklinik zu Grunde legen, wenn und solange sich ihm seinerseits nicht Zweifel an der Richtigkeit der Diagnose aufdrängen müssen. Dementsprechend war ein beklagter niedergelassener Arzt für Chirurgie nicht gehalten, eine erneute Arthroskopie anzuordnen oder weitere invasive Diagnosemaßnahmen vorzunehmen oder vornehmen zu lassen.

---

44 BGH, Urteil v. 5.10.1993 - VI ZR 237/92 -, NJW 1994, 797ff. — *Arbeitsteilung*. Zustimmend *Laufs/Reiling*, LM, BGB § 823 [Db], Nr. 24.

45 Zum Begriff der vertikalen Arbeitsteilung und den *drei* dazu gehörigen Gruppen vgl. oben Kapitel 2, D, II., 1.

46 Hervorhebungen nicht im Original.

47 OLG Köln, Urteil v. 14.07.1993 - 27 U 13/93 -, VersR 1993, 1157f. — *Weiterbehandlung*. Zustimmend *Gaisbauer*, VersR 1994, 431f.

4. Unterschiedliche institutionelle Bedingungen für Notfallbehandlungen

Weitere Differenzierungen in Bezug auf die Organisation der Behandlung werden bei der schon erwähnten[48] Organisation der Notfallbehandlung vorgenommen, ohne dass die Rechtsprechung dabei ausdrücklich auf ökonomische Erwägungen eingeht.

In einer BGH-Entscheidung[49] verlangte der Kläger Schmerzensgeld, weil das Krankenhaus, in welches er nach einem Verkehrsunfall eingeliefert wurde, eine Oberschenkel- und Kniescheibentrümmerfraktur nur so einrichtete, dass später Korrekturoperationen erforderlich wurden. Das Gericht wies die Klage ab und verwies darauf, dass einem Notfallpatienten, der in das nächstgelegene Krankenhaus eingeliefert wird, zunächst keine Wahl bleibt, wo und von wem er behandelt werden will. Er muss die personellen und technischen Verhältnisse hinnehmen, wie er sie vorfindet, und kann nicht den Standard einer Spezialklinik erwarten, wenn er in ein kleineres Krankenhaus kommt.[50]

Diese Differenzierungen der Rechtsprechung[51] werden in einem weiteren Urteil deutlich.[52] Bei der vier Monate alten Klägerin wurde nach erfolgreicher Operation eine Abbocath-Verweilkanüle zur Applikation von Medikamenten in die Unterschlüsselbeinvene gelegt. Infolge ungenügender Beaufsichtigung trat bei der Klägerin ein Entblutungsschock auf, weil sich der Infusionsschlauch von der Kanüle gelöst hatte. Zur Bemessung des Sorgfaltsmaßstabes nahmen die Richter eine Abgrenzung zur Organisation bei Notfällen vor. „So folgenschwere Risiken aus dem technisch-apparativen Bereich müssen jedenfalls dann, wenn es sich – wie hier – nicht um einen Notfall handelt, in jedem Krankenhaus ausgeschlossen bleiben."

Dass bei der Organisation von Notfallbehandlungen ebenso ein bestimmter Standard zu fordern ist,[53] verdeutlicht eine Entscheidung des OLG Braun-

---

48 Schon oben Kapitel 1, A, III. sowie Kapitel 2, C, I. 5.

49 BGH, Urteil v. 11.05.1982 - VI ZR 171/80 -, NJW 1982, 2121ff. — *Unfallpatient I*; dazu *Ludolph*, MedR 1988, 120 (121).

50 Der BGH bestätigte wenig später, Urteil v. 8.03.1988 - VI ZR 201/87 -, NJW 1988, 1511ff. = VersR 1988, 495ff. — *Unfallpatient II*, in einem ähnlichen Fall seine Rechtsprechung. Auch hier erlitt die Klägerin bei einem Verkehrsunfall schwere Frakturen und Gefäßzerreißungen am Oberschenkel. Sie wurde als Unfallpatientin in ein Kreiskrankenhaus eingeliefert; ihr Bein musste trotz vorgenommener Operation später amputiert werden. Der VI. Senat hob das Urteil der Vorinstanz auf und verwies den Rechtsstreit mit der Maßgabe an das Berufungsgericht zurück, den Umstand, dass die sehr schwer verletzte Patientin lediglich in einem *Kreiskrankenhaus* versorgt wurde, bei einer erneuten Verhandlung stärker zu berücksichtigen.

51 BGH, Urteil v. 10.01.1984 - VI ZR 158/82 -, NJW 1984, 1400ff. = VersR 1984, 356ff. — *Verweilkanüle*.

52 Siehe zu der Entscheidung auch noch im Rahmen der Behandlungssicherheit unten Kapitel 3, B, VII., 2.

53 Vgl. ebenfalls die Entscheidungsgründe des OLG Stuttgart, Urteil v. 31.10.1996 - 14 U 52/95 -, NJW-RR 1997, 1114ff.: „Für Eil- und Notfälle kann der Standard nur dort her-

schweig,[54] in der sich die Richter ausführlich mit den Organisationspflichten eines Krankenhausträgers auseinander setzten. 12 Tage vor dem voraussichtlichen Entbindungstermin begab sich die Mutter des Klägers in das Städtische Krankenhaus; wenig später setzten Unterbauchschmerzen und dazu in der Nacht Blutungen ein. Nach Eintritt der Blutungen erfolgte eine Notaufnahme in die Gynäkologie, es vergingen 22 Minuten bis zur Untersuchung. Nach weiteren 50 Minuten wurde die Mutter in den Operationssaal gebracht, wo nochmals ca. eine halbe Stunde bis zur Durchführung des Kaiserschnittes verging. Der Kläger leidet seit seiner Geburt an schwersten Hirnschädigungen, die auf Organisationsfehler wegen der Verzögerungen bei der Behandlung zurückzuführen sind. Die erste Pflichtverletzung bestand darin, dass die Mutter ab Eintritt der Blutungen nicht spätestens 15 Minuten nach der Notaufnahme behandelt wurde. Die Richter vertraten den Standpunkt, dass ein darüber hinausgehender Zeitverlust nicht zu tolerieren ist. Denn es ist der Notfallaufnahme immanent, dass schwere gesundheitliche Schäden drohen können und zügige Gegenmaßnahmen erforderlich werden. Eine weitere Verzögerung lag nach Auffassung des Gerichts in der langen Dauer der Schnittoperation, die ihren Grund ebenso in einer mangelhaften Organisation des Krankenhausträgers hatte. Eine Notsectio muss innerhalb von 20 bis 25 Minuten erfolgen können. Ein Krankenhaus, das sich an der Notversorgung beteiligt, ist für einen solchen Notfall nur dann gerüstet, wenn auch ein einsatzfähiges Operationsteam zur Verfügung steht. Es kann nicht akzeptiert werden, dass es für einen nicht unbeachtlichen Zeitraum statt zu einer Notversorgung zu einer „Nichtversorgung“ kommt.

II. Unterschiedliche technisch-apparative Ausstattung in verschiedenen Krankenhaustypen

Zunächst geht es um Entscheidungen, in denen wegen Investitionsdefiziten bestimmte Apparaturen bei der Behandlung nicht zum Einsatz kamen. Des Weiteren stehen Sachverhalte im Mittelpunkt, wo zwar die Investitionen bereits getätigt wurden, aber aus verschiedenen Gründen ein Einsatz ebenfalls nicht erfolgte. Schließlich werden Urteile analysiert, in denen sich die apparative Ausstattung der Behandlungseinrichtungen an der „unteren Bandbreite“ des Standards befand.

---

abgesetzt werden, wo eine sorgfältige Organisation und Vorbereitung für sie nicht vorsorgen kann.“

[54] OLG Braunschweig, Urteil v. 18.12.1997 - 1 U 30/97 -, MDR 1998, 907ff. = VersR 1999, 191 (in VersR nur mit LS).

1. Fehlende technisch-apparative Ausstattung auf Grund von Investitionsdefiziten

Die *CT-Entscheidung*[55] handelt von einer Patientin, die sich wegen eines Anfallleidens in eine Universitätsnervenklinik begab. Bei ihr wurde eine Pneumencephalographie[56] durchgeführt. Infolge eines Gerätedefekts musste die Untersuchung abgebrochen werden; wenig später verstarb die Patientin. Der Senat wies die Klage ab, „obwohl bereits in einigen Universitätskliniken der Bundesrepublik (ob es drei oder vier waren, ist ohne Belang) die Möglichkeit bestand, sie mit dem geringeren Risiko einer noninvasiven Methode – nämlich mittels CTG[57] – zu untersuchen". Entscheidend für die Richter war, dass in der behandelnden Universitätsnervenklinik noch kein Tomograph zur Verfügung stand und die CT sich damals noch in der Erprobungsphase befand. Somit gab es keine Wahl zwischen beiden Methoden. „Die geringe Anzahl der bereitstehenden Geräte zwang zu einer Auswahl der Patienten, an denen eine CTG vorgenommen werden konnte." Der Fall der Patientin sei auch nicht so dringlich gewesen, dass sie in eine mit Tomographen ausgerüstete Klinik – noch bevor bei ihr eine PEG durchgeführt worden war – hätte aufgenommen werden müssen.

Die gleiche Problematik lag der *Elektrokoagulations-Entscheidung*[58] zu Grunde. Bei der Klägerin wurde im Januar 1980 in einer Frauenklinik eine laparoskopische Tubensterilisation mittels Elektrokoagulator, der mit monopolarem Hochfrequenzstrom arbeitete, vorgenommen. Durch die Operation kam es zur Darmverletzung, die zu einer Entzündung führte. Gynäkologische Fachkreise hatten empfohlen, für derartige Operationen einen Koagulator zu verwenden, der mit bipolarem Hochfrequenzstrom arbeitete, weil dieser „vor allem eine größere Sicherheit vor Darmverletzungen bot".[59] In anderen Kliniken wurde die neuere Technik (so auch in einem nicht allzu weit entfernten Krankenhaus) bereits zur Behandlung eingesetzt. Der Krankenhausträger hatte die Anschaffung eines neuen Koagulators, der mit biopolarem Hochfrequenzstrom arbeitete, zum Zeit-

---

55 BGH, Urteil v. 28.02.1984 - VI ZR 106/82 -, NJW 1984, 1810f. = VersR 1984, 470f. = MedR 1984, 230f. — *CT.* Dazu lesenswert *Damm*, NJW 1989, 737ff.

56 Dabei wird nach Entnahme von Liquor durch Lumbalpunktion und Einführung eines Luftgasgemisches versucht, etwaige hirnorganische Veränderungen röntgenologisch zu erfassen.

57 Vorzugswürdiger dürfte es sein, die Abkürzung CT für Computertomographie zu verwenden, weil CTG normalerweise als Abkürzung für Cardiotokogramm bzw. Cardiotokograph benutzt wird.

58 BGH, Urteil v. 22.09.1987 - VI ZR 238/86 -, BGHZ 102, 17ff. = NJW 1988, 763ff. = VersR 1988, 179ff. = MedR 1988, 91ff. = JZ 1988, 411ff. — *Elektrokoagulation.* Kritisch und lesenswert *Damm*, NJW 1989, 737ff.

59 So noch der Wortlaut zu Beginn des Urteils, siehe BGH, Urteil v. 22.09.1987 - VI ZR 238/86 -, BGHZ 102, 17 (21). Dagegen geht der Senat im LS von einem etwas geringeren Komplikationsrisiko aus. Ebenso heißt es im Schlussabschnitt der Entscheidung, siehe BGH, a. a. O., 102, 17 (27): „Andererseits geht es aber nur um eine Verringerung der Komplikationsrate, die ohnehin im Promillebereich liegt."

punkt der Operation „in die Wege geleitet".[60] Die Frauenklinik erhielt das Gerät am Ende des Jahres. In den Entscheidungsgründen ging der VI. Senat lediglich kurz auf eine mögliche Pflichtverletzung ein und verneinte diese im Ergebnis. Danach durften in der Klinik die Operationen bis zum Eintreffen des neuen Gerätes weiter mit monopolarem Hochfrequenzstrom ausgeführt werden. An anderer Stelle[61] führen die Richter weiter aus, dass nicht jeweils eine stets auf dem neuesten Stand gebrachte apparative Ausstattung zur Anwendung gelangen muss, um die Qualitätsstandards einzuhalten. Das Gericht begründet seinen Standpunkt weiterhin wie folgt: „Da aber schon aus *Kostengründen*, anfangs möglicherweise auch wegen eines noch unzureichenden Angebotes auf dem Markt, nicht sofort jede technische Neuerung, die den Behandlungsstandard verbessern kann, von den Kliniken angeschafft werden kann, muss es für eine gewisse Übergangszeit ferner gestattet sein, nach älteren, bis dahin bewährten Methoden zu behandeln, sofern das nicht schon wegen der Möglichkeit, den Patienten an eine besser ausgestattete Klinik zu überweisen, unverantwortlich erscheint."[62] Es wird weiter argumentiert, dass der rasche Fortschritt in der medizinischen Technik zwangsläufig zu Qualitätsunterschieden zwischen einer größeren Universitätsklinik und einer personell und apparativ besonders gut ausgestatteten Spezialklinik gegenüber einem Krankenhaus der Allgemeinversorgung führen muss. Der Senat schlussfolgert daraus, dass deshalb in Grenzen „der zu fordernde medizinische Standard je nach den personellen und sachlichen Möglichkeiten verschieden ist. Er kann in einem kleinen und mittleren Krankenhaus gewahrt sein, wenn jedenfalls die Grundausstattung modernen medizinischen Anforderungen entspricht. Erst eine deutliche Unterausstattung müsste zur Haftung führen, wenn es deswegen zu vermeidbaren Schädigungen der Patienten kommt".[63]

Ganz auf der Linie dieser Rechtsprechung liegt ein neueres Urteil des OLG Oldenburg.[64] Bei der Klägerin wurde nach einer Brustkrebsoperation eine Zweifeld-Telekobaltbestrahlung vorgenommen. Trotz Vorbeugemaßnahmen kam es zu Feldüberschneidungen, die Strahlenschäden verursachten. Die Klägerin vertrat den Standpunkt, dass ihre Körperschäden bei Anwendung der risikoärmeren Einfeldbestrahlung vermeidbar gewesen wären. Die Richter lehnten eine Ver-

---

60 So BGH, a. a. O., 102, 17 (21). Was das Gericht genau darunter versteht, lässt sich dem Urteil nicht entnehmen.

61 An anderer Stelle erfolgt nochmals eine Auseinandersetzung mit der Verletzung von Qualitätsstandards, vgl. BGH, a. a. O., 102, 17 (24). Unter dogmatischen Gesichtspunkten ist das jedoch systemwidrig, weil das Gericht diese Prüfung im Rahmen der Aufklärungspflichtverletzung vornimmt.

62 Kursive Hervorhebung nicht im Original.

63 Unter Hinweis u. a. auf *Steffen*, Neuere Entwicklungslinien der BGH-Rechtsprechung zum Arzthaftungsrecht², S. 28.

64 OLG Oldenburg, Urteil v. 5.03.1996 - 5 U 147/95 -, VersR 1996, 1023ff. — *Zweifeldbestrahlung*.

pflichtung des Krankenhausträgers zur weiteren Zahlung[65] von Schmerzensgeld ab, denn zum Behandlungszeitpunkt sei die Einfeldbestrahlung nur in größeren Kliniken und Universitätskliniken möglich gewesen. Die Zweifeldbestrahlung gehörte noch zur anerkannten Behandlungsmethode; sie entsprach seinerzeit dem geschuldeten „Hausstandard“ für den der Krankenhausträger verantwortlich war.

Bestätigt wurde die Rechtsprechung zuletzt durch das OLG Köln,[66] obwohl der Sachverhalt gegenüber den vorhergenannten Entscheidungen in der Ausgangssituation leicht differiert. Hier hatte die beklagte Universitätsklinik zumindest an Wochentagen für eine halbe Stunde die Möglichkeit, die neuere Technik – hier Computertomograph – in einer radiologischen Klinik zu nutzen. Jedoch konnte in der Zeit nur ein Patient behandelt werden und die Universitätsklinik verfügte über mehr als 1500 Betten. Bei der Klägerin, die noch mit einem Telekobaltgerät behandelt wurde, kam es zu Strahlenschäden. Die Richter urteilten, dass die Strahlentherapie noch dem Standard entsprach, weil die Kapazitätsengpässe nicht dem Klinikträger angelastet werden konnten und formulierten: „Die apparative Ausstattung und das sich daraus ergebende Kapazitätsangebot in einem Krankenhaus wird – auch – von den *finanziellen Ausstattungsmöglichkeiten* bestimmt.[67] Ein Patientenanspruch auf die denkbar beste apparative Ausstattung kann auch in einer Universitätsklinik nicht bejaht werden.“

2. Fehlender Einsatz technisch-apparativer Ausstattung trotz getätigter Investitionen

Im Gegensatz zu den eben dargestellten Entscheidungen sind in dieser Fallgruppe Urteile aufgeführt, in denen die *Investitionen* bereits *getätigt* wurden. Aus diversen Gründen wurden aber die *vorhandenen Gerätschaften* nicht bei der Behandlung eingesetzt.

In einer BGH-Entscheidung[68] wurde der Kläger in einem Hospital mit einer hirnorganischen Fehlfunktion geboren. Die Schädigung führte er auf eine zu späte Schnittentbindung zurück. Während des Geburtsvorganges war zunächst ein Cardiotokograph[69] angeschlossen; in der entscheidenden Phase war der Ap-

---

65 Im Hinblick auf ein im Schlichtungsverfahren erstelltes Gutachten zahlte die Haftpflichtversicherung der Krankenhausträgerin wegen der Schädigungen der Klägerin vorprozessual ein Schmerzensgeld in Höhe von 25.000,- DM. Im Prozess machte die Klägerin neben weiteren Schmerzensgeldforderungen ebenfalls Schadensersatzansprüche in Form einer monatlichen Rente geltend.

66 OLG Köln, Urteil v. 19.08.1998 - 5 U 103/97 -, VersR 1999, 847f. — *Telekobalt.*

67 Kursive Hervorhebungen nicht im Original.

68 BGH, Urteil v. 28.06.1988 - VI ZR 217/87 -, NJW 1988, 2949ff. — *Cardiotokograph.* Dazu aus der Literatur *Röfer*, Zur Berücksichtigung wirtschaftlicher Überlegungen bei der Festlegung arzthaftungsrechtlicher Sorgfaltsanforderungen, S. 92.

69 Dabei handelt es sich um ein Gerät zur fortlaufenden apparativen Aufzeichnung der

parat aber für über 3 Stunden funktionsunfähig. Das Gericht entschied, dass eine Pflichtverletzung des Krankenhausträgers vorlag. Dem stand auch nicht entgegen, dass „der damals zu gewährleistende medizinisch-apparative Ausrüstungsstandard von Krankenhäusern es (noch) nicht gebot, Cardiotokographen einzusetzen". Da ein solches Gerät jedoch vorhanden und zunächst auch angeschlossen war, musste von der Möglichkeit zu dessen Einsatz gerade in der kritischen Phase Gebrauch gemacht werden.

Die Rechtsprechung in dieser Fallgruppe geht auf ein Urteil[70] des BGH aus dem Jahr 1983 zurück. Die Klägerin warf dem beklagten Krankenhausträger vor, ihre Erblindung sei auf eine retrolentale Fibroplasie infolge einer Überdosierung mit Sauerstoff im Inkubator zurückzuführen. Die erhöhte Konzentration hätte vermieden werden können, wenn der Sauerstoffpartialdruck des Blutes während der Sauerstoffbehandlung ausreichend kontrolliert worden wäre. Im Krankenhaus war für die Untersuchung kapillären Blutes ein Messgerät vorhanden. Dass das Gerät defekt war, konnte aus Sicht des Gerichtes den Beklagten nicht entlasten. Er hätte dann eben für eine Reparatur sorgen müssen. Die regelmäßige Messung des Sauerstoffpartialdruckes habe zwar damals noch nicht zum Standard der ärztlichen Versorgung gerechnet werden können, weil in den meisten Kliniken der Bundesrepublik Deutschland und ca. der Hälfte der Universitätskliniken diese in vergleichbaren Fällen nicht vorgenommen worden sei. Darauf kam es aber nicht an, sondern nur darauf, ob mit den vorhandenen technischen Mitteln diese Behandlung auch durchgeführt werden konnte. War dies wie hier tatsächlich möglich, dann bestand im Interesse der Patientin dazu auch eine Verpflichtung.[71]

Der BGH[72] bestätigte später seine Rechtsprechung. Bei einem Patienten wurde ein älteres Bestrahlungsverfahren durchgeführt, obwohl die Klinik bereits mit moderner Technik ausgerüstet war. Deshalb vertraten die Richter den Standpunkt, dass unter den Umständen viel dafür sprach, dass die Anwendung der Mehrfeldtechnik jedenfalls dem für eine Universitätsklinik in Bezug auf die Apparateausstattung vorzuhaltenden höheren Standard im Jahr 1982 nicht mehr genügte.[73] Insbesondere deshalb nicht, weil in der Klinik die für die Anwendung der Großfeldtechnik erforderlichen Geräte vorhanden waren.

---

kindlichen Herzschlagfrequenz und der Wehentätigkeit bei Schwangeren.

70 BGH, Urteil v. 10.05.1983 - VI ZR 270/81 -, NJW 1983, 2080ff. = JZ 1983, 963ff. — *Sauerstoffpartialdruck.*

71 Umfassend zu diesem Urteil und im Ergebnis zustimmend *Stürner*, JZ 1983, 965ff.

72 BGH, Urteil v. 26.11.1991 - VI ZR 389/90 -, NJW 1992, 754ff. = VersR 1992, 238ff. — *Großfeldtechnik.*

73 Sehr kritisch *Giesen*, Arzthaftungsrecht, Rdnr. 118, Fn. 313, der darauf verweist, dass die Mehrfeldtechnik bereits seit 1973 veraltet war. Auf diesen zeitlichen Aspekt, auf den der Sachverständige in der Vorinstanz hinwies, ist der BGH in seinen Entscheidungsgründen nicht näher eingegangen.

3. Einsatz technisch-apparativer Ausstattung an der „unteren Bandbreite“ des Standards

Hierbei geht es um zwei Urteile,[74] bei denen die Frage beantwortet werden musste, ob die Qualität der Behandlung *überhaupt noch dem Standard entsprach*. Weiterhin wird knapp aufgezeigt, dass der BGH in dem Zusammenhang auch wirtschaftliche Folgenerwägungen diskutiert.

In dem bekannten *Radiumeinlagen-Fall*[75] trat zum Nichteinsatz vorhandener apparativer Möglichkeiten noch das Unterlassen einer weiteren Behandlungsmaßnahme in einem Kreiskrankenhaus – trotz auch hierfür vorhandener Ausstattung – hinzu. Die Klägerin erhielt bei der Behandlung eines Gebärmutterhals-Karzinoms Radiumeinlagen verordnet, die in mehrmaligen Abständen appliziert wurden. Strahlungsbedingt trat in der Folgezeit u. a. eine Verklebung der Vagina ein. Dafür sei nach Ansicht der Klägerin die fehlende Messung der Strahlendosis während der Radium-Therapie verantwortlich gewesen. Des Weiteren habe man eine ebenso erforderliche röntgenologische Lagebestimmung der Einlagen unterlassen. Die Richter schlossen sich dem Vortrag der Klägerin an. Da die Einrichtung seit über drei Monaten ein Dosisleistungsmessinstrument besaß, „fehlt jede einleuchtende Erklärung dafür, warum es dann bei der Klägerin nicht eingesetzt worden ist“. Es wurde also zum wiederholten Mal hervorgehoben, dass vorhandene Apparaturen auch eingesetzt werden müssen.[76] Da es auch keinen Grund gab, auf eine Röntgenkontrolle zu verzichten, stellte das Gericht weiter fest, dass „im Kreiskrankenhaus keine ausreichenden Bedingungen für eine dem zu erwartenden Standard entsprechende Behandlung der Klägerin vorlagen“. Die Klägerin musste von vornherein in eine andere Einrichtung überwiesen werden, welche nach ihrer personellen und apparativen Ausstattung den geforderten Standard aufwies. Das Unterlassen der Überweisung dürfte somit eine Pflichtverletzung darstellen,[77] weil die Behandlung angesichts der nicht ausreichenden Therapiemöglichkeiten abzulehnen war und sich das Kreiskrankenhaus lediglich „in der unteren Bandbreite“ des Standards bewegte.

Die Linie, dass der Krankenhausträger bei (vermeidbaren) Mängeln in der technisch-apparativen Ausstattung gegebenenfalls auf die Behandlung verzichten muss, hatte der BGH bereits in einem *obiter dictum* im *Vapor-Fall*[78] vorge-

---

[74] BGH, Urteil v. 30.05.1989 - VI ZR 200/88 -, VersR 1989, 851f. — *Radiumeinlagen* und v. 11.10.1977 - VI ZR 110/75 -, NJW 1978, 584ff. — *Vapor.*

[75] BGH, Urteil v. 30.05.1989 - VI ZR 200/88 -, NJW 1989, 2321ff. = VersR 1989, 851f. = MedR 1989, 322f. — *Radiumeinlagen.* Vgl. dazu *Dunz*, MedR 1989, 322.

[76] Im Urteil wird dabei auf eine Entscheidung des BGH, Urteil v. 28.06.1988 - VI ZR 217/87 -, NJW 1988, 2949ff. — *Cardiotokograph*, verwiesen. Zum Sachverhalt dieser Entscheidung oben Kapitel 3, B, II., 1., b).

[77] Eine endgültige Aussage hat der BGH nicht getroffen. Er hob jedoch das Urteil der Vorinstanz auf und verwies zur endgültigen Entscheidung an einen *anderen* Senat des Berufungsgerichtes zurück.

[78] BGH, Urteil v. 11.10.1977 - VI ZR 110/75 -, NJW 1978, 584ff. = VersR 1978, 82ff. =

zeichnet. Dort wurde wegen Umbauarbeiten im Operationssaal die technisch-apparative Ausstattung – hier ein Narkosegerät – auf dem Flur abgestellt. Zwar entsprach die Ausrüstung dem damaligen Organisationsstandard eines Krankenhauses, jedoch führte das Abstellen auf dem hoch frequentierten Flur zu einer unzureichenden Wartung und Überwachung des Narkosegerätes. Nach Auffassung der Richter war fraglich, ob insbesondere die verletzungs- und verschleißanfälligen Anschlussschläuche des Vapors einer solchen Gefahr ausgesetzt werden durften. Vielmehr wäre zu prüfen gewesen, ob diese Unzulänglichkeiten die Fortführung des Operationsbetriebs auch in nicht unter Zeitdruck stehenden Fällen überhaupt erlaubten.

III. Einsatz sachlicher Mittel und Patientensicherheit

Im folgenden Abschnitt wird darauf eingegangen, dass sowohl beim Einsatz medizinisch-technischen Gerätes als auch bei der Verwendung von einfachen medizinischen (Hilfs-)Geräten[79] die Sicherheit der Patienten im Vordergrund steht. Direkt werden Kostengesichtspunkte in den Entscheidungen nicht behandelt. Bei den einfachen medizinischen Geräten könnte jedoch die Vermutung dafür bestehen, dass wirtschaftliche Aspekte für das Handeln der Krankenhausträger mit entscheidend waren. Ein Sonderproblem stellt die Ausstattungsvorhaltung mit Arzneimitteln und Implantaten dar, hierbei wurden wirtschaftliche Erwägungen explizit erwähnt.

1. Einsatz medizinisch-technischer Geräte

Es handelt sich um Sachverhalte, bei denen Investitionen in die technischen Gerätschaften getätigt und die Apparaturen auch bei der Behandlung eingesetzt wurden. Für den Krankenhausträger ist dabei die Pflicht zur Gefahrenabwehr oberstes Gebot.

Im *Vapor-Fall,*[80] das als Grundsatzurteil[81] bzw. Meilenstein[82] dieser Kategorie bezeichnet wird, legte der VI. Senat *zumutbare* Sorgfaltsanforderungen und Überwachungspflichten für den Krankenhausträger fest. Einerseits wurde herausgestellt, dass die vom Krankenhausträger zur Behandlung eingesetzten Ärzte

---

JZ 1978, 275ff. — *Vapor.*

79 Zur Erläuterung des Begriffs oben Kapitel 2, D.

80 BGH, Urteil v. 11.10.1977 - VI ZR 110/75 -, NJW 1978, 584ff. = VersR 1978, 82ff. = JZ 1978, 275ff. — *Vapor.* Siehe zu Teilen des Sachverhalts das zuletzt dargestellte Urteil oben Kapitel 3, B, II., 3.

81 *Giesen*, Arzthaftungsrecht, Rdnr. 119.

82 *Deutsch*, JZ 1978, 277 (278).

„keine Techniker im Arztkittel" sind, andererseits aber betont, dass mit den eingesetzten Geräten auch *sicher* umgegangen werden muss.[83]

Angeklungen war dies bereits durch das RG[84] und in einer älteren BGH-Entscheidung.[85] Dabei erlitt der Patient bei einer fehlerhaften Narkose – in Form einer Intubationsbeatmung unter Verwendung eines Gummitubus mit Ballon – schwere Verletzungen. Das Gericht stellte fest, dass der Beklagte für ein ordnungsgemäß funktionierendes Gerät sorgen muss. Mängel jeglicher Art seien auszuschließen; dies müsse durch eine sorgfältige Prüfung vor der Anwendung geschehen.

Auf der gleichen Linie liegen Entscheidungen der Instanzgerichte. Beispielhaft sei auf eine des OLG Düsseldorf[86] verwiesen, in der es um die operative Behandlung einer Dupuytrenschen Kontraktur ging. Der Kläger erlitt eine periphere Nervenschädigung, weil bei der am Oberarm angelegten Druckmanschette der zulässige Manschettendruck auf Grund eines defekten Druckmanometers überschritten wurde. Die Richter verurteilten die Krankenhausträgerin mit folgender Begründung: „Da die Bekl. den Kl. zur Heilbehandlung als Patienten aufgenommen hatte, bestand für sie die vertragliche und allgemeine Verpflichtung, für die Operation [...] einwandfreie Geräte bereitzustellen."[87] Durch technische Kontrollen hätte gewährleistet werden müssen, dass das Druckmanometer beim Einsatz funktionsfähig ist und fehlerfrei arbeitet. Das OLG hob hervor, dass eine Organisationspflichtverletzung des Krankenhausträgers vorlag, da die Geräte erst ausgesondert wurden, nachdem sich die Unzulänglichkeit intraoperativ ergeben hatte und eine Schädigung aufgetreten war. Zur Sicherheit des Patienten sind deshalb Kontrollen und Weisungen erforderlich, mit denen gewährleistet wird, dass nur ordnungsgemäß arbeitende Messgeräte eingesetzt werden. Dies schließt ebenfalls mit ein, dass bei geringstem Verdacht einer Beschädigung eine Aussonderung solcher Apparate erfolgen muss.[88]

---

83 Zustimmend zur Beweislastumkehr in dieser Entscheidung *Baumgärtel*, JR 1978, 373f.

84 RG, Urteil v. 19.06.1914, III. Zivilsenat. Siehe ausführlicher zum Tatbestand und den Entscheidungsgründen die Darstellung bei *Ebermayer*, Der Arzt im Recht, S. 135. Der Arzt hatte nach einer Unterleibsoperation der noch in Narkose liegenden Patientin einen Heißluftapparat zur Erwärmung des behandelten Körperteils aufgelegt und sich dann entfernt. Das Gerät entzündete sodann die Matratze, die Klägerin erlitt schwere Verbrennungen. Ihrer Klage wurde stattgegeben. Die Richter entschieden, dass eine ständige Überwachung der Patientin hätte erfolgen müssen, da nicht darauf vertraut werden durfte, dass der zum erstenmal eingesetzte Heißluftapparat „ganz ungefährlich" ist.

85 BGH, Urteil v. 24.06.1975 - VI ZR 72/74 -, NJW 1975, 2245f. = VersR 1975, 952ff. — *Gummitubus*.

86 OLG Düsseldorf, Urteil v. 31.10.1984 - 8 U 66/82 -, VersR 1985, 744ff. — *Dupuytrensche Kontraktur II*. Vgl. dazu *Giesen*, Arzthaftungsrecht, Rdnr. 118.

87 Mit Verweis auf BGH, Urteil v. 24.06.1975 - VI ZR 72/74 -, VersR 1975, 952ff. — *Gummitubus*. Siehe zum Sachverhalt oben in diesem Abschnitt.

88 Ebenso das OLG Hamm, Urteil v. 1.10.1979 - 3 U 90/79 -, VersR 1980, 1030f. — *Dupuytrensche Kontraktur I*, wo es um die konservative Behandlung einer Dupuytrenschen

2. Einsatz einfacher medizinischer Geräte

Dass der Krankenhausträger für die Sicherheit des Patienten nicht nur bei der Verwendung von medizinisch-technischem, sondern ebenso bei einfachem medizinischen Gerät einzustehen hat, wird nunmehr aufgezeigt. Unter Berücksichtigung ökonomischer Erwägungen drängt sich hierbei die Frage auf, ob das Verwenden von Gummiflasche und Katheter über die Verfallsdaten hinaus geschah, um Kosten für Neuanschaffungen zu vermeiden.

In einem BGH-Urteil[89] wurde eine mit heißem Wasser gefüllte Gummiwärmflasche zur Bekämpfung von Untertemperatur in den Inkubator eines Frühgeborenen gelegt. Infolge eines Risses in der Wärmflasche entstanden beim Kind Verbrühungen, die eine Teilamputation des Fußes notwendig machten. Der VI. Senat sah in der Verwendung der Wärmflasche eine Organisationspflichtverletzung des Beklagten. Er hätte dafür sorgen müssen, dass die Wärmflaschen nur für eine bestimmte Zeit gebraucht und nach angemessener Zeit ausgemustert werden. Dafür wäre z. B. die Anzahl von Gebrauchsfällen bzw. die Gebrauchsdauer zu regeln gewesen.[90] Wegen der Sicherheit der Kinder im Inkubator war es unzureichend die Flaschen erst dann auszusondern, wenn die vorgenommene Verschlussdichtigkeit einen Defekt ergab.

Das OLG Köln[91] hob in einem neueren Urteil die Gewährleistung der Sicherheit des Patienten nochmals ausdrücklich hervor. Beim Kläger wurden suprapubische Katheter gelegt, deren Verfallsdauer seit mehreren Jahren – zwei bzw. drei Jahre – überschritten war. Durch die abgelaufenen Katheter stellte sich ein Harnwegsinfekt ein, der zu einer schweren Sepsis führte. Daneben wurden bei einer Blasenspülung Silikonreste ausgeschwemmt. Die Richter stellten in den Entscheidungsgründen heraus, dass ein Einbringen solcher Katheter „völlig unverständlich" war. Es gebe keinen auch nur ansatzweise nachvollziehbaren Grund für ein solches Verhalten.

3. Einsatz medizinischer „Hilfsgeräte"

Auch beim Einsatz von medizinischem „Hilfsgerät" ist die Sicherheit des Patienten oberstes Gebot. Dem Krankenhausträger obliegen entsprechende Gefahrabwendungspflichten, wenn er bei der Behandlung auf den Einsatz derartiger Geräte zurückgreift.

Kontraktur ging. Dabei erlitt die Klägerin eine Strahlenüberdosis bei der Behandlung, weil das Bestrahlungsgerät nicht hinreichend überwacht wurde.

89 BGH, Urteil v. 1.02.1994 - VI ZR 65/93 -, VersR 1994, 562f. — *Gummiwärmflasche.*

90 Kritisch dazu *Uhlenbruck*, JZ 1994, 789.

91 OLG Köln, Urteil v. 30.01.2002 - 5 U 106/01 -, VersR 2003, 1444f. — *Katheter.*

Das OLG Köln[92] hatte einen Fall zu entscheiden, in welchem eine Patientin während der Behandlung von einer Untersuchungsliege fiel und sich dadurch verletzte. Das Gericht verurteilte die Beklagte zur Zahlung eines Schmerzensgeldes und führte aus: „[D]ie Behandlungsseite [hat] die Organisation von Diagnostik und Therapie so zu organisieren [...], dass jede vermeidbare Gefährdung der Patienten ausgeschlossen ist.“ Der Senat verwies auf frühere Urteile, wo der Schutz von Patienten bei Benutzung technisch-apparativer Gerätschaften herausgearbeitet wurde.[93]

Der VI. Senat des BGH[94] entschied kurze Zeit später über einen Fall, der sich in einer orthopädischen Klinik nach einer Operation ereignete. Hierbei stürzte die Klägerin aus einem Duschstuhl[95] und verletzte sich. Nach dem Standpunkt des Gerichts wurden die Anforderungen, die dem Krankenhausträger bezüglich der Sicherheit der Patienten oblagen, verletzt, weil er seiner vertraglichen sowie deliktischen Verpflichtung zu sachgerechter pflegerischer Betreuung nicht nachkam.

4. Sonderproblem: Ausstattung mit Arzneimitteln und Implantaten

Dass Gefahrabwendungspflichten für den Krankenhausträger nicht grenzenlos sind und unter gewissen Umständen (im Rahmen der wirtschaftlichen Zumutbarkeit) doch eine Einschränkung von der Rechtsprechung akzeptiert wird, verdeutlicht vor allem das zweite Urteil des OLG Oldenburg,[96] wo die Richter eine Nutzen/Kosten-Abwägung vornahmen.

---

92 OLG Köln, Urteil v. 21.06.1989 - 27 U 156/88 -, VersR 1990, 1240f. — *Untersuchungsliege.*

93 Mit Hinweis auf BGH, Urteil v. 29.05.1979 - VI ZR 137/78 -, VersR 1979, 844f.; v. 24.06.1980 - VI ZR 106/79 -, VersR 1980, 822f.; v. 3.11.1981 - VI ZR 119/80 -, VersR 1982, 161ff. Bei der erstgenannten Entscheidung des BGH (VersR 1979, 844f.) ging es um die Sicherheit eines Patienten während eines Narkosezwischenfalls. Die Ursache des Zwischenfalls war auf den vorübergehend erheblich abfallenden Sauerstoffdruck am Narkosegerät zurückzuführen. Die Richter meinten, dass zu einer ordnungsgemäßen Organisation der Behandlung auch die Kontrolle und Bedienung des Narkosegeräts gehört. Im zweiten Urteil des BGH (VersR 1980, 822f.) ging es um eine Klage gegen den Krankenhausträger. Dabei handelte es sich ebenfalls um einen Narkosezwischenfall – wobei sich die Schlauchverbindung zwischen der Beatmungsmaschine und dem Narkosekreislaufteil löste –, der auf Überwachungsversäumnisse während der Operation beruhte. Im dritten vom BGH (VersR 1982, 161ff.) zu entscheidenden Sachverhalt wurde dem Krankenhausträger eine Organisationspflichtverletzung wegen mangelnder Organisation der Hygiene vorgeworfen. Siehe dazu noch unten Kapitel 3, B, IV, 2., wo das Urteil ausführlicher dargestellt ist.

94 BGH, Urteil v. 25.06.1991 - VI ZR 320/90 -, VersR 1991, 1058f. — *Duschstuhl.*

95 Dabei handelt es sich um einen leichten Spezialrollstuhl.

96 OLG Oldenburg, Urteil v. 12.11.1996 - 5 U 60/96 -, VersR 1997, 1535ff. — *Hüftgelenkimplantate.*

Der BGH[97] hatte die Frage zu beantworten, ob eine Organisationspflichtverletzung des Krankenhausträgers vorlag, weil er ein Medikament nicht rechtzeitig zur Verfügung stellen konnte. Zur Normalisierung der Blutgerinnung wurde ein Prothrombinbkomplexpräparat (PPSB) verabreicht, das allerdings mit dem hohen Risiko einer Hepatitis-Infektion behaftet war, die sich beim Kläger auch verwirklichte. Unstreitig war, dass man dieses Risiko durch die Verwendung des kaltsterilisierten Präparates „PPSB-Hepatitis-sicher“ entscheidend hätte verringern können. Der Kläger verlangte Schmerzensgeld, weil der Beklagte das sichere Präparat nicht vorrätig hatte. Ein Sachverständiger verwies darauf, dass „das sichere PPSB-Präparat aus möglicherweise *versorgungstechnischen Gründen* nicht universell eingesetzt worden [sei]“.[98] Wegen dieser Versorgungsengpässe konnte das Medikament nach dem Gutachten auch nicht im ausreichenden Maße zur Verfügung stehen. Das Gericht schloss sich aber dem Vortrag des Klägers an. Zwar können die Ausführungen des Sachverständigen „darauf hindeuten, dass ein kleineres Krankenhaus wie das des Bekl. das Mittel nicht vorrätig haben musste“. Dies bedurfte aber keiner weiteren Erläuterung, denn nach Ansicht der Richter hätte „angesichts der hohen Risiken des normalen PPSB-Präparates wenigstens eine Zusammenarbeit mit anderen Kliniken organisiert werden müssen, die das Mittel vorrätig hatten“.

Über die Vorratshaltung von Hüftgelenkimplantaten entschied das OLG Oldenburg.[99] Beim Kläger wurde operativ die Hüfte geöffnet. Da wegen unzureichender Passform keine von den vier vorhandenen Keramik-Titan-Prothesen eingesetzt werden konnte, musste auf eine Chrom-Kobalt-Molybdän-Prothese zurückgegriffen werden, gegen die der Kläger nach eigenen Angaben allergisch reagierte. Da zuvor bei Allergietestungen keine allergischen Reaktionen auftraten, wurde das Verhalten des Krankenhausträgers nicht beanstandet. Ebenso akzeptierte das Gericht die Vorhaltung von (lediglich) vier Keramik-Titan-Prothesen. Zur Begründung gingen die Richter zunächst auf medizinische Aspekte ein. Das Ausmaß des Verlustes an Knochensubstanz könne erst während der Operation zuverlässig festgestellt werden, damit sei aber eine definitive Entscheidung über die Implantatgrößen nur intraoperativ, gegebenenfalls durch eine Probereposition und nicht bereits präoperativ endgültig planbar gewesen. Zur Unterstützung des Ergebnisses verwiesen die Richter weiterhin auf wirtschaftliche Erwägungen: „Der Senat ist im Übrigen mit dem Sachverständigen [...] der Auffassung, dass es auch aus *Kostengründen* unrealistisch ist, alle möglichen Implantate, die als Endoprothesen in Betracht kommen, ständig vorzuhalten. Wegen des nicht mehr *zu vertretenen Aufwands* war der Bekl. [...] daher

---

97 BGH, Urteil v. 11.12.1990 - VI ZR 151/90 -, NJW 1991, 1543f. = JZ 1991, 673ff. — *PPSB-Präparate.* Zustimmend *Giesen*, JZ 1991, 677.

98 Kursive Hervorhebungen nicht im Original.

99 OLG Oldenburg, Urteil v. 12.11.1996 - 5 U 60/96 -, VersR 1997, 1535ff. — *Hüftgelenkimplantate.*

nicht verpflichtet, vorsorglich weitere Zwischengrößen der Titanprothesen bereitzustellen.“[100]

IV. Hygiene und Patientensicherheit

Die Beispiele aus der Hygiene können in drei Gruppen unterteilt werden. In der ersten geht es um hygienische Bedingungen, die im Objekt Krankenhaus auf Grund von Investitionsmängeln herrschten. Die zweite Gruppe betrifft Urteile, in denen es um die Sicherheit von Patienten während der Behandlung im Zusammenspiel mit den hygienischen Voraussetzungen geht. Abschließend werden Entscheidungen besprochen, in denen die Häufigkeit des Gebrauchs von „Einmalwaren“ zur Diskussion stand.

1. Fehlender Hygienestandard auf Grund von Investitionsmängeln

Zwei ältere Urteile[101] zeigen sehr schlechte hygienische Verhältnisse auf, denen Patienten in Krankenhäusern ausgesetzt waren. Diese wurden vom Krankenhausträger z. T. auf seine finanzielle Situation zurückgeführt; dabei berücksichtigt die Rechtsprechung in ihrer Argumentation auch wirtschaftliche Folgenerwägungen.

Einer BGH-Entscheidung[102] lag ein Sachverhalt zu Grunde, der sich zu Beginn der fünfziger Jahre ereignete. Eine Mutter wurde zur baldigen Entbindung ins Hospital eingewiesen, wo sie die Klägerin gesund zur Welt brachte. Wenige Tage später jedoch erlitt die Klägerin eine Infektion durch Staphylokokken, die zu einem schweren septischen Zustand führte; sie konnte gerettet werden, trug aber Dauerschäden davon. Die Klägerin macht die Krankenhausträgerin für die Verletzungen verantwortlich, da durch die ungenügende Ausstattung und Abgrenzung zu anderen septischen Patienten eine Entbindung im Hospital nicht hätte stattfinden dürfen. In dem Zusammenhang war unstreitig, dass durch das Gesundheitsamt zuvor wiederholt schriftliche Beanstandungen erhoben und die Möglichkeit der polizeilichen Schließung erwähnt wurde. Der Krankenhausträger führte die Verhältnisse auf die „durch die Nachkriegszeit bedingten *wirtschaftlichen Schwierigkeiten*“ zurück.[103] Der VI. Senat hob das Urteil der Vorinstanz auf,[104] weil die Klägerin in dem insgesamt unzulänglich ausgestatteten, organisierten und geleiteten Hospital einer nicht mehr *zumutbaren* erhöhten Infek-

---

100 Kursive Hervorhebungen nicht im Original.

101 BGH, Urteil v. 10.11.1970 - VI ZR 83/69 -, NJW 1971, 241ff. — *Staphylokokken* und OLG Köln, Urteil v. 16.03.1978 - 18 U 198/77 -, NJW 1978, 1690f. — *Infiziertes Knie.*

102 BGH, Urteil v. 10.11.1970 - VI ZR 83/69 -, NJW 1971, 241ff. — *Staphylokokken.*

103 Hervorhebungen nicht im Original.

104 Die Klägerin hatte zuvor erfolglos Klage erhoben und ebenfalls erfolglos Berufung (beim OLG Koblenz) eingelegt!

tionsgefahr durch das Zusammentreffen einzelner Missstände und Versäumnisse ausgesetzt war. Zum einen sei offensichtlich gewesen, dass die wiederholt von der Gesundheitsbehörde beanstandeten Verhältnisse nicht günstig, sondern „höchstens noch an der Untergrenze des Tragbaren waren". Zum anderen zogen die Richter zur Begründung der Entscheidung weitere vorhandene Beweisanzeichen heran. Diese wirkten sich nicht unmittelbar auf die Klägerin aus, sollten aber auch nicht gänzlich unberücksichtigt bleiben. Dabei wurde auf die entgegen aller Hygienebestimmungen in dem Krankenhaus vorgenommene „Operation eines Hundes" und „auf die Beseitigung eines amputierten Beins durch Mitgabe an eine Angehörige" hingewiesen. Das Gericht hielt weiter fest, dass die Beklagte ohne Schwierigkeiten auf die Aufnahme von Mutter und Klägerin hätte verzichten können.

Über ähnlich schlechte hygienische Verhältnisse entschied das OLG Köln.[105] Hier wurde die Klägerin einer nicht dringlichen Operation am Knie unterzogen, wobei eine Infektion auftrat. Diese führt sie darauf zurück, dass „im Operationssaal sowie auf der Station insbesondere durch das Vorhandensein von Ratten, Tauben, Kakerlaken und sonstigem Ungeziefer im Klinikbereich bzw. im Krankenzimmer unsterile und unhygienische Verhältnisse geherrscht hätten und dass durch die zu dieser Zeit stattfindenden Umbauarbeiten auf der Station ein weiterer erheblicher Schmutzanfall stattgefunden habe". Das Gericht verurteilte den Krankenhausträger zur Zahlung von Schmerzensgeld und stellte auch fest,[106] dass „die hygienischen Bedingungen nicht günstig, sondern höchstens noch an der Untergrenze des Tragbaren" waren.

Dagegen wurde der Krankenhausträger in der Entscheidung des OLG Saarbrükken[107] nicht verurteilt. Auch hier trug der Kläger vor, dass die Infektion der Operationswunde auf unzureichende hygienische Verhältnisse im Krankenhauses zurückzuführen sei. Der Senat stellte zwar heraus, dass die baulich-hygienischen Verhältnisse im Krankenhaus nicht mehr den durch das Bundesgesundheitsamt geforderten aseptischen Anforderungen der Knochenchirurgie entsprachen und daher als solche ein erhöhtes Infektionsrisiko begründeten. Nach Ansicht des Gerichts konnten durch gute betrieblich-organisatorische Maßnahmen die baulichen Mängel jedoch gemindert werden, was sich aus der im Normbereich liegenden Infektionsquote des Krankenhauses ableiten lasse. Dementsprechend stellte die Aufnahme des Klägers noch keine Pflichtverletzung dar.

---

105 OLG Köln, Urteil v. 16.03.1978 - 18 U 198/77 -, NJW 1978, 1690f. — *Infiziertes Knie.* Vgl. dazu *Kleinewefers*, VersR 1981, 99 (102).

106 Unter Anknüpfung und Verweis auf die zuvor genannte Entscheidung des BGH, Urteil v. 10.11.1970 - VI ZR 83/69 -, NJW 1971, 241ff. — *Staphylokokken.*

107 OLG Saarbrücken, Urteil v. 13.06.1990 - 1 U 145/86 -, VersR 1992, 52ff. — *Hygienekompensation.* Der BGH nahm die Revision des Klägers durch Beschluss v. 12.03.1991 - VI ZR 251/90 - nicht an.

2. Gefahrabwendungspflichten des Krankenhausträgers im Hygienebereich

Es folgen Sachverhalte, bei denen die Frage geklärt werden musste, welche Maßnahmen dem Krankenhausträger im Bereich der Hygiene *zuzumuten* sind, damit er seinen Gefahrabwendungspflichten gerecht wird. Die Rechtsprechung ist einheitlich und stellt hohe Anforderungen für die Sicherheit der Patienten, ohne dabei auf Kostenprobleme einzugehen.

In einer BGH-Entscheidung[108] erlitt die Klägerin kurz nach der Entbindung Rötungen und Blasenbildungen ihrer Haut, die auf Verunreinigungen des zur Desinfektion verwandten Alkohols beruhten. Der VI. Senat verurteilte den Krankenhausträger wegen einer Organisationspflichtverletzung und stellte bei seinen Ausführungen die Sicherheit der Patientin in den Vordergrund; denn solche Vorfälle müssen in einer Klinik vermieden werden. So heißt es im Urteil: „Dass zur Krankenbehandlung bestimmte Chemikalien ‚zufällig' mit anderen sie zersetzenden Stoffen vermischt werden, darf im Krankenhaus nicht vorkommen; dem muss der Träger durch geeignete organisatorische Maßnahmen vorbeugen."[109]

Derselbe Senat bestätigte seine Rechtsprechung in einem kurze Zeit später ergangenen Urteil.[110] Dort wurde der Klägerin eine verunreinigte Infusionslösung verabreicht, wodurch sie einen septischen Schock erlitt. Ursache der unsterilen Lösung war die objektiv fehlerhafte Herstellung der Infusion im Organisationsbereich des Krankenhausträgers. Das Gericht stellte fest, dass der Organisationsbereich, in dem die Verseuchung entstanden war, voll vom beklagten Krankenhausträger beherrscht wurde. Somit musste er alle erforderlichen Maßnahmen treffen, um derartige Fehler zu vermeiden.[111]

Ganz auf dieser Linie liegen zwei weitere BGH-Urteile[112] aus den neunziger Jahren. In dem ersten[113] wurde der Ehefrau des Klägers bei einer Operation in der beklagten Universitätsklinik Blut transfundiert, welches aus einer mit dem Human-Immundefizienz-Virus (HIV) kontaminierten Blutkonserve stammte. Die gewonnene Blutkonserve stammte aus dem Blut eines damals unerkannt HIV-infizierten Dauerspenders, der einer Risikogruppe angehörte. Die Richter sahen

---

108 BGH, Urteil v. 9.05.1978 - VI ZR 81/77 -, VersR 1978, 764ff. (erste Revisionsentscheidung) — *Verunreinigter Alkohol.*

109 Siehe dazu ebenfalls die zweite Revisionsentscheidung des BGH, Urteil v. 7.06.1983 - VI ZR 171/81 -, VersR 1983, 735ff. — *Verunreinigter Alkohol.*

110 BGH, Urteil v. 3.11.1981 - VI ZR 119/80 -, VersR 1982, 161ff. = JR 1982, 197f. — *Unsterile Infusionsflüssigkeit.*

111 Zustimmend *Schlund*, JR 1982, 198f.

112 BGH, Urteil v. 30.04.1991 - VI ZR 178/90 -, NJW 1991, 1948ff. = VersR 1991, 817ff. — *HIV kontaminiertes Blut* und v. 8.01.1991 - VI ZR 102/90 -, VersR 1991, 467ff. — *Keimträger.*

113 BGH, Urteil v. 30.04.1991 - VI ZR 178/90 -, NJW 1991, 1948ff. = VersR 1991, 817ff. — *HIV kontaminiertes Blut.* Im Ergebnis dem BGH zustimmend *Spickhoff*, JZ 1991, 756 (757); kritisch zur Begründung dagegen *Deutsch*, NJW 1991, 1937 (1938).

in dem Verhalten der Beklagten eine Pflichtverletzung, weil sie das damals (1984) unvermeidbare Restrisiko nicht mit allen ihr zu Gebote stehenden Maßnahmen ausschloss. Zwar gab es noch keine ausreichende Testmethode zum Nachweis von HIV-Antikörpern im Blut, die Universitätsklinik war jedoch verpflichtet, „alle *zumutbaren* Maßnahmen zu ergreifen, um die Angehörigen von Risikogruppen, namentlich auch Homosexuelle, [...] von einer Teilnahme am Blutspenden auszuschließen".[114]

Im letzten Urteil[115] dieser Fallgruppe ging es um die Haftung des Krankenhausträgers bei der Infizierung einer Operationswunde durch einen Keimträger aus dem Operationsteam. Auch hier entschieden die Richter, dass der Krankenhausträger den Hygieneerfordernissen nur gerecht wird, wenn alle organisatorischen und technischen Vorkehrungen getroffen werden, um vom Operationsteam ausgehende vermeidbare Keimübertragungen zu verhindern.[116]

3. Sonderproblem: Gebrauch von Einwegartikeln

Dass Hygienemaßnahmen durchaus mit Kostenproblemen im Zusammenhang stehen, verdeutlichen die beiden nachfolgenden Fälle, bei denen es um den Gebrauch von Einwegartikeln geht.

Das OLG Zweibrücken[117] entschied einen Fall, in dem ein Patient an einer nicht beherrschbaren Pseudomonas-Sepsis starb. Diese war wahrscheinlich auf eine transseptale Herzkatheteruntersuchung zurückzuführen, weil bei dem Eingriff ein bereits zuvor mehrfach verwendeter Schlauch und ein Katheter genutzt wurden. Vor der Operation wurden beide Gegenstände zur Sterilisation in eine Detergicide-Lösung gelegt, da nur sterile – also absolut frei von vermehrungsfähigen Mikroorganismen – Instrumente in den menschlichen Körper eingeführt werden dürfen. Die Detergicide-Lösung taugte jedoch nicht einmal zur Desinfektion, sie war also nicht einmal zur Abtötung nur bestimmter Mikroorganismen geeignet. Das Gericht nahm deshalb eine Sorgfaltspflichtverletzung des Beklagten an. Da der Schlauch auch durch eine Sterilisation nicht hätte zuverlässig gereinigt werden können, mussten bei dem Eingriff „Einmal-Waren" verwendet werden.[118]

---

114 Kursive Hervorhebung nicht im Original.

115 BGH, Urteil v. 8.01.1991 - VI ZR 102/90 -, VersR 1991, 467ff. — *Keimträger.*

116 Siehe dazu *Jaeger*, VersR 1991, 469.

117 OLG Zweibrücken, Urteil v. 19.10.1982 - 5 U 113/81 -, MedR 1984, 27f. — *Detergicide-Lösung.*

118 Vgl. auch nochmals die bereits oben im 3. Kapitel, B, III., 2. dargestellte Entscheidung des OLG Köln, Urteil v. 30.01.2002 - 5 U 106/01 -, VersR 2003, 1444f. — *Katheter*, wo es um die mehrfache Verwendung von Kathetern ging.

Im Urteil des OLG München[119] wurde der Patient über ein ungenügend desinfiziertes Darmrohr – in Form eines Gummistutzens – *per rectum* mit Hepatitiserregern infiziert, die seine spätere Erkrankung verursachten. Dem Klinikträger wurde ein Verstoß gegen die Hygieneregeln vorgeworfen. Auch wenn man die Behandlung des Klägers mit „seinem" Darmrohr durchführte, so wurde dieses schon vor- und nachher noch von anderen Patienten benutzt. Die am Gummi vorgenommenen Desinfizierungsmaßnahmen waren völlig unzureichend. Nach Auffassung des Senats hätten die Hygieneanforderungen nur durch den Gebrauch „sterilisierbarer Einlaufvorrichtungen oder *billiger* Einwegmaterialen" erfüllt werden können.[120]

V. Personelle Ausstattung und Patientensicherheit

Es geht um Entscheidungen, die sich mit personellen Engpässen in Krankenhäusern auseinander setzen. Daneben treten weitere Sachverhalte, welche sich mit der Ausbildung des medizinischen Nachwuchses insbesondere in der Chirurgie, Anästhesie und Gynäkologie befassen.

1. Personelle Engpässe in Krankenhäusern

Es werden Urteile analysiert, bei denen es zu Organisationspflichtverletzungen des Krankenhausträgers gekommen ist, weil dieser die Behandlung von Patienten mit zu geringem ärztlichen Personal durchführte. Zur Verhinderung solcher Engpässe wurde dann – bei der Erfüllung bestimmter Aufgaben in der Klinik – nicht ausreichend qualifiziertes Personal eingesetzt. Mit den daraus resultierenden Folgen für Patienten befasst sich ein weiterer Abschnitt. Es wird ebenso auf Entscheidungen eingegangen, in denen die Anzahl des Pflegepersonals zu gering war, um die geforderten Aufgaben wahrnehmen zu können.

a) Unterausstattung beim ärztlichen Personal

Anschaulich wird die Unterversorgung mit Anästhesisten in einer Universitätsklinik durch zwei BGH-Entscheidungen[121] beschrieben. Ein Assistenzarzt, der noch nicht die Anerkennung als Fachanästhesist besaß, aber seit Jahren die dafür erforderlichen Voraussetzungen erfüllte, war als Narkosearzt für gleichzeitige

---

119 OLG München, Urteil v. 22.02.1990 - 1 U 2287/88 -, VersR 1991, 425ff. — *Gummistutzen.*

120 Kursive Hervorhebung nicht im Original.

121 Dem Urteil lag ein Sachverhalt zu Grunde, den der BGH zweimal entscheiden musste. Erste Revisionsentscheidung des BGH, Urteil v. 30.11.1982 - VI ZR 77/81 -, NJW 1983, 1374ff. — *Unterbesetzte Anästhesieabteilung.* Zweite Revisionsentscheidung des BGH, Urteil v. 18.06.1985 - VI ZR 234/83 -, BGHZ 95, 63ff. = NJW 1985, 2189ff. — *Unterbesetzte Anästhesieabteilung.*

Operationen an drei Operationstischen eingeteilt. Ihm zugeteilt waren eine seit einem halben Jahr approbierte Ärztin (seit wenigen Monaten als Assistenzärztin tätig) und ein erst seit zwei Monaten approbierter Arzt, der zuvor lediglich einen Monat lang an Narkosen unter Anleitung teilgenommen hatte. Letzterer übernahm die alleinige Überwachung einer Narkose. Es kam zu einem Zwischenfall, der junge Mediziner konnte diesem nicht abhelfen, das Eingreifen des Assistenzarztes erfolgte zu spät. Infolge mangelnder Sauerstoffzufuhr erlitt der Kläger eine schwere Hirnschädigung. Die entscheidende Zeitverzögerung trat ein, weil sich beide Operationstische in einem Abstand von ca. 17 Metern befanden. Um zueinander zu gelangen, musste der Operationsraum über einen Flur durch zwei Türen, von denen mindestens eine nicht offen stand, verlassen werden. Der BGH verwies den Sachverhalt an das Berufungsgericht zurück, mit dem Hinweis, umfassender auf die Berücksichtigung der Ersatzansprüche gegen den Krankenhausträger, auf Grund der Unterversorgung der Klinik mit Fachanästhesisten, einzugehen. Nach Auffassung des VI. Senats war auf eine sachgemäße Einteilung der Narkoseüberwachung hinzuwirken. Falls diese nicht gefahrlos durchgeführt werden konnte, durfte sie unter gar keinen Umständen erfolgen. Das Gericht entschied: „Hier ging die Sicherheit des Patienten allen anderen Gesichtspunkten vor; der gebotene Sicherheitsstandard durfte nicht etwaigen personellen Engpässen geopfert werden."

Das OLG Hamburg[122] als Berufungsgericht räumte daraufhin ein, dass eine Unterversorgung mit Fachanästhesisten wohl vorgelegen habe, diese aber nicht vom Krankenhausträger „verschuldet" worden sei, weil es sich um eine allgemeine Problematik handelte; noch nicht einmal alle Planstellen hätten besetzt werden können. Für die personelle Unterversorgung machte das Gericht in seinen Ausführungen u. a. wirtschaftliche Erwägungen verantwortlich. „Einer stärkeren Ausweitung des Stabes der Anästhesieärzte habe der Krankenhausträger sich nicht *nur aus Geldmangel*, sondern auch wegen Überlegungen zu einer Neustrukturierung im Interesse der seinerzeit vorhandenen Bestrebungen *zur Dämpfung der Krankenhauskosten* versagt."[123] Nach Ansicht des OLG hätten auch keine untragbaren Zustände geherrscht, vielmehr konnte man noch von einem brauchbaren Kompromiss ausgehen. Schließlich dürfe ein Patient dem Staat nicht vorschreiben, wie dieser ein von ihm betriebenes Krankenhaus sachlich und personell auszustatten habe.

Der BGH[124] sah durch dieses erneute Urteil des OLG Hamburg seine Vorgaben nicht verwirklicht[125] und führte in einer zweiten Entscheidung aus, es gehe nicht

---

122 Die Zusammenfassung der zweiten Berufungsentscheidung des OLG Hamburg findet sich im Sachverhalt der zweiten Revisionsentscheidung des BGH, Urteil v. 18.06.1985 - VI ZR 234/83 -, BGHZ 95, 63 (65f.) = NJW 1985, 2190 (2191) — *Unterbesetzte Anästhesieabteilung.*

123 Kursive Hervorhebungen nicht im Original.

124 Zweite Revisionsentscheidung des BGH, Urteil v. 18.06.1985 - VI ZR 234/83 -, BGHZ 95, 63 (65f.) = NJW 1985, 2190 (2191) — *Unterbesetzte Anästhesieabteilung.*

darum, welche Forderungen ein Patient gegen staatliche Behörden im Hinblick auf Besetzungen von Krankenhäusern habe. Für die zivilrechtliche Haftung komme es nur darauf an, was ein Krankenhausträger dem Patienten schuldet und ob er „alle von ihm zu verlangenden *zumutbaren* Anstrengungen zur bestmöglichen medizinischen Betreuung des Patienten und zu seinem Schutz vor unzulänglichen und fehlerhaften Behandlungsmaßnahmen getroffen hat".[126] Die Richter stellten dabei ausdrücklich die Verantwortung des Krankenhausträgers heraus. *Er* hat die fehlerhafte Organisation der Anästhesie zu verantworten, und *er* ist verpflichtet, „alles in [seinen] Kräften Zumutbare zu tun, um mögliche Gefahren für die Patienten abzuwehren". Trotz aller Bemühungen gefährdete jedoch die nicht ausreichende Betreuung durch Anästhesisten einzelne Operationen, die nach dem damaligen Standard zu erwarten waren. Eine solche mangelhafte Narkoseüberwachung, wie sie im Falle des Klägers stattgefunden habe, musste dieser nicht hinnehmen. Als letzte Konsequenz führten die Richter an: „Solange [der Krankenhausträger] nicht genügend Anästhesisten für seine Klinik bekommen konnte, hätte er notfalls auf eine Ausweitung der chirurgischen Abteilung verzichten und weiter anordnen müssen, dass nach Erschöpfung der jeweils vorhandenen Kapazität die Patienten an andere Krankenhäuser zu verweisen seien."

In einem weiteren BGH-Urteil[127] ging es um die zusätzliche Gefährdung von Patienten durch den Einsatz übermüdeter Ärzte. Ein Oberarzt, der zuvor einen anstrengenden Nachtdienst[128] absolvierte, durchtrennte bei einer schwierigen Hüftoperation den *nervus femoralis*. Auch hier hob das Gericht hervor, der Krankenhausträger trage die organisatorische Verantwortung dafür, dass er mit dem vorhandenen ärztlichen Personal seine Aufgaben auch erfüllen kann.[129] Dazu muss sichergestellt sein, dass die behandelnden Ärzte körperlich und geistig in der Lage sind, mit der erforderlichen Konzentration und Sorgfalt zu operieren. Deshalb durfte der Krankenhausträger keine Organisation des ärztlichen Dienstes dulden, welche die Gefahr mit sich brachte, dass durch vorhergehenden anstrengenden Nachtdienst übermüdete und deswegen nicht mehr voll einsatzfähige Ärzte zur Operation herangezogen werden.

---

125 Dies lässt sich aus der intensiven Begründung des zweiten Revisionsurteils entnehmen. Die Auseinandersetzung mit den Ausführungen des OLG Hamburg erfolgte nicht nur in einem ausführlichen Umfang, sondern auch mit aller Deutlichkeit in der Sprache.

126 Kursive Hervorhebung nicht im Original.

127 BGH, Urteil v. 29.10.1985 - VI ZR 85/84 -, NJW 1986, 776f. — *Nachtdienst.*

128 Damit ist gemeint, dass es sich nicht „nur" um einen normalen Bereitschaftsdienst handelte, sondern, dass ein anstrengender Dienst bzw. ein tatsächlich ausgeübter Nachtdienst stattfand. Vgl. die Ausführungen des OLG Hamm als Berufungsgericht, siehe dazu in den Entscheidungsgründen des BGH, Urteil v. 29.10.1985 - VI ZR 85/84 -, NJW 1986, 776 (777).

129 Im Urteil unter Hinweis auf die soeben erörterte zweite Revisionsentscheidung des BGH, Urteil v. 18.06.1985 - VI ZR 234/83 -, BGHZ 95, 63 (65f.) = NJW 1985, 2190 (2191) — *Unterbesetzte Anästhesieabteilung.*

b) Wahrnehmung ärztlicher Aufgaben durch nicht-ärztliches Personal

Um Engpässe bei Ärzten auszugleichen, erfolgt der vermehrte Einsatz von nicht-ärztlichem Personal. Die Rechtsprechung musste solche Fälle, welche zu einer Gefahrerhöhung bei der Behandlung führten, mehrfach entscheiden.

Das OLG Stuttgart[130] befand über die Schadensersatzforderung einer Klägerin wegen einer inkompletten geburtstraumatischen Armplexusparese. Diese beruhte auf einer Schulterdystokie, die während der Geburt auftrat. Eine Hebamme hatte ohne Hinzuziehung eines Arztes allein versucht, die Klägerin zu entwikkeln. Die Kompetenz einer Hebamme endet jedoch beim Auftreten von Komplikationen.[131] Der Senat verurteilte den Krankenhausträger, weil dieser es versäumte, durch organisatorische Anweisungen gegenüber den geburtsbetreuenden Hebammen zu gewährleisten, dass zur Entwicklung eines Kindes bei festgestellter Schulterdystokie sofort ein Facharzt hinzugezogen wird.

Der VI. Senat des BGH[132] urteilte ebenfalls, dass der Krankenhausträger auf Grund seiner Organisationsverpflichtung gegen eine Handhabung einschreiten muss, durch die der Arzt dem Pflegepersonal Aufgaben überlässt, welche die pflegerische Kompetenz übersteigen. *In concreto* ging es um eine gynäkologische Belegstation, auf der eine Nachtschwester für die Auswertung von Cardiotokogramm-Aufzeichnungen zuständig war. Nach Ansicht des Senats handelte es sich dabei nicht um eine pflegerische, sondern um eine medizinische Tätigkeit, die *ausschließlich* dem Arzt oblag. Die Schwester besaß dafür nicht die erforderliche fachliche Qualifikation. Der Krankenhausträger hätte dafür sorgen müssen, dass sich entweder nachts ein Arzt im Krankenhaus befindet oder dass nachts keine Patienten aufgenommen werden, bei denen eine CTG-Kontrolle erforderlich ist bzw. werden kann.

Der BGH[133] wandte sich des Weiteren gegen das Verhalten eines Krankenhausträgers. Dieser hatte den nächtlichen Dienst und den Frühdienst (vor Eintreffen aller Ärzte) so organisiert, dass keine Ärzte anwesend waren, sondern nur nichtärztliches Personal, welches allein eine vor der Entbindung stehende Risikopatientin überwachen musste. Dadurch kam es zu erheblichen Verzögerungen einer Sectio. Die Klägerin brachte ein Kind zur Welt, welches an Dauerschäden leidet, und wurde von einem weiteren toten Kind entbunden. Der Beklagte trug vor, dass eine frühere Entbindung nicht möglich war, weil der verantwortliche Arzt

---

130 OLG Stuttgart, Urteil v. 15.07.1993 - 14 U 3/93 -, VersR 1994, 1114f. — *Geburtsbetreuende Hebamme.*

131 Zur Unterstützung der Feststellung wurde auf die baden-württembergische Berufsordnung für Hebammen v. 15.08.1961 verwiesen, wonach gemäß § 9 Abs. 2 „regelwidrige Vorgänge bei Schwangeren [...] im Allgemeinen zum Aufgabengebiet des Arztes" gehören und die Hebamme in dem Fall „für die rechtzeitige Zuziehung eines Arztes zu sorgen" hat.

132 BGH, Urteil v. 16.04.1996 - VI ZR 190/95 -, VersR 1996, 976f. — *Nachtschwester.*

133 BGH, Urteil v. 16.05.2000 - VI ZR 321/98 -, BGHZ 144, 296ff. — *Verzögerte Sectio.*

bei einer anderen Patientin beansprucht wurde und keine Operationsschwestern zur Verfügung standen. Das Gericht betonte jedoch, der Krankenhausträger muss den Behandlungsablauf so organisieren, dass bei der Patientin eine Behandlung entsprechend dem medizinischen Standard erbracht wird. Dabei darf sich „nicht auswirken, ob steuerbare räumliche oder persönliche Engpässe die vom Standard her gebotene Behandlung erschwert haben".

c) *Unterausstattung beim Pflegepersonal*

Probleme können ebenfalls bezüglich der Sicherheit der Patienten auftreten, wenn der Krankenhausträger bei der Behandlung auf eine nur ungenügende Anzahl von Pflegepersonal zurückgreifen kann. Eine besonders kritische Zuspitzung der Verhältnisse erfolgt in dem Moment, wenn weder Ärzte noch Pflegepersonal ausreichend zur Verfügung stehen.

Über die „Verdoppelung" eines solchen Risikos entschied das OLG Stuttgart.[134] Durch unzureichende Organisation und Übung des Nachtdienstes wurde eine Gebärende sehr lange Zeit allein gelassen. Der Krankenhausträger wurde verurteilt, weil er einen ordnungsgemäßen Klinikablauf nicht sicherstellte. Dabei hatte der Träger der Einrichtung für den Nachtdienst im Jahre 1988 lediglich 2 Nachtschwestern eingestellt, die sich in drei verschiedenen Abteilungen (Chirurgie, innere Medizin und Gynäkologie) um 88 Betten kümmern mussten. Schon durch die Vielzahl der Betten waren die Schwestern überfordert; hinzu kamen außerdem die Versorgung der Patienten mit Infusionen, die Durchführung des Telefondienstes, Rundgänge im Krankenhaus und Pfortendienst. Daneben bestanden keinerlei Anweisungen, wann ein Arzt bei einer Veränderung des Zustandes einer Schwangeren zu informieren sei. Schließlich war weder ein präsenter ärztlicher noch ein präsenter anästhesiologischer Bereitschaftsdienst vorhanden. Ein Anästhesist stand ab telefonischer Anforderung erst nach Ablauf von über 20 Minuten zur Verfügung; dem Standard entsprach laut Ausführungen des Sachverständigen jedoch eine Zeit von deutlich unter 20 Minuten. Im konkreten Fall konnte nach der Benachrichtigung des Arztes durch die Schwestern eine Schnittentbindung nicht mehr durchgeführt werden, weil der Arzt erst eingreifen konnte als bereits ein Bein aus der Scheide herausragte. Dass die Mutter des Klägers in diesem Zustand selbst zum Kreissaal gehen musste, unterstreicht abermals die mangelhafte personelle Ausstattung. Die sich im Ergebnis verwirklichten geburtsmechanischen Risiken führten zu einer schweren Schädigung des Klägers. Die Richter bezweifelten, ob die geburtshilfliche Abteilung überhaupt betrieben werden durfte; jedenfalls war die Klinik für Risikogeburten ungeeig-

---

[134] OLG Stuttgart, Urteil v. 20.08.1992 - 14 U 3/92 -, NJW 1993, 2384ff. = VersR 1993, 1358 (hier jedoch nur mit LS, welche auch nicht mit denen in der NJW übereinstimmen) — *Nachtschwestern*. Kritisch zur Begründung des Urteils *Bergmann*, in: *Arbeitsgemeinschaft Rechtsanwälte im Medizinrecht e. V.*, Die Budgetierung des Gesundheitswesens, S. 45f.

net. Diese hätten in dem geburtshilflichen Zentrum, dass sich in der weniger als eine Autostunde entfernten Universitätsklinik befand, ausgeführt werden müssen.[135]

2. Personelle Engpässe unter Berücksichtigung der Ausbildung des ärztlichen Nachwuchses

In dem eingangs darzustellenden Urteil gehen die Richter auf wirtschaftliche Argumente im Zusammenhang mit der Ausbildung des medizinischen Nachwuchses ein. Danach werden die Grundsätze der Anfänger-Operationsentscheidungen für den Bereich der Chirurgie nachgezeichnet. Hierbei sind die Gerichte bemüht, die Interessen der Klinikträger bezüglich der Ausbildung des Nachwuchses gegenüber der Sicherheit der Patienten während der Behandlung auszutarieren. Anhand weiterer Urteile wird erörtert, welche Gefahren der alleinige Einsatz von Ärzten im Praktikum verursacht. Schließlich gilt es, auf Unterschiede und Besonderheiten bei der Ausbildung von Anästhesisten und Gynäkologen einzugehen.

a) Der Einsatz von in der Ausbildung zum Facharzt befindlichen Medizinern unter wirtschaftlichen Aspekten

In einer BGH-Entscheidung[136] war ein Patient nach einer schweren Hirnschädigung infolge eines Narkosezwischenfalls verstorben. Die Richter mussten die Frage beantworten, ob der Krankenhausträger es dulden durfte, dass bei der Narkose eine Medizinerin eingesetzt wurde, die noch keine Fachanästhesistin war. Da die Ärztin schon bei einer großen Anzahl von Narkosen mitgewirkt und auch viele selbständig durchgeführt hatte, wurde ihr Einsatz befürwortet. Dabei machten sich die Richter die Ausführungen der Vorinstanz zu Eigen und hoben

---

135 Personelle Engpässe und daraus resultierende Sicherheitsgefährdungen von Patienten beschäftigten die Gerichte auch schon in früheren Fällen, beispielsweise in einem Urteil des RG, Urteil des III. Zivilsenats v. 5.09.1915. Der Tatbestand und die Entscheidungsgründe sind ausführlich dargestellt bei *Ebermayer*, Der Arzt im Recht, S. 112. Es ging um eine Frau, die geäußert hatte, sie wolle sich die Pulsadern aufschneiden und deshalb von ihrem Mann ins Krankenhaus gebracht wurde. Zunächst beaufsichtigte eine Oberschwester die Patientin, wegen einer Operation wurde sie abberufen. Da andere Schwestern nicht zur Verfügung standen, wurde die Aufsicht einer anderen Kranken übertragen. Sodann stürzte sich die Patientin aus dem Fenster und erlitt schwere Verletzungen. Dem gegen die Stadtgemeinde gerichteten Schadensersatzanspruch auf Grund der Pflichtverletzung der Oberschwester wurde stattgegeben, denn es hätte ein höherer Sicherheitsmaßstab gelten müssen. Die Oberschwester war wegen der Verfassung der Patientin zu „peinlichster Sorgfalt verpflichtet gewesen".

136 BGH, Urteil v. 11.10.1977 - VI ZR 110/75 -, NJW 1978, 584ff. = VersR 1978, 82ff. — *Vapor*. Siehe zu der Entscheidung im Rahmen der technisch-apparativen Ausstattung schon oben Kapitel 3, B, II., 3. sowie Kapitel 3, B, III., 1. und *Deutsch*, JZ 1978, 277 (278).

dadurch ausdrücklich Kostenaspekte an erster Stelle der Begründung hervor: „Das Berufungsgericht konnte somit [...] ohne Rechtsfehler zu der Feststellung kommen, dass der formale Ausbildungsstand von Frau Dr. [...] *an sich*[137] ihren Einsatz in der gegebenen Weise erlaubte, weil ein solches Vorgehen aus *wirtschaftlichen Erwägungen*[138] und auch im Interesse der Ausbildung des anästhesistischen Nachwuchses wünschenswert und vertretbar erschien."

b) Grundsätze der Anfänger-Operationsrechtsprechung für auszubildende Fachärzte in der Chirurgie

Wenig später entschied der VI. Senat des BGH in der bekannten *Anfängeroperations-Entscheidung*[139] über die Voraussetzungen, bei deren Vorliegen eine Operation einem in der Ausbildung befindlichen Chirurgen übertragen werden darf. Ein noch nicht ausreichend qualifizierter Assistenzarzt nahm erstmalig – ohne jegliche Beaufsichtigung – eine Lymphknotenentfernung am Hals einer Patientin vor. Er verletzte den *nervus accessorius*, was zu einer neurogenen Schädigung bei der Klägerin führte. Für die Haftung des Krankenhausträgers war entscheidend, ob die Operation auf den Anfänger übertragen werden durfte. Das Gericht verneinte dies und ging ausführlich darauf ein, wie der Einsatz von noch in der Facharztausbildung stehenden Medizinern zu erfolgen hat. Erst wenn die ausbildenden Ärzte zu dem Ergebnis gelangen, dass durch den Einsatz der Anfänger kein zusätzliches Risiko geschaffen wird, dürfen diese selbständig Operationen vornehmen. Stets ist der Standard eines erfahrenen Chirurgen zu gewährleisten. Falls Zweifel am Ausbildungsstand bestehen, muss die Operation von einem Facharzt, der immer anwesend zu sein hat, überwacht werden. Der Senat führte weiter aus: „Vorrang haben das Wohl des Patienten und seine Sicherheit, nicht etwa eine bequemere Organisation des Klinikdienstes und die (gewiss notwendige) Verschaffung der Gelegenheit für den Assistenzarzt, zum Erwerb seiner Qualifikation erforderliche Operationen auszuführen. In keinem Fall werden sich Krankenhausträger [...] darauf berufen dürfen, ein Mangel an ausreichend ausgebildeten Fachärzten zwinge zum Einsatz auch relativ unerfahrener Assistenzärzte."[140]

Kurze Zeit später entschied der BGH[141] erneut über die selbständige Extirpation eines Lymphknotens durch einen in der Weiterbildung zum Hals-Nasen-

---

137 Kursive Hervorhebungen im Original.

138 Kursive Hervorhebung nicht im Original.

139 BGH, Urteil v. 27.09.1983 - VI ZR 230/81 -, BGHZ 88, 248ff. = NJW 1984, 655ff. = VersR 1984, 60ff. = MedR 1984, 63ff. = JZ 1984, 327ff. — *Anfängeroperation.*

140 Überwiegend zustimmend aus der Lehre *Giesen*, JZ 1984, 331f.; *Deutsch*, NJW 1984, 650f.; *Franzki*, MedR 1984, 186ff.

141 BGH, Urteil v. 7.05.1985 - VI ZR 224/83 -, NJW 1985, 2193f. = VersR 1985, 782ff. — *Lymphknoten-Exstirpation.*

Ohrenarzt befindlichen Assistenzarzt. Die Richter unterstrichen ihre in der *Anfängeroperations-Entscheidung*[142] getätigten Ausführungen.[143]

Der BGH[144] setzte diese Rechtsprechung fort und verwies darauf, dass der Dienst einer Anfängerin entsprechender Anleitung und vornehmlich zu Beginn ihrer Ausbildung ausreichender Kontrolle bedarf. In unzulänglichen Regelungen von Einsatz, Anleitung und Kontrolle einer noch zu Beginn der Ausbildung stehenden Fachärztin liegen Organisationsmängel, die den Klinikträger haftpflichtrechtlich treffen.

Zu Beginn der neunziger Jahre zog der VI. Senat[145] seine Linien zur *Anfängeroperations-Entscheidung*[146] weiter aus. Es ging um eine Appendektomie, die ein Arzt, der sich noch in der Ausbildung zum Chirurgen befand, vorgenommen hatte. Nach dem BGH dürfen solche Mediziner nur unter unmittelbarer Aufsicht eines erfahrenen Chirurgen eingesetzt werden. Es muss ein Facharzt assistieren, denn nur dieser bietet die Gewähr dafür, dass der in der Ausbildung befindliche Arzt richtig überwacht und angeleitet wird. Nur so ist es möglich, den Patienten den erforderlichen Standard eines erfahrenen Chirurgen vorzuhalten.

In aktuelleren oberlandesgerichtlichen Entscheidungen finden sich die in der *Anfängeroperations-Entscheidung*[147] aufgestellten Grundsätze bestätigt. Stellvertretend sind zwei Urteile des OLG Oldenburg[148] zu nennen. Der erste Fall[149] handelt von einer fehlerhaften Behandlung einer Hüftverletzung. Auch hier stellten die Richter eine durchgängige Anwesenheit und Eingriffsbereitschaft sowie die Korrekturmöglichkeit durch die Assistenz eines erfahrenen Facharztes heraus, wenn nicht feststeht, dass der Auszubildende die Operation praktisch beherrscht. In einem weiteren Urteil[150] bestätigte derselbe Senat seine Rechtsprechung. Er

---

142 BGH, Urteil v. 27.09.1983 - VI ZR 230/81 -, BGHZ 88, 248ff. = VersR 1984, 60ff. — *Anfängeroperation*. Vgl. auch die zuvor dargestellte Entscheidung.

143 Bei der Veröffentlichung der Entscheidung des Berufungsgerichts, siehe dazu die kurzen Ausführungen in den Entscheidungsgründen des BGH, Urteil vom 7.05.1985 - VI ZR 224/83 -, VersR 1985, 782 (783) — *Lymphknoten-Exstirpation*, war dem OLG Frankfurt a. M. die später veröffentlichte *Anfängeroperations-Entscheidung* noch nicht bekannt.

144 BGH, Urteil v. 26.04.1988 - VI ZR 246/86 -, VersR 1988, 723f. = MedR 1988, 249ff. — *Nebennierentumor*. Im Sachverhalt ging es um eine in der Ausbildung zur Fachärztin befindliche Medizinerin, die als Urlaubsvertretung mit der alleinigen Behandlung eines Hochdruckpatienten, bei dem der Verdacht eines Nebennierentumors bestand, betraut war.

145 BGH, Urteil v. 10.03.1992 - VI ZR 64/91 -, VersR 1992, 745ff. — *Appendektomie*.

146 BGH, Urteil v. 27.09.1983 - VI ZR 230/81 -, BGHZ 88, 248ff. = VersR 1984, 60ff. — *Anfängeroperation*. Dazu in diesem Abschnitt das erste Urteil.

147 BGH, Urteil v. 27.09.1983 - VI ZR 230/81 -, BGHZ 88, 248ff. = VersR 1984, 60ff. — *Anfängeroperation*. Dazu in diesem Abschnitt das erste Urteil.

148 OLG Oldenburg, Urteil v. 29.07.1997 - 5 U 46/97 -, VersR 1998, 1380f. — *Hüftgelenkoperation*; v. 14.10.1997 - 5 U 45/97 -, VersR 1998, 1381f. — *Kieferoperation*.

149 OLG Oldenburg, Urteil v. 29.07.1997 - 5 U 46/97 -, VersR 1998, 1380f. — *Hüftgelenkoperation*.

150 OLG Oldenburg, Urteil v. 14.10.1997 - 5 U 45/97 -, VersR 1998, 1381f. — *Anus-*

wies nochmals darauf hin, dass sich aus der Übertragung einer Operation auf einen dafür nicht ausreichend ausgebildeten Arzt und einer ungenügenden Aufsichtsführung des Berufsanfängers eine Organisationspflichtverletzung für den Krankenhausträger ergibt.

c) *Alleinige Behandlung von Patienten durch Ärzte im Praktikum*

Ein Teil der Ausbildung beim medizinischen Nachwuchs bestand seinerzeit darin, dass nach dem Medizinstudium[151] eine achtzehnmonatige Tätigkeit als AiP erfolgte. Die jungen Kollegen standen folglich erst am Beginn ihrer praktischen beruflichen Tätigkeit. Für damit zusammenhängende Probleme, die sich aus dem alleinigen Einsatz von Ärzten im Praktikum ergaben, seien beispielhaft zwei Urteile[152] genannt. Den Bezug zu wirtschaftlichen Erwägungen verdeutlicht die zweite Entscheidung.

Die vom BGH entwickelten Grundsätze zur Haftung von Berufsanfängern wurden durch das OLG Schleswig[153] auch für die Tätigkeit eines AiP angewandt. Der Krankenhausträger musste sich für das Handeln eines AiP verantworten, der eine frühzeitige Entlassung des Patienten[154] veranlasste, ohne eine ausführliche Abschlussuntersuchung vorzunehmen.

Das OLG Düsseldorf[155] entschied über die Organisation einer geburtshilflichen Abteilung. Im Rahmen einer Entbindung kam es zu einer Schulterdystokie. Einer Ärztin im Praktikum oblag die eigenverantwortliche Beaufsichtigung der gesamten Abteilung; ein erfahrener Arzt befand sich nicht in Rufweite. Die Auszubildende begnügte sich damit, die Austreibung der Leibesfrucht durch den Kristeller-Handgriff zu beschleunigen. Das Gericht vertrat die Auffassung, eine derartige konzeptlose und unüberlegte Reaktion darf nicht geschehen. Vielmehr war die Krankenhausträgerin gegenüber der Patientin verpflichtet, eine Organisation vorzuhalten, die jederzeit dem Standard eines Facharztes entspricht. Etwas anderes ergibt sich auch nicht aus dem Umstand, „dass in kleineren Kliniken *häufig aus finanziellen Erwägungen*[156] auf den selbständigen Einsatz der in der Ausbildung befindlichen Ärzte zurückgegriffen wurde", wie der Sachverständige einräumte.

---

praeter-Patient.

151 Davon umfasste das letzte Jahr eine zusammenhängende praktische Ausbildungszeit von 48 Wochen in Krankeneinrichtungen.

152 OLG Schleswig, Urteil v. 4.12.1996 - 4 U 146/95 -, VersR 1997, 321f. — *Kieferoperation* sowie OLG Düsseldorf, Urteil v. 25.11.2001 - 8 U 126/98 -, VersR 2001, 460f. — *AiP.*

153 OLG Schleswig, Urteil v. 4.12.1996 - 4 U 146/95 -, VersR 1997, 321f. — *Kieferoperation.*

154 Es ging im Sachverhalt um einen Anus-praeter-Patienten, welcher mit zweitätiger Stuhlverhaltung aus der stationären Behandlung entlassen wurde.

155 OLG Düsseldorf, Urteil v. 25.11.2001 - 8 U 126/98 -, VersR 2001, 460f. — *AiP.*

156 Kursive Hervorhebungen nicht im Original.

d) *Übertragung der Anfänger-Operationsrechtsprechung auf auszubildende Anästhesisten*

Auf dem Gebiet der Anästhesie ist am jeweiligen Operationstisch in aller Regel – im Gegensatz zur Chirurgie – nur der Einsatz eines einzelnen Arztes erforderlich. Die Unterschiede zwischen Narkoseführung und Operation sind Grund dafür, dass der BGH es wiederholt für zulässig gehalten hat, wenn zwischen einem unerfahrenen Anästhesisten und dem im benachbarten Operationssaal tätigen Fachanästhesisten lediglich Blick- und/oder wenigstens Rufkontakt bestand.[157] Diese sogenannte Parallelnarkose wird von den Gerichten jedoch dann nicht mehr akzeptiert, wenn durch den Einsatz eines Berufsanfängers die Sicherheit des Patienten zusätzlich gefährdet wird. Das ist z. B. dann der Fall, wenn Operationstische mehr als 17 Meter (durch zumindest eine verschlossene Tür) voneinander entfernt sind.[158]

Unter welchen Voraussetzungen der Krankenhausträger bei der Organisation von Narkoseabläufen Auszubildende einsetzen darf, wurde detailliert vom OLG Zweibrücken[159] erörtert. Im Fall wurde ein Assistenzarzt, der erst seit sieben Wochen Erfahrungen in der Anästhesieabteilung gesammelt hatte, damit betraut, eine Narkose eigenverantwortlich durchzuführen. Die Richter hoben hervor, dass eine Intubationsnarkose grundsätzlich nur von einem als Facharzt ausgebildeten Anästhesisten oder – bei entsprechendem Ausbildungsstand – zumindest unter dessen unmittelbarer Aufsicht von einem anderen Mediziner vorgenommen werden darf, wobei Blick- oder Rufkontakt zwischen den beiden bestehen muss. Das Gericht bezog sich auf die vom VI. Senat[160] in diesem Zusammenhang zur Anfängeroperation getätigten Ausführungen.

Der BGH[161] bestätigte und entwickelte diese Rechtsprechung in einem weiteren Urteil fort. Die Narkose wurde von einem in der Weiterbildung zum Facharzt für Anästhesie befindlichen Mediziner durchgeführt; Ruf- und eingeschränkter Blickkontakt zu einem Fachanästhesisten bestand. Während der Behandlung wurde eine Umlagerung des Patienten vorgenommen, die der Auszubildende

---

157 BGH, Urteil v. 15.06.1993 - VI ZR 175/92 -, VersR 1993, 1231 (1233) — *Patientenumlagerung*. Vgl. noch den Sachverhalt am Ende dieser Fallgruppe.

158 So in dem Sachverhalt in der bereits oben im 3. Kapitel, B, V., 1. ausführlich besprochenen ersten Revisionsentscheidung des BGH, Urteil v. 30.11.1982 - VI ZR 77/81 -, NJW 1983, 1374ff. — *Unterbesetzte Anästhesieabteilung* sowie der zweiten Revisionsentscheidung des BGH, Urteil v. 18.06.1985 - VI ZR 234/83 -, BGHZ 95, 63ff. — *Unterbesetzte Anästhesieabteilung*.

159 OLG Zweibrücken, Urteil v. 7.10.1987 - 2 U 16/86 -, VersR 1988, 165f. — *Anfängernarkose*. Der Hinweis, dass die Entscheidung nicht rechtskräftig ist, war der damaligen Aktualität der Veröffentlichung geschuldet. Zum Nichtannahmebeschluss der Revision siehe AHRS 3010/31.

160 BGH, Urteil v. 27.09.1983 - VI ZR 230/81 -, BGHZ 88, 248ff. = VersR 1984, 60ff. — *Anfängeroperation*.

161 BGH, Urteil v. 15.06.1993 - VI ZR 175/92 -, VersR 1993, 1231ff. — *Patientenumlagerung*.

zuvor noch nicht praktiziert hatte; dabei wurde die Beatmung des Klägers nicht mehr gewährleistet. Der Senat ging im Ergebnis von einem Organisationsfehler des Klinikträgers aus. Insoweit gelten die „in erster Linie in Rechtstreitigkeiten über Anfänger*operationen* entwickelten Grundsätze in gleicher Weise auch für Anfänger*narkosen*".[162] Denn der Krankenhausträger ist dafür verantwortlich, dass der Patient eine Behandlung erfährt, die dem Facharztstandard entspricht. Das Gericht sah einen solchen Standard jedoch nicht für die ganze Zeit der Behandlung gewahrt. Gerade die Umlagerung des Patienten erhöhte dessen Risiko und hätte nicht ohne Aufsicht geschehen dürfen. Eine spezifische Gefahr für den Patienten bei der selbständigen Tätigkeit eines Berufsanfängers besteht gerade darin, dass dieser eventuell auftretende Komplikationen gar nicht erst bemerkt und deshalb von einem möglichen Rufkontakt nicht oder zumindest nicht rechtzeitig Gebrauch macht.

e) Übertragung der Anfänger-Operationsrechtsprechung auf auszubildende Gynäkologen

Der BGH[163] hat die Grundsätze der Anfängerrechtsprechung[164] auch auf den Bereich der Gynäkologie übertragen. Überlässt der Krankenhausträger einem sich in der Weiterbildung zum Facharzt für Gynäkologie befindlichen Mediziner die eigenverantwortliche Leitung einer Geburt, dann ist er dafür verantwortlich, dass für Mutter und Kind der Behandlungsstandard vorgehalten wird, auf den sie Anspruch haben. Das ist der Behandlungsstandard eines Facharztes. Deshalb muss der Krankenhausträger organisatorisch dafür Vorsorge treffen, dass die Defizite des Anfängers durch die rechtzeitige Unterstützung anderer erfahrener Ärzte ausgeglichen werden.

Ebenso entschied das OLG Stuttgart.[165] Das Urteil beschäftigte sich umfangreich mit den organisatorischen Anforderungen an den beklagten Klinikträger, die diesen bei der Überwachung von Neugeborenen treffen. Wegen Fehlern und Versäumnissen bei der nachgeburtlichen Behandlung kam es zum Sauerstoffmangel beim Neugeborenen, der zu schweren dauerhaften Hirnschädigungen führte. Die Schädigungen waren u. a. darauf zurückzuführen, dass der Klinikträger auf der zuständigen Station eine Ärztin im Praktikum als Stationsärztin ein-

---

162 Kursive Hervorhebungen im Original. Unter Verweis auf OLG Zweibrücken, Urteil v. 7.10.1987 - 2 U 16/86 -, VersR 1988, 165f. — *Anfängernarkose*. Zum Sachverhalt siehe die zuvor besprochene Entscheidung.

163 BGH, Urteil v. 12.07.1994 - VI ZR 299/93 -, VersR 1994, 1303f. — *Gynäkologe*. Siehe des Weiteren auch BGH, Urteil v. 3.02.1998 - VI ZR 356/98 -, VersR 1998, 634f. Hier werden die Grundsätze der Anfängerrechtsprechung ebenfalls kurz erwähnt, wobei es aber dort hauptsächlich um Beweiserleichterungen geht.

164 Dazu eben Kapitel 3, B, V., 2, b).

165 OLG Stuttgart, Urteil v. 4.01.2000 - 14 U 31/98 -, VersR 2001, 1560ff. — *Überwachung Neugeborener*. Der BGH hat die Revision durch Beschluss v. 6.03.2001 - VI ZR 51/00 - nicht angenommen.

gesetzt hatte. Sie verfügte jedoch nicht über die erforderliche Erfahrung, um die entsprechenden Maßnahmen zur Behandlung der Atemstörungen zu ergreifen. Das Gericht sah hierin einen Organisationsfehler des Beklagten. Dieser verstärkte sich noch dadurch, dass die Ärztin im Praktikum nicht angewiesen war, in einem solchen Fall stets den Oberarzt zu rufen.

VI. Ständige Aufrechterhaltung der Behandlungsabläufe

Personelle Engpässe treten besonders deutlich bei der Organisation von Diensten zu „schlechten Zeiten"[166] hervor. Doch auch hier verlangt die Rechtsprechung, dass die Sicherheit der Patienten im Vordergrund steht. Der Krankenhausträger ist auch an Wochenenden, Feiertagen sowie in der Nacht verpflichtet, den Standard eines Facharztes vorzuhalten.

Das OLG Düsseldorf[167] entschied einen Fall, in dem sich der Kläger an einem Sonntagabend wegen Schmerzen im Genitalbereich, die aus einem beim Fußballspielen erlittenen Tritt in den Hodensack resultierten, in das beklagte Krankenhaus begab. Der Dienst habende Assistenzarzt, der sich im ersten Ausbildungsjahr zum Facharzt für Chirurgie befand, schickte den Kläger wieder nach Hause, nachdem er die Diagnose schwere Hodenprellung gestellt hatte. Später musste ein Hoden exstirpiert werden. Der Kläger meint, weil eine Hodentorsion in Betracht kam, hätte eine sofortige Freilegung erfolgen müssen. Sachverständig beratend stimmte das Gericht der Ansicht zu, denn so wie beispielsweise bei einem akuten Blinddarmdurchbruch muss schon bei einem Verdacht auf Hodentorsion sofort, gegebenenfalls auch zu jeder Nachtzeit, operiert werden. Solche Kenntnisse sind von jedem erfahrenen Chirurgen zu erwarten.[168] Die Krankenhausträgerin konnte nicht deshalb besser gestellt werden, weil sie den Nacht- und Sonntagsdienst nicht von einem Facharzt, sondern von einem Berufsanfänger durchführen ließ. „Auch der Nacht- und Sonntagsdienst ist im Krankenhaus grundsätzlich so zu organisieren, dass für den Patienten [...] der Standard eines Facharztes gewährleistet wird."

Der BGH[169] bestätigte diese Rechtsprechung. Dem Urteil lag ein ähnlicher Sachverhalt zu Grunde. Ebenfalls sonntags nach dem Fußballspielen musste der Kläger in ein Krankenhaus, in welchem ein Mediziner im ersten Ausbildungsjahr zum Facharzt für Chirurgie seinen Dienst versah. Er diagnostizierte eine ge-

---

166 Zur Begriffserläuterung oben Kapitel 2, B, V.

167 OLG Düsseldorf, Urteil v. 2.10.1985 - 8 U 100/83 -, VersR 1986, 659f. — *Hodentorsion.*

168 Unter Verweis auf die einschlägige medizinische Fachliteratur. Vgl. im Einzelnen OLG Düsseldorf, Urteil v. 2.10.1985 - 8 U 100/83 -, VersR 1986, 659 (660) — *Hodentorsion.*

169 BGH, Urteil v. 10.02.1987 - VI ZR 68/86 -, NJW 1987, 1479ff. = VersR 1987, 686ff. = JZ 1987, 877ff. — *Faszienspaltung.* Zustimmend dazu *Giesen*, JZ 1987, 879f. und *Deutsch*, NJW 1987, 1480f.

schlossene Unterschenkelfraktur mit beginnendem *Tibialis-anterior-Syndrom*, führte eine Operation jedoch erst zwei Tage später durch, anstatt rechtzeitig eine Faszienspaltung vorzunehmen. Infolgedessen musste später der Unterschenkel amputiert werden. Auch hier hob das Gericht hervor, dass der Krankenhausträger den Klinikbetrieb so organisieren muss, dass dem Patienten eine Behandlung zuteil wird, die dem Standard eines erfahrenen Facharztes entspricht.[170] Einem Facharzt für Chirurgie wäre bewusst gewesen, dass beim vorliegenden Befund eine Faszienspaltung schnellstmöglich hätte durchgeführt werden müssen.

In einer weiteren oberlandesgerichtlichen Entscheidung[171] ging es um Komplikationen, die bei einer Geburt während der Nachtzeit auftraten. Der Chefarzt der gynäkologischen Abteilung hatte der Mutter versprochen, er selbst oder ein Oberarzt werde bei der Geburt anwesend sein, da wegen der Lage des Kindes mit Problemen zu rechnen war. Als die Schwangere mit beginnender Wehentätigkeit ins Krankenhaus eingeliefert wurde, war nur eine Gynäkologin anwesend, die den Beginn der Geburt noch vor Mitternacht einleitete. Dabei traten erhebliche Probleme und zeitliche Verzögerungen auf, die zu bleibenden Behinderungen der Klägerin führten. Grund dafür war, dass der Chefarzt zu spät verständigt wurde und erst nach Mitternacht in der Klinik eintraf, wo er dann die Geburt mittels Kaiserschnittes vollendete. Im Ergebnis verurteilte das Gericht den Krankenhausträger, weil er dafür sorgen musste, dass die Patientin einen ärztlichen Standard erwarten konnte, der dem eines Gynäkologen entsprach. Hätte dieser vorgelegen, dann wären die Fehler beim Geburtsablauf nicht eingetreten. Ebenso musste der fachärztliche Hintergrunddienst so organisiert werden, dass – wegen der vorhersehbaren Schwierigkeiten – ein Eingreifen durch den Chef- oder einen Oberarzt sofort und nicht erst nach erheblicher Zeitverzögerung möglich war.

VII. Patientensicherheit im Rahmen der Behandlung

In diesem Abschnitt sind Urteile dargestellt, die aufzeigen, welche Anforderungen die Rechtsprechung bei der Organisation der Gefahrenabwehr an den Krankenhausträger bzw. Praxisträger stellt, um Sicherheitsanforderungen in verschiedenen Behandlungssituationen gegenüber den Patienten zu erfüllen. Dabei ist zu analysieren, inwieweit ökonomische Erwägungen auf der Pflichtenebene durch die Rechtsprechung berücksichtigt werden. Ein Sonderproblem bilden Ur-

---

170 Mit Verweis auf BGH, Urteil v. 27.09.1983 - VI ZR 230/81 -, BGHZ 88, 248ff. — *Anfängeroperation.* Vgl. dazu schon die ausführliche Darstellung oben Kapitel 3, B, V., 2., b).

171 OLG Schleswig, Urteil v. 24.02.1993 - 4 U 18/91-, VersR 1994, 310ff. — *Zeitverzögerung.* Der BGH hat die Revision der Beklagten durch Beschluss v. 7.12.1993 - VI ZR 100/93 - nicht angenommen.

teile aus dem Bereich der Psychiatrie, da dort wirtschaftliche Überlegungen mit Aspekten der Therapiegefährdung korrelieren.

1. Gefahrabwendungspflichten von Behandlungseinrichtungen während der Behandlung

Stellvertretend zeigen zwei Entscheidungen des BGH,[172] dass Krankenhausträger und Praxisleiter verpflichtet sind, *alle* notwendigen Maßnahmen zu ergreifen, damit Patienten bei der Behandlung nicht zu Schaden kommen. Im dritten Sachverhalt[173] geht es um Behandlungsbedingungen, die nicht optimal waren, aber noch dem Standard entsprachen. Abschließend wird eine instanzgerichtliche Entscheidung[174] dargestellt, in der es um Organisationsfragen in einer Praxis ging.

In einem seiner ersten Urteile entschied der BGH[175] über einen Patienten, der vom Untersuchungsstuhl fiel, nachdem er eine Spritze zur Betäubung in einen Zeh erhalten hatte. Als sich der Unfall ereignete, versorgte die OP-Schwester eine andere Patientin, und der behandelnde Arzt gab einer weiteren Person Anweisungen. Der Senat verurteilte u. a. den Krankenhausträger, denn dieser hätte für die Sicherheit des Patienten sorgen müssen. Es waren entsprechende Vorkehrungen zu treffen, dass der Patient nicht hinunter fällt. Anderweitige medizinische Tätigkeiten des Personals konnten daran nichts ändern.

In einem weiteren Urteil[176] ging es um eine ältere Dame, die bei einer Augenuntersuchung – in einer Arztpraxis – von der Untersuchungsliege stürzte. Der VI. Senat verurteilte den beklagten Arzt,[177] denn es bestand die Verpflichtung, „während und nach der Behandlung eine Gefährdung der Kl. zu vermeiden. Diese Beurteilung stellt entgegen der Auffassung der Revision im vorliegenden Fall keine Überspannung der einem Arzt *zuzumutenden*[178] Sorgfaltspflicht dar."

Im *Dekubitus-Fall*[179] wurde eine Patientin wegen eines Schlaganfalls mit vollständiger Halbseitenlähmung in ein Krankenhaus eingeliefert. Da die Klägerin

---

172 BGH, Urteil v. 11.04.1951 - II ZR 68/50 -, BGHZ 1, 383ff. — *Untersuchungsstuhl* und v. 30.03.1971 - VI ZR 213/69 -, VersR 1971, 718f. — *Untersuchungsliege.*

173 BGH, Urteil v. 18.03.1986 - VI ZR 215/84 -, NJW 1986, 2365ff. — *Dekubitus.*

174 LG Koblenz, Urteil v. 10.09.1987 - 3 S 476/86 -, NJW 1988, 1521f. — *Organisation einer Praxis.*

175 BGH, Urteil v. 11.04.1951 - II ZR 68/50 -, BGHZ 1, 383ff. — *Untersuchungsstuhl.*

176 BGH, Urteil v. 30.03.1971 - VI ZR 213/69 -, VersR 1971, 718f. — *Untersuchungsliege.*

177 Laut Sachverhalt dürfte es sich bei dem beklagten Arzt um einen einzelnen niedergelassenen Arzt gehandelt haben. Somit ist dieser gleichzeitig der Leiter der Praxis, und er hat damit für die organisatorische Sicherheit der Behandlungsabläufe zu sorgen.

178 Hervorhebung nicht im Original.

179 BGH, Urteil v. 18.03.1986 - VI ZR 215/84 -, NJW 1986, 2365ff. = JZ 1986, 958f. — *Dekubitus.* Umfangreiche Anmerkungen zu dieser Entscheidung, allerdings die Dokumentationspflicht betreffend, von *Matthies* in JZ 1986, 959ff.

nahezu bewegungslos im Bett lag, trat bei ihr ein Durchliegegeschwür auf. Der BGH stellte zunächst fest, dass die Nichtverwendung einer Dekubitus-Matratze und medizinischer Lammfelle noch nicht sorgfaltswidrig gewesen sei. Ebenfalls bestand entsprechend des Standards des Krankenhauses noch nicht die Verpflichtung zur Vorhaltung von Drehbetten. Im Rahmen der Behandlungssicherheit musste aber der Krankenhausträger dafür sorgen, dass ein Dekubitus vermieden wird. Hierzu hätte das Unterlegen von Schaumgummiringen und Wasserkissen, gründliche Körperpflege, täglich mehrstündliche Druckentlastung durch wechselnde Seitenlagerung, Auftragen von Fettspray und das Anlegen eines Dauerkatheters gehört.

Über die Organisationspflichten in einer Arztpraxis entschied das LG Koblenz.[180] Eine ältere Dame hatte sich einer Behandlung unterzogen und sollte sich für die Untersuchung auf eine Liege setzen. Nachdem die Klägerin Platz genommen hatte, verließ die Sprechstundenhilfe wegen anderer Patienten den Raum; der beklagte Arzt und Praxisleiter war noch nicht anwesend. Die Klägerin stieg nach einiger Zeit des Wartens von der Liege herab, stürzte und zog sich dadurch einen Oberschenkelhalsbruch zu. Die Kammer verurteilte den Praxisleiter zur Zahlung von Schmerzensgeld, denn dieser muss dafür einstehen, dass die Klägerin im Zusammenhang mit den die Untersuchung vorbereitenden Maßnahmen nicht zu Schaden kommt. Er hatte dafür zu sorgen, dass seine Patientin vor vermeidbaren Gefahren und Schäden geschützt wird, die sich im Zusammenhang mit der Behandlung ergaben. Die Richter fügten hinzu: „Daher muss der Praxisbetrieb so organisiert sein, dass *unmittelbar vor*, *nach* und *während* der Behandlung eine Gefährdung des Patienten ausgeschlossen ist.“[181]

2. Gefahrabwendungspflichten des Krankenhausträgers während des Aufenthaltes von Patienten im stationären Bereich

Die erste Entscheidung[182] setzt sich ausführlich mit den an Krankenhausträger zu stellenden Sicherheitsanforderungen und damit zusammenhängenden *wirtschaftlichen Zumutbarkeitsüberlegungen* auseinander; knapp werden ebenfalls wirtschaftliche Folgenerwägungen diskutiert. Weitere Beispiele der höchstrichterlichen Rechtsprechung[183] und eines Instanzgerichtes[184] ergänzen die Fallgruppe.

---

180 LG Koblenz, Urteil v. 10.09.1987 - 3 S 476/86 -, NJW 1988, 1521f. — *Organisation einer Praxis.*

181 Hervorhebung nicht im Original. Aktuell entschied das LG Essen, Urteil v. 21.11.2001 - 16 O 568/99 -, MedR 2002, 311ff., dass der Klinikträger „in zumutbarer Weise auch Vorkehrungen zur Abwendung von solchen Gefahren und Schäden [treffen muss], die im Zusammenhang mit Maßnahmen der Diagnose und Therapie auf den Patienten zukommen“. Im Ergebnis soll dabei aber nach Ansicht der Kammer keine Pflichtverletzung vorgelegen haben.

182 BGH, Urteil v. 22.01.1960 - VI ZR 121/58 -, VersR 1960, 416ff. — *Tbc-Infektion.*

183 BGH, Urteil v. 2.12.1975 - VI ZR 79/74 -, NJW 1976, 1145ff. — *Säuglingszimmer*; v.

Ein früheres BGH-Urteil[185] beschreibt gravierende Versäumnisse des Klinikträgers während eines stationären Aufenthaltes. Das vierjährige Kind der klagenden Eheleute musste wegen einer Scharlacherkrankung in ein Krankenhaus. Die Infektionsabteilung bestand aus fünf am gleichen Gang nebeneinander liegenden Krankenzimmern, wobei die ersten beiden für Tuberkulosekranke, die beiden letzten für scharlachkranke Kinder und das mittlere für Typhus- oder Diphteriekranke verwendet wurden. Die Tuberkulose- und Scharlachzimmer waren im Frühjahr 1951 voll belegt; sie wurden von einer auf der Station untergebrachten Krankenschwester und einem Dienstmädchen versorgt. Unter den Tbc-Kranken befand sich während der ganzen Zeit ein erwachsener Patient,[186] der an einer schweren aktiven, offenen, beiderseits mehrfach cavernösen Lungentuberkulose litt. Dieser hatte sich auf der Station frei bewegt und mit den scharlachkranken Kindern in deren Zimmern gespielt. Das Kind der Kläger infizierte sich mit Tbc. An den Folgen einer *Meningitis tuberculosa* verstarb es später. Der beklagte Krankenhausträger vertrat die Ansicht, er habe die Einrichtung der Infektionsabteilung entsprechend der räumlichen Verhältnisse und aus den beschränkt *zur Verfügung stehenden Geldmitteln* nicht anders aufbauen können. Die Richter folgten der Argumentation nicht. Sie stellten heraus, dass der Krankenhausträger verpflichtet war, alles in seinen Kräften stehende zu tun, um das Kind vor gesundheitlichen Gefahren zu bewahren. Der Mangel an ausreichendem Personal in Verbindung mit den unzureichenden Verhältnissen der baulichen Anlage begünstigte, dass der Tuberkulosekranke mit den Kindern in Berührung kam. Sodann warf der Senat die Frage auf, ob es dem Krankenhausträger „*zuzumuten*[187] [war,] die erforderlichen Maßnahmen zur Abwendung der den Kindern drohenden Ansteckungsgefahr zu ergreifen“, und beantwortete sie mit den Ausführungen: „Er [der Krankenhausträger] kann sich nicht darauf berufen, dass ihm *mangels Geldmittel*[188] die Errichtung und Unterhaltung einer den medizinischen Anforderungen entsprechenden Infektionsabteilung zur damaligen Zeit nicht möglich gewesen sei.“ Nachdem die Richter Kostenüberlegungen verneinten, bekräftigten sie deren Ablehnung an anderer Stelle und nahmen abschließend zu wirtschaftlichen Folgenerwägungen Stellung: „Sah sich der [Krankenhausträger] mangels geldlicher Mittel oder aus anderen Gründen zu der erforderlichen räumlichen Isolierung der hochgradig tuberkuloseanfälligen Kinder der von den

---

18.12.1990 - VI ZR 169/90 -, VersR 1991, 310f. — *Transportmaßnahme.*

184 OLG Düsseldorf, Urteil v. 12.08.1981 - 8 U 40/80 -, VersR 1982, 775f. — *Toilettensturz*; v. 19.03.1992 - 8 U 156/90 -, VersR 1993, 51f. — *Grand-Mal-Anfall.*

185 BGH, Urteil v. 22.01.1960 - VI ZR 121/58 -, VersR 1960, 416ff. — *Tbc-Infektion.*

186 Bei dem 24-Jährigen handelte es sich um einen äußerst Uneinsichtigen, der wegen disziplinlosen Verhaltens durch die örtliche Polizei auf Grund der gesetzlichen Vorschriften über die Bekämpfung gemeingefährlicher und übertragbarer Krankheiten in der Infektionsabteilung des Krankenhauses zwangsweise asyliert worden war.

187 Kursive Hervorhebung nicht im Original.

188 Kursive Hervorhebungen nicht im Original.

der von den Tuberkulosekranken in der Infektionsabteilung nicht in der Lage, so durfte er keine Kinder mehr in dieser Abteilung unterbringen."

In einem weiteren BGH-Urteil[189] nahm ein Siebenjähriger aus dem Säuglingszimmer eines Krankenhauses zwei Kleinkinder aus ihren Bettchen und ließ diese auf die Erde fallen. Dadurch erlitt der Kläger Frakturen und daneben traten tonisch-klonische Krämpfe auf; später wurde festgestellt, dass er an Epilepsie leidet. Der Kläger wirft dem Krankenhausträger vor, die Klinik nicht so organisiert zu haben, dass Unbefugte nicht an Säuglinge gelangen konnten. Der Senat bestätigte die Auffassung und stellte heraus, dass der Krankenhausträger verpflichtet sei, Stationen so zu sichern, dass Unbefugte nicht mit Säuglingen in Kontakt treten können. „Bei der stationären Behandlung im Krankenhaus muss die Sicherheit des Patienten oberstes Gebot sein."[190] Die Krankenhausträgerin hätte dafür alle ihr „möglichen und *zumutbaren* Maßnahmen"[191] treffen müssen. Welche technischen Sicherungsmaßnahmen hierfür geboten sind oder ob eine hinreichende Aufsicht diese Kriterien bereits erfüllen kann, war nach Ansicht der Richter nicht entscheidungserheblich, da vorliegend überhaupt keine Sicherungsmaßnahmen getroffen wurden.

Dass der Krankenhausträger alle Sicherungsmaßnahmen zum Schutz der Patienten ergreifen muss, wurde später vom VI. Senat[192] bestätigt. Dabei wollte eine Schwester – ohne eine weitere Hilfskraft – den Kläger vom Nachtstuhl heben und auf die Bettkante setzen. Es misslang, der Kläger stürzte. Das Gericht hob hervor, dass derartige Risiken, die aus dem Betrieb des Krankenhauses resultieren, vom Träger der Klinik voll beherrscht werden müssen. Durch die entsprechende Organisation und Koordination des Behandlungsgeschehens sind derartige Stürze von Patienten auszuschließen.

Ähnlich entschied der BGH[193] den Fall, in dem der vier Monate alten Klägerin nach einer erfolgreichen Operation eine Abbocath-Verweilkanüle zur Applikation von Medikamenten in die Unterschlüsselbeinvene gelegt wurde. Infolge ungenügender Beaufsichtigung trat bei der Klägerin ein Entblutungsschock auf, da sich der Infusionsschlauch von der Kanüle löste. Die Richter urteilten, um den Sorgfaltsanforderungen gerecht zu werden, hätte der Krankenhausträger eine ständige Überwachung der Patientin veranlassen müssen. „Auch räumliche oder personelle Engpässe im Klinikbereich können von solcher Sorgfalt nicht befreien."

---

189 BGH, Urteil v. 2.12.1975 - VI ZR 79/74 -, NJW 1976, 1145ff. — *Säuglingszimmer.*

190 Mit Hinweis auf BGH, Urteil v. 14.04.1954 - VI ZR 41/53 -, VersR 1954, 290 — *Verwirrter Patient.* Siehe zu der Entscheidung sogleich unten Kapitel 3, B, VII., 3.

191 Hervorhebung nicht im Original.

192 BGH, Urteil v. 18.12.1990 - VI ZR 169/90 -, VersR 1991, 310f. — *Transportmaßnahme.*

193 BGH, Urteil v. 10.01.1984 - VI ZR 158/82 -, NJW 1984, 1400ff. = VersR 1984, 356ff. — *Verweilkanüle.* Zu dem Urteil vgl. auch schon oben Kapitel 3, B, I., 4. und siehe *Voß*, Kostendruck und Ressourcenknappheit im Arzthaftungsrecht, S. 170.

Auf der gleichen Linie liegt ein Urteil des OLG Düsseldorf.[194] Eine ältere Dame wurde komplikationslos am Auge operiert. Bei ihrem weiteren Aufenthalt in der Klinik kam es beim Gang zur Toilette zu einem Sturz. Das Gericht verurteilte den Klinikträger zu Schadensersatz, da es zur Organisation der Pflege und Betreuung gehört, dass geschwächte oder unsichere Patienten körperlich unterstützt und im Krankenhaus begleitet werden. Des Weiteren hätte es einer Anweisung bedurft, wonach während der Verrichtung der Patientin jemand an der Toilette verbleibt, oder notfalls hätte der Gang zur Toilette gänzlich untersagt werden müssen. Die u. a. durch das Alter und die mangelnde Sehfähigkeit ausgelösten besonderen Risiken waren nach Ansicht der Richter erkennbar gewesen.[195]

3. Gefahrabwendungspflichten im Rahmen einer ambulanten Behandlung

Jüngst hatte der BGH[196] über die Pflichten zur Überwachung eines sedierten Patienten nach einer ambulanten Magenspiegelung zu entscheiden. Dabei ging das Gericht von einem Behandlungsfehler aus. Zutreffender wäre jedoch gewesen, auf einen Organisationsmangel abzustellen,[197] weil Organisations- speziell Überwachungspflichten im Rahmen einer ambulanten Behandlung zu beurteilen waren.[198] Der Patient erhielt zur Sedierung u. a. 30 mg Dormicum (Wirkstoff Midazolam) verabreicht, das einer Dosierung von 0,3 mg pro Kilogramm Körpergewicht entsprach, obwohl der Hersteller maximal 0,2 mg pro Kilogramm Körpergewicht zur Sedierung empfahl. Ohne Wissen des Arztes hatte der Patient bereits ein Medikament mit dem Wirkstoff Ethyl-Loflazepat eingenommen, das die Wirkung des Midazolams noch erhöhte. Vor der Sedierung wurde der Patient darüber belehrt, dass er nach dem Eingriff kein Kraftfahrzeug führen dürfe. Nach dem Ende der Untersuchung verblieb er zunächst unter Aufsicht im

---

194 OLG Düsseldorf, Urteil v. 12.08.1981 - 8 U 40/80 -, VersR 1982, 775f. — *Toilettensturz.*

195 Anders dagegen derselbe Senat des OLG Düsseldorf, Urteil v. 19.03.1992 - 8 U 156/90 - , VersR 1993, 51f. — *Grand-Mal-Anfall.* Hier soll die ständige Überwachung einer Patientin – bei welcher der Verdacht eines Epilepsieleidens bestand, und ein Schlafentzug wegen bevorstehender Untersuchungen angeordnet wurde – beim Gang zur Toilette nicht erforderlich gewesen sein.

196 BGH, Urteil v. 8.04.2003 - VI ZR 265/02 -, NJW 2003, 2309ff. = VersR 2003, 1126ff.= MedR 2003, 629ff. = ArztR 2003, 237ff. = MDR 2003, 989ff. = r+s, 2004, 168ff. = DAR 2003, 416ff. = ZfS 2003, 439ff. = LMK 2003, 219 (LS) — *Sedierter Patient.* Kritisch *Laufs*, NJW 2003, 2288f.; *Katzenmeier*, MedR 2003, 629ff.; *Kern*, LMK 2003, 219f.; *Koenig-Ouvrier*, Hessisches Ärzteblatt 2003, 596; vgl. auch *Spickhoff*, NJW 2004, 1710 (1714); *Diehl*, ZfS 2003, 441; *Debong*, ArztR 2005, 121ff.; *Schulte-Sasse*, ArztR 2005, 116ff.

197 Siehe zur Unterscheidung von Behandlungs- und Organisationsfehler schon ausführlich oben Kapitel 1, A und B.

198 Vgl. den Tatbestand des Urteils; der BGH geht in der Entscheidung auch von Überwachungspflichten aus.

Untersuchungszimmer und hielt sich dann für zwei Stunden auf dem Flur auf, wobei Blick- und Gesprächskontakt zum behandelnden Arzt bestand. Ohne entlassen worden zu sein, entfernte er sich eigenmächtig aus dem Krankenhaus, fuhr mit dem eigenen Pkw nach Hause und verunglückte dabei tödlich. Die Hinterbliebenen verlangten vom Chefarzt für Innere Medizin – als Beklagten[199] – Schadensersatz u. a. auf Ersatz entgangenen Unterhalts. Der VI. Senat entsprach dem klägerischen Begehren und verurteilte den Beklagten wegen Verletzung der auf Grund der Sedierung bestehenden umfassenden Überwachungspflicht. Der BGH stellt zunächst die Unterschiede zu den Sorgfaltspflichten bei suizidgefährdeten Patienten heraus. Dort dürfe „die Pflicht zum Schutz des Patienten vor einer Schädigung, die diesem wegen seiner Krankheit droht, auf das Erforderliche und das für *das Krankenhauspersonal* und die Patienten *Zumutbare*“ beschränkt werden.[200] Die Einschränkungen werden dadurch begründet, dass die Gefahr der Selbstschädigung in der Veranlagung oder dem Verhalten der Patienten selbst liege. *In concreto* hatte der Beklagte jedoch wegen der zu hohen Sedierung die Gefahr erst geschaffen, demgemäß mussten sich auch seine Überwachungspflichten erhöhen. Die Richter vertraten den Standpunkt, eine solche Fürsorgepflicht hätte es erfordert, den Patienten in einen Raum unterzubringen, in dem er unter ständiger Überwachung stand und gegebenenfalls daran erinnert werden konnte, das Krankenhaus nicht eigenmächtig zu verlassen. Dafür sollte ein Vor- bzw. Wartezimmer zur Verfügung stehen, dessen Organisation sich im Einzelnen nach den örtlichen Möglichkeiten richten konnte.

4. Gefahrabwendungspflichten des Krankenhausträgers bei der Organisation der Nachsorge

Die Sicherheit eines Patienten kann ebenfalls gefährdet sein, wenn nach Krankenhausaufenthalten eine zu frühe Entlassung erfolgt.[201] Ökonomische Erwägungen werden in diesem Bereich verstärkt diskutiert, weil eine *kürzere Ver-*

---

199 Beklagter war hier nicht der Krankenhausträger, weil es sich um eine ambulante Behandlung handelte. Die Rechtsprechung hat mehrfach ausgeführt, dass Vertragspartner eines gesetzlich versicherten Patienten, der in einer Krankenhausambulanz behandelt wird, ausschließlich der an der kassenärztlichen ambulanten Versorgung beteiligte Chefarzt ist. Vgl. zu der Problematik z. B. die ausführlichen Erörterungen des OLG Frankfurt a. M., Urteil v. 12.07.1993 - 14 U 206/91 -, VersR 1994, 430f. m. w. N. Siehe des Weiteren in der Literatur den Kurzüberblick bei *Herkenhoff/Karthaus*, in: *Bergmann/Kienzle*, Krankenhaushaftung, Rdnr. 89ff. Vgl. zur Neuregelung durch das GMG, das nunmehr eine Teilöffnung der Krankenhäuser für hochspezialisierte ambulante Leistungen vorsieht, § 116 b Abs. 3 S. 1 Nr. 1, 2 SGB V.

200 Kursive Hervorhebungen nicht im Original.

201 Vgl. zuletzt *Müller*, in: FS für *Lorenz*, S. 475 (482) = GesR 2004, 257 (259), die betont, dass je nach Art der Behandlung die erforderliche Nachsorge zum Standard gehört.

weildauer von Patienten zu einer *höheren Effizienz* der Einrichtung führen soll.[202]

Besonders tragisch endete der Sachverhalt, den das OLG Düsseldorf[203] entscheiden musste. Bei einem Fünfjährigen wurden im Krankenhaus beide Gaumenmandeln ausgeschält und eine Rachenmandel entfernt. Vier Tage nach der Operation erfolgte die Entlassung; weitere zwei Tage später aspirierte das Kind Blut und verstarb. Die klagenden Eltern meinten, ihr Kind sei zu früh entlassen worden. Bei einer üblichen Verweildauer von sieben Tagen wären die Nachblutungen im Krankenhaus aufgetreten, und ihr Sohn hätte gerettet werden können. Das Gericht stellte sachverständig beraten fest, dass seinerzeit in der Bundesrepublik[204] eine Aufenthaltsdauer einschließlich des Operationstages von sechs Tagen dem Standard entsprach. Bei Einhaltung dieser Verweildauer wäre die Nachblutung ebenso zu Hause aufgetreten. Deswegen wurde eine Pflichtverletzung des beklagten Krankenhausträgers im Ergebnis verneint.[205]

5. Gefahrabwendungspflichten gegenüber „verwirrten" Patienten im Rahmen stationärer Behandlung

In einer älteren BGH-Entscheidung[206] ging es um einen Patienten, der sich in stationärer Behandlung befand und an zeitweisen Verwirrungszuständen litt. In diesem Zustand stürzte er sich aus dem Fenster, welches acht Meter über dem Erboden lag und verletzte sich schwer. Das Gericht musste die Frage beantworten, ob es dem Krankenhausträger *zuzumuten* war, die Sicherungsmaßnahmen zu erhöhen, damit sich der Patient nicht verletzen konnte. Die Richter entschieden eindeutig: „Die Sicherheit des Patienten muss auch bei der stationären Behandlung im Krankenhaus oberstes Gebot sein." Unter Bezugnahme auf wirtschaftliche Erwägungen führten sie weiter aus: „Auf die durch derartige Sicherungs-

---

[202] *Rehborn*, in: *Arbeitsgemeinschaft Rechtsanwälte im Medizinrecht e. V.*, Leitlinien, Richtlinien und Gesetz, S. 121 (127) und ausführlicher 4. Kapitel, B, VII., 4.

[203] OLG Düsseldorf, Urteil v. 16.09.1993 - 8 U 60/92 -, AHRS 2520/106 — *Tonsillektomie*

[204] Eine konkrete Festlegung für die Verweildauer nach einer Tonsillektomie bestand nicht. Deshalb zogen die Richter zum Vergleich auch europäische Nachbarstaaten heran, wo die Verweildauer bei 3 – 6 Tagen lag. In der USA dagegen betrug sie nur 2 Tage. Einige Jahre später wurden bei einem Zusammentreffen von Vertretern der Krankenkassen und Hals-Nasen-Ohren-Ärzten auf Grund neuer Erkenntnisse nunmehr 7 Tage als Verweildauer empfohlen. Auch diese Zahl legte das Gericht zu Grunde. Da die Nachblutungen jedoch erst am Abend beim Kind eintraten, wäre bei einer Entlassung am Morgen ebenso keine Pflichtverletzung des Krankenhausträgers zu beanstanden gewesen.

[205] Vgl. zu dieser Fallgruppe auch OLG Hamm, Urteil v. 7.07.1982 - 3 U 326/81 -, MedR 1983, 189f. und BGH, Urteil v. 16.06.1981 - VI ZR 38/80 -, NJW 1981, 2513f. Bei der letztgenannten Entscheidung unterliegt der Sachverhalt jedoch einer Einschränkung, da die vorzeitige Entlassung hier auf Wunsch des Patienten erfolgte.

[206] BGH, Urteil v. 14.04.1954 - VI ZR 41/53 -, VersR 1954, 290 — *Verwirrter Patient.*

maßregeln *entstehenden Kosten*[207] kann es jedenfalls dann nicht ankommen, wenn diese nicht außer allem Verhältnis zu der drohenden Gefahr stehen und diese Gefahr keine nur ganz entfernte ist."[208] Als konkret durchzuführende Maßnahmen wurden sodann die Bewachung des Patienten und die Unterbringung in einem gesicherten Zimmer, dessen Fenster sich nicht öffnen ließen – was durch verhältnismäßig einfache Mittel hätte erreicht werden können – aufgezählt. Schließlich hätte als Sicherungsmaßregel auch die Verlegung des Klägers in eine Pflegeanstalt durchgeführt werden können, wie alsbald nach dem Unfall geschehen.[209]

6. Sonderproblem: Gefahrabwendungspflichten psychiatrischer Einrichtungen

Im Bereich der Psychiatrie lassen sich Probleme bei der Patientensicherheit besonders gut darstellen, da hierbei räumliche und personelle Engpässe oftmals zusammentreffen. Eine Vielzahl der Entscheidungen nimmt direkten Bezug auf ökonomische Erwägungen; teilweise sind wirtschaftliche Folgenerwägungen angesprochen. Die Besonderheiten bei der Therapie,[210] die es rechtfertigen, von einer Sonderproblematik zu sprechen, werden bei der Darstellung ausreichend berücksichtigt. Ebenso wird auf neuere Urteile eingegangen, in denen die Frage, was dem Krankenhausträger bei der Gewährleistung der Sicherheit für die Patienten *zugemutet* werden kann, angesprochen ist.

a) Ausdrückliche Berücksichtigung finanzieller Aspekte

Bereits in einer RG-Entscheidung[211] ging es um eine Frau, die an Selbstmordmanie litt. Einen Tag nach der Aufnahme in das Bürgerhospital unternahm sie einen Selbstmordversuch; zwei Tage später stürzte sie sich aus einem offenen Fenster. Der Senat stellte heraus, dass nach dem ersten Selbstmordversuch äußerste Vorsichtsmaßregeln hätten getroffen werden müssen, um einen zweiten Versuch zu unterbinden. „Jedes Hospital, das einmal einen Geisteskranken aufgenommen habe, habe die Verpflichtungen, die nötigen Vorsichtsmaßregeln anzuwenden." Das Gericht deutet sodann wirtschaftliche Folgenerwägungen an: „[Seien die notwendigen Maßnahmen] nach der Einrichtung und dem Betriebe

---

207 Kursive Hervorhebungen nicht im Original.

208 Mit Verweis im Urteil auf *Goldhahn-Hartmann*, Chirurgie und Recht, S. 177.

209 In diese Fallgruppe gehört auch ein Urteil des RG, III. Zivilsenats v. 10.01.1916. Der Tatbestand und die Entscheidungsgründe sind mitgeteilt bei *Ebermayer*, Der Arzt im Recht, S. 112. Der Sachverhalt wurde bereits ausführlich im 2. Kapitel, A, I., 1., erörtert.

210 Vgl. schon Kapitel 2, D, II., 7.

211 Die Entscheidung wurde mitgeteilt von *Ebermayer*, Der Arzt im Recht, S. 113. In der Mitteilung finden sich keine Anhaltspunkte, wann das Urteil durch das RG veröffentlicht wurde.

nicht möglich gewesen, so hätte die Aufnahme von Anfang an verweigert werden sollen."

In einer frühen BGH-Entscheidung[212] ging es um einen Patienten, der infolge fehlender Sicherheitsvorkehrungen in der Nervenabteilung einer Klinik verstarb. Die Klinikträgerin meinte, ihre Haftung sei ausgeschlossen; zwar habe eine Aufnahmemöglichkeit für Übergangsfälle bestanden, jedoch nicht für einen Daueraufenthalt. Darauf, dass ein längerer Aufenthalt in der Klinik auf Grund fehlender räumlicher und personeller Verhältnisse nicht möglich sei, habe man die klagende Ehefrau bei der Einlieferung ihres Mannes hingewiesen. Der Senat entschied, dass es unerheblich ist, ob es sich um einen lang- oder kurzfristigen Aufenthalt handelte. Im Moment der Aufnahme besteht eine generelle Verpflichtung, den Patienten vor vermeidbaren Schäden zu schützen. Schließlich verweisen die Richter noch auf Zumutbarkeitserwägungen. Die Krankenhausträgerin hat auch „nichts dafür vorgetragen, dass ihr eine [kurzfristige] Sicherung nicht möglich oder *zumutbar* gewesen wäre".[213]

Der III. Senat des BGH[214] wandte sich gegen die Einbeziehung ökonomischer Erwägungen. Fraglich war, ob der beklagte Träger eines psychiatrischen Krankenhauses haften muss, weil sich ein Patient mit einer Sense, die nicht ordnungsgemäß verwahrt wurde, den Hals aufgeschnitten hatte. Ein Bediensteter des Beklagten, der für die Verwahrung der gefährlichen Geräte verantwortlich war, konnte sich dabei nicht auf seine Arbeitsüberlastung berufen. Vielmehr musste wegen der gebotenen Fürsorgepflicht gegenüber dem Kranken alles getan werden, um ihn vor vermeidbaren Schäden zu schützen. Der Senat stellte fest: „Bereits das Berufungsgericht hat dazu zutreffend darauf hingewiesen, [dass der Leiter der Anstaltsgärtnerei] hätte wissen müssen, dass die Sicherheit der Patienten den Vorrang vor *wirtschaftlichen Gesichtspunkten* hatte [...]."[215]

In einem Urteil des BayObIG[216] stellte sich die Frage, welche haftungsrechtlichen Konsequenzen sich für den Träger einer Heil- und Pflegeanstalt aus dem Umstand ergeben, dass sich eine Patientin durch ein Fenster in den Hofraum stürzen konnte. Das Fenster ließ sich zwar nicht öffnen, bestand jedoch nur aus einfachem Glas, welches die Patientin beim Sprung durchschlug. Unter Bezugnahme auf die Rechtsprechung des BGH[217] argumentierte das Gericht, dass der

---

212 BGH, Urteil v. 27.09.1960 - VI ZR 184/59 -, VersR 1960, 1014f. — *Übergangsaufenthalt.*

213 Kursive Hervorhebung nicht im Original.

214 BGH, Urteil v. 24.09.1962 - III ZR 201/61 -, BGHZ 38, 49ff. = NJW 1963, 40ff. — *Sense.* Die Zuständigkeit des III. Senats folgte daraus, dass es sich im Ausgangspunkt um einen Amtshaftungsanspruch handelte. Nach dem Geschäftsverteilungsplan des BGH ist für Schadensersatzansprüche gegen den Staat und juristische Personen des öffentlichen Rechts dieser Senat zuständig.

215 Kursive Hervorhebung nicht im Original.

216 BayObIG, Urteil v. 28.04.1980 - 2 Z 93/79 -, VersR 1980, 872f. — *Sicherheitsglas.*

217 Siehe die zuvor dargestellte Entscheidung des BGH, Urteil v. 24.09.1962 - III ZR

Träger eines Nervenkrankenhauses im Rahmen der gebotenen Fürsorge die Amtspflicht hat, alles zu tun, was geeignet ist, die Kranken vor vermeidbaren Gefahren zu schützen. Weitergehend stellten die Richter unter Berücksichtigung ökonomischer Aspekte fest, dass für den Krankenhausträger eine Verpflichtung bestand, „für eine – *verhältnismäßig geringe Mittel* erfordernde – Sicherheitsverglasung (erforderlichenfalls auch mit Sicherung der Scheiben durch Metallschienen) zu sorgen".[218]

Über eine Organisationspflichtverletzung in einer Nervenheilanstalt hatte das OLG Düsseldorf[219] zu entscheiden. Auf Grund von Wahnideen[220] hatte der Patient bereits des Öfteren „Flugversuche" aus Fenstern und von Balkonen unternommen. Seine Krankheitsgeschichte war dem Krankenhausträger bekannt. Trotzdem ließ dieser es zu, dass der Patient in die höher gelegene Bibliothek des Hauses gehen konnte. Bei einem Besuch stürzte er sich vom Balkon. Der Beklagte meinte, „wirksame Sicherungsvorkehrungen seien *unzumutbar* gewesen".[221] Der Senat dagegen stellte zunächst fest: „Die Sicherheit des Patienten muss auch bei der stationären Behandlung in einer psychiatrischen Krankenanstalt oberstes Gebot sein", um anschließend auf wirtschaftliche Erwägungen einzugehen: „Auf die durch geeignete Sicherungsmaßregeln *entstehenden Kosten* oder den *sonstigen personellen und sächlichen Aufwand*[222] kann es jedenfalls dann nicht ankommen, wenn diese nicht außer allem Verhältnis zu der drohenden Gefahr stehen und diese Gefahr keine nur ganz entfernte ist."[223]

Ebenso entschied das OLG Hamm.[224] Dabei wurden dem Krankenhausträger Sicherheitsversäumnisse vorgeworfen, weil eine Station mit psychisch kranken

---

201/61 -, BGHZ 38, 49ff. — *Sense*.

218 Kursive Hervorhebung nicht im Original.

219 OLG Düsseldorf, Urteil v. 25.11.1982 - 8 U 87/80 -, VersR 1984, 193f. = MedR 1984, 69ff. — *Flugversuche*. Der BGH hat die Annahme der Revision durch Beschluss v. 4.10.1983 - VI ZR 310/82 - abgelehnt. *Deutsch*, VersR 1984, 338f., kritisierte die Entscheidung und lehnte sie sowohl im Ergebnis als auch in der Begründung ab und stellte fest, dass der BGH allen Anlass gehabt hätte, die Revision anzunehmen. Vgl. auch *Dunz*, MedR 1984, 70.

220 Der Patient glaubte, Gott habe ihn erwählt, um der Welt als „Kaiser der Nation" den Frieden zu bringen.

221 Kursive Hervorhebung nicht im Original.

222 Kursive Hervorhebung nicht im Original.

223 Unter Verweis auf BGH, Urteil v. 14.04.1954 - VI ZR 41/53 -, VersR 1954, 290 — *Verwirrter Patient*. Dazu oben Kapitel 3, B, VII., 5. Des Weiteren mit Hinweis auf BGH, Urteil v. 27.09.1960 - VI ZR 184/59 -, VersR 1960, 1014f. — *Übergangsaufenthalt* und v. 24.09.1962 - III ZR 201/61 -, BGHZ 38, 49ff. — *Sense* sowie BayObIG, Urteil v. 28.04.1980 - 2 Z 93/79 -, VersR 1980, 872f. — *Sicherheitsglas*.

224 OLG Hamm, Urteil v. 16.09.1992 - 3 U 283/91 -, NJW 1993, 2387f. = VersR 1994, 729f. — *Budget-Verhandlungen*. Der BGH hat die Revision des Beklagten durch Beschluss v. 25.05.1993 - VI ZR 250/92 - nicht angenommen. Siehe zur Entscheidung auch unten Kapitel 3, C, II. Kritisch zur Begründung des Urteils *Bergmann*, in: *Arbeitsgemeinschaft Rechtsanwälte im Medizinrecht e. V.*, Die Budgetierung des Gesundheitswesens, S. 45f.

Patienten unzureichend besetzt war. Die ca. 400 – 500 qm große Station befand sich auf einer winkelförmig angelegten Etage. Dort waren seinerzeit 30 – 35 Patienten untergebracht; auf der einen Gangseite Männer und auf der anderen Frauen. Die Hälfte der Zimmer hatte einen Balkon. Zur Behandlung, Pflege und Überwachung der Kranken standen drei Pflegekräfte (davon eine nur als halbe Sozialarbeitsstelle besetzt), ein Arzt und ein Psychologe zur Verfügung. Bereits diese „bedrückend spärliche Anzahl an Personal" stellte nach Auffassung des Senats nur „die unterste Grenze des unbedingt erforderlichen Personalbestandes dar". Am Abend des 11.09.1989[225] stürzte sich der Kläger vom Balkon des Patienten-Aufenthaltsraumes. Zu diesem Zeitpunkt und bereits am Nachmittag war wegen Urlaubs und eines Krankheitsfalles die gesamte Station lediglich mit einer Schwester besetzt. Das Gericht führte unter Bezugnahme auf die BGH-Rechtsprechung[226] aus: „Da die Sicherheit des Patienten oberstes Gebot sein muss, hätte der Bekl. durch geeignete organisatorische Maßnahmen dafür sorgen müssen, dass es zu einer solchen Personalsituation nicht kommen konnte. Auf die durch Sicherheitsmaßnahmen *entstehenden Kosten* kommt es jedenfalls dann nicht an,[227] wenn wie hier diese nicht außer allen Verhältnisses zu der drohenden Gefahr stehen und diese Gefahr keine nur ganz entfernte ist."[228]

b) *Korrelation zwischen Sicherheit und Therapie*

Im Zeitraum der beiden zuletzt dargestellten Urteile[229] wurden sowohl durch den BGH[230] als auch durch weitere Oberlandesgerichte[231] Beschlüsse und Entscheidungen veröffentlicht, die sich mit Organisationsanforderungen gegenüber den Krankenhausträgern beschäftigten. Dabei standen Anforderungen an die räumli-

---

225 Bei diesem Datum handelte es sich um einen Montag und damit einen „normalen" Arbeits- und Wochentag.

226 Das Gericht nimmt Bezug auf BGH, Urteil v. 14.04.1954 - VI ZR 41/53 -, VersR 1954, 290 — *Verwirrter Patient.*

227 Hervorhebungen nicht im Original.

228 Unter nochmaliger Zitierung des BGH, Urteil v. 14.04.1954 - VI ZR 41/53 -, VersR 1954, 290 — *Verwirrter Patient* sowie OLG Düsseldorf, Urteil v. 25.11.1982 - 8 U 87/80 -, VersR 1984, 193f. — *Flugversuche.*

229 Siehe oben OLG Düsseldorf, Urteil v. 25.11.1982 - 8 U 87/80 -, VersR 1984, 193f. — *Flugversuche* und OLG Hamm, Urteil v. 16.09.1992 - 3 U 283/91 -, NJW 1993, 2387f. — *Budget-Verhandlungen.*

230 Beschluss des BGH v. 9.04.1987 - III ZR 171/86 -, VersR 1987, 985. Im Sachverhalt ging es darum, ob das Landeskrankenhaus mit ausreichend sicheren Fenstern ausgestattet war.

231 Dazu ist u. a. auf drei Urteile zu verweisen. Im ersten Urteil des OLG Hamm, v. 30.05.1986 - 3 U 320/83 -, VersR 1986, 171, war die Überwachung einer psychisch erregten Patientin, die deshalb in ein Krankenhaus eingeliefert wurde, zu beurteilen. Das zweite Urteil des OLG Hamm, v. 12.10.1988 - 11 U 271/87 -, NJW 1989, 1809f., beschäftigt sich mit der Bewachung eines Gefangenen, der sich selbst in einem Krankenhaus töten wollte. Vgl. auch OLG Frankfurt a. M., Urteil v. 6.10.1992 - 8 U 26/92 -, VersR 1993, 1271ff.

che und personelle Ausstattung im Mittelpunkt. Auf ökonomische Gesichtspunkte und wirtschaftliche Folgenerwägungen wurde nicht näher eingegangen, vielmehr wurde in den Entscheidungsgründen darauf abgestellt, ob Sicherungsmaßnahmen und Therapieaspekte[232] miteinander harmonisieren. Es setzte sich in der sachverständig[233] beratenen Rechtsprechung[234] die Auffassung durch, dass ein Suizid während des Aufenthaltes in einem psychiatrischen Krankenhaus *niemals mit absoluter Sicherheit* vermieden werden kann.[235] Nach moderner psychiatrischer Auffassung[236] müssen bei der Behandlung suizidialer Patienten, einerseits aus therapeutischen und andererseits aus Gründen der Achtung vor der Würde und Freiheit des Einzelnen, gewisse *Einschränkungen der Sicherheit* hingenommen werden, die *im eigenen Interesse des Patienten* liegen.

Das OLG Hamm[237] beispielsweise betonte: „Die Kl. war in einem normalen Krankenzimmer untergebracht. Türklinken, Sicherungsflügel an Fenstern oder ähnliche Einrichtungen brauchten nicht beseitigt zu werden. Dies mag früher üblich gewesen sein. Es entspricht jedoch nicht mehr einer modernen Auffassung von der humanen Unterbringung psychisch Kranker. Der Sachverständige [...] hat dazu ausgeführt, dass das Unterlassen solcher Sicherungsmaßnahmen zwar die Möglichkeit eines Suizids erleichtere, dies aber heute hingenommen werde, zumal ein zum Selbstmord Entschlossener ohnehin Mittel und Wege finde, seinen Plan auszuführen.“

c) *Die Herausarbeitung und Berücksichtigung des Zumutbarkeitskriteriums für den Krankenhausträger*

Eine Entscheidung des OLG Stuttgart[238] versucht sowohl ökonomische Erwägungen – unter dem Stichwort der Zumutbarkeit für den Krankenhausträger – als auch moderne Therapieaspekte – unter dem Stichwort der Zumutbarkeit für den Patienten – miteinander in Einklang zu bringen. Ausgangspunkt waren Schadensersatzforderungen gegen den Träger einer Universitätsklinik. Die Klägerin behauptete, wegen der pflichtwidrigen Organisation der Behandlung sei es ihr erst möglich gewesen, einen Selbstmordversuch zu unternehmen. Der Senat rückte zunächst Schutzmaßnahmen für die Patientin in den Vordergrund: „Nach

---

232 Siehe dazu auch schon oben Kapitel 2., D, VIII.

233 Siehe z. B. *Meyer*, MedR 1985, 210ff.; *Gropp*, MedR 1994, 127ff.

234 Vgl. die zuvor genannten Urteile, aber vor allem die nachfolgende Entscheidung des OLG Stuttgart, Urteil v. 20.10.1995 - 14 U 38/93 -, NJW-RR 1995, 662ff. — *Moderne Therapie*.

235 Vgl. dazu schon früh aus der juristischen Literatur *Wolfslast*, NStZ 1984, 105ff.

236 OLG Hamm, v. 26.11.1980 - 3 U 84/80 -, VersR 1983, 43 — *Selbstmordversuch*. Der BGH hat die Annahme der Revision durch Beschluss v. 22.06.1982 - VI ZR 10/81 - abgelehnt.

237 OLG Hamm, v. 26.11.1980 - 3 U 84/80 -, VersR 1983, 43 — *Selbstmordversuch*.

238 OLG Stuttgart, Urteil v. 20.10.1995 - 14 U 38/93 -, NJW-RR 1995, 662ff. — *Moderne Therapie*.

der Rechtsprechung[239] ist zwar die Sicherheit des Patienten bei einer stationären Unterbringung ‚oberstes Gebot' ", um dann ausführlich auf bei der Therapie zu beachtende Aspekte[240] überzuleiten: „Indessen besteht das dargelegte Sicherheitsgebot nicht uneingeschränkt, sondern ist abzuwägen gegen Gesichtspunkte einer Therapiegefährdung durch allzu strikte Verwahrung,"[241] weil ein Suizid niemals mit absoluter Sicherheit vermieden werden kann. Beide Probleme finden sich in der Formulierung vereint, dass „eine Überwachungs- und Sicherungspflicht des Krankenhauspersonals gegenüber suizidalen Patienten nur in den Grenzen des (erkennbar) Erforderlichen und des für das Krankenhauspersonal und die Patienten Zumutbaren" bestehen könne.

In nachfolgenden Entscheidungen haben die Gerichte versucht, die Pflichten für den Klinikträger einerseits und die Aspekte einer Therapiegefährdung andererseits weiter auszubalancieren. Unter Berücksichtigung des Zumutbarkeitskriteriums hat sich eine einheitliche Rechtsprechung herausgebildet.

Der III. Senat des BGH[242] entschied über die Organisationsanforderungen, welche vom Klinikträger gegenüber einer Patientin zu erwarten sind, die sich selbst töten wollte. Danach kann ein Suizid niemals mit absoluter Sicherheit vermieden werden. Das Gericht betonte zwar, dass die Pflicht bestand, alle Gefahren von der Patientin abzuwenden. „Diese Pflicht besteht allerdings [...] nur *in den Grenzen* des Erforderlichen und des *für das Krankenhauspersonal* und die Patientin *Zumutbaren*."[243]

Ebenso äußerte sich das OLG Oldenburg.[244] Dabei war über Sicherungsmaßnahmen zu entscheiden, die dem Träger einer halboffen geführten gerontopsychiatrischen Station eines Landeskrankenhauses obliegen. Der Kläger verlangte Schadensersatz für Verletzungen, die er infolge eines absichtlichen Balkonsturzes erlitt. Auch hier bestand nach Ansicht der Richter zunächst die Pflicht, alle Gefahren vom Kläger durch Überwachungs- und Sicherungsmaßnahmen abzuwenden. Sogleich erfolgte jedoch die bekannte Einschränkung: „Diese Schutz-

---

239 U. a. mit Bezug auf BGH, Urteil v. 14.04.1954 - VI ZR 41/53 -, VersR 1954, 290 — *Verwirrter Patient* und OLG Hamm, Urteil v. 16.09.1992 - 3 U 283/91 -, NJW 1993, 2387f. — *Budget-Verhandlungen.*

240 Mit Verweis auf entsprechende Literatur u. a. *Meyer*, MedR 1985, 210ff.; *Gropp*, MedR 1994, 127ff.

241 U. a. wird auf das OLG Hamm, Urteil v. 26.11.1980 - 3 U 84/80 -, VersR 1983, 43, Bezug genommen.

242 BGH, Urteil v. 23.09.1993 - III ZR 107/92 -, NJW 1994, 794f = VersR 1994, 50ff. — *Suizidgefährdete Patientin.* Vgl. zur Entscheidung *Deutsch/Spickhoff*, Medizinrecht, Rdnr. 590, 604. Die Zuständigkeit des dritten Senats ergab sich wiederum dadurch, dass es sich um einen Amtshaftungsanspruch handelte.

243 Kursive Hervorhebungen nicht im Original.

244 OLG Oldenburg, Urteil v. 19.03.1996 - 5 U 164/95 -, VersR 1997, 117ff.

pflichten bestehen aber – was von allen Prozessbeteiligten nicht verkannt wird – nur im Rahmen des Erforderlichen und *Zumutbaren*."[245]

Bestätigt wurde die Rechtsprechung durch das OLG Köln:[246] „Die Sicherheit des suizidgefährdeten Patienten ist bei seiner stationären Behandlung oberstes Gebot, dem durch die Bewachung des Patienten und durch begleitende organisatorische Maßnahmen im Rahmen des Erforderlichen und des für *das Krankenhauspersonal* und den Patienten *Zumutbaren* Rechnung zu tragen ist."[247]

In einer Entscheidung des OLG Zweibrücken[248] ging es um die Grundsicherung auf einer offenen Station in einem psychiatrischen Krankenhauses. Das Gericht stellte wiederum fest, dass alle Gefahren von Patienten abzuwenden sind. „Dazu bedarf es einer Überwachung und Sicherung der Kranken, jedoch nur in den Grenzen des Erforderlichen und des *für das Krankenhauspersonal* und den Patienten *Zumutbaren* [...]."[249] Die Revisionsentscheidung des BGH[250] führte zur Aufhebung und Zurückverweisung des Urteils.[251] Jedoch bestätigt der VI. Senat[252] ausdrücklich die zitierten Entscheidungsgründe des OLG Zweibrücken. Der Patient muss vor den Gefahren, die ihn durch die bauliche Anlage und das Krankenhaus drohen, geschützt werden. „Diese Pflicht ist allerdings – wie das OLG richtig erkannt hat – beschränkt auf das Erforderliche und das für *das Krankenhauspersonal* und die Patienten *Zumutbare*."[253]

---

245 Mit Hinweis auf BGH, Urteil v. 23.09.1993 - III ZR 107/92 -, VersR 1994, 50ff. — *Suizidgefährdete Patientin.* Hervorhebung nicht im Original.

246 OLG Köln, Urteil v. 26.11.1997 - 5 U 90/97 -, VersR 1999, 624ff.

247 Kursive Hervorhebungen nicht im Original.

248 Die nicht rechtskräftige Entscheidung des OLG Zweibrücken, Urteil v. 2.11.1999 - 5 U 8/99 -, ist abgedruckt in MedR 2000, 272ff.

249 Kursive Hervorhebungen nicht im Original.

250 BGH, Urteil v. 20.06.2000 - IV ZR 377/99 -, VersR 2000, 1240f.

251 Die Erwägungen des Berufungsgerichts hielten einer rechtlichen Überprüfung auf der Grundlage der bisher getroffenen tatsächlichen Feststellungen nicht stand. Das OLG berief sich u. a. auf Aussagen des BGH, die in dieser Form jedoch nicht getroffen wurden.

252 BGH, Urteil v. 20.06.2000 - IV ZR 377/99 -, VersR 2000, 1240 (1241).

253 Hervorhebung nicht im Original. Der Vollständigkeit halber sei auf die abschließende Entscheidung des OLG Zweibrücken, Urteil v. 26.03.2002 - 5 U 13/00 -, MedR 2003, 181f., verwiesen.

C *Versorgungsorientierte Argumente*

Unter dieser Überschrift werden Urteile dargestellt, in denen Zivilgerichte *versorgungsorientierte Argumente*[254] ansprechen. Dabei stehen Berührungspunkte zwischen dem Recht der Gesetzlichen Krankenversicherung und dem Haftungsrecht zur Diskussion. Konkret geht es um den Einfluss von Budgetierungen, Vergütungsmaßnahmen und Richtlinien. Daneben werden kurz Diskrepanzen zwischen haftungs- und sozialrechtlicher Standardbehandlung angedeutet und es wird auf versorgungsbedingte („geplante") Knappheiten[255] eingegangen. Die Entscheidungen betreffen sowohl die Qualität der Behandlung als auch deren Organisation.

I. Einfluss von Budgetierungen

In zwei bereits erörterten Entscheidungen[256] nahmen die Gerichte zu der Frage Stellung, welchen Einfluss die *Erschöpfung von Leistungsbudgets* auf die Behandlungspflicht von Krankenhäusern haben darf.

Das OLG Hamm[257] entschied über die Gefahrabwendungspflichten eines Krankenhausträgers in einer Psychiatrie. Es ging darum, ob wirtschaftliche Erwägungen im Rahmen von Sicherheitsmaßnahmen für den Patienten berücksichtigt werden dürfen.[258] Das Gericht vertrat ausdrücklich den Standpunkt, dass Engpässe im Budget haftungsrechtlich nicht zu berücksichtigen sind. „Unabhängig von etwaigen aus den *Budget-Verhandlungen* mit den Krankenkassen *herrührenden finanziellen Zwängen* hat der Patient Anspruch auf die Wahrung essentieller Grundvoraussetzungen für seine Sicherheit."[259]

---

254 Ausführlich zu diesem von *Hart*, VSSR 2002, 265 (275); *ders.*, anlässlich eines Vortrages mit dem Titel: „Haftungsmaßstäbe und Ressourcenknappheit" auf den 7. Karlsruher Gesprächen zwischen Ärzten und Juristen der Bezirksärztekammer Nordbaden im April 2003 (unveröffentlicht), verwendeten und näher definierten Begriff oben 2. Kapitel, D, III.

255 So auch zur Umschreibung dieser Fallgruppe *Hart*, anlässlich eines Vortrages mit dem Titel: „Haftungsmaßstäbe und Ressourcenknappheit" auf den 7. Karlsruher Gesprächen zwischen Ärzten und Juristen der Bezirksärztekammer Nordbaden im April 2003 (unveröffentlicht), mit diversen Beispielen.

256 OLG Hamm, Urteil v. 16.09.1992 - 3 U 283/91 -, NJW 1993, 2387f. — *Budget-Verhandlungen* sowie ArbG Gelsenkirchen, Beschluss v. 20.12.1996 - 1 GA 45/96 -, MedR 1997, 224 — *Therapiefreiheit.*

257 OLG Hamm, Urteil v. 16.09.1992 - 3 U 283/91 -, NJW 1993, 2387f. = VersR 1994, 729f. — *Budget-Verhandlungen.* Der BGH hat die Revision des Beklagten durch Beschluss v. 25.05.1993 - VI ZR 250/92 - nicht angenommen.

258 Siehe zum Sachverhalt schon ausführlich oben Kapitel 3, B, VII., 6.

259 Kursive Hervorhebungen nicht im Original.

Die Entscheidung des ArbG Gelsenkirchen[260] verdient auch in diesem Abschnitt nochmals Erwähnung. Das ArbG hat (ohne nähere Begründung) der Qualität der Behandlung – konkret der Therapiefreiheit des Arztes – den Vorrang vor den Folgen einer *Leistungsbudgetierung* eingeräumt. Die angeordnete Einschränkung des Behandlungsspektrums durch den Krankenhausträger mittels einer sektoralen Haushaltssperre wurde mit folgenden Worten abgelehnt: „Die Therapiewahl kann nicht von haushaltsrechtlichen Erwägungen abhängig gemacht werden."

II. Einfluss von Vergütungsmaßnahmen

Das OLG München[261] nahm zur Festlegung des Haftungsmaßstabs u. a. Bezug auf die *Gebührenordnung*. Die Klägerin war bei der Beklagten, einer niedergelassenen Frauenärztin, wegen ihrer Schwangerschaft in Behandlung; Ultraschalluntersuchungen wurden durchgeführt. Trotzdem kam das Kind mit Missbildungen beider oberer Extremitäten zur Welt. Die Klägerin meinte, der Behandlungsvertrag sei verletzt worden, weil die Beklagte die Missbildung der Leibesfrucht nicht erkannt habe, obwohl das vorhandene Ultraschallgerät ausreichte, um Arme und Beine eines Feten komplett darzustellen. Nach dem Gericht entsprach die Behandlung jedoch dem medizinischen Standard; ein Mehr an Behandlung sei nicht notwendig gewesen. Weder die Mutterschafts-Richtlinien[262] noch die *Gebührenordnungen* haben dies verlangt. Die Beklagte war von *den Gebührenordnungen* her nicht verpflichtet, eine über das Ausmaß einer Routineuntersuchung hinausgehende Untersuchung durchzuführen: „Zum Zeitpunkt der Schwangerschaft der Klägerin [...] seien nach den Gebührenordnungen zwei Mal pro Schwangerschaft die Ziffern 106 mit 350 Punkten abrechnungsfähig gewesen."

Anders dagegen urteilte der BGH in der kurze Zeit später ergangenen *Arbeitsteilungs-Entscheidung*,[263] wo es um das Zusammenwirken von niedergelassenen Ärzten und Krankenhäusern ging. Die Richter sahen den hinzugezogenen Arzt einer Spezialklinik zu weitergehenden Untersuchungen verpflichtet und urteilten in dem Zusammenhang: „Er [der Chefarzt] könnte sich nicht darauf berufen, dass er für zusätzliche, von dem Auftrag *nicht gedeckte Leistungen für einen Kassenpatienten keine Gebühren erhält*, und aus diesem Grunde von der für an-

---

260 ArbG Gelsenkirchen, Beschluss v. 20.12.1996 - 1 GA 45/96 -, MedR 1997, 224 = ArztR 1997, 295f. — *Therapiefreiheit.* Siehe zum Sachverhalt der Entscheidung ausführlich oben unter Kapitel 3, A, 3.

261 OLG München, Urteil v. 14.01.1993 - 1 U 3305/92 -, AHRS 1952/100 — *Phokomelie.* Vgl. *Röfer*, Zur Berücksichtigung wirtschaftlicher Überlegungen bei der Festlegung arzthaftungsrechtlicher Sorgfaltsanforderungen, S. 85.

262 Zum Einfluss von Richtlinien siehe die Entscheidungen unten Kapitel 3, C, III.

263 BGH, Urteil v. 5.10.1993 - VI ZR 237/92 -, NJW 1994, 797ff. — *Arbeitsteilung.* Vgl. ausführlich zum Sachverhalt der Entscheidung bereits in diesem Kapitel oben B, I., 3.

gezeigt gehaltenen Maßnahme absehen. Denn die ärztlichen Pflichten hängen *nicht von den jeweiligen Gebührenregelungen ab*, sondern ergeben sich aus dem ärztlichen Selbstverständnis und den Schutzinteressen des Patienten [...].“[264]

III. Einfluss von Richtlinien

In einigen Entscheidungen[265] äußerten sich Zivilgerichte zum Einfluss der (sozialrechtlichen) Richtlinien im Arzthaftungsrecht. Bei der Darstellung erfolgt – auf Grund der zahlreich existierenden[266] Richtlinien – eine Konzentration auf die Mutterschafts-Richtlinien. Diese regeln ins Einzelne gehend die Untersuchungen und Beratungen während der Schwangerschaft und stellen Vorgaben für den gesamten Bereich der pränatalen Diagnostik auf.

Nach dem OLG München[267] verstieß ein Frauenarzt gegen den medizinischen Standard, weil er es unterließ, bei Ultraschalluntersuchungen einer Schwangeren den Thoraxdurchmesser des Kindes zu ermitteln. Zur Begründung der Pflichtverletzung stellte das Gericht fest, dass der Beklagte gegen die in den Mutterschafts-Richtlinien ausgesprochene Empfehlung handelte. Hiernach mussten zwei Ultraschalluntersuchungen und davon eine möglichst in der 32. – 36. Schwangerschaftswoche erfolgen. Der Beklagte führte zwar in der 34. Woche eine Sonographie durch, jedoch nicht die in den Richtlinien erwähnte vollständige zweite Routine-Untersuchung. Der Beklagte kontrollierte lediglich die nicht ausreichende Poleinstellung des Kindes (Schädel- oder Beckenendlage).[268]

In einer anderen OLG-Entscheidung[269] ging es um eine Klägerin, die sich ein Kind wünschte. Vorsorglich machte sie deshalb einen Röteln-Test, der einen

---

264 Kursive Hervorhebungen nicht im Original.

265 Vgl. z. B. BGH, Urteil v. 25.11.2003 - VI ZR 8/03 -, VersR 2004, 645ff. — *Mutterschafts-Richtlinien*; KG, Urteil v. 2.10.2003 - 20 U 402/01 -, NJW 2004, 691f. — *Armfehlbildung*; OLG München, Urteil v. 27.05.1993 - 24 U 21/91 -, AHRS 1950/101 — *Schulterdystokie*; v. 14.01.1993 - 1 U 3305/92 -, AHRS 1952/100 — *Phokomelie*; OLG Düsseldorf, Urteil v. 19.12.1985 - 8 U 155/84 -, AHRS 1952/2 — *Röteln-Infektion*.

266 Vgl. umfassend *Tempel-Kromminga*, Die Problematik der Richtlinien der Bundesausschüsse der Ärzte und Krankenkassen nach dem neuen Recht des SGB V, und aktuell die Nachweise bei *Stegers*, in: *Arbeitsgemeinschaft Rechtsanwälte im Medizinrecht e. V.*, Leitlinien, Richtlinien und Gesetz, S. 11 (12ff.).

267 OLG München, Urteil v. 27.05.1993 - 24 U 21/91 -, AHRS 1950/101 — *Schulterdystokie*.

268 Vgl. ebenso die bereits im vorherigen Abschnitt im 3. Kapitel, C, II., dargestellte Entscheidung des OLG München, Urteil v. 14.01.1993 - 1 U 3305/92 -, AHRS 1952/100 — *Phokomelie*, wo die Richter ebenfalls Richtlinien in ihre Entscheidungsfindung einbezogen hatten.

269 OLG Düsseldorf, Urteil v. 19.12.1985 - 8 U 155/84 -, AHRS 1952/2 — *Röteln-Infektion*. Der BGH hat die Revision des Beklagten durch Beschluss v. 21.10.1986 - VI ZR 23/86 - nicht angenommen. Vgl. auch *Hess*, in: *Nagel/Fuchs*, Leitlinien und Standards im Gesundheitswesen, S. 59 (61ff.) und *Röfer*, Zur Berücksichtigung wirtschaftlicher Überlegungen bei der Festlegung arzthaftungsrechtlicher Sorgfaltsanforderungen, S. 85

HAH-Titer von 1:16 ergab. Nach den damals geltenden Mutterschafts-Richtlinien war ein solcher Titer der Mindestwert für ausreichende Immunität, der Beklagte verzichtete daraufhin auf eine Impfung. Bei einem weiteren Behandlungstermin teilte die Klägerin dem Beklagten mit, dass sie kürzlich bei ihrer Hausärztin wegen eines quaddelartigen Hautausschlags in Behandlung gewesen war. Ein erneuter Röteln-Test unterblieb. Das Kind wies nach der Geburt die typischen Zeichen einer Röteln-Embryopathie (Herzfehler, Linsentrübung, Taubheit, Cerebralparese) auf. Zu entscheiden war, ob ein erneuter Test hätte vorgenommen werden müssen. Die Richter meinten, bei der Sachlage war es pflichtwidrig, von einer erneuten Bestimmung des Immunzustandes der Klägerin abzusehen; die Hauterkrankung musste diagnostisch abgeklärt werden. Der Beklagte konnte sich auch nicht auf den in den Richtlinien ausgeführten HAH-Titer von 1:16 als Mindestwert für Immunität berufen.[270] Entscheidend ist vielmehr der Sorgfaltsmaßstab gewesen, der „dem privatrechtlichen Behandlungsvertrag zwischen Kassenarzt und Kassenpatienten zu Grunde zu legen ist, und der auch bei Beachtung der *wirtschaftlichen Grenzen der Krankenversorgung*[271] wesentlich durch die im Einzelfall gestellte ärztliche Aufgabe, die konkreten Risikobedingungen und die Sicherheitsinteressen des Patienten bestimmt wird".[272]

Kommt es im Arzthaftungsprozess auf Mutterschafts-Richtlinien an, so ist nach dem BGH[273] die Richtlinie maßgebend, welche in dem für die Haftungsfrage maßgeblichen Zeitraum galt. Das Gericht stellte des Weiteren fest: „Die Mutterschafts-Richtlinien werden vom Bundesausschuss der Ärzte und Krankenkassen gem. § 92 Abs. 1 S. 2 Nr. SGB V i. V. m. § 196 RVO bzw. § 23 KVLG 1972 beschlossen.[274] Sie dienen der Sicherung einer nach den Regeln der ärztlichen Kunst und unter Berücksichtigung des allgemein anerkannten Stands der medizinischen Erkenntnisse ausreichenden, zweckmäßigen und *wirtschaftlichen* ärztlichen *Betreuung der Versicherten*[275] während der Schwangerschaft und nach der

---

270 Ebenso brauchte nach Auffassung der Richter nicht näher untersucht zu werden, welche rechtliche Bedeutung die gemäß §§ 196, 368 p RVO erlassenen Mutterschafts-Richtlinien für das Verhältnis zwischen Ärzten und Krankenkassen haben und inwieweit sich Auswirkungen auf den Leistungsanspruch des Versicherten im Rahmen der Schwangerschaftsbetreuung (§ 196 RVO) ergeben.

271 Kursive Hervorhebungen nicht im Original.

272 Mit Verweis auf *Steffen*, Neuere Entwicklungslinien der BGH-Rechtsprechung zum Arzthaftungsrecht, S. 31. Darüber hinaus wurde noch darauf hingewiesen, dass die Tatsache kassenärztlicher Versorgung es nicht rechtfertigt, die Anforderungen an die der Klägerin von dem Beklagten geschuldeten Sorgfalt anders zu beurteilen, als im Falle der Behandlung eines Selbstzahlers.

273 BGH, Urteil v. 25.11.2003 - VI ZR 8/03 -, VersR 2004, 645ff. — *Mutterschafts-Richtlinien.*

274 Siehe dazu genauer oben Kapitel 2, D, III., 3. Nach der Gesetzesänderung ist nunmehr gemäß § 92 Abs. 1. S. 1 SGB V der Gemeinsame Bundesausschuss hierfür zuständig.

275 Kursive Hervorhebungen nicht im Original.

Entbindung (§§ 2 Abs. 1, 12 Abs. 1, 28 Abs. 1, 70 Abs. 1 und 73 Abs. 2 SGB V)."[276]

Jüngst erließ das KG[277] eine Entscheidung, in welcher der Senat[278] Mutterschafts-Richtlinien die Funktion einer Standardfestlegung im Haftungsrecht zusprach. Diese dürften nicht unterschritten, müssten ohne Anlass aber auch nicht überschritten werden. Darüber hinaus wird die Auffassung vertreten – ohne weitere Gründe hierfür anzugeben –, dass die Maßstäbe der Gesetzlichen Krankenversicherung auch diejenigen der Privaten Krankenversicherung bestimmten.

IV. „Inkongruenzen" zwischen haftungs- und sozialrechtlicher Standardbehandlung am Beispiel der Aciclovir-Entscheidung

Durch Zeitverzögerungen bei der „Zulassung" neuer Untersuchungs- und Behandlungsmethoden können „Inkongruenzen" zwischen haftungs- und sozialrechtlicher Standardbehandlung auftreten. Da die (sozialrechtliche) Erstattungsfähigkeit an die Zulassung eines Arzneimittels gebunden ist, trat der Konflikt zwischen Haftungs- und Sozialrecht in der bekannten *Aciclovir-Entscheidung* des OLG Köln[279] hervor. Konkret ging es um eine Arzneimittelzulassung, die den Bereich des off label use betraf.

Dabei wurde der 2-jährige Kläger wegen eines Krampfanfalls im Krankenhaus der Beklagten aufgenommen. Nach einer ruhigen Nacht erlitt das Kleinkind erneut einen Anfall. Diverse Untersuchungen und Medikationen wurden durchgeführt, der Zustand besserte sich jedoch nicht. Am darauf folgenden Tag erstellte man ein CT, das mit hoher Wahrscheinlichkeit auf eine herdförmige Enzephalitis schließen ließ. Daraufhin wurde dem Kläger Aciclovir (Zovirax) verabreicht. Die serologische Untersuchung ergab später den sicheren Befund einer Hirnentzündung. Der Kläger leidet seitdem unter einer Hemiparese rechts; die erlittenen Beeinträchtigungen führte er auf den verspäteten Einsatz von Aciclovir zurück. Die Beklagte wies darauf hin, dass Aciclovir (unstreitig) vom Bundesgesundheitsamt als Medikament gegen diese Erkrankung noch nicht zugelassen war. Der Senat entsprach jedoch dem klägerischen Begehren. Zur Begründung führte

---

276 Das Gericht führte an, dass die jeweiligen Fassungen im BAnz bzw. im BArbBl veröffentlicht werden und sich demnach bis zu der für den Eingriff maßgeblichen Fassung zurückverfolgen lassen.

277 KG, Urteil v. 2.10.2003 - 20 U 402/01 -, NJW 2004, 691f. — *Armfehlbildung*. Sehr kritisch und ablehnend *Hart*, in: *Hart*, Ärztliche Leitlinien im Medizin- und Gesundheitsrecht, S. 108.

278 Im Urteil verlangte die Klägerin Schadensersatz und Schmerzensgeld, weil nach ihrer Ansicht bei der Darstellung eines Feten die Arme nicht dargestellt wurden. Wäre das geschehen, dann hätte die Phokomolie erkannt werden können.

279 OLG Köln, Urteil v. 30.05.1990 - 27 U 169/89 -, VersR 1991, 186ff. = JR 1991, 460 — *Aciclovir*. Ablehnend *Deutsch*, VersR 1991, 189; kritisch ebenso *Hart*, MedR 1994, 94 (97); zustimmend dagegen *Giesen*, JR 1991, 464f.

er u. a. aus, dass Aciclovir zu spät verabreicht wurde; schon der zureichende Verdacht auf die Erkrankung habe dessen Einsatz indiziert. Auch sei die Anwendung von Aciclovir gegen Herpes-Enzephalitis im Behandlungszeitpunkt bereits klinische Praxis gewesen. Aufgrund von Studien an großen Patientenzahlen konnte von der Wirksamkeit des Mittels ausgegangen werden. Des Weiteren sollte es nach dem Gericht nicht darauf ankommen, dass Aciclovir i. S. d. Vorschriften des AMG noch nicht als Medikament gegen die Erkrankung zugelassen war. Ein Medikament, welches gegen bestimmte Erkrankungen „auf dem Markt" ist, muss auch gegen andere Erkrankungen eingesetzt werden, wenn dies medizinisch geboten ist. Letzteres jedenfalls dann, wenn wie hier eine medizinisch–wissenschaftliche Erprobung vorliegt.

V. Versorgungsbedingte Knappheiten

Es geht um Urteile, bei denen aus medizinischer Sicht eine Notwendigkeit zur Untersuchung bestand. Auf Grund von Kapazitätsengpässen konnten aber in der pränatalen Diagnostik nicht alle Patientinnen einer Fruchtwasseruntersuchung zugeführt werden. Des Weiteren werden Engpässe bei der Organisation von Operationen aufgezeigt.

In einem BGH-Urteil[280] war die Klägerin zum Zeitpunkt ihrer Schwangerschaft fast 39 Jahre alt. Bei einer Kontrolluntersuchung fragte sie den Beklagten, einen Facharzt für Gynäkologie, ob im Hinblick auf ihr Alter die Gefahr bestehe, dass sie ein mongolides Kind bekäme, und ob deswegen eine Fruchtwasseruntersuchung angezeigt sei. Der Beklagte hielt das nicht für erforderlich; der Neugeborene litt jedoch an einer Chromosomenanomalie. Das Gericht stellte fest, dass der Beklagte der Klägerin die erforderlichen medizinischen Fakten nicht in einer verständlichen Form mitgeteilt habe. Somit sei sie nicht in der Lage gewesen, sich zu entscheiden, ob sie eine Amniozentese durchführen lassen wollte oder nicht. Daran konnte auch der Umstand nichts ändern, dass die Möglichkeiten von Fruchtwasseruntersuchungen nicht durchweg gegeben waren. „Es wurde zwar – das *vor allem auch mit Rücksicht auf die Kapazität der Untersuchungsstellen*[281] – im Allgemeinen erst ab dem 40. Lebensjahr die Zuführung einer schwangeren Frau zur pränatalen Diagnostik für angezeigt gehalten, obwohl viele Stimmen – vor allem bei einem entsprechenden Wunsch der Schwangeren – schon vom 35. oder jedenfalls 38. Jahre an die Untersuchung für geboten hielten." Der Senat folgte dem Beklagten ebenso wenig in seinem weiteren Vortrag,

---

280 BGH, Urteil v. 22.11.1983 - VI ZR 85/82 -, NJW 1984, 658ff. = JR 1984, 414ff. = JZ 1984, 886ff. = MedR 1985, 91f. — *Amniozentese I.* Der Sachverhalt, welcher der Entscheidung zu Grunde liegt, stammt aus dem Jahre 1977. Vgl. dazu *Deutsch*, JZ 1984, 889f.; *Fahrenhorst*, JR 1984, 417f.; *Quaas*, MedR 1985, 91f.; *Sick*, MedR 1985, 92f.; *Fischer*, MedR 1985, 93ff.

281 Kursive Hervorhebungen nicht im Original.

dass für die Klägerin keine tatsächliche Möglichkeit zur Untersuchung bestanden haben soll. Zwar wäre es innerhalb der noch zur Verfügung stehenden Zeit bei der Auslastung der zytologischen Abteilung des humangenetischen Instituts in dieser Einrichtung nicht möglich gewesen, eine Kassenpatientin auf Chromosomenanomalie zu untersuchen. Indessen besagt das aber nichts darüber, dass es der Klägerin nicht gelungen wäre, „eine Fruchtwasseruntersuchung [...] anderswo durchführen zu lassen, notfalls auch auf ihre Kosten".

In der *Amniozente-II-Entscheidung*[282] des BGH war die noch[283] 35-jährige Klägerin bei der Beklagten, einer Ärztin für Allgemeinmedizin, wegen einer Schwangerschaft in ärztlicher Behandlung. Während eines Untersuchungstermins fragte die Klägerin, ob angesichts ihres Alters eine Fruchtwasseruntersuchung zur Feststellung einer etwaigen Schädigung der Leibesfrucht zu empfehlen sei. Die Beklagte riet davon ab; die Klägerin folgte dem Rat und gebar eine Tochter mit einer Trisomie des Chromosoms 21. Anders als das Berufungsgericht[284] und das vorherige Senatsurteil[285] lehnten die Richter einen ärztlichen Fehler ab. Auch wenn zur damaligen Zeit (1982) in der medizinischen Literatur schon in jedem Fall die Beratung werdender Mütter ab 35 Jahren (vielleicht auch von noch jüngeren) über das Risiko, ein mongolides Kind zu bekommen, und über ihre Möglichkeiten der entsprechenden pränatalen Diagnostik gefordert oder als erwünscht bezeichnet worden war, so sollte das allein noch nichts darüber besagen, ob ein ärztlicher Fehler vorlag. Die Klägerin war nach Ansicht der Richter auch beweisfällig geblieben, denn sie konnte nicht darlegen, dass für sie eine tatsächliche Untersuchungsmöglichkeit bestand. Sie bezogen sich dazu ausdrücklich auf das Gutachten des Leiters der humangenetischen Beratungsstelle. „[M]an habe seinerzeit in B. *aus Kapazitätsgründen* die Altersgrenze bei sog. reiner Altersindikation auf 36 Jahre im Zeitpunkt der Punktion festlegen müssen, und es sei eben *aus diesen Kapazitätsgründen allgemein in der Bundesrepublik* nicht möglich gewesen, in kürzerer Frist bei allen Frauen, die zum Zeitpunkt der Punktion erst 35 Jahre alt waren, eine pränatale Diagnostik genetisch bedingter Defekte durchzuführen."[286]

In dieselbe Richtung weist eine Entscheidung des OLG Köln.[287] Die Patientin hatte ihren Schadensersatzanspruch darauf gestützt, dass sie zu einem zu späten

---

282 BGH, Urteil v. 7.07.1987 - VI ZR 193/86 -, NJW 1987, 2923f. = VersR 1988, 155f. — *Amniozentese II.*

283 Die Klägerin wurde am 2.06.1946 geboren, die Untersuchung fand am 13.05.1982 statt. Bis zum Erreichen des 36. Lebensjahres fehlten demnach nur noch einige wenige Tage.

284 Siehe zum Berufungsurteil die Zusammenfassung in der Entscheidung des BGH. NJW 1987, 2923f. = VersR 1988, 155f. — *Amniozentese II.*

285 Damit ist die *Amniozentese-I*-Entscheidung gemeint. Zu dem Sachverhalt siehe die vorhergehende Darstellung.

286 Kursive Hervorhebungen nicht im Original.

287 OLG Köln, Urteil v. 10.07.1991 - 27 U 13/91 -, VersR 1993, 52f. — *Kapazitätsengpässe.* Der BGH hat die Revision des Klägerin durch Beschluss v. 10.03.1992 - VI ZR 266/91 - nicht angenommen.

Termin operiert worden sei. Wegen eines Herzleidens wurde eine Operation für dringlich erachtet; der OP-Termin jedoch erst drei Monate später angesetzt. Die Klägerin erlitt in der Zwischenzeit einen Hirninfarkt, die Operation fand erst zum vorgesehenen Zeitpunkt statt. Die Klägerin meinte, bei rechtzeitiger Operation wäre die Schädigung zu vermeiden gewesen. Das Gericht entschied gegen die Klägerin und begründete seine Ansicht unter Hinweis auf die *Amniozentese-II-Entscheidung*.[288] Mit Rücksicht auf die eingeschränkte Operationskapazität durfte der Operationstermin drei Monate hinausgeschoben werden, denn Arzthaftung setzt erst beim Unterschreiten des Standards guter ärztlicher Behandlung an. „Bei der Beurteilung, welcher Maßstab im Einzelfall anzusetzen ist, können die allgemeinen Grenzen im System der Krankenversorgung, selbst wenn es *Grenzen der Finanzierbarkeit und der Wirtschaftlichkeit* sind, nicht völlig vernachlässigt werden.[289] So habe der BGH entschieden, dass sich jüngere Mütter entschädigungslos damit abfinden müssen, wenn die Institutskapazitäten in der Bundesrepublik Deutschland für die Amniozentese zur Früherkennung von Mongolismus nur zur rechtzeitigen Untersuchung von Müttern ab dem 30. Lebensjahr [*sic*[290]] reichen."[291] Deshalb sei es nicht zu beanstanden, wenn die Kapazität für herzchirurgische Eingriffe unter Einsatz der Herz-Lungen-Maschine in der Bundesrepublik Deutschland so bemessen ist, dass zwar dringliche Eingriffe und Noteingriffe sofort oder kurzfristig durchgeführt werden können, elektive, also solche, die bei Zuständen ohne akute Bedrohung planmäßig erfolgen können, aber hinausgeschoben werden. Auch war die Beklagte nicht verpflichtet, die Klägerin an eine andere Klinik zu verweisen, denn „der Sachverständige hat überzeugend dargelegt, dass die Kapazitäten der in Frage kommenden Herzzentren in der Bundesrepublik Deutschland nicht anders gelagert waren und sind als die der Bekl. [...]."

Auf dieser Linie liegt auch ein Urteil des OLG Oldenburg.[292] Beim Kläger wurde zur Verbesserung der Durchblutung der rechten Nierenarterie eine Ballondilatation vorgenommen. Auf Grund von Problemen während der OP musste der Kläger in ein anderes Krankenhaus verlegt werden, wo die Operation beendet wurde. Der Kläger führt die bleibenden Komplikationen darauf zurück, dass während der Nierenarteriendilatation kein gefäßchirurgisches Team abrufbereit zur Verfügung gestanden habe. Der Senat entschied jedoch, dass es dem ärztli-

---

288 BGH, Urteil v. 7.07.1987 - VI ZR 193/86 -, NJW 1987, 2923f. — *Amniozentese II.* Die Entscheidung ist zuvor dargestellt worden.

289 Mit Verweis auf *Steffen*, Neuere Entwicklungslinien der BGH-Rechtsprechung zum Arzthaftungsrecht[4], S. 37. Kursive Hervorhebungen nicht im Original.

290 Der BGH ging in dem zitierten Urteil von einer Altersgrenze von 35 Jahren aus. Siehe die zuvor dargestellte *Amniozentese-II-Entscheidung.*

291 Unter Nennung des BGH, Urteil v. 7.07.1987 - VI ZR 193/86 -, NJW 1987, 2923f. — *Amniozentese II.*

292 OLG Oldenburg, Urteil v. 27.07.1993 - 5 U 49/93 -, VersR 1995, 49f. — *Nierenarteriendilatation.* Der BGH hat die Revision des Klägers durch Beschluss v. 12.07.1994 - VI ZR 251/93 - nicht angenommen.

chen Standard entspricht, dass derartige Eingriffe im Regelfall ohne gefäßchirurgische Operationsbereitschaft durchgeführt werden. Diese Praxis bleibe nicht hinter dem zivilrechtlichen Sorgfaltsmaßstab zurück. Unter Bezugnahme auf *Steffen*[293] führen die Richter weiter aus: „Es ist in der Rechtsprechung anerkannt, dass der rechtliche Sorgfaltsmaßstab den ärztlichen Standard zu berücksichtigen hat und die allgemeinen Grenzen im System der Krankenversorgung einschließlich der *Grenzen der Finanzierbarkeit und der Wirtschaftlichkeit* nicht völlig außer Acht lassen darf." Deshalb kann eben nicht verlangt werden, dass für jede mögliche Komplikation stets ein Notfallteam in Bereitschaft stehen muss. „Dies würde letztlich dazu führen, dass Operationen nur noch in sachlich und personell vollständig ausgerüsteten medizinischen Zentren vorgenommen werden dürften mit der möglichen Folge, dass Operationen nicht oder nur mit zeitlicher Verzögerung ausgeführt werden könnten."[294]

D Qualitätsaufklärung

Es werden – bis auf zwei Ausnahmen[295] – Urteile dargestellt, die bereits bei der Organisation der Behandlung analysiert wurden. Es gilt nunmehr zu untersuchen, inwieweit die Rechtsprechung in den Entscheidungen zusätzlich *auch* auf eine „Organisationsaufklärung" eingegangen ist. Dabei handelt es sich ausschließlich um Sachverhalte, welche die Qualitätsaufklärung betreffen. Die Entscheidungen werden in den bekannten Fallgruppen der Struktur- und Prozessqualität besprochen.[296]

I. Strukturqualität

Die Rechtsprechung geht darauf ein, ob der Patient über unterschiedliche Behandlungsbedingungen in verschiedenen Behandlungsinstitutionen auf Grund divergierender technisch-apparativer Ausstattung und über unterschiedliche institutionelle Bedingungen bei der Notfallbehandlung aufzuklären ist. Weiterhin war fraglich, ob eine Verpflichtung zur Aufklärung über die Ausstattung mit Prothesen und über fehlende Hygienestandards besteht.

---

293 Unter Hinweis auf *Steffen*, Neuere Entwicklungslinien der BGH-Rechtsprechung zum Arzthaftungsrecht[4], S. 37. Kursive Hervorhebungen nicht im Original.

294 Dieser Satz ist dem Originalurteilstext entnommen und findet sich *nicht* in der Veröffentlichung der Entscheidung in VersR 1995, 49 (50), linke Spalte oben, 1. Absatz.

295 Dabei handelt es sich um eine Entscheidung des BGH, Urteil v. 31.05.1988 - VI ZR 261/87 -, NJW 1988, 2302f. — *Unfallpatient*, siehe unten Kapitel 3, D, I., 1. und um einen Fall des OLG Düsseldorf, Urteil v. 20.06.1985 - 8 U 38/83 -, VersR 1987, 161ff. — *Siebbeinoperation*, dazu unten Kapitel 3, D, II. In beiden Entscheidungen ging es nur um die Aufklärungsproblematik und nicht um Organisationspflichtverletzungen.

296 Zur Erläuterung der Begriffe Struktur- und Prozessqualität vgl. bereits oben Kapitel 1, C.

1. Aufklärung über unterschiedliche institutionelle Bedingungen bei Notfallbehandlungen

In einer BGH-Entscheidung,[297] in der ein Notfallpatient in ein kleineres Krankenhaus eingeliefert wurde, lehnten die Richter eine Aufklärungspflicht darüber, dass der Patient in einer Spezialklinik bessere Behandlungsbedingungen vorfindet, ab. Nur sofern der Patient aufnahmefähig sei und „wenn eine Behandlung gerade durch einen Spezialisten angezeigt ist, weil eine ausreichende Versorgung und Behandlung im Einweisungskrankenhaus nicht gewährleistet ist, und eine Verlegung des Patienten verantwortet werden kann, ist dessen Entscheidung darüber einzuholen".

Bestätigt wurde die Rechtsprechung in einem weiteren BGH-Urteil.[298] Ein 16-Jähriger, der bei einem Verkehrsunfall eine Fraktur des Oberschenkels erlitt, wurde in ein Versorgungskrankenhaus eingeliefert. Er meinte, seine Eltern hätten auf die Möglichkeit der Überweisung in eine besser ausgestattete Unfallklinik hingewiesen werden müssen. Das Gericht entschied, dass keine Verpflichtung bestand, die Eltern über die Möglichkeit der Versorgung in einer besser ausgestatteten Klinik zu informieren. Die Richter fügten hinzu, dass das Krankenhaus den erforderlichen Standard für die Behandlung Unfallverletzter aufwies.

2. Aufklärung über die Qualität der Behandlung in verschiedenen Behandlungsinstitutionen am Beispiel unterschiedlich technisch-apparativer Ausstattungen

Mit dieser Problematik hat sich die Rechtsprechung im Rahmen der Qualitätsaufklärung bisher am Ausführlichsten auseinander gesetzt. Die Urteile, die bei der Organisationspflichtverletzung dargestellt sind, behandeln daneben in ihren Entscheidungsgründen auch die Frage, ob eine Verpflichtung zur Aufklärung gegenüber den Patienten besteht.

a) Aufklärung bei fehlender technisch-apparativer Ausstattung auf Grund von Investitionsdefiziten

Eine Verpflichtung zur Aufklärung lehnte der BGH im *CT-Fall*[299] ab. Die nach der Behandlung verstorbene Ehefrau des Klägers musste nicht über die alterna-

---

297 BGH, Urteil v. 11.05.1982 - VI ZR 171/80 -, NJW 1982, 2121ff. — *Unfallpatient I*; vgl. dazu *Ludolph*, MedR 1988, 120 (121). Siehe zum Sachverhalt oben Kapitel 3, B, I., 4. Dabei ist ebenso eine Organisationspflichtverletzung verneint worden.

298 BGH, Urteil v. 31.05.1988 - VI ZR 261/87 -, NJW 1988, 2302f. = MedR 1988, 314f. — *Unfallpatient II*.

299 BGH, Urteil v. 28.02.1984 - VI ZR 106/82 -, NJW 1984, 1810f. = VersR 1984, 470f. = MedR 1984, 230f. — *CT*. Ausführlich zum Sachverhalt oben Kapitel 3, B, II., 1.

tive Untersuchungsmöglichkeit mittels Computertomograph hingewiesen werden. Nach dem VI. Senat ist der Patient nicht über alle theoretisch in Betracht kommenden Behandlungsmöglichkeiten zu informieren. Das hat nur dann zu erfolgen, wenn tatsächlich mehrere zur Wahl stehende Verfahren zur Verfügung stehen, die mit unterschiedlichen Risiken für den Patienten verbunden sind. Vorliegend war die CT für die Ehefrau des Klägers risikoärmer gewesen; nach dem Gericht stand diese Behandlungsmethode in Wahrheit aber nicht zur Verfügung, da sie seinerzeit erst in wenigen Universitätskliniken in der Bundesrepublik eingesetzt wurde. Die Richter führten weiter aus: „Solange das Krankenhaus und der behandelnde Arzt davon ausgehen dürfen, dass der personelle und apparative Standard ausreicht, um den Patienten medizinisch zu versorgen, ist die Forderung nach einer Aufklärung über die neuesten Erkenntnisse der medizinischen Wissenschaft und über solche Diagnose- und Behandlungsmöglichkeiten, die erst in wenigen Spezialkliniken erprobt und durchgeführt werden, überzogen und durch die Bedürfnisse des Patienten nicht gerechtfertigt."

Eine Bestätigung erfuhr die Rechtsprechung in der *Elektrokoagulations-Entscheidung.*[300] Zunächst wurde wiederholt, dass der Patient nicht über verschiedene Behandlungsmethoden aufzuklären ist, wenn die angewandte Methode (noch) dem medizinischen Standard genügt. Sind jedoch mit alternativ zur Verfügung stehenden Behandlungsmethoden unterschiedliche Risiken und Erfolgschancen für den Patienten verbunden, bedarf es einer Aufklärung. Diese Situation war nach Ansicht des Gerichts nicht gegeben. Deshalb bedurfte es keiner Verpflichtung, die Klägerin darüber aufzuklären, dass in anderen Krankenhäusern bereits mit neueren Geräten gearbeitet wurde. Das Gericht gelangte zu diesem Ergebnis, obwohl Einigkeit darüber bestand, dass Sterilisationen mittels Elektrokoagulator wegen des höheren Risikos einer Darmverletzung nicht mehr mit monopolarem, sondern nur noch mit biopolarem Hochfrequenzstrom durchgeführt werden sollten.[301] Nach Meinung der Richter hatte sich aber die Behandlungsmethode der Elektrokoagulation nicht geändert; sie sei lediglich durch technische Verbesserungen unter Herabsetzung gleichgearteter Risiken fortentwickelt worden. Es ging nur um eine Verringerung der Komplikationsrate, die ohnehin im Promillebereich lag. Abschließend stellte der Senat fest, dass die Aufklärung der Patientin insgesamt nicht gerechtfertigt war, weil dem schon die praktischen Möglichkeiten der Krankenversorgung entgegenstehen.

Ganz auf der Linie der höchstrichterlichen Rechtsprechung[302] liegt ein oberlandesgerichtliches Urteil,[303] in dem ebenfalls eine Aufklärungspflichtverletzung

---

300 BGH, Urteil v. 22.09.1987 - VI ZR 238/86 -, BGHZ 102, 17ff. = NJW 1988, 763ff. = VersR 1988, 179ff. = MedR 1988, 91ff. = JZ 1988, 411ff. — *Elektrokoagulation.*

301 Darauf wies es selbst in den Entscheidungsgründen hin.

302 Der VI. Senat selbst hat seine Rechtsprechung kurze Zeit später nochmals in einem Urteil v. 26.11.1991 - VI ZR 389/90 -, NJW 1992, 754ff. = VersR 1992, 238ff. — *Großfeldtechnik*, bestätigt. Zum Sachverhalt der Entscheidung vgl. oben Kapitel 3, B, II., 2.

303 OLG Oldenburg, Urteil v. 5.03.1996 - 5 U 147/95 -, VersR 1996, 1023ff. — *Zweifeldbe-*

verneint wurde. Das OLG vertrat den Standpunkt, dass zum Behandlungszeitpunkt eine Einfeldbestrahlung der Brust nur in größeren (Universitäts-)Kliniken möglich war. Die angewandte Zweifeldbestrahlung gehörte in der Körperregion seinerzeit noch zur anerkannten Behandlungsmethode. Darüber, dass es in einigen Universitätskliniken oder größeren Krankenhäusern eine bessere Ausstattung gab, die bereits eine modernere Behandlungsmethode erlaubte, brauchte nach Ansicht des Gerichts[304] nicht aufgeklärt zu werden.

Bestätigt wurde die Rechtsprechung zuletzt durch das OLG Köln.[305] Die Aufklärungspflicht erstreckt sich nicht darüber, dass mangels optimaler Ausstattung nicht die modernsten Methoden angewendet werden können oder in anderen Kliniken bessere Ausrüstungen zur Verfügung stehen, soweit der Standard guter ärztlicher Behandlung geleistet wird. Eine solche weitgehende Verpflichtung muss nach dem Gericht[306] insbesondere dann abgelehnt werden, wenn eine vielfach erprobte und in der Praxis bewährte Standardbehandlung anwendbar ist und angewendet wird.

b) *Aufklärung über den Einsatz technisch-apparativer Ausstattung an der „unteren Bandbreite" des Standards*

Der VI. Senat des BGH deutete im *Vapor-Fall*[307] in einem *obiter dictum* an, dass der Patient vor der Aufnahme über das erhöhte Risiko in einem Krankenhaus aufzuklären ist, wenn sich die Behandlung an der „unteren Bandbreite" des Standards befindet. Dies sei dort der Fall gewesen, weil sich auf Grund räumlicher Unzulänglichkeiten die Durchführung des Operationsbetriebs erheblich erschwert hatte. Infolge von Umbauarbeiten im Operationssaal wurde die technisch-apparative Ausstattung – u. a. ein Narkosegerät – auf dem Flur abgestellt.

Im *Radiumeinlagen-Fall*[308] sprachen die Richter neben dem Organisationsfehler auch eine Verpflichtung zur Aufklärung an. Diese hätte erfolgen müssen, wenn der zu fordernde medizinische Standard im Kreiskrankenhaus noch gewahrt gewesen sein sollte. Denn *in concreto*[309] war die apparative Ausstattung für die

---

strahlung. Zum Sachverhalt und der Organisationspflichtverletzung siehe oben Kapitel 3, B, II., 1.

304 Mit Verweis auf *Steffen*, Neue Entwicklungslinien der BGH-Rechtsprechung zum Arzthaftungsrecht[6], S. 145 m. w. N.

305 OLG Köln, Urteil v. 19.08.1998 - 5 U 103/97 -, VersR 1999, 847f. — *Telekobalt*. Siehe dort zur Sachverhaltsabweichung gegenüber den soeben dargestellten drei Entscheidungen und unter dem Gesichtspunkt einer Organisationspflichtverletzung oben unter Kapitel 3, B, II., 1.

306 Der Senat verweist dazu auf *Steffen/Dressler*, Arzthaftungsrecht[7], Rdnr. 383. m. w. N.

307 BGH, Urteil v. 11.10.1977 - VI ZR 110/75 -, NJW 1978, 584ff. = VersR 1978, 82ff. — *Vapor*. Ausführlicher zum Sachverhalt oben Kapitel 3, B, III., 3.

308 BGH, Urteil v. 30.05.1989 - VI ZR 200/88 -, NJW 1989, 2321ff. = VersR 1989, 851f. = MedR 1989, 322f. — *Radiumeinlagen*. Vgl. dazu *Dunz*, MedR 1989, 322.

309 Zum Sachverhalt oben Kapitel 3, B., II., 3.

kontrollierte Führung der Strahlentherapie von besonderem Gewicht für die Entscheidung der Klägerin. Sie konnte dann entscheiden, ob sie die Behandlung in diesem Krankenhaus durchführen lassen wollte oder besser in einem anderen, auf die Behandlung von Krebs spezialisiertem. Der Unterschied zur *Elektrokoagulations-Entscheidung*[310] bestand nach Auffassung des Senats darin, dass die Behandlung für die Patientin in einem größeren Krankenhaus mit moderneren medizinisch-technischen Apparaten und vielleicht auch erfahrenen Ärzten deutlich bessere Heilungschancen für ihr schweres Leiden geboten hätte.

3. Aufklärung über die Ausstattung mit Implantaten

Das OLG Oldenburg[311] verneinte einen Organisationsfehler, da es auch aus Kostengründen unrealistisch war, weitere Zwischengrößen an Hüftgelenkprothesen aus Keramik und Titan vorzuhalten. Jedoch hätte es nach dem Gericht einer Aufklärung des Klägers darüber bedurft, dass die vorhandenen Größen womöglich nicht passten und deshalb die Möglichkeit bestand, dass keine bei ihm implantiert werden konnte. Es war deshalb die weitere Information erforderlich, dass dann eine Endoprothese aus Chrom-Kobalt-Molybdän eingesetzt werden sollte.

4. Aufklärung über fehlende Hygienestandards

In *Staphylokokken-Fall*[312] ist der BGH von einer Organisationspflichtverletzung der Krankenhausträgerin wegen mangelhafter hygienischer Verhältnisse im Krankenhaus ausgegangen.[313] Daneben wurde die Krankenhausträgerin wegen Verletzung einer Aufklärungspflicht verurteilt. Nach dem Gericht hätte die Beklagte dafür sorgen müssen, dass in Geburtsfällen vor Vertragsschluss unmissverständlich auf die beschränkten und beanstandeten Verhältnisse des Krankenhauses hingewiesen wird. Darauf durfte nur verzichtet werden, wenn erkennbar war, dass die Mutter der Klägerin auch bei wahrheitsgemäßer Schilderung der Sachlage auf ihr Aufnahmeverlangen bestanden hätte. So konnte die Krankenhausträgerin jedoch nicht davon ausgehen, dass „die Mutter der Klägerin bei pflichtgemäßer Aufklärung über die Art der anzubietenden Pflege auf ihrem Vorhaben bestehen und nicht eine auswärtige Entbindungsanstalt mit besseren hygienischen Verhältnissen vorziehen würde“.

---

310 BGH, Urteil v. 22.09.1987 - VI ZR 238/86 -, BGHZ 102, 17ff. — *Elektrokoagulation.* Dazu oben Kapitel 3, D, I., 2., a).

311 OLG Oldenburg, Urteil v. 12.11.1996 - 5 U 60/96 -, VersR 1997, 1535ff. — *Hüftgelenkimplantate.*

312 BGH, Urteil v. 10.11.1970 - VI ZR 83/69 -, NJW 1971, 241ff. — *Staphylokokken.*

313 Vgl. bereits oben Kapitel 3, B, IV., 1.

Ganz auf dieser Linie liegt eine weitere instanzgerichtliche Entscheidung.[314] Wegen der schlechten hygienischen Verhältnisse in einer Klinik ging das OLG Köln von einer *doppelten* Pflichtverletzung des Krankenhausträgers aus. Neben dem Organisationsfehler[315] lag auch eine Verletzung der Aufklärungspflicht vor. Die Klägerin hätte über Bauarbeiten in der Klinik sowie damit verbundene nicht einwandfreie Pflegebedingungen und eine dadurch erhöhte Infektionsgefahr aufgeklärt werden müssen.[316] Diese Verpflichtung bestand um so mehr, weil die Operation nicht dringend erforderlich war und somit hätte verschoben werden können.

Dagegen wurde der beklagte Krankenhausträger durch das OLG Saarbrücken[317] weder wegen eines Organisations-[318] noch wegen eines Aufklärungsfehlers verurteilt. Das Gericht räumte ein, dass eine Aufklärung hätte erfolgen müssen, wenn sich durch die Behandlung im Krankenhaus ein erhöhtes Infektionsrisiko verwirklicht hätte. Das sei deshalb notwendig, um den Kläger zu befähigen, „sachgerecht abzuwägen, ob er den Eingriff [...] im Krankenhaus [des Beklagten] oder in einem anderen Krankenhaus durchführen lassen wollte". Da vorliegend jedoch kein erhöhtes Infektionsrisiko bestand, war eine Verpflichtung zur Aufklärung nicht erforderlich.

II. Prozessqualität

Es geht um die Frage, inwieweit der Krankenhausträger die Patienten über die Qualifikation seiner im eigenen Haus tätigen Ärzte aufklären muss.

Das OLG Köln[319] sprach sich zunächst dafür aus, die Klägerin über die mangelnde Erfahrung und Qualifikation eines Berufsanfängers aufzuklären, weil dadurch ihr Operationsrisiko erhöht wurde. Im hierauf ergangenen Revisionsurteil des BGH, das als *Anfängeroperations-Entscheidung*[320] bekannt wurde, stimmte

314 OLG Köln, Urteil v. 16.03.1978 - 18 U 198/77 -, NJW 1978, 1690f. — *Infiziertes Knie.*

315 Zum Sachverhalt und den Entscheidungsgründen vgl. oben Kapitel 3, B, IV., 1.

316 Im Urteil wird mehrmals auf die vorhergehende Entscheidung des BGH, Urteil v. 10.11.1970 - VI ZR 83/69 -, NJW 1971, 241ff. — *Staphylokokken*, verwiesen.

317 OLG Saarbrücken, Urteil v. 13.06.1990 - 1 U 145/86 -, VersR 1992, 52ff. — *Hygienekompensation.* Der BGH hat die Revision des Klägers durch Beschluss v. 12.03.1991 - VI ZR 251/90 - nicht angenommen.

318 Dazu oben Kapitel 3, B, IV., 1.

319 Dabei handelt es sich um die nicht rechtskräftig gewordene Berufungsentscheidung des OLG Köln, Urteil v. 6.08.1981 - 7 U 105/80 -, VersR 1982, 453f. — *Anfängeroperation.* Das Gericht nahm sogar eine „strenge Offenbarungspflicht" gegenüber dem Patienten an, wenn die erforderlich Qualifikation nicht erreicht ist. Siehe dagegen schon *Deutsch*, NJW 1982, 2585 (2587), vor der Veröffentlichung der Revisionsentscheidung. Vgl. ausführlich zur Berufungsentscheidung *Schelling*, Die ärztliche Aufklärung über die Qualität der Behandlung, S. 106ff.

320 BGH, Urteil v. 27.09.1983 - VI ZR 230/81 -, BGHZ 88, 248ff. = NJW 1984, 655ff. = VersR 1984, 60ff. = MedR 1984, 63ff. = JZ 1984, 327ff. — *Anfängeroperation.* Zum

der VI. Senat mit dem Berufungsgericht zunächst darin überein, dass der Krankenhausträger Aufklärung über solche Umstände schulde, die das Risiko einer Behandlung erhöhen.[321] „Solch ein Umstand kann etwa auch der für die in Betracht kommenden ärztlichen Maßnahmen und die medizinische Versorgung im Vergleich zu anderen Krankenhäusern niedrigere Standard in der apparativen Ausstattung und in der Ausbildung und Erfahrung der behandelnden Ärzte sein." Im Streitfall dagegen hatte es sich aber um die Operation eines unerfahrenen Assistenzarztes im Krankenhaus des beklagten Krankenhausträgers gehandelt. Das dadurch gesteigerte Operationsrisiko unterliegt nach dem BGH gerade *nicht* der Aufklärungsverpflichtung; vielmehr ist es ein Organisationsfehler, wenn der Patient durch den Einsatz eines Anfängers zusätzlich gefährdet wird.[322]

Wenig später bestätigte der BGH in einem *obiter dictum* im *CT-Fall*[323] seine Rechtsprechung. Über den ärztlichen Erfahrungs- und Ausbildungsstand des Arztes bei der Behandlung im Krankenhaus muss keine Aufklärung erfolgen.[324] Dem schloss sich das OLG Oldenburg[325] an. Über die Beteiligung eines auszubildendes Arztes brauche nicht aufgeklärt zu werden, da nach Auffassung des Gerichts die Behandlungsqualität bei richtigem Vorgehen[326] nicht verkürzt werde.[327]

Differenzierter äußerte sich das OLG Düsseldorf.[328] Der Kläger machte u. a. Schmerzensgeldansprüche geltend, weil er vor der Durchführung einer Sieb-

---

Sachverhalt siehe schon oben bei der Organisationspflichtverletzung unter Kapitel 3, B, VI., 2., b).

321 Unter Verweis auf BGH, Urteil v. 10.11.1970 - VI ZR 83/69 -, NJW 1971, 241ff. — *Staphylokokken* und OLG Köln, Urteil v. 16.03.1978 - 18 U 198/77 -, NJW 1978, 1690f. — *Infiziertes Knie*. Zu den Sachverhalten der Entscheidung oben Kapitel 3, B, IV., 1. Im Rahmen der Aufklärung vgl. oben Kapitel 3, D, I., 3.

322 Unter Verweis auf BGH, Urteil v. 14.03.1978 - VI ZR 213/76 -, VersR 1978, 542ff. Dabei ging es um einen Dammschnitt, der nach der Geburt nur unzureichend durch den Assistenzarzt vernäht worden war. Des Weiteren mit Hinweis auf BGH, Urteil v. 24.06.1980 - VI ZR 7/79 -, VersR 1980, 941ff. Hierbei hatte ein noch nicht als Chirurg qualifizierter Assistenzarzt beim Patienten während einer Leistenoperation die Samenstränge durchtrennt. Ebenso mit Bezugnahme auf OLG Celle, Urteil v. 2.03.1981 - 1 U 22/80 -, VersR 1982, 46f., wo es jedoch um die Frage ging, ob der Patient über die *Person* des Operateurs aufzuklären ist.

323 BGH, Urteil v. 28.02.1984 - VI ZR 106/82 -, NJW 1984, 1810f. = VersR 1984, 470f. = MedR 1984, 230 — *CT*. Der Sachverhalt ist oben im 3. Kapitel, B, II., 1. dargestellt. Zur Entscheidung auch unter Aufklärungsaspekten Kapitel 3, D, I., 2.

324 Unter Hinweis auf BGH, Urteil v. 27.09.1983 - VI ZR 230/81 -, BGHZ 88, 248ff. — *Anfängeroperation*.

325 OLG Oldenburg, Urteil v. 29.07.1997 - 5 U 46/97 -, VersR 1998, 1380f. — *Hüftgelenkoperation*. Zum Sachverhalt oben Kapitel 3, B, V., 2., b).

326 Was der Senat als „richtig" erachtete, ist bei der Organisationspflichtverletzung näher ausgeführt. Siehe zur Fundstelle die vorhergehende Fußnote.

327 Mit Hinweis auf *Steffen*, Neuere Entwicklungslinien der BGH-Rechtsprechung zum Arzthaftungsrecht[6], S. 113, 114, 117 m. w. N.

328 OLG Düsseldorf, Urteil v. 20.06.1985 - 8 U 38/83 -, VersR 1987, 161ff. — *Siebbein-*

beinoperation nicht darüber aufgeklärt wurde, dass der ihn operierende Oberarzt keine Erfahrung bezüglich der Versorgung von rhinobasalen Verletzungen besaß. Der Gericht hob zunächst hervor, dass bei schwerwiegenden Eingriffen mit erheblichen Risiken eine Aufklärungspflicht gegenüber den Patienten dahingehend besteht, über den konkreten Erfahrungsstand der Ärzte mit Operationen dieser Art aufzuklären. Allerdings muss dann die Möglichkeit bestehen, den Eingriff deutlich risikoloser durch einen anderen Arzt oder in einer anderen Klinik vornehmen zu lassen.[329] *In concreto* verneinte das Gericht eine solche Aufklärungspflicht und begründete dies damit, dass „im Rahmen einer gewissen Risikobreite selbst bei riskanten Eingriffen eine Behandlung auch dann zulässig sein muss, wenn die Voraussetzungen der medizinischen Versorgung des Patienten in sachlicher und persönlicher Hinsicht suboptimal sind; denn sonst wäre eine angemessene ärztliche Versorgung der Bevölkerung überhaupt nicht möglich. Im Rahmen dieser Risikobreite bedarf es auch einer entsprechenden Aufklärung nicht."

E Exkurs: Kein Urteil zur Aufklärung über „Inkongruenzen" zwischen Haftungs- und Sozialrecht

Am Ende der umfassenden Rechtsprechungsanalyse ist abschließend noch ausdrücklich darauf hinzuweisen, dass die Rechtsprechung bisher noch keine Entscheidung[330] im Arzthaftungsrecht zum Spannungsverhältnis zwischen Wirtschaftlichkeitsgebot und Haftungsregeln getroffen hat. Das ist auch nicht durch das OLG Köln im *Aciclovir-Fall*[331] geschehen. Da das Gericht in seiner Entscheidung von einer Behandlungsverpflichtung ausging, bedurfte es einer Aufklärung des Patienten über mögliche „Inkongruenzen"[332] zwischen haftungs- und sozialrechtlichem Standard nicht.

---

operation.

329 Unter Verweis auf OLG Düsseldorf, Urteil v. 15.12.1983 - 8 U 67/82 -, MedR 1985, 85ff. Es ging hierbei um eine Siebbeinoperation, die ein Chefarzt nach langer Zeit wieder vornahm, anstatt die Klägerin in eine Spezialklinik zu verweisen.

330 Diese Bestandsaufnahme bestätigte jüngst – die Vorsitzende Richterin des VI. Senats – *Müller* für die Rechtsprechung des BGH in GesR 2004, 257 (264).

331 Ausführlich zum Sachverhalt und zu den Entscheidungsgründen oben Kapitel 3, C, IV.

332 Vgl. zu möglichen „Inkongruenzen", die zwischen Haftungs- und Sozialrecht auftreten können, oben Kapitel 1, C, I., 2.

Kapitel 4: Systematisierung von Wertungen

In diesem Kapitel erfolgt eine Bewertung der Rechtsprechungsurteile, wobei die jeweiligen Standpunkte der Lehre berücksichtigt werden. Die Systematisierung von Wertungen erfolgt anhand von vier Hauptgruppen: Qualität medizinischer Behandlung (**A**); Organisation der Behandlung (**B**); Versorgungsorientierte Strategien (**C**) sowie Qualitätsaufklärung (**D**). In den jeweiligen Stellungnahmen, die sich am Ende eines jeden Abschnittes befinden, wird erörtert, ob ökonomische Erwägungen berücksichtigt werden dürfen oder nicht.

A Qualität medizinischer Behandlung

In dieser Fallgruppe existieren einige wenige Urteile, in denen sich Gerichte mit Kostenproblemen auseinander setzen.

I. Diagnose

Dabei bildet der Bereich der Diagnose mit fünf Entscheidungen,[1] in denen Kostenprobleme angesprochen werden, die Hauptfallgruppe. In einem dieser Urteile[2] hebt der BGH hervor, dass es prinzipiell notwendig sei, wirtschaftliche Überlegungen in ärztliches Denken durch eine Nutzen/Kosten-Abwägung einfließen zu lassen. Ob es medizinisch geboten war zu röntgen, wird von der statistischen Häufigkeit des Vorhandenseins von Halsrippen und dem damit verbundenen wirtschaftlichen Aufwand abhängig gemacht. In drei weiteren OLG Entscheidungen[3] werden die (geringen) Kosten bei den jeweiligen Diagnosemaßnahmen als *zusätzliches* Argument[4] in der Ergebnisfindung herangezogen, um eine Pflichtverletzung des Arztes zu begründen. Das OLG Düsseldorf[5] hingegen führt das Kostenargument *zusätzlich* an, um eine Pflichtverletzung zu verneinen.

---

1 Vgl. oben Kapitel 3, A, I.

2 BGH, Urteil v. 8.10.1974 - VI ZR 159/72 -, VersR 1975, 43f. — *Halsrippen*; vgl. die ausführliche Darstellung der Entscheidung im 3. Kapitel, A, I.

3 OLG Hamm, Urteil v. 29.11.1977 - 9 U 23/77 -, VersR 1979, 826f. — *Augeninnendruck*; OLG Celle, Urteil v. 9.01.1984 – 1 U 5/83 -, VersR 1985, 1047ff. — *Kniegelenkuntersuchung*; OLG Bamberg, Urteil v. 24.03.2003 - 4 U 172/02 -, VersR 2004, 198f. — *Fehldiagnose*; vgl. Kapitel 3, A, I.

4 Diese Wertung nimmt ebenso *Voß*, Kostendruck und Ressourcenknappheit im Arzthaftungsrecht, S. 156, für die *Augeninnendruck*– und die *Kniegelenkuntersuchungs-Entscheidung* vor.

5 OLG Düsseldorf, Urteil v. 27.03.2003 - 8 U 213/01 -, NJOZ 2003, 2819ff. — *Hüftgelenkdystplasie*; vgl. Kapitel 3, A, I.

1. Standpunkt der Lehre

In der Literatur[6] ist insbesondere die *Halsrippen-Entscheidung*[7] – ohne jedoch näher auf sie einzugehen – zur Kenntnis genommen worden. Die hier vertretene Auffassung,[8] dass Kostenerwägungen im Bereich der *individuellen Arztentscheidung* im Rahmen der Diagnose *unberücksichtigt* bleiben müssen,[9] wird nunmehr nicht mehr von allen Autoren der Lehre geteilt. Jüngst hat *Kern*[10] erneut[11] dafür plädiert, dass zu überlegen sei, „ob nicht eine bewusst und vorsichtig eingesetzte Rationierung – stärker bei der Diagnostik als in der Therapie –" ein besserer Weg für das Haftungsrecht wäre, als die Beeinflussung des medizinischen Standards durch sozialrechtliche Vorgaben.

2. Stellungnahme

Problemtisch an der *Halsrippen-Entscheidung*[12] ist, dass die Richter in den Entscheidungsgründen statistische Häufigkeiten einerseits und wirtschaftliche Aufwendungen andererseits gegeneinander abwägen und somit beide Aspekte miteinander vermengen. Das führt zu *mangelnder Transparenz*. Deshalb hätte es zunächst einer Klarstellung bedurft, dass es im vorliegenden Fall dem medizinischen Standard entspricht, eine Röntgenuntersuchung bei der Patientin vorzunehmen.[13] Indem das Gericht dieses Vorgehen aber bei einer Anzahl von Zwischenfallhäufigkeiten von unter 1 % auch vom wirtschaftlichen Aufwand abhängig machen will, *akzeptiert* und *eröffnet* es die Möglichkeit, dass ökonomische Überlegungen zu Bewertungskriterien für die individuelle Arztentscheidung im Rahmen der Diagnose werden. Das ist abzulehnen, denn es wurde herausgearbeitet, dass den Ärzten für Entscheidungen, in denen der medizinische Standard auf Grund ökonomischer Bewertungen beeinflusst werden kann, die

---

6 *Brüggemeier*, Deliktsrecht, Rdnr. 646; *Ulsenheimer*, MedR 1995, 438 (439); *Giesen*, Arzthaftungsrecht, Rdnr. 111; *Katzenmeier*, Arzthaftung, S. 292, Fn. 123; *Voß*, Kostendruck und Ressourcenknappheit im Arzthaftungsrecht, S. 156. Positiv bewertet wohl *Voß*, a. a. O., S. 156ff., die Entscheidung, weil der BGH überhaupt Kostenprobleme angesprochen habe.

7 BGH, Urteil v. 8.10.1974 - VI ZR 159/72 -, VersR 1975, 43f. — *Halsrippen*.

8 Vgl. bereits Kapitel 1, A, IV. und Kapitel 2, A, III., 2.

9 Siehe auch *Hart*, MedR 1996, 60 (70f.); vgl. ebenso *Giesen*, Arzthaftungsrecht, Rdnr. 111; *Groß*, Ärztlicher Standard, S. 11; *Ulsenheimer*, MedR 1995, 438 (440); *Steffen*, MedR 1995, 190; *Heilmann*, NJW 1990, 1513 (1515); *Bolsinger*, Dogmatik der Arzthaftung, S. 19.

10 *Kern*, MedR 2004, 300 (303).

11 So bereits *Kern*, GesR 2002, 5 (9); dagegen zurückhaltender *ders.*, ZaeFQ 2004, 222 (225).

12 BGH, Urteil v. 8.10.1974 - VI ZR 159/72 -, VersR 1975, 43f. — *Halsrippen*.

13 Vgl. ebenso *Giesen*, Arzthaftungsrecht, Rdnr. 111, der darauf verweist, dass der Arzt verpflichtet ist, die diagnostischen Maßnahmen mit dem ihm zur Verfügung stehenden Erkenntnisquellen auszuschöpfen.

Legitimation fehlt.[14] Allein der medizinische Standard bestimmt im Rahmen der *individuellen Behandlung* den rechtlichen Standard; aus diesem Grund ist für eine Pflichtenabsenkung wegen wirtschaftlicher Erwägungen an *dieser*[15] Stelle kein Raum.[16]

In den weiteren Urteilen[17] war es nicht notwendig, die (geringen) Kosten bei den jeweiligen Diagnosemaßnahmen als *zusätzliches Argument* zur Unterstützung der Entscheidungsfindung zu bemühen, um eine Pflichtverletzung des Arztes im Ergebnis begründen zu können. Dieses Vorgehen entspricht nicht der Systematik im Arzthaftungsrecht, da bereits die Abweichung vom Standard, und zwar unabhängig von ökonomischen Erwägungen, den Behandlungsfehler bestimmt. Da der Standard die Pflicht und die Abweichung deren Verletzung ist, ist die Pflichtverletzung identisch mit dem Behandlungsfehler.[18]

Die Forderung von *Kern*,[19] bei der Diagnostik auf der Ebene individueller Arztentscheidungen Rationierungsmaßnahmen durchzuführen, erscheint wenig hilfreich und ist im Ergebnis abzulehnen. Vielmehr gilt, dass der medizinische Standard im Rahmen der Diagnose bei der individuellen Behandlung *nicht* zu senken ist.[20] Gegen die Überlegungen von *Kern*[21] sprechen bereits die von *Brüggemeier*[22] und *Beyerle*[23] vorgetragenen Argumente. Beide haben – statistisch be-

---

14 Umfassend dazu bereits Kapitel 1, A, IV.

15 Zu möglichen Überlegungen unter Berücksichtigung eines diagnostischen Entscheidungsbaumes siehe noch sogleich unten in diesem Abschnitt.

16 Aus diesem Grund ist ebenfalls die aktuelle Entscheidung des OLG Düsseldorf, Urteil v. 27.03.2003 - 8 U 213/01 -, NJOZ 2003, 2819ff. — *Hüftgelenkdystplasie*, abzulehnen, in der die Richter das Kostenargument *zusätzlich* anführen, um eine Pflichtverletzung zu verneinen.

17 OLG Hamm, Urteil v. 29.11.1977 - 9 U 23/77 -, VersR 1979, 826f. — *Augeninnendruck*; OLG Celle, Urteil v. 9.01.1984 – 1 U 5/83 -, VersR 1985, 1047ff. — *Kniegelenkuntersuchung*; OLG Bamberg, Urteil v. 24.03.2003 - 4 U 172/02 -, VersR 2004, 198f. — *Fehldiagnose*; vgl. Kapitel 3, A, I.

18 Vgl. ausführlich Kapitel 1, A, II.

19 *Kern*, MedR 2004, 300 (303), vgl. zum wörtlichen Zitat oben Kapitel 4, A, I., 1.

20 Keinesfalls sollen damit jedoch Forderungen unterstützt werden, die für diagnostische Maßnahmen plädieren, die in der juristischen Lehre als „Überdiagnostik" bzw. „Maximaldiagnostik" bezeichnet werden (zu beiden Begriffen anschaulich *Giesen*, Arzthaftungsrecht, Rdnr. 350; *Taupitz*, in: *Nagel/Fuchs*, Rationalisierung und Rationierung im deutschen Gesundheitswesen, S. 86 [105]; *Ulsenheimer*, MedR 1995, 438 [439] sowie *Künschner*, Wirtschaftlicher Behandlungsverzicht und Patientenauswahl, S. 223). Vielmehr hat *Giesen*, Arzthaftungsrecht, Rdnr. 350ff.; *ders.*, IMML, Rdnr. 178ff.; zustimmend *Steffen/Dressler*, Arzthaftungsrecht, Rdnr. 155 b, aufgezeigt, dass solche Maßnahmen, wenn sie zu Schäden und gesundheitlichen Beschwerden führen, selbst Behandlungsfehler darstellen können, weil sie über das gebotene Maß hinaus gehen und der Patient dadurch unnötig belastet wird.

21 *Kern*, MedR 2004, 300 (303); *ders.*, GesR 2002, 5 (9); zurückhaltender *ders.*, ZaeFQ 2004, 222 (225).

22 *Brüggemeier*, Deliktsrecht, Rdnr. 645.

23 *Beyerle*, Rechtsfragen medizinischer Qualitätskontrolle, S. 136f.

legt – darauf hingewiesen, dass ärztliche Diagnosen nicht selten falsch sind.[24] Kosteneinsparungen bei der Diagnose könnten somit zu einer weiteren Erhöhung der Fehlerquote führen. Es ist auch zu bedenken, dass die Diagnose am Beginn jedes medizinisches Behandlungsablaufes steht und die *Grundlage* für die weiteren Behandlungsschritte bildet. Falsche Diagnosestellungen begünstigen demnach die Einleitung überflüssiger Therapiemaßnahmen. Diese sind einerseits nicht oder nur wenig hilfreich, um den kranken Patienten zu heilen. Andererseits können die – auf Grund von Rationierungsmaßnahmen bei der individuellen Behandlung erzielten – „vermeintlichen" Kosteneinsparungen auf der ersten Stufe dann auf den folgenden Stufen des Behandlungsablaufs zu unnötigen Aufwendungen führen, die ihrerseits wieder weitere erhebliche Kosten verursachen.

Ein Ausblick sei an dieser Stelle gestattet: Würde man akzeptieren und wollen, dass *zukünftig* bereits bei der Diagnose wirtschaftliche Kriterien zu berücksichtigen sind, dann könnte hierfür das bereits von *Hart*[25] angeführte Beispiel des *diagnostischen Entscheidungsbaumes* ein möglicher Anknüpfungspunkt sein. Es müsste dann, da aus haftungsrechtlicher Sicht sowohl dem Arzt als auch der Profession die Legitimation für nicht-medizinische Erwägungen fehlt, zum einen zwischen der *individuellen Behandlung* und zum anderen einer *„abstrakten Leitlinie"* für Behandlungsmaßnahmen unterschieden werden. Bei der Entwicklung einer solchen „abstrakten Leitlinie" für einen diagnostischen Entscheidungsbaum wäre zu diskutieren, ob dort auch wirtschaftliche Kriterien die Rangfolge von Maßnahmen bestimmen können. Über diese Dinge ist dann aber auf einer allgemeineren, abstrakten Ebene zu entscheiden und *nicht* auf der Ebene der individuellen Arztentscheidung.[26]

Abschließend ist zu diesem Themenkomplex noch anzumerken, dass ein Arzt, der die medizinisch notwendigen Diagnosemaßnahmen nicht erbringen kann, sein Leistungsangebot zurücknehmen muss. Er hat sich auf die Bereiche zu beschränken, in denen er die geforderten medizinischen Standards erfüllen kann. Der Arzt muss auf eine Behandlung verzichten, wenn ihm eine standardgemäße Behandlung nicht möglich ist. Behandelt der Arzt trotzdem, kann er sich später keinesfalls darauf berufen, dass er sich aus finanziellen Gründen außer Stande sah, eine bessere und weitergehende Diagnose zu erstellen. Will er in einer solchen Situationen einen Konflikt mit dem Haftungsrecht vermeiden („Übernahmeverschulden"), dann muss, worauf bereits *Schreiber*[27] frühzeitig hinwies, der

---

24 Ausführlich oben Kapitel 2, D, I., 1.

25 Vgl. umfassender bereits Kapitel 2, D, I., 1., c). *Hart* hat dieses Beispiel während eines Vortrages mit dem Titel: „Haftungsmaßstäbe und Ressourcenknappheit" auf den 7. Karlsruher Gesprächen zwischen Ärzten und Juristen der Bezirksärztekammer Nordbaden im April 2003 (unveröffentlicht) in die Diskussion eingeführt.

26 In diese Richtung auch bereits *Oberender*, in: FS für *Gitter*, S. 701, 706f.

27 *Schreiber*, Langenbecks Arch Chir (364) 1984, 295 (297) = DMW 1984, 1458 (1459).

Patient *zuvor* an einen anderen Kollegen (Spezialist) *verwiesen* oder *überwiesen* werden.[28]

II. Indikation

In dem einzigen veröffentlichten Urteil dieser Fallgruppe entschied das OLG Hamm,[29] dass der Arzt auch bei besonders hohen Kosten nicht auf die Verschreibung des bestwirksamsten Medikaments verzichten darf. Vielmehr können wirtschaftliche Überlegungen nur dann zum Tragen kommen, wenn andere, gleich wirksame Mittel zur Verfügung stehen.

1. Standpunkt der Lehre

Im Rahmen der Indikation besteht Einigkeit in der Literatur,[30] dass Kostenerwägungen nicht zu berücksichtigen sind. Stellvertretend sei auf eine Formulierung von *Ulsenheimer*[31] verwiesen: „Die Wirksamkeit einer Maßnahme oder eines Mittels und die medizinische Indikation haben bei der Abwägung *Vorrang* vor dem Aspekt des Preises und damit der Wirtschaftlichkeit."[32]

2. Stellungnahme

Der Entscheidung des OLG Hamm[33] ist in vollem Umfang zuzustimmen. Die Vornahme einer vergleichenden Nutzen/Kosten-Analyse an dieser Stelle steht im Einklang *mit haftungsrechtlichen Vorgaben*. Ergibt ein Vergleich zweier möglicher Indikationen den Vorzug der kostengünstigeren und wird diese angewendet, muss das Haftungsrecht diese Entscheidung immer akzeptieren. Denn

---

28 Ebenso BGH, Urteil v. 25.04.1989 - VI ZR 175/88 -, BGHZ 107, 222 (226); vgl. auch *Hart/Francke*, Bundesgesundheitsbl. 2002, 13 (15); *Giesen*, Arzthaftungsrecht, Rdnr. 111, Fn. 259; *Vosteen*, Rationierung im Gesundheitswesen und Patientenschutz, S. 195; *Uhlenbruck*, ArztR 1980, 175 (177); *Heilmann*, NJW 1990, 1513 (1516); *Kleinewefers*, VersR 1992, 1425 (1430); *Gaisbauer*, VersR 1994, 431 (432) sowie zuletzt *Müller*, in: FS für *Lorenz*, S. 475 (480) = GesR 2004, 257 (259).

29 OLG Hamm, Urteil v. 22.03.1995 - 3 U 229/94 -, MedR 1995, 373f. — *Teureres Medikament*; vgl. ausführlich oben Kapitel 3, A, II.

30 *Hart*, MedR 1996, 60 (70f.); *Ulsenheimer*, MedR 1995, 438 (440); *Ehlers*/Bank, RPG 1999, 71 (74); *Jürgens*, Technische Standards im Haftungsrecht, S. 164; *Uhlenbruck*, NJW 1981, 1294; etwas kritischer *ders.*, MedR 1995, 427 (435).

31 *Ulsenheimer*, MedR 1995, 438 (440); so auch *Jürgens*, Technische Standards im Haftungsrecht, S. 164; kritisch aus medizinischer Sicht zur Indikationsstellung im Rahmen der Intensivmedizin *Opderbecke*, in: *Lawin/Huth*, Grenzen der Aufklärungs- und Behandlungspflicht, S. 109 (112ff.).

32 Hervorhebung im Original.

33 OLG Hamm, Urteil v. 22.03.1995 - 3 U 229/94 -, MedR 1995, 373f. — *Teureres Medikament*.

es handelt sich um den Vergleich von Behandlungen, die *in jedem Falle dem geforderten Standard entsprechen.* Wirtschaftliche Überlegungen führen an dieser Stelle also nicht dazu, den Pflichtenkatalog des Arztes zu reduzieren. Der Gesundheits- und Persönlichkeitsschutz des Patienten ist durch die Wahl sowohl der einen als auch der anderen Methode sichergestellt und entspricht den medizinischen Anforderungen.

III. Therapie

Nach einem Beschluss des ArbG Gelsenkirchen[34] darf die Therapiewahl eines Arztes nicht von haushaltsrechtlichen Erwägungen abhängig gemacht werden.

1. Standpunkt der Lehre

In der Literatur[35] herrschte ebenso die Auffassung vor, dass wirtschaftliche Überlegungen im Rahmen der Therapie keine Berücksichtigung finden können. „Ökonomische Interessen dürfen niemals dazu führen, dass der Inhalt des Arztvertrages Leistungen vorsieht, die unter den anerkannten Standards liegen."[36] Dies sollte nur dann geschehen, wenn „mehrere gleich wirksame [...] therapeutische Verfahren mit vergleichbaren Risiken zur Wahl [stehen, dann ...] muss der Arzt diejenige Therapie anwenden, die den geringsten wirtschaftlichen Aufwand nach sich zieht".[37] Bei solchen Nutzen/Kosten-Relationen ist *in jedem Fall* der therapeutische Nutzen vor dem Preis entscheidend.[38] Neuerdings deutete jedoch *Kern*[39] auch für diesen Bereich eine Richtungsänderung an. In der Zukunft sei

---

34 ArbG Gelsenkirchen, Beschluss v. 20.12.1996 - 1 GA 45/96 -, MedR 1997, 224 — *Therapiefreiheit*; ausführlich oben Kapitel 3, A, III.

35 Vgl. *Hart*, MedR 1996, 60, (70); *Ulsenheimer*, MedR 1995, 438 (440); *Uhlenbruck/Laufs*, in: *Laufs/Uhlenbruck*, Handbuch des Arztrechts, § 44, Rdnr. 8. Ebenso *Groß*, Ärztlicher Standard, S. 11, der sich jedoch unter Bezugnahme auf „subjektive Befindlichkeiten" für eine erweiternde Anerkennung ärztlicher Entscheidungsfreiräume bei Diagnostik und Therapie ausspricht. Das ist jedoch abzulehnen, weil im Arzthaftungsrecht kein Raum für ein persönliches Verschulden ist. Dazu bereits ausführlich oben Kapitel 1, A, II., d.

36 *Uhlenbruck/Laufs*, in: *Laufs/Uhlenbruck*, Handbuch des Arztrechts, § 44, Rdnr. 7.

37 *Ulsenheimer*, MedR 1995, 438 (440); *Hart*, MedR 1996, 60 (70); *Genzel*, in: *Laufs/Uhlenbruck*, Handbuch des Arztrechts, § 87, Rdnr. 25; *Jürgens*, Technische Standards im Haftungsrecht, S. 164. Zur Begründung, warum eine Nutzen/Kosten-Analyse hier legitim ist, siehe die Ausführungen zur Indikation im vorhergehenden Abschnitt (Kapitel 4, A, II., 2.).

38 *Genzel*, in: *Laufs/Uhlenbruck*, Handbuch des Arztrechts, § 87, Rdnr. 25.

39 *Kern*, MedR 2004, 300 (303); *ders.*, GesR 2002, 5 (9); zurückhaltender *ders.*, ZaeFQ 2004, 222 (225).

im Rahmen therapeutischer Maßnahmen zu überlegen, „ob nicht eine bewusst und vorsichtig eingesetzte Rationierung“ erfolgen sollte.[40]

2. Stellungnahme

Der Beschluss des ArbG Gelsenkirchen[41] verdient Zustimmung. Für den Therapiebereich gilt die identische Aussage wie für Indikation und Diagnose. Die Therapiewahl hat dem geforderten Standard zu entsprechen und ist unabhängig von ökonomischen Aspekten zu treffen. Dem Vorschlag von *Kern*[42] muss deshalb widersprochen werden; beim *medizinisch zu fordernden Standard* der Therapie sind wirtschaftliche Überlegungen nicht zu berücksichtigen. Sollte der Arzt die Anforderungen nicht erfüllen können, so ist er wiederum unter dem Gesichtspunkt des „Übernahmeverschuldens“ verpflichtet, den Patienten zu überweisen.[43]

IV. Notfall

Kostenerwägungen werden in den Entscheidungen der Rechtsprechung[44] zu Notfallbehandlungen nicht angesprochen. Auch das Schrifttum[45] setzte sich mit solchen Überlegungen nicht weiterführend auseinander.

Zwischen Rechtsprechung[46] und Literatur[47] besteht Einigkeit, dass im Falle einer Notfallsituation[48] der medizinische Standard *nicht* von Beginn an niedriger an-

---

40 *Kern*, MedR 2004, 300 (303); *ders.*, GesR 2002, 5 (9), allerdings abgeschwächter als bei der Diagnose, vgl. zu diesem Zitat schon oben Kapitel 4, A, I., 3.

41 ArbG Gelsenkirchen, Beschluss v. 20.12.1996 - 1 GA 45/96 -, MedR 1997, 224 — *Therapiefreiheit*.

42 *Kern*, MedR 2004, 300 (303); *ders.*, GesR 2002, 5 (9).

43 Es wird auf die Ausführungen zur Diagnose unter Kapitel 4, A, I., 2., verwiesen.

44 Siehe zu den fünf Entscheidungen Kapitel 3, A, IV.

45 Referiert wird z. B. OLG Hamm, Urteil v. 11.01.1999 - 3 U 131/98 -, NJW-RR 2000, 401f., durch *Bergmann*, in: *Arbeitsgemeinschaft Rechtsanwälte im Medizinrecht e. V.*, Leitlinien, Richtlinien und Gesetz, S. 65 (74f.); *Giesen*, Arzthaftungsrecht, Rdnr. 98, befürwortet die Entscheidung des OLG München, Urteil v. 18.04.1991 - 1 U 6113/90 -, NJW-RR 1991, 1432, weil eine medizinisch-situationsbezogene Standardveränderung vorgenommen wird. Umfassend zur möglichen Lockerung des Haftungsmaßstabs in Notfallsituationen *Debong*, ArztR 2003, 288ff; zur Notfallbehandlung insgesamt *Deutsch/Spickhoff*, Medizinrecht, Rdnr. 483ff.

46 Vgl. die Rechtsprechungsanalyse Kapitel 3, A, IV.

47 *Geiß/Greiner*, Arzthaftpflichtrecht, B Rdnr. 27; *Steffen/Dressler*, Arzthaftungsrecht, Rdnr. 65; *Deutsch/Spickhoff*, Medizinrecht, Rdnr. 483; *Giesen*, Arzthaftungsrecht, Rdnr. 98; *Laufs*, in: *Laufs/Uhlenbruck*, Handbuch des Arztrechts, § 17, Rdnr. 19f., 23f. sowie § 100, Rdnr. 29; *Heilmann*, NJW 1990, 1513 (1515); *Kern*, GesR 2002, 5 (6); *Debong*, ArztR 2003, 288 (289ff.); zuletzt *Walter*, Spezialisierung und Sorgfaltsstandards im Arzt- und Anwaltshaftungsrecht, S. 177ff.

48 Zur Definition der Notfallsituation oben Kapitel 1, A, III.

zusetzen ist, jedoch die Qualität der Behandlung eine der Situation entsprechende erforderliche Anpassung erfahren kann. Inwieweit solche *medizinisch-situationsbezogenen Standardveränderungen* auch durch Kostenerwägungen verursacht werden, kann nur vermutet werden. Die Diskussion zu dieser Frage befindet sich noch am Anfang. Nimmt man die jüngst ergangene Entscheidung des LG München[49] als Maßstab, dann dürfte die Rechtsprechung – zumindest in der Kardiologie – dazu tendieren, ökonomische Erwägungen bei Notfallbehandlungen unberücksichtigt zu lassen. Die Kammer ging bei kardialen Beschwerden davon aus, dass: „Bei diagnostischen Zweifeln [...] immer der bedrohlichste Zustand anzunehmen und danach vorzugehen [sei]; im medizinischen Notfall sei ein Zuviel an Diagnostik eher verzeihlich, ein Zuwenig unter Umständen gefährlich."

B Organisation der Behandlung

Es wird an dieser Stelle bewertet, inwieweit ökonomische Erwägungen den umfassenden Bereich der Organisation der Behandlung beeinflussen dürfen. Zusätzlich wird in den relevanten Fallgruppen darauf eingegangen, in welchem Umfang wirtschaftliche Folgenüberlegungen zu berücksichtigen sind.

I. Differenzierungen bei unterschiedlichen Behandlungseinrichtungen

Die Rechtsprechung[50] geht von einem *allseits zu gewährleistenden Mindeststandard* aus. Dieser *kann* von Krankenhäusern gegenüber den niedergelassenen Ärzten und von Universitätskliniken gegenüber den Versorgungskrankenhäusern übertroffen werden.[51] Dieser (höhere) Standard *muss* dann auch von den jeweiligen Einrichtungen erbracht werden.

1. Standpunkt der Lehre

Über die medizinischen, aber vor allem die *organisationsbezogenen rechtlichen Differenzierungen des Standards* besteht Einigkeit zwischen Rechtsprechung[52] und ganz herrschender Lehre.[53]

---

49 LG München I, Urteil v. 28.05.2003 - 9 O 14993/99 -, VersR 2004, 649; ausführlich zur Entscheidung Kapitel 3, A, IV.

50 BGH, Urteil v. 14.12.1993 - VI ZR 67/93 -, NJW 1994, 1596ff. — *Medizinischer Sachverständiger*, ausführlich zu dieser und weiteren Entscheidungen oben Kapitel 3, B, I.

51 So zuletzt *Müller*, in: FS für *Lorenz*, S. 475 (480) = GesR 2004, 257 (259).

52 Z. B. OLG Köln, Urteil v. 20.09.1989 - 27 U 158/88 -, VersR 1990, 1242ff., mit Verweis auf *Steffen*, Neue Entwicklungslinien der BGH-Rechtsprechung zum Arzthaftungs-

Ökonomische Erwägungen sind in den Entscheidungen nicht erwähnt worden, auch insoweit besteht Einigkeit mit dem Großteil der Literatur.[54] Es existieren jedoch – in neueren Dissertationen[55] – Ansatzpunkte, welche die organisatorische Bandbreite der Standards (allein) auf wirtschaftliche Überlegungen zurückführen. Dies wird damit begründet, dass die Ausstattungsunterschiede der Einrichtungen durch finanzielle Ressourcen bestimmt werden.

2. Stellungnahme

Je nach unterschiedlicher Größe und Ausrichtung der Behandlungsinstitutionen sind Standards festzulegen, die sich in einer *gewissen Bandbreite* bewegen können, wobei aber der Mindeststandard in jeder Einrichtung sicherzustellen ist. Ursache dafür sind der jeweilige Versorgungsauftrag (Allgemein-, Fach-, Universitätsklinik etc.), die Versorgungsstufe und das Erscheinungsbild der Klinik. Sie bestimmen maßgeblich mit, was den Patienten an Versorgung innerhalb der Klinik erwartet.[56] Zum Teil wird darauf verwiesen, dass sich *organisationsbezogene Standarddifferenzierungen* zwangsläufig bei einer einerseits bevölkerungsnahen und andererseits (wirtschaftlich) tragbaren Krankenversorgung ergeben, die so allgemein akzeptiert werden.[57] Diese Argumentation ist plausibel und nachvollziehbar.

Die Problematik ist zu komplex, um der Argumentation von *Röfer*[58] und *Nowak*[59], dass *allein* finanzielle Erwägungen Ursache für Standardrelativierungen sind, folgen zu können. Zutreffend ist zwar, dass Ausstattungsunterschiede in Kliniken auf personelle und apparative Ausstattung zurückzuführen sind; ferner

---

recht[3], S. 33; siehe zuletzt ebenso *Müller*, in: FS für *Lorenz*, S. 475 (480) = GesR 2004, 257 (259), m. w. N. der Rechtsprechung.

53 *Hart*, MedR 1996, 60 (69); *Steffen/Dressler*, Arzthaftungsrecht, Rdnr. 137; *Groß*, Ärztlicher Standard, S. 5; *Ulsenheimer*, MedR 1995, 438; *Stegers*, in: *Arbeitsgemeinschaft Rechtsanwälte im Medizinrecht e. V.*, Die ärztliche Behandlung im Spannungsfeld zwischen kassenärztlicher Verantwortung und zivilrechtlicher Haftung, S. 81 (83).

54 *Hart*, MedR 1999, 47; *Steffen/Dressler*, Arzthaftungsrecht, Rdnr. 135, 137; *Groß*, Ärztlicher Standard, S. 5; *Ulsenheimer*, MedR 1995, 438; *Bergmann*, VersR 1996, 810 (812); *Kullmann*, VersR 1997, 529 (531); *Katzenmeier*, Arzthaftung, S. 284; *Bergmann/Kienzle*, in: *Bergmann/Kienzle*, Krankenhaushaftung, Rdnr. 131.

55 Insbesondere *Röfer*, Zur Berücksichtigung wirtschaftlicher Überlegungen bei der Festlegung arzthaftungsrechtlicher Sorgfaltsanforderungen, S. 81, 99 sowie *Nowak*, Leitlinien in der Medizin, S. 75f.; abgeschwächter *Walter*, Spezialisierung und Sorgfaltsstandards im Arzt- und Anwaltshaftungsrecht, S. 213f.

56 So schon *Künschner*, Wirtschaftlicher Behandlungsverzicht und Patientenauswahl, S. 224.

57 *Ludolph*, MedR 1988, 120 (122); ähnlich *Voß*, Kostendruck und Ressourcenknappheit im Arzthaftungsrecht, S. 171.

58 *Röfer*, Zur Berücksichtigung wirtschaftlicher Überlegungen bei der Festlegung arzthaftungsrechtlicher Sorgfaltsanforderungen, S. 81.

59 *Nowak*, Leitlinien in der Medizin, S. 75f.

wird die Einrichtung einer Klinik jedoch von weiteren räumlichen und sachlichen Faktoren geprägt. Gerade deshalb ist aber die Untersuchung, inwieweit ökonomische Erwägungen die Organisation der Behandlung beeinflussen können, an den bereits oben[60] in der Rechtsprechungsanalyse herausgearbeiteten und stärker *differenzierenden* Fallgruppen fortzuführen.

3. Zusammenarbeit zwischen niedergelassenen Ärzten und Krankenhäusern

Kostenerwägungen können beim Zusammenspiel zwischen niedergelassenen Ärzten und Krankenhäusern an verschiedenen Stellen auftreten.

a) *Überweisung vom Arzt in das Krankenhaus*

In der Konstellation, in welcher der behandelnde Arzt den Patienten in ein Krankenhaus überweist, werden durch Rechtsprechung und Literatur[61] Kostenprobleme erörtert. Der BGH[62] hebt ausdrücklich hervor, dass das Krankenhaus zu einer standardgemäßen Behandlung verpflichtet ist, und zwar auch dann, wenn die Behandlung *nicht vergütet* wird. Der im Krankenhaus behandelnde Arzt darf keine Maßnahmen unterlassen, nur weil diese für ihn mit *unbezahlten Mehraufwendungen* verbunden sind.[63]

Im Zusammenhang mit all den Problemen,[64] die bei der Übertragung des Vertrauensgrundsatzes auf sektorübergreifende Behandlungen infolge von Arbeitsteilungen entstehen können, wird darauf hingewiesen, dass Ärzte im Krankenhaus durchaus die Befunde niedergelassener Ärzte übernehmen dürfen.[65] Das ergibt sich zum einen aus dem schonenden Umgang mit dem Patienten, und zum anderen führen *Laufs*[66] und *Bergmann*[67] hierfür *zusätzlich* ökonomische Erwä-

---

60 Vgl. die Herleitung der Fallgruppen in Kapitel 2, D, 2 und die Rechtsprechungsanalyse in Kapitel 3, B.

61 *Laufs/Reiling*, LM, BGB § 823 [Db], Nr. 24, stimmen in ihrer Besprechung der Entscheidung voll zu.

62 BGH, Urteil v. 5.10.1993 - VI ZR 237/92 -, NJW 1994, 797ff. — *Arbeitsteilung*; vgl. ausführlich die Darstellung der Entscheidung oben Kapitel 3, B, I., 3.

63 Das entspricht dem bereits oben im 4. Kapitel, A, gefundenen Ergebnis, dass bei der Behandlung ökonomische Erwägungen nicht zu berücksichtigen sind. Siehe dazu noch ausführlich unten Kapitel 4, C, II. (zum Einfluss von Vergütungsmaßnahmen auf den Haftungsstandard).

64 Siehe *Hart*, in: Liber Amicorum für *Schmidt*, S. 131 (152f.) sowie *Becker-Schwarze/Lelgemann*, in: *Hart*, Ärztliche Leitlinien im Medizin- und Gesundheitsrecht, S. 303 (337ff.). Aus strafrechtlicher Sicht dazu ausführlich *Bergmann*, in: *Arbeitsgemeinschaft Rechtsanwälte im Medizinrecht e.V.*, Medizin und Strafrecht, S. 35ff.

65 So *Laufs*, Arztrecht, Rdnr. 528; *ders.*, in: *Laufs/Uhlenbruck*, Handbuch des Arztrechts, § 101, Rdnr. 8; *ders./Reiling*, LM, BGB § 823 [Db], Nr. 24; ebenso *Bergmann*, Arzthaftung, S. 44.

66 *Laufs*, Arztrecht, Rdnr. 528; *ders.*, in: *Laufs/Uhlenbruck*, Handbuch des Arztrechts,

gungen in Form der *Kostenersparnis* an, weil somit Aufwendungen für doppelte Untersuchungen vermieden werden können.

b) Weiterbehandlung durch den Arzt nach Krankenhausaufenthalt

Ebenso sind in der umgekehrten Konstellation, der Weiterbehandlung des Patienten durch den niedergelassenen Arzt, Kostenprobleme angesprochen. Hierbei darf nach Auffassung der Rechtsprechung[68] der Arzt die Ergebnisse der ihm in personeller und apparativer Ausstattung weit überlegenen Fachklinik bei der weiteren Behandlung des Patienten zu Grunde legen. Im Schrifttum[69] erfuhr das Urteil uneingeschränkte Zustimmung. Es wurde besonders hervorgehoben, dass jede Doppeluntersuchung eine zusätzliche Belastung für den Patienten bedeute und dementsprechend zu vermeiden sei.[70]

c) Stellungnahme

Ökonomische Aspekte können in der letzten Fallgruppe, bei der Weiterbehandlung eines Patienten durch einen niedergelassenen Arzt nach einem Krankenhausaufenthalt, berücksichtigt werden. Denn es wurde herausgearbeitet,[71] dass in einer gewissen *organisatorischen Bandbreite* Abstufungen bei den Behandlungsstandards bestehen. Ist der Patient eingehend in einer (Spezial-)Klinik, die im personellen und apparativen Bereich der Ausstattung eines niedergelassenen Arztes überlegen ist, untersucht worden, ist davon auszugehen, dass weitere Maßnahmen des niedergelassenen Arztes keine besseren Befunderhebungen hervorbringen. Neue und weitergehende Erkenntnisse können nahezu ausgeschlossen werden. Vielmehr muss sich der Arzt auf die Befunde der technisch besser ausgerüsteten Spezialisten verlassen können.[72] Etwas anderes kann nur dann gelten, wenn sich ihm Zweifel an der Richtigkeit aufdrängen müssen. Die dadurch freigewordenen und gewonnenen Untersuchungskapazitäten kann der Arzt nunmehr bei der Behandlung seiner weiteren Patienten einsetzen.

Anders sind dagegen die Fälle zu beurteilen, in denen der niedergelassene Arzt den Patienten zur Behandlung in das Krankenhaus überweist. Das Krankenhaus darf sich nur in einem *eng begrenzten Umfang* auf Routinemaßnahmen und -daten des vorbehandelnden Arztes verlassen, wobei es sich vor allem um leicht erfassbare Äußerlichkeiten wie Laborergebnisse, Erbrechen, Temperatur, Stuhl,

---

§ 101, Rdnr. 8.

67 *Bergmann*, Arzthaftung, S. 44.

68 OLG Köln, Urteil v. 14.07.1993 - 27 U 13/93 -, VersR 1993, 1157f. — *Weiterbehandlung*.

69 Vgl. *Giesen*, Arzthaftungsrecht, Rdnr. 128.

70 *Gaisbauer*, VersR 1994, 431 (432).

71 Siehe zuvor Kapitel 4, B, I., 2.

72 OLG Köln, Urteil v. 14.07.1993 - 27 U 13/93 -, VersR 1993, 1157f. — *Weiterbehandlung* sowie *Gaisbauer*, VersR 1994, 431 (432), in seiner Anm. zu dieser Entscheidung.

Puls usw. handelt.[73] Damit sind jedoch nur Nebenerscheinungen einer Erkrankung angesprochen, ein solches Vorgehen ist mithin selbstverständlich. Praxis relevant ist die Konstellation, in der ein niedergelassener Arzt seinen Patienten überweist, weil er selber – wegen ungenügender eigener Diagnosemöglichkeiten – die für die Behandlung notwendigen Untersuchungen nicht vornehmen kann. Der Arzt will dadurch dem Patienten die Qualitätsunterschiede der personell und technisch besser ausgestatteten Klinik zu Gute kommen lassen. Es besteht die Möglichkeit, aber ebenso *die Verpflichtung*, zuverlässigere, genauere und weitergehende Erkenntnisse zu gewinnen. Für die Berücksichtigung ökonomischer Erwägungen bestehen demnach keine Anhaltspunkte.

4. Organisation der Notfallbehandlungen

Die organisatorische Bandbreite der Standards setzt sich bei der Organisation von Notfallbehandlungen fort. Auch hier entschied der BGH,[74] mit zustimmender Anmerkung von *Giesen*,[75] dass der Patient personelle und technische Verhältnisse so hinnehmen muss, wie er sie vorfindet, wenn er bei einem Notfall in ein kleineres Krankenhaus eingeliefert wird. Keinesfalls kann er überall den Standard einer Spezialklinik erwarten.[76] Das ergibt sich wiederum zwangsläufig aus einer einerseits bevölkerungsnahen und andererseits (wirtschaftlich) tragbaren Krankenversorgung, die so allgemein akzeptiert wird.[77] Allerdings verweist die Rechtsprechung[78] darauf, dass ein Krankenhaus, welches an der Notfallversorgung beteiligt ist, hohen Anforderungen gerecht werden muss. Zeitliche Verzögerungen bis zum Beginn von Operationen sind möglichst gering zu halten, was durch organisatorische Maßnahmen im Vorfeld der Behandlung sicherzustellen ist.

II. Unterschiedliche technisch-apparative Ausstattung in verschiedenen Behandlungseinrichtungen

Es geht um die Bewertung dreier verschiedener Fallgruppen. Erstens ist medizinisches Gerät nicht vorhanden, weil die entsprechenden Investitionen (noch) nicht getätigt wurden. Zweitens wurden die Investitionen getätigt, aber die Ap-

---

73 Ebenfalls *Gaisbauer*, VersR 1994, 431 (432).

74 BGH, Urteil v. 11.05.1982 - VI ZR 171/80 -, NJW 1982, 2121ff. sowie Urteil v. 8.03.1988 - VI ZR 201/87 -, NJW 1988, 1511ff.; vgl. Kapitel 3, B, I., 4.

75 *Giesen*, Arzthaftungsrecht, Rdnr. 98.

76 Eine andere Frage ist, inwieweit der Patient über diese Situation aufzuklären ist. Dazu unten Kapitel 4, D, I., 1.

77 *Ludolph*, MedR 1988, 120 (122); siehe oben Kapitel 4, B, I., 2.

78 OLG Braunschweig, Urteil v. 18.12.1997 - 1 U 30/97 -, MDR 1998, 907ff.; ausführlich zur Entscheidung im 3. Kapitel, B, I., 4; so auch aus der Lehre *Deutsch/Spickhoff*, Medizinrecht, Rdnr. 490.

paraturen bei der Behandlung nicht eingesetzt. Zum Nicht-Einsatz des technischen Geräts tritt – und damit drittens – weiterhin das Unterlassen einer erforderlichen Behandlungsmaßnahme hinzu.

1. Fehlende technisch-apparative Ausstattung auf Grund von Investitionsdefiziten

Diese Fallgruppe wird auf Grund ihrer Bedeutung und ausführlichen Erörterung im Schrifttum umfassend behandelt.

a) Standpunkt der Lehre

Die *CT-Entscheidung*[79] des BGH wurde im Ergebnis – jedenfalls im Rahmen der Organisationsfehlerhaftung[80] – positiv durch die Literatur[81] beurteilt. Die Ablehnung einer Pflichtverletzung wird als konsequent bezeichnet, da sich die neue Technik erst in der „Erprobungsphase" befand und nur in drei oder vier Universitätskliniken zur Verfügung stand.[82] Weit kritischer hingegen ist die *Elektrokoagulations-Entscheidung*[83] aufgenommen worden.[84] Neben dem Einfluss von Kostengesichtspunkten,[85] mit welchem der BGH seine Entscheidung begründet, wurden zwei Aspekte kritisiert, die damit im Zusammenhang stehen und zum besseren Verständnis einer knappen Erläuterung bedürfen.

---

79 BGH, Urteil v. 28.02.1984 - VI ZR 106/82 -, NJW 1984, 1810f. — *CT.* Die Entscheidung ist ausführlich im 3. Kapitel, B, II., 1., dargestellt.

80 Siehe zur Qualitätsaufklärung unten Kapitel 4, D, I., 2., a).

81 *Francke*/Hart, Charta der Patientenrechte, S. 45; *Schelling*, Die ärztliche Aufklärung über die Qualität der Behandlung, S. 67ff.; *Röfer*, Zur Berücksichtigung wirtschaftlicher Überlegungen bei der Festlegung arzthaftungsrechtlicher Sorgfaltsanforderungen, S. 96.

82 *Damm*, NJW 1989, 737 (740).

83 BGH, Urteil v. 22.09.1987 - VI ZR 238/86 -, BGHZ 102, 17ff. — *Elektrokoagulation.* Die Entscheidung ist ausführlich im 3. Kapitel, B, II., 1., dargestellt.

84 Sehr kritisch *Giesen*, JZ 1988, 414ff.; *ders.*, Arzthaftungsrecht, insbesondere Rdnr. 219f.; kritisch *Damm*, NJW 1989, 737ff. und *Francke/Hart*, Charta der Patientenrechte, S. 45f. sowie *Hart*, Jura 2000, 64 (67); *ders.*, MedR 1996, 60 (68f.); kritisch auch *Röfer*, Zur Berücksichtigung wirtschaftlicher Überlegungen bei der Festlegung arzthaftungsrechtlicher Sorgfaltsanforderungen, S. 96 und *Künschner*, Wirtschaftlicher Behandlungsverzicht und Patientenauswahl, S. 232ff.; vermittelnd dagegen *Schelling*, Die ärztliche Aufklärung über die Qualität der Behandlung, S. 67ff. und *Voß*, Kostendruck und Ressourcenknappheit im Arzthaftungsrecht, S. 167; zustimmend *Steffen/Dressler*, Arzthaftungsrecht, Rdnr. 145; *Geiß/Greiner*, Arzthaftpflichtrecht, B Rdnr. 6; *Groß*, Ärztlicher Standard, S. 7; *Laufs*, in: *Laufs/Uhlenbruck*, Handbuch des Arztrechts, § 64, Rdnr. 6f.; *Pflüger*, Krankenhaushaftung und Organisationsverschulden, S. 116ff.; *ders.*, MedR 2000, 6 (7); *Katzenmeier*, Arzthaftung, S. 332f. und *Narr*, MedR 1988, 91. Die letzten vier Autoren beschränken sich in ihren Erörterungen auf den Schwerpunkt des Urteils, und zwar die Qualitätsaufklärung. Dazu unten Kapitel 4, D, 2., a, cc).

85 Dazu sogleich ausführlicher.

aa) Risikoärmere Behandlungsmethode

In der Lehre[86] wird bemängelt, dass die Kriterien für eine veraltete bzw. neue, eindeutig überlegene Technik im Grunde erfüllt waren, weil die neue Behandlungsmethode risikoärmer gewesen sei. *Damm*[87] verweist auf die Aussagen des VI. Senats,[88] wonach in *Fachkreisen* Einigkeit darüber bestanden habe, dass Sterilisationen wegen des höheren Risikos nicht mehr mit der alten, sondern nur noch mit der neuen Behandlungsmethode durchgeführt werden sollten. Er schlussfolgert daraus, dass demnach die fachwissenschaftliche Meinungsbildung in Bezug auf die neue Technik im positiven Sinne abgeschlossen sei.[89] Folglich handele es sich nicht mehr um einen Zeitraum, der als „Erprobungsphase", wie noch in der *CT-Entscheidung*, bezeichnet werden könne, sondern um einen – auch vom BGH[90] – als „Übergangsphase" charakterisierten Abschnitt.

bb) Fehlende Übergangszeit

Weiterhin wurde bemängelt, dass der BGH diese „Übergangsphase", welche man in der Lehre[91] auch als *Investitionsphase* bezeichnet, zeitlich nicht näher definierte. Schließlich waren von der Bestellung bis zur Lieferung des Koagulators 11 Monate vergangen. Dem Gericht reichte es aus, dass der Krankenhausträger alles „in die Wege geleitet"[92] hatte. Der BGH erläuterte jedoch nicht, was unter dieser Formulierung zu verstehen sei. Deshalb meinte *Giesen*,[93] eindeutige Vorgaben durch das Gericht wären angebracht gewesen: „Es sei auch zu bedenken gegeben, dass die medizinische Praxis gelegentlich unverhältnismäßig (und, um es deutlich zu sagen, rechtlich inakzeptabel) lange braucht, um eine neue (bessere!) Behandlungsmethode als anerkannt und dem Stand der medizinischen Wissenschaft entsprechend anzusehen bzw. eine ältere als veraltet und überholt zu bezeichnen".[94]

---

86 So *Damm*, NJW 1989, 737 (740); daran anknüpfend auch *Francke/Hart*, Charta der Patientenrechte, S. 45 und *Schelling*, Die ärztliche Aufklärung über die Qualität der Behandlung, S. 68.

87 *Damm*, NJW 1989, 737 (740).

88 BGH, Urteil v. 22.09.1987 - VI ZR 238/86 -, BGHZ 102, 17 (26) — *Elektrokoagulation*.

89 *Damm*, NJW 1989, 737 (740).

90 BGH, Urteil v. 22.09.1987 - VI ZR 238/86 -, BGHZ 102, 17 (19) — *Elektrokoagulation*.

91 *Damm*, NJW 1989, 737 (740).

92 So BGH, Urteil v. 22.09.1987 - VI ZR 238/86 -, BGHZ 102, 17 (21) — *Elektrokoagulation*.. Was das Gericht genau darunter versteht, lässt sich dem Urteil nicht entnehmen.

93 *Giesen*, JZ 1988, 414; ebenfalls kritisch *Künschner*, Wirtschaftlicher Behandlungsverzicht und Patientenauswahl, S. 232; *Damm*, NJW 1989, 737 (741); a. A. *Schelling*, Die ärztliche Aufklärung über die Qualität der Behandlung, S. 70.

94 *Giesen*, JZ 1988, 414.

cc) Wirtschaftliche Erwägungen

Die *Elektrokoagulations-Entscheidung*[95] hat aber nicht zuletzt deshalb so viel Beachtung erfahren, weil der BGH seine Entscheidung explizit auch mit Hilfe von Kostenerwägungen begründete. Für *Damm*[96] ist bei aller Sympathie für ein auch ökonomisch sensibles Haftungsrecht dennoch festzuhalten, dass die Berücksichtigung von Kostenerwägungen für diesen Bereich „querliege" zur bisherigen Dogmatik arzthaftungsrechtlicher Entscheidungen. Nach *Francke/Hart*[97] ist die Haftung des Krankenhausträgers nur aus rein ökonomischen Gründen verneint worden. Noch stärker kritisiert *Röfer*[98] die wirtschaftlichen Erwägungen des VI. Senats, denn damit sei nach ihrer Ansicht die Sicherheit von Patienten vernachlässigt worden. *Künschner*[99] gibt zu bedenken, dass ein solches Urteil zur Verzögerung von Innovationszwängen beitragen könne, da der Krankenhausträger nur zögerlich verpflichtet werde, Kosten für die Beschaffung neuer technisch-apparativer Ausstattungen aufzuwenden. Positiv bewertet dagegen *Schelling*[100] das Eingehen auf ökonomische Erwägungen, da eine abstrakte nur am Gesichtspunkt der technischen Machbarkeit orientierte Rechtsprechung bedeuten würde, „die Augen vor der Wirklichkeit zu verschließen."[101]

b) Stellungnahme

Im Grundsatz ist der Rechtsprechung, auch unter Berücksichtigung der weiteren OLG-Entscheidungen,[102] die ganz auf der Linie der beiden BGH-Urteile liegen,[103] zuzustimmen. In der zu beurteilenden Fallgruppe, der fehlenden technisch-apparativen Ausstattung auf Grund von Investitionsdefiziten, dürfen ökonomische Erwägungen als entscheidungserhebliches Kriterium berücksichtigt werden.

---

95 BGH, Urteil v. 22.09.1987 - VI ZR 238/86 -, BGHZ 102, 17ff. — *Elektrokoagulation*.

96 *Damm*, NJW 1989, 737 (740).

97 *Francke/Hart*, Charta der Patientenrechte, S. 46. Zurückhaltender *Hart*, MedR 1996, 60 (69), „[...] eine Rolle gespielt haben.".

98 *Röfer*, Zur Berücksichtigung wirtschaftlicher Überlegungen bei der Festlegung arzthaftungsrechtlicher Sorgfaltsanforderungen, S. 96.

99 *Künschner*, Wirtschaftlicher Behandlungsverzicht und Patientenauswahl, S. 232.

100 *Schelling*, Die ärztliche Aufklärung über die Qualität der Behandlung, S. 68.

101 So allgemein auch *Voß*, Kostendruck und Ressourcenknappheit im Arzthaftungsrecht, S. 152 und *Kleinewefers*, VersR 1992, 1425 (1427).

102 OLG Oldenburg, Urteil v. 5.03.1996 - 5 U 147/95 -, VersR 1996, 1023ff. — *Zweifeldbestrahlung* sowie OLG Köln, Urteil v. 19.08.1998 - 5 U 103/97 -, VersR 1999, 847f. — *Telekobalt*.

103 Vgl. nochmals oben Kapitel 3, B, III., 1.

aa) Noch dem Standard entsprechende Behandlung

Die auf Grund der vorhandenen Ausstattung durchgeführten Behandlungsmethoden haben in den besprochenen Urteilen[104] dem Standard entsprochen. Auch im *Elektrokoagulations-Fall* wird am Beginn[105] der Entscheidungsgründe darauf hingewiesen, dass das Gericht – wegen der nicht angegriffenen Feststellungen des Berufungsgerichts – *noch* von einer standardgemäßen Behandlungsmethode ausgeht. Die Ausführungen der Vorinstanz stützen sich dabei auf das Gutachten des *beauftragten Sachverständigen*. Dieser stellte fest, dass die durchgeführte Behandlungsmethode durchaus *noch* dem medizinischen Standard entsprach. Der VI. Senat betont ausdrücklich, dass „in medizinischen *Fachkreisen*" lediglich „*empfohlen* worden war", die neuere Behandlungsmethode anzuwenden.[106] Demnach handelte es sich lediglich um eine Empfehlung und noch *nicht* um die eindeutige *Festlegung* eines Standards. Allerdings trägt der BGH im *Elektrokoagulations-Fall* selbst zu Verständnisschwierigkeiten[107] bei, da die Richter am Ende der Entscheidungsgründe diskrepant formulieren[108] und z. T. dogmatisch widersprüchlich arbeiten. Dabei setzt sich der Senat[109] bei der Prüfung der Aufklärungspflicht mit der Verletzung von Qualitätsstandards auseinander; eine solche Prüfung gehört jedoch in den Bereich der Organisationsfehlerhaftung.[110]

bb) Überprüfung des eigenen Ansatzes

Da Kostenerwägungen die tragenden Gründe beider BGH-Urteile[111] bilden, wäre es zu begrüßen gewesen, wenn das Gericht einen höheren Begründungsaufwand

---

104 BGH, Urteil v. 28.02.1984 - VI ZR 106/82 -, NJW 1984, 1810f. — *CT*; v. 22.09.1987 - VI ZR 238/86 -, BGHZ 102, 17ff. — *Elektrokoagulation*; OLG Oldenburg, Urteil v. 5.03.1996 - 5 U 147/95 -, VersR 1996, 1023ff. — *Zweifeldbestrahlung*; OLG Köln, Urteil v. 19.08.1998 - 5 U 103/97 -, VersR 1999, 847f. — *Telekobalt*; vgl. die ausführliche Darstellung im 3. Kapitel, B, II., 1.

105 BGH, Urteil v. 22.09.1987 - VI ZR 238/86 -, BGHZ 102, 17 (21) — *Elektrokoagulation*; so im Übrigen auch im 1. LS der Entscheidung.

106 BGH, Urteil v. 22.09.1987 - VI ZR 238/86 -, BGHZ 102, 17 (21) — *Elektrokoagulation*. Hervorhebungen nicht im Original. Ob der BGH bewusst „lediglich" auf *Fachkreise* verweist und nicht von Empfehlungen einer *Fachgesellschaft* spricht, kann nur vermutet werden. Dies könnte aber darauf hindeuten, dass die medizinischen Erkenntnisse noch weniger gesichert waren. Siehe z. B. *Hart*, Jura 2000, 64 (67), der – wie sonst auch üblich – von Fachgesellschaften ausgeht.

107 *Giesen*, JZ 1988, 414 (415), merkt in dem Zusammenhang an, dass die „Ausführungen von einer eigentümlichen und kaum verhüllten argumentativen Zerrissenheit geprägt [sind], die auf das Ringen um eine Mehrheitsentscheidung im erkennenden Senat hinzudeuten schein[en]."

108 Am Ende dieser Entscheidung (BGHZ 102, 17 [26]) findet sich die Formulierung, dass „in Fachkreisen Einigkeit darüber" bestand, nur noch mit der neueren Behandlungsmethode zu arbeiten.

109 BGH, Urteil v. 22.09.1987 - VI ZR 238/86 -, BGHZ 102, 17 (24) — *Elektrokoagulation*.

110 Siehe dazu bereits *Damm*, NJW 1989, 737 (740).

111 BGH, Urteil v. 28.02.1984 - VI ZR 106/82 -, NJW 1984, 1810f. — *CT*; v. 22.09.1987 -

vollzogen hätte, um ihre Akzeptanz darzulegen. Davon, dass die Rechtsprechung in dieser Fallgruppe wirtschaftliche Erwägungen in ihre Urteilsfindung mit einbezieht, ist nunmehr auf Grund der beiden später ergangenen OLG-Entscheidungen[112] auszugehen.

Um einen systematischen Anknüpfungspunkt für ökonomische Überlegungen aufzuzeigen, bietet sich an dieser Stelle eine Überprüfung des oben herausgearbeiteten *eigenen* Ansatzes[113] an, und zwar dahingehend, die wirtschaftlichen Erwägungen als pflichtenbegrenzendes Merkmal im Rahmen der Zumutbarkeit zu berücksichtigen.

In diesen Fallkonstellationen stellt sich demnach die Frage, ob eine Organisationspflichtverletzung des Krankenhausträgers vorliegt. Die Patienten werden zwar *noch* mit einer standardgemäßen, aber auf Grund der technisch-apparativen Ausstattung *älteren* Methode behandelt. Andernorts existieren bereits *fortgeschrittenere* Methoden, weil dort bereits in die neue Technik *investiert* wurde. Bei der Prüfung der Pflichtverletzung können jetzt ökonomische Erwägungen innerhalb des Zumutbarkeitsmerkmals berücksichtigt werden. Der Nutzen, also die Sicherheit für den Patienten, ist nun gegenüber den (Neuanschaffungs-)Kosten für die modernen Gerätschaften beim Krankenhausträger abzuwägen. Wenn die jeweilige Behandlungsmethode *noch* dem Standard entspricht, was vorliegend der Fall ist, dann ist die Sicherheit für die Patienten gegeben. Kostenaspekte dürfen also, das gilt zumindest für den Zeitraum der *Investitionsphase*, berücksichtigt werden.

Da diese Übergangszeit für den Krankenhausträger *potentiell entlastend* wirkt, muss sie aber *deutlich* definiert werden.[114] Es ist herauszustellen, welche konkreten Maßnahmen eingeleitet sein müssen. Anknüpfungspunkte dafür können die Entscheidung für eine Neuanschaffung, die Entscheidung zu einer Bestellung oder die Bestellung der neueren Apparatur selbst sein. Je weiter der Entscheidungsprozess fortgeschritten ist, desto geringer wird der Konflikt mit dem Haftungsrecht ausfallen. Verzögerungen bei der Lieferung infolge eines Nachfrageüberhangs werden jedenfalls nicht zu Lasten des Bestellers gehen. Die Formulierung des BGH im *Elektrokoagulations-Fall*,[115] es sei alles „in die Wege geleitet" worden, ist aber zu unpräzise und mehrdeutig.

VI ZR 238/86 -, BGHZ 102, 17ff. — *Elektrokoagulation.*

112 OLG Oldenburg, Urteil v. 5.03.1996 - 5 U 147/95 -, VersR 1996, 1023ff. — *Zweifeldbestrahlung* sowie OLG Köln, Urteil v. 19.08.1998 - 5 U 103/97 -, VersR 1999, 847f. — *Telekobalt.*

113 Siehe oben unter Kapitel 2, A, III., 3.

114 Zurückhaltender *Voß*, Kostendruck und Ressourcenknappheit im Arzthaftungsrecht, S. 172.

115 BGH, Urteil v. 22.09.1987 - VI ZR 238/86 -, BGHZ 102, 17ff. — *Elektrokoagulation.*

cc) Gerichtliche Festlegung der Zeitbemessung für Investitionsphasen

Die Bemessung solcher Investitionsphasen darf auch nicht, wie von der Rechtsprechung vorgeschlagen, der medizinischen Praxis überlassen werden.

Diesbezüglich betonte bereits *Giesen*[116], dass es mitunter verhältnismäßig lange braucht, bis Ärzte eine neue Behandlungsmethode als anerkannt und dem Stand der medizinischen Wissenschaft entsprechend ansehen. Des Weiteren verweist *Damm*[117] darauf, dass der BGH in seiner bisherigen Grundposition ebenfalls davon ausging, dass sich der Standard nach dem medizinwissenschaftlichen Erkenntnisstand zur Zeit der Behandlung bemesse und der Praxis deshalb keine „längere Karenzzeit" bis zur Aufnahme der neuesten wissenschaftlichen Erkenntnisse zubillige.

Schließlich spricht noch ein weiteres gewichtiges Argument gegen eine Entscheidungskompetenz der Ärzteschaft: Die Anschaffung neuer Medizintechnik betrifft die Organisationsebene. Die Bestimmung von Organisationsstandards obliegt aber gerade *nicht mehr allein* der ärztlichen Profession, da ihre (Allein-)Kompetenz hier endet.[118] Der Organisationssachverstand ist vielmehr interdisziplinär und multiprofessionell. Der BGH war somit gehalten, konkretere Anhaltspunkte anzuführen.

dd) Berücksichtigung wirtschaftlicher Folgenerwägungen

Der Rechtsprechung kann im Ergebnis aber auch zugestimmt werden, weil sie bei der Ergebnisfindung wirtschaftliche Folgenerwägungen berücksichtigt. Durch die Möglichkeit, für eine – zeitlich jedoch *genauer* zu definierende[119] – Übergangsphase mit der älteren Methode noch weiter zu behandeln, gewinnt der Krankenhausträger an Planungssicherheit. Er kann sich auf die neue Situation einstellen, indem er beispielsweise die entsprechenden Finanzierungsvoraussetzungen in die Wege leitet und den neuen Posten in seinem zukünftigen Haushaltsplan berücksichtigt. Hätte dagegen die Rechtsprechung einen Organisationsfehler bejaht, wäre dies gleichbedeutend mit einer Verpflichtung gewesen, die Investitionsmaßnahmen *sofort* durchzuführen. In dem Moment, wo neuere, bessere Geräte auf dem Markt verfügbar sind, bestände die Pflicht, diese bei der Behandlung einzusetzen, damit der „Krankenhausbetrieb" überhaupt fortgeführt werden darf.[120] Der Krankenhausträger dürfte sonst keine Patienten mehr in den

---

116 *Giesen*, JZ 1988, 414. Dazu ebenfalls kritisch *Künschner*, Wirtschaftlicher Behandlungsverzicht und Patientenauswahl, S. 232; *Damm*, NJW 1989, 737 (741). Siehe schon oben Kapitel 4, B, II., a), bb).

117 *Damm*, NJW 1989, 737 (741).

118 Ausführlich dazu oben Kapitel 1, A, I., 2., d) sowie Kapitel 1, B, I., 1.

119 Dazu soeben der Abschnitt zuvor.

120 Darauf weist auch *Hart*, Jura 2000, 64 (67), hin.

entsprechenden Abteilungen aufnehmen. Die Folge wäre die Schließung einzelner Bereiche, unter Umständen sogar der gesamten Einrichtung.[121]

ee) Konsequenz und Ausblick

Zu prüfen ist des Weiteren, welche Konsequenzen mit der Akzeptanz von wirtschaftlichen Erwägungen verbunden sind. Um dem Patientenwohl zu entsprechen, wird deshalb von *Voß*[122] die Pflicht des Krankenhausträgers angedeutet, Patienten während der Investitionsphase an die Einrichtungen, die bereits mit der neuen Medizintechnik ausgerüstet sind, zu überweisen. Ein solcher Vorschlag, wonach qualitative Einschränkungen auf Grund von Investitionsdefiziten generell durch eine Vorverlagerung des „Übernahmeverschuldens" zu überbrücken sind, ist jedoch abzulehnen.[123] Er ist inkonsequent und widerspricht der Dogmatik des Arzthaftungsrechts, denn er würde das zuvor gefundene Ergebnis konterkarieren. Der Krankenhausträger darf den Patienten aufnehmen und muss ihn nicht weiter verweisen. In seinem Verhalten liegt gerade kein „Übernahmeverschulden", weil die Behandlung *noch standardgemäß* ist. Infolgedessen ist eine Pflichtverletzung zu verneinen.

Einen Ansatzpunkt für die Kompensation von Standardrelativierungen auf Grund wirtschaftlicher Einflüsse kann folglich nur die Aufklärungsebene bilden. Das Problem wird sodann bei der Qualitätsaufklärung weiter behandelt.[124]

2. Fehlender Einsatz vorhandener technisch-apparativer Ausstattung

In dieser Fallgruppe, bei der Investitionen (also ökonomische Aufwendungen) in die moderne Technik getätigt wurden, betont der BGH,[125] dass die neuen Geräte bei der Behandlung auch angewendet werden müssen. Dem ist zuzustimmen; in der Literatur unterstützte diese Auffassung zuletzt ausdrücklich *Nowak*[126] in seiner Dissertation. Nach ihm *können* zwar *bei der Anschaffung* neuer und moderner Apparaturen *finanzielle Aspekte berücksichtigt werden*,[127] den Nichteinsatz eines vorhandenen Gerätes vermögen sie jedoch nicht zu rechtfertigen. Verfügt

---

121 Letzteres ist zumindest denkbar bei einer Klinik, die sich auf bestimmte medizinische Bereiche bzw. Verfahren spezialisiert hat.

122 *Voß*, Kostendruck und Ressourcenknappheit im Arzthaftungsrecht, S. 172, im Ergebnis wohl ablehnend, allerdings mit zweifelhafter Begründung. Im Ansatz ebenso *Pflüger*, MedR 2000, 6 (7).

123 *Schelling*, Die ärztliche Aufklärung über die Qualität der Behandlung, S. 71.

124 Siehe unten Kapitel 4, D, 2., a).

125 So der BGH in seinen Urteilen v. 10.05.1983 - VI ZR 270/81 -, NJW 1983, 2080ff. — *Sauerstoffpartialdruck*.; v. 28.06.1988 - VI ZR 217/87 -, NJW 1988, 2949ff. — *Cardiotokograph* und v. 26.11.1991 - VI ZR 389/90 -, NJW 1992, 754ff. — *Großfeldtechnik*; vgl. die ausführliche Darstellung der Entscheidungen im 3. Kapitel, B, II., 2.

126 *Nowak*, Leitlinien in der Medizin, S. 76.

127 Das entspricht der Aussage in der vorherigen Fallgruppe, vgl. Kapitel 4, B, II., 1., b).

eine Einrichtung über ein Spezialgerät, spricht kein Grund dafür, dieses nicht einzusetzen.[128] Der Krankenhausträger ist für die Anschaffung und Funktionsfähigkeit der erworbenen modernen Apparatur verantwortlich. Er hat dafür zu sorgen, dass die Geräte eingesetzt werden. *Hart* und *Becker-Schwarze*[129] betonen, dass „keine Aufbrauchfristen für veraltete Gesundheitstechnologien" existieren, denn der verbesserte Standard überholt den veralteten. Dem Krankenhausträger ist es somit im Umkehrschluss[130] zur vorherigen Fallgruppe auch verwehrt, sich darauf zu berufen, er habe aus Kostengründen noch das veraltete, aber kostengünstigere Verfahren angewendet,[131] worauf *Kern*[132] ausdrücklich hinweist.

Die Begründung für die Pflicht, die vorhandene technisch modernere Apparatur einzusetzen, wird ferner durch den Vergleich gestützt,[133] dass für einen Chefarzt die Verpflichtung besteht, seine dem Standard eines Facharztes übersteigenden Spezialkenntnisse zu Gunsten der Patienten anzuwenden.[134]

3. Fehlender Einsatz vorhandener technisch-apparativer Ausstattung sowie Unterlassen einer weiteren Behandlungsmaßnahme

Der *Radiumeinlagen-Fall*[135] unterscheidet sich in dieser dritten Fallgruppe zu der vorherigen dadurch, dass zum Nicht-Einsatz vorhandener apparativer Möglichkeiten (Dosisleistungsmessinstrument) kumulativ noch das Unterlassen einer notwendigen Behandlungsmaßnahme (unterbliebene Röntgenkontrolle der Sondenanlage) hinzutrat. Der BGH[136] verwies die Sache zur endgültigen Entscheidung zurück, dennoch finden sich im Urteil wesentliche Aussagen zur Organisationsfehlerhaftung: Wenn die Organisation der Behandlung dem Standard nicht genügt, dann muss die Patientin von Beginn an in ein anderes Krankenhaus

---

128 *Nowak*, Leitlinien in der Medizin, S. 76.

129 *Hart/Becker-Schwarze*, GesR 2005, 1 (3).

130 Hierauf verweist ausdrücklich *Kern*, MedR 2004, 300 (302). Im Umkehrschluss deshalb, weil es in der vorherigen Fallgruppe (*Elektrokoagulations-Entscheidung*, u. a.) dem Krankenhausträger gestattet wurde, in der Investitionsphase noch mit der älteren Technik weiter arbeiten zu dürfen.

131 Insgesamt zustimmend zu dieser Rechtsprechung aus der Lehre beispielsweise *Röfer*, Zur Berücksichtigung wirtschaftlicher Überlegungen bei der Festlegung arzthaftungsrechtlicher Sorgfaltsanforderungen, S. 92.

132 *Kern*, MedR 2004, 300 (302, Fn. 17); ähnlich auch *Bergmann*, in: *Arbeitsgemeinschaft Rechtsanwälte im Medizinrecht e. V.*, Die Budgetierung des Gesundheitswesens, S. 45f.

133 Der BGH, Urteil v. 28.06.1988 - VI ZR 217/87 -, NJW 1988, 2949ff. — *Cardiotokograph*, zieht diesen Vergleich unter Verweis auf BGH, VersR 1987, 686 (687), selbst.

134 Zustimmend *Groß*, Ärztlicher Standard, S. 7; *Giesen*, Arzthaftungsrecht, Rdnr. 86; *ders.*, JZ 1987, 879 und *Deutsch*, NJW 1987, 1480 (1481); siehe zuletzt *Nowak*, Leitlinien in der Medizin, S. 74ff.

135 BGH, Urteil v. 30.05.1989 - VI ZR 200/88 -, NJW 1989, 2321ff. — *Radiumeinlagen*; vgl. die ausführliche Darstellung im 3. Kapitel, B, II., 3.

136 BGH, Urteil v. 30.05.1989 - VI ZR 200/88 -, NJW 1989, 2321ff. — *Radiumeinlagen*.

überwiesen werden, welches nach seiner apparativen Ausstattung den erforderlichen Standard aufweist.

Sowohl in der *Vapor-Entscheidung*[137] als auch im *Radiumeinlagen-Fall*[138] nahm der BGH noch zu wirtschaftlichen Folgenerwägungen Stellung. Die Richter stellten heraus, dass bei gravierenden Mängeln in der technisch-apparativen Ausstattung auf die Behandlung von Patienten zu verzichten ist: Gegebenenfalls muss die Fortführung der Behandlungen unterbleiben.

a) *Standpunkt der Lehre*

In der Lehre vertrat *Dunz*[139] den Standpunkt, dass das Vorgehen des Kreiskrankenhauses nicht mehr zu akzeptieren gewesen sei. Zurückhaltender fällt dagegen die Stellungnahme von *Schelling*[140] aus, der die Entscheidung in „seine" Fallgruppe zum „unterdurchschnittlichen" Standard einordnet.

b) *Stellungnahme*

Die Rechtsprechung berücksichtigt in ihren Entscheidungsgründen wiederum[141] zutreffend wirtschaftliche Folgenerwägungen. Genügt die Behandlung nicht den Anforderungen, muss auf die Aufnahme von Patienten verzichtet werden. Der Krankenhausträger hat die diesbezüglichen Abteilungen so lange zu schließen,[142] bis der entsprechende Organisationsstandard für die Patienten wieder erreicht ist.

Sehr zweifelhaft ist hingegen, ob im *Radiumeinlagen-Fall*[143] eine Behandlung vorlag, die sich noch im „unterdurchschnittlichen" Standard befand.[144] Nach allem ist vielmehr davon auszugehen, dass der Grenzbereich zur standardgemäßen Behandlung bereits unterschritten war. Sollte der fehlende Einsatz des Dosismessleistungsgerätes diesen Schluss noch nicht nahe legen,[145] ist jedoch *kumulativ* die unterbliebene Röntgenkontrolle der Sondenanlage zu berücksichtigen.

---

137 BGH, Urteil v. 11.10.1977 - VI ZR 110/75 -, NJW 1978, 584ff. — *Vapor*; vgl. Kapitel 3, B, II., 3.

138 BGH, Urteil v. 30.05.1989 - VI ZR 200/88 -, NJW 1989, 2321ff. — *Radiumeinlagen.*

139 *Dunz*, MedR 1989, 322; kritisch ebenfalls *Voß*, Kostendruck und Ressourcenknappheit im Arzthaftungsrecht, S. 168.

140 *Schelling*, Die ärztliche Aufklärung über die Qualität der Behandlung, S. 58ff. Dagegen erwähnt der Autor die Entscheidung aber auch als ein Beispiel für eine Behandlung unterhalb des Standards, S. 54, Fn. 307.

141 Vgl. bereits oben Kapitel 4, B, II., 1., b), dd).

142 So bereits *Schreiber*, Langenbecks Arch Chir (364) 1984, 295 (297) = DMW 1984, 1458 (1459).

143 BGH, Urteil v. 30.05.1989 - VI ZR 200/88 -, NJW 1989, 2321ff. — *Radiumeinlagen.*

144 So jedoch *Schelling*, Die ärztliche Aufklärung über die Qualität der Behandlung, S. 58ff.

145 Für eine Unterschreitung des Standards in Bezug auf die technisch-apparative Ausstattung wohl schon *Hart*, MedR 1999, 47 (49).

Die Summe beider unterlassener Maßnahmen führt dazu, dass der Standard der Behandlung nicht mehr vorgehalten werden konnte. Der Krankenhausträger haftet wegen einer Organisationspflichtverletzung infolge „Übernahmeverschuldens", weil für ihn der Mangel erkennbar und vermeidbar war. Ob daneben – wie in der Entscheidung[146] geschehen – noch eine Aufklärungsverpflichtung geprüft werden musste, wird bei der Qualitätsaufklärung erörtert.[147]

III. Einsatz sachlicher Mittel und Patientensicherheit

Beim Einsatz medizinisch-technischer Geräte formuliert die Rechtsprechung konkrete Organisationspflichten an den Krankenhausträger als Betreiber der Apparaturen.[148] Der Krankenhausträger hat dafür zu sorgen, dass sich das Personal mit der sachgerechten Bedienung vertraut macht und dass die Gerätschaften ordnungsgemäß gewartet werden. Ein weiterer wichtiger Aspekt ist die Überprüfung der Apparaturen vor jeder Benutzung auf ihren einwandfreien Zustand. Ökonomische Erwägungen können und dürfen hierbei die Sicherheitsanforderungen nicht herabsetzen. Dies wird insbesondere durch das OLG Düsseldorf[149] unterstrichen, welches entschied, dass Apparate schon beim geringsten Verdacht einer Beschädigung auszusondern sind. Demnach ist der Krankenhausträger verpflichtet, sein gesamtes Handeln an der Sicherheit der Patienten auszurichten. Zum selben Ergebnis gelangen die Gerichte[150] beim Einsatz medizinischer (Hilfs-)Geräte.

1. Standpunkt der Lehre

Die ganz herrschende Lehre[151] stimmt mit den Anforderungen überein, die von der Rechtsprechung an die Krankenhausträger gestellt werden, ohne dabei Kostenprobleme zu diskutieren.

---

146 BGH, Urteil v. 30.05.1989 - VI ZR 200/88 -, NJW 1989, 2321ff. — *Radiumeinlagen.*

147 Siehe Kapitel 4, D, 2., b).

148 Nicht näher wird auf die Konstellation eingegangen, wenn ein Patient auf Grund eines „fehlerhaften" Geräts geschädigt wird. Dabei handelt es sich dann in erster Linie um ein Problem der Produkthaftung des Geräteherstellers. Vgl. dazu ausführlicher *Francke/Hart*, Charta der Patientenrechte, S. 60 sowie insbesondere *Brüggemeier*, Deliktsrecht, Rdnr. 665.

149 OLG Düsseldorf, Urteil v. 31.10.1984 - 8 U 66/82 -, VersR 1985, 744ff. — *Dupuytrensche Kontraktur II*; vgl. Kapitel 3, B, III., 1.

150 BGH, Urteil v. 1.02.1994 - VI ZR 65/93 -, VersR 1994, 562f. — *Gummiwärmflasche*; v. 25.06.1991 - VI ZR 320/90 -, VersR 1991, 1058f. — *Duschstuhl*; OLG Köln, Urteil v. 30.01.2002 - 5 U 106/01 -, VersR 2003, 1444f. — *Katheter*; v. 21.06.1989 - 27 U 156/88 -, VersR 1990, 1240f. — *Untersuchungsliege*; vgl. die Darstellung der Entscheidungen im 3. Kapitel, B, III., 2. und 3.

151 Siehe z. B. *Francke/Hart*, Charta der Patientenrechte, S. 60ff.; *Giesen*, Arzthaftungsrecht, Rdnr. 118ff.; *Bergmann*, in: *Bergmann/Kienzle*, Krankenhaushaftung, Rdnr. 538;

2. Stellungnahme

Der Rechtsprechung und Literatur ist uneingeschränkt zuzustimmen. Wirtschaftliche Erwägungen haben auf die Sicherheitserwartungen der Patienten keinen Einfluss. Hat der Krankenhausträger die notwendigen Investitionen in die medizinischen (technischen) Geräte getätigt, darf dies nicht zu einer Risikoerhöhung führen.

Die Sicherheit der Patienten als oberstes Gebot gilt erst Recht beim Einsatz von (den in der Anschaffung günstigeren) *einfachen* medizinischen Geräten wie Wärmflaschen usw. Deshalb fehlt hier jegliches Verständnis dafür, dass es überhaupt möglich war, beim Patienten suprapubische Katheter zu verlegen, deren Verfallsdauer seit mehreren Jahren überschritten war.[152] Des Weiteren muss auch in diesem Bereich alles getan werden, um mögliche Risikopotenziale für Patienten zu vermeiden. Mittel dafür sind wiederum vorsorgende Kontrollen und die Pflicht zur Aussonderung der Geräte bereits beim Verdacht einer Funktionseinschränkung. Deshalb geht es keinesfalls zu weit – wie aber wohl *Uhlenbruck*[153] annimmt –, wenn der BGH[154] verlangt, dass Wärmflaschen vor jedem Einsatz äußerlich überprüft und nach vergleichsweise kurzer Gebrauchsdauer ausgesondert werden[155] sowie insbesondere ihr Anschaffungsdatum erfasst wird.[156]

3. Sonderproblem: Ausstattung mit Arzneimitteln und Implantaten

Die Ausstattung mit Arzneimittel und Implantaten stellt ein Sonderproblem dar, weil hierbei unter Umständen ökonomische Erwägungen zu berücksichtigen sind. Im Schrifttum[157] wurden die Urteile[158] wenig diskutiert.

Uhlenbruck/Laufs, in: *Laufs/Uhlenbruck*, Handbuch des Arztrechts, § 55, Rdnr. 4f.; *Brüggemeier*, Deliktsrecht, Rdnr. 666ff.; *Deutsch*, JZ 1978, 277f.; *Heilmann*, NJW 1990, 1513 (1515).

152 Vgl. ebenso die zutreffende und deutliche Formulierung des OLG Köln, Urteil v. 30.01.2002 - 5 U 106/01 -, VersR 2003, 1444f. — *Katheter*.

153 *Uhlenbruck*, JZ 1994, 789.

154 BGH, Urteil v. 1.02.1994 - VI ZR 65/93 -, VersR 1994, 562f. — *Gummiwärmflasche*.

155 So auch *Büsken/Klüglich*, VersR 1994, 1141 (1146).

156 Zu beachten ist weiterhin, dass eine solche Rechtsprechung auch wirtschaftliche Folgenerwägungen auslöst, und zwar, weil der Krankenhausträger verpflichtet ist, dem Personal Freiräume zu schaffen, damit es die notwendigen Kontrollen durchführen kann (dazu bereits Kapitel 2, C).

157 Mit zustimmender Stellungnahme zur *PPSB-Präparate-Entscheidung* jedoch *Giesen*, JZ 1991, 677. Vgl. daneben die Darstellungen bei *Röfer*, Zur Berücksichtigung wirtschaftlicher Überlegungen bei der Festlegung arzthaftungsrechtlicher Sorgfaltsanforderungen, S. 89; *Bergmann*, in: *Bergmann/Kienzle*, Krankenhaushaftung, Rdnr. 539; *Voß*, Kostendruck und Ressourcenknappheit im Arzthaftungsrecht, S. 169f.; *Steffen/Dressler*, Arzthaftungsrecht, Rdnr. 143f.

158 BGH, Urteil v. 11.12.1990 - VI ZR 151/90 -, NJW 1991, 1543f. — *PPSB-Präparate*

a) *Stellungnahme unter Überprüfung des eigenen Ansatzes*

In der *PPSB-Präparate-Entscheidung*[159] konnte sich der Krankenhausträger im Ergebnis *nicht* auf die *Unwirtschaftlichkeit einer Vorratshaltung* berufen. Mögliche Defizite kleinerer Krankenhäuser sind durch umfassende vorausdenkende Pflichten zur Organisation auszugleichen, um damit Gefährdungen von Patienten auszuschließen. *In concreto* wurde auf die Kooperation mit anderen Kliniken verwiesen, wodurch das Medikament rechtzeitig hätte beschafft werden können. Durch die Entscheidung wird deutlich, dass der BGH in diesem Bereich versucht, den Einfluss ökonomischer Erwägungen zu beschränken.[160] Defizite bei der Organisation der Behandlung sind somit *zuförderst durch erhöhte Organisationspflichten zu kompensieren.*[161]

Dass eine solche Kompensation jedoch an ihre Grenzen stoßen kann, wird im *Hüftgelenkimplantate-Fall*[162] deutlich, wonach die Richter formulierten, dass es aus *Kostengründen* unrealistisch ist, alle möglichen Implantate, die als Endoprothesen in Betracht kommen, ständig vorzuhalten.

Um zu überprüfen, ob auf Kostenerwägungen als ein entscheidendes Kriterium in der Begründung Bezug genommen werden durfte, bietet sich (wiederum)[163] eine Überprüfung – der *Hüftgelenkimplantate-Entscheidung*[164] – auf der Grundlage des oben herausgearbeiteten *eigenen* Ansatzes[165] an.

Demnach stellt sich die Frage, ob eine Pflichtverletzung des Krankenhausträgers vorlag, weil neben den Chrom-Kobalt-Molybdän-Prothesen nur vier verschiedene Titanprothesen vorhanden waren. Eine Pflichtverletzung ist zunächst zu verneinen, da der Standard eingehalten wurde, weil die genaue Größe nur intraoperativ festgelegt werden konnte. Eine Zusammenarbeit mit anderen Kliniken konnte deshalb im Unterschied zur *PPSB-Präparate-Entscheidung*[166] ebenfalls nicht in Betracht kommen. Zur Begründung des Ergebnisses stellt das Gericht dann auf ökonomische Erwägungen ab. Dieses Vorgehen verdient Zustimmung, da bei der Organisation der Behandlung im Rahmen der Pflichtverletzung öko-

---

sowie OLG Oldenburg, Urteil v. 12.11.1996 - 5 U 60/96 -, VersR 1997, 1535ff. — *Hüftgelenkimplantate*; vgl. die Darstellung der Entscheidungen im 3. Kapitel, B, III., 4.

159 BGH, Urteil v. 11.12.1990 - VI ZR 151/90 -, NJW 1991, 1543f. — *PPSB-Präparate.*

160 *Steffen/Dressler*, Arzthaftungsrecht, Rdnr. 144, weisen deshalb zutreffend darauf hin, dass „Gefährdungen des Patienten [...] durch die Berufung auf die Unwirtschaftlichkeit der Behandlung allein nie gerechtfertigt" werden.

161 So zuletzt auch ausdrücklich *Müller*, in: FS für *Lorenz*, S. 475 (480) = GesR 2004, 257 (259).

162 OLG Oldenburg, Urteil v. 12.11.1996 - 5 U 60/96 -, VersR 1997, 1535ff. — *Hüftgelenkimplantate.*

163 Vgl. bereits Kapitel 4, B, II., 1., b), bb).

164 OLG Oldenburg, Urteil v. 12.11.1996 - 5 U 60/96 -, VersR 1997, 1535ff. — *Hüftgelenkimplantate.*

165 Siehe oben unter Kapitel 2, A, III., 3.

166 BGH, Urteil v. 11.12.1990 - VI ZR 151/90 -, NJW 1991, 1543f. — *PPSB-Präparate.*

nomische Erwägungen innerhalb des Zumutbarkeitsmerkmals berücksichtigt werden dürfen.[167] Der Nutzen, also die Sicherheit des Patienten, ist den (Bereitstellungs-)Kosten des Krankenhausträgers für *sämtliche* Keramik-Titan-Prothesen gegenüberzustellen. In einer Analyse überwiegt dabei der Aufwand des Krankenhausträgers, denn schließlich hatte er neben den Chrom-Kobalt-Molybdän-Prothesen schon weitere vier Titanprothesen in verschiedenen Größen bereitgestellt.

Ein anderes Ergebnis ist auch unter Berücksichtigung wirtschaftlicher Folgenerwägungen zu weitgehend und wäre unrealistisch. Denn es würde bedeuten, dass *jedes* Krankenhaus verpflichtet wäre, ständig alle existierenden Implantate in sämtlichen Zwischengrößen vorzuhalten. Das würde sich dann aber nicht nur auf Hüftgelenke beschränken, sondern müsste für alle erdenklichen Implantate gelten, bei denen eine abschließende Größenfeststellung erst intraoperativ möglich ist.

b) Ausblick

Zu prüfen ist jedoch, wie die Akzeptanz wirtschaftlicher Erwägungen und die Sicherheit von Patienten an dieser Stelle in Einklang zu bringen sind. Die qualitativen Einschränkungen können dabei wiederum nicht durch eine Vorverlagerung des „Übernahmeverschuldens" überbrückt werden, weil die Behandlung *noch standardgemäß* war und deshalb keine Pflichtverletzung vorgelegen hat.[168] Ansatzpunkt für die *Kompensation wirtschaftlicher Überlegungen* kann folglich nur die Aufklärungsebene sein. Das Problem wird deshalb bei der Qualitätsaufklärung weiter erörtert.[169]

IV. Zusammenspiel von Hygiene und Patientensicherheit

Hier werden drei unterschiedliche Fallgruppen bewertet. Es geht um fehlende Investitionen in das Objekt Krankenhaus und die daraus folgenden Hygienemängel, um Hygienemaßnahmen bei der Behandlung und um Kostenprobleme beim Gebrauch von Einwegartikeln.

1. Fehlender Hygienestandard auf Grund von Investitionsmängeln

Die Rechtsprechung des BGH[170] war zunächst dadurch geprägt, dass sie lediglich auf die abstrakten baulich-hygienischen Defizite, also den Zustand des Ob-

---

167 Vgl. oben Kapitel 2, A, III., 3., d).

168 Ausführlicher schon oben Kapitel 4, B, II., 1., b), ee).

169 Dazu unten Kapitel 4, D, 3.

170 BGH, Urteil v. 10.11.1970 - VI ZR 83/69 -, NJW 1971, 241ff. — *Staphylokokken*; ebenso OLG Köln, Urteil v. 16.03.1978 - 18 U 198/77 -, NJW 1978, 1690f. — *Infiziertes*

jektes Krankenhaus, abstellte. *Wirtschaftliche Schwierigkeiten*, die sich in *fehlenden Investitionen für die Erreichung von Hygienestandards* ausdrückten, *konnten* dem Krankenhausträger *nicht zur Entlastung dienen*. Die Rechtsprechung zur Krankenhaushygiene wurde durch eine vom BGH[171] unbeanstandet gebliebene Entscheidung des OLG Saarbrücken[172] jedoch relativiert. In dem Urteil wurde nicht allein auf den Zustand des Objektes Krankenhaus abgestellt, sondern auf das beim Patienten ankommende Risiko. Damit besteht für den Krankenhausträger die Möglichkeit, bestehende hygienische Defizite durch organisatorische Maßnahmen zu kompensieren.

a) *Standpunkt der Lehre*

Künschner[173] formulierte: „Unter wirtschaftlichem Druck werden die glanzvollen Leistungen der Hygiene leicht gering geschätzt" und stimmt der Rechtsprechung zu, wonach ökonomische Schwierigkeiten einen Krankenhausbetrieb unter Missachtung hygienischer Standards nicht rechtfertigen können. Ebenso stellten *Tegtmeyer-Metzdorf/Grundmann*[174] fest, dass „fehlende Ressourcen [...] als Entschuldigung für Hygienemängel keinen Wert [haben]".[175]

b) *Stellungnahme*

Es ist zutreffend, dass fehlende Investitionsmaßnahmen nicht zu einer Senkung der hygienischen Anforderungen führen dürfen; ökonomische Erwägungen können den Krankenhausträger nicht entlasten. Grundsätzlich ist ebenso der Rechtsprechung zuzustimmen, wonach erhöhte Anforderungen und Maßnahmen bei der Organisation geeignet sind, bestimmte (kleinere) Mängel zu kompensieren.[176] Fraglich ist aber, ob dies in der Entscheidung des OLG Saarbrücken[177] tatsächlich noch möglich war, da die baulich-hygienischen Verhältnisse, insbesondere in dem für den Eingriff benutzten Operationstrakt, nach den Feststellungen des Gerichts unzureichend waren. Es hätte zumindest einer genaueren Feststellung bedurft,[178] welche Mängel in der Einrichtung konkret vorgelegen haben, da

---

Knie; vgl. die ausführliche Darstellung der Entscheidungen im 3. Kapitel, B, IV., 1.

171 Der BGH nahm die Revision des Klägers gegen die Entscheidung des OLG Saarbrücken durch Beschluss v. 12.03.1991 - VI ZR 251/90 - nicht an.

172 OLG Saarbrücken, Urteil v. 13.06.1990 - 1 U 145/86 -, VersR 1992, 52ff. — *Hygienekompensation*; vgl. Kapitel 3, B, IV., 1.

173 *Künschner*, Wirtschaftlicher Behandlungsverzicht und Patientenauswahl, S. 231.

174 *Tegtmeyer-Metzdorf/Grundmann*, Krankenhausarzt und Recht, S. 69.

175 Auch *Kleinewefers*, VersR 1992, 1425 (1430), spricht im Zusammenhang mit Hygienedefiziten Kostenprobleme an.

176 Zu diesem Argument siehe schon Kapitel 4, B, III., 3., a).

177 OLG Saarbrücken, Urteil v. 13.06.1990 - 1 U 145/86 -, VersR 1992, 52ff. — *Hygienekompensation*.

178 Im Tatbestand und in den Entscheidungsgründen finden sich jedoch keine weitergehenden Ausführungen.

sich jährlich 500.000 bis 700.000[179] bzw. ca. 6 % aller Patienten[180] während einer Behandlung mit Krankenhauskeimen infizieren. Allein darauf abzustellen, dass sich die Infektionsraten[181] dieser Einrichtung noch „im Rahmen" bewegten, ist unzureichend.

Wenn beispielsweise in einer Klinik Hunde operiert, amputierte Beine den Angehörigen mitgegeben werden, sich im Operationssaal und auf der Station Ratten, Tauben, Kakerlaken und sonstiges Ungeziefer „tummeln", dann ist eine Kompensation schlechterdings unmöglich.[182] Deshalb kann der Einschätzung der Rechtsprechung, dass sich die Standards noch „an der Untergrenze des Tragbaren"[183] befanden, keineswegs zugestimmt werden.[184] Die vorgenannten Bedingungen waren inakzeptabel und lagen – auch zum damaligen Zeitpunkt im Jahre 1952 und 1970 – weit unter den zu fordernden hygienischen Standards einer medizinischen Einrichtung.

Gestattet der Krankenhausträger die Aufnahme von Patienten, obwohl die Anforderungen nicht dem Standard entsprechen, dann stellt dies eine Organisationspflichtverletzung in Form des „Übernahmeverschuldens" dar. Will der Krankenhausträger nicht mit dem Haftungsrecht in Konflikt geraten, dann darf er keine Patienten mehr aufnehmen, bis die Hygienestandards wieder erreicht sind. Ihn treffen *Reaktionspflichten*, um die geforderten hygienischen Standards zu erbringen.

Ist der Träger der Einrichtung dazu nicht in der Lage, sind wiederum[185] auch wirtschaftliche Folgenerwägungen zu berücksichtigen.[186] Dabei handelt es sich

---

179 Die Zahlenangabe stammt von *Beyerle*, Rechtsfragen medizinischer Qualitätskontrolle, S. 25, Fn. 63. Sie verweist dabei auf eine Stellungnahme von *Selbmann*, Leiter des Instituts für medizinische Informationsverarbeitung der Universität Tübingen, in: Focus v. 12.10.1998 (Heft 42), S. 184.

180 So *Kleinewefers*, VersR 1992, 1425 (1430). Im Gutachten des *Sachverständigenrates für die Konzertierte Aktion im Gesundheitswesen* „Finanzierung, Nutzerorientierung und Qualität", Bd. I, Rdnr. 384, wurden zuletzt (2003) Prävalenzraten für nosokominale Infektionen in deutschen Krankenhäusern in Höhe von 3,0 und 15,3 % angegeben.

181 Bei der Aussagekraft solcher Infektionsstatistiken muss jedoch berücksichtigt werden, dass lediglich 20 % aller Kliniken in Deutschland ihre Infektionsrate dokumentieren. Die Zahlenangabe stammt wiederum von *Beyerle*, a. a. O., unter Bezugnahme auf *Selbmann*, a. a. O.

182 So in den Sachverhalten des BGH, Urteil v. 10.11.1970 - VI ZR 83/69 -, NJW 1971, 241ff. — *Staphylokokken* und des OLG Köln, Urteil v. 16.03.1978 - 18 U 198/77 -, NJW 1978, 1690f. — *Infiziertes Knie*. Vgl. auch *Rumler-Detzel*, VersR 1989, 1008 (1009), die von „chirurgischen Leistungen" berichtet, welche im Nebentrakt eines Hotels erbracht werden.

183 Siehe vorherige Fn.

184 Siehe ebenso die Einordnung bei *Schelling*, Die ärztliche Aufklärung über die Qualität der Behandlung, S. 54, der von einer Behandlung unterhalb des Standards ausgeht.

185 Vgl. bereits Kapitel 4, B, II., 1., b), dd).

186 Darauf verweist auch die Rechtsprechung, siehe BGH, Urteil v. 10.11.1970 - VI ZR 83/69 -, NJW 1971, 241ff. — *Staphylokokken*.

um die Schließung einzelner Abteilungen[187] oder in gravierenden Fällen des gesamten Hauses.

Die Frage, ob daneben – wie von den Gerichten teilweise befürwortet – noch eine Verpflichtung zur Aufklärung bestehen kann und sollte, wird abschließend im Rahmen der Qualitätsaufklärung beantwortet.[188]

2. Gefahrabwendungspflichten des Krankenhausträgers im Hygienebereich

Die Verstöße im Hygienebereich sind zahlreich und beruhen auf vermeidbaren Pflichtverletzungen. Demnach weisen die Gerichte[189] zutreffend darauf hin, dass die Behandlung der Patienten nur dann den Anforderungen entspricht, wenn alle organisatorischen und technischen Vorkehrungen getroffen werden, um solche Verstöße auszuschließen. *Schlund*[190] formulierte bereits 1982, dass dies „im Zeitalter modernen Medizinbetriebs [...] eine Selbstverständlichkeit" ist. Es handelt sich beim Krankenhaus um einen Organisationsbereich, der von dessen Träger voll beherrscht wird. Somit kann der Patient erwarten, dass alle erforderlichen Maßnahmen getroffen werden, um Fehler zu vermeiden.[191] Mögliche *ökonomische Überlegungen*, die zu einer Reduzierung des Pflichtenkatalogs des Krankenhausträgers führen können, *sind* folglich *ausgeschlossen*.

3. Sonderproblem: Gebrauch von Einmalwaren

Bei den Hygienestandards stellt der Gebrauch von Einmalwaren eine Besonderheit dar. Klar ist, dass der *einmalige* Gebrauch von Einwegartikeln die Hygienestandards erfüllt und diese Waren dazu eher geeignet sind, als der mehrmalige Gebrauch beispielsweise eines Gummistutzens.[192] Probleme können aber auftreten, wenn die resterilisierten, ursprünglich zum Einmalgebrauch bestimmten Artikel wieder verwendet werden.[193] Dabei sind ökonomische Erwägungen berührt,

---

187 So auch schon *Schreiber*, Langenbecks Arch Chir (364) 1984, 295 (297) = DMW 1984, 1458 (1459).

188 Vgl. unten Kapitel 4, D, 4.

189 BGH, Urteil v. 9.05.1978 - VI ZR 81/77 -, VersR 1978, 764ff. (erste Revisionsentscheidung) — *Verunreinigter Alkohol*; v. 7.06.1983 - VI ZR 171/81 -, VersR 1983, 735ff. (zweite Revisionsentscheidung) — *Verunreinigter Alkohol*; v. 3.11.1981 - VI ZR 119/80 -, VersR 1982, 161ff. — *Unsterile Infusionsflüssigkeit*; v. 30.04.1991 - VI ZR 178/90 -, NJW 1991, 1948ff. — *HIV kontaminiertes Blut*; v. 8.01.1991 - VI ZR 102/90 -, VersR 1991, 467ff. — *Keimträger*; vgl. die ausführliche Darstellung der Entscheidungen im 3. Kapitel, B, IV, 2.

190 *Schlund*, JR 1982, 199 (200).

191 Vgl. auch *Pflüger*, Krankenhaushaftung und Organisationsverschulden, S. 201f.

192 OLG München, Urteil v. 22.02.1990 - 1 U 2287/88 -, VersR 1991, 425ff. — *Gummistutzen*; vgl. Kapitel 3, B, IV., 3.

193 Zu dieser Problematik zuletzt *Andreas*, ArztR 2003, 67.

weil sich für den Krankenhausträger beim mehrmaligen Gebrauch von Einwegartikeln erhebliche Kosteneinsparungen erzielen lassen.[194] Dass es sich dabei nicht nur um finanzielle Randaspekte und einige wenige Artikel, sondern um ein Vielzahl von Einwegmaterialien handelt, verdeutlicht *Bender*[195] in einem Aufsatz. Bestätigt wird dies ebenso durch die Auszeichnung von *Daschner*,[196] der bei der Wahl des Ökomanagers 1998 einen Sonderpreis erhielt, „mit der Begründung, die Wiederaufbereitung von rund 80 (!) verschiedenen Einwegprodukten im Universitätsklinikum schont die Umwelt und spart der Klinik Millionen' ".[197]

Ob die Wiederverwendung von Einmalinstrumenten überhaupt wünschenswert ist,[198] soll an dieser Stelle nicht entschieden werden. Fest steht jedoch, dass der Krankenhausträger den Einsatz wiederaufbereiteter Artikel so organisieren muss, dass für die Patienten *kein höheres Risiko* besteht *als bei* dessen *einmaligen Gebrauch*. Ist eine gefahrlose Wiederaufbereitung nicht möglich, was immer dann der Fall ist, wenn die ursprüngliche Qualität nicht mehr erreicht werden kann, dann muss sie unterbleiben. Andernfalls folgt bereits aus der Verwendung der aufbereiteten Einmalware eine Pflichtverletzung, die selbstverständlich auch nicht auf der Aufklärungsebene heilbar ist.[199]

V. Personelle Ausstattung und Patientensicherheit

Es geht hierbei um die Systematisierung und Bewertung von Entscheidungen, in denen in unterschiedlichster Form personelle Engpässe im Krankenhaus auftraten. Des Weiteren wird Stellung zu Urteilen bezogen, die sich mit der Ausbildung des medizinischen Nachwuchses, insbesondere in Chirurgie, Anästhesie und Gynäkologie, befassen.

---

194 *Schneider*, MedR 1996, 267; ähnlich *Bergmann*, in: *Arbeitsgemeinschaft Rechtsanwälte im Medizinrecht e. V.*, Die Budgetierung des Gesundheitswesens, S. 45f.; *Andreas*, ArztR 2003, 67.

195 *Bender*, MedR 2000, 365ff. Der Autor geht des Weiteren auf die damit zusammenhängenden Probleme im Rahmen von MedGV, MPG und MPBetreibV ein. Diese werden nicht weiter bearbeitet, da nicht Probleme der Produkthaftung, sondern die Haftung des Krankenhausträgers im Mittelpunkt der Arbeit steht.

196 *Daschner* war zum damaligen Zeitpunkt Leiter des Instituts für Umweltmedizin und Krankenhaushygiene der Universität Freiburg.

197 Zitiert nach *Bender*, MedR 2000, 365 (366), der seinerseits auf capital 1998, (Heft 12), S. 74, 84 verweist.

198 Nach *Bender*, a. a. O, Fn. 11, hatte sich beispielsweise der Ausschuss Arzneimittel-, Apotheken- und Gefahrstoffwesen der Arbeitsgemeinschaft der Leitenden Medizinalbeamten der Länder in einem Beschluss gegen die Wiederverwendung von Einmalinstrumenten im Krankenhaus ausgesprochen. Positiv für deren Verwendung aber wiederum *Schneider*, MedR 1996, 267.

199 Ebenfalls zutreffend *Bender*, MedR 2000, 365 (366), da in einen Organisationsfehler nicht eingewilligt werden kann.

1. Personelle Engpässe in Krankenhäusern

Engpässe traten sowohl beim ärztlichen als auch beim nicht-ärztlichen Personal auf.

a) *Unterausstattung beim ärztlichen Personal*

Der BGH[200] entschied, dass der Träger einer Klinik für die ausreichende personelle Besetzung der Anästhesieabteilung verantwortlich ist und haftungsrechtlich für die Folgen eines bestehenden Personalengpasses einzustehen hat. Ein *Mangel* an *finanziellen Mitteln darf nicht* zu einer *Gefährdung der Sicherheit* von Patienten *führen.*

aa) Standpunkt der Lehre

Das Schrifttum[201] hat dieser Rechtsprechung uneingeschränkt zugestimmt. *Uhlenbruck*[202] würdigt in seiner Urteilsanmerkung zunächst, wie auch *Giesen*,[203] die weitgehende Konzentrierung der Schadensregulierung beim Krankenhausträger. Weiterhin hebt er[204] die grundsätzliche Bedeutung der Entscheidung und ihre Folgen hervor. Das Gericht habe die „Voraussetzungen für eine ausreichende Personalbesetzung [*aller*] Fachabteilungen in Krankenhäusern" geschaffen.

bb) Stellungnahme

Die (nochmalige) Betonung der Schadensregulierung beim Träger der Einrichtung, wie von der Rechtsprechung entschieden und von der Lehre[205] befürwortet, verdient uneingeschränkte Zustimmung.[206] Die Rechtsprechung hat auch hervorgehoben, dass Geldmangel und Bestrebungen zur Dämpfung der Krankenhauskosten *nicht* dazu führen dürfen, dass Patienten einem erhöhten Risiko ausge-

---

200 BGH, Urteil v. 30.11.1982 - VI ZR 77/81 -, NJW 1983, 1374ff. (erste Revisionsentscheidung) — *Unterbesetzte Anästhesieabteilung*; v. 18.06.1985 - VI ZR 234/83 -, NJW 1985, 2189ff. (zweite Revisionsentscheidung) — *Unterbesetzte Anästhesieabteilung*; vgl. die ausführliche Darstellung der Entscheidungen im 3. Kapitel, B, V., 1., a).

201 *Bergmann*, in: *Bergmann/Kienzle*, Krankenhaushaftung, Rdnr. 533; *Voß*, Kostendruck und Ressourcenknappheit im Arzthaftungsrecht, S. 74f.; *Uhlenbruck*, MedR 141 (142); *Giesen*, Arzthaftungsrecht, Rdnr. 143, 172; *Röfer*, Zur Berücksichtigung wirtschaftlicher Überlegungen bei der Festlegung arzthaftungsrechtlicher Sorgfaltsanforderungen, S. 87.

202 *Uhlenbruck*, MedR 1986, 141f.

203 *Giesen*, Arzthaftungsrecht, Rdnr. 142.

204 *Uhlenbruck*, MedR 1986, 141 (142).

205 *Giesen*, Arzthaftungsrecht, Rdnr. 142; *Uhlenbruck*, MedR 1986, 141f.; *Zwiehoff*, MedR 2004, 364 (365) und auch *Katzenmeier*, MedR 2004, 34 (39f.) sowie *Kern*, MedR 2000, 347 (351).

206 Vgl. zum Anspruch wegen einer Organisationspflichtverletzung oben Kapitel 1, B, I.; siehe dabei zur Gegenauffassung die in der vorherigen Fn. zuletzt Genannten.

setzt werden. Diese Aussage gilt ohne Einschränkungen für alle Abteilungen eines Krankenhauses.[207]

Deshalb sind Expansionsbestrebungen im Bereich der Chirurgie schlechterdings dann unverständlich, wenn zu wenig Anästhesisten beschäftigt werden.[208] Kann der Krankenhausträger den Standard einer Behandlung nicht mehr gewährleisten, dann dürfen keine Patienten mehr aufgenommen werden, um der Haftung wegen eines „Übernahmeverschuldens" zu entgehen.

b) Wahrnehmung ärztlicher Aufgaben durch nicht-ärztliches Personal

Unzulässig ist ein Personalmanagement, bei dem ausschließlich der ärztlichen Profession obliegende Aufgaben auf das nicht-ärztliche Personal übertragen werden,[209] da Letzteres nicht die Ausbildung und fachliche Qualifikation besitzt, um die Qualität der Behandlung sicherzustellen.[210] Der Krankenhausträger darf somit nicht auf Grund möglicher ökonomischer Erwägungen – kostengünstigeres – Pflegepersonal zur Erledigung ärztlicher Tätigkeiten heranziehen.

c) „Verdopplung" des Risikos

Die Sicherheit der Patienten wird in „doppelter" Hinsicht gefährdet, wenn sowohl ärztliches als auch nicht-ärztliches Personal in ungenügender Anzahl oder überhaupt nicht auf der Station vorhanden ist. In der Entscheidung des OLG Stuttgart[211] äußerten sich die Richter noch zurückhaltend, als sie Zweifel geltend machten, ob die geburtshilfliche Abteilung noch betrieben werden durfte. Um es deutlich zu sagen: Der Zustand war untragbar. Es ist nicht nachvollziehbar, wenn lediglich 2 Nachtschwestern für 88 Betten in drei verschiedenen Abteilungen (Chirurgie, innere Medizin und Gynäkologie) verantwortlich sind und daneben noch die Versorgung der Patienten mit Infusionen, die Durchführung des Telefondienstes, Rundgänge im Krankenhaus und Pfortendienst übernehmen müssen. Auf Grund der mangelhaften personellen Ausstattung wurden die Standardanforderungen, welche an eine geburtshilfliche Abteilung zu stellen sind, nicht mehr erfüllt.

---

207 Deshalb kann *Uhlenbruck*, MedR 1986, 141 (142), zugestimmt werden.

208 BGH, Urteil v. 18.06.1985 - VI ZR 234/83 -, BGHZ 95, 63ff. — *Unterbesetzte Anästhesieabteilung.*

209 So auch *Deutsch/Spickhoff*, Medizinrecht, Rdnr. 315. Zur Abgrenzung im Einzelnen siehe *Steffen*, MedR 1996, 265f.; vgl. auch *Laufs*, in: *Laufs/Uhlenbruck*, Handbuch des Arztrechts, § 101, Rdnr. 11ff.; *Bergmann*, in: *Bergmann/Kienzle*, Krankenhaushaftung, Rdnr. 533.

210 Umfassend *Heinze/Jung*, MedR 1985, 62ff.; speziell für den Bereich der Dialysebehandlung vgl. *Rieger*, NJW 1979, 582ff.

211 OLG Stuttgart, Urteil v. 20.08.1992 - 14 U 3/92 -, NJW 1993, 2384ff.; vgl. die Darstellung im 3. Kapitel, B, V., 1., c).

Dem Krankenhausträger obliegt eine *Reaktionspflicht*, er hat die Aufgabe, dafür zu sorgen, dass der Standard einer Behandlung wieder gewährleistet wird. Gelingt ihm das nicht, dann dürfen *keine* Patientinnen *mehr aufgenommen werden*. In letzter Konsequenz muss der Krankenhausträger bis zur Verbesserung der Entbindungsbedingungen die geburtshilfliche Abteilung schließen.[212]

2. Personelle Engpässe unter Berücksichtigung der Ausbildung des ärztlichen Nachwuchses im Bereich der Chirurgie

Nochmals sei betont, dass die Entscheidungen nur bezüglich der Haftung des Krankenhausträgers systematisiert und bewertet werden. Auf die mögliche individuelle Haftung des Berufsanfängers wird im Rahmen der Arbeit nicht näher eingegangen.[213]

In einer früheren BGH-Entscheidung[214] wurde der Einsatz einer noch in der Ausbildung befindlichen Ärztin auf Grund wirtschaftlicher Erwägungen ausdrücklich befürwortet. Die Rechtsprechung[215] hat danach in weiteren Urteilen, in denen der Einsatz von Anfängern[216] im Bereich der Chirurgie im Mittelpunkt stand, ökonomische Aspekte nicht weiter thematisiert.

---

212 Dadurch sind ebenso wieder wirtschaftliche Folgenerwägungen angesprochen; ausführlich Kapitel 2, C und im konkreten Fall bereits Kapitel 4, B, II., 1., b) dd).

213 Vgl. dazu *Francke/Hart*, Charta der Patientenrechte, S. 42f.; *Brüggemeier*, Deliktsrecht, Rdnr. 758ff.; *Giesen*, Arzthaftungsrecht, Rdnr. 89ff.; *ders.*, JZ 1984, 331 (332); *Deutsch*, NJW 1984, 650f.; *Franzki*, MedR 1984, 186 (188f.); *Müller-Graff*, JuS 1985, 352 (353, 357); *Pflüger*, Krankenhaushaftung und Organisationsverschulden, S. 132 sowie zuletzt umfassend *Schelling*, Die ärztliche Aufklärung über die Qualität der Behandlung, S. 106ff.

214 BGH, Urteil v. 11.10.1977 - VI ZR 110/75-, VersR 1978, 82 (84) — *Vapor*; vgl. die Darstellung der Entscheidung im 3. Kapitel, B, V., 2., a).

215 BGH, Urteil v. 27.09.1983 - VI ZR 230/81 -, BGHZ 88, 248ff. — *Anfängeroperation*; v. 7.05.1985 - VI ZR 224/83 -, NJW 1985, 2193f. — *Lymphknoten-Exstirpation*; v. 10.03.1992 - VI ZR 64/91 -, VersR 1992, 745ff. — *Appendektomie*; OLG Oldenburg, Urteil v. 29.07.1997 - 5 U 46/97 -, VersR 1998, 1380f. — *Hüftgelenkoperation*; v. 14.10.1997 - 5 U 45/97 -, VersR 1998, 1381f. — *Kieferoperation*; vgl. Kapitel 3, B, V, 2., b).

216 Der Begriff der „Anfängeroperationen" wird als Kürzel für Operationen verwendet, für deren Durchführung ein noch nicht ausreichend qualifizierter, in der Ausbildung befindlicher Arzt eingesetzt wird. Ob dies vom fehlenden Facharzttitel abhängig ist oder mehr auf die praktische Erfahrung, die Gefährlichkeit des Eingriffs und den konkreten Ausbildungsstand abzustellen ist, war lange umstritten. Siehe ausführlich *Baur*, MedR 1995, 192f.; *Steffen*, MedR 1995, 360f., mit zahlreichen Rechtsprechungsnachweisen; *Müller-Graff*, JuS 1985, 352 (353, 357); *Pflüger*, Krankenhaushaftung und Organisationsverschulden, S. 137f.; *Schelling*, Die ärztliche Aufklärung über die Qualität der Behandlung, S. 108.

a) *Standpunkt der Lehre*

In der Literatur[217] sind die Entscheidungen zu den Anfängeroperationen überwiegend zustimmend aufgenommen worden, ohne dabei in den Urteilsanmerkungen wirtschaftliche Aspekte hervorzuheben. Zutreffend betont ein Teil der Lehre[218] in diesem Zusammenhang abermals, dass es sich bei der Haftung des Krankenhausträgers nicht um einen Behandlungs-, sondern um einen *Organisationsfehler* handelt.[219]

b) *Stellungnahme*

Ein Personalmanagement des Krankenhausträgers, welches aus wirtschaftlichen Gründen auf den Einsatz noch in der Ausbildung befindlicher Mediziner zurückgreift, *ist abzulehnen*. Zwar hat der BGH[220] vor fast dreißig Jahren anders entschieden, es ist aber davon auszugehen, dass die Rechtsprechung diese Auffassung aufgegeben hat. Denn es handelt sich um eine ältere und vereinzelt gebliebene Entscheidung. In späteren, zahlreichen weiteren Urteilen zur Ausbildung des chirurgischen Nachwuchses sind ökonomische Aspekte nicht mehr thematisiert worden. Somit kann davon ausgegangen werden, dass die Gerichte die Kosten für eine ordnungsgemäße Überwachung unerfahrener durch erfahrene Ärzte nicht in ihre Überlegungen zur Urteilsbegründung mit einbeziehen. Denn notwendigerweise ist der Berufsanfänger am Patienten auszubilden, was aber nicht zu Lasten der Sicherheit von Patienten geschehen darf. Deshalb besteht Einigkeit dahingehend, dass die mit Anfängeroperationen verbundenen höheren Gefahren durch besondere Vorkehrungen zu kompensieren sind.

Die Ausbildung läuft dabei in der Regel folgendermaßen ab:[221] Im ersten Stadium beschränkt sich der Anfänger darauf, die Operation zu beobachten und sich die Vorgänge erläutern zu lassen. Im zweiten Stadium wird er erst als zweiter und dann als erster Assistent tätig. Im dritten Stadium übernimmt er die Aufgabe des Operateurs, wobei ihm ein erfahrener Kollege (Chef- oder Oberarzt) als erster Assistent zur Seite steht, um jederzeit mit Rat und Weisungen unterstützen und beim Auftreten von Schwierigkeiten selbst die weitere Operation vornehmen zu können. Erst im vierten und letzten Stadium ist der Zustand erreicht, in

---

217 *Giesen*, JZ 1984, 331 (332); *Deutsch*, NJW 1984, 650f.; *Franzki*, MedR 1984, 186 (188f.); *Groß*, Ärztlicher Standard, S. 7.

218 *Franzki*, MedR 1984, 186 (187); *Deutsch*, NJW 1984, 650; *Giesen*, Arzthaftungsrecht, Rdnr. 89; *Pflüger*, Krankenhaushaftung und Organisationsverschulden, S. 133; vgl. ebenso *Groß*, Ärztlicher Standard, S. 7.

219 Vgl. bereits ausführlich oben Kapitel 1, B, I., warum es sich um einen Organisations- und nicht um einen Behandlungsfehler handelt.

220 BGH, Urteil v. 11.10.1977 - VI ZR 110/75-, VersR 1978, 82 (84) — *Vapor*.

221 Diese Beschreibung ist entnommen bei *Franzki*, MedR 1984, 186; ebenso *Gounalakis*, NJW 1991, 2945 und *Pflüger*, Krankenhaushaftung und Organisationsverschulden, S. 133.

dem der junge Mediziner selbständig und eigenverantwortlich operiert.[222] Die Skala ist verschränkt mit einer zweiten Stufenleiter, die schrittweise von den einfacheren zu den schwierigeren Operationen führt.[223]

Der Krankenhausträger oder der in seinem Auftrag tätige Organisationsverantwortliche (Chef-, Oberarzt) hat dafür Sorge zu tragen, dass die Operationspläne so aufgestellt werden, dass einerseits der ärztliche Nachwuchs entsprechend den Ausbildungsstufen an seine Aufgaben herangeführt wird. Andererseits jedoch darf der Patient dadurch keinen Risiken ausgesetzt werden. Richtlinie ist, dass Wohl und Sicherheit des Patienten Vorrang vor der Ausbildung des Nachwuchses und einer „bequemen Organisation des Klinikdienstes"[224] haben.

Noch nicht entschieden ist, ob daneben noch weitere Pflichten des Krankenhausträgers bestehen. Bisher wurde in Rechtsprechung[225] und Lehre[226] ausführlich diskutiert, ob eine Verpflichtung besteht, den Patienten über den Erfahrungsstand des jungen Mediziners aufzuklären. Möglicherweise ist aber, wenn es zur Häufung von Zwischenfällen beim Einsatz von Berufsanfängern kommen sollte, ein weiteres Organisationsproblem des Krankenhausträgers berührt.[227] Dies könnte sich in einer Beobachtungs- und anschließenden Reaktionspflichtverletzung widerspiegeln. Das Problem wird im Zusammenhang mit der Qualitätsaufklärung erörtert.[228]

3. Personelle Engpässe unter Berücksichtigung der Ausbildung des ärztlichen Nachwuchses im Bereich der Anästhesie

Die Rechtsprechung[229] wendet die für chirurgische Eingriffe entwickelten Grundsätze der Anfängeroperation auch auf andere Behandlungsformen an, ins-

---

222 Am Ende der Aus- und Weiterbildungszeit muss der junge Mediziner für seine Facharztanerkennung für ein bestimmtes Gebiet den Nachweis führen, dass er die auf diesem Gebiet anfallenden Operationen in der erforderlichen Zahl selbständig und erfolgreich ausgeführt hat. Für den faktisch ausgelernten Facharztanwärter soll es deshalb genügen, wenn der übergeordnete Arzt im Notfall rechtzeitig herbeigerufen werden kann. Ausführlich *Pflüger*, Krankenhaushaftung und Organisationsverschulden, S. 133, 137f.

223 *Franzki*, MedR 1984, 186.

224 So schon BGH, Urteil v. 27.09.1983 - VI ZR 230/81 -, BGHZ 88, 248ff. — *Anfängeroperation*. Vgl. auch *Laufs*, in: *Laufs/Uhlenbruck*, Handbuch des Arztrechts, § 101, Rdnr. 15.

225 Vgl. Kapitel 3, D, II.

226 Siehe die Nachweise und Stellungnahme oben Kapitel 1, C, I., 1, h) und vgl. unten Kapitel 4, D, II., 1.

227 So jetzt wieder der Ansatz und Versuch bei *Beyerle*, Rechtsfragen medizinischer Qualitätskontrolle, S. 17f., in ihrer Dissertation.

228 Siehe unten Kapitel 4, D, II., 1.

229 BGH, Urteil v. 18.06.1985 - VI ZR 234/83 -, BGHZ 95, 63ff. — *Unterbesetzte Anästhesieabteilung*; v. 15.06.1993 - VI ZR 175/92 -, VersR 1993, 1231ff. — *Patientenumlagerung*; OLG Zweibrücken, Urteil v. 7.10.1987 - 2 U 16/86 -, VersR 1988, 165f. — *Anfängernarkose*; vgl. die ausführliche Darstellung der Entscheidungen im 3. Kapitel, B,

besondere auf die anästhesiologische Versorgung.[230] Unter bestimmten Bedingungen[231] darf bei der Anfängernarkose jedoch – im Unterschied zur Chirurgie – ein in der Ausbildung befindlicher Mediziner allein tätig sein, und zwar wenn zu einem Fachanästhesisten ein ständiger Blick- und/oder wenigstens Rufkontakt besteht. Begründet wird dies mit dem berufsspezifischen Charakteristikum der Anästhesie, wo im Gegensatz zur Chirurgie am OP-Tisch anstelle eines Teams grundsätzlich nur ein Arzt zur Narkose und Vitalparameterkontrolle zum Einsatz kommt.[232]

Der Krankenhausträger hat auch hier zu beachten, dass *an erster Stelle* das *Wohl und die Sicherheit der Patienten* steht.[233] Deshalb ist auch in diesem Bereich für wirtschaftliche Erwägungen *kein* Raum.

4. Personelle Engpässe unter Berücksichtigung der Ausbildung des ärztlichen Nachwuchses im Bereich der Gynäkologie

Der BGH[234] hat die Grundsätze zur Anfängeroperation ebenso auf den Bereich der Gynäkologie übertragen. Der Krankenhausträger muss den Dienstplan gerade in geburtshilflichen Abteilungen so organisieren, dass die Sicherheit von Mutter und Kind stets gewährleistet ist. Defizite von Anfängern, die sich bei der Geburt bemerkbar machen könnten, sind durch die rechtzeitige Unterstützung anderer erfahrener Ärzte auszugleichen. Deshalb ist es abzulehnen, dass in [früherer] „weit verbreiteter Praxis, insbesondere in kleineren Krankenhäusern",[235] infolge ökonomischer Erwägungen[236] Ärzte im Praktikum[237] allein den Bereit-

---

V., 2., d).

230 Zustimmend dazu die Lehre. Vgl. nur *Francke/Hart*, Charta der Patientenrechte, S. 43 und *Gounalakis*, NJW 1991, 2945.

231 Ausführlich dazu *Opderbecke/Weissauer*, MedR 1984, 134ff.

232 *Pflüger*, Krankenhaushaftung und Organisationsverschulden, S. 135.

233 So grundlegend bereits *Uhlenbruck*, NJW 1972, 2201 (2203).

234 BGH, Urteil v. 12.07.1994 - VI ZR 299/93 -, VersR 1994, 1303f. — *Gynäkologe.*; v. 3.02.1998 - VI ZR 356/98 -, VersR 1998, 634f.; siehe auch OLG Stuttgart, Urteil v. 4.01.2000 - 14 U 31/98 -, VersR 2001, 1560ff. — *Überwachung Neugeborener*; vgl. die ausführliche Darstellung der Entscheidungen im 3. Kapitel, B, V., 2., e). Ebenso der Befund der Lehre; stellvertretend *Laufs*, in: *Laufs/Uhlenbruck*, Handbuch des Arztrechts, § 101, Rdnr. 15.

235 So die Bestandsaufnahme bei *Voß*, Kostendruck und Ressourcenknappheit im Arzthaftungsrecht, S. 72 und der Bericht eines Sachverständigen in OLG Düsseldorf, Urteil v. 25.11.2001 - 8 U 126/98 -, VersR 2001, 460 (461) — *Ärztin im Praktikum.*

236 *Voß*, Kostendruck und Ressourcenknappheit im Arzthaftungsrecht, S. 72, Fn. 84, stellt dar, dass das Gehalt von Ärzten im Praktikum sehr viel niedriger war als das eines vollapprobierten Assistenzarztes und sie deshalb als preiswerte ärztliche Mitarbeiter galten. „Aus diesem Grund [wurden] von den Krankenhäusern auch bevorzugt mehrere AiPs anstelle eines vollapprobierten Assistenzarztes eingestellt", so die Autorin, a. a. O.

237 *Fahrenhorst*, MedR 1991, 173ff., setzt sich insgesamt mit Haftungsfragen beim Einsatz von Ärzten im Praktikum auseinander.

schaftsdienst auf Neugeborenenstationen versehen haben.[238] Sie verfügten trotz des Praktischen Jahres am Ende des Studiums erst über geringe (eigenverantwortliche) Erfahrung. Es war nicht sichergestellt, dass der AiP die Situation richtig einschätzte,[239] nämlich ob es der Hinzuziehung eines Ober- oder Chefarztes aus dem Hintergrunddienst bedurfte. Zudem ist der damit verbundene weitere Zeitverlust zu bedenken, der eine Gefahr für das werdende Leben darstellt. Die mögliche Schädigung Neugeborener in Kauf zu nehmen und den finanziellen Erwägungen eines Krankenhausträgers gegenüberzustellen (Nutzen/Kosten-Abwägung), ist inakzeptabel.[240]

VI. Ständige Aufrechterhaltung der Behandlungsabläufe

Der Krankenhausträger hat auch an Sonn- und Feiertagen sowie in der Nacht – durch ein entsprechendes Personalmanagement – für den reibungslosen Ablauf der Behandlungen zu sorgen. Deshalb muss der Krankenhausträger die Dienstpläne so gestalten, dass auch in „schlechten Zeiten"[241] ständig die Aufrechterhaltung des Facharztstandards gewährleistet ist. Das ist einhellige Auffassung im Schrifttum[242] und in der Rechtsprechung.[243] Der Pflichtenkatalog des Krankenhausträgers darf auch in diesem Bereich *nicht* auf Grund ökonomischer Überlegungen *reduziert werden*.

Der Einsatz von Berufsanfängern, die sich in der Ausbildung zum Facharzt befinden, zur Ableistung von Diensten ist haftungsrechtlich jedoch erlaubt und für

---

238 Für die Zulässigkeit des Einsatzes dagegen *Genzel*, in: *Laufs/Uhlenbruck*, Handbuch des Arztrechts, § 90, Rdnr. 53, mit der Einschränkung, dass die Rufbereitschaft entsprechend organisiert werden musste.

239 *Franzki*, MedR 1994, 171 (178), verweist zutreffend darauf, dass dem zu Beaufsichtigenden keine Entscheidung darüber überlassen werden darf, ob und wann er der Aufsicht bedürfe.

240 In der Wortwahl zurückhaltender, aber im Ergebnis ebenso *Voß*, Kostendruck und Ressourcenknappheit im Arzthaftungsrecht, S. 72f.; *Schelling*, Die ärztliche Aufklärung über die Qualität der Behandlung, S. 109, Fn. 593 sowie OLG Düsseldorf, Urteil v. 25.11.2001 - 8 U 126/98 -, VersR 2001, 460 (461) — *Ärztin im Praktikum*. Ebenfalls kritisch *Ulsenheimer*, Arztstrafrecht in der Praxis, Rdnr. 179 b, 179 c.

241 So die Bezeichnung in der juristischen Literatur; beispielsweise *Giesen*, Arzthaftungsrecht, Rdnr. 172; *Geiß/Greiner*, Arzthaftpflichtrecht, B Rdnr. 4, 53; *Krause*, in: *Bergmann/Kienzle*, Krankenhaushaftung, Rdnr. 581.

242 *Giesen*, Arzthaftungsrecht, Rdnr. 132, 138, 172; *ders.*, JZ 1987, 879f.; *Laufs*, in: *Laufs/Uhlenbruck*, Handbuch des Arztrechts, § 102, Rdnr. 8; *Bergmann/Kienzle*, in: *Bergmann/Kienzle*, Rdnr 132; *Bergmann*, Die Arzthaftung, S. 9; *Pflüger*, Krankenhaushaftung und Organisationsverschulden, S. 132; *Bamberger/Roth-Spindler*, § 823, Rdnr. 702f.; *MünchKomm-Wagner*, § 823, Rdnr. 652.

243 BGH, Urteil v. 10.02.1987 - VI ZR 68/86 -, NJW 1987, 1479ff.— *Faszienspaltung*; OLG Düsseldorf, Urteil v. 2.10.1985 - 8 U 100/83 -, VersR 1986, 659f. — *Hodentorsion*; OLG Schleswig, Urteil v. 24.02.1993 - 4 U 18/91-, VersR 1994, 310ff. — *Zeitverzögerung*; vgl. die ausführliche Darstellung der Entscheidungen im 3. Kapitel, B, VI.

eine praxisgerechte Ausbildung ebenso wünschenswert. Er darf aber nicht (wie bereits erläutert)[244] zu einer Risikoerhöhung auf der Patientenseite führen. Dabei ist nicht entscheidungserheblich, ob der Einsatz von Anfängern durch Fachärzte im Ruf-[245] und/oder Bereitschaftsdienst[246] kompensiert wird. Die Rechtsprechung[247] verwendet beispielsweise den Begriff des Hintergrunddienstes, ohne diesen konkret zu definieren. Für die Richter ist vielmehr entscheidend, dass der Patient durch zeitliche Verzögerungen nicht zu Schaden kommt, deshalb muss der Facharzt „im Rahmen des Hintergrunddienstes [...] *sofort* eingreifen“[248] können.

Es versteht sich von selbst und wurde schon mehrfach erwähnt,[249] dass der Krankenhausträger, sollte er den Facharztstandard zu bestimmten Zeiten nicht mehr vorhalten können, verpflichtet ist, sein Leistungsangebot zurückzunehmen.[250]

VII. Patientensicherheit im Rahmen der Behandlung

Es handelt sich um die größte Fallgruppe. Dabei geht es um die Systematisierung von Sicherheitsanforderungen, die gegenüber den Patienten in verschiedenen Behandlungssituationen *immer* zu erfüllen sind. Ein Sonderproblem bilden

---

244 Ausführlich im vorherigen Abschnitt, Kapitel 4, B, V, 2.

245 Gemäß *Genzel*, in: *Laufs/Uhlenbruck*, Handbuch des Arztrechts, § 90, Rdnr. 44, ist unter Rufbereitschaft die Verpflichtung des Arbeitnehmers zu verstehen, sich an einem selbst bestimmten, aber dem Arbeitgeber anzugebenden Ort auf Abruf arbeitsbereit zu halten. Wesentliches Merkmal der Rufbereitschaft gegenüber dem Bereitschaftsdienst (dazu siehe die folgende Fn.) ist, dass der Arbeitnehmer seinen Aufenthaltsort selbst bestimmen kann. Nach *Genzel*, a. a. O., existieren zwei denkbare Formen der Rufbereitschaft. Zum einen handelt es sich um einen Dienst fachlich besonders qualifizierter Ärzte, die dann gerufen werden, wenn dies die Schwierigkeit der Situation in der Klinik verlangt. Zum anderen werden ebenso Mitarbeiter in Rufbereitschaft gehalten, die zur Verfügung stehen müssen, weil beispielsweise bei größeren Operationen eine höhere Anzahl an Personal benötigt wird, als es sonst die Verhältnisse erfordern; vgl. bereits oben Kapitel 2, D, II., 6.

246 Von einem Bereitschaftsdienst ist lt. *Genzel*, in: *Laufs/Uhlenbruck*, Handbuch des Arztrechts, § 90, Rdnr. 43 auszugehen, wenn der Arbeitnehmer sich an einer vom Arbeitgeber bestimmten Stelle innerhalb oder außerhalb des Betriebs aufzuhalten hat, um bei Notwendigkeit seine Arbeit aufzunehmen, ohne sich im Zustand wacher Achtsamkeit zu befinden; vgl. bereits oben Kapitel 2, D, II., 6.

247 OLG Schleswig, Urteil v. 24.02.1993 - 4 U 18/91-, VersR 1994, 310 (311) — *Zeitverzögerung*.

248 OLG Schleswig, Urteil v. 24.02.1993 - 4 U 18/91-, VersR 1994, 310 (311) — *Zeitverzögerung*, Hervorhebung nicht im Original; in der Lehre vgl. nur *Giesen*, Arzthaftungsrecht, Rdnr. 138.

249 Vgl. Kapitel 2, C und Kapitel 4, B, II., 1., b), dd).

250 Ansonsten läge eine Organisationspflichtverletzung in Form des „Übernahmeverschuldens“ vor. Es wären ebenso wieder wirtschaftliche Folgenerwägungen betroffen.

Urteile aus dem Bereich der Psychiatrie, da hierbei wirtschaftliche Überlegungen mit Aspekten der Therapiegefährdung korrelieren.

1. Gefahrabwendungspflichten von Behandlungseinrichtungen während der Behandlung

Die Entscheidungen der Rechtsprechung[251] in dieser Fallgruppe zeigen auf, dass Krankenhausträger und Praxisleiter verpflichtet sind, während der Behandlung für die Sicherheit des Patienten zu sorgen. Dabei wird das Zumutbarkeitsmerkmal[252] angesprochen, es werden jedoch *keine* wirtschaftlichen Erwägungen zugelassen, die zu einer Pflichtenreduktion auf der Organisationsebene führen dürfen. Jegliche Gefährdungen von Patienten sind auszuschließen.

Dieser Auffassung stimmt die Lehre[253] zu. *Uhlenbruck/Laufs*[254] sowie *Steffen/Dressler*[255] nahmen u. a. den *Dekubitus-Fall*[256] zum Anlass, um näher auf die Zulässigkeit von ökonomischen Erwägungen im Haftungsrecht einzugehen. Grundsätzlich stehen *Uhlenbruck/Laufs*[257] einer Nutzen/Kosten-Abwägung zwar positiv gegenüber,[258] betonen aber, dass „die besten Vorkehrungen zum Schutz und zur Heilung des Patienten zu treffen" sind.[259] Ökonomische Interessen dürfen deshalb nicht dazu führen, dass die Gefahren für Patienten bei einer Behandlung erhöht werden.[260]

2. Gefahrabwendungspflichten des Krankenhausträgers während des Aufenthaltes im stationären Bereich

Auch in dieser Fallgruppe benutzt die Rechtsprechung das Zumutbarkeitskriterium,[261] um die Sorgfaltspflichten des Krankenhausträgers während des Aufent-

---

251 BGH, Urteil v. 11.04.1951 - II ZR 68/50 -, BGHZ 1, 383ff. — *Untersuchungsstuhl*; v. 30.03.1971 - VI ZR 213/69 -, VersR 1971, 718f. — *Untersuchungsliege*; v. 18.03.1986 - VI ZR 215/84 -, NJW 1986, 2365ff. — *Dekubitus*; LG Koblenz, Urteil v. 10.09.1987 - 3 S 476/86 -, NJW 1988, 1521f. — *Organisation einer Praxis*; vgl. zur ausführlichen Darstellung der Entscheidungen Kapitel 3, B, VII., 1.

252 So in der BGH-Entscheidung v. 30.03.1971 - VI ZR 213/69 -, VersR 1971, 718f. — *Untersuchungsliege.*

253 Vgl. nur *Spindler*, in: *Bamberger/Roth*, § 823, Rdnr. 703.

254 *Uhlenbruck/Laufs*, in: *Laufs/Uhlenbruck*, Handbuch des Arztrechts, § 44, Rdnr. 7.

255 *Steffen/Dressler*, Arzthaftungsrecht, Rdnr. 151.

256 BGH, Urteil v. 18.03.1986 - VI ZR 215/84 -, NJW 1986, 2365ff. — *Dekubitus.*

257 *Uhlenbruck/Laufs*, in: *Laufs/Uhlenbruck*, Handbuch des Arztrechts, § 44, Rdnr. 7.

258 Vgl. schon oben Kapitel 2, A, I., 3.

259 *Uhlenbruck/Laufs*, in: *Laufs/Uhlenbruck*, Handbuch des Arztrechts, § 44, Rdnr. 7.

260 *Uhlenbruck/Laufs*, in: *Laufs/Uhlenbruck*, Handbuch des Arztrechts, § 44, Rdnr. 7; siehe auch *Laufs*, NJW 1989, 1521 (1523); *ders.*, Arztrecht, Rdnr. 493; dem folgend und zustimmend *Katzenmeier*, Arzthaftung, S. 294.

261 BGH, Urteil v. 22.01.1960 - VI ZR 121/58 -, VersR 1960, 416 (418) — *Tbc-Infektion*;

haltes von Patienten im stationären Bereich herauszuarbeiten. Dabei geht der BGH[262] in einer Entscheidung ausführlich auf wirtschaftliche Erwägungen ein und betont mehrfach, dass fehlende finanzielle Mittel *nicht* geeignet sind, um die Organisationspflichten herabzusetzen. Vielmehr handelt es sich um Risiken, die aus dem Betrieb des Krankenhauses resultieren und deshalb vom Träger der Einrichtung voll beherrscht werden müssen. Die Sicherheit der Patienten hat *oberste Priorität*, was dazu führt, dass unter bestimmten Bedingungen eine ständige Überwachung der Patienten durch die Gerichte[263] verlangt wird.

Eine Entscheidung des BGH[264] geht des Weiteren knapp auf wirtschaftliche Folgenerwägungen ein. Zutreffend wird wiederholt,[265] dass der Träger des Krankenhauses verpflichtet ist, solange keine Patienten aufzunehmen und gegebenenfalls die Abteilung zu schließen, solange die Anforderungen unter den geforderten (Hygiene-)Standards liegen und diese Zustände nicht abgeändert werden.

In der Lehre arbeitete *Hager*[266] anhand der *Tbc-Infektions-Entscheidung*[267] heraus, dass die „individuelle wirtschaftliche Situation" nicht zur Befreiung oder Reduzierung von Verkehrspflichten führen könne. Die Pflichtenbestimmung habe allein nach objektiven Maßstäben zu erfolgen, individuelle Leistungsdefizite dürfen nicht berücksichtigt werden. In letzter Konsequenz muss der Krankenhausträger ansonsten auf die Aufnahme von Patienten verzichten.[268] Ebenso spricht sich *Voß*[269] – unter Bezugnahme auf den *Verweilkanülen-Fall*[270] – gegen eine Senkung des Pflichtenniveaus für den Krankenhausträger infolge von Kostenüberlegungen aus, weil dem Patienten ansonsten schwere Schäden drohten. Frühzeitig wies *Uhlenbruck*[271] darauf hin, dass derjenige, der ein Krankenhaus eröffnet und somit dem Publikum zugänglich macht, alle notwendigen Vorkehrungen zum Schutz der Patienten während ihres stationären Aufenthaltes treffen

---

Urteil v. 2.12.1975 - VI ZR 79/74 -, NJW 1976, 1145 (1146) — *Säuglingszimmer*; vgl. zur ausführlichen Darstellung der Entscheidungen Kapitel 3, B, VII., 2.

262 BGH, Urteil v. 22.01.1960 - VI ZR 121/58 -, VersR 1960, 416ff. — *Tbc-Infektion*.

263 BGH, Urteil v. 10.01.1984 - VI ZR 158/82 -, NJW 1984, 1400ff. = VersR 1984, 356ff. — *Verweilkanüle* sowie OLG Düsseldorf, Urteil v. 12.08.1981 - 8 U 40/80 -, VersR 1982, 775f. — *Toilettensturz*; ; vgl. zur ausführlichen Darstellung der Entscheidungen Kapitel 3, B, VII., 2.

264 BGH, Urteil v. 22.01.1960 - VI ZR 121/58 -, VersR 1960, 416 (418) — *Tbc-Infektion*.

265 Vgl. ausführlich schon oben Kapitel 4, II., 1., b), dd).

266 *Hager*, in: *Staudinger*, § 823, Rdnr. E 31.

267 BGH, Urteil v. 22.01.1960 - VI ZR 121/58 -, VersR 1960, 416ff. — *Tbc-Infektion*. Vgl. dazu auch *Giesen*, Arzthaftungsrecht, Rdnr. 139.

268 *Staudinger-Hager*, § 823, Rdnr. E 31.

269 *Voß*, Kostendruck und Ressourcenknappheit im Arzthaftungsrecht, S. 170.

270 BGH, Urteil v. 10.01.1984 - VI ZR 158/82 -, NJW 1984, 1400ff. = VersR 1984, 356ff. — *Verweilkanüle*.

271 So schon *Uhlenbruck*, Der Krankenhausaufnahmevertrag, S. 197, 217.

muss. In der Klinik aufgenommene Patienten dürfen nicht durch andere Patienten oder durch Besucher zu Schaden kommen.[272]

3. Gefahrabwendungspflichten von Behandlungseinrichtungen im Rahmen ambulanter Behandlung

Der BGH[273] entschied unlängst über die Pflichten zur Überwachung eines sedierten Patienten bei einer ambulanten Behandlung. Im juristischen[274] und medizinischen[275] Schrifttum erzielte das Urteil große Aufmerksamkeit, wobei sowohl das Ergebnis[276] als auch die Begründung[277] kritisiert wurden.[278]

a) *Standpunkt der Lehre*

Laufs[279] *und Katzenmeier*[280] stimmen zwar mit dem VI. Senat noch in der Abgrenzung zu den Suizidfällen überein,[281] da es dort um die besonderen Umstände bei der Behandlung psychisch Kranker geht, welche „es rechtfertigen, die Pflicht zum Schutz des Patienten vor einer Schädigung [...] auf das Erforderliche und das für das Krankenhauspersonal und die Patienten Zumutbare zu beschränken".[282] Im Rahmen des Zumutbarkeitsmerkmals hätte der BGH dann jedoch ökonomische Erwägungen berücksichtigen müssen.[283] „In Anbetracht sich verschärfender finanzieller und personeller Engpässe im Gesundheitswesen" dürfen wirtschaftliche Überlegungen nicht länger vernachlässigt werden.[284] Da „die per-

---

272 *Uhlenbruck*, Der Krankenhausaufnahmevertrag, S. 197, 217.

273 BGH, Urteil v. 8.04.2003 - VI ZR 265/02 -, NJW 2003, 2309ff. — *Sedierter Patient*; vgl. die ausführliche Darstellung der Entscheidung im 3. Kapitel, B, VII., 3.; vgl. auch *Müller*, in: FS für *Lorenz*, S. 475 (477f.) = GesR 2004, 257 (258).

274 *Laufs*, NJW 2003, 2288f.; *Katzenmeier*, MedR 2003, 631f.; *Kern*, LMK 2003, 219f.; *Spickhoff*, NJW 2004, 1710 (1714); *Koenig-Ouvrier*, Hessisches Ärzteblatt 2003, 596; *Diehl*, ZfS 2003, 441; *Debong*, ArztR 2005, 121ff.

275 *Schulte-Sasse*, ArztR 2005, 116ff.

276 *Laufs*, NJW 2003, 2288f.; *Koenig-Ouvrier*, Hessisches Ärzteblatt 2003, 596.

277 *Katzenmeier*, MedR 2003, 631f.; *Kern*, LMK 2003, 219 (220).

278 Positiv dagegen *Diehl*, ZfS 2003, 441, der betont, dass es nicht Sache des Patienten ist, den Arzt auf die Anfahrt mit dem Pkw hinzuweisen, sondern vielmehr der Arzt aus dem Behandlungsvertrag verpflichtet ist, den Patienten auf die verminderte Fahrtüchtigkeit infolge einer medikamentösen Behandlung hinzuweisen. Zurückhaltender ebenfalls *Spickhoff*, NJW 2004, 1710 (1714). Ohne Wertung, dafür aber mit pragmatischen Vorschlägen, die sich nach *Debong*, ArztR 2005, 121(122f.), für die Praxis ergeben.

279 *Laufs*, NJW 2003, 2288 (2289).

280 *Katzenmeier*, MedR 2003, 631.

281 Dagegen bereits (ohne Begründung) *Kern*, LMK 2003, 219 (220).

282 BGH, Urteil v. 8.04.2003 - VI ZR 265/02 -, NJW 2003, 2309 (2310) — *Sedierter Patient*. Zu dieser „Formel" und der Behandlung von Patienten in psychiatrischen Einrichtungen ausführlich Kapitel 4, B, VII., 6.

283 *Katzenmeier*, MedR 2003, 631.

284 *Katzenmeier*, MedR 2003, 631.

sonelle Situation in den Kliniken wie in den Praxen wegen deren Unterfinanzierung auf dramatische Weise angespannt" ist, müsse eine „solche ‚ständige Beobachtung' [des Patienten], wie das Gericht sie generell verlangt", abgelehnt werden.[285] Ansonsten würden die Verantwortlichen überfordert.[286] *Kern*[287] zufolge wurde die ambulante Behandlung gerade eingeführt, um Kosten zu sparen.[288] Die Einrichtung der vom VI. Senat geforderten Überwachungsräume würde aber zu einer erheblichen Kostensteigerung führen. Der Autor meint: „Damit ist dieser Fall ein Beispiel für den Beitrag der gewünschten Kostenminimierung zur Kostenerhöhung."[289] *Koenig-Ouvrier*[290] ergänzt, dass die Forderung nach lückenloser Aufsicht mit der vielfach geforderten höheren Selbstverantwortlichkeit der Patienten kollidiere und fügt des Weiteren hinzu, dass die Umsetzung „bei Ärzten und Krankenhausverwaltungen in Zeiten personeller und finanzieller Engpässe auf Schwierigkeiten" stoße. Auch der Mediziner *Schulte-Sasse*[291] spricht die finanziellen Konsequenzen des Urteils, die eine ständige Überwachung der Patienten erforderlich machten, an und fragt: „[W]er soll den beträchtlichen Aufwand dafür tragen?"

b) Stellungnahme

Bei der Entscheidung *Sedierter Patient*[292] handelt es sich um ein Urteil, dass der *Organisation* der Behandlung zuzuordnen ist.[293] Es wurde festgestellt, dass bei der Prüfung von (Verkehrs-)Pflichten im Organisationsbereich ökonomische Aspekte im Rahmen des Zumutbarkeitsmerkmals generell berücksichtigt werden dürfen.[294] Deshalb ist insbesondere den Anmerkungen von *Laufs*[295] und *Katzenmeier*[296] im Ansatz zuzustimmen; u. a. wurden ihre Anregungen aufgenommen, vertieft und weiter ausgebaut.[297] Dies führte zur Herausarbeitung einer methodischen Leitlinie im Umgang mit wirtschaftlichen Überlegungen.

Die Frage ist aber, ob der Kritik an diesem Urteil zugestimmt werden kann. Soweit es die ökonomischen Erwägungen betrifft, ist die Frage aus zwei Gründen

---

285 *Laufs*, NJW 2003, 2288 (2289).
286 *Laufs*, NJW 2003, 2288 (2289).
287 *Kern*, LMK 2003, 219 (220); vgl. insgesamt zu Problemen im Rahmen der ambulanten Behandlung bereits *Kern*, NJW 1996, 1561ff.
288 So ebenfalls *Bonvie*, MedR 1993, 43, Fn. 1, der darauf verweist, dass sich durch den Ausbau des ambulanten Operierens ein Betrag von 5 Milliarden DM – allein an Krankenhauspflegekosten – einsparen ließe.
289 *Kern*, LMK 2003, 219 (220).
290 *Koenig-Ouvrier*, Hessisches Ärzteblatt 2003, 596.
291 *Schulte-Sasse*, ArztR 2005, 116 (117).
292 BGH, Urteil v. 8.04.2003 - VI ZR 265/02 -, NJW 2003, 2309ff. — *Sedierter Patient*.
293 Dazu die Bemerkung im 3. Kapitel, B, VIII., 3.
294 Ausführlich 2. Kapitel, A, III., 3. und 4.
295 *Laufs*, NJW 2003, 2288f.
296 *Katzenmeier*, MedR 2003, 631f.
297 Vgl. oben Kapitel 2, A, I., 3., b).

zu verneinen; vielmehr ist dem BGH zuzustimmen, dass er *im Ergebnis wirtschaftliche Überlegungen* zur Herabsetzung des Pflichtenkatalogs *nicht akzeptiert* hat.

Der erste Grund dafür liegt in seiner ständigen Rechtsprechung: Die Sicherheit des Patienten ist oberstes Gebot.[298] Das Ergebnis liegt auf einer Linie mit den Gefahrabwendungspflichten des Krankenhausträgers und Praxisleiters während der Behandlung sowie beim Aufenthalt im stationären Bereich. Auch hier dürfen finanzielle Erwägungen nicht zu einer Reduktion des Pflichtenmaßstabs führen.[299] Es ist *kein* Grund ersichtlich, warum im ambulanten Bereich etwas anderes gelten soll.

Aus einem zweiten Grund bedurfte es auch keines Eingehens auf Kostenaspekte, denn der Sachverhalt enthält eine *entscheidende Besonderheit* und weicht somit maßgeblich von herkömmlichen Sedierungen ab. Damit ist die *zu hohe Dosierung des Sedierungsmittels* angesprochen. Die erhöhte Gabe von Dormicum an den Patienten und das Wissen um die Folgewirkung der Sedierung, welche die Möglichkeit einer anterograden Amnesie (Gedächtnisstörung für die Zeit nach Verabreichung des Medikaments) einschloss,[300] waren Grund dafür, dass der Verantwortliche nunmehr verpflichtet war, *alles* zu unternehmen, damit der Patient nicht zu Schaden kommen konnte. Wegen dieser Besonderheit des Falles handelt es sich um eine *individuelle, nicht verallgemeinerungsfähige* Entscheidung. Dass diese Besonderheit für das Urteil bestimmend gewesen ist, darauf hat *Müller*, die Vorsitzende Richterin des VI. Senats, in der Öffentlichkeit,[301] speziell in einem Vortrag,[302] hingewiesen. Wegen der dem Verantwortlichem bekannten und von ihm geschaffenen gefahrerhöhenden Umstände oblag ihm eine Fürsorgepflicht gegenüber dem Patienten. Deshalb konnte von diesem auch verlangt werden, dafür Sorge zu tragen, dass der Patient die Einrichtung nicht eigenmächtig als Fahrzeugführer verlassen konnte.

Wünschenswert wäre jedoch gewesen, und darin ist *Laufs*[303] und *Katzenmeier*[304] wiederum beizupflichten, dass der BGH[305] in den Entscheidungsgründen inten-

---

298 *Katzenmeier*, MedR 2003, 631 (632).

299 Vgl. ebenfalls *Müller*, in: FS für *Lorenz*, S. 475 (483f.) = GesR 2004, 257 (260).

300 So auch *Kern*, LMK 2003, 219 (220). Ausführlich zur beeinträchtigenden Wirkung von Sedativa auf die Fähigkeit, rationale Entscheidungen zu treffen und auf die Fähigkeit anspruchsvolle psychomotorische Leistungen – wie Autofahren – zu vollbringen, der Mediziner *Schulte-Sasse*, ArztR 2005, 116ff.

301 Darauf verweist *Kern*, LMK 2003, 219 (220); siehe auch *Müller*, in: FS für *Lorenz*, S. 475 (483f.) = GesR 2004, 257 (260).

302 Dabei handelte es sich um das Referat „Ausgewählte aktuelle Entscheidungen des BGH zum Arzthaftungsrecht", am 11.06.2003, in Bremen am IGMR, im Rahmen des Doktorandenkollegs „Technisierung, Objektivierung, Ökonomisierung und Verrechtlichung von Behandlungs- und Kommunikationsprozessen in der Medizin", an welchem der Autor selbst teilnahm.

303 *Laufs*, NJW 2003, 2288 (2289).

304 *Katzenmeier*, MedR 2003, 631 (632).

siver auf ein mögliches Mitverschulden[306] des Patienten nach § 254 BGB eingegangen wäre, denn möglicherweise führte die selbständige Einnahme des weiteren Medikaments zur Erhöhung der Fahruntüchtigkeit.

4. Gefahrabwendungspflichten von Krankenhäusern für die Organisation der Nachsorge

Die Nachsorge muss *als Teil der Behandlung* vom Krankenhausträger so organisiert sein, dass der Patient keinen Schaden erleidet. Im Wege der Neueinführung der fallpauschalierten Vergütung von Krankenhausleistungen (DRG's) werden verstärkt ökonomische Erwägungen diskutiert.[307] Da DRG's „eine ökonomische Zielvorgabe mit Notwendigkeit der Erzielung bestmöglicher Ergebnisqualität bei minimalem Ressourceneinsatz im Kontext kurzer Verweildauer" sind,[308] ist in diesem Zusammenhang von der „blutigen",[309] weil vorzeitigen Entlassung gesprochen worden. Über die Effekte von DRG's kann und soll an dieser Stelle keine weitere Aussage getroffen werden. Es liegt bisher noch kein Urteil vor, in welchem sich die Rechtsprechung mit dieser Problematik auseinander setzen musste.

Bisher hat sich zumindest bei der Entfernung von Mandeln noch keine Änderung ergeben. Genau wie in dem vom OLG Düsseldorf im Jahre 1993 entschiedenen *Tonsillektomie-Fall*[310] wird von der Deutschen Gesellschaft für Hals-Nasen-Ohren-Heilkunde[311] noch immer eine stationäre Aufnahme mit einer Liegezeit von fünf bis sechs Tagen nach dem Eingriff empfohlen. *Bootz*[312] unter-

---

305 Der BGH, Urteil v. 8.04.2003 - VI ZR 265/02 -, NJW 2003, 2309 (2311) — *Sedierter Patient*, führt nach kurzen Erwägungen zu § 254 BGB lediglich aus: „Aus demselben Grund scheidet auch eine Mitverursachung wegen der Einnahme des weiteren Medikaments durch den Patienten aus."

306 *Katzenmeier*, MedR 2003, 631 (632), weist darauf hin, dass hieran auch die restriktive Anwendung des § 254 BGB im Arzthaftungsrecht nichts ändern könne, unter Bezugnahme auf *Göben*, Das Mitverschulden des Patienten im Arzthaftungsrecht, S. 21ff. sowie *Looschelders*, Die Mitverantwortlichkeit des Geschädigten im Privatrecht, S. 314.

307 Vgl. zuletzt *Becker-Schwarze/Lelgemann*, in: *Hart*, Ärztliche Leitlinien im Medizin- und Gesundheitsrecht, S. 303 (306f.); *Hansis*, in: *Arbeitsgemeinschaft Rechtsanwälte im Medizinrecht e. V.*, Leitlinien, Richtlinien und Gesetz, S. 117 (118); kritisch *Schimmelpfeng-Schütte*, MedR 2002, 286 (291).

308 Siehe *Becker-Schwarze/Lelgemann*, in: *Hart*, Ärztliche Leitlinien im Medizin- und Gesundheitsrecht, S. 303 (307).

309 *Rehborn*, in: *Arbeitsgemeinschaft Rechtsanwälte im Medizinrecht e. V.*, Leitlinien, Richtlinien und Gesetz, S. 121 (127), der dieser Formulierung aber ebenso skeptisch gegenübersteht.

310 OLG Düsseldorf, Urteil v. 16.09.1993 - 8 U 60/92 -, AHRS 2520/106 — *Tonsillektomie*; vgl. die ausführliche Darstellung der Entscheidung im 3. Kapitel, B, VII., 4.

311 FAZ, v. 1.04.2005, S. 10.

312 *Bootz*, Chefarzt der HNO-Universitätsklinik in Bonn und Schriftführer der Deutschen Gesellschaft für Hals-Nasen-Ohren-Heilkunde, Kopf- und Halschirurgie, verwies in der FAZ, v. 1.04.2005, S. 10, darauf, dass die Todesrate in den USA deutlich höher als in

streicht zusätzlich, dass die stationäre Entfernung gegenüber der – in den USA fast ausschließlich praktizierten – ambulanten Entnahme eine höhere Sicherheit für die Patienten garantiere.

5. Gefahrabwendungspflichten gegenüber „verwirrten" Patienten im Rahmen stationärer Behandlung

Der *Verwirrte Patient*[313] ist die erste BGH-Entscheidung, in der zu einem frühen Zeitpunkt Kostenerwägungen im Arzthaftungsrecht angesprochen wurden. Das Urteil wird ebenso den heutigen Sicherheitsanforderungen gerecht und verdient deshalb noch immer Zustimmung.[314]

Da es die Organisation der Behandlung betrifft, durften finanzielle Aspekte grundsätzlich[315] in die Entscheidungsgründe mit einbezogen werden. Die Richter formulierten, dass wirtschaftliche Überlegungen „allenfalls in Ausnahmefällen"[316] zu berücksichtigen sind. Es wurde nicht intensiver darauf eingegangen, wann solche „Ausnahmefälle" gegeben sein können. Vielmehr wägt der BGH *in concreto* die Sicherheitsinteressen des Patienten einerseits gegen die dafür notwendigen Aufwendungen im Krankenhaus andererseits ab, um eine Gefährdung auszuschließen. Dabei handelte es sich prinzipiell um eine Nutzen/Kosten-Abwägung, die im Rahmen der Pflichtenprüfung vorgenommen wurde. Der VI. Senat weist dabei unmissverständlich darauf hin, dass „die Sicherheit des Patienten [...] auch bei der stationären Behandlung im Krankenhaus oberstes Gebot sein [muss]".[317]

6. Sonderproblem: Gefahrabwendungspflichten von psychiatrischen Behandlungseinrichtungen

Da nach moderner psychiatrischer Auffassung[318] bei der Behandlung von Patienten z. T. gewisse Restrisiken in Kauf zu nehmen sind, kann heutzutage *nicht*

Deutschland sei.

313 BGH, Urteil v. 14.04.1954 - VI ZR 41/53-, VersR 1954, 290 — *Verwirrter Patient*; vgl. die ausführliche Darstellung der Entscheidung im 3. Kapitel, B, VII., 5.

314 *Voß*, Kostendruck und Ressourcenknappheit im Arzthaftungsrecht, S. 155f.; *Röfer*, Zur Berücksichtigung wirtschaftlicher Überlegungen bei der Festlegung arzthaftungsrechtlicher Sorgfaltsanforderungen, S. 89f.; vgl. weiter *Katzenmeier*, Arzthaftung, S. 292, Fn. 123 und *Laufs*, in: *Laufs/Uhlenbruck*, Handbuch des Arztrechts, § 99, Rdnr. 26.

315 Vgl. ausführlich oben Kapitel 2, A, III., 3. u. 4.

316 So auch der Befund bei *Voß*, Kostendruck und Ressourcenknappheit im Arzthaftungsrecht, S. 156.

317 BGH, Urteil v. 14.04.1954 - VI ZR 41/53-, VersR 1954, 290 — *Verwirrter Patient*. Das Gericht zeigt des Weiteren Maßnahmen auf, die im Einzelnen auch kostengünstig hätten durchgeführt werden können, um den Patienten zu schützen.

318 BGH, Urteil v. 23.09.1993 - III ZR 107/92 -, VersR 1994, 50 (51) — *Suizidgefährdete Patientin*; OLG Stuttgart, Urteil v. 20.10.1995 - 14 U 38/93 -, NJW-RR 1995, 662 (663)

mehr allein auf Sicherheits- und Schutzpflichten von psychiatrischen Behandlungsinstitutionen abgestellt werden. Unter Berücksichtigung dieser Einschränkung stellt sich die Frage, wie mit wirtschaftlichen Erwägungen umzugehen ist.

a) Die drei Stufen der Rechtsprechung

Die Entwicklung der Rechtsprechung zu den Gefahrabwendungspflichten lässt sich in drei Stufen gliedern.[319] In der ersten[320] sind die Gerichte in zahlreichen Fällen auf Kostenprobleme im Rahmen der Pflichtenanforderungen eingegangen, wobei in einem Urteil[321] eine Nutzen/Kosten-Relation angedeutet wird. Allen Entscheidungen ist gemeinsam, dass ökonomische Erwägungen im Ergebnis (immer) abgelehnt wurden. Nach Auffassung der Richter war die Sicherheit der Patienten oberstes Gebot; diese kann nicht auf Grund von wirtschaftlichen Überlegungen reduziert werden. In der zweiten Stufe[322] rückten verstärkt Therapieaspekte in den Vordergrund, die Kostenproblematik wurde nicht erörtert. Die dritte Stufe[323] ist durch die einheitliche Berücksichtigung des Zumutbarkeitskriteriums gekennzeichnet, wobei nunmehr nach ständiger Rechtsprechung[324] Sicherungs- und Schutzpflichten auf das Erforderliche und das für den Krankenhausträger und die Patienten Zumutbare beschränkt sind.

b) Stellungnahme

Es ist zu begrüßen, dass die Rechtsprechung seit vielen Jahren die Autonomie- und Freiheitsansprüche der Patienten berücksichtigt. Die Behandlungs- und Schutzpflichten werden nunmehr durch die Gerichte von den aus dem Krankheitsbild erforderlichen und für den Krankenhausträger und den Patienten zu-

---

— *Moderne Therapie*, m. w. N. der Rechtsprechung; siehe die ausführliche Darstellung der Entscheidungen im 3. Kapitel, VII., 6., c). Vgl. ebenso *Francke*/Hart, Charta der Patientenrechte, S. 45; *Deutsch/Spickhoff*, Medizinrecht, Rdnr. 590ff., 602ff.; *Bamberger/Roth-Spindler*, § 823, Rdnr. 743; *Wolfslast*, NStZ 1984, 105 (107); *Meyer*, MedR 1985, 210ff.; *Gropp*, MedR 1994, 127ff.; *Bochnik*, MedR 1994, 438; des Weiteren *Deutsch*, Arzt- und Arzneimittelrecht², S. 249ff.

319 Vgl. auch die Einteilung bei *Deutsch/Spickhoff*, Medizinrecht, Rdnr. 584, m. w. N., unter Einbeziehung des amerikanischen Schrifttums.

320 Die erste Stufe beinhaltet Entscheidungen des RG und der BGH-Rechtsprechung bis ca. 1985. Eine Ausnahme aus der instanzgerichtlichen Rechtsprechung bildet das OLG Hamm, Urteil v. 16.09.1992 - 3 U 283/91 -, NJW 1993, 2387f. — *Budget-Verhandlungen*; die Entscheidung ist ausführlich dargestellt im 3. Kapitel, VII., 6., a).

321 BayOblG, Urteil v. 28.04.1980 - 2 Z 93/79 -, VersR 1980, 872f. — *Sicherheitsglas*; die Entscheidung ist ausführlich dargestellt im 3. Kapitel, VII., 6., a).

322 Darunter fallen Urteile von ca. 1987 bis ca. 1993.

323 Schließlich die dritte Stufe ab ca. 1993 bis heute.

324 Beginnend mit BGH, Urteil v. 23.09.1993 - III ZR 107/92 -, VersR 1994, 50ff. — *Suizidgefährdete Patientin* und OLG Stuttgart, Urteil v. 20.10.1995 - 14 U 38/93 -, NJW-RR 1995, 662ff. — *Moderne Therapie.* Zu den weiteren Entscheidungen siehe 3. Kapitel, B, VII., 6., c).

mutbaren Maßnahmen bestimmt.[325] Die Formulierung beinhaltet die Möglichkeit der Berücksichtigung modernster Therapieansätze als auch wirtschaftlicher Erwägungen im Rahmen des Zumutbarkeitskriteriums.

Beeinflussen ökonomische Aspekte die Entscheidung, ist die Rechtsprechung schon aus Transparenzgründen verpflichtet, dies deutlich hervorzuheben.[326] Die Betonung moderner Therapiemaßnahmen darf keinesfalls dazu führen, dass der Krankenhausträger die Behandlung der Patienten mit zu wenig Personal und/oder in unzulänglichen Räumlichkeiten durchführt. Insoweit besteht auch bei der Behandlung psychiatrisch Erkrankter für den Klinikträger die Verpflichtung, die Behandlung so zu organisieren, dass der Standard sichergestellt ist. Anderenfalls dürften Patienten nicht mehr aufgenommen werden, und die Einrichtung wäre zu schließen.

C Versorgungsorientierte Strategien

Bisher gab es in einigen Entscheidungen der Zivilgerichte Berührungspunkte mit dem Sozialrecht. Dabei ging es darum, inwieweit Budgetierungen, Vergütungsmaßnahmen und Richtlinien den haftungsrechtlichen Standard beeinflussen. In der Lehre[327] wird diese Thematik umfassend unter der Frage diskutiert, ob das Haftungsrecht vom Arzt mehr verlangt, als das GKV-Recht gestattet. In der *Aciclovir-Entscheidung*[328] ist die mögliche Diskrepanz zwischen haftungs- und sozialrechtlicher Standardbehandlung prägnant zum Ausdruck gekommen. Abschließend wird zu versorgungsbedingten („geplanten") Knappheiten[329] Stellung bezogen.

---

325 Ebenso *Deutsch/Spickhoff*, Medizinrecht, Rdnr. 590, 604; *Wagner*, in: *MünchKomm*, § 823, Rdnr. 467.

326 Das folgt nicht nur aus Gründen methodischer Redlichkeit, sondern die arzthaftungsrechtlichen Anforderungen eines rechtsgutsbezogenen Patientenschutzes erfordern dies. Zur Erforderlichkeit von Transparenz im Arzthaftungsrecht vgl. ausführlich oben Kapitel 1, A, IV.

327 Vgl. beispielsweise auch die gleichlautende Teilüberschrift bei *Francke/Hart*, ZaeFQ 2001, 732.

328 OLG Köln, Urteil v. 30.05.1990 - 27 U 169/89 -, VersR 1991, 186ff. — *Aciclovir*; vgl. die ausführliche Darstellung der Entscheidung im 3. Kapitel, C, IV.

329 So auch zur Umschreibung dieser Fallgruppe *Hart*, anlässlich eines Vortrages mit dem Titel: „Haftungsmaßstäbe und Ressourcenknappheit" auf den 7. Karlsruher Gesprächen zwischen Ärzten und Juristen der Bezirksärztekammer Nordbaden im April 2003 (unveröffentlicht), mit diversen Beispielen.

I. Einfluss von Budgetierungen

Die Rechtsprechung[330] zum Einfluss von Budgetierungen auf das Arzthaftungsrecht ist eindeutig: Die Behandlungspflicht des Krankenhauses und der Leistungsanspruch des Patienten können *nicht* durch die Erschöpfung von Budgets ausgeschlossen oder herabgesetzt werden.

Die Auffassung, wonach das Behandlungsverhalten *unabhängig* von Budgetgrenzen zu erfolgen und sich ausschließlich an medizinischen Notwendigkeiten zu orientieren hat, wird ebenso in der Literatur[331] vertreten. Dies bezieht sich auf die Erschöpfung von Honorarbudgets, Budgets verordneter Leistungen, Richtgrößen oder Regelleistungsvolumina.[332] Ist eine Leistung indiziert, dann besteht für Krankenhäuser und Vertragsärzte die Pflicht zur Leistungserbringung. Der Grund dafür ist, dass die übernommene Behandlung haftungsrechtlich nach dem Standard durchzuführen ist. Eine substandardgemäße Behandlung oder gar das Unterlassen einzelner Behandlungsmaßnahmen ist inakzeptabel und wird vom Haftungsrecht nicht toleriert.[333] *Francke/Hart*[334] betonen, dass *derselbe* Befund an dieser Stelle für das Sozialrecht gilt. Auch hier gibt es eine *sozialrechtliche Behandlungspflicht*[335] und insoweit existiert *kein* Konflikt mit dem Haftungsrecht. Die Leistungspflicht der GKV, die Behandlungspflicht des Vertragsarztes und des Krankenhauses sowie der Leistungsanspruch des sozialversicherten Patienten werden durch die Erschöpfung von Honorarbudgets, Budgets verordneter Leistungen, Richtgrößen oder Regelleistungsvolumina *nicht* ausgeschlossen.[336]

Sandbiller[337] ergänzt, dass es sich bei der Umsetzung von Budgetierungen *allein* um eine Frage innerärztlicher Honorarverteilung handelt und die Pflicht der Behandlungserbringung davon nicht berührt wird.[338] Von weiteren Autoren[339] ist

---

330 OLG Hamm, Urteil v. 16.09.1992 - 3 U 283/91 -, NJW 1993, 2387f. — *Budget-Verhandlungen*; ArbG Gelsenkirchen, Beschluss v. 20.12.1996 - 1 GA 45/96 -, MedR 1997, 224 — *Therapiefreiheit*; vgl. die ausführliche Darstellung der Entscheidungen im 3. Kapitel, C, I.

331 Beispielsweise *Francke/Hart*, ZaeFQ 2001, 732 (733) und *Schreiber*, ZaeFQ 2000, 846 (849f.); vgl. zu Budgetfragen aus der Sicht des Chefarztes gegenüber dem Krankenhausträger *Andreas*, ArztR 1997, 207ff; nicht eindeutig dagegen *Bolsinger*, Dogmatik der Arzthaftung, S. 62. Siehe auch die scharfe Kritik des Mediziners *Bleyl*, in: *Taupitz/Brewe*, Medizinische Versorgung in Zeiten knapper Kassen, S. 135 (147).

332 *Francke/Hart*, ZaeFQ 2001, 732 (733); vgl. dazu ausführlich mit umfangreichen Beispielen *Vosteen*, Rationierung im Gesundheitswesen und Patientenschutz, S. 23ff.

333 *Schreiber*, ZaeFQ 2000, 846 (849).

334 Ausführlich *Francke/Hart*, ZaeFQ 2001, 732ff.

335 Zur Behandlungspflicht des Vertragsarztes bei begrenzten Finanzmitteln und zur Unzulässigkeit der Verweigerung unrentabler Leistungen aus sozialrechtlicher Sicht weiterführend *Francke/Schnitzler*, SGb 2002, 84ff.

336 *Francke/Hart*, ZaeFQ 2001, 732 (733).

337 *Sandbiller*, MedR 2002, 19 (20), so auch *Engelmann*, Ärztliche Berufspflichten im Konfliktfeld zwischen Arzthaftung und Sozialrecht, zitiert nach *Wältermann*, VersR 1997, 43 (44f.).

338 *Wagner*, in: *MünchKomm*, § 823, Rdnr. 684, ergänzt: Zudem sei die Vorstellung ver-

die Problematik ausführlich diskutiert worden; die Stellungnahmen sind eindeutig. Stellvertretend sei nochmals auf *Hart*[340] verwiesen, der bereits frühzeitig herausgearbeitet hat, dass die haftungsrechtlichen Maßstäbe des Rechtsgüterschutzes zu Gunsten der Patienten *keine* Senkung des Standards wegen Budgetbeschränkungen erlauben. Denn nach Vertragsannahme ist durch den Arzt die Hauptpflicht Behandlung zu erfüllen; die Überschreitung des Budgets kann dabei aus Patientensicht keine unzumutbare Störung der Geschäftsgrundlage bewirken.[341]

II. Einfluss von Vergütungsmaßnahmen

In der Rechtsprechung liegen zwei divergierende Urteile[342] vor, in denen der Einfluss von Vergütungsmaßnahmen auf das Haftungsrecht erörtert wurde. Das OLG München[343] hat mit einem Hinweis auf die Gebührenordnung einen Schadensersatzanspruch einer Patientin abgelehnt. Die Richter meinten, trotz vorhandener apparativer Möglichkeit habe keine Notwendigkeit bestanden, eine Ultraschalluntersuchung durchzuführen, bei der die Leibesfrucht vollständig erkennbar gewesen wäre. Das Vorgehen habe vielmehr dem Standard entsprochen, weil u. a. eine komplette Darstellung des Feten nicht abrechnungsfähig gewesen sei.

Die Entscheidung ist bedenklich und in der Begründung falsch. Hat ein Arzt die Behandlung übernommen, dann muss er diese auch standardgemäß durchführen. Der haftungsrechtliche Pflichtenmaßstab einer niedergelassenen Ärztin kann *nicht* auf Grund von Vergütungsmaßnahmen bestimmt und herabgesetzt werden. Dies widerspricht dem Arzthaftungsrecht. Genauso wenig wie Budgetierungen[344] den haftungsrechtlichen Standard beeinflussen dürfen, gilt das für Gebüh-

---

fehlt, der sein Budget überziehende Arzt arbeite ab einem bestimmten Zeitpunkt im Quartal quasi kostenlos, denn die Gesamtvergütung werde für sämtliche in einem Quartal erbrachten Dienstleistungen gezahlt.

339 *Engelmann*, Ärztliche Berufspflichten im Konfliktfeld zwischen Arzthaftung und Sozialrecht, zitiert nach *Wältermann*, VersR 1997, 43 (44f.); *Rumler-Detzel*, VersR 1998, 546 (549); *Steffen*, in: FS für *Geiß*, S. 487 (493); *Francke/Hart*, ZaeFQ 2001, 732 (733); *Sandbiller*, MedR 2002, 19 (20f.); *Kretschmer*, ArztR 2003, 144 (147); ausführlich unter Einbeziehung der Rechtsprechung des BSG, *Francke/Schnitzler*, SGb, 2002, 84ff; vgl. aber auch *Spickhoff*, NJW 2002, 1758 (1763f.).

340 *Hart*, MedR 1996, 60 (71); ebenso *ders.*, MedR 2002, 321 (322, 324f.).

341 *Hart*, Haftungsmaßstäbe und Ressourcenknappheit, Vortrag auf den 7. Karlsruher Gesprächen zwischen Ärzten und Juristen der Bezirksärztekammer Nordbaden, vgl. dazu *Schmid*, ÄBW 2003, 248f.

342 BGH, Urteil v. 5.10.1993 - VI ZR 237/92 -, NJW 1994, 797ff. — *Arbeitsteilung* und OLG München, Urteil v. 14.01.1993 - 1 U 3305/92 -, AHRS 1952/100 — *Phokomelie*; vgl. ausführlich die Darstellung der Entscheidungen im 3. Kapitel, C, II.

343 OLG München, Urteil v. 14.01.1993 - 1 U 3305/92 -, AHRS 1952/100 — *Phokomelie.*

344 Vgl. den Abschnitt zuvor Kapitel 4, C, I.

renordnungen bzw. sämtliche andere Vergütungsmaßnahmen. Ebenso kritisch hatte sich bereits *Röfer*[345] zu diesem Urteil geäußert; nach ihr habe der medizinische Standard sicherlich nicht in Gebührenordnungspositionen seinen Niederschlag gefunden. Somit sind für die Entscheidung der Richter – der Autorin[346] zufolge – *allein* wirtschaftliche Gründe ausschlaggebend gewesen.

Das Urteil beinhaltet noch einen weiteren Mangel. Wie bereits aufgezeigt, entspricht es der ständigen Rechtsprechung des BGH,[347] dass der Krankenhausträger bei getätigten Investitionen in die moderne Technik verpflichtet ist, diese auch einzusetzen.[348] Diese Pflichten gelten selbstverständlich *auch* für eine *Praxisleiterin*. Deshalb ist es fehlerhaft, wenn die Richter[349] einerseits zwar die Leistungsfähigkeit des Geräts betonen, andererseits aber eine Verpflichtung zur Untersuchung verneinen, ohne dies näher zu begründen und sich auch nicht mit der ständigen Rechtsprechung auseinander setzen.

Diametral entgegengesetzt wurde diese Frage kurz darauf vom BGH[350] beurteilt. Hierbei entschied das Gericht, dass ein Arzt, welcher eine Behandlung übernommen hat, die Maßnahmen ergreifen muss, die medizinisch indiziert sind, *unabhängig davon, ob er* dafür *Gebühren erhält oder nicht*. „Denn die ärztlichen Pflichten hängen nicht von den jeweiligen Gebührenregelungen ab, sondern ergeben sich aus dem ärztlichen Selbstverständnis und den Schutzinteressen des Patienten [...].“[351] Dem ist nichts hinzuzufügen.

III. Richtlinien

Eine Aussage über die Bindungswirkung von Richtlinien im Haftungsrecht zu treffen, gestaltet sich ungleich schwieriger, als über den Einfluss von Budget- und Vergütungsmaßnahmen zu entscheiden.

---

345 *Röfer*, Zur Berücksichtigung wirtschaftlicher Überlegungen bei der Festlegung arzthaftungsrechtlicher Sorgfaltsanforderungen, S. 86; ebenfalls *Steffen*, MedR 1995, 190 (191).

346 *Röfer*, Zur Berücksichtigung wirtschaftlicher Überlegungen bei der Festlegung arzthaftungsrechtlicher Sorgfaltsanforderungen, S. 86.

347 BGH, Urteil v. 10.05.1983 - VI ZR 270/81 -, NJW 1983, 2080ff. — *Sauerstoffpartialdruck*; v. 28.06.1988 - VI ZR 217/87 -, NJW 1988, 2949ff. — *Cardiotokograph*; v. 26.11.1991 - VI ZR 389/90 -, NJW 1992, 754ff. — *Großfeldtechnik*.

348 Vgl. ausführlich oben Kapitel 4, B, II., 2. Die Begründung dafür, dass die vorhandene technisch-modernere Apparatur auch zur Anwendung gelangen muss, bestand in dem Vergleich mit einem Chefarzt. Für diesen besteht ebenso die Verpflichtung, seine dem Standard eines Facharztes übersteigenden Spezialkenntnisse zu Gunsten eines Patienten einzusetzen.

349 OLG München, Urteil v. 14.01.1993 - 1 U 3305/92 -, AHRS 1952/100, S. 3, a. E. — *Phokomelie*.

350 BGH, Urteil v. 5.10.1993 - VI ZR 237/92 -, NJW 1994, 797ff.

351 BGH, Urteil v. 5.10.1993 - VI ZR 237/92 -, NJW 1994, 797 (798). Zustimmend ebenso *Voß*, Kostendruck und Ressourcenknappheit im Arzthaftungsrecht, S. 192.

Richtlinien werden allgemein definiert als „Regelungen des Handelns oder Unterlassens, die von einer rechtlich legitimierten Institution konsentiert, schriftlich fixiert und veröffentlicht wurden, für den Rechtsraum dieser Institution verbindlich sind und deren Nichtbeachtung definierte Sanktionen nach sich zieht“.[352] Vorliegend geht es um Richtlinien, die vom Gemeinsamen Bundesausschuss nach § 92 Abs. 1, S. 1 SGB V[353] erlassen werden.

Zu diesen haben auch Zivilgerichte in einigen Entscheidungen Stellung genommen, wobei eine einheitliche Handhabung zum Umgang mit Richtlinien noch nicht ersichtlich ist.[354] Das OLG München[355] beispielsweise verurteilte einen Arzt wegen pflichtwidrigen Verhaltens, weil er eine Sonographie nicht entsprechend den Mutterschafts-Richtlinien durchgeführt hatte. Das OLG Düsseldorf[356] dagegen verurteilte einen Arzt, obwohl dessen Vorgehen der Richtlinie gerecht wurde. Für das KG[357] wiederum legen Mutterschafts-Richtlinien den haftungsrechtlichen Standard fest. Eine abschließende Entscheidung des BGH zu dieser Problematik steht noch aus. Der VI. Senat[358] stellte lediglich fest, in dem für die Haftungsfrage entscheidenden Zeitraum ist die geltende Richtlinie maßgebend.

1. Standpunkt der Lehre

Die Diskussion zum Umgang mit (Mutterschafts-)Richtlinien ist auch im Schrifttum[359] noch im Fluss. Nach *Geiß/Greiner*[360] können Richtlinien nicht unbesehen als Maßstab für den Standard übernommen werden, wobei aber ihre Unterschreitung schwerlich zulässig sein dürfte. *Steffen*[361] betont, dass Richtlinien nur sehr generell und abstrakt „Sollensanforderungen“ und Verhaltensanweisungen aufstellen können. Vielmehr bestimme der medizinische Gutachter, welche ärztliche Leistung nach den Maßstäben der Medizin ausreichend, zweckmäßig, wirtschaftlich und notwendig sei. Für eine stärkere Bindungswir-

352 *Hart*, in: *Rieger*, Lexikon des Arztrechts, Kza. 530, Rdnr. 3; vgl. auch die Darstellung bei *Francke/Hart*, Charta der Patientenrechte, S. 23, dort nehmen die Autoren, a. a. O., S. 23ff., eine Abgrenzung und Unterscheidung zu Leitlinien und Empfehlungen vor.

353 Siehe für das Krankenhaus § 137 c SGB V.

354 Vgl. zuletzt auch *Müller*, in: FS für *Lorenz*, S. 475 (483f.) = GesR 2004, 257 (260).

355 OLG München, Urteil v. 27.05.1993 - 24 U 21/91 -, AHRS 1950/101 — *Schulterdystokie*; vgl. Kapitel 3, C, III.

356 OLG Düsseldorf, Urteil v. 19.12.1985 - 8 U 155/84 -, AHRS 1952/2 — *Röteln-Infektion*; vgl. Kapitel 3, C, III.

357 KG, Urteil v. 2.10.2003 - 20 U 402/01 -, NJW 2004, 691f. — *Armfehlbildung*; vgl. Kapitel 3, C, III.

358 BGH, Urteil v. 25.11.2003 - VI ZR 8/03 -, VersR 2004, 645ff. — *Mutterschafts-Richtlinien*; vgl. Kapitel 3, C, III.

359 Umfassend *Hart*, VSSR 2002, 265 (293ff.), des Weiteren *Francke/Hart*, ZaeFQ 2001, 732ff.; siehe zuletzt auch *Nowak*, Leitlinien in der Medizin, S. 135ff.

360 *Geiß/Greiner*, Arzthaftpflichtrecht, B Rdnr. 9.; so auch *Müller*, in: FS für *Lorenz*, S. 475 (483f.) = GesR 2004, 257 (260).

361 *Steffen*, in: FS für *Geiß*, S. 487 (500f.).

kung von Mutterschafts-Richtlinien im Arzthaftungsrecht hat sich dagegen *Röfer*[362] ausgesprochen, die in ihrer umfangreichen Stellungnahme auch die sozialrechtliche Rechtsprechung und Lehre[363] einbezogen hat. Dagegen vertritt *Hart*[364] nunmehr den Standpunkt, dass der Richtlinie keine haftungsrechtliche Bindungswirkung durch eine Rechtsvermutung zugestanden werden darf, sondern jede Form der Begrenzung standardgemäßer Behandlung im Einzellfall legitimiert werden muss.[365]

2. Stellungnahme

Die Problematik ist zu komplex, um eine abschließende Aussage über den Umgang mit Richtlinien im Arzthaftungsrecht treffen zu können, denn im Prinzip geht es um das Spannungsverhältnis zwischen Sozialrecht und Haftungsrecht. Muss also das Haftungsrecht den Schulterschluss mit dem Sozialrecht ziehen („Richtlinien gelten auch dort")[366] oder bleibt das Haftungsrecht autonom („Richtlinie interessiert dort nicht")[367]? Eine vertiefte Auseinandersetzung darüber kann in der Bearbeitung[368] nicht erfolgen, dies würde den Rahmen „sprengen".

Aus den Entscheidungen der Rechtsprechung lässt sich jedoch ableiten, dass (Mutterschafts-)Richtlinien der ständigen Aktualisierung bedürfen, um überhaupt den Standard widerspiegeln zu können. Das betont ebenso *Hess*,[369] der auf die Dynamik[370] medizinischer Standards verweist. Selbstverständlich ist, dass nur die Richtlinie maßgebend sein kann, die in dem für die Haftungsfrage maßgeblichen Zeitraum galt.[371]

Klarzustellen ist aber, dass dem KG,[372] welches den Richtlinien die Funktion einer haftungsrechtlichen Standardfestlegung zuschreiben will, so nicht gefolgt werden kann. Vielmehr hätte es einer ausführlicheren Auseinandersetzung mit

---

362 *Röfer*, Zur Berücksichtigung wirtschaftlicher Überlegungen bei der Festlegung arzthaftungsrechtlicher Sorgfaltsanforderungen, S. 116, 184ff.

363 Vgl. insbesondere *Francke*, GesR 2003, 97ff.

364 *Hart*, VSSR 2002, 265 (294).

365 Ähnlich *Spickhoff*, NJW 2004, 1710 (1714).

366 *Hart*, VSSR 2002, 265 (293).

367 *Hart*, VSSR 2002, 265 (293).

368 Die Problematik stellt einen weiteren Themenschwerpunkt dar, der einer eigenen umfangreichen Bearbeitung vorbehalten bleiben muss. Zu damit zusammenhängenden Aufklärungsfragen siehe schon oben Kapitel 1, C, I., 2. Weiterführend in der Lehre *Hart*, MedR 2002, 321ff.; *Francke/Hart*, Charta der Patientenrechte, S. 186ff.; *dies.*, ZaeFQ 2001, 732ff.; *Steffen*, in: FS für *Geiß*, S. 487ff.; *Rumler-Detzel*, VersR 1998, 546ff.

369 *Hess*, in: *Nagel/Fuchs*, Leitlinien und Standards im Gesundheitswesen, S. 59 (61f.).

370 Ausführlich zur Dynamik des Standardbegriffs oben Kapitel 1, A, I., 1., b).

371 So auch BGH, Urteil v. 25.11.2003 - VI ZR 8/03 -, VersR 2004, 645ff. und *Müller*, in: FS für *Lorenz*, S. 475 (483f.) = GesR 2004, 257 (260).

372 KG, Urteil v. 2.10.2003 - 20 U 402/01 -, NJW 2004, 691f. — *Armfehlbildung*.

der Frage bedurft, ob das Sozialrecht bzw. Entscheidungen von Institutionen der GKV die haftungsrechtlichen Maßstäbe zu bestimmen vermögen.[373] Ebenso kann der weitere Leitsatz, dass der sozialrechtliche (GKV-Standard) und der haftungsrechtliche Standard übereinstimmen und die Maßstäbe der Gesetzlichen Krankenversicherung auch diejenigen der Privaten Krankenversicherung bestimmen, nicht unkommentiert bleiben, da er in der Form nicht ausreichend, weil unterkomplex, dargestellt ist.[374]

IV. „Inkongruenzen" zwischen haftungs- und sozialrechtlicher Standardbehandlung

Wenn (bisher) keine Richtlinie über eine neue Behandlungsmethode vorliegt, dann ist sozialrechtlich die Behandlung – jedenfalls im vertragsärztlichen Bereich – prinzipiell nicht von der Leistungspflicht der Kassen umfasst (keine „Zulassung" einer [neuen] Behandlungsmethode).[375] Das entspricht der Konstellation des im Schrifttum[376] vielfach diskutierten *Aciclovir-Falles*,[377] der allerdings eine stationäre Behandlung betraf. Das OLG Köln[378] entschied dort, dass die Behandlung bereits dem Standard entsprach und das Haftungsrecht an diesen gebunden war. Somit dürfen „Entwicklungslücken" des Sozialrechts haftungsrechtlich *nicht zu Lasten des Patienten* bzw. Geschädigten gehen.

Eine abschließende Stellungnahme kann auch hier nicht erfolgen, weil dies wiederum einer intensiveren Auseinandersetzung bezüglich des Spannungsverhältnisses zwischen Sozial- und Haftungsrecht bedarf.[379]

---

373 *Hart*, in: *Hart*, Ärztliche Leitlinien im Medizin- und Gesundheitsrecht, S. 85 (105).

374 Ebenso *Hart*, in: *Hart*, Ärztliche Leitlinien im Medizin- und Gesundheitsrecht, S. 85 (105).

375 *Hart*, VSSR 2002, 265 (294f.).

376 Umfangreich *Hart*, MedR 1991, 300 (305); 1994, 94 (97); 1996, 60 (70); 1998, 8 (13); 1999, 47 (49f.); 2002, 321 (322); *ders.*, VSSR 2002, 265 (294f.); *Francke/Hart*, ZaeFQ 2001, 732 (733); *Madea/Staak*, in: FS für *Steffen*, S. 303 (314); *Sandbiller*, MedR 2002, 19 (22); *Voß*, Kostendruck und Ressourcenknappheit im Arzthaftungsrecht, S. 142; *Röfer*, Zur Berücksichtigung wirtschaftlicher Überlegungen bei der Festlegung arzthaftungsrechtlicher Sorgfaltsanforderungen, S. 93; *Conradi*, Verknappung medizinischer Ressourcen und Arzthaftung, S. 81; *Bergmann*, Arzthaftung, S. 23; *Deutsch*, VersR 1991, 189; *Giesen*, JR 1991, 464f.

377 OLG Köln, Urteil v. 30.05.1990 - 27 U 169/89 -, VersR 1991, 186ff. — *Aciclovir*; vgl. die ausführliche Darstellung der Entscheidung im 3. Kapitel, C, IV.

378 OLG Köln, Urteil v. 30.05.1990 - 27 U 169/89 -, VersR 1991, 186ff. — *Aciclovir*.

379 Vgl. schon oben Kapitel 1, C, I., 2, d), wo damit zusammenhängende Aufklärungsfragen näher erläutert wurden. Zum Diskussionsstand in der Lehre vgl. u. a. *Hart*, MedR 2002, 321ff.; *Francke/Hart*, Charta der Patientenrechte, S. 186ff.; *dies.*, ZaeFQ 2001, 732ff.; *Steffen*, in: FS für *Geiß*, S. 487ff.; *Rumler-Detzel*, VersR 1998, 546ff.

V. Versorgungsbedingte Knappheiten

Schließlich ist in diesem Abschnitt noch zu der Frage Stellung zu nehmen, ob eine Schadensersatzpflicht gegenüber Patienten besteht, welche infolge versorgungsbedingter („planbarer") Knappheiten[380] ausgelöst wurde.

Wie mit solchen Kapazitätsengpässen, bei denen aus medizinischer Sicht eine Notwendigkeit zur Untersuchung bzw. Behandlung besteht, umzugehen ist, musste die Rechtsprechung[381] in einigen Fällen entscheiden. Nach der Auffassung der Gerichte haben die Patienten die Beschränkungen hinzunehmen. Das galt insbesondere für den Bereich der pränatalen Diagnostik.[382] Weil humangenetische Einrichtungen nicht ausreichend vorhanden waren und die Kapazitäten nicht ausreichten, konnten Fruchtwasseruntersuchungen erst bei Frauen ab dem 36. Lebensjahr durchgeführt werden, obwohl aus medizinischer Sicht eine Indikation bereits zu einem früheren Zeitpunkt angezeigt war.[383] Die Rechtsprechung[384] wurde durch ein Urteil bestätigt, welches einen herzchirurgischen Eingriff betraf. Dabei waren die Kapazitäten der Herzzentren so ausgestattet, dass nicht alle Eingriffe sofort durchgeführt werden konnten.

1. Standpunkt der Lehre

Zum ganz überwiegenden Teil wird im Schrifttum[385] den Gerichten[386] zugestimmt. Dass an einigen Stellen Versorgungsengpässe bestehen, ist von den Patienten hinzunehmen. Dafür können weder die Ärzte noch der Krankenhausträ-

---

380 So auch zur Umschreibung dieser Fallgruppe *Hart*, anlässlich eines Vortrages mit dem Titel: „Haftungsmaßstäbe und Ressourcenknappheit" auf den 7. Karlsruher Gesprächen zwischen Ärzten und Juristen der Bezirksärztekammer Nordbaden im April 2003 (unveröffentlicht), mit diversen Beispielen.

381 BGH, Urteil v. 22.11.1983 - VI ZR 85/82 -, NJW 1984, 658ff. — *Amniozentese I*; v. 7.07.1987 - VI ZR 193/86 -, NJW 1987, 2923f. — *Amniozentese II*; OLG Oldenburg, Urteil v. 27.07.1993 - 5 U 49/93 -, VersR 1995, 49f. — *Nierenarteriendilatation*; OLG Köln, Urteil v. 10.07.1991 - 27 U 13/91 -, VersR 1993, 52f. — *Kapazitätsengpässe*; vgl. ausführlich die Darstellung der Entscheidungen im 3. Kapitel, C, V.

382 Umfassend zur Amniozentese und damit zusammenhängenden weiteren Problemen *Laufs*, MedR 1990, 231ff.

383 So zumindest BGH, Urteil v. 7.07.1987 - VI ZR 193/86 -, NJW 1987, 2923f. — *Amniozentese II*.

384 OLG Köln, Urteil v. 10.07.1991 - 27 U 13/91 -, VersR 1993, 52f. — *Kapazitätsengpässe*.

385 *Steffen/Dressler*, Arzthaftungsrecht, Rdnr. 134, 138, 140; *Geiß/Greiner*, Arzthaftpflichtrecht, B Rdnr. 7; *Voß*, Kostendruck und Ressourcenknappheit im Arzthaftungsrecht, S. 179, 186f.; *MünchKomm-Wagner*, § 823, Rdnr. 684; ebenso, aber allgemeiner *Bamberger/Roth-Spindler*, § 823, Rdnr. 601.

386 Gleichzeitig verweist die Rechtsprechung auch auf *Steffen*, Neuere Entwicklungslinien der BGH-Rechtsprechung zum Arzthaftungsrecht[4], S. 37; vgl. OLG Oldenburg, Urteil v. 27.07.1993 - 5 U 49/93 -, VersR 1995, 49f. — *Nierenarteriendilatation* sowie OLG Köln, Urteil v. 10.07.1991 - 27 U 13/91 -, VersR 1993, 52f. — *Kapazitätsengpässe*.

ger verantwortlich gemacht werden;[387] vielmehr handele es sich um Fragen des *Gesundheitssystems*, wofür letztlich der Gesetzgeber die Verantwortung trage.[388] Scharf kritisiert wurde die Rechtsprechung dagegen von *Röfer*.[389] Nach ihrer Auffassung dürfen Knappheitsprobleme nicht zu Lasten der Patienten gehen, da anderenfalls „wirtschaftliche Aspekte über die Sicherheit des Patienten gestellt" würden.[390]

Röfer[391] pauschalisiert sehr stark, indem sie den Gerichten ohne weitere Begründung vorwirft, wirtschaftliche Aspekte über das Patientenwohl zu stellen. Es erscheint aber ebenso zweifelhaft, den Patienten *allein* darauf zu verweisen, dass die Situation nun einmal so sei und er sich damit abzufinden habe, wie es die Rechtsprechung in der Vergangenheit wiederholt getan hat. Vielmehr bedarf es *bestimmter nachprüfbarer Kriterien*, welche eine solche Entscheidung rechtfertigen.

2. Stellungnahme

In concreto dürfte sich das Problem bei der Amniozentese nicht mehr stellen. Medizinisch indiziert ist eine solche Untersuchung heutzutage u. a.,[392] wenn die Schwangere das 35. Lebensjahr[393] überschritten hat. Folglich ist aus *medizinischer Sicht* seit dem vom BGH[394] entschiedenen Sachverhalt (1982) keine we-

---

387 *Steffen/Dressler*, Arzthaftungsrecht, Rdnr. 134.; *Bamberger/Roth-Spindler*, § 823, Rdnr. 601, Fn. 3404.

388 *MünchKomm-Wagner*, § 823, Rdnr. 684, mit Verweis auf OLG Köln, Urteil v. 10.07.1991 - 27 U 13/91 -

389 *Röfer*, Zur Berücksichtigung wirtschaftlicher Überlegungen bei der Festlegung arzthaftungsrechtlicher Sorgfaltsanforderungen, S. 88f., 93ff., 99, 114.

390 *Röfer*, Zur Berücksichtigung wirtschaftlicher Überlegungen bei der Festlegung arzthaftungsrechtlicher Sorgfaltsanforderungen, S. 89, 95.

391 *Röfer*, Zur Berücksichtigung wirtschaftlicher Überlegungen bei der Festlegung arzthaftungsrechtlicher Sorgfaltsanforderungen, S. 89, 95, 114.

392 Weitere Faktoren, die für eine Amniozentese sprechen können, sind belastende Familienanamesen (Erbkrankheiten, vorgeschädigtes Geschwisterkind, zwei oder mehr aufeinanderfolgende Aborte), psychische Belastungen der Mutter, Abhängigkeiten (Alkohol, Drogen, Medikamente), sonographische Auffälligkeiten (bei Ultraschall-Fehlbildungssuche in der 9. – 12. Schwangerschaftswoche [Nackenödem]). Siehe zu weiteren möglichen Faktoren: www.9monate.de/qmDoc.php?fn =praenatale_diagnostik&filetime=1115 038183 (Abfragestand: 9.05.2005).

393 Vgl. die Altersangaben humangenetischer Institute: www.ihg.gsf.de/ihg/patinfo/ac_f. html (Abfragestand: 09.05.2005); siehe auch in den Mutterschaftsrichtlinien des Gemeinsamen Bundesausschusses für Ärzte und Krankenkassen, dort unter B, 1., g) u. 4., e) sowie www.eltern.de /schwangerschaft_geburt/schwanger_sein/schwangerschaftslexikon. Teilweise wird auch eine Amniozentese befürwortet, wenn die Mutter älter als 34 Jahre ist; siehe www.geburtshilfe.unispital.ch/german/HealthProfessionals/Diagnostik/Amniozentese oder www.9monate.de/qmDoc.php?fn=praenatale_diagnostik&file time=1115038183 (Abfragestand: jeweils 9.05.2005).

394 BGH, Urteil v. 7.07.1987 - VI ZR 193/86 -, NJW 1987, 2923f. — *Amniozentese II.*

sentliche Veränderung[395] bei der Altersfestlegung für eine Fruchtwasseruntersuchung eingetreten. Dagegen existieren nunmehr – bei den zahlreichen humangenetischen Instituten[396] – ausreichende Untersuchungsstellen, um zumindest im Bereich der Amniozentese Engpässe zu vermeiden.

Zustimmung verdient die Entscheidungsbegründung des OLG Köln;[397] die Richter beriefen sich auf das *Kriterium der Dringlichkeit.* Sie stellten heraus, dass *dringliche Eingriffe* am Herzen *sofort* oder kurzfristig, andere ohne akute Bedrohung jedoch planmäßig erfolgen können und hinausgeschoben werden dürfen. Es ist anerkannt[398] und nachvollziehbar, dass der akut behandlungsbedürftige Patient, bei dem es gilt, eine Gefahr für Leib und Leben abzuwenden, eher zu behandeln ist als derjenige, bei dem eine (bloße) Gesundheitsbeeinträchtigung vorliegt. In der Literatur[399] wird sogar betont, dass die Dringlichkeit der Behandlung als *alleiniges* Auswahlkriterium zu akzeptieren ist, wenn es um die operativen Kapazitäten von Kliniken geht.

3. Sonderproblem: Altersbegrenzung

Sehr problematisch ist des Weiteren, ob eine feste Altersgrenze ein grundsätzliches Zugangskriterium für bestimmte knappe und aufwendige medizinische Leistungen sein darf respektive werden kann.[400] Der derzeitige Diskussionsstand soll knapp[401] skizziert werden.

a) Bestandsaufnahme

Es bestehen erhebliche Unterschiede zwischen Deutschland und dem Ausland. Die *Zentrale Ethikkommission*[402] stellte in einer Stellungnahme vor einigen Jah-

---

395 Bei der reinen Altersindikation hatte man damals den Zeitpunkt der Punktion mit dem Erreichen des 36. Lebensjahres verbunden.

396 Auf der Internetseite der Deutschen Gesellschaft für Humangenetik e. V. befindet sich eine komplette Liste der Genetischen Beratungsstellen in Deutschland mit mittlerweile 270 Einträgen (vgl., www. Gfhev.de/de/beratungsstellen/beratungsstellen.php [Abfragestand: 9.05.2005]). Siehe auch die Nachweise unter www.medizin-netz.de/adrgenberat.htm.

397 OLG Köln, Urteil v. 10.07.1991 - 27 U 13/91 -, VersR 1993, 52f. — *Kapazitätsengpässe.*

398 Vgl. ausführlicher *Voß*, Kostendruck und Ressourcenknappheit im Arzthaftungsrecht, S. 181, 183.

399 *Uhlenbruck*, MedR 1995, 427 (433f.) unter weiterführenden Verweis auf *Künschner*, Wirtschaftlicher Behandlungsverzicht und Patientenauswahl, S. 311ff.

400 Vgl. bereits Kapitel 2, D, III., 5.

401 Knapp deshalb, weil bei Aufführung aller (zahlreicher) Stellungnahmen der Rahmen der Arbeit „gesprengt“ würde. Die Thematik gehört jedoch zumindest angesprochen.

402 *Zentrale Ethikkommission*, in: *Taupitz/Brewe*, Medizinische Versorgung in Zeiten knapper Kassen, S. 49 (57).

ren fest, dass *international* gesehen die Priorisierung[403] – vor allem unter *Altersgesichtspunkten* – kein neues Thema sei.

aa) Internationaler Diskussionsstand

In Großbritannien[404] ist diese Diskussion weit vorangeschritten. Hier ist offen von „our certain fate: rationing in health care“ die Rede,[405] gerade auch unter Bezug auf das Alter. *Fuchs*,[406] *Arnold*,[407] *Krämer*[408] und *Künschner*[409] führen dazu ein konkretes Beispiel des National Health Service an, in dem es um Zugangsbeschränkungen über 60-jähriger Patienten zur Hämodialysebehandlung geht.[410] Dagegen soll *Vosteen*[411] zufolge keine *starre* Altersgrenze für Dialyseleistungen vorliegen; vielmehr wird nach seiner Meinung oftmals – unter medizinischen Gesichtspunkten – statt der Hämodialyse eine Peritonealdialyse gewählt. Er räumt jedoch ein, dass im britischen Gesundheitswesen zumindest *variable* Altersgrenzen für den Zugang zur Dialysebehandlung entscheidungserheblich sind.[412]

Die *Zentrale Ethikkommision*[413] verweist weiterhin auf den (kleinen)[414] US-Staat Oregon, in welchem der Versuch unternommen wurde, rund 700 präventive, therapeutische oder rehabilitative Verfahren in eine einzige „Rangreihe“ zu bringen.[415] Bei dieser Reihenfolge sind dann explizit Altersgrenzen berücksichtigt worden.[416]

---

403 „In der medizinischen Versorgung versteht man unter Priorisierung die ausdrückliche Feststellung einer Vorrangigkeit bestimmter Indikationen, Patientengruppen oder Verfahren vor anderen. In der Regel beinhaltet Priorisierung die Feststellung einer mehrstufigen Rangreihe. An deren oberen Ende steht das, was nach Datenlage und öffentlichem Konsensus höchste Priorität hat, also als absolut unverzichtbar erscheint. Nach unten zu nimmt die Bedeutung ab.“ Diese Definition ist bei der Stellungnahme der *Zentrale Ethikkommission*, in: *Taupitz/Brewe*, Medizinische Versorgung in Zeiten knapper Kassen, S. 49 (57), entnommen.

404 Vgl. insgesamt und aktuell zu dieser Problematik in Großbritannien *Newdick*, Who should we treat?

405 So die *Zentrale Ethikkommission*, in: *Taupitz/Brewe*, Medizinische Versorgung in Zeiten knapper Kassen, S. 49 (56).

406 *Fuchs*, in: *Nagel/Fuchs*, Rationalisierung und Rationierung im deutschen Gesundheitswesen, S. 42 (44).

407 *Arnold*, Solidarität 2000, S. 167.

408 *Krämer*, Die Krankheit des Gesundheitswesens, S. 246.

409 *Künschner*, Wirtschaftlicher Behandlungsverzicht und Patientenauswahl, S. 94f.

410 Vgl. auch *Newdick*, Who should we treat?, S. 18, 20.

411 *Vosteen*, Rationierung im Gesundheitswesen und Patientenschutz, S. 356.

412 Nach *Vosteen*, Rationierung im Gesundheitswesen und Patientenschutz, S. 356, liegen diese Altersgrenzen zwischen dem 65. und 75. Lebensjahr.

413 *Zentrale Ethikkommission*, in: *Taupitz/Brewe*, Medizinische Versorgung in Zeiten knapper Kassen, S. 49 (53, 58, 61, 64).

414 Dort leben weniger als 3 Mill. Menschen.

415 Vgl. auch *Fuchs*, in: *Nagel/Fuchs*, Rationalisierung und Rationierung im deutschen Ge-

Gleiches ist nach Angaben der *Zentralen Ethikkommision*[417] in Neuseeland geschehen, wobei eine Priorisierung von Patientenuntergruppen auf Grund des Alters innerhalb eines Indikationsbereiches erfolgte, und zwar bei der endoprothetischen Versorgung von Patienten mit Hüftgelenksarthrosen.[418]

Fuchs[419] zufolge wird auch in den Niederlanden über Altersgrenzen als Ausschlusskriterium bei herzchirurgischen Eingriffen diskutiert.[420] Debatten über feste Altersgrenzen, um den Pool möglicher Behandlungskandidaten und Auswahlprobleme zahlenmäßig zu verringern, werden seit mehr als zehn Jahren auch in Dänemark,[421] Schweden[422] und Norwegen[423] geführt.[424]

Die verschiedenen Beispiele spiegeln die zunehmende supranationale Diskussion dieser Thematik wider. 1996 wurde deshalb die erste internationale Konferenz zu „Priorities in Health Care“ in Stockholm durchgeführt, welcher 1998 eine zweite in London folgte.[425] Bemerkenswert ist, dass die Veranstaltungen noch nahezu ohne deutsche Beteiligung stattfanden.[426]

---

sundheitswesen, S. 42 (45).

416 So ausdrücklich *Arnold*, Solidarität 2000, S. 167; vgl. *ders.*, in: *Taupitz/Brewe*, Medizinische Versorgung in Zeiten knapper Kassen, S. 67 (71).

417 *Zentrale Ethikkommission*, in: *Taupitz/Brewe*, Medizinische Versorgung in Zeiten knapper Kassen, S. 49 (57, 61).

418 Vgl. ebenfalls *Arnold*, in: *Taupitz/Brewe*, Medizinische Versorgung in Zeiten knapper Kassen, S. 67 (71).

419 *Fuchs*, in: *Nagel/Fuchs*, Rationalisierung und Rationierung im deutschen Gesundheitswesen, S. 42 (45).

420 *Zentrale Ethikkommission*, in: *Taupitz/Brewe*, Medizinische Versorgung in Zeiten knapper Kassen, S. 49 (57); *Arnold*, Solidarität 2000, S. 167; *ders.*, in: *Taupitz/Brewe*, Medizinische Versorgung in Zeiten knapper Kassen, S. 67 (71). *Künschner* weist des Weiteren darauf hin, dass ein Alterslimit bei Herztransplantationen von 55 Jahren in den Niederlanden bestand.

421 Vgl. *Zentrale Ethikkommission*, in: *Taupitz/Brewe*, Medizinische Versorgung in Zeiten knapper Kassen, S. 49 (57), m. w. N.

422 Vgl. *Zentrale Ethikkommission*, in: *Taupitz/Brewe*, Medizinische Versorgung in Zeiten knapper Kassen, S. 49 (57), m. w. N.

423 *Arnold*, in: *Taupitz/Brewe*, Medizinische Versorgung in Zeiten knapper Kassen, S. 67 (71).

424 *Arnold*, Solidarität 2000, S. 167, ergänzt, dass solche Diskussionen auch in der ehemaligen DDR geführt wurden. Der *Zentralen Ethikkommission*, in: *Taupitz/Brewe*, Medizinische Versorgung in Zeiten knapper Kassen, S. 49 (57), zufolge wird die Priorisierung auch in Israel thematisiert.

425 Vgl. *Zentrale Ethikkommission*, in: *Taupitz/Brewe*, Medizinische Versorgung in Zeiten knapper Kassen, S. 49 (58).

426 Siehe *Zentrale Ethikkommission*, in: *Taupitz/Brewe*, Medizinische Versorgung in Zeiten knapper Kassen, S. 49 (58).

bb) Diskussionsstand in Deutschland

Nicht zuletzt[427] durch die international zu beobachtende Entwicklung – vor allem auch in den anderen EU-Mitgliedsstaaten – ist nunmehr auch in unserem Land eine Diskussion über diese Thematik in Gang gesetzt worden. Diese befindet sich allerdings noch im Fluss und kann an dieser Stelle nur angedeutet werden. Bisher haben sich erst wenige Autoren[428] für eine mögliche Altersbeschränkung ausgesprochen.

In der juristischen Lehre[429] wurden derartige Forderungen bisher strikt zurückgewiesen. *Uhlenbruck*[430] führt zwar aus, dass zu Beginn der neunziger Jahre u. a. 34 % der Ausgaben für Sehhilfen, 35 % der ambulanten Behandlungskosten, 51 % der Ausgaben für Arzneimittel im ambulanten Sektor, 52 % der Krankenhausausgaben, 54 % der Ausgaben für Heil- und Hilfsmittel, 62 % der Krankenkassenausgaben für Kuren, 71 % der Ausgaben für Dialyseleistungen, 75 % der Ausgaben für Hörhilfen und 94 % der Ausgaben für die häusliche Krankenpflege allein auf die Altersgruppe der über 60-jährigen Versicherten entfielen. Der Autor[431] betont aber, dass diese Zahlenangaben weder zu irgendwelchen Nutzen/Kosten-Analysen taugen noch sich aus ihnen der Verzicht auf eine medizinisch indizierte Behandlung älterer Patienten ableiten lasse. Dies wäre inakzeptabel[432] und verstöße zudem gegen die verfassungsrechtliche Vorgabe der Art. 2 Abs. 2 S. 1 GG und Art. 3 Abs. 1 GG,[433] die auch im Haftungsrecht gilt.[434] Danach ist „jedes menschliche Leben [...] als solches gleich wertvoll und kann des-

---

427 Vgl. auch Kapitel 2, D, III., 5., in welchem des Weiteren auf die demographische Entwicklung abgestellt wurde.

428 Siehe beispielsweise *Kliemt*, auf den *Voß*, Kostendruck und Ressourcenknappheit im Arzthaftungsrecht, S. 184, Fn. 109, verweist. *Voß*, selbst, a. a. O., lehnt eine Altersgrenze jedoch ausdrücklich ab. Angedeutet, unter Bezugnahme auf OLG Köln, Urteil v. 10.07.1991 - 27 U 13/91 -, VersR 1993, 52f. — *Kapazitätsengpässe*, auch von *Rumler-Detzel*, in: *Arbeitsgemeinschaft Rechtsanwälte im Medizinrecht e. V.*, Die Budgetierung des Gesundheitswesens, S. 40 (1. Podiumsdiskussion).

429 Beispielsweise *Ulsenheimer*, MedR 1995, 438 (441); *Uhlenbruck*, MedR 1995, 427 (432f.); *Hart*, MedR 1996, 60 (70); *Voß*, Kostendruck und Ressourcenknappheit im Arzthaftungsrecht, S. 184; *Uhlenbruck/Laufs*, in: *Laufs/Uhlenbruck*, Handbuch des Arztrechts, § 57, Rdnr. 4; *Künschner*, Wirtschaftlicher Behandlungsverzicht und Patientenauswahl, S. 329. Vgl. auch *Feuerstein*, in: *Feuerstein et al.*, Prioritäten und Wertkonflikte im Einsatz knapper klinischer Behandlungsressourcen, S. 114, der in seiner Übersicht über verschiedene Verteilungskriterien formuliert: Der „Wert des Lebens nimmt nicht ab“, zitiert nach *Vosteen*, Rationierung im Gesundheitswesen und Patientenschutz, S. 356, Fn. 180.

430 *Uhlenbruck*, MedR 1995, 427 (432f.).

431 *Uhlenbruck*, MedR 1995, 427 (432f.).

432 Siehe auch *Hart*, MedR 1996, 60 (70).

433 Vgl. nur *Uhlenbruck*, MedR 1995, 427 (432f.), m. w. N. sowie *Voß*, Kostendruck und Ressourcenknappheit im Arzthaftungsrecht, S. 184.

434 Grundlegend zur sogenannten mittelbaren Drittwirkung der Grundrechte *Dürig*, in: FS für *Nawiasky*, S. 157 (167f.); siehe auch BVerfGE 7, 198 (205).

halb keiner irgendwie gearteten unterschiedlichen Bewertung oder gar zahlenmäßigen Abwägung zugeführt werden".[435]

Vosteen[436] bezweifelt bereits die Aussage, wonach im Alter *generell* höhere Behandlungskosten anfallen. Untersuchungen belegten vielmehr, dass die höchsten Behandlungskosten jeweils in den letzten fünf bis sechs Lebensmonaten anfallen, und zwar *unabhängig* vom Alter des Patienten.[437] Schon deshalb kann nach *Vosteen*[438] das Lebensalter *kein* entscheidendes Auswahlkriterium bei der Verteilung knapper Kapazitäten sein, zumal auch ein Verstoß gegen die Grundsätze der Verteilungsgerechtigkeit gemäß Art. 3 Abs. 1 GG vorliege.

b) Ausblick

Ziel war es, an dieser Stelle nochmals auf die Problematik hinzuweisen, ob feste Altersgrenzen ein Auswahlkriterium für den Zugang zu Behandlungen sein dürfen. In Deutschland wurde dies bisher – entgegen anderer Tendenzen in EU-Mitgliedsstaaten – strikt abgelehnt. Ein anderes Ergebnis verstößt gegen die Vorgaben unseres Grundgesetzes. Die weitere Entwicklung vor allem vor dem Hintergrund möglicher Rechtsangleichungen in Europa bleibt jedoch abzuwarten.

D Qualitätsaufklärung

Unter dieser Überschrift wird untersucht, inwieweit *ökonomische Zwänge*, die auf der Organisationsebene berücksichtigt wurden und zu *zulässigen Standardrelativierungen* geführt haben, im Wege der Aufklärung gegenüber den Patienten *kompensiert* werden können. Daneben ist auf Aufklärungsfragen im Zusammenhang mit den Anfängeroperationen einzugehen.

---

435 BVerfGE 39, 1 (59), zitiert nach *Voß*, Kostendruck und Ressourcenknappheit im Arzthaftungsrecht, S. 184, Fn. 110.

436 *Vosteen*, Rationierung im Gesundheitswesen und Patientenschutz, S. 355.

437 *Rie*, in: *Sachße/Engelhardt*, Sicherheit und Freiheit, S. 272 (279), zit. nach *Vosteen*, Rationierung im Gesundheitswesen und Patientenschutz, S. 355. Vgl. dagegen aber wiederum *Genzel*, in: *Taupitz/Brewe*, Medizinische Versorgung in Zeiten knapper Kassen, S. 101 (104). Der Autor, a. a. O., führt aus: „Mit zunehmendem Alter steigt der medizinische und pflegerische Aufwand überproportional. Multimorbidität bestimmt vielfach das Krankheitsgeschehen. Kostenmäßig erhebliche Relevanz hat, dass bei rund 42 % der über 65-jährigen Patienten zumindest zeitweise eine intensiv-medizinische Behandlung geboten ist, während diese im Durchschnitt nur bei rund 30 % der übrigen Patienten erfolgt."

438 *Vosteen*, Rationierung im Gesundheitswesen und Patientenschutz, S. 355.

I. Strukturqualität

Im Rahmen der Strukturqualität geht es darum, ob der Patient durch den Krankenhausträger über unterschiedliche institutionelle Bedingungen bei Notfallbehandlungen sowie über die Qualität der Behandlung in verschiedenen Behandlungsinstitutionen bei unterschiedlicher technisch-apparativer Ausstattung zu informieren ist. Des Weiteren wird knapp die Auffassung der Rechtsprechung überprüft, die bei fehlender Ausstattung mit Implantaten und bei der Verletzung von Hygienestandards im Krankenhaus für eine Aufklärung des Patienten plädiert.

1. Keine Aufklärung über unterschiedliche institutionelle Bedingungen bei Notfallbehandlungen

Wird ein Patient als Notfall in ein Krankenhaus eingeliefert, welches *den erforderlichen Standard* für die Behandlung derartiger Notfälle *aufweist*, dann bedarf es keiner Aufklärung. Die Rechtsprechung[439] formuliert, dass der Patient nicht darüber informiert werden muss, wenn eine andere Einrichtung möglicherweise personell und/oder sachlich besser ausgestattet ist. Zu begründen ist dies mit der *medizinisch-situationsbezogenen Besonderheit* bei Notfällen. Praktisch scheitert eine Aufklärung bereits daran, weil der Verletzte oftmals weder aufnahmefähig noch ansprechbar sein wird.[440] Ebenso ist eine Befragung der Eltern bei verunfallten Kindern ausgeschlossen, da entsprechende Behandlungsmaßnahmen bei einem Notfall sofort erfolgen müssen. Ansonsten besteht die Gefahr, dass wertvolle Zeit verloren geht. Transportzeiten, klinische und röntgenologische Untersuchungen sowie die präoperative Vorbereitung lassen praktisch keinen Überlegungsspielraum für den Patienten bzw. seine Angehörigen.[441] Bei vitaler Indikation der Sofortversorgung besteht folglich *keine Rechtspflicht* zur Aufklärung.[442] Allein die Dringlichkeit der Behandlungsmaßnahme steht im Vordergrund.[443]

---

439 BGH, Urteil v. 11.05.1982 - VI ZR 171/80 -, NJW 1982, 2121ff. — *Unfallpatient I*; BGH, Urteil v. 31.05.1988 - VI ZR 261/87 -, NJW 1988, 2302f. — *Unfallpatient II*; vgl. 3. Kapitel, D, I., 1.

440 *Giesen*, Arzthaftungsrecht, Rdnr. 98; *Ludolph*, MedR 1988, 120 (121); *Voß*, Kostendruck und Ressourcenknappheit im Arzthaftungsrecht, S. 175.

441 *Ludolph*, MedR 1988, 120 (121).

442 Vgl. auch *Hart/Francke*, Bundesgesundheitsbl. 2002, 13 (15).

443 *Schelling*, Die ärztliche Aufklärung über die Qualität der Behandlung, S. 83; *Ludolph*, MedR 1988, 120 (120, 123); *Voß*, Kostendruck und Ressourcenknappheit im Arzthaftungsrecht, S. 175; *Giesen*, Arzthaftungsrecht, Rdnr. 98.

2. Aufklärung über die Qualität der Behandlung in verschiedenen Behandlungseinrichtungen am Beispiel unterschiedlich technisch-apparativer Ausstattungen

Es geht dabei um Informationspflichten gegenüber dem Patienten, wenn bei der Behandlung die moderne technische Ausstattung fehlt oder wenn Geräte eingesetzt werden, die sich an der „unteren Bandbreite" des Standards befinden.

a) *Aufklärungspflicht bei fehlender technisch-apparativer Ausstattung auf Grund von Investitionsdefiziten*

Die Rechtsprechung[444] hat in dieser Fallgruppe auch ökonomische Überlegungen – neben der Pflichtenbestimmung auf der Organisationsebene[445] – zur Einschränkung von Aufklärungspflichten berücksichtigt.

Prinzipiell muss über bestehende Behandlungsalternativen aufgeklärt werden, da es dem Patienten zusteht, über unterschiedliche Nutzen und Risiken verschiedener Behandlungen zu entscheiden.[446] Wenn aber eine Behandlungsmethode keine „echte" Alternative ist, also noch nicht überall zur Verfügung steht, oder die medizinische Entwicklung nicht relevant erscheint („Variante" nicht Alternative), so soll der Patient nicht aufgeklärt werden. In der *Elektrokoagulations-Entscheidung*[447] spricht der BGH ausdrücklich von der „überzogenen Erwartungshaltung" der Patienten in Bezug auf die modernste Ausstattung, die weder „im medizinischen Alltag" noch im Haftungsrecht berücksichtigt werden darf.[448] Diese Rechtsprechung ist in weiteren Entscheidungen[449] bestätigt worden. Insgesamt wird eine Verpflichtung, den Patienten darüber zu informieren, dass die Behandlungsqualität der eigenen Einrichtung zwar (noch) dem anerkannten Stand entspricht, anderswo aber durch versiertere Ärzte oder mit modernerem Gerät durchgeführt werden könnte, abgelehnt.

444 BGH, Urteil v. 28.02.1984 - VI ZR 106/82 -, NJW 1984, 1810f. — *CT*; v. 22.09.1987 - VI ZR 238/86 -, BGHZ 102, 17ff. — *Elektrokoagulation*; v. 26.11.1991 - VI ZR 389/90 -, NJW 1992, 754ff. — *Großfeldtechnik*; OLG Oldenburg, Urteil v. 5.03.1996 - 5 U 147/95 -, VersR 1996, 1023ff. — *Zweifeldbestrahlung*; OLG Köln, Urteil v. 19.08.1998 - 5 U 103/97 -, VersR 1999, 847f. — *Telekobalt*; vgl. 3. Kapitel, D, I., 2., a).

445 Siehe ausführlich oben Kapitel 4, B, II., 1.

446 H. M., vgl. nur *Hart*, MedR 1996, 60 (69).

447 BGH, Urteil v. 22.09.1987 - VI ZR 238/86 -, BGHZ 102, 17ff. — *Elektrokoagulation*.

448 Vgl. *Narr*, MedR 1988, 91.

449 Vgl. die Nachweise oben im vorherigen Abschnitt.

aa) Standpunkt der Lehre

Diese Urteile sind in der Literatur[450] aus unterschiedlichen Erwägungen[451] begrüßt, aber auch massiv kritisiert worden. Die nachfolgende Bewertung beschränkt sich dabei auf wirtschaftliche Aspekte.

(1) Position I: Zustimmung

Eine beachtliche Anzahl von Autoren[452] stimmt dafür, ökonomische Überlegungen bei der Umsetzung der medizinischen Entwicklung zur Begrenzung der Aufklärungspflicht zu berücksichtigen. Wenn die moderne Technik auf Grund von Investitionsdefiziten (noch) nicht angeschafft wurde, soll keine Informationspflicht gegenüber den Patienten bestehen.

Die durch den raschen technischen Fortschritt zwangsläufig hervorgerufenen Unterschiede in der Behandlungsqualität müsse der Patient als Rahmenbedingung medizinischer Behandlung entschädigungslos hinnehmen.[453] *Pflüger*[454] beispielsweise meint, gegen eine Aufklärungspflicht sprechen die Ressourcenknappheit und das Allokationsproblem. Es müsse bedacht werden, dass aufwendige Operationen oder Diagnosemaßnahmen oftmals mit längeren Wartezeiten verbunden seien. Angesetzte Termine würden häufig bereits für solche Patienten

---

450 Insbesondere zur *Elektrokoagulations-Entscheidung* vgl. *Giesen*, JZ 1988, 414ff.; *ders.*, Arzthaftungsrecht, Rdnr. 219f.; *Damm*, NJW 1989, 737 (741ff.); *Francke/Hart*, Charta der Patientenrechte, S. 45f.; *Hart*, Jura 2000, 64 (67); *ders.*, MedR 1996, 60 (68f.); *Francke*, Ärztliche Berufsfreiheit und Patientenrechte, S. 192; *Röfer*, Zur Berücksichtigung wirtschaftlicher Überlegungen bei der Festlegung arzthaftungsrechtlicher Sorgfaltsanforderungen, S. 106ff.; *Künschner*, Wirtschaftlicher Behandlungsverzicht und Patientenauswahl, S. 232ff.; *Weber-Steinhaus*, Ärztliche Berufshaftung, S. 306f.; *Schelling*, Die ärztliche Aufklärung über die Qualität der Behandlung, S. 67ff.; *Voß*, Kostendruck und Ressourcenknappheit im Arzthaftungsrecht, S. 178; *Steffen/Dressler*, Arzthaftungsrecht, Rdnr. 383f.; *Geiß/Greiner*, Arzthaftpflichtrecht, C Rdnr. 37; *Laufs*, in: *Laufs/Uhlenbruck*, Handbuch des Arztrechts, § 64, Rdnr. 6f.; *Pflüger*, Krankenhaushaftung und Organisationsverschulden, S. 116ff.; *ders.*, MedR 2000, 6 (7); *Katzenmeier*, Arzthaftung, S. 332f.; *Narr*, MedR 1988, 91.

451 Zu den unterschiedlichen Erwägungen, die insgesamt gegen eine Qualitätsaufklärung sprechen sollen, siehe bereits oben Kapitel 1, C, 1., d). Konkret bezogen auf die *Elektrokoagulations-Entscheidung* vgl. insbesondere *Schelling*, Die ärztliche Aufklärung über die Qualität der Behandlung, S. 71ff.; *Giesen*, JZ 1988, 414ff. und *Damm*, NJW 1989, 737 (741ff.)

452 *Pflüger*, Krankenhaushaftung und Organisationsverschulden, S. 116ff.; *ders.*, MedR 2000, 6 (7); *Steffen/Dressler*, Arzthaftungsrecht, Rdnr. 383f.; *Geiß/Greiner*, Arzthaftpflichtrecht, C Rdnr. 37; *Laufs*, in: *Laufs/Uhlenbruck*, Handbuch des Arztrechts, § 64, Rdnr. 6f.; *Katzenmeier*, Arzthaftung, S. 332f.; *Narr*, MedR 1988, 91; differenzierter *Schelling*, Die ärztliche Aufklärung über die Qualität der Behandlung, S. 71ff. sowie *Voß*, Kostendruck und Ressourcenknappheit im Arzthaftungsrecht, S. 178.

453 *Schelling*, Die ärztliche Aufklärung über die Qualität der Behandlung, S. 84, unter Verweis auf *Weber-Steinhaus*, Ärztliche Berufshaftung, S. 306f.

454 *Pflüger*, Krankenhaushaftung und Organisationsverschulden, S. 119; *ders.*, MedR 2000, 7 (8), siehe dazu bereits oben Kapitel 1, C, I., 1., d), aa).

verschoben, bei denen die Indikation zur Spitzenversorgung außer Frage stünde. Erhöhe man nunmehr die Anzahl der Wartenden noch um eine Patientengruppe „ohne Indikation" zur „echten Spitzenversorgung", die sich gerade wegen der Aufklärung für eben diese Versorgung entscheidet, dann verschärfe sich das Allokationsproblem in zweifacher Hinsicht. Der Nachfrageüberhang nach medizinischer Optimalversorgung als knappem Gut nehme zu, und die gerechte „Einzelfallentscheidung" werde problematischer.[455] Auch nach *Schelling*[456] und *Voß*[457] birgt die Qualitätsaufklärung die Gefahr, dass sich der Andrang auf Einrichtungen der „besseren" Versorgungsstufe erhöhen könnte. *Geiß/Greiner*[458] wiederum bewerten die restriktive Linie der Gerichte, Modernisierungsdruck vom Krankenhausträger zu nehmen, durchaus positiv. Durch die Zurückhaltung der Qualitätsaufklärung stärke man auch kleinere Praxen und Krankenhäuser, denn es brauche dort nicht auf die besseren Behandlungsbedingungen der Konkurrenz hingewiesen zu werden. Dies sei zu begrüßen, denn v. a. kleinere Einrichtungen seien aus wirtschaftlicher Sicht auf jeden Patienten angewiesen.[459]

(2) Position II: Ablehnung

Ein anderer Teil des Schrifttums[460] hat sich gegen die Rechtsprechung ausgesprochen und streitet für eine Qualitätsaufklärung. Wirtschaftliche Überlegungen[461] dürfen hiernach nicht zu einer Verkürzung der Aufklärungspflicht führen.

So gibt es für *Damm*[462] gute Gründe, den unmittelbar erzwingenden Einfluss des Zivilrechts auf Ausstattungs-, also Investitionsentscheidungen (Organisationsfehlerbereich)[463] in Grenzen zu halten. Jedoch gelte das nicht für die Qualitätsaufklärung. Diese sei im Zusammenhang mit medizin-technischen Behand-

---

455 *Pflüger*, Krankenhaushaftung und Organisationsverschulden, S. 119; *ders.*, MedR 2000, 7 (8); vgl. allerdings auch mit Gegenargumenten *Schelling*, Die ärztliche Aufklärung über die Qualität der Behandlung, S. 85f.

456 *Schelling*, Die ärztliche Aufklärung über die Qualität der Behandlung, S. 86.

457 *Voß*, Kostendruck und Ressourcenknappheit im Arzthaftungsrecht, S. 172; siehe aber auch *dies.*, a. a. O., S. 178.

458 *Geiß/Greiner*, Arzthaftpflichtrecht, C Rdnr. 37.

459 So *Schelling*, Die ärztliche Aufklärung über die Qualität der Behandlung, S. 86f., im Anschluss an *Geiß/Greiner*, Arzthaftpflichtrecht, C Rdnr. 37.

460 *Giesen*, JZ 1988, 414ff.; *ders.*, Arzthaftungsrecht, Rdnr. 219f.; *Damm*, NJW 1989, 737 (741ff.); *Francke/Hart*, Charta der Patientenrechte, S. 45f.; *Hart*, Jura 2000, 64 (67); *ders.*, MedR 1996, 60 (68f.); *Francke*, Ärztliche Berufsfreiheit und Patientenrechte, S. 192; *Röfer*, Zur Berücksichtigung wirtschaftlicher Überlegungen bei der Festlegung arzthaftungsrechtlicher Sorgfaltsanforderungen, S. 106ff.; *Künschner*, Wirtschaftlicher Behandlungsverzicht und Patientenauswahl, S. 232ff.

461 Zu weiteren Gründen, die für eine Qualitätsaufklärung sprechen, bereits ausführlich oben Kapitel 1, C, I., 1., e), f) und g); zur *Elektrokoagulations-Entscheidung* vgl. nochmals *Damm*, NJW 1989, 737 (741ff.) sowie *Giesen*, JZ 1988, 414ff.

462 *Damm*, NJW 1989, 737 (744), vgl. dessen Stellungnahmen zur Organisationsfehlerebene oben Kapitel 4, B, II., 1., a).

463 Vgl. ausführlich oben Kapitel 4, B, II., 1.

lungsalternativen nicht einzuengen, sondern weitestgehend zu ermöglichen. Grundsätzlich könne sich zwar ein Spannungsverhältnis zwischen Wirtschaftlichkeit und Pflichtwidrigkeit bei der Behandlung ergeben, da eine ökonomisch gerechtfertigte Begrenzung der Sorgfalt – die aber nicht zu einer Vernachlässigung von Patienteninteressen führen dürfe – zu tolerieren sei. Die wirtschaftlich hervorgehobene Grenze der Organisationspflichten dürfe jedoch nicht automatisch die Grenze für Aufklärungspflichten mitbegründen. Wenn man der Rechsprechung bei der Organisationsfehlerhaftung folgt, dann liegt es nach *Hart*[464] auf der Hand, dass eine unverzichtbare stärkere Betonung des Persönlichkeits- und Selbstbestimmungsrechts folgen müsse. Standardrelativierungen auf der Organisationsebene erfordern deshalb eine Kompensation durch erhöhte Anforderungen an die Qualitätsaufklärung. Es sei von einem arzthaftungsrechtlichen Kompensationsverhältnis zwischen den beiden Fehlertypen auszugehen. Ökonomische Überlegungen könnten daher im Aufklärungsbereich keine Reduzierung von Pflichten begründen. *Röfer*[465] bezeichnet die Urteile als gesundheitspolitisch bedingt, da wirtschaftliche Möglichkeiten einer besseren Krankenversorgung entgegenstünden. Vehement hat sich schließlich noch *Künschner*[466] für die Qualitätsaufklärung eingesetzt. Diese diene dazu, den Patienten zu befähigen, dass er für seine Interessen streite. Dadurch wiederum ließen sich insgesamt bessere Behandlungsbedingungen erreichen.

bb) Plädoyer für die Kompensation wirtschaftlicher Einflüsse

Ökonomische Aspekte sind auf der Pflichtenebene bei der Organisationsfehlerhaftung zu berücksichtigen. Im Gegenzug bedarf es deshalb einer Aufklärungspflicht des Patienten. Diese hat durch den *Krankenhausträger* als *Organisationsverantwortlichem* unter Zuhilfenahme der *anerkannten* und auf das *Selbstbestimmungsrecht* des Patienten zurückzuführenden *Qualitätsaufklärung* zu erfolgen.[467] Dadurch wird auf der Aufklärungsebene eine *Kompensation* von zulässigen Standardrelativierungen auf Grund *wirtschaftlicher Zwänge* erreicht.

Die von *Pflüger*[468] dagegen ins Feld geführten Argumente der Ressourcenknappheit und Allokation, wodurch der Nachfrageüberhang bei medizinischer Optimalversorgung als knappem Gut größer werde und die „gerechte" Einzel-

---

464 *Hart*, MedR 1996, 60 (69).

465 *Röfer*, Zur Berücksichtigung wirtschaftlicher Überlegungen bei der Festlegung arzthaftungsrechtlicher Sorgfaltsanforderungen, S. 106ff. Die Autorin, a. a. O., bespricht neben der *Elektrokoagulations-Entscheidung* u. a. noch den *CT-Fall*.

466 *Künschner*, Wirtschaftlicher Behandlungsverzicht und Patientenauswahl, S. 241.

467 Dieser Satz beinhaltet drei wichtige Aussagen, die ausführlich oben im 1. Kapitel herausgearbeitet wurden: Der Krankenhausträger ist der Organisationsverantwortliche (C, I., f]), die Qualitätsaufklärung ist allgemein anerkannt (C, I., g]), und sie lässt sich dogmatisch auf das Selbstbestimmungsrecht des Patienten zurückführen (C, II., d]).

468 *Pflüger*, Krankenhaushaftung und Organisationsverschulden, S. 119; *ders.*, MedR 2000, 7 (8).

fallentscheidung problematischer,[469] tragen nicht. Bereits im ersten Kapitel,[470] in welchem die Gründe dargelegt sind, warum die Qualitätsaufklärung als Lösungsansatz angewendet werden kann, wurde darauf hingewiesen, dass *Pflüger* ohne empirische Nachweise, vielmehr auf Vermutungen gestützt, zu seinen nicht zwingenden Schlussfolgerungen gelangt. Der von ihm offensichtlich befürchtete „Medizintourismus" bzw. die „Wanderbewegung" der Patienten von den „normalen" Krankenhäusern zu den „Spitzenkliniken" muss keinesfalls die unbedingte Folge der Qualitätsaufklärung sein.

Weiterhin wird der Rechtsprechung zu Unrecht zu Gute gehalten,[471] sie nehme durch einen weitestgehenden Aufklärungsverzicht Modernisierungsdruck von den Einrichtungsträgern. Vielmehr wird dadurch – neben der ungerechtfertigten Einschränkung der Patientenautonomie[472] – auch eine Stagnation und Reduktion der Behandlungsqualität gefördert, weil die Qualitätsaufklärung neben der Stärkung des Persönlichkeitsrechts ebenso der Sicherung und Förderung der Behandlungsqualität dient.[473] Verzichtet man auf die Qualitätsaufklärung könnte dadurch der mittelbare Zwang zur Einführung medizin-technischer Innovationen gelockert werden. Dies hat eine Verzögerung des medizinischen Fortschritts zur Folge, worauf die Lehre[474] verweist. Letztlich würde nach *Künschner*[475] der gesamte Beschaffungsbereich im Krankenhaus von rechtlichen Zwängen zur Innovation befreit.

Untauglich ist schließlich der Hinweis,[476] durch die Ablehnung der Qualitätsaufklärung könne ein „positiver" Konkurrentenschutz erreicht werden. Darum geht es nicht; entscheidend ist ausschließlich das Selbstbestimmungsrecht des Patienten im Verhältnis zum Krankenhausträger. Der Wettbewerb von konkurrierenden Einrichtungen und deren wirtschaftliche Interessen[477] dürfen keinesfalls zu Lasten der Patientenautonomie gehen.

Nochmals sei betont, dass die Akzeptanz wirtschaftlicher Einflüsse, die auf der Pflichtenebene im Rahmen der Zumutbarkeit zu berücksichtigen sind, zu einer partiellen Reduzierung des Organisationsstandards führt, der vom Haftungsrecht jedoch noch akzeptiert wird. Das gilt für die Investitionsphase, in der eine neue

---

469 Vgl. auch *Voß*, Kostendruck und Ressourcenknappheit im Arzthaftungsrecht, S. 149ff.
470 Siehe dazu ausführlich die Gegenargumente im 1. Kapitel, C, I., 1., g).
471 *Geiß/Greiner*, Arzthaftpflichtrecht, C Rdnr. 37, trugen dieses Argument vor.
472 Dies hebt besonders *Röfer*, Zur Berücksichtigung wirtschaftlicher Überlegungen bei der Festlegung arzthaftungsrechtlicher Sorgfaltsanforderungen, S. 116, hervor.
473 Vgl. zur Bedeutung und zum Umfang der Qualitätsaufklärung ausführlich oben Kapitel 1, C, I., 1.
474 Beispielsweise *Künschner*, Wirtschaftlicher Behandlungsverzicht und Patientenauswahl, S. 232.
475 *Künschner*, Wirtschaftlicher Behandlungsverzicht und Patientenauswahl, S. 232f.
476 *Schelling*, Die ärztliche Aufklärung über die Qualität der Behandlung, S. 86f., im Anschluss an *Geiß/Greiner*, Arzthaftpflichtrecht, C Rdnr. 37.
477 Inwieweit diese schützenswert sind, soll nicht weiter vertieft werden.

technisch-apparative Ausstattung noch nicht zur Verfügung steht. Solche akzeptierten Qualitätseinschränkungen bedürfen aber eines adäquaten Ausgleichs. Risikoerhöhung und Rechtsverlust auf der einen Seite (Organisationsebene) sind durch Information und Rechtsgewinn auf der anderen Seite (Aufklärungsebene) auszugleichen. Deshalb ist dem Teil des Schrifttums[478] zu folgen, der formuliert: *Der Relativierung des Organisationsstandards muss eine stärkere Betonung des Persönlichkeits- und Selbstbestimmungsaspekts folgen.* Der Patient trifft letztlich die Entscheidung über das Tauschrisiko zwischen Krankheit und Behandlung. Folglich muss er über die unterschiedlichen Tauschrisiken einer Behandlung in einer Einrichtung (Behandlung noch mit älterer Technik) gegenüber einer anderen Einrichtung (Behandlung mit neuerer Technik) aufgeklärt werden, um informiert entscheiden zu können. Jede Verkürzung des erforderlichen Risikowissens beinhaltet eine Verletzung des Selbstbestimmungsrechts.[479]

b) Keine Aufklärungspflicht beim Einsatz technisch-apparativer Ausstattung an der „unteren Bandbreite" des Standards

Im *Radiumeinlagen-Fall*[480] ist – nach hier vertretener Auffassung[481] – der Grenzbereich zur standardgemäßen Behandlung bereits unterschritten, weshalb eine Organisationspflichtverletzung des Krankenhausträgers vorliegt. Fraglich ist, ob der Patient des Weiteren gegen solche Defizite auch unter dem Aspekt der Aufklärungspflicht zu schützen ist. Der BGH enthielt sich einer abschließenden Stellungnahme, da er in beiden relevanten Entscheidungen[482] noch von einer Standardbehandlung ausging.

aa) Standpunkt der Lehre

In der Literatur bestehen zu diesem Problem divergierende Auffassungen. Wenn der Krankenhausträger trotz der vorhandenen technisch-apparativen Schwächelagen die Durchführung der Behandlung beabsichtigt, so soll nach einer Ansicht[483] der Patient über das Unterschreiten des Standards wenigstens informiert werden. Eine andere Ansicht[484] sieht den Patienten bei Standardunterschreitun-

---

478 *Hart*, MedR 1996, 60 (69), mit Verweis auf *Giesen*, Arzthaftungsrecht, Rdnr. 218ff.; *Francke*, Ärztliche Berufsfreiheit und Patientenrechte, S. 192.

479 *Hart*, MedR 1996, 60 (69).

480 BGH, Urteil v. 30.05.1989 - VI ZR 200/88 -, NJW 1989, 2321ff. — *Radiumeinlagen*.

481 Vgl. oben Kapitel 4, B, II., 3., b).

482 BGH, Urteil v. 11.10.1977 - VI ZR 110/75 -, NJW 1978, 584ff. — *Vapor*; v. 30.05.1989 - VI ZR 200/88 -, NJW 1989, 2321ff. — *Radiumeinlagen*; vgl. 3. Kapitel, D, I., 2., b).

483 *MünchKomm-Mertens*, § 823, Rdnr. 428; vgl. auch *Francke/Hart*, Charta der Patientenrechte, S. 185f., 188; *Hart*, MedR 1999, 47 (49f.); vgl. auch *Weber-Steinhaus*, Ärztliche Berufshaftung, S. 183, 188; *Dunz*, Praxis der Arzthaftung, S. 20.

484 Umfangreich *Schelling*, Die ärztliche Aufklärung über die Qualität der Behandlung, S. 56ff.; *Steffen*, MedR 1995, 190f.; *Künschner*, Wirtschaftlicher Behandlungsverzicht und Patientenauswahl, S. 238f.; *Geiß/Greiner*, Arzthaftpflichtrecht, C Rdnr. 12; *Voß*, Kos-

gen durch die drohende Haftung wegen eines Organisationsfehlers als ausreichend geschützt.

bb) Stellungnahme

Neben dem Organisationsfehler scheidet eine Haftung wegen der Verletzung der Qualitätsaufklärung aus. Der Patient bedarf *keiner* Information darüber, dass die Behandlung auf Grund der technisch-apparativen Ausstattung dem erforderlichen Standard nicht mehr gerecht wird.

Bei der technisch-apparativen Ausstattung, die nicht mehr den erforderlichen Anforderungen genügt, liegt eine eindeutige und nicht *mehr vertretbare Abweichung* vom Standard vor. Eine nach entsprechender Aufklärung erteilte „Einwilligung" des Patienten kann ein Unterschreiten der Organisationsstandards *nicht* rechtfertigen und die Organisationsfehlerhaftung ebenso wenig ausschließen.[485] Dem Krankenhausträger darf dadurch nicht ermöglicht werden, sich von der Haftung wegen eines Übernahmeverschuldens freizuzeichnen.[486]

Getragen wird dieses Ergebnis durch eine weitere dogmatische Überlegung: Aufklärungspflichten beziehen sich grundsätzlich auf unvermeidbare Risiken.[487] Die Vermeidung von Qualitätsdefiziten, welche die Grenze des Standards unterschreiten, kann aber durch entsprechende Organisationsmaßnahmen im Vorfeld der Behandlung erreicht werden, was gegen die Qualitätsaufklärung in diesem Bereich spricht.[488]

Im Ergebnis ist deshalb der Träger einer Einrichtung *bei einer technisch unzureichenden Ausstattung* verpflichtet, die Aufnahme von Patienten abzulehnen. Um Schaden von diesen abzuwenden, hat eine Über- oder Weiterverweisung zu erfolgen.[489] Ansonsten liegt wegen Nichteinhaltung des Organisationsstandards

---

tendruck und Ressourcenknappheit im Arzthaftungsrecht, S. 199 sowie *Katzenmeier*, Arzthaftung, S. 333, der aber vom Behandlungsfehler spricht, da er nicht streng zwischen Organisations- und Behandlungsfehler unterscheidet (vgl. dazu oben Kapitel 1, B, 2.).

485 Zutreffend *Schelling*, Die ärztliche Aufklärung über die Qualität der Behandlung, S. 57.

486 Vgl. dazu schon oben Kapitel 1, C, II., 1., a), aa). *Steffen*, MedR 1995, 190 (191) und *Schelling*, Die ärztliche Aufklärung über die Qualität der Behandlung, S. 57, weisen darauf hin, dass über eine Aufklärungspflicht keine Senkung des Behandlungsstandards legitimiert werden kann. So auch *Röfer*, Zur Berücksichtigung wirtschaftlicher Überlegungen bei der Festlegung arzthaftungsrechtlicher Sorgfaltsanforderungen, S. 114; *Künschner*, Wirtschaftlicher Behandlungsverzicht und Patientenauswahl, S. 238f. sowie *Voß*, Kostendruck und Ressourcenknappheit im Arzthaftungsrecht, S. 199.

487 Vgl. Kapitel 1, C, II., 1., a), aa).

488 Darauf verweisen auch *Francke/Hart*, Charta der Patientenrechte, S. 185f., 188; *Hart*, MedR 1999, 47 (49f.) und *Schelling*, Die ärztliche Aufklärung über die Qualität der Behandlung, S. 58.

489 Deutlich *Künschner*, Wirtschaftlicher Behandlungsverzicht und Patientenauswahl, S. 239, der darauf verweist, dass davon zum Schaden von Patienten zu wenig Gebrauch gemacht wird.

eine Pflichtverletzung des Krankenhausträgers in Form des „Übernahmeverschuldens" vor.

3. Aufklärung über die Ausstattung mit Implantaten

Die Rechtsprechung[490] geht von einer Aufklärungspflicht gegenüber Patienten aus, wenn für eine Hüftgelenkoperation nicht alle Implantate einer (gewünschten) Legierung zur Verfügung stehen.

Dieser Auffassung ist zuzustimmen. Es wurde festgestellt,[491] dass wirtschaftliche Einflüsse im Rahmen der Zumutbarkeit auf der Pflichtenebene beim Organisationsfehler zu berücksichtigen sind. Da eine Vorratshaltung von weiteren Hüftgelenkprothesen verneint wurde, bedarf die damit verbundene Qualitätsherabsetzung einer entsprechenden Kompensation. Risikoerhöhung und Rechtsverlust auf Organisationsebene sind wiederum durch Information und somit Rechtsgewinn auf Aufklärungsebene auszugleichen. Deshalb gilt auch hier:[492] *Der Relativierung des Organisationsstandards muss eine stärkere Betonung des Persönlichkeits- und Selbstbestimmungsaspekts folgen.* Infolgedessen muss der Patient über die unterschiedlichen Tauschrisiken einer Behandlung in einer Einrichtung gegenüber einer anderen aufgeklärt werden, damit er informiert entscheiden kann. Im konkreten Fall wäre es ihm möglicherweise gelungen, eine Spezial-Klinik zu finden, die für eine Hüftoperation alle erdenklichen Größen an Keramik-Titan-Implantaten vorhielt oder zumindest mehr als die vier vorgehaltenen.[493]

4. Keine Aufklärungspflicht über fehlende Hygienestandards

Der Patient bedarf keiner *zusätzlichen* Information darüber, dass die Behandlung auf Grund der Hygienestandards dem erforderlichen Standard nicht mehr gerecht wird. Eine „doppelte" Pflichtverletzung des Krankenhausträgers, wie von der Rechtsprechung[494] angenommen, ist abzulehnen. Ebenso wenig wie der Patient aufzuklären ist, wenn die Behandlung auf Grund der technisch-apparativen

---

490 OLG Oldenburg, Urteil v. 12.11.1996 - 5 U 60/96 -, VersR 1997, 1535ff. — *Hüftgelenkimplantate*; vgl. 3. Kapitel, D, I., 3.

491 Siehe oben Kapitel 4, B, III., 3., b), aa).

492 Die Aussage findet sich bereits bei der Aufklärungspflicht über fehlende technisch-apparative Ausstattung auf Grund von Investitionsdefiziten im Kapitel 4, D, I., 2., a), dd).

493 Vier Prothesen hielt der beklagte Klinikträger in dem *Hüftgelenkimplantate-Fall* des OLG Oldenburg, Urteil v. 12.11.1996 - 5 U 60/96 -, VersR 1997, 1535ff., vor. Durch eine größere Anzahl hätte sich die Chance erhöht, dass ein Implantat beim Kläger passte.

494 BGH, Urteil v. 10.11.1970 - VI ZR 83/69 -, NJW 1971, 241ff. — *Staphylokokken* und des OLG Köln, Urteil v. 16.03.1978 - 18 U 198/77 -, NJW 1978, 1690f. — *Infiziertes Knie*; vgl. 3. Kapitel, D, I., 4.

Ausstattung nicht mehr dem erforderlichen Standard entspricht, gilt dies für den Bereich der Hygiene.[495]

Erinnert man sich der desolaten hygienischen Verhältnisse, wie sie in den Entscheidungen[496] – mit Ratten, Tauben, Kakerlaken, sonstigem Ungeziefer im OP-Saal und auf der Station, Operation von Hunden und die Mitgabe eines amputierten Beines an eine Angehörige – beschrieben wurden, dann wird sehr deutlich, dass auch durch Informationspflichten die Haftung an dieser Stelle nicht ausgeschlossen werden kann.

Die Konsequenz ist: Der Krankenhausträger darf keine Patienten aufnehmen bzw. muss sie zu ihrem Schutz weiterverweisen, und zwar bis die hygienischen Anforderungen wieder dem Standard entsprechen. Gelingt ihm das nicht, dann ist die entsprechende Abteilung oder in gravierenden Fällen die gesamte Einrichtung auf Dauer zu schließen.

II. Prozessqualität

Im Rahmen der Strukturqualität stand die Kompensation ökonomischer Einflüsse im Vordergrund.[497] Dies ist bei der Prozessqualität nicht der Fall, denn es wurde bei der Organisationsfehlerhaftung aufgezeigt,[498] dass die Ausbildung des Nachwuchses *nicht* mit ökonomischen Erwägungen korrelieren darf. Ein Personalmanagement des Krankenhausträgers, welches aus wirtschaftlichen Gründen auf den Einsatz noch in der Ausbildung befindlicher Mediziner zurückgreift, ist abzulehnen. Vielmehr hat der Krankenhausträger an dieser Stelle den Konflikt zu lösen, der einerseits im Anspruch des Patienten besteht, über die Selbstbestimmung sein Recht auf gute medizinische Behandlung durch einen qualifizierten Arzt zu realisieren, und andererseits darin, die praktische Ausbildung des Nachwuchses zu sichern.

Die tragenden Entscheidungsgründe des BGH zum *Anfängeroperations-Urteil*[499] werden bis heute als „Grundsätze für Anfängeroperationen“[500] herangezogen. Das durch einen Berufsanfänger gesteigerte Operationsrisiko unterliegt nach den Gerichten[501] *nicht* der Verpflichtung zur Qualitätsaufklärung. Es ist vielmehr ein

---

495 Deshalb wird auf die dortigen Aussagen verwiesen, vgl. Kapitel 4, D, I., 2., b), bb).

496 Vgl. BGH, Urteil v. 10.11.1970 - VI ZR 83/69 -, NJW 1971, 241ff. — *Staphylokokken* und des OLG Köln, Urteil v. 16.03.1978 - 18 U 198/77 -, NJW 1978, 1690f. — *Infiziertes Knie.*

497 Vgl. zuvor Kapitel 4, D, I.

498 Siehe oben Kapitel 4, B, 2., c).

499 BGH, Urteil v. 27.09.1983 - VI ZR 230/81 -, BGHZ 88, 248ff. — *Anfängeroperation*; vgl. Kapitel 3, D, II.

500 So *Schelling*, Die ärztliche Aufklärung über die Qualität der Behandlung, S. 106, mit Verweis auf *Deutsch*, NJW 1984, 650 und *Müller-Graff*, JuS 1985, 352 (355).

501 BGH, Urteil v. 28.02.1984 - VI ZR 106/82 -, NJW 1984, 1810f. — *CT*; OLG Oldenburg, Urteil v. 29.07.1997 - 5 U 46/97 -, VersR 1998, 1380f. — *Hüftgelenkoperation*, im

Organisationsfehler des Krankenhausträgers, wenn der Patient durch den Einsatz eines Anfängers zusätzlich gefährdet wird.

1. Standpunkt der Lehre

Im Schrifttum[502] bestehen zu dieser Problematik unterschiedliche Ansichten; die Frage wird noch immer kontrovers diskutiert. Ein Teil[503] stimmt der Rechtsprechung zu und lehnt somit die Qualitätsaufklärung ab, andere gewichtige Stimmen[504] plädieren dagegen für eine Verpflichtung zur Aufklärung.

2. Stellungnahme

Eine grundsätzliche Pflicht, den Patienten über die persönliche Qualifikation des behandelnden Arztes zu informieren, besteht für den Krankenhausträger *nicht*. Dies wurde bereits dargelegt.[505] Gründe dafür sind – neben dem schon ausführlich erörterten ausbildungspolitischen Argument –[506] die dogmatische Struktur und die Präventionswirkung des Organisationsfehlertatbestandes.

Letztere Argumente hat *Schelling*[507] näher erläutert. Streng dogmatisch betrachtet ist über die fachliche Qualifikation des Arztes nicht zu informieren, weil die

---

Anschluss an die *Anfängeroperations-Entscheidung*; vgl. Kapitel 3, D, II.

502 Siehe *Deutsch*, NJW 1984, 650; *Schelling*, Die ärztliche Aufklärung über die Qualität der Behandlung, S. 105ff.; *Geiß/Greiner*, Arzthaftpflichtrecht, C Rdnr. 14; *Steffen/Dressler*, Arzthaftungsrecht, Rdnr. 384; *Groß*, Ärztlicher Standard, S. 8f.; *Deutsch/Spickhoff*, Medizinrecht, Rdnr. 305; *Laufs*, in: *Laufs/Uhlenbruck*, Handbuch des Arztrechts, § 64, Rdnr. 6; *Katzenmeier*, Arzthaftung, S. 333; *Kleinewefers*, VersR 1981, 99 (102); *Pflüger*, MedR 2000, 6 (9); *Franzki*, MedR 1984, 186 (187f.); *Müller-Graff*, JuS 1985, 352 (357f.); *Gounalakis*, NJW 1991, 2945 (2946); *Brüggemeier*, Deliktsrecht, Rdnr. 764; *Francke/Hart*, Charta der Patientenrechte, S. 185f.; *Hart*, MedR 1999, 47 (48f.); *Giesen*, Arzthaftung, Rdnr. 91ff.

503 Vgl. beispielsweise *Deutsch*, NJW 1984, 650: „Mit Recht hat der BGH klargestellt, dass weder der Krankenhausträger noch der Arzt verpflichtet sind, den Patienten auf den Stand der Ausbildung des behandelnden Arztes hinzuweisen." Grundsätzlich so auch *Schelling*, Die ärztliche Aufklärung über die Qualität der Behandlung, S. 105ff.; *Geiß/Greiner*, Arzthaftpflichtrecht, C Rdnr. 14, m. w. N. der Rechtsprechung; *Steffen/Dressler*; Arzthaftungsrecht, Rdnr. 384; *Groß*, Ärztlicher Standard, S. 8f.; *Deutsch/Spickhoff*, Medizinrecht, Rdnr. 305; *Laufs*, in: *Laufs/Uhlenbruck*, Handbuch des Arztrechts, § 64, Rdnr. 6; *Katzenmeier*, Arzthaftung, S. 333; *Kleinewefers*, VersR 1981, 99 (102); *Pflüger*, MedR 2000, 6 (9); *Franzki*, MedR 1984, 186 (187f.); *Müller-Graff*, JuS 1985, 352 (357f.); *Gounalakis*, NJW 1991, 2945 (2946).

504 *Brüggemeier*, Deliktsrecht, Rdnr. 764; *Francke/Hart*, Charta der Patientenrechte, S. 185f.; *Hart*, MedR 1999, 47 (48f.); *Giesen*, Arzthaftung, Rdnr. 91ff.

505 Vgl. Kapitel 1, C, I., 1., h).

506 Vgl. ebenfalls Kapitel 1, C, I., 1., h).

507 *Schelling*, Die ärztliche Aufklärung über die Qualität der Behandlung, S. 114ff. Vgl. auch schon *Kleinewefers*, VersR 1981, 99 (102).

Aufklärungspflicht nur *unvermeidbare Risiken* erfasst.[508] Die Risiken, die eine Behandlung durch einen in der Ausbildung befindlichen und demnach noch unerfahrenen Arzt mit sich bringt, *müssen* aber durch organisatorische Vorkehrungen[509] im Vorfeld der Operation *vermieden* oder jedenfalls minimiert werden.[510] Unter dogmatischen Gesichtspunkten kann ebenso wenig die Einwilligung des Patienten gegenüber dem Krankenhausträger Legitimationswirkung entfalten. Der Patient kann *nicht in Qualitätsdefizite einwilligen*, um dadurch den Krankenhausträger vom Vorwurf des Organisationsfehlers zu entlasten.[511]

Schließlich ist zu betonen, dass der Organisationsfehlertatbestand zwar primär auf finanziellen Ausgleich eines bereits eingetretenen Schadens gerichtet ist, ihm gleichwohl aber auch ein nicht zu übersehendes *präventives Element* inne wohnt.[512] Indem eine Organisationspflichtverletzung die Haftung des Krankenhausträgers auslöst, wird dieser dadurch auch zur Vermeidung eines Fehlers angehalten. Aus der Schadensersatzpflicht folgt ebenfalls eine Pflicht zur Verhaltenssteuerung. Daraus ergibt sich für den konkreten Fall der Anfängeroperation: Der Krankenhausträger wird, um den „guten Ruf" des Hauses und die Qualität der Behandlung sicher zu stellen, darauf bedacht sein, einen Anfänger nicht ohne Aufsicht für Operationen einzuteilen.[513]

3. „Abstrakte Therapiebeobachtungspflicht"

Wenn es zur Häufung von Zwischenfällen beim Einsatz von Berufsanfängern kommen sollte, obliegt jedoch dem Krankenhausträger möglicherweise eine *Beobachtungspflicht*, an die sich eine haftungsrechtliche *Reaktionspflicht* anschließt. Durch diese Maßnahmen könnte wiederum ein Beitrag zur Qualitätssicherung im Krankenhaus geleistet werden.[514] Die Rechtsprechung ist auf eine

---

508 Dazu ausführlich Kapitel 1, C, II., a), aa).

509 Vgl. Kapitel 4, B, V., 2., c).

510 So schon der BGH, Urteil v. 27.09.1983 - VI ZR 230/81 -, BGHZ 88, 248 (257), der in der *Anfängeroperations-Entscheidung* formulierte: „Vor allem aber ist das Risiko der Anfängeroperation, das Krankenhausträger und ausbildende Ärzte setzen und das geeignet ist, den Schaden beim Patienten zu verursachen, für sie *voll beherrschbar*." Hervorhebung nicht im Original.

511 Zutreffend *Schelling*, Die ärztliche Aufklärung über die Qualität der Behandlung, S. 114, allerdings beziehen sich seine Ausführungen auf den behandelnden Arzt.

512 Schon früh hierzu *Deutsch*, JZ 1971, 244 (246); umfassend zur Präventionswirkung im Arzthaftungsrecht jetzt *Katzenmeier*, Arzthaftung, S. 249ff.; vgl. auch *Hart*, in: *Arbeitsgemeinschaft Rechtsanwälte im Medizinrecht e. V.*, Arzneimittel und Medizinprodukte, S. 47 (54ff.); *ders.*, ZaeFQ 2001, 517 (519) und *Damm*, in: *Hart*, Privatrecht im „Risikostaat", S. 13 (35); allgemein zum Präventionsgedanken im deutschen Zivilrecht *Rosengarten*, NJW 1996, 1935ff.

513 Vgl. zum letzten Argument aus der Sicht des einzelnen Arztes ausführlich *Schelling*, Die ärztliche Aufklärung über die Qualität der Behandlung, S. 116f.

514 Umfassender und weiterführend *Hart/Becker-Schwarze*, GesR 2005, 1ff.; vgl. ebenfalls *Hart*, Besprechung von *Beyerle*, Rechtsfragen medizinischer Qualitätskontrolle, GesR

solche haftungsrechtliche Verpflichtung, die als „abstrakte Therapiebeobachtung" bezeichnet wird, noch nicht eingegangen. In der Literatur[515] finden sich dazu einzelne Ansätze und Stellungnahmen, die nachfolgend knapp skizziert werden.

a) *Bestandsaufnahme*

Schon frühzeitig haben *Francke/Hart*[516] parallel zur Produzentenhaftung eine deliktsrechtliche Pflicht des Krankenhausträgers angenommen, durch abstrakte und periodische Qualitätskontrollen den Standard des Faches bei der Behandlung von Patienten zu sichern. Weiterführend haben sich zuletzt *Hart/Becker-Schwarze*[517] mit der Relevanz einer „abstrakten Therapiebeobachtungspflicht", und zwar im Hinblick auf Qualitäts- und Risikomanagementsysteme, deren systematische Einführung und Umsetzung zurzeit erfolgt bzw. schon erfolgt ist, auseinander gesetzt. Ebenso nimmt in Parallele zur Produzentenhaftung *Hohnholz*[518] eine haftungsrechtliche Pflicht des Krankenhausträgers zur Therapiebeobachtung speziell für den Bereich der Gynäkologie an. *Deutsch*[519] zufolge sollte, wenn sich Zwischenfälle in einem Krankenhaus häuften, eine Kommission eingerichtet werden, die sich mit Todesfällen oder anderen schweren Zwischenfällen befasst. Nach *Giesen*[520] kommen bei der Organisation der nachträglichen Erfolgs- und Gefahrenkontrolle (Therapiebeobachtung) Organisationspflichtverletzungen vor allem bei geänderten oder neuen Behandlungsmethoden in Betracht.

Gegen eine unmittelbare haftungsrechtliche Bedeutung derartiger Qualitätssicherungsmaßnahmen hat sich ausdrücklich *Pflüger*[521] ausgesprochen. Seiner Auffassung nach könne insbesondere keine Parallele zur Produzentenhaftung gezogen werden, da sich die Sorgfaltspflichten hinsichtlich der komplexen klinischen Dienstleistung grundsätzlich von denen bei der industriellen Produktion von Sachgütern unterscheiden.

2005, 96.

515 *Francke/Hart*, Ärztliche Verantwortung, S. 50f., 102; *Hohnholz*, Haftungsrechtliche Standards medizinischer Qualitätssicherung, S. 178ff.; *Deutsch*, NJW 2000, 1745 (1747); *Giesen*, Arzthaftungsrecht, Rdnr. 150; zuletzt *Beyerle*, Rechtsfragen medizinischer Qualitätskontrolle, S. 21, unter Berücksichtigung bisheriger vorhandener Literatur.

516 *Francke/Hart*, Ärztliche Verantwortung, S. 50f., 102. Vgl. dazu schon Kapitel 1, B, I., 3., b), cc). Allgemein sind auch nach *Giesen*, Arzthaftungsrecht, Rdnr. 142, die Organisationspflichten des Krankenhausträgers vergleichbar mit den Grundsätzen über die Organisationspflichten des Produzenten.

517 *Hart/Becker-Schwarze*, GesR 2005, 1ff.

518 *Hohnholz*, Haftungsrechtliche Standards medizinischer Qualitätssicherung, S. 178ff.

519 *Deutsch*, NJW 2000, 1745 (1747).

520 *Giesen*, Arzthaftungsrecht, Rdnr. 150; vgl. auch *Hart*, MedR 1994, 94 (96).

521 *Pflüger*, Krankenhaushaftung und Organisationsverschulden, S. 259, der allerdings beweisrechtliche Gemeinsamkeiten anerkennt.

Unter Zuhilfenahme der zuvor genannten Gründe wandte sich zuletzt *Beyerle*[522] gegen die Aussagen von *Pflüger*. Des Weiteren versucht sie, durch Einführung neuer Argumente, die für eine „abstrakte Therapiebeobachtungspflicht" des Krankenhausträgers sprechen könnten, die Diskussion zu beleben. Zum Nachweis werden unter Rückgriff auf die Krankenhausträgerhaftung (auch) für Belegärzte in den USA[523] rechtsvergleichende, solche in Parallele zur Produkthaftung[524] und originär dienstleistungsrechtliche Argumente[525] entwickelt.[526] Vor allem die dogmatische Begründung zur Produkthaftung wird durch die Autorin in der gleichen Schutzwürdigkeit von Patient und Verbraucher gesehen. Beide nehmen in gleicher Weise Vertrauen[527] in Anspruch; weiterhin ist eine gleich intensive Gefährdungslage und gleiche Gefahrverantwortung sowie eine gleichermaßen asymmetrische Möglichkeit der Gefahrerkennung und Gefahrvermeidung gegeben. Deshalb dränge sich nach *Beyerle*[528] eine dogmatische Parallele zwingend auf; sie formuliert: „Was für den Verbraucher eines Produkts recht ist, muss für den Empfänger einer medizinischen Leistung billig sein."

b) *Ausblick*

Grundsätzlich ist es zutreffend, dass sich aus der Parallele zur Produzentenhaftung *ein* Argument für vorhandene Organisationspflichten des Krankenhausträgers gewinnen lässt.[529] Daraus bereits eine konkrete Verpflichtung des Krankenhausträgers zur „abstrakten Therapiebeobachtung" und somit eine entsprechende Beobachtungs- und Reaktionspflicht bei Anfängeroperationen herzuleiten, erscheint auf Grund des noch bestehenden Diskussionsbedarfs nicht abschließend entschieden. In eine weiterführende Diskussion sollten auch – gerade aus dem Blickwinkel dieser Arbeit – die damit für den Krankenhausträger zusammenhängenden *zusätzlichen Kosten*, die für die „abstrakte Therapiebeobachtung" aufzuwenden sind, einbezogen werden.[530]

---

522 *Beyerle*, Rechtsfragen medizinischer Qualitätskontrolle, S. 23f.

523 *Beyerle*, a. a. O., S. 26ff.

524 *Beyerle*, a. a. O., S. 43ff.

525 *Beyerle*, a. a. O., S. 48ff.

526 Vgl. ebenso *Hart*, Besprechung von *Beyerle*, Rechtsfragen medizinischer Qualitätskontrolle, GesR 2005, 96, der sich noch ausführlicher mit den Argumenten der Autorin auseinander setzt.

527 Kritisch zum Vertrauenselement im Arzthaftungsrecht überhaupt *Künschner*, Wirtschaftlicher Behandlungsverzicht und Patientenauswahl, S. 242f.

528 *Beyerle*, Rechtsfragen medizinischer Qualitätskontrolle, S. 51. Die Autorin geht im Anschluss noch auf mögliche Einwände ein.

529 Zu den weiteren Argumenten vgl. ausführlich oben Kapitel 1, B, I., 3., b), cc). Speziell zu diesem Argument sei nochmals auf die Dissertation von *Drumm*, Die Grundsätze der Produzentenhaftung nach § 823 Abs. 1 BGB als Leitbild für die deliktische Haftung des Krankenhausträgers für medizinische Fehlleistungen, S. 90ff. verwiesen; dazu wiederum zustimmend *Brandes*, Die Haftung für Organisationspflichtverletzung, S. 189.

530 Das Kostenelement wird auch von *Beyerle*, Rechtsfragen medizinischer Qualitätskon-

E Exkurs: Keine abschließende Stellungnahme zum Spannungsverhältnis zwischen Haftungs- und Sozialrecht

Die Rechtsprechung hat bisher keine Entscheidung[531] zum Spannungsverhältnis zwischen Wirtschaftlichkeitsgebot und Haftungsrecht getroffen. Auch das OLG Köln äußerte sich nicht zur Problematik im *Aciclovir-Fall*.[532] Da die Richter von einer Behandlungsverpflichtung ausgingen,[533] bedurfte es einer Aufklärung über das Auseinanderfallen von haftungs- und sozialrechtlichem Standard nicht.

Die verschiedenen Standpunkte zu dieser Thematik sind an zahlreichen Stellen der Arbeit angeklungen.[534] Unter Berücksichtigung der zivilrechtlichen Lehre wurde aufgezeigt, dass eine Pflicht zur Information besteht, wenn Fälle expliziter Rationierung Realität werden sollten.[535] Dabei ist die Aufklärungsverpflichtung dogmatisch – in Parallele zur Aufklärung über Behandlungsalternativen – der Selbstbestimmungsaufklärung zuzurechnen.[536] Eine weitergehende Stellungnahme zum Spannungsverhältnis zwischen Sozial- und Haftungsrecht kann jedoch an dieser Stelle nicht erfolgen. Dafür ist die Thematik zu komplex. Vor allem bedarf es dafür einer umfangreichen Auseinandersetzung mit dem Sozialrecht, um den Konflikt abschließend bewerten zu können.[537]

---

trolle, S. 55, erkannt, allerdings ist die Ablehnung von Kostengesichtspunkten äußerst knapp gehalten.

531 Diese Bestandsaufnahme bestätigte jüngst – die Vorsitzende Richterin des VI. Senats – *Müller* für die Rechtsprechung des BGH in GesR 2004, 257 (264).

532 Ausführlich zum Sachverhalt und zu den Entscheidungsgründen oben Kapitel 3, C, IV.

533 Darauf wurde bereits hingewiesen, vgl. Kapitel 3, D, III.

534 Vgl. schon oben Kapitel 1, C, I., 2., d), wo damit zusammenhängende Aufklärungsfragen näher erläutert wurden; siehe auch Kapitel 2, D, III., 1. - 4.; Kapitel 3, C, I. - IV. und E; schließlich Kapitel 4, C, I. - IV.

535 Vgl. Kapitel 1, C, I., 2, d).

536 Vgl. Kapitel 1, C, II., 2.

537 Grundlegend vor allem in der (zivilrechtlichen) Literatur unter Einbeziehung des Sozialrechts *Hart*, MedR 2002, 321ff.; *Francke/Hart*, Charta der Patientenrechte, S. 186ff.; *dies.*, ZaeFQ 2001, 732ff.; vgl. auch *Steffen*, in: FS für *Geiß*, S. 487ff. sowie *Rumler-Detzel*, VersR 1998, 546ff.

Wesentliche Ergebnisse

Die gewonnenen Erkenntnisse der Arbeit lassen sich wie folgt zusammenfassen:

Kapitel 1

I. Die Untersuchungen begannen mit der Darstellung der Qualität medizinischer Behandlungen. Maßstab für die Feststellung eines Behandlungsfehlers ist der Standard. Als allgemeine Norm zur ärztlichen Handlungsanleitung vertritt der Standard den „state of the art“ und somit den jeweiligen Stand der medizinischen Entwicklung. Der medizinische Standard repräsentiert den jeweiligen Stand der naturwissenschaftlichen Erkenntnis und der ärztlichen Erfahrung, der zur Erreichung des Behandlungsziels erforderlich ist und sich in der Erprobung bewährt hat. Seine drei bestimmenden Grundelemente sind naturwissenschaftliche Erkenntnis, ärztliche Erfahrung und professionelle Akzeptanz. Dabei präzisiert die Evidenz-basierte Medizin methodisch die Anforderungen im Bereich der Erkenntnissammlung und -bewertung sowie das Verhältnis von wissenschaftlicher Erkenntnis und praktischer Erfahrung. Der medizinische Standard ist dynamisch, seine Elemente sind – bedingt durch den ständigen Fortschritt bei medizinischen Erkenntnissen und dem ärztlichen Handeln – einem ständigen Wandel unterworfen.

II. Die medizinische Qualität guter Behandlung bestimmt die rechtliche Qualität guter Behandlung. Recht rezipiert den medizinischen Standard im rechtlichen Verfahren. Der medizinische Standard wird in einem rechtlichen Verfahren – im Rahmen des Behandlungsfehlers – mit Hilfe eines medizinischen Sachverständigen festgestellt, wobei es dem Gericht obliegt, eine strenge Plausibilitätskontrolle des vorgelegten Gutachtens vorzunehmen. Entscheidender Anknüpfungspunkt – dieser Einheitsposition – ist die professionelle Kompetenz des freien Berufs Arzt, die Qualität guter Behandlung kraft Wissen und Fähigkeiten festzusetzen und im fehlenden Wissen und der mangelnden Fähigkeit des Rechts, diese zu kontrollieren. Zugleich ist die Kompetenz der ärztlichen Profession aber nicht nur Grund, sondern ebenso Grenze der rechtlichen Rezeption des medizinischen Standards. Wo professionelle Kompetenz und Zuständigkeit endet, dort endet auch die Legitimation für die Setzung einer medizinischen und die Rezeption als rechtliche Norm.

III. Die Rezeption des medizinischen Standards erfolgt mangels spezieller Regelungen zur zivilrechtlichen Arzthaftung über die allgemeinen Vorschriften des Vertrags- (§ 280 Abs. 1 BGB) und Deliktsrechts (§ 823 Abs. 1 BGB).

Auch bei der Behandlung eines GKV-Patienten besteht trotz Einbettung des Patient-Arzt-Verhältnisses in ein „subtil organisiertes öffentlich-rechtliches System“ eine privatrechtliche Vertragsbeziehung. Herausgearbeitet wurden die Vor-züge einer Vertragslösung, die insbesondere in der Autonomie der Parteien zum Ausdruck kommt, gegenüber der von Teilen der sozialrechtlichen Lehre favorisierten Versorgungslösung.

Der Arztvertrag ist grundsätzlich als Dienstvertrag zu klassifizieren, wobei der Maßstab für den vom Arzt zu erbringenden Standard objektiv-gruppenbezogen bestimmt wird. Dabei bestimmt die Abweichung vom Standard den Behandlungsfehler. Da der Standard die Pflicht und die Abweichung deren Verletzung ist, ist die Pflichtverletzung identisch mit dem Behandlungsfehler, und die Pflichtverletzung ist von der Pflichtwidrigkeit (= Fahrlässigkeit) nicht zu unterscheiden. In der Systematik des § 280 Abs. 1 BGB ist der Behandlungsfehler identisch mit der Pflichtverletzung des § 280 Abs. 1 S. 1 BGB, und die Pflichtverletzung ist gleichzeitig die Pflichtwidrigkeit (= Fahrlässigkeit) des § 280 Abs. 1 S. 2 BGB. Letzteres deshalb, weil die Unterscheidung zwischen innerer und äußerer Sorgfalt nicht überzeugen kann. Ebenso ist bei § 823 Abs. 1 BGB die deliktische Verkehrspflicht einer qualitativ guten Behandlung bei der Verfehlung des Standards verletzt. Vertrags- und Deliktsrecht sind im Pflichtengefüge und in der Haftungsstruktur identisch, deshalb gilt auch hier: Die Pflicht wird durch den Standard bestimmt.

IV. Bei der Notfallbehandlung kann unter bestimmten Umständen eine medizinisch-situationsbezogene Standardveränderung gestattet sein, die vom Haftungsrecht akzeptiert und dann wiederum rezipiert wird. Dagegen ist dem Arzt – als professionellem Nothelfer – der Rückgriff auf § 680 BGB versagt.

V. Die normativen Maßstäbe medizinischer und juristischer Bewertungen folgen anderen Zielen und Zwecken als die Ökonomie. Juristische Maßstäbe orientieren sich an dem Schutz von Rechtsgütern und Persönlichkeitsrechten. Deshalb bedarf es der Trennung und Transparenz wirtschaftlicher Überlegungen.

Fließen somit Erwägungen über die ärztliche Profession hinaus in den medizinischen Standard ein, fehlt hierfür die Legitimation. Die Kompetenz der ärztlichen Profession ist nicht nur Grund der rechtlichen Rezeption des medizinischen Standards, sondern ebenso dessen Grenze. Dort wo professionelle Kompetenz und Zuständigkeit endet, dort endet auch die Legitimation für die Setzung einer medizinischen und die Rezeption als rechtliche Norm. Die Identität von medizinischem und rechtlichem Standard wäre nicht mehr gegeben. Die Rezeption als rechtliche Norm kann und wird dann nicht mehr erfolgen. Nur dadurch lässt sich ein hoher Stand der Qualität der Behandlung aufrechterhalten.

VI. Dagegen ist die Feststellung eines Organisationsfehlers eine rechtliche Frage, die vom Gericht unter Zuhilfenahme von Organisationssachverstand, der interdisziplinär sowie multiprofessionell und eben nicht nur medizinisch besetzt ist, bewertet werden muss. Der Organisationsfehler ist ein anderer Fehlertypus als der Behandlungsfehler.

VII. Der Patient kann deshalb bei einer Organisationspflichtverletzung in Bezug auf die Behandlungsqualität aus einem selbständigen Haftungsanspruch gegen den Praxisleiter bzw. Krankenhausträger vorgehen. Die von Teilen des juristischen Schrifttums vorgetragenen Argumente, die diesen Anspruch lediglich als einen Unterfall des Behandlungsfehlers ansehen, weil nur so das Arzt-Patient-Verhältnis als Ausdruck eines besonderen Vertrauensbündnisses zum Ausdruck komme, überzeugen nicht. Denn die Organisationspflichten bezüglich der Behandlung greifen weder unmittelbar in die – durch die ärztliche Verantwortung begründete – individuelle Beziehung zwischen Arzt und Patient ein, noch unmittelbar in die konkrete einzelne Behandlung.

VIII. Moderne „Arzt"haftung ist heutzutage zum Großteil Organisationshaftung. Dadurch spiegelt sich die Entwicklung der Medizin und das Fortschreiten der Krankenhäuser zu modernen medizinischen „Dienstleistungsunternehmen" mit allen Folgen wie Anonymisierung, Technisierung, Spezialisierung sowie Verwissenschaftlichung entsprechend wider. Diese Elemente sind nicht nur einseitig zu Lasten der Arzt-Patient-Beziehung zu werten, sondern sie reflektieren die faktische Umformung der ärztlichen Tätigkeit zu einem modernen, den Interessen des mündigen Patienten gerecht werdenden Arzthaftungsrecht. Eine ständige Qualitätserhöhung von Behandlung und ihrer Organisation beinhaltet für Patienten erhöhte Heilungschancen, aber sie beinhaltet auch für Ärzte – eingebettet in die Organisation Krankenhaus – die Möglichkeit, sich neuen beruflichen Herausforderungen zu stellen. Dieser Zugewinn an Chancen kann aber nur interessengerecht erreicht werden, wenn mit ihm auch ein Zugewinn an Patientensicherheit korrespondiert. Dieser lässt sich über einen selbständigen Anspruch des Patienten gegen den Krankenhausträger bzw. Praxisleiter erreichen.

Weiterhin ist eine Konzentration der Schadensregulierung in der Lage, dass von der Gegenansicht betonte unverzichtbare Vertrauensverhältnis zwischen Arzt und Patient zu fördern. Infolge der Haftungsbündelung beim Krankenhausträger wird die Arzt-Patient-Beziehung weniger belastet, weil ein Großteil der Streitigkeiten nicht mehr zwischen ihnen, sondern zwischen Patient und Träger stattfinden.

IX. Bei Verletzung von Organisationspflichten ergibt sich die Haftung des Praxisleiters bzw. des Krankenhausträgers aus Vertrag und Delikt.

Von der haftungsrechtlichen Struktur werden Organisationsfehler in der vertraglichen Praxis-/Krankenhausträgerhaftung ebenso behandelt wie Behandlungsfehler. Deshalb gilt auch hier: Die Abweichung vom Standard bestimmt den Organisationsfehler und eröffnet den Anwendungsbereich von § 280 Abs. 1 S. 1 BGB. Da der Standard die Pflicht und die Abweichung deren Verletzung ist, ist die Pflichtverletzung identisch mit dem Organisationsfehler, und die Pflichtverletzung ist von der Pflichtwidrigkeit (= Fahrlässigkeit) nicht zu unterscheiden.

Um die Eigenständigkeit und Bedeutung der Organisationspflichten hervorzuheben, sind sie als vertragliche Hauptpflicht einzuordnen. Eine andere Auffassung spiegelt die Tendenzen modernen Arzthaftungsrechts nicht hinreichend wider.

Im Rahmen des Deliktsrechts ist die Organisationspflicht (guter Behandlung) als allgemeine Geschäftsherrnpflicht des Krankenhausträgers bzw. Praxisleiters – rechtsformunabhängig – in § 823 Abs. 1 BGB angesiedelt. Dabei handelt es sich um eine Verkehrspflicht des Organisationsverantwortlichen. Im Ergebnis sind Vertrags- und Deliktsrecht im Bereich der Organisationsfehlerhaftung im Pflichtengefüge und in der Haftungsstruktur identisch. Die Organisationspflicht wird auch hier durch den Standard bestimmt.

X. Die mit dem Stichwort „Organisationsaufklärung" ausgelöste Debatte als partiell neuer Form der direkten Aufklärungsverpflichtung betrifft zwei unterschiedliche arzthaftungsrechtliche Informationskomplexe: zum einen die Qualitätsaufklärung und zum anderen die Aufklärung über „Inkongruenzen" zwischen Haftungs- und Sozialrecht.

XI. Die Qualitätsaufklärung lässt sich wiederum in zwei Bereiche, und zwar Strukturqualität und Prozessqualität, unterteilen. Im Rahmen der Strukturqualität findet ein externer Vergleich statt. Es wurde umfassend dargelegt, dass hierbei keine Gründe gegen die generelle Akzeptanz der Aufklärungsverpflichtung bestehen. Deshalb ist der Patient darüber zu unterrichten, dass die im behandelnden Krankenhaus oder in der Praxis geplante Maßnahme zwar (noch) dem anerkannten Stand entspricht, anderswo aber durch versiertere Ärzte oder mit modernerem Gerät durchgeführt werden könnte. Die praktische Umsetzbarkeit obliegt im klinischen Alltag dem Krankenhausträger. Dogmatisch ist die Qualitätsaufklärung auf Grund der besseren Argumente der Selbstbestimmungsaufklärung zuzurechnen, denn es geht um Entscheidungschancen des Patienten. Dieser muss in den Stand versetzt werden, eine informierte Entscheidung über die Qualität der Behandlung seiner Erkrankung zu treffen. Diese Entscheidungschancen wahrzunehmen obliegt der Dispositionsbefugnis des Patienten und beruht auf seinem Recht, als freie und selbstverantwortliche Persönlichkeit zu handeln.

Im Rahmen der Prozessqualität findet ein interner Vergleich über die vorhandene Fach- und Sachausstattung statt, die den Patienten erwartet. Es besteht jedoch keine generelle Verpflichtung für den Krankenhausträger, den Patienten darüber aufzuklären, wie die fachlichen Qualifikationen des behandelnden Arztes im Vergleich mit anderen Kollegen sind. Unterrichtungspflichten sind partiell nur dann gegeben, wenn der vorgesehene Eingriff von einem anderen Arzt deutlich risikoärmer oder mit erheblich besseren Erfolgsaussichten durchgeführt werden kann. Andere Forderungen, die eine weitergehende Aufklärungspflicht über die fehlende praktische Erfahrung des Arztes verlangen, könnten mit dem Interesse, auch künftig eine qualifizierte Gesundheitsfürsorge zu gewährleisten, in Konflikt geraten.

XII. Die „Organisationsaufklärung" umfasst des Weiteren die Aufklärung über Inkongruenzen zwischen Haftungs- und Sozialrecht. Darunter werden wiederum zwei Themenkomplexe zusammengefasst: Zum einen geht es um strukturelle Diskrepanzen zwischen haftungs- und sozialrechtlicher Standardbehandlung, die durch Zeitverzögerungen bei der „Zulassung" neuer Untersuchungs- und Behandlungsmethoden auftreten können, zum anderen um medizinische Leistungen, die möglicherweise aus dem Leistungsumfang der gesetzlichen Krankenkassen auf Grund von Rationierungen herausfallen.

Im ersten Fall ist der Patient auf solche zeitlichen Verzögerungen hinzuweisen. Auch im zweiten Fall muss der Patient erfahren, dass es zur beabsichtigten Behandlung optimalere Behandlungsalternativen gibt, welche aber nicht bei ihm zur Anwendung gelangen können, weil die medizinische Leistung nicht vom System der gesetzlichen Krankenkassen umfasst wird. Das ist notwendig, damit sich der Patient für solche Behandlungen gegebenenfalls privat versichern kann.

Dogmatisch ist die Verpflichtung zur Aufklärung über mögliche Inkongruenzen zwischen Haftungs- und Sozialrecht der Selbstbestimmungsaufklärung zuzurechen. Dabei kann eine Parallele zur Aufklärung über Behandlungsalternativen gezogen werden. Wenn es zur beabsichtigten Behandlungsmethode bessere Alternativen gibt, welche aber vom System der GKV nicht (mehr) oder nicht vollständig umfasst werden, ist der Patient auf Grund seines Rechts auf selbstverantwortlichen Schutz seiner Integritätsinteressen darüber zu informieren.

Kapitel 2

I. Die juristische Lehre beschäftigte sich lange Zeit nicht mit der Problematik, ob wirtschaftliche Erwägungen im Arzthaftungsrecht zu berücksichtigen sind. Mit Beginn der neunziger Jahre des letzten Jahrhunderts hat sich dies geändert. Ökonomische Gesichtspunkte sind verstärkt in das Blickfeld des Schrifttums getreten. Über ihre anfängliche bloße Kenntnisnahme hinaus bestehen in neueren Stellungnahmen Bemühungen, diese auch rechtlich, und zwar bei dem Merkmal des Zumutbaren, einzuordnen. Die Frage der wirtschaftlichen Zumutbarkeit zielt darauf ab, den durch bestimmte Schutzmaßnahmen erreichbaren Sicherheitsstandard zu dem dafür erforderlichen Kostenaufwand in die rechtliche Bewertung einzubeziehen. Das bedeutet für das Arzthaftungsrecht, die Kosten auf der behandelnden Seite für mehr Sicherheit oder weniger Unsicherheit im Interesse der Patienten festzulegen.

II. Es wurde herausgearbeitet, dass das Merkmal der Zumutbarkeit bei der Behandlungsfehlerhaftung keinen Anknüpfungspunkt für wirtschaftliche Erwägungen darstellen kann.

Anders ist es bei der Organisationsfehlerhaftung. Dort bestehen aus dogmatischer Sicht keine Bedenken, wirtschaftliche Erwägungen über das Zumutbarkeitsmerkmal sowohl im Vertrags- als auch im Deliktsrecht einfließen zu lassen. Die wirtschaftliche Zumutbarkeit kann bei der Bestimmung des Sorgfaltsmaßstabes auf der Pflichtenebene berücksichtigt werden. Es erfolgt somit eine Begrenzung der Sorgfaltsanforderungen, wobei eine Abwägung zwischen dem erzielbaren Nutzen einer Maßnahme und dem damit verbundenen Kostenaufwand stattfindet. Bei einer solchen Nutzen/Kosten-Abwägung sind der Nutzen einer Behandlungsmaßnahme für den Patienten auf der einen Seite und die dafür erforderlichen Kostenaufwendungen für den Krankenhausträger auf der anderen Seite gegenüberzustellen.

Bei den Zumutbarkeitserwägungen handelt es sich stets um objektive Kriterien, weil eine Unterscheidung zwischen innerer und äußerer Sorgfalt nicht durchführbar ist.

III. Da in der Arbeit die Verwendung von wirtschaftlichen Argumenten in der Rechtsprechung zum Arzthaftungsrecht untersucht wird, hat sie sich – im Ansatz – mit der Theorie der ökonomischen Analyse des Haftungsrechts auseinander gesetzt. Die gegen die ökonomische Analyse des Rechts bestehenden Vorbehalte konnten nur teilweise bestätigt werden. Die ökonomische Effizienz ist jedoch kein vorrangiges oder gar alleiniges Funktionsprinzip des Arzthaftungsrechts. Bei einer reinen Nutzen/Kosten-Abwägung sind immaterielle Rechtsgüter nicht mehr ausreichend geschützt; soziale Komponenten werden unzureichend berücksichtigt.

Der ökonomischen Analyse des Haftungsrechts gebührt jedoch der Verdienst, eine Sensibilisierung für Nutzen/Kosten-Erwägungen erreicht zu haben. Die Theorie kann über ihre beschreibende Funktion der Rechtsprechung annäherungsweise den Preis aufzeigen, der für die Verwirklichung einer als gerecht empfundenen Lösung geleistet werden muss. Im Rahmen teleologischer Argumentationen eröffnet die ökonomische Analyse des Rechts die Möglichkeit für weitere Folgenanalysen.

IV. Die Rechtsprechung hat bei der Urteilsfindung im Rahmen von Organisationspflichtverletzungen des Krankenhausträgers auch die wirtschaftlichen Folgen von Entscheidungen zu berücksichtigen. Diese Aussage ist auf die folgenorientierte Auslegung zurückzuführen, die als moderne Argumentationslehre mittlerweile ihren festen Platz in der juristischen Lehre eingenommen hat.

Methodisch sind Folgenberücksichtigungen bereits in der objektiv-teleologischen Auslegung intendiert, da die Folgenberücksichtigung die gebotene Gesetzesbindung nicht überschreiten darf. In der teleologischen Interpretation kann den Entscheidungsfolgen gerade in Bezug auf ihre wirtschaftliche Betrachtungsweise eine besondere Bedeutung zukommen.

V. Näher spezifiziert wurden wirtschaftliche Erwägungen und wirtschaftliche Folgenerwägungen bei der Organisation der Behandlung, wobei eine Abgrenzung der beiden – strukturell unterschiedlichen – Elemente voneinander erfolgte.

Unter wirtschaftlichen Erwägungen oder Aspekten, ökonomischen Argumenten oder finanziellen Gesichtspunkten bzw. Kostenerwägungen u. s. w. wird ein Aufwand verstanden, der sich in Geld ausdrücken lässt. Diese Erwägungen können für die Rechtsprechung bei der Entscheidungsfindung als Argumente in der Entscheidungsbegründung eine Rolle spielen. Bei ökonomischen oder wirtschaftlichen Folgenerwägungen geht es darum, welche finanziellen Auswirkungen Urteile entfalten können. Die Rechtsprechung darf diese ebenfalls bei der Urteilsfindung berücksichtigen.

VI. Am Ende des Kapitels wurde der Versuch unternommen, Fallgruppen zu bilden, in denen wirtschaftliche Erwägungen und wirtschaftliche Folgenerwägungen die Entscheidungsfindung der Rechtsprechung beeinflussen können. Die Klassifizierung erfolgte in Behandlungsqualität, Organisationsqualität und Qualitätsaufklärung, eine weitere Fallgruppe bildeten versorgungsorientierte Argumente. In einigen Abschnitten sind Beispiele aufgeführt, bei denen Mediziner Kostenerwägungen in ihre Erörterungen mit einbeziehen.

Kapitel 3

I. Die Arbeit befasste sich anschließend mit einer umfassenden Untersuchung der Rechtsprechung. Dabei wurde versucht, alle bisher im Arzthaftungsrecht ergangenen Entscheidungen darzustellen, in denen die Gerichte Kostenprobleme bei der Urteilsfindung berücksichtigten. Das zum einen, um die Aussagekraft des Ergebnisses zu erhöhen, und zum anderen, weil bisher eine empirische Untersuchung in dieser Form noch nicht vorliegt. Nicht geboten werden konnte und sollte jedoch ein vollständiger Überblick in der Art eines Nachschlagewerkes, denn es wurden im Rahmen der strukturierten Auswahl teilweise auch Entscheidungen referiert, die nicht explizit ökonomische Gesichtspunkte erwähnen. Grund dafür war die Vorbereitung auf das vierte Kapitel, und zwar um aufzuzeigen, in welchen Bereichen wirtschaftliche Argumente keine Berücksichtigung finden dürfen. Die Rechtsprechungsanalyse erfolgte anhand der vier Hauptgruppen, die bereits am Ende des vorhergehenden Kapitels herausgearbeitet wurden.

II. Der Umfang der Entscheidungen, in denen die Rechtsprechung auf Kostenprobleme einging, überraschte. Noch in der Einleitung wurde festgestellt, dass in den mehrbändigen Sammlungen der Rechtsprechung zu den Arzthaftpflichtentscheidungen der Gerichte aller Instanzen, die Stichwortverzeichnisse die Begriffe ökonomische Erwägungen, wirtschaftliche Überlegungen, Kosten oder andere Synonyme nicht enthalten und sich derselbe Befund auch bei einer online-Recherche der genannten Schlagworte ergibt.

III. In allen vier Fallgruppen sind Kostenprobleme erwähnt. Im Rahmen der Qualität medizinischer Behandlung bildet die Diagnose die Hauptfallgruppe. Schwerpunkt der gesamten Untersuchung war der Bereich der Organisation der Behandlung. Neben zahlreichen ökonomischen Überlegungen hat die Rechtsprechung in dieser Kategorie auch wirtschaftliche Folgenüberlegungen berücksichtigt. Im Abschnitt der versorgungsorientierten Strategien sind Berührungspunkte der Zivilgerichte mit dem GKV-Recht und hierbei insbesondere dem Wirtschaftlichkeitsgebot nachgezeichnet. Dabei ging es um den Einfluss von Budgetierungen, Vergütungsmaßnahmen und Richtlinien auf den haftungsrechtlichen Standard. Weiterhin wurde die mögliche Diskrepanz zwischen haftungs- und sozialrechtlicher Standardbehandlung aufgezeigt. Abschließend wurden im Rahmen der Qualitätsaufklärung Entscheidungen analysiert, die bereits auf der Organisationsebene angesprochen wurden.

IV. Im Ergebnis ist festzuhalten: Die Gerichte haben in einer Vielzahl von – auch älteren – Entscheidungen Kostenprobleme erörtert. Die Rechtsprechung weist jedoch noch kein einheitliches Bild im Umgang mit ökonomischen Erwägungen auf. Bisher wurde keine kontinuierliche „Leitlinie“ für ihren Umgang herausgearbeitet.

Kapitel 4

I. Im letzten Kapitel galt es normativ aufzuzeigen, ob und in welcher Form wirtschaftliche Überlegungen im Arzthaftungsrecht zu berücksichtigen sind.

Im Rahmen der ersten Fallgruppe, der Qualität medizinischer Behandlungen, dürfen ökonomische Überlegungen keine Bewertungskriterien für die individuelle Arztentscheidung sein. Es wurde herausgearbeitet, dass den Ärzten für Entscheidungen, in denen der medizinische Standard auf Grund ökonomischer Bewertungen beeinflusst werden kann, die Legitimation fehlt. Allein der medizinische Standard bestimmt im Rahmen der individuellen Behandlung den rechtlichen Standard; aus diesem Grund ist für eine Pflichtenabsenkung wegen wirtschaftlicher Erwägungen bei Diagnose, Indikation und Therapie kein Raum.

Forderungen von Teilen der juristischen Lehre, die bei der Diagnostik auf der Ebene der individuellen Arztentscheidung für Rationierungsmaßnahmen plädieren, sind abzulehnen. Aufgezeigt wurde, dass Kosteneinsparungen bei der Diagnose zu einer weiteren Erhöhung der Fehlerquote führen können. „Vermeintliche" Kosteneinsparungen auf der ersten Stufe des Behandlungsablaufs können unnötige (finanzielle) Aufwendungen im weiteren Behandlungsverlauf nach sich ziehen; so beispielsweise durch Einleitung überflüssiger Therapiemaßnahmen infolge unzureichender Diagnostik. Will man in der Zukunft wirtschaftliche Kriterien berücksichtigen, kann dafür das Beispiel des diagnostischen Entscheidungsbaumes ein Anknüpfungspunkt sein. Hierbei ist einerseits zwischen der individuellen Behandlung und andererseits einer „abstrakter Leitlinie" für Behandlungsmaßnahmen zu unterscheiden. Eine solche Diskussion muss jedoch statt auf der Ebene der individuellen Arztentscheidung auf einer allgemeineren, abstrakten Ebene geführt werden.

Des Weiteren gilt: Kann ein Arzt die medizinisch notwendigen Maßnahmen – sei es im Bereich der Diagnose, der Indikation oder der Therapie – nicht erbringen, dann muss er sein Leistungsangebot zurücknehmen. Er hat sich auf die Bereiche zu beschränken, in denen er die geforderten medizinischen Standards erfüllen kann. Der Arzt muss auf eine Behandlung verzichten, wenn ihm eine standardgemäße Behandlung nicht möglich ist. Behandelt der Arzt trotzdem, kann er sich später nicht darauf berufen, dass er sich aus finanziellen Gründen außer Stande sah, eine bessere und weitergehende Behandlung zu erbringen. Um einen Konflikt mit dem Haftungsrecht zu vermeiden („Übernahmeverschulden"), muss der Patient zuvor an einen anderen Kollegen (Spezialist) verwiesen oder überwiesen werden.

II. Ökonomische Erwägungen werden an zahlreichen Stellen im umfassenden Bereich der Organisation der Behandlung, einem Schwergewicht der Arbeit, durch Rechtsprechung und Lehre erörtert.

Je nach unterschiedlicher Größe und Ausrichtung der Behandlungsinstitutionen sind organisationsbezogene rechtliche Differenzierungen des Standards festzulegen, die sich in einer gewissen Bandbreite bewegen können, wobei der Mindeststandard in jeder Einrichtung sicherzustellen ist. Ursache dafür sind der jeweilige Versorgungsauftrag (Allgemein-, Fach-, Universitätsklinik etc.), die Versorgungsstufe und das Erscheinungsbild der Klinik. Die organisationsbezogenen Standarddifferenzierungen ergeben sich zwangsläufig bei einer einerseits bevölkerungsnahen und andererseits (wirtschaftlich) tragbaren Krankenversorgung (vgl. B, I., 2).

Einen Schwerpunkt der Erörterungen in dieser Fallgruppe bildete die unterschiedliche technisch-apparative Ausstattung in verschiedenen Behandlungseinrichtungen auf Grund von Investitionsdefiziten. Trotz kritischer Stimmen im Schrifttum ist der Rechtsprechung im Grundsatz zuzustimmen. Bei fehlender technisch-apparativer Ausstattung wegen Investitionsdefiziten durften ökonomische Erwägungen auf der Organisationsfehlerebene – zumindest in der Investitionsphase – als entscheidungserhebliches Kriterium berücksichtigt werden (vgl. B, II., 1). Die Patienten wurden zwar auf Grund der technisch-apparativen Ausstattung mit einer älteren Methode behandelt, die aber noch dem Standard entsprach. Da die Investitionsphase für den Krankenhausträger potentiell entlastend wirkt, muss sie deutlicher als bisher definiert werden, wobei diese Aufgabe den Gerichten und nicht der medizinischen Praxis obliegt. Die Anschaffung neuer Medizintechnik betrifft dabei die Organisationsebene; die Bestimmung von Organisationsstandards obliegt dem interdisziplinär und multiprofessionell besetzten Organisationssachverstand.

Fehlende Investitionsmaßnahmen in das Objekt Krankenhaus dürfen nicht zu einer Senkung hygienischer Anforderungen führen. Ökonomische Erwägungen entlasten den Krankenhausträger nicht (vgl. B, IV., 1.). Gestattet der Krankenhausträger die Aufnahme von Patienten obwohl die Anforderungen inakzeptabel sind bzw. nicht dem Standard entsprechen, so liegt darin eine Organisationspflichtverletzung in Form des „Übernahmeverschuldens". Ein Konflikt mit dem Haftungsrecht ist nur vermeidbar, solange keine Patienten mehr aufgenommen werden, bis die Hygienestandards wieder erreicht sind. Den Krankenhausträger treffen Reaktionspflichten, um die geforderten hygienischen Standards zu erbringen. Ist der Träger der Einrichtung dazu nicht in der Lage, sind wirtschaftliche Folgenerwägungen berührt, wobei die Schließung einzelner Abteilungen oder in gravierenden Fällen des gesamten Hauses angesprochen ist.

Personelle Engpässe, sowohl beim ärztlichen als auch beim nicht-ärztlichen Personal, deren Ursache begrenzte finanzielle Mittel des Krankenhausträgers oder Bestrebungen zur Dämpfung der Krankenhauskosten sind, dürfen nicht zu einer Gefährdung der Sicherheit von Patienten führen (B, V., 1). Kann der Standard einer Behandlung nicht mehr sichergestellt werden, muss der Krankenhausträger reagieren. Gelingt ihm das nicht, dürfen keine Patienten mehr aufgenommen werden, wobei in letzter Konsequenz einzelne Abteilungen zu schließen sind. Ebenso wenig dürfen Gerichte die Kosten für eine ordnungsgemäße Überwachung unerfahrener durch erfahrene Ärzte in ihre Überlegungen mit einbeziehen. Berufsanfänger sind notwendigerweise am Patienten auszubilden; was jedoch nicht zu Lasten der Patientensicherheit geschehen darf. Richtlinie des Handelns ist: Wohl und Sicherheit des Patienten haben Vorrang vor der Ausbildung des Nachwuchses. Abzulehnen ist es deshalb, wenn in früherer Praxis Ärzte im Praktikum – auf Grund ökonomischer Erwägungen – allein den Bereitschaftsdienst auf Neugeborenenstationen versahen. Dadurch wurde die Gefahr einer möglichen Schädigung Neugeborener erhöht. Eine solche Gefahr für das neugeborene Leben und ebenso für die Mutter in Kauf zu nehmen und den finanziellen Erwägungen eines Krankenhausträgers gegenüberzustellen (Nutzen/Kosten-Abwägung), ist nicht akzeptabel.

Der Krankenhausträger hat auch an Sonn- und Feiertagen sowie in der Nacht – durch ein entsprechendes Personalmanagement – für den reibungslosen Ablauf der Organisation der Behandlungen zu sorgen. Die Sicherheit des Patienten ist auch hier oberstes Gebot. Der Pflichtenkatalog des Krankenhausträgers darf nicht wegen wirtschaftlicher Überlegungen reduziert werden (B, VI.).

Während der Behandlung sind Krankenhausträger und Praxisleiter verpflichtet, jegliche Gefährdungen von Patienten auszuschließen. Wirtschaftliche Erwägungen, die zu einer Pflichtenreduktion auf der Organisationsebene führen können, sind unzulässig (vgl. B, VII., 1). Dasselbe gilt während des Aufenthaltes der Patienten im stationären Bereich; auch hier hat ihre Sicherheit oberste Priorität. Rechtsprechung und Lehre betonen ausdrücklich, dass fehlende finanzielle Mittel nicht geeignet sind, Organisationspflichten herabzusetzen (vgl. B, VII., 2).

Der BGH lehnt es ebenfalls ab, den Pflichtenkatalog auf Grund ökonomischer Erwägungen bei der Organisation einer Behandlung im ambulanten Bereich zu reduzieren. Trotz der Kritik von Teilen der juristischen und medizinischen Lehre ist zu betonen, dass die Rechtsprechung somit im stationären und ambulanten Bereich von einem einheitlichen Haftungsmaßstab ausgeht. Die Sicherheit des Patienten hat auch im ambulanten Bereich oberste Priorität. Wegen der Sachverhaltsbesonderheit (vgl. B, VII., 3.) ist jedoch davon auszugehen, dass es sich um eine Einzelfallentscheidung handelt, die nicht verallgemeinerungsfähig ist. Die weitere Entwicklung der Rechtsprechung bleibt diesbezüglich abzuwarten.

Die Nachsorge – als Teil der Behandlung – muss so organisiert sein, dass der Patient keinen Schaden erleidet. Kritische Stimmen gehen seit Neueinführung der DRG's, die als eine ökonomische Zielvorgabe mit der Notwendigkeit der Erzielung bestmöglicher Ergebnisqualität bei minimalem Ressourceneinsatz im Kontext kurzer Verweildauer umschrieben werden, von einer Verschlechterung der Patientensituation aus. Bisher liegt noch kein Urteil vor, in dem sich die Rechtsprechung mit DRG's auseinander setzte. In der medizinischen Praxis (vgl. B, VII., 4) hat sich zumindest bei der Entfernung von Mandeln keine Änderung ergeben.

Ein Sonderproblem stellt die Behandlung in psychiatrischen Einrichtungen dar, weil auf Grund der Autonomie- und Freiheitsansprüche der Patienten gewisse Restrisiken bei der Behandlung in Kauf zu nehmen sind. Die Betonung moderner Therapiemaßnahmen darf aber nicht dazu führen, dass der Krankenhausträger die Behandlung der Patienten mit zu wenig Personal und/oder in unzulänglichen Räumlichkeiten durchführt (vgl. B, VII., 6.). Insoweit besteht auch bei der Behandlung psychiatrisch Erkrankter für den Klinikträger die Verpflichtung, die Behandlung so zu organisieren, dass der Standard sichergestellt ist.

III. Die Rechtsprechung nahm in einigen Entscheidungen zu der Frage Stellung, inwieweit das GKV-Recht in Form von Budgetierungen, Vergütungsmaßnahmen und Richtlinien den haftungsrechtlichen Standard beeinflusst. Das führt zu folgenden Ergebnissen:

— Die Leistungspflicht der GKV, die Behandlungspflicht von Vertragsarzt und Krankenhaus sowie der Leistungsanspruch des sozialversicherten Patienten werden durch die Erschöpfung von Budgets nicht ausgeschlossen oder herabgesetzt. Es existiert auch kein Konflikt zwischen Haftungs- und Sozialrecht, da neben der haftungsrechtlichen auch eine sozialrechtliche Behandlungspflicht besteht.

— Die Gebührenordnungen bzw. sämtliche andere Vergütungsmaßnahmen dürfen ebenso wie Budgetierungen den haftungsrechtlichen Standard nicht beeinflussen. Das anderslautende Urteil eines Instanzgerichtes ist abzulehnen. Vielmehr ist dem BGH zuzustimmen, der sinngemäß formulierte, dass ein Arzt, der eine Behandlung durchführt, die Maßnahmen ergreifen muss, die medizinisch indiziert sind, unabhängig davon, ob er dafür Gebühren erhält oder nicht. Ärztliche Pflichten hängen nicht von den jeweiligen Gebührenregelungen ab; sie ergeben sich vielmehr allein aus dem ärztlichen Selbstverständnis und den Schutzinteressen des Patienten.

— Die Diskussion, inwiefern vom Gemeinsamen Bundesausschuss erlassene Richtlinien das Haftungsrecht beeinflussen, ist in Lehre und Rechtsprechung noch im Fluss. Festzuhalten ist jedoch, dass einem Instanzgericht, welches Mutterschafts-Richtlinien ohne Begründung die Funktion einer haftungsrechtlichen Standardfestlegung beimessen will, nicht gefolgt werden kann. Der Richtlinie ist keine haftungsrechtliche Bindungswirkung durch eine Rechtsvermutung einzuräumen, da jede Form der Begrenzung standardgemäßer Behandlung im Einzellfall legitimiert werden muss.

Durch Zeitverzögerungen bei der „Zulassung" neuer Untersuchungs- und Behandlungsmethoden können „Inkongruenzen" zwischen haftungs- und sozialrechtlicher Standardbehandlung auftreten. Dieser Konflikt wurde in einem Urteil angesprochen, aber nicht entschieden (vgl. C, IV.). Eine abschließende Stellungnahme zu dieser Problematik konnte in der Arbeit nicht geleistet werden, da dies weitergehender Auseinandersetzung, insbesondere mit dem Sozialrecht, bedarf.

Kann der Patient auf Grund versorgungsbedingter („planbarer") Knappheiten nicht – sofort – behandelt werden, sind Grundfragen des Gesundheitssystems berührt, wofür letztlich der Gesetzgeber die Verantwortung trägt. Es reicht nicht aus, den Patienten darauf zu verweisen, dass die Situation nun einmal so sei und er sich damit abfinden müsse. Vielmehr bedarf es bestimmter nachprüfbarer Kriterien, die eine Entscheidung rechtfertigen. Die Dringlichkeit einer Behandlungsmaßnahme stellt ein solches Kriterium dar. Forderungen, die den Zugang zu einer Behandlungsmaßnahme vom Alter des Patienten abhängig machen wollen, wurden in Deutschland entgegen anderer Tendenzen in EU-Mitgliedsstaaten, bisher strikt abgelehnt. Jedes andere Ergebnis verstößt gegen verfassungsrechtliche Vorgaben, die auch im Haftungsrecht gelten.

IV. Der Krankenhausträger muss bei den sogenannten Anfängeroperationen den Konflikt auflösen, der einerseits im Anspruch des Patienten besteht, über die Selbstbestimmung sein Recht auf gute medizinische Behandlung durch einen qualifizierten Arzt zu realisieren, und andererseits darin, die praktische Ausbildung des Nachwuchses zu sichern. Daraus folgt im Rahmen der Prozessqualität keine grundsätzliche Verpflichtung zur Qualitätsaufklärung für den Krankenhausträger. Eine solche Pflicht ist nur dann gegeben, wenn der vorgesehene Eingriff von einem anderen Arzt deutlich risikoärmer oder mit erheblich besseren Erfolgsaussichten durchgeführt werden kann. Die dogmatische Struktur und die Präventionswirkung des Organisationsfehlertatbestandes sowie eine ausdifferenzierte Rechtsprechung gewährleisten einen ausreichenden Patientenschutz. Der praktisch wichtigste und tragende Grund für die Ablehnung einer generellen Aufklärungsverpflichtung ist aber ein ausbildungspolitischer; denn die Statuierung einer Verpflichtung zur Aufklärung über persönliche Qualifikationsumstände würde eine geordnete Medizinerausbildung und -weiterbildung am Patienten erheblich erschweren.

Dagegen besteht im Rahmen der Strukturqualität eine dahingehende Aufklärungspflicht für den Krankenhausträger, den Patienten darüber zu informieren, dass die Behandlungsqualität der eigenen Einrichtung zwar (noch) dem anerkannten Stand entspricht, anderswo die Behandlung aber durch versiertere Ärzte oder mit modernerem Gerät durchgeführt werden könnte. Die Gegenargumente von Teilen der Lehre, welche die anderslautende Rechtsprechung unterstützen, überzeugen nicht. Die Akzeptanz wirtschaftlicher Einflüsse, die auf der Pflichtenebene im Rahmen der Zumutbarkeit zu berücksichtigen sind und zu einer partiellen Reduzierung des Organisationsstandards führen, bedarf eines adäquaten Ausgleichs. Risikoerhöhung und Rechtsverlust auf der einen Seite (Organisationsebene) sind durch Information und Rechtsgewinn auf der anderen Seite (Aufklärungsebene) auszugleichen. Der Relativierung des Organisationsstandards muss eine stärkere Betonung des Persönlichkeits- und Selbstbestimmungsaspekts folgen. Nur die Qualitätsaufklärung ist in der Lage, eine Kompensation von zulässigen Standardrelativierungen auf Grund wirtschaftlicher Zwänge zu erreichen.

Literaturverzeichnis

Adams, Michael: Ökonomische Theorie des Rechts. Konzepte und Anwendungen, Frankfurt a. M./Berlin/New York/Wien 2002.

— Ökonomische Analyse der Gefährdungs- und Verschuldenshaftung, Heidelberg 1995.

— Zur Aufgabe des Haftungsrechts im Umweltschutz, in: ZZP 1986, S. 129-165.

Alternativkommentar: Kommentar zum Bürgerlichen Gesetzbuch, hrsg. von Rudolf Wassermann, Bd. 3, Besonderes Schuldrecht (§§ 433-853) Neuwied/Darmstadt 1979 (zit.: AlternativKomm-Bearbeiter).

Andreas, Manfred: Internes Budget und Therapiefreiheit, in: ArztR 1997, S. 207-209.

— Wiederverwendbarkeit von Einmal-Instrumenten, in: ArztR 2003, S. 67.

Ankermann, Ernst: Haftung für fehlerhaften oder fehlenden ärztlichen Rat, in: FS für Erich Steffen, Berlin/New York 1995, S. 1-17.

Anschütz, Felix: Möglichkeiten und Aufgaben des diagnostischen Prozesses, in: ZVersWiss 1993, S. 161-178.

Antes, Gerd: EBM praktizieren. Wie erhalte ich die Antwort auf meine Fragen?, in: Matthias Perleth/Gerd Antes, Evidenz-basierte Medizin, München 1998, S. 19-26.

— Evidence-Based Medicine, in: Internist 1998, S. 899-908.

Arbeitsgemeinschaft für Osteosynthesefragen – International: Votum der DAO zum Begriff „Medizinischer Standard“, in: ArztR 1997, S. 72.

Arbeitsgemeinschaft Rechtsanwälte im Medizinrecht e. V. (Hrsg.): Die ärztliche Behandlung im Spannungsfeld zwischen kassenärztlicher Verantwortung und zivilrechtlicher Haftung, Berlin/Heidelberg/New York 1992.

— Die Budgetierung des Gesundheitswesens. Wo bleibt der medizinische Standard?, Berlin/Heidelberg/New York 1997.

— Krankenhaus im Brennpunkt. Risiken Haftung Management, Berlin/ Heidelberg/ New York 1997.

— Arzneimittel und Medizinprodukte. Neue Risiken für Arzt, Hersteller und Versicherer, Berlin/Heidelberg/New York 1997.

— Medizinische Notwendigkeit und Ethik. Gesundheitschancen in Zeiten der Ressourcenknappheit, Berlin/Heidelberg/New York 1999.

— Medizin und Strafrecht. Strafrechtliche Verantwortung in Klinik und Praxis, Berlin/Heidelberg/New York 2000.

— Leitlinien, Richtlinien und Gesetz. Wie viel Reglementierung verträgt das Arzt-Patienten-Verhältnis?, Berlin/Heidelberg/New York 2003.

Armbrüster, Christian: Der praktische Fall – Bürgerliches Recht: Der missglückte Heileingriff, in: JuS 1997, S. 907-912.

Arnold, Michael: Die ökonomischen Konsequenzen des medizinischen Fortschritts, in: Robert Bosch Stiftung, Entwicklungstendenzen im Gesundheitswesen und ihre ökonomische Bedeutung. Beiträge zur Gesundheitsökonomie, Band 12, Gerlingen 1991, S. 163-200.

— Solidarität 2000. Die medizinische Versorgung und ihre Finanzierung nach der Jahrtausendwende, Stuttgart 1993.

— Der Bundesausschuss der Ärzte und Krankenkassen: Rationellere oder rationierte Medizin?, in: Jochen Taupitz/Manuela Brewe, Biomedizin im Zeitalter der Globalisierung und Medizinische Versorgung in Zeiten knapper Kassen, Berlin/Heidelberg/New York/Tokio 2001, S. 67-78.

Arzthaftpflicht-Rechtsprechung: Ergänzbare Rechtsprechungssammlung zur gesamten Arzthaftpflicht einschließlich der Haftung von Krankenhausträgern für die juristische Praxis sowie für Ärzte, Krankenhäuser, Ärztliche Standesorganisationen, Sozialversicherungsträger, Private Krankenversicherungen und Haftpflichtversicherungen, Teil I - Entscheidungen von 1949-1992, hrsg. von Ernst Ankermann/Hans Josef Kullmann/Rolf Bischoff; Teil II – Entscheidungen vom 1.01.1993-31.12.1999, hrsg. von Hans Josef Kullmann/Rolf Bischoff/Wolf-Dieter Dressler/Burkhard Pauge; Teil III – Entscheidungen ab 1.01.2000, hrsg. von Hans Josef Kullmann/Burkard Pauge/Karlheinz Stöhr/Karl-Hermann Zoll, Berlin (zit.: AHRS).

Assmann, Heinz-Dieter/Kirchner, Christian/Schanze, Erich (Hrsg.): Ökonomische Analyse des Rechts, Tübingen 1993.

Axt-Fliedner, R./Wiegank, U./Friedrich, M./Diedrich, K: Elektive Einleitung gegenüber spontanem Geburtsbeginn am Termin, in: Gynäkologe 2004, S. 346-351.

Baader, Emil: Zum normlogischen Zusammenhang zwischen rechtlicher Regel und rechtlicher Ausnahme – dargestellt am Beispiel der Rechtsnatur der kassenärztlichen Arzneimittel-Richtlinie –, in: JZ 1990, S. 409-416.

Backhaus, Ralph: Inwieweit darf die Unterhaltspflicht für ein Kind als Schaden bewertet werden?, in: MedR 1996, S. 201-205.

Baden, Eberhard: „Wirtschaftliche Aufklärungspflichten" in der Medizin. Tendenzwende in der Rechtsprechung zu Hinweis- und Beratungspflichten im Kostenbereich?, in: NJW 1988, S. 746-749.

Badura, Bernhard/Hart, Dieter/Schellschmidt, Henner (Hrsg.): Bürgerorientierung des Gesundheitswesens. Selbstbestimmung, Schutz, Beteiligung, Baden-Baden 1999.

Bäune, Stefan/Dahm, Franz-Josef: Auswirkungen der Schuldrechtsreform auf den ärztlichen Bereich, in: MedR 2004, S. 645-655.

Baltzer, Johannes: Einführung in das Sozialrecht, in: JuS 1982, S. 651-657.

Bamberger, Heinz Georg/Roth, Herbert (Hrsg.): Kommentar zum Bürgerlichen Gesetzbuch, Bd. 2 (§§ 611-1296) München 2003 (zit.: Bamberger/Roth-Bearbeiter).

v. Bar, Christian: Verkehrspflichten. Richterliche Gefahrsteuerungsgebote im deutschen Deliktsrecht, Köln/Berlin/Bonn/München 1980.

Barthold, Hans-Martin: Enorme Arbeitsverdichtung, in: FAZ v. 18.06.2005, S. 57.

Bassler, Dirk/Antes, Gerd: Wie erhalte ich Antworten auf meine Fragen?, in: Regina Kunz/Günter Ollenschläger/Heiner Raspe/Günther Jonitz/Friedrich-Wilhelm Kolkmann, Lehrbuch Evidenz-basierte Medizin in Klinik und Praxis, Köln 2000.

Baumgärtel, Gottfried: Anm. zu BGH, Urteil v. 11.10.1977 - VI ZR 110/75, in: JR 1978, S. 373-374.

Baur, Ulrich: Die Organhaftung des Krankenhausträgers für die Tätigkeit des leitenden Krankenhausarztes, in: FS für Helmut Narr, Berlin/Heidelberg/New York/Tokio 1988, S. 150-158.

— Die Rechtsstellung des Arztes im Praktikum (AiP), in: MedR 1989, S. 111-118.

— Die Facharztpräsenz bei der Anfängeroperation. Anm. zu BGH, Urteil v. 12.07.1994 - VI ZR 299/93, in: MedR 1995, S. 192-193.

Becker-Schwarze, Kathrin/Hart, Dieter: Risikomanagement in Bremer Krankenhäusern, Bremen 2003.

dies./Lelgemann, Monika: Behandlungspfade, in: Dieter Hart, Ärztliche Leitlinien im Medizin- und Gesundheitsrecht. Recht und Empirie professioneller Normbildung, Baden-Baden 2005, S. 303-354.

Behrens, Peter: Die ökonomischen Grundlagen des Rechts, Tübingen 1986.

— Die Bedeutung der ökonomischen Analyse des Rechts für das Arbeitsrecht, in: ZfA 1989, S. 209-238.

Bender, Albrecht W.: Die Wiederaufbereitung von Einmalartikeln – ein Aufklärungsproblem?, in: MedR 2000, S. 365-367.

Bergmann, Karl Otto: Die Organisation des Krankenhauses unter haftungsrechtlichen Gesichtspunkten, in: VersR 1996, S. 810-817.

— Begrenzt die Leistungspflicht der Krankenhausversicherungen die Leistungspflicht des Arztes?, in: Arbeitsgemeinschaft Rechtsanwälte im Medizinrecht e. V., Die Budgetierung des Gesundheitswesens. Wo bleibt der medizinische Standard?, Berlin/Heidelberg/New York 1997, S. 45-53.

— Arbeitsteilung und Vertrauensgrundsatz im Arztstrafrecht, in: Arbeitsgemeinschaft Rechtsanwälte im Medizinrecht e. V., Medizin und Strafrecht. Strafrechtliche Verantwortung in Klinik und Praxis, Berlin/Heidelberg/New York 2000, S. 35-47.

— Leitlinien und Haftung, in: Arbeitsgemeinschaft Rechtsanwälte im Medizinrecht e. V., Leitlinien, Richtlinien und Gesetz. Wie viel Reglementierung verträgt das Arzt-Patienten-Verhältnis?, Berlin/Heidelberg/New York 2003, S. 65-79.

— Die Arzthaftung, 2. Aufl., Berlin/Heidelberg/New York 2004.

ders./Kienzle, Hans Friedrich: Krankenhaushaftung, 2. Aufl., Düsseldorf 2003.

Beyerle, Beatrix: Rechtsfragen medizinischer Qualitätskontrolle. Eine rechtsdogmatische und rechtsvergleichende Untersuchung zu Haftung, Datenschutz, Sektionen und prozessualer Verwertbarkeit, Heidelberg 2004.

Bischoff, Rolf: Die Haftung des Arztes aus Diagnosefehlern oder unterlassenen Untersuchungen, in: FS für Karlmann Geiß, Köln/Berlin 2000, S. 345-352.

Blaschczok, Andreas: Gefährdungshaftung und Risikozuweisung, Köln/Berlin/Bonn/ München, 1993.

Bley, Helmar/Kreikebohm, Ralf/Marschner, Andreas: Sozialrecht, 8. Aufl., Neuwied/ Kriftel 2001.

Bleyl, Uwe: Ärztliches Handeln im Budgetierungsdilemma, in: Jochen Taupitz/Manuela Brewe, Biomedizin im Zeitalter der Globalisierung und Medizinische Versorgung in Zeiten knapper Kassen, Berlin/Heidelberg/New York/Tokio 2001, S. 135-147.

Bluhm, Gerhard: Das Begriffspaar der Zumutbarkeit und Unzumutbarkeit in der Zivil- und Strafgerichtsbarkeit, in: SchlHAnz 1969, S. 174-177.

Bochnik, Hans Joachim: Aufklärungs- und Haftungsfragen bei Selbstschädigungen psychotischer Patienten in klinischer Behandlung, in: MedR 1994, S. 438-439.

Böhlk, Hans-Joachim/Unterseher, Lutz: Die Folgen der Folgenorientierung. Ein verwunderter Blick auf die juristische Methodendiskussion, in: JuS 1980, S. 323-327.

Bolsinger, Markus P.: Dogmatik der Arzthaftung, Baden-Baden 1999.

Bonvie, Horst: Rechtliche Probleme des ambulanten Operierens, in: MedR 1993, S. 43-50.

Bosch, Friedrich Wilhelm/Habscheid, Walter, J.: Vertragspflicht und Gewissenskonflikt, in: JZ 1954, S. 213-217.

Bossmann, Alfred: Rationierung medizinischer Leistungen, in: MedR 1996, S. 456-458.

Brandes, Thomas: Die Haftung für Organisationspflichtverletzung, Frankfurt a. M./ Berlin/New York/Wien 1993.

Brandis: Zumutbarkeit der Leistung und drohender Ruin, in: JZ 1922, S. 1434-1435.

Brech, Wolfgang: Die Budgetierung von Arznei- und Heilmitteln: Ist die medizinische Versorgung innerhalb der gesetzlichen Krankenkassen gesichert?, in: Jochen Taupitz/ Manuela Brewe, Biomedizin im Zeitalter der Globalisierung und Medizinische Versorgung in Zeiten knapper Kassen, Berlin/Heidelberg/New York/Tokio 2001, S. 79-99.

Breyer, Friedrich/Zweifel, Peter: Gesundheitsökonomie, 3. Aufl., Berlin 1999.

Brox, Hans/Walker, Wolf-Dietrich: Besonderes Schuldrecht, 30. Aufl., München 2005.

Brüggemeier, Gert: Gesellschaftliche Schadensverteilung und Deliktsrecht, in: AcP 182 (1982), S. 385-452.

— Deliktsrecht, Baden-Baden 1986.

— Judizielle Schutzpolitik de lege lata – Zur Restrukturierung des BGB-Deliktsrechts, in: JZ 1986, S. 969-979.

— Produkthaftung und Produktsicherheit, in: ZHR 1988, S. 511-536.

— Organisationshaftung. Deliktsrechtliche Aspekte innerorganisatorischer Funktionsdifferenzierung, in: AcP 191 (1991), S. 33-68.

— Prinzipien des Haftungsrechts. Eine systematische Darstellung auf rechtsvergleichender Grundlage, Baden-Baden 1999.

— Fahrlässigkeitshaftung, in: Liber Amicorum für Eike Schmidt, Heidelberg 2005, S. 33-71.

Bruns, Wolfgang: Arzthaftung in Deutschland. Thesen zur zukünftigen Entwicklung, in: ArztR 2000, S. 184-187.

Buchborn, Eberhard: Ärztliches Ermessen, in: MedR 1987, S. 221-224.

— Ärztlicher Standard: Begriff – Entwicklung – Anwendung, in: MedR 1993, S. 328-333.

Buche, Herbert: Der Grundsatz der Zumutbarkeit im Arbeitsrecht, in: SchlHAnz 1969, S. 172-174.

Buddee, Antje: Der Arztvertrag nach dem SGB V, Tübingen 1997.

Büsken, Rainer/Klüglich, Gabriele: Die Krankenhausbehandlung: Haftungssystem und innerbetrieblicher Schadensausgleich (Freistellung – Regress), in: VersR 1994, S. 1141-1151.

Buhbe, Matthes: Ökonomische Analyse von Eigentumsrechten. Der Beitrag der economics of property rights zur Theorie der Institutionen, Frankfurt a. M. 1980.

Bunte, Hermann-Josef: Gedanken zum Krankenhausvertrag – de lege lata – de lege ferenda, in: JZ 1982, S. 279-283.

Burow, Patrick: Einführung in die ökonomische Analyse des Rechts, in: JuS 1993, S. 8-12.

Bydlinski, Franz: Juristische Methodenlehre und Rechtsbegriff, 2. Aufl., Wien 1991.

— Unentbehrlichkeit und Grenzen methodischen Rechtsdenkens, in: AcP 188 (1988), S. 447-488.

BzgA (Hrsg.): Qualitätsmanagement in Gesundheitsförderung und Prävention. Grundsätze, Methoden und Anforderungen, Bd. 15 (Forschung und Praxis der Gesundheitsförderung), Köln 2001.

Calabresi, Guido: The Costs of Accidents: A Legal and Economic Analysis, New Haven 1970.

Canaris, Claus-Wilhelm: Schutzgesetze – Verkehrspflichten – Schutzpflichten, in: FS für Karl Larenz (zum 80. Geburtstag), München 1983, S. 26-110.

Carstensen, Gert: Vom Heilversuch zum medizinischen Standard, in: DÄBl. 86 (1989), Ausgabe B, S. 1736-1738.

— Arzthaftung, in: FS für Erwin Deutsch, Köln/Berlin/Bonn/München 1999, S. 505-512.

Conradi, Ulrich: Verknappung medizinischer Ressourcen und Arzthaftung, Hamburg 2000.

Damm, Reinhard: Medizintechnik und Arzthaftungsrecht. Behandlungsfehler und Aufklärungspflicht bei medizintechnischen Behandlungsalternativen, in: NJW 1989, S. 737-744.

— Neue Risiken und neue Rechte. Subjektivierungstendenzen im Recht der Risikogesellschaft, in: ARSP 1993, S. 159-187.

— Risikosteuerung im Zivilrecht – Privatrecht und öffentliches Recht im Risikodiskurs, in: Wolfgang Hoffmann-Riem/Eberhard Schmidt Assmann, Öffentliches Recht und Privatrecht als wechselseitige Auffangordnungen, Baden-Baden 1996, S. 85-142.

— Risikosteuerung im Privatrecht – Rechtsgüterschutz und Regelungsinstrumente, in: Dieter Hart, Privatrecht im „Risikostaat", Baden-Baden 1997, S. 13-42.

— Persönlichkeitsschutz und medizintechnische Entwicklung. Auf dem Weg in die persönlichkeitsrechtliche Moderne, in: JZ 1998, S. 926-938.

— Privatautonomie und Verbraucherschutz – Legalstruktur und Realstruktur von Autonomiekonzepten, in: VersR 1999, S. 129-141.

— Imperfekte Autonomie und Neopaternalismus. Medizinrechtliche Probleme der Selbstbestimmung in der modernen Medizin, in: MedR 2002, S. 375-387.

— Beratungsrecht. Zur Rechtsentwicklung vermögensbezogener Aufklärung und Beratung, in: FS für Peter Derleder, Baden-Baden 2005, S. 55-86.

— Privatautonomie und Patientenautonomie – Selbstbestimmung auf Güter-, Dienstleistungs- und Gesundheitsmärkten, in: Liber Amicorum für Eike Schmidt, Heidelberg 2005, S. 73-107.

— Beratungsleitlinien – Norm- und Standardbildung zu medizinischem Beratungshandeln, in: Dieter Hart, Ärztliche Leitlinien im Medizin- und Gesundheitsrecht, Recht und Empirie professioneller Normbildung, Baden-Baden 2005, S. 355-410.

ders./Hart, Dieter (Hrsg.): Rechtliche Regulierung von Gesundheitsrisiken, Baden-Baden 1993.

— Einleitung – Rechtliche Regulierung von Gesundheitsrisiken, in: dies., Rechtliche Regulierung von Gesundheitsrisiken, Baden-Baden 1993, S. 7-17.

ders./Schulte in den Bäumen, Tobias: Indikation und informed concent – Indikatoren eines Gestaltwandels von Medizin und Medizinrecht, in: KritV 2005, S. 101-136.

Danner, Martin: Justizielle Risikoverteilung durch Richter und Sachverständige im Zivilprozess, Berlin 2001.

Debong, Bernhard: Organisationspflichten im Krankenhaus, in: ArztR 2002, S. 32-35.

— Lockerung des Haftungsmaßstabes in Notfallsituationen, in: ArztR 2003, S. 288-292.

— Aus juristischer Sicht: Haftung beim Tod sedierter Patienten. Neues BGH-Urteil zur Überwachungspflicht, in: ArztR 2005, S. 121-123.

Deckert, Martina Renate: Folgenorientierung in der Rechtsanwendung, München 1995.

— Zur Einführung: Die folgenorientierte Auslegung, in: JuS 1995, S. 480-484.

Deutsch, Erwin: Die Zwecke des Haftungsrechts, in: NJW 1971, S. 244-248.

— Mitteilung über das 5. Kolloquium des Europarats über das Thema „Zivilrechtliche Arzthaftung", in: NJW 1975, S. 1452-1453.

— Anm. zu BGH, Urteil v. 11.10.1977 - VI ZR 110/75, in: JZ 1978, S. 277-278.

— Neue Aufklärungsprobleme im Arztrecht, in: NJW 1982, S. 2585-2588.

— Die Anfängeroperation: Aufklärung, Organisation, Haftung und Beweislastumkehr, in: NJW 1984, S. 650-651.

— Anm. zu BGH, Urteil v. 22.11.1983 - VI ZR 85/82, in: JZ 1984, S. 889-890.

— Anm. zu OLG Düsseldorf, Urteil v. 25.11.1982 - 8 U 87/80, in: VersR 1984, S. 338-339.

— Anm. zu BGH, Urteil v. 10.02.1987 - VI ZR 68/86, in: NJW 1987, S. 1480-1481.

— Einheitliche Dienstleistungshaftung in Europa, in: ZRP 1990, S. 454-455.

— Arzt- und Arzneimittelrecht: eine zusammenfassende Darstellung mit Fallbeispielen, 2. Aufl., Berlin/Heidelberg/New York 1991.

— Die neue Entscheidung des BGH zur Aids-Haftung. Zugleich Anm. zu BGH, Urteil v. 30.04.1991 - VI ZR 178/90, in: NJW 1991, S. 1937-1938.

— Anm. zu OLG Köln, Urteil v. 30.05.1990 - 27 U 169/89, in: VersR 1991, S. 189.

— Anm. zu BGH, Urteil v. 17.12.1991 - VI ZR 40/91, in: JZ 1992, S. 423.

— Fahrlässigkeitstheorie und Behandlungsfehler, in: NJW 1993, S. 1506-1510.

— Schadensrecht und Verfassungsrecht: Akt II. Unterhalt oder Kind als Schaden: Der BGH unterscheidet Fallgruppen und weicht vom BVerfG ab, in: NJW 1994, S. 776-778.

— Allgemeines Haftungsrecht, 2. Aufl., Köln/Berlin/Bonn/München 1996.

— Medizinrecht. Arztrecht, Arzneimittelrecht und Medizinprodukterecht. Eine zusammenfassende Darstellung mit Fallbeispielen und Texten, 3. Aufl., Berlin/Heidelberg/New York/Tokio 1997.

— Haftungserhebliche Standards, in: JZ 1997, S. 1030-1033.

— Ressourcenbeschränkung und Haftungsmaßstab im Medizinrecht, in: VersR 1998, S. 261-265.

— Das Organisationsverschulden des Krankenhausträgers, in: NJW 2000, S. 1745-1749.

— Die Medizinhaftung nach dem neuen Schuldrecht und dem neuen Schadensrecht, in: JZ 2002 S. 588-593.

— Die Fahrlässigkeit im neuen Schuldrecht, in: AcP 202 (2002), S. 889-911.

— Die neuere Entwicklung der Rechtsprechung zum Haftungsrecht, in: JZ 2005, S. 987-994.

ders./Geiger, Michael: Medizinischer Behandlungsvertrag. Empfiehlt sich eine besondere Regelung der zivilrechtlichen Beziehung zwischen dem Patienten und dem Arzt im BGB?, in: Bundesminister der Justiz, Gutachten und Vorschläge zur Überarbeitung des Schuldrechts, Bd. II, Köln 1981, S. 1049-1113.

ders./Spickhoff, Andreas: Medizinrecht. Arztrecht, Arzneimittelrecht, Medizinprodukterecht und Transfusionsrecht. 5. Aufl., Berlin/Heidelberg/New York/Tokio 2003.

Deutsche Gesellschaft für Medizinrecht e. V.: Medizinischer Standard und Leitlinien – Ökonomisierung der Medizin. DGMR Workshop 2003 – Empfehlungen, in: MedR 2003, S. 711-712.

Deutscher Ärztetag: Entschließung des 94. Deutschen Ärztetages zur geplanten Arzthaftung nach EG-Recht, in: MedR 1991, S. 165-166.

Deutscher Bundestag (Hrsg.): HIV-Infektionen durch Blut und Blutprodukte, Bericht des 3. Untersuchungsausschusses des 12. Deutschen Bundestages, Bonn 1995.

Diederichsen, Angela: Zur Bedeutung ärztlicher Leitlinien für die Haftung aus einem Behandlungsverhältnis, in: Dieter Hart, Klinische Leitlinien und Recht, Baden-Baden 2005, S. 105-112.

Diehl, Heinz: Kurzanmerkung zu BGH, Urteil v. 8.04.2003 - VI ZR 265/02, in: ZfS 2003, S. 411.

Dietze, Eckard/Brandenburg, Hans-F.: Recht in der Arztpraxis, Stuttgart 1998.

Dressler, Wolf-Dieter: Ärztliche Leitlinien und Arzthaftung, in: FS für Karlmann Geiß, Köln/Berlin 2000, S. 379-388.

Drumm, Julius: Die Grundsätze der Produzentenhaftung nach § 823 Abs. 1 BGB als Leitbild für die deliktische Haftung des Krankenhausträgers für medizinische Fehlleistungen, Frankfurt a. M. 1987.

Dunz, Walter: Aktuelle Fragen zum Arzthaftungsrecht unter Berücksichtigung der neueren höchstrichterlichen Rechtsprechung, Köln 1980.
— Problemstellung zu OLG Düsseldorf, Urteil v. 25.11.1982 - 8 U 87/80, in: MedR 1984, S. 70.
— Problemstellung zu BGH, Urteil v. 18.06.1985 - VI ZR 234/83, in: MedR 1986, S. 138.
— Problemstellung zu BGH, Urteil v. 30.05.1989 - VI ZR 200/88, in: MedR 1989, S. 322.

Eberbach, Wolfram H.: Pränatale Diagnostik – Fetaltherapie – selektive Abtreibung: Angriffe auf § 218 a Abs. 2 Nr. 1 StGB (embryophatische Indikation) – Ein streitbarer Beitrag zur Abtreibungsdiskussion –, in: JR 1989, S. 265-273.

Eberhardt, Dietrich: Zivilrecht und Sozialrecht in der Beziehung von Kassenarzt und Kassenpatient, in: AcP 171 (1971), S. 287-327.

Ebermayer, Ludwig: Der Arzt im Recht. Rechtliches Handbuch für Ärzte, Leipzig 1930.

Ebsen, Ingwer: Autonome Rechtssetzung in der Sozialversicherung und der Arbeitsförderung als Verfassungsproblem, in: VSSR 1990, S. 57-73.

Edenfeld, Stefan: Grenzen der Verkehrssicherungspflicht, in: VersR 2002, S. 272-278.

Ehlers, Alexander P. F.: Die ärztliche Aufklärung vor medizinischen Eingriffen, Köln/Berlin/Bonn/München, 1987.

— Kostendämpfung und ärztlicher Standard – Theorie und Praxis der Finanzierung der Ausgaben im Gesundheitswesen und Wirtschaftlichkeitsprüfungen, in: MedR 1993, S. 334-337.

— Der Arzt als Manager. Fallstricke der Behandlungsorganisation, in: RPG 1999, S. 85-93.

ders./Bank, Stefan: Spannungsfeld zwischen Wirtschaftlichkeitsgebot und medizinischem Standard. Qualitätssicherung und Risk-Management im Krankenhaus, in: RPG 1999, S. 71-80.

ders./Broglie, Maximilian G. (Hrsg.): Arzthaftungsrecht. Grundlagen und Praxis, 2. Aufl., München 2001.

Eickhoff, Ulrich/Fenger, Hermann: Chirurgie und Recht, Berlin/Heidelberg 2004.

Eidenmüller, Horst: Effizienz als Rechtsprinzip. Möglichkeiten und Grenzen der ökonomischen Analyse des Rechts, Tübingen 1995.

Eissler, Manfred: Auswertung der Ergebnisse der Gutachterkommission für Fragen ärztlicher Haftpflicht, in: MedR 2004, S. 429-433.

Endres, Alfred: Ökonomische Grundlagen des Haftungsrechts, Heidelberg 1991.

Engel, Christoph: Zivilrecht als Fortsetzung des Wirtschaftsrechts mit anderen Mitteln. Rechtspolitische und verfassungsrechtliche Überlegungen am Beispiel des Haftungsrechts, in: JZ 1995, S. 213-218.

Engisch, Karl: Die rechtliche Bedeutung der ärztlichen Operation, Jena 1958.

Erman, Walter: Handkommentar zum Bürgerlichen Gesetzbuch, hrsg. von Harm Peter Westermann, Bd. 1 (§§ 1-811) 11. Aufl., Köln 2004; Bd. 2 (§§ 812-2385) 11. Aufl., Köln 2004 (zit.: Erman-Bearbeiter).

Esser, Josef/Schmidt, Eike: Schuldrecht, Bd. I, AT, Tb 1, 8. Aufl., Heidelberg 1995.

— Schuldrecht, Bd. I, AT, Tb 2, 8. Aufl., Heidelberg 2000.

ders./Weyers, Hans-Leo: Schuldrecht, Bd. II, BT, Tb 1, 8. Aufl., Heidelberg 1998.

Etezami, Michael/Fenger Hermann: Gynäkologie und Recht, Berlin/Heidelberg 2004.

Fabarius, Maria Elisabeth: Äußere und innere Sorgfalt, Köln/Berlin/Bonn/München 1991.

Fahrenhorst, Irene: Anm. zu BGH, Urteil v. 22.11.1983 - VI ZR 85/82, in: JR 1984, S. 417-418.

— Die haftungsrechtliche Stellung des im Krankenhaus beschäftigten Arztes im Praktikum, in: MedR 1991, S. 173-180.

Faure, Michael G.: Kompensationsmodelle für Heilwesenschäden in Europa mit Ausblick auf die EG-Rechtsharmonisierung, in: ZeuP 2000, S. 575-600.

Fehse, Michael: Der Behandlungsvertrag und die wirtschaftliche Aufklärung, in: MedR 1986, S. 115-117.

Feuerstein, Günter et al. (Hrsg.): Prioritäten und Wertkonflikte im Einsatz knapper klinischer Behandlungsressourcen: Eine explorative Studie über alltagspraktische Entscheidungssituationen in der Krankenversorgung verbunden mit der Analyse ihrer soziokulturellen, gesundheitspolitischen, ökonomischen und moralphilosophischen Kontexte, Bielefeld 1997.

— Ethische Legitimation durch technische Verfahren? – Über knappe Behandlungsressourcen und das Problem ihrer gerechten Verteilung, in: Günter Feuerstein et al., Prioritäten und Wertkonflikte im Einsatz knapper klinischer Behandlungsressourcen, Bielefeld 1997, S. 79-85.

Fezer, Karl-Heinz: Aspekte einer Rechtskritik an der economic analysis of law und am property rights approach, in: JZ 1986, S. 817-824.

— Nochmals: Kritik an der ökonomischen Analyse des Rechts, in: JZ 1988, S. 223-228.

— Homo Constitutionis – Über das Verhältnis von Wirtschaft und Verfassung, in: JuS 1991, S. 889-896.

Fikentscher, Wolfgang: Schuldrecht, 9. Aufl., Berlin/New York 1997.

Fischer, Gerfried: Arzthaftung wegen fehlerhafter Schwangerschaftsberatung – Anm. zu BGH, Urteil v. 22.11.1983 - VI ZR 85/82, in: MedR 1985, S. 93-95.

ders./Lilie Hans: Ärztliche Verantwortung im europäischen Rechtsvergleich, Köln/ Berlin/Bonn/München 1999.

Frahm, Wolfgang/Nixdorf, Wolfgang: Arzthaftungsrecht. Leitfaden für die Praxis, 2. Aufl., Karlsruhe 2001.

Francke, Robert: Ärztliche Berufsfreiheit und Patientenrechte. Eine Untersuchung zu den verfassungsrechtlichen Grundlagen des ärztlichen Berufsrechts und des Patientenschutzes, Stuttgart 1994.

— Begrenzung der Leistungen der gesetzlichen Krankenversicherung – Grund- und Wahlleistungen, Rationierung, Priorisierung, in: GesR 2003, S. 97-101.

— Leitlinien und Sozialrecht, in: Dieter Hart, Klinische Leitlinien und Recht, Baden-Baden 2005, S. 123-145.

— Leitlinien und Gesundheitsrecht – Krankenversorgung nach dem SGB V, in: Dieter Hart, Ärztliche Leitlinien im Medizin- und Gesundheitsrecht. Recht und Empirie professioneller Normbildung, Baden-Baden 2005, S. 171-266.

ders./Hart, Dieter: Ärztliche Verantwortung und Patienteninformation. Eine Untersuchung zum privaten und öffentlichen Recht der Arzt-Patient-Beziehung, Stuttgart 1987.

— Charta der Patientenrechte: Rechtsgutachten zur Vorbereitung einer Charta der Patientenrechte gemäß dem Beschluss der 70. Konferenz der für das Gesundheitswesen zuständigen Ministerinnen und Minister, Senatorinnen und Senatoren am 20. und 21. November 1997 in Saarbrücken für die Länder Freie Hansestadt Bremen – Senator für Frauen, Gesundheit, Jugend, Soziales und Umweltschutz, Freie und Hansestadt Hamburg – Behörde für Arbeit, Gesundheit und Soziales, Nordrhein-Westfalen – Ministerium für Frauen, Jugend, Familie und Gesundheit, 1. Aufl., Baden-Baden 1999.

— Rechtswissenschaftlicher Gutachtenteil, in: Bernhard Badura/Dieter Hart/Henner Schellschmidt, Bürgerorientierung des Gesundheitswesens. Selbstbestimmung, Schutz, Beteiligung, Baden-Baden 1999, S. 135-304.

— Zum Spannungsverhältnis zwischen dem Sozial- und Haftungsrecht. Verlangt das Haftungsrecht vom Arzt mehr als das Sozialrecht gestattet?, in: ZaeFQ 2001, S. 732-734.

— Bürgerbeteiligung im Gesundheitswesen, Baden-Baden 2001.

— Off Label Use. Arzneimittelrechtliche, haftungsrechtliche, berufsrechtliche und sozialrechtliche Fragen, in: SGb 2003, S. 653-664.

— Ein Rechtekonflikt zwischen Therapiefreiheit und Leitlinien?, in: Dieter Hart, Klinische Leitlinien und Recht, Baden-Baden 2005, S. 187-197.

ders./Schnitzler, Jörg: Die Behandlungspflicht des Vertragsarztes bei begrenzten Finanzmitteln – Zur Unzulässigkeit der Verweigerung unrentabler Leistungen, in: SGb 2002, S. 84-93.

Franke, Nicole: Die Ärzte-Partnerschaft, Köln 1998.

Franzki, Harald: Rechtsfragen der Anfängeroperation: zugleich Rezension zu BGH, Urteil v. 27.09.1983 - VI ZR 230/81, in: MedR 1984, S. 186-189.

— Von der Verantwortung des Richters für die Medizin – Entwicklungen und Fehlentwicklungen der Rechtsprechung zur Arzthaftung, in: MedR 1994, S. 171-179.

— Arzthaftung in Ost und West, in: FS für Walter Remmers, Köln/Berlin/Bonn/München 1995, S. 467-477.

ders./Franzki, Dietmar: Waffengleichheit im Arzthaftungsprozess, in: NJW 1975, S. 2225-2229.

Fuchs, Christoph: Kostendämpfung und ärztlicher Standard – Verantwortlichkeit und Prinzipien der Ressourcenverteilung, in: MedR 1993, S. 323-327.

— Standards von Gesundheitsleistungen im Spannungsfeld von Rationalisierung und Rationierung, in: Eckhard Nagel/Christoph Fuchs, Leitlinien und Standards im Gesundheitswesen. Fortschritt in sozialer Verantwortung oder Ende der ärztlichen Therapiefreiheit?, Köln 1997, S. 19-20.

— Was heißt hier Rationierung?, in: Eckhard Nagel/Christoph Fuchs, Rationierung im deutschen Gesundheitswesen, Stuttgart/New York 1998, S. 42-50.

Fuchs, Maximilian: Die Behandlung der Ehe und Scheidung in der „Ökonomischen Analyse des Rechts", in: FamRZ 1979, S. 553-557.

— Die zivilrechtliche Haftung des Arztes aus der Aufklärung über Genschäden, in: NJW 1981, S. 610-613.

Füllgraf, Lutz: Zur wirtschaftlichen Aufklärungspflicht des Arztes, in: NJW 1984, S. 2619-2621.

Gäfgen, Gerard: Ökonomische Gesundheitsanalyse und gesundheitspolitische Gestaltung: Was kann die Gesundheitsökonomie leisten?, in: Robert Bosch Stiftung, Entwicklungstendenzen im Gesundheitswesen und ihre ökonomische Bedeutung. Beiträge zur Gesundheitsökonomie, Band 12, Gerlingen 1991, S. 57-99.

Gaisbauer, Georg: Anm. zu OLG Köln, Urteil v. 14.07.1993 - 27 U 13/93, in: VersR 1994, S. 431-432.

Geiß, Karlmann/Greiner, Hans-Peter: Arzthaftpflichtrecht, 4. Aufl., München 2001.

Genzel, Herbert: Das Krankenhaus im Brennpunkt der gesundheitspolitischen Reformdiskussion, in: Jochen Taupitz/Manuela Brewe, Biomedizin im Zeitalter der Globalisierung und Medizinische Versorgung in Zeiten knapper Kassen, Berlin/Heidelberg/New York/Tokio 2001, S. 101-133.

ders./Siess, Martin A.: Ärztliche Leitungs- und Organisationsstrukturen im modernen Krankenhaus. Zu den zukünftigen Herausforderungen für das ärztliche Krankenhausmanagement aus medizinischer, rechtlicher und ökonomischer Sicht, in: MedR 1999, S. 1-12.

Giesen, Dieter: Arzthaftungsrecht im Umbruch (II) – Die ärztliche Aufklärungspflicht in der Rechtsprechung, in: JZ 1982, S. 391-403.

— Anm. zu BGH, Urteil v. 27.09.1983 - VI ZR 230/81, in: JZ 1984, S. 331-332.

— Moderne Fortpflanzungstechniken im Lichte des deutschen Familienrechts, in: FS für Cyril Hegnauer, Bern 1986, S. 55-78.

— Anm. zu BGH, Urteil v. 10.02.1987 - VI ZR 68/86, in: JZ 1987, S. 879-880.

— International Medical Malpractice Law. A comparative Law Study of Civil Liability Arising from Medical Care, Tübingen 1988.

— Anm. zu BGH, Urteil v. 22.09.1987 - VI ZR 238/86, in: JZ 1988, S. 414-416.

— Wandlungen im Arzthaftungsrecht. Die Entwicklungen der höchstrichterlichen Rechtsprechung auf dem Gebiet des Arzthaftungsrechts in den achtziger Jahren, in: JZ 1990, S. 1053-1064.

— Anm. zu BGH, Urteil v. 11.12.1990 - VI ZR 151/90, in: JZ 1991, S. 677-678.

— Anm. zu OLG Köln, Urteil v. 30.05.1990 - 27 U 169/89, in: JR 1991, S. 464-465.

— Anm. zu BGH, Urteil v. 17.12.1991 - VI ZR 40/91, in: JR 1993, S. 21-22.

— Schadenbegriff und Menschenwürde. Zur schadenrechtlichen Qualifikation der Unterhaltspflicht für ein ungewolltes Kind, in: JZ 1994, S. 286-292.

— Arzthaftungsrecht, 4. Aufl., Tübingen 1995.

Glatz, Christian: Der Arzt zwischen Aufklärung und Beratung. Eine Untersuchung über ärztliche Hinweispflichten in Deutschland und den Vereinigten Staaten, Berlin 1998.

Göben, Jens: Das Mitverschulden des Patienten im Arzthaftungsrecht, Frankfurt a. M./ Berlin/New York/Wien 1998.

Goetze, Erik: Arzthaftungsrecht und Kassenärztliches Wirtschaftlichkeitsgebot. Eine Untersuchung unter besonderer Berücksichtigung des Arztstrafrechts, der statistischen Vergleichsprüfung im Wirtschaftlichkeitsprüfwesen und ihrer Wechselbeziehungen, Berlin/Heidelberg/New York 1989.

Goldhahn, Richard/Hartmann, Werner I.: Chirurgie und Recht. Die Haftung des Chirurgen und die Sicherungsmaßnahmen in der Praxis, Stuttgart 1937.

Gounalakis, Georgios: Anfängernarkose und -operation – Behandlungsfehler oder Aufklärungspflichtverletzung?, in: NJW 1991, S. 2945-2946.

Greiner, Hans-Peter: Aufklärung über „Behandlungsschritte" und „Behandlungstechniken", in: FS für Karlmann Geiß, Köln/Berlin 2000, S. 411-428.

Gropp, Walter: Zur rechtlichen Verantwortlichkeit des Klinikpersonals bei Suizidhandlungen hospitalisierter Psychiatriepatienten, in: MedR 1994, S. 127-134.

Groß, Werner: Ärztlicher Standard – Sorgfaltspflichten, Befundsicherung, Dokumentation und Beweislast, Karlsruhe 1997.

Gubernatis, Gabriele: Zur Offenbarungspflicht bei ärztlicher Fehlbehandlung, in: JZ 1982, S. 363-366.

Haage, Heinz: Die Reform des Medizinstudiums, in: MedR 1998, S. 209-214.
— Die achte Änderungsverordnung zur Approbationsordnung für Ärzte, in: MedR 1999, S. 112-116.

Hänlein, Andreas: Möglichkeiten der Weiterentwicklung der zivilrechtlichen Arzthaftung, in: ArztR 2001, S. 315-326.

Hamburger, Max: Treu und Glauben im Verkehr, Mannheim/Berlin/Leipzig 1930.

Handkommentar: Kommentar zum Bürgerlichen Gesetzbuch, hrsg. von Heinrich Dörner/Ina Ebert/Jörn Eckert/Thomas Hoeren/Rainer Kemper/Ingo Saenger/Hans Schulte-Nölke/Reiner Schulze/Ansgar Staudinger, 4. Aufl., Baden-Baden 2005 (zit.: HKomm-Bearbeiter).

Hansis, Martin: Diagnosis Related Groups (DRG's) – Leistungsorientierte Vergütung für gute Behandlung, in: Arbeitsgemeinschaft Rechtsanwälte im Medizinrecht e. V., Leitlinien, Richtlinien und Gesetz. Wie viel Reglementierung verträgt das Arzt-Patienten-Verhältnis?, Berlin/Heidelberg/New York 2003, S. 117-120.

ders./Hansis, Dorothee E.: Der ärztliche Behandlungsfehler – Verbessern statt streiten, Landsberg 1999.

Hart, Dieter: Arzneimitteltherapie und ärztliche Verantwortung, Stuttgart 1990.

— Arzthaftung und Arzneimitteltherapie, in: MedR 1991, S. 300-308.

— Heilversuch, Entwicklung therapeutischer Strategien, klinische Prüfung und Humanexperiment. Grundsätze ihrer arzneimittel-, arzthaftungs- und berufsrechtlichen Beurteilung, in: MedR 1994, S. 94-105.

— HIV-Infektionen durch Blut und Blutprodukte. Die 5. AMG-Novelle und die rechtspolitischen Vorschläge zur Änderung des Arzneimittelrechts im Schlussbericht des gleichnamigen 3. Untersuchungsausschusses des Deutschen Bundestages, in: MedR 1995, S. 61-67.

— Anm. zu OLG Köln, Urt. v. 22.08.1994 - 5 U 92/94, in: MedR 1996, S. 30-33.

— Rechtliche Grenzen der „Ökonomisierung". Arzneimittel-, sozial- und haftungsrechtliche Aspekte der Pharmaökonomie, in: MedR 1996, S. 60-71.

— Arzneimittel- und haftungsrechtliche Aspekte neuer Krebstherapien, in: MedR 1997, S. 51-58.

— (Hrsg.): Privatrecht im „Risikostaat", Baden-Baden 1997.

— Die Reform des Arzneimittelhaftungsrechts, in: Arbeitsgemeinschaft Rechtsanwälte im Medizinrecht e. V., Arzneimittel und Medizinprodukte. Neue Risiken für Arzt, Hersteller und Versicherer, Berlin/Heidelberg/New York 1997, S. 47-65.

— Autonomiesicherung im Arzthaftungsrecht. Ein Beitrag zur Entkoppelung von ärztlicher Aufklärungspflicht und Körperverletzung, in: FS für Helmut Heinrichs, München 1998, S. 291-318.

— Zum Management von Arzneimittelrisiken durch Ärzte und Unternehmen. Rechtsverfassung, Sozio-Psychologie, Empirie, in: Volker Preuss, Risikoanalysen. Über den Umgang mit Gesundheits- und Umweltgefahren, Band 2, Heidelberg 1998, S. 165-203.

— Zur Rechtsverfassung der Kommunikation über Arzneimittelrisiken. Risikoinformation, Risikotransparenz, Risikomanagement, in: ders./Wolfgang Kemnitz/Christine Schnieders, Arzneimittelrisiken: Kommunikation und Rechtsverfassung, Baden-Baden 1998, S. 139-171.

— Ärztliche Leitlinien – Definitionen, Funktionen, rechtliche Bewertungen. Gleichzeitig ein Beitrag zum medizinischen und rechtlichen Standardbegriff, in: MedR 1998, S. 8-16.

— „Organisationsaufklärung". Zum Verhältnis von Standardbehandlung, Organisationspflichten und ärztlicher Aufklärung, in: MedR 1999, S. 47-50.

— (Hrsg.): Ärztliche Leitlinien: Empirie und Recht professioneller Normsetzung, Baden-Baden 2000.

— Ärztliche Leitlinien und Haftungsrecht, in: ders., Ärztliche Leitlinien: Empirie und Recht professioneller Normsetzung, Baden-Baden 2000, S. 137-159.

— Grundlagen des Arzthaftungsrechts: Leistungs- und Haftungsschuldner, in: Jura 2000, S. 14-19.

— Grundlagen des Arzthaftungsrechts: Pflichtengefüge, in: Jura 2000, S. 64-70.

— Evidenz-basierte Medizin und Gesundheitsrecht. Überlegungen zu rechtlichen Konsequenzen der Verwissenschaftlichung der Medizin, in: MedR 2000, S. 1-5.

— Ärztliche Leitlinien – rechtliche Aspekte, in: ZaeFQ 2000, S. 65-69.

— Health Technology Assessment (HTA) und gesundheitliche Regulierung, in: MedR 2001, S. 1-8.

— Bürgerbeteiligung im Gesundheitswesen. Professionelle Entscheidungskompetenzen und strukturelle Veränderungen, in: Zeitschrift für Rechtssoziologie 2001, S. 79-100.

— Normierungen ärztlichen Handelns: Von Standards über Leitlinien zu Richtlinien, in: medgen 2001, S. 63 (70).

— Medizinische Lernprozesse und gesundheitsrechtliche Regulierung oder Steuerung, in: ZaeFQ 2001, S. 519-522.

— Spannungen zwischen dem Haftungs-, Arzneimittel- und Sozialrecht, in: MedR 2002, S. 321-326.

— Problemstellung zu OLG Naumburg, Urteil v. 19.12.2001 - 1 U 46/01, in: MedR 2002, S. 471-472.

— Qualitätssicherung durch Leitlinien, in: VSSR 2002, S. 265-297.

— Besprechung von Christian Katzenmeier, Arzthaftung, Tübingen 2002, in: AcP 203 (2003) S. 142-148.

— Arzneimittelinformation zwischen Sicherheits- und Arzthaftungsrecht. Fach- und Gebrauchsinformation, ärztliche Aufklärung und Pflichtverletzung, in: MedR 2003, S. 603-609.

— Der mündige Patient – Patienten als kompetente Partner für die moderne Medizin, in: medgen 2003, S. 60-66.

— Haftungsmaßstab und Ressourcenknappheit. Vortrag auf den 7. Karlsruher Gesprächen (30. April 2003) zwischen Ärzten und Juristen der Bezirksärztekammer Nordbaden (unveröffentlicht).

— Besprechung von Tobias Igloffstein, Regelwerke für die humanmedizinische Individualbehandlung – Eine Untersuchung der zivil-, straf- und berufsrechtlichen Bedeutung medizinischer Richt- und Leitlinien, Baden-Baden 2003, in: MedR 2004, S. 122.

— Der regulatorische Rahmen der Nutzenbewertung: Vom Arzneimittelrecht zum HTA-Recht, in: MedR 2004, S. 469-481.

— Diagnosefehler. Seine Verortung als Behandlungsfehler und die Verpflichtung zur Aufklärung, in: Liber Amicorum für Eike Schmidt, Heidelberg 2004, S. 131-157.

— (Hrsg.): Klinische Leitlinien und Recht, Baden-Baden 2005.

— (Hrsg.): Ärztliche Leitlinien im Medizin- und Gesundheitsrecht. Recht und Empirie professioneller Normbildung, Baden-Baden 2005.

— Vom Standard zur Leitlinie: Bewertungszusammenhänge im Medizin- und Gesundheitsrecht. Leitlinie und Standard, EbM und HTA, Pflicht und Zweckmäßigkeit, in: KritV 2005, S. 154-176.

— Besprechung von Beatrix Beyerle, Rechtsfragen medizinischer Qualitätskontrolle. Eine rechtsdogmatische und rechtsvergleichende Untersuchung zu Haftung, Datenschutz, Sektionen und prozessualer Verwertbarkeit, Heidelberg 2004, in: GesR 2005, S. 96.

— Leitlinien und Haftungsrecht. Inkorporation, Rezeption und Wissensbasis in Wissenschaft und Praxis, in: ders., Klinische Leitlinien und Recht, Baden-Baden 2005, S. 81-103.

— Allgemeiner Teil, in: ders., Ärztliche Leitlinien im Medizin- und Gesundheitsrecht. Recht und Empirie professioneller Normbildung, Baden-Baden 2005, S. 23-84.

— Arzthaftungsrecht – Wissensbasis und Rezeption in Literatur und Rechtsprechung, in: ders., Ärztliche Leitlinien im Medizin- und Gesundheitsrecht. Recht und Empirie professioneller Normbildung, Baden-Baden 2005, S. 85-116.

— Ärztliche Leitlinien. Rechtsrahmen, in: DÄBl. 102 (2005), Ausgabe A, S. 2693.

ders./Becker-Schwarze, Kathrin: Die juristische Sicht: Konflikt zwischen Haftungsrecht und Incident Reporting?, in: GesR 2005, S. 1-5.

ders./Francke, Robert: Arzneimittel-, Haftungs- und Sozialrecht, in: Forum DKG Sonderheft I 2000, S. 31-33.

— Rechtliche Aspekte des Qualitätsmanagements, in: BzgA, Qualitätsmanagement in Gesundheitsförderung und Prävention. Grundsätze, Methoden und Anforderungen, Bd. 15 (Forschung und Praxis der Gesundheitsförderung), Köln 2001, S. 129-141.

— Patientenrechte und Bürgerbeteiligung. Bestand und Perspektiven, in: Bundesgesundheitsbl. 2002, S. 13-20.

ders./Kemnitz, Wolfgang/Schnieders, Christine (Hrsg.): Arzneimittelrisiken: Kommunikation und Rechtsverfassung, Baden-Baden 1998.

Hassemer, Winfried: Über die Berücksichtigung von Folgen bei der Auslegung der Strafgesetze, in: FS für Helmut Coing, Bd. I, München 1982, S. 492-524.

Hauck, Karl/Noftz, Wolfgang: Kommentar zum Sozialgesetzbuch, SGB V, Loseblatt, Berlin (zit.: Hauck/Noftz-Bearbeiter).

Haueisen, Fritz: Die Rechtsgrundlage der Beziehungen zwischen Kassenarzt und Kassenpatient, in: NJW 1956, S. 1745-1746.

Heck, Philipp: Grundriss des Schuldrechts, Tübingen 1929.

Heidelk, Stefanie: Gesundheitsverletzung und Gesundheitsschaden, Ärztliche Verantwortung im Kontext des § 280 Abs. 1 BGB, Berlin 2005.

Heilmann, Joachim: Der Stand der deliktischen Arzthaftung, in: NJW 1990, S. 1513-1520.

Heinemann, Klaus: Auf dem Wege zur europäischen Dienstleistungshaftung, in: ZIP 1991, S. 1193-1204.

Heinze, Meinhard: Die rechtlichen Rahmenbedingungen der ärztlichen Heilbehandlung, in: MedR 1996, S. 252-257.

ders./Jung, Herbert: Die haftungsrechtliche Eigenverantwortlichkeit des Krankenpflegepersonals in Abgrenzung zur ärztlichen Tätigkeit, in: MedR 1985, S. 62-71.

Henke, Klaus-Dirk: Die Kosten der Gesundheit und ihre Finanzierung, in: ZVersWiss 1993, S. 97-122.

Henkel, Heinrich: Zumutbarkeit und Unzumutbarkeit als regulatives Rechtsprinzip, in: FS für Edmund Mezger, München/Berlin 1954, S. 249-309.

Hess, Rainer: Der Begriff des medizinischen Standards aus der Sicht der vertragsärztlichen Versorgung, in: Eckhard Nagel/Christoph Fuchs, Leitlinien und Standards im Gesundheitswesen. Fortschritt in sozialer Verantwortung oder Ende der ärztlichen Therapiefreiheit?, Köln 1997, S. 59-65.

Hinz, Peter: Das Behandlungsverhältnis zwischen Vertragsarzt und Patient in der gesetzlichen Krankenversicherung, 2004 Sankt Augustin.

Hirte, Heribert: Berufshaftung. Ein Beitrag zur Entwicklung eines einheitlichen Haftungsmodells für Dienstleistungen, München 1996.

ders./Otte, Karsten: Die Rechtsentwicklung im Haftungsrecht in den Vereinigten Staaten von Amerika im Jahre 1993, in: VersR 1994, S. 1387-1400.

— Die Gesetzgebung in den Vereinigten Staaten im Jahre 1993, in: ZG 1994, S. 157-180.

— Die Rechtsentwicklung im Haftungsrecht in den Vereinigten Staaten von Amerika im Jahre 1994, in: VersR 1996, S. 274-287.

Hoffmann-Riem, Wolfgang/Schmidt-Aßmann, Eberhard (Hrsg.): Öffentliches Recht und Privatrecht als wechselseitige Auffangordnungen, Baden-Baden 1996.

Horn, Norbert: Zur ökonomischen Rationalität des Privatrechts – Die privatrechtstheoretische Verwertbarkeit der ‚Economic Analysis of Law', in: AcP 176 (1976), S. 307-333.

Hotz, Beat: Ökonomische Analyse des Rechts – eine skeptische Betrachtung, in: WuR 1982, S. 293-314.

Huber, Ulrich: Verschulden, Gefährdung und Adäquanz, in: FS für Eduard Wahl, Heidelberg 1973, S. 301-337.

Husslein, P./Langer, M.: Elektive Sektio vs. Vaginale Geburt – ein Paradigmenwechsel in der Geburtshilfe?, in: Gynäkologe 2000, S. 849-856.

Igloffstein, Tobias: Regelwerke für die humanmedizinische Individualbehandlung. Eine Untersuchung der zivil-, straf- und berufsrechtlichen Bedeutung medizinischer Richt- und Leitlinien, Baden-Baden 2003.

Jaeger, Lothar: Anm. zu BGH, Urteil v. 8.01.1991 - VI ZR 102/90, in: VersR 1991, S. 469.

Jahn, Wolfgang/Kümper, Hans Jürgen: Aus der Praxis eines Haftpflichtversicherers: Der Medizinschaden aus rechtlicher und medizinischer Sicht, in: MedR 1993, S. 413-417.

Jakobs, Heinrich: Die zahnärztliche Heilbehandlung als Werkleistung, in: NJW 1975, S. 1437-1440.

Janischowski, Axel J. F.: Budgetierung und medizinische Notwendigkeit aus der Sicht des Krankenhausmanagements, in: Arbeitsgemeinschaft Rechtsanwälte im Medizinrecht e. V., Medizinische Notwendigkeit und Ethik. Gesundheitschancen in Zeiten der Ressourcenknappheit, Berlin/Heidelberg/New York 1999.

Jansen, Helmut: Nutzen der klinischen Sektion für den medizinischen Fortschritt – relativ zur Zahl – aus der Sicht des Pathologen, in: MedR 1991, S. 246-247.

Jauernig, Othmar (Hrsg.): Kommentar zum Bürgerlichen Gesetzbuch, 11. Aufl., München 2004 (zit.: Jauernig-Bearbeiter).

v. Jhering, Rudolf: Der Zweck im Recht, Bd. II, Leipzig 1883.

— Der Zweck im Recht, Bd. I, 2. Aufl., Leipzig 1884.

Jörg, Michael: Das neue Kassenarztrecht. Teilnahme an der vertragsärztlichen Versorgung. Rechte und Pflichten des Vertragsarztes. Vergütung und Wirtschaftlichkeitsprüfung. Organisation, Verfahren und Rechtsmittel. Eine praxisgerechte Einführung unter Berücksichtigung des Gesundheitsstrukturgesetzes 1993 und der Rechtsprechung des Bundessozialgerichts, München 1993.

Jürgens, Andreas: Technische Standards im Haftungsrecht, Göttingen 1995.

Jung, Hubert: Die Arzthaftung aus der Sicht des Haftpflichtversicherers. Praktische Erfahrungen, Daten, Entwicklungen, in: Adolf Laufs/Christian Dierks/Albrecht Wienke/Toni Graf-Baumann/Günther Hirsch, Die Entwicklung der Arzthaftung, Berlin/Heidelberg/New York/Tokio 1997, S. 85-94.

Kasseler Kommentar: Sozialversicherungsrecht, München, Stand: August 2004 (zit.: KasselerKomm-Bearbeiter).

Katzenmeier, Christian: Qualität im Gesundheitswesen. Patienteninformation – Patientenschutz – Verfahrensqualität, in: MedR 1997, S. 498-503.

— Arzthaftung, Tübingen 2002.

— Schuldrechtsmodernisierung und Schadensersatzrechtsänderung – Umbruch in der Arzthaftung, in: VersR 2002, S. 1066-1074.

— Die Neuregelung des Anspruchs auf Schmerzensgeld, in: JZ 2002, S. 1029-1036.

— Anm. zu BGH, Urteil v. 8.04.2003 - VI ZR 265/02, in: MedR 2003, S. 631-632.

— Arbeitsteilung, Teamarbeit und Haftung. Zugleich ein Beitrag zur rechtlichen Rezeption medizinischer Kooperationsvereinbarungen, in: MedR 2004, S. 34-40.

Kern, Bernd-Rüdiger: Problemstellung zu OLG Düsseldorf, Urteil v. 15.12.1983 - 8 U 67/82, in: MedR 1985, S. 85-86.

— Haftungsrechtliche Fragen und Probleme des ambulanten Operierens, in: NJW 1996, S. 1561-1564.

— Organisationsverschulden – Ausdruck institutioneller Sorgfaltspflichtverletzungen, in: MedR 2000, S. 347-351.

— Haftungsrechtliche Aspekte bei Abweichung von medizinischen Qualitätsstandards und qualitätssichernden Vorgaben in der gesetzlichen Krankenversicherung, in: GesR 2002, S. 5-9.

— Anm. zu BGH, Urteil v. 8.04.2003 - VI ZR 265/02, in: LMK 2003, S. 219-220.

— Problemstellung zu BGH, Urteil v. 6.05.2003 - VI ZR 259/02, in: MedR 2004, S. 51.

— Besprechung von Philip Schelling, Die ärztliche Aufklärung über die Qualität der Behandlung, Berlin/Heidelberg/New York 2003, in: MedR 2004, S. 285.

— Das Spannungsverhältnis von Haftungsrecht und Kassenarztrecht, in: MedR 2004, S. 300-303.

— Führt die Vorgabe von Standards, Leitlinien und ökonomischen Begrenzungen auch zu einer Veränderung des zivilrechtlichen Haftungsmaßstabes?, in: ZaeFQ 2004, S. 222-226.

ders./Laufs, Adolf: Die ärztliche Aufklärungspflicht. Unter besonderer Berücksichtigung der richterlichen Spruchpraxis, Berlin/Heidelberg/New York 1983.

Kilian, Wolfgang: Juristische Entscheidung und elektronische Datenverarbeitung, Darmstadt 1974.

Kirchgässner, Gebhard: Führt der homo oeconomicus das Recht in die Irre?, in: JZ 1991, S. 104-111.

Kirchner, Hildebert: Abkürzungsverzeichnis der Rechtssprache, 4. Aufl., Berlin 1993.

Kleindiek, Detlef: Deliktshaftung und juristische Person: zugleich zur Eigenhaftung von Unternehmensleitern, Tübingen 1997.

Kleinewefers, Herbert: Zur Aufklärung des Patienten, in: VersR 1981, S. 99-104.

— Zur zivilrechtlichen Haftung des Arztes. Ärztliche Verantwortung, Grundfragen und Beispiele, in: VersR 1992, S. 1425-1431.

Kliemt, Hartmut: Gerechtigkeit und Bürgergleichheit im Gesundheitswesen des demokratischen Rechtsstaates, in: Jochen Taupitz/Manuela Brewe, Biomedizin im Zeitalter der Globalisierung und Medizinische Versorgung in Zeiten knapper Kassen, Berlin/Heidelberg/New York/Tokio 2001, S. 31-43.

Kluth, Winfried: Ärztliche Berufsfreiheit unter Wirtschaftlichkeitsvorbehalt? – Eine Analyse der Auswirkungen des Gesundheitsmodernisierungsgesetzes auf die ärztliche Berufsfreiheit und die wirtschaftliche Risikoverteilung im Gesundheitswesen, in: MedR 2005, S. 65-71.

Koch, Hans-Joachim/Rüßmann, Helmut: Juristische Begründungslehre: eine Einführung in Grundprobleme der Rechtswissenschaft, München 1982.

Koenig-Ouvrier, Ingelore: Pflicht zur Überwachung von Patienten, Hessisches Ärzteblatt 2003, S. 596.

Kötter, Ute: Die Steuerung der ambulanten ärztlichen Versorgung im Recht der gesetzlichen Krankenversicherung. Eine vergleichende Untersuchung des deutschen und des belgischen Rechts, Baden-Baden 2000.

Kötz, Hein: Ziele des Haftungsrechts, in: FS für Ernst Steindorff, Berlin/New York 1990, S. 643-666.

— Diskussionsbeitrag im Karlsruher Forum 1990, Schadenszurechnung und Schadensverteilung, S. 41-43.

— Die ökonomische Analyse des Rechts, in: ZVersWiss 1993, S. 57-70.

ders./Schäfer, Hans-Bernd: Schadensverhütung durch ökonomische Anreize. Eine empirische Untersuchung, in: AcP 189 (1989), S. 501-525.

— Judex, calcula!, in: JZ 1992, S. 355-356.

ders./Wagner, Gerhard: Deliktsrecht, 9. Aufl., Neuwied/Kriftel 2001.

Kollhosser, Helmut/Kubillus, Manfred: Grundfragen des Arztrechtes, in: JA 1996, S. 339-345.

Koslowski, Leo (Hrsg.): Maximen in der Medizin, Stuttgart/New York 1992.

Krämer, Walter: Die Krankheit des Gesundheitswesens. Die Fortschrittsfalle der modernen Medizin, Frankfurt a. M. 1989.

— Medizin muss rationiert werden, in: MedR 1996, S. 1-5.

Kramer, Hans-Jürgen: Ärztlicher Standard unter den Gesichtspunkten Ressourcenverteilung, Wirtschaftlichkeitsgebot und Haftung, in: MedR 1993, S. 345-346.

Kretschmer, Hans-Jürgen: Auswirkungen der Regelungen über die Budgetierung in der vertragsärztlichen Versorgung auf die Haftung für ärztliche Behandlungsfehler, in: ArztR 2003, S. 144-149.

Kübler, Friedrich: Effizienz als Rechtsprinzip. Überlegungen zum rechtspraktischen Gebrauch ökonomischer Argumente, in: FS für Ernst Steindorff, Berlin/New York 1990, S. 687-704.

Künschner, Alfred: Wirtschaftlicher Behandlungsverzicht und Patientenauswahl. Knappe medizinische Ressourcen als Rechtsproblem, Stuttgart 1992.

Kuhlmann, Ellen: Im Spannungsfeld zwischen Informed Consent und konfliktvermeidender Fehlinformation: Patientenaufklärung unter ökonomischen Zwängen. Ergebnisse einer empirischen Studie, in: EthikMed 1999, S. 146-161.

Kullmann, Hans Josef: Übereinstimmungen und Unterschiede im medizinischen, haftungsrechtlichen und sozialversicherungsrechtlichen Begriff des medizinischen Standards, in: VersR 1997, S. 529-532.

Kunz, Regina/Ollenschläger, Günter/Raspe, Heiner/Jonitz, Günther/Kolkmann, Friedrich-Wilhelm (Hrsg.): Lehrbuch Evidenz-basierte Medizin in Klinik und Praxis, Köln 2000.

Lange, Markus: Informationspflichten von Finanzdienstleistern, Berlin 2000.

Larenz, Karl: Lehrbuch des Schuldrechts, Bd. II, BT, Hb. 1, 13. Aufl., München 1986.

— Methodenlehre der Rechtswissenschaft, 6. Aufl., Berlin/Heidelberg/New York 1991.

ders./Canaris, Claus-Wilhelm: Lehrbuch des Schuldrechts, Bd. II, BT, Hb. 2, 13. Aufl., München 1994.

— Methodenlehre der Rechtswissenschaft, 3. Aufl., Berlin/Heidelberg/New York 1995.

Laufs, Adolf: Die Entwicklung des Arztrechts 1988/89, in: NJW 1989, S. 1521-1528.

— Pränatale Diagnostik und Lebensschutz aus arztrechtlicher Sicht, in: MedR 1990, S. 231-237.

— Der Arzt im Recht – historische Perspektiven und Zukunftsfragen: eine Skizze, in: FS für Hermann Lange, Stuttgart/Berlin/Köln 1992, S. 163-184.

— Arztrecht, 5. Aufl., München 1993.

— Die Entwicklung des Arztrechts 1992/93, in: NJW 1993, S. 1497-1506.

— Deliktische Haftung ohne Verschulden? – eine Skizze, in: FS für Joachim Gernhuber, Tübingen 1993, S. 245-258.

— Unglück und Unrecht. Ausbau oder Preisgabe des Haftungssystems?, Heidelberg 1994.

— Medizinrecht im Wandel, in: NJW 1996, S. 1571-1580.

— Therapiefreiheit des Arztes, in: ZaeFQ 1997, S. 586-592.

— Arzt und Recht – Fortschritte und Aufgaben, in: NJW 1998, S. 1750-1761.

— Arzt, Patient und Recht am Ende des Jahrhunderts, in: NJW 1999, S. 1758-1769.

— Zur Freiheit des Arztberufs, in: FS für Erwin Deutsch, Köln/Berlin/Bonn/München 1999, S. 625-633.

— Nicht der Arzt allein muss bereit sein, das Notwendige zu tun, in: NJW 2000, S. 1757-1769.

— Der mündige, aber leichtsinnige Patient. Anm. zu BGH, Urteil v. 8.04.2003 - VI ZR 265/02, in: NJW 2003, S. 2288-2289.

ders./Dierks, Christian/Wienke, Albrecht/Graf-Baumann, Toni/Hirsch, Günther (Hrsg.) : Die Entwicklung der Arzthaftung, Berlin/Heidelberg/New York/Tokio 1997.

ders./Reiling, Emil: Anm. zu BGH, Urteil v. 5.10.1993 - VI ZR 237/92, in: LM, BGB § 823 [Db], Nr. 24.

ders./Uhlenbruck, Wilhelm (Hrsg.): Handbuch des Arztrechts, München 1992.

— (Hrsg.): Handbuch des Arztrechts, 3. Aufl., München 2002.

Lawin, Peter/Huth, Hanno (Hrsg.): Grenzen der ärztlichen Aufklärungs- und Behandlungspflicht, Stuttgart/New York 1982.

Lippert, Hans-Dieter: Das Organisationsverschulden in Hochschulklinika – zivilrechtliche Aspekte, in: NJW 1984, S. 2606-2611.

— Die Arzthaftung unter dem Schuldrechtsmodernisierungsgesetz und dem zweiten Gesetz zur Regelung schadensersatzrechtlicher Vorschriften – am besten nichts Neues?, in: GesR 2002, S. 41-45.

Lobe: Clausula rebus sic stantibus, in: DJZ 1923, Sp. 128-134.

Looschelders, Dirk: Die Mitverantwortlichkeit des Geschädigten im Privatrecht, Tübingen 1999.

Ludolph, E.: Das Aufklärungsrisiko bei der Sofortversorgung aus unfallchirurgischer Sicht, in: MedR 1988, S. 120-123.

Lübbe-Wolff, Gertrude: Rechtsfolgen und Realfolgen. Welche Rolle können Folgenerwägungen in der juristischen Regel- und Begriffsbildung spielen?, Freiburg/München 1981.

Luhmann, Niklas: Funktionale Methode und juristische Entscheidung, in: AöR 94 (1969), S. 1-31.

— Rechtssystem und Rechtsdogmatik, Stuttgart 1974.

Madea, Burkhard/Staak, Michael: Haftungsprobleme der Arzneimitteltherapie aus rechtsmedizinischer Sicht, in: FS für Erich Steffen, Berlin/New York 1995, S. 303-318.

Makiol, Hans-Joachim: Begründen eingeschränkte Leistungspflichten der gesetzlichen Krankenversicherung neue Aufklärungspflichten des Arztes? in: Arbeitsgemeinschaft Rechtsanwälte im Medizinrecht e. V., Die Budgetierung des Gesundheitswesens. Wo bleibt der medizinische Standard?, Berlin/Heidelberg/New York 1997, S. 105-108.

Manssen, Gerrit: Vereinbarungen zur Verbesserung der Arbeitszeitbedingungen im Krankenhausfinanzierungsrecht, in: GesR 2003, S. 81-83.

Marburger, Peter: Die Regeln der Technik im Recht, Köln/Berlin/Bonn/München 1979.

— Rechtliche Grenzen technischer Sicherheitspflichten, in: WiVerw 1981, S. 241-258.

— Atomrechtliche Schadensvorsorge. Möglichkeiten und Grenzen einer normativen Konkretisierung, Köln/Berlin/Bonn/München 1983.

Marckmann, Georg: Zur Funktion des Krankheitsbegriffs bei prospektiven und retrospektiven Vergütungsformen, in: Nadia Mazouz/Micha H. Werner/Urban Wiesing, Krankheitsbegriff und Mittelverteilung, Baden-Baden 2004, S. 57-69.

Mareck, Guido: Bereitschaftsdienst als Arbeitszeit. Roma locuta – causa finita? Die Konsequenzen der Entscheidung des EuGH vom 9.9.2003, in: GesR 2003, S. 83-85.

Mataja, Victor: Das Recht des Schadensersatzes vom Standpunkte der Nationalökonomie, Leipzig 1888.

Matthies, Karl-Heinz: Anm. zu BGH, Urteil v. 18.03.1986 - VI ZR 215/84, in: JZ 1986, S. 959-962.

Matusche-Beckmann, Annemarie: Das Organisationsverschulden, Tübingen 2001.

Mazouz, Nadia/Werner, Micha H./Wiesing, Urban (Hrsg.): Krankheitsbegriff und Mittelverteilung, Baden-Baden 2004.

Medicus, Dieter: Der Grundsatz der Verhältnismäßigkeit im Privatrecht, in: AcP 192 (1992), S. 35-70.

— Schuldrecht II. Besonderer Teil, 11. Aufl., München 2003.

Menter, Myriam J.: Die therapeutische Aufklärung als Ausgleich des Spannungsverhältnisses zwischen Heilpflichtprimat des Arztes und Selbstbestimmungsrecht des Patienten, Aachen 1994.

Mertens, Hans-Joachim: Verkehrspflichten und Deliktsrecht – Gedanken zu einer Dogmatik der Verkehrspflichtverletzung –, in: VersR 1980, S. 397-408.

Meyer, Joachim-Ernst: Zur ärztlichen Verantwortung bei der Verhinderung eines Suizids aus psychiatrischer Sicht, in: MedR 1985, S. 210-214.

Michalski, Lutz: (Zahn-)Ärztliche Aufklärungspflicht über die Ersatzfähigkeit von Heilbehandlungskosten, in: VersR 1997, S. 137-145.

Müller, Gerda: Fortpflanzung und ärztliche Haftung, in: FS für Erich Steffen, Berlin/New York 1995, S. 355-372.

— Beweislast und Beweisführung im Arzthaftungsprozess, in: NJW 1997, S. 3049-3056.

— Zum Entwurf eines Zweiten Gesetzes zur Änderung schadensersatzrechtlicher Vorschriften, in: ZRP 1998, S. 258-261.

— Spielregeln für den Arzthaftungsprozess, in: DRiZ 2000, S. 259-271.

— Aufklärungsfehler als Grundlage ärztlicher Haftung, in: FS für Karlmann Geiß, Köln/Berlin/Bonn/München 2000, S. 461-475.

— Arzthaftung und Sachverständigenbeweis, in: MedR 2001, S. 487-494.

— Macht und Grenzen ärztlichen Handelns, in: FS für Egon Lorenz, Karlsruhe 2004, S. 475-500.

— Macht und Grenzen ärztlichen Handelns, in: GesR 2004, S. 257-266.

Müller-Graff, Peter-Christian: Berufshaftung und Organisationshaftung bei der ärztlichen Anfängeroperation - BGHZ 88, 248, in: JuS 1985, S. 352-360.

Münchener Kommentar: Kommentar zum Bürgerlichen Gesetzbuch, hrsg. v. Kurt Rebmann/Franz Jürgen Säcker/Roland Rixecker, Bd. 1: Allgemeiner Teil (§§ 1-240) 4. Aufl., München 2001; Bd. 2: Schuldrecht, Allgemeiner Teil (§§ 241-432) 3. Aufl., München 1994; Bd. 2 a: Schuldrecht, Allgemeiner Teil (§§ 241-432) 4. Aufl., München 2001; Bd. 3, 2. Halbband: Schuldrecht Besonderer Teil, 2. Halbband (§§ 652-853) 2. Aufl., München 1986; Bd. 4: Schuldrecht, Besonderer Teil II (§§ 607-704) 3. Aufl., München 1997; Bd. 4: Schuldrecht, Besonderer Teil II (§§ 611-704) 4. Aufl., München 2005; Bd. 5: Schuldrecht, Besonderer Teil III (§§ 705-853) 3. Aufl., München 1997; 4. Aufl., München 2004, (zit.: MünchKomm-Bearbeiter).

Muir Gray, J. A.: Evidence-based medicine and clinical freedom, in: ZaeFQ 1999, S. 392-394.

Multiple-Sklerose-Therapie-Konsensus-Gruppe: Immunmodulatorische Stufentherapie der Multiplen Sklerose. Neue Aspekte und praktische Umsetzung, März 2002, in: Nervenarzt 2002, S. 556-563.

Nagel, Eckhard/Fuchs, Christoph (Hrsg.): Leitlinien und Standards im Gesundheitswesen. Fortschritt in sozialer Verantwortung oder Ende der ärztlichen Therapiefreiheit?, Köln 1997.

— (Hrsg.): Rationierung im deutschen Gesundheitswesen, Stuttgart/New York 1998.

Narr, Helmut: Arzt – Patient – Krankenhaus, München 1987.

Natter, Eberhard: Der Arztvertrag mit dem sozialversicherten Patienten, Köln/Berlin/Bonn/München, 1987.

Neugebauer, Gabriele: Das Wirtschaftlichkeitsgebot in der gesetzlichen Krankenversicherung, Berlin 1996.

Newdick, Christopher: Who should we treat?: rights, rationing, and resources in the NHS, 2nd ed., New York 2005.

Nipperdey, Hans Carl: Vertragstreue und Nichtzumutbarkeit der Leistung, Mannheim/Berlin/Leipzig 1921.

Nixdorf, Wolfgang: Befunderhebungspflicht und vollbeherrschbare Risiken in der Arzthaftung: Beweislastverteilung im Fluss?, in: VersR 1996, S. 160-163.

Noftz, Wolfgang: Die Zumutbarkeit im Verwaltungsrecht, in: SchlHAnz 1969, S. 167-168.

Nowak, Oliver: Leitlinien in der Medizin. Eine haftungsrechtliche Betrachtung, Frankfurt a. M. 2002.

Nüßgens, Karl: Zwei Fragen zur zivilrechtlichen Haftung des Arztes, in: FS für Fritz Hauß, Karlsruhe 1978, S. 287-301.

Oberender, Peter: Rationieren auch in der Medizin, in: FS für Wolfgang Gitter, Wiesbaden 1995, S. 701-713.

Oldiges, Franz-Josef: Die ärztliche Behandlung im Spannungsfeld zwischen kassenärztlicher Verantwortung und zivilrechtlicher Haftung, in: Arbeitsgemeinschaft Rechtsanwälte im Medizinrecht e. V., Die ärztliche Behandlung im Spannungsfeld zwischen kassenärztlicher Verantwortung und zivilrechtlicher Haftung, Berlin/Heidelberg/New York 1992, S. 49-59.

Opderbecke, H. W.: Grenzen der Intensivtherapie, in: Peter Lawin/Hanno Huth, Grenzen der ärztlichen Aufklärungs- und Behandlungspflicht, Stuttgart/New York 1982, S. 109-116.

ders./Weißauer, W.: Forensische Probleme der ärztlichen Weiterbildung am Beispiel der Parallelnarkose, in: MedR 1984, S. 134-137.

Ott, Claus/Schäfer, Hans-Bernd: Die ökonomische Analyse des Rechts – Irrweg oder Chance wissenschaftlicher Rechtserkenntnis?, in: JZ 1988, S. 213-223.

— Schmerzensgeld bei Körperverletzungen, in: JZ 1990, S. 563-573.

Palandt, Otto (Begr.): Bürgerliches Gesetzbuch. Kommentar, 64. Aufl., München 2005 (zit.: Palandt-Bearbeiter).

Perleth, Matthias/Antes, Gerd (Hrsg.): Evidenz-basierte Medizin, München 1998.

Peter, Jürgen: Das Recht auf Einsicht in Krankenunterlagen, Köln/Berlin/Bonn/München 1989.

Pfandl, Stephan: Das neue Gesundheitslexikon, Wien 1998.

Pflüger, Frank: Patientenaufklärung über Behandlungsqualität und Versorgungsstrukturen – Erweiterte Haftungsrisiken für Arzt und Krankenhaus?, in: MedR 2000, S. 1-9.

— Krankenhaushaftung und Organisationsverschulden: zivilrechtliche Grundlagen der Haftung des Krankenhausträgers für medizinische und organisatorische Fehlleistungen, Berlin/Heidelberg/New York 2002.

Pichlmayr, Rudolf/Nagel, Eckhard: Aufgaben und Notwendigkeiten der Hochleistungsmedizin, in: ZVersWiss 1993, S. 179-187.

Picker, Eduard: Schadensersatz für das unerwünschte Kind („Wrongful birth"). Medizinischer Fortschritt als zivilisatorischer Rückschritt?, in: AcP 195 (1995), S. 483-547.

Podlech, Adalbert: Wertungen und Werte im Recht, in: AöR 95 (1970), S. 185-223.

Posner, Richard A.: Economic Analysis of Law, Boston/Toronto/London 1992.

Preuss, Volker (Hrsg.): Risikoanalysen. Über den Umgang mit Gesundheits- und Umweltgefahren, Band 2, Heidelberg 1998.

Pschyrembel, Willibald: Klinisches Wörterbuch: mit klinischen Syndromen und nomina anatomica, 254. Aufl., Berlin/New York 1982.

Puhl, Wolfhart/Dierks, Christian: Der Einfluss der Zivilgerichtsbarkeit auf die Qualität medizinischer Versorgung, in: FS für Karlmann Geiß, Köln/Berlin/Bonn/München 2000, S. 477-486.

Pusch, Björn: Der Grundsatz der Zumutbarkeit im Abgabenrecht, in: SchlHAnz 1969, S. 171-172.

Quaas, Michael: Problemstellung zu BGH, Urteil v. 22.11.1983 - VI ZR 85/82, in: MedR 1985, S. 91-92.

— Zur Berufsfreiheit des Freiberuflers, insbesondere der Ärzte, in: MedR 2001, S. 34-37.

ders./Zuck, Rüdiger: Medizinrecht, München 2005.

Rabel, Ernst: Die Haftpflicht des Arztes, Leipzig 1904.

Ratzel, Rudolf: Organisationsfehler, in: Gynäkologe 1999, S. 944-952.

Regenbogen, Daniela: Ärztliche Aufklärung und Beratung in der prädiktiven genetischen Diagnostik, Baden-Baden 2003.

Rehborn, Martin: Aktuelle Entwicklungen im Arzthaftungsrecht, in: MDR 2000, S. 1101-1110.

— Diagnosis Related Groups – leistungsorientierte Vergütung für gute Behandlung?, in: Arbeitsgemeinschaft Rechtsanwälte im Medizinrecht e. V., Leitlinien, Richtlinien und Gesetz. Wie viel Reglementierung verträgt das Arzt-Patienten-Verhältnis?, Berlin/Heidelberg/New York 2003, S. 121-130.

Reiling, Emil: Die Grundlagen der Krankenhaushaftung – Eine kritische Bestandsaufnahme, in: MedR 1995, S. 443-446.

RGRK: Das Bürgerliche Gesetzbuch mit besonderer Berücksichtigung der Rechtsprechung des Reichsgerichts und des Bundesgerichtshofes, hrsg. v. den Mitgliedern des Bundesgerichtshofes, Bd. II, Teil 3/1 (§§ 611-620) 12. Aufl., Berlin/New York 1997; Bd. II, Teil 5 (§§ 812-831) 12. Aufl., Berlin/New York 1989 (zit.: RGRK-Bearbeiter).

Rie, Michael A.: Ökonomische Grenzen der Lebensrettung? – Zur Mikroallokation in der Gesundheitspolitik, in: Christoph Sachße/H. Tristram Engelhardt, Sicherheit und Freiheit – Zur Ethik des Wohlfahrtsstaates, Frankfurt a. M. 1990, S. 272-288.

Rieger, Hans-Jürgen: Verantwortlichkeit des Arztes und des Pflegepersonals bei der Dialysebehandlung, in: NJW 1979, S. 582-587.

— Die Rechtsstellung des Arztes im Praktikum, in: DMW 1988, S. 1204-1207.

— (Hrsg.): Lexikon des Arztrechts, 2. Aufl., Heidelberg 2001 (zit.: Rieger-Bearbeiter).

Rixen, Stephan/Höfling, Wolfram/Kuhlmann, Wolfgang/Westhofen, Martin: Zum rechtlichen Schutz der Patientenautonomie in der ressourcenintensiven Hochleistungsmedizin: Vorschläge zur Neustrukturierung des Aufklärungsgesprächs, in: MedR 2003, S. 191-194.

Robert Bosch Stiftung (Hrsg.): Entwicklungstendenzen im Gesundheitswesen und ihre ökonomische Bedeutung. Beiträge zur Gesundheitsökonomie, Band 12, Gerlingen 1991.

Röfer, Gabriele: Zur Berücksichtigung wirtschaftlicher Überlegungen bei der Festlegung arzthaftungsrechtlicher Sorgfaltsanforderungen, Aachen 2000.

Rohde, Ernst-R.: Der medizinische Sachverständige und der Standard der medizinischen Wissenschaft, in: NJW 1988, S. 2285-2286.

Rosengarten, Joachim: Der Präventionsgedanke im deutschen Zivilrecht. Höheres Schmerzensgeld, aber keine Anerkennung und Vollstreckung US-amerikanischer punitive damages?, in: NJW 1996, S. 1935-1938.

Rotter, Frank/Weinberger, Ota/Wieacker, Franz (Hrsg.): Wissenschaften und Philosophie als Basis der Jurisprudenz, ARSP, Beih. N. F., Nr. 13, Wiesbaden 1980.

Rottleuthner, Hubert: Zur Methode einer folgenorientierten Rechtsanwendung, in: Frank Rotter/Ota Weinberger/Franz Wieacker, Wissenschaften und Philosophie als Basis der Jurisprudenz, ARSP, Beih. N. F., Nr. 13, Wiesbaden 1980, S. 97-118.

— Rechtstheorie und Rechtssoziologie, Freiburg/München 1981.

Rüßmann, Helmut: Zur Einführung: Die Begründung von Werturteilen, in: JuS 1975, S. 352-358.

Rumler-Detzel, Pia: Therapiefreiheit und Berufshaftpflicht des Arztes, in: VersR 1989, S. 1008-1010.

— Arbeitsteilung und Zusammenarbeit in der Chirurgie, in: VersR 1994, S. 254-258.

— Psychosoziale Belange der Parteien in Arzthaftungsprozessen und die Rechtsprechung des Bundesgerichtshofs zum Arzthaftungsrecht, in: FS für Erich Steffen, Berlin/New York 1995, S. 373-386.

— Budgetierung – Rationalisierung – Rationierung. Einflüsse auf die medizinische Leistungsfähigkeit oder Senkung des medizinischen Standards?, in: VersR 1998, S. 546-551.

Sachße, Christoph/Engelhardt, H. Tristram (Hrsg.): Sicherheit und Freiheit – Zur Ethik des Wohlfahrtsstaates, Frankfurt a. M. 1990.

Sachverständigenrat für die Konzertierte Aktion im Gesundheitswesen: „Finanzierung, Nutzerorientierung und Qualität", Gutachten 2003, Bd. I.

Sackett, David L./Richardson, W. Scott/Rosenberg, William/Haynes, R. Brian: Deutsche Ausg.: *Kunz, Regina/Fritsche, Lutz*: Evidenzbasierte Medizin, Bern/Wien/New York 1999.

Sailer, Kathrin: Prävention im Haftungsrecht, Frankfurt a. M. 2005.

Sambuc, Thomas: Folgenerwägungen im Richterrecht. Die Berücksichtigung von Entscheidungsfolgen bei der Rechtsgewinnung, erörtert am Beispiel des § 1 UWG, Berlin 1977.

Sandbiller, Eva: Interdependenzen zwischen Arzthaftungs- und Krankenversicherungsrecht. Bericht zur Tagung an der Deutschen Richterakademie vom 5.06. – 9.06.2001 in Trier, in: MedR 2002, S. 19-23.

Saternus, Klaus-Steffen/Kernbach-Wighton, Gerhard: Ärztliche Aufklärung und Behaltensleistung bei älteren und alten Patienten, in: FS für Erwin Deutsch, Köln/Berlin/Bonn/München 1999, S. 723-738.

Schäfer, Hans-Bernd: Probleme bei der Festlegung von Sorgfaltsstandards durch Zivilgerichte aus ökonomischer Sicht, in: KritV 1992, S. 374-389.

ders./Ott, Claus: Lehrbuch der ökonomischen Analyse des Zivilrechts, 3. Aufl., Berlin/Heidelberg/New York 2003.

Schaffer, Wolfgang: Die Aufklärungspflicht des Arztes bei invasiven medizinischen Maßnahmen, in: VersR 1993, S. 1458-1465.

Schelling, Philip: Die ärztliche Aufklärung über die Qualität der Behandlung, Berlin/Heidelberg/New York 2003.

— Die Pflicht des Arztes zur wirtschaftlichen Aufklärung im Lichte zunehmender ökonomischer Zwänge im Gesundheitswesen, in: MedR 2004, S. 422-429.

ders./Erlinger, Rainer: Die Aufklärung über Behandlungsalternativen, in: MedR 2003, S. 331-334.

Schiemann, Gottfried: Der freie Dienstvertrag, in: JuS 1983, S. 649-659.

Schimmelpfeng-Schütte, Ruth: Der Arzt im Spannungsfeld der Inkompatibilität der Rechtssysteme, in: MedR 2002, S. 286-292.

Schipperges, Heinrich: Die Technik der Medizin und die Ethik des Arztes. Es geht um den Patienten, Frankfurt a. M. 1988.

Schlegel: Das Problem der Zumutbarkeit im Sozialrecht, in: SchlHAnz 1969, S. 168-171.

Schlund, Gerhard H.: Anm. zu BGH, Urteil v. 3.11.1981 - VI ZR 119/80, in: JR 1982, S. 198-199.

— 31. Mai 1894 bis 31. Mai 1994 – Nicht nur eine Retrospektive –, in: VersR 1994, S. 657-658.

Schmid, A.: Auswirkungen des Sozialrechts auf das Haftungsrecht. 7. Karlsruher Gespräche zwischen Ärzten und Juristen, in: ÄBW 2003, S. 248-249.

Schmid, Hugo: Verfahrensregeln für Arzthaftungsprozesse, in: NJW 1994, S. 767-773.

Schmidt, Eike: Grundlagen des Haftungs- und Schadensrechts, in: Athenäum-Zivilrecht I, Grundlagen des Vertrags- und Schuldrechts, Frankfurt a. M. 1972.

— Das Schuldverhältnis. Eine systematische Darstellung des Allgemeinen Schuldrechts, Heidelberg 2004.

— Ermittlungsprobleme im Arzthaftungsprozess, in: KritV 2005, S. 177-194.

ders./Brüggemeier, Gert: Zivilrechtlicher Grundkurs, 6. Aufl., Neuwied und Kriftel 2002.

Schmidt-De Caluwe, Reimund: Das Behandlungsverhältnis zwischen Vertragsarzt und sozialversichertem Patienten, in: VSSR 1998, S. 207-232.

Schnapp, Friedrich E.: Muss ein Vertragsarzt demokratisch legitimiert sein?, in: NZS 2001, S. 337-341.

Schneider, Alfred: Nach wie vor umstritten – Die Wiederverwendung von Einmal-Artikeln, in: MedR 1996, S. 267-268.

Schneider, Günther: Handbuch des Kassenarztrechts, Köln/Berlin/Bonn/München 1994.

Scholz, Karsten: Der Begriff der Zumutbarkeit im Deliktsrecht, Berlin 1996.

Scholz, Rainer: Zur Arzthaftung bei Verletzung der Aufklärungspflicht, in: MDR 1996, S. 649-655.

Schreiber, Hans-Ludwig: Rechtliche Maßstäbe des medizinischen Handelns, in: Langenbecks Arch Chir 364 (1984), S. 295-298.

— Rechtliche Maßstäbe des medizinischen Standards, in: DMW 1984, S. 1458-1460.

— Medizinische Standards als Orientierungspunkte für Qualitätssicherung und Versorgung. Rechtliche Gesichtspunkte, in: Eckhard Nagel/Christoph Fuchs, Rationierung im deutschen Gesundheitswesen, Stuttgart/New York 1998, S. 167-170.

— Individueller Behandlungsanspruch und seine Grenzen unter dem Kostenaspekt, in: ZaeFQ 2000, S. 846-850.

Schröder, Michael: Ethik-Kommissionen, Embryonenschutz und In-vitro-Fertilisation: gültige Regelungen im ärztlichen Standesrecht?, in: VersR 1990, S. 243-253.

Schünemann, Wolfgang B.: Wandlungen des Vertragsrechts, in: NJW 1982, S. 2027-2033.

v. d. Schulenburg, J.-Matthias Graf: Theorie der Gesundheitsökonomik, in: ZVersWiss 1993, S. 71-96.

Schulin, Bertram (Hrsg.): Handbuch des Sozialversicherungsrechts, Bd. 1: Krankenversicherungsrecht, München 1994.

Schulte-Sasse, Uwe: Aus medizinischer Sicht: Haftung beim Tod sedierter Patienten. Neues BGH-Urteil zur Überwachungspflicht, in: ArztR 2005, S. 116-121.

Schulz, Andreas: Überlegungen zur ökonomischen Analyse des Haftungsrechts, in: VersR 1984, S. 608-618.

Schwabe, Jürgen: Umwelt und Recht. Krankenversorgung und Verfassungsrecht, in: NJW 1969, S. 2274-2276.

Schwenzer, T.: Organisationsfehler aus der Sicht des Chefarztes, in: Gynäkologe 1999, S. 927-932.

Schwertfeger, Gunther: Die Leistungsansprüche der Versicherten im Rechtskonkretisierungskonzept des SGB V (Teil 1), in: NZS 1998, S. 49-53.

Seehafer, Wilfried: Der Arzthaftungsprozess in der Praxis – Eine Untersuchung von Arzt-(Krankenhaus)haftungsprozessen in der Stadt Bremen, in: MedR 1989, S. 123-127.

— Der Arzthaftungsprozess in der Praxis, Berlin 1991.

Seewald, Otfried: Gesundheit als Grundrecht. Grundrechte als Grundlage von Ansprüchen auf gesundheitsschützende staatliche Leistungen, Königstein 1982.

Sethe, Rolf/Krumpaszky, Georg: Arzthaftung und Qualitätsmanagement in der Medizin – Pilotauswertung von Behandlungsfehlervorwürfen –, in: VersR 1998, S. 420-430.

Sick, Joachim: Zu den Pflichten des eine späte Schwangere betreuenden Arztes – Anm. zu BGH, Urteil v. 22.11.1983 - VI ZR 85/82, in: MedR 1985, S. 92-93.

Sickor, Jens Andreas: Normenhierarchie im Arztrecht, Berlin/Heidelberg/New York 2005.

Silomon, M.: Autologe Hämotherapieverfahren – Eine Kosten-Nutzen-Analyse, in: Anästhesist 2001, S. 34-38.

Skaupy, Walther: Der Vorschlag einer EG-Richtlinie für die Haftung bei Dienstleistungen, in: BB 1991, S. 2021-2025.

Soergel, Hans Theodor: Kommentar zum Bürgerlichen Gesetzbuch, hrsg. von Werner Siebert, Bd. 2, Schuldrecht I (§§ 241-432) 12. Aufl., Stuttgart/Berlin/Köln 1990; Bd. 4/1, Schuldrecht III/1 (§§ 516-651) 12. Aufl., Stuttgart/Berlin/Köln 1997 (zit.: Soergel-Bearbeiter).

Spellbrink, Wolfgang: Wirtschaftlichkeitsprüfung im Kassenarztrecht nach dem Gesundheitsstrukturgesetz, Neuwied/Kriftel/Berlin 1994.

Spickhoff, Andreas: Zur Haftung für HIV-kontaminierte Blutkonserven. Besprechung zu BGH, Urteil v. 30.04.1991 - VI ZR 178/90, in: JZ 1991, S. 756-760.
— Medizin und Recht zu Beginn des neuen Jahrhunderts, in: NJW 2001, S. 1757-1768.
— Die Entwicklung des Arztrechts 2001/2002, in: NJW 2002, S. 1758-1763f.
— Das System der Arzthaftung im reformierten Schuldrecht, in: NJW 2002, S. 2530-2537.
— Die Entwicklung des Arztrechts 2002/2003, in: NJW 2003, 1701-1710.
— Aktuelle Rechtsfragen des medizinischen Behandlungsverhältnisses – Zivilrechtsdogmatische Überlegungen de lege lata und de lege ferenda, München 2004.
— Die Entwicklung des Arztrechts 2003/2004, in: NJW 2004, S. 1710-1720.
— Die Entwicklung des Arztrechts 2004/2005, in: NJW 2005, S. 1694-1703.

Spindler, Gerald/Rieckers, Oliver: Die Auswirkungen der Schuld- und Schadensrechtsreform auf die Arzthaftung, in: JuS 2004, S. 272-278.

Ständige Deputation des Deutschen Juristentages (Hrsg.): Verhandlungen des 52. DJT in Wiesbaden 1978, Bd. II, München 1978.

v. Staudinger, Julius: Kommentar zum Bürgerlichen Gesetzbuch. Buch 2, Recht der Schuldverhältnisse: Teil 1 b, 11. Aufl., Berlin 1961; §§ 611-615 v. Reinhard Richardi, 13. Bearb., Berlin 1999; §§ 611-615 v. Michael Martinek/Dieter Reuter/Olaf Werner/Roland Wittmann, 13. Bearb., Berlin 1995; §§ 823-825 v. Johannes Hager, 13. Bearb., Berlin 1999 (zit.: Staudinger-Bearbeiter).

Steffen, Erich: Verkehrspflichten im Spannungsfeld von Bestandsschutz und Handlungsfreiheit, in: VersR 1980, S. 409-412.
— Neue Entwicklungslinien der BGH-Rechtsprechung zum Arzthaftungsrecht, 1. Aufl., Köln 1984.

— Neue Entwicklungslinien der BGH-Rechtsprechung zum Arzthaftungsrecht, 2. Aufl., Köln 1986.

— Neue Entwicklungslinien der BGH-Rechtsprechung zum Arzthaftungsrecht, 3. Aufl., Köln 1988.

— Neue Entwicklungslinien der BGH-Rechtsprechung zum Arzthaftungsrecht, 4. Aufl., Köln 1990.

— Schadenszurechnung und Schadensverteilung, Diskussionsbeitrag, in: Karlsruher Forum 1990, S. 31-32.

— Neue Entwicklungslinien der BGH-Rechtsprechung zum Arzthaftungsrecht, 5. Aufl., Köln 1992.

— Kostendämpfung und ärztlicher Standard – Anforderungen des Haftungsrechts, in: MedR 1993, S. 338.

— Haftung im Wandel, in: ZVersWiss 1993, S. 13-37.

— Neue Entwicklungslinien der BGH-Rechtsprechung zum Arzthaftungsrecht, 6. Aufl., Köln 1995.

— Einfluss verminderter Ressourcen und von Finanzierungsgrenzen aus dem Gesundheitsstrukturgesetz auf die Arzthaftung, in: MedR 1995, S. 190-191.

— Der sogenannte Facharztstatus aus der Sicht der Rechtsprechung des BGH, in: MedR 1995, S. 360-361.

— Arzt und Krankenpflege: Konfliktfelder und Kompetenzen, in: MedR 1996, S. 265-266.

— Die haftungsrechtliche Bedeutung der Qualitätssicherung in der Krankenversicherung, in: FS für Erwin Deutsch, Köln/Berlin 1999, S. 799-813.

— Die Arzthaftung im Spannungsfeld zu den Anspruchsbegrenzungen des Sozialrechts für den Kassenpatienten, in: FS für Karlmann Geiß, Köln/Berlin 2000, S. 487-502.

ders./Dressler, Wolf-Dieter: Arzthaftungsrecht: neue Entwicklungslinien der BGH-Rechtsprechung, 7. Aufl., Köln 1997.

— Arzthaftungsrecht: neue Entwicklungslinien der BGH-Rechtsprechung, 9. Aufl., Köln 2002.

Stegers, Christoph-M.: Anmerkungen zu den Anforderungen an den ärztlichen Sorgfaltsmaßstab im Sozialversicherungsrecht, Zivilrecht und Berufsrecht, in: Arbeitsgemeinschaft Rechtsanwälte im Medizinrecht e. V., Die ärztliche Behandlung im Spannungsfeld zwischen kassenärztlicher Verantwortung und zivilrechtlicher Haftung, Berlin/Heidelberg/New York 1992, S. 81-88.

— Vom Organisationsmangel zum Risikomanagement. Aktuelle Aspekte der Krankenhaushaftung, in: MedR 1997, S. 390-396.

— Richtlinien der Bundesausschüsse Ärzte und Krankenkassen. Standard und Haftung, in: Arbeitsgemeinschaft Rechtsanwälte im Medizinrecht e. V., Leitlinien, Richtlinien und Gesetz. Wie viel Reglementierung verträgt das Arzt-Patienten-Verhältnis?, Berlin/Heidelberg/New York 2003, S. 11-32.

Stindt, Johannes: Haftungsrechtliche Relevanz von Organisationsstrukturen, in: Arbeitsgemeinschaft Rechtsanwälte im Medizinrecht e. V., Krankenhaus im Brennpunkt. Risiken Haftung Management, Berlin/Heidelberg/New York 1997, S. 27-35.

Stockhausen, Martin: Ärztliche Berufsfreiheit und Kostendämpfung. Möglichkeiten und Grenzen der Beschränkung der (kassen-)ärztlichen Berufsfreiheit zum Zwecke der Kostendämpfung im Gesundheitswesen, Berlin/Heidelberg/New York/Tokio 1992.

Stoll, Hans: Haftungsverlagerung durch beweisrechtliche Mittel, in: AcP 176 (1976), S. 145-196.

Strache, Karl-Heinz: Das Denken in Standards. Zugleich ein Beitrag zur Typologik, Berlin 1968.

Stürner, Rolf: Anm. zu BGH, Urteil v. 10.05.1983 - VI ZR 270/81, in: JZ 1983, S. 965-967.

Taupitz, Jochen: Rechtliche Bindungen des Arztes: Erscheinungsweisen, Funktionen, Sanktionen, in: NJW 1986, S. 2851-2861.
— Die zivilrechtliche Pflicht zur unaufgeforderten Offenbarung eigenen Fehlverhaltens, Tübingen 1989.
— Die GmbH als Organisationsform ambulanter heilkundlicher Tätigkeit, in: NJW 1992, S. 2317-2325.
— Zur Zulässigkeit von Freiberufler-GmbHs. Heilkunde-GmbH: ja, Rechtsberatungs-GmbH: nein?, in: JZ 1994, S. 1100-1108.
— Ökonomische Analyse und Haftungsrecht – Eine Zwischenbilanz, in: AcP 196 (1996), S. 114-167.
— Gesundheitsversorgung bei Ressourcenknappheit – Rechtliche Aspekte, in: Eckhard Nagel/Christoph Fuchs, Rationalisierung und Rationierung im deutschen Gesundheitswesen, Stuttgart/New York 1998, S. 86-108.
— Die Ärzte-GmbH und das ärztliche Werbeverbot, in: FS für Karlmann Geiß, Köln/Berlin/Bonn/München 2000, S. 503-515.

ders./Brewe, Manuela (Hrsg.): Biomedizin im Zeitalter der Globalisierung und Medizinische Versorgung in Zeiten knapper Kassen. Herausforderung für Recht und Ethik, Berlin/Heidelberg/New York/Tokio 2001.

Tegtmeyer-Metzdorf, Harald/Grundmann, Reinhart: Krankenhausarzt und Recht – Aufklärung, Behandlungsfehler, Dokumentation und Schweigepflicht im Krankenhaus, Melsungen 1990.

Tempel-Kromminga, Helke: Die Problematik der Richtlinien der Bundesausschüsse der Ärzte und Krankenkassen nach dem neuen Recht des SGB V, Franfurt a. M. 1994.

Tiemann, Susanne: Kompetenzkonflikt bei Streit über ärztlichen Kunstfehler – Sozial- oder Zivilrechtsweg?, in: NJW 1985, S. 2169-2172.
— Kassenärztliche Haftung im Zwiespalt zwischen privatem und öffentlichem Recht, in: ArztR 1985, S. 291-298.

Titze, Heinrich: Die Unmöglichkeit der Leistung nach deutschem bürgerlichen Recht, Leipzig 1900.

Uhlenbruck, Wilhelm: Der Krankenhausaufnahmevertrag, 1960 Köln.

— Die ärztliche Haftung für Narkoseschäden, in: NJW 1972, S. 2201-2206.

— Der diagnostische Eingriff als Rechtsproblem, in: ArztR 1980, S. 175-179.

— Rechtliche Aspekte des Kontrastmittelzwischenfalls und des Strahlenrisikos in der ambulanten Diagnostik, in: NJW 1981, S. 1294-1299.

— Anm. zu BGH, Urteil v. 18.06.1985 - VI ZR 234/83, in: MedR 1986, S. 141-142.

— Anm. zu BGH, Urteil v. 1.02.1994 - VI ZR 65/93, in: JZ 1994, S. 789-790.

— Rechtliche Grenzen einer Rationierung in der Medizin, in: MedR 1995, S. 427-437.

Ulsenheimer, Klaus: Zur zivil- und strafrechtlichen Verantwortlichkeit des Arztes unter besonderer Berücksichtigung der neueren Judikatur und ihrer Folgen für eine defensive Medizin, in: MedR 1992, S. 127-134.

— Qualitätssicherung und risk-management im Spannungsverhältnis zwischen Kostendruck und medizinischem Standard, in: MedR 1995, S. 438-442.

— Arztstrafrecht in der Praxis, 3. Aufl., Heidelberg 2003.

— Grenzen der ärztlichen Behandlungspflicht vor dem Hintergrund begrenzter finanzieller Ressourcen, in: FS für Günter Kohlmann, Köln 2003, S. 319-334.

ders./Schlüter, Uwe/Böcker, Michael H./Bayer, Michael: Rechtliche Probleme in Geburtshilfe und Gynäkologie. Eine Fallsammlung zu den Themen Haftung, Aufklärung, Behandlungsfehler und Schweigepflicht, Stuttgart 1990.

Usadel, K.-H./Schumm-Draeger, P.-M.: Autoimmunthyreoiditis. Behandlung mit Schilddrüsenhormonen bei subklinischer Hypothyreose oder schon bei Euthyreose?, in: Internist 2003, S. 433-439.

Velten, Wolfram: Der medizinische Standard im Arzthaftungsrecht. Ein Beitrag zu Umfang und Grenzen der Darlegungslast von Arzthaftungsklägern bezüglich der Standards medizinischer Heilbehandlung, Baden-Baden 2001.

Voit, Wolfgang: Risikomanagement im Krankenhaus unter geänderten rechtlichen Bedingungen, in: KHuR 2003, S. 70-77.

Vosteen, Klaus: Rationierung im Gesundheitswesen und Patientenschutz. Zu den rechtlichen Grenzen von Rationierungsmaßnahmen und den rechtlichen Anforderungen an staatliche Vorhaltung und Steuerung im Gesundheitswesen, Frankfurt a. M./Berlin/New York/Wien 2001.

Voß, Barbara: Kostendruck und Ressourcenknappheit im Arzthaftungsrecht, Berlin/Heidelberg/New York 1999.

Wachsmuth, Werner: Anm. zu OLG Celle, Urteil v. 10.07.1978 - 1 U 40/77, in: NJW 1979, S. 1253.

Wälde, Thomas W.: Juristische Folgenorientierung. „Policy Analysis“ und Sozialkybernetik: Methodische und organisatorische Überlegungen zur Bewältigung der Folgenorientierung im Rechtssystem, Königstein 1979.

Wältermann, Frank: Tagungsberichte. 28. Richterwoche des Bundessozialgerichts, in VersR 1997, S. 43-45.

Wagner, Gerhard: Das Zweite Schadensersatzrechtsänderungsgesetz, in: NJW 2002, S. 2049-2064.

Wahrig, Gerhard: Deutsches Wörterbuch (250.000 Stichwörter) 7. Aufl., Gütersloh/ München 2002.

Walter, Alexander: Spezialisierung und Sorgfaltsstandards im Arzt- und Anwaltshaftungsrecht, Bielefeld 2004.

Waltermann, Raimund: Sozialrecht, 3. Aufl., Heidelberg 2002.

Wannagat, Georg/Eichenhofer, Eberhard (Hrsg.): Kommentar zum Recht des Sozialgesetzbuchs, Gesetzliche Krankenversicherung, Köln, Stand: August 2002 (zit.: Wannagat-Bearbeiter).

Wasem, Jürgen: Gesundheitsökonomie und Versicherung, in: ZVersWiss 1993, S. 123-160.

Weber, Reinhold: Muss im Arzthaftungsprozess der Arzt seine Schuldlosigkeit beweisen?, in: NJW 1997, S. 761-768.

Weber-Steinhaus, Dietrich: Ärztliche Berufshaftung als Sonderdeliktsrecht, Stuttgart 1990.

Weidinger, Patrick: Aus der Praxis eines Heilwesenversicherers: Aktuelle Entwicklungen in der Arzt- und Krankenhaushaftpflicht, in: MedR 2004, S. 289-295.

Wendt, Gerlind: Die ärztliche Dokumentation – Eine beweisrechtliche Untersuchung zu ihrer Bedeutung der Sorgfaltsfrage bei der deliktischen Arzthaftung, Baden-Baden 2001.

Wieland, Klaus: Kommentar zur Maxime „Salus aegroti suprema lex“ aus ökonomischer Sicht, in: Leo Koslowski, Maximen in der Medizin, Stuttgart/New York 1992, S. 112-118.

Wigge, Peter: Qualitätssicherung auf der Grundlage evidenzbasierter Richtlinien und Leitlinienbeschlüsse, in: ZaeFQ 2001, S. 452-454.

Winter, Gerd: Tatsachenurteile im Prozess richterlicher Rechtssetzung, in: Rechtstheorie 1971, S. 171-192.

Wolfslast, Gabriele: Zur Haftung während klinisch-psychiatrischer Therapie, in: NStZ 1984, S. 105-108.

Wunsch, Dorothea: Ablösung der Verschuldenshaftung im Arzt-Patient-Verhältnis?, Karlsruhe 1987.

Wussow, Robert-Joachim: Umfang und Grenzen der ärztlichen Aufklärungspflicht, in: VersR 2002, S. 1337-1345.

Zentrale Ethikkommission (Zentrale Kommission zur Wahrung ethischer Grundsätze in der Medizin und ihren Grenzgebieten bei der Bundesärztekammer): Prioritäten in der medizinischen Versorgung im System der Gesetzlichen Krankenversicherung (GKV): Müssen und können wir entscheiden? Stellungnahmen und Erläuterungen, in: Jochen Taupitz/Manuela Brewe, Biomedizin im Zeitalter der Globalisierung und Medizinische Versorgung in Zeiten knapper Kassen, Berlin/Heidelberg/Tokio 2001, S. 49-66.

Zinganell, Klaus: Kostendämpfung und ärztlicher Standard – wirtschaftliche Zwänge in der Klinik, in: MedR 1993, S. 342-344.

Zwiehoff, Gabriele: Strafrechtliche Aspekte des Organisationsverschuldens, in: MedR 2004, S. 364-373.

Sachwortverzeichnis

FSC
www.fsc.org
MIX
Papier | Fördert
gute Waldnutzung
FSC® C083411

Kolibri 360 GmbH
Ferdinand-Jühlke-Straße 7
99095 Erfurt, Deutschland
produktsicherheit@kolibri360.de

Druck:
CPI Druckdienstleistungen GmbH
im Auftrag der
Kolibri 360 GmbH
Ferdinand-Jühlke-Str. 7
99095 Erfurt

Norbert Zimmermann

Rechtsstaatsprinzip und Parteigerichtsbarkeit

Zur Anwendbarkeit rechtsstaatlicher Grundsätze im Schiedsverfahren nach § 10 Abs. 5 PartG.

PETER LANG
Frankfurt am Main · Bern · Las Vegas

CIP-Kurztitelaufnahme der Deutschen Bibliothek

Zimmermann, Norbert

Rechtsstaatsprinzip und Parteigerichtsbarkeit: zur Anwendbarkeit rechtsstaatl. Grundsätze im Schiedsverfahren nach § 10, Abs. 5 PartG. / Norbert Zimmermann.
– Frankfurt am Main, Bern, Las Vegas: Lang, 1979.
(Europäische Hochschulschriften: Reihe 2, Rechtswiss.; Bd. 218)
ISBN 3-8204-6577-4

D 6

ISBN 3-8204-6577-4

Druck: Fotokop Wilhelm Weihert KG, Darmstadt
Titelsatz: Fotosatz Aragall GmbH, Wolfsgangstraße 92, Frankfurt am Main.

M e i n e n   E l t e r n

Inhaltsverzeichnis

Seite

Abkürzungsverzeichnis

aaO	am angegebenen Ort
Abs.	Absatz
allg.	allgemein
Anm.	Anmerkung
AöR	Archiv des öffentlichen Rechts
ARSP	Archiv für Rechts- und Sozialphilosophie
Art.	Artikel
Az.	Aktenzeichen
BB	Der Betriebsberater
Bd.	Band
BDO	Bundesdiziplinarordnung
BGH	Bundesgerichtshof
BGH St	Entscheidungen des BGH in Strafsachen
BGH Z	Entscheidungen des BGH in Zivilsachen
BK	Bonner Kommentar
Beschl.	Beschluß
BT	Bundestag
BVerfG	Bundesverfassungsgericht
BVerfGE	Entscheidungen des Bundesverfassungsgerichts
BVerfGG	Bundesverfassungsgerichtsgesetz
BVerwG	Bundesverwaltungsgericht
bzw.	beziehungsweise
CDU	Christlich Demokratische Union Deutschlands
CSU	Christlich Soziale Union in Bayern
d.	der, die, das
DERS.	Derselbe
dh	das heißt
Diss.	juristische Dissertation
DJT	Deutscher Juristentag
DÖV	Die öffentliche Verwaltung
DVBl.	Deutsches Verwaltungsblatt
E	Entscheidung
Einl.	Einleitung
EvStL	Evangelisches Staatslexikon

F.	Folge
f.	folgende
FAZ	Frankfurter Allgemeine Zeitung
ff.	folgende
F.D.P.	Freie Demokratische Partei
Fn	Fußnote
gem.	gemäß
GG	Grundgesetz
grds.	grundsätzlich
GVG	Gerichtsverfassungsgesetz
HdbDtStR	Handbuch des Deutschen Staatsrechts
Hrsg.	Herausgeber
HWBSozWiss	Handwörterbuch der Sozialwissenschaften
insb.	insbesondere
i.V.m.	in Verbindung mit
JuS	Juristische Schulung
JW	Juristische Wochenschrift
JZ	Juristenzeitung
Kap.	Kapitel
LG	Landgericht
LV	Landesverband
MDR	Monatsschrift für Deutsches Recht
mwN	mit weiteren Nachweisen
N, n	neu
Nachw.	Nachweise
NF	Neue Folge
NJW	Neue Juristische Wochenschrift
Nr.	Nummer
NRW	Nordrhein-Westfalen
o.	oben
ÖZÖR	Österreichische Zeitschrift für öffentliches Recht
OLG	Oberlandesgericht
Org.	Organisations-
PartG	Parteiengesetz
PGO	Parteigerichtsordnung
Rdn.	Randnote
Reg.	Regierungs-
RG	Reichsgericht

RG St	Entscheidungen des Reichsgerichts in Strafsachen
RG Z	Entscheidungen des Reichsgerichts in Zivilsachen
Rspr.	Rechtsprechung
RuP	Recht und Politik
S.	Seite
s.	siehe
SchGO	Schiedsgerichtsordnung
SchO	Schiedsordnung
Sp.	Spalte
SPD	Sozialdemokratische Partei Deutschlands
st.	ständige
StPO	Strafprozeßordnung
u.	und
umfangr.	umfangreich
unv.	unveröffentlicht
Urt.	Urteil
v.	vom, von
VerwArch.	Verwaltungsarchiv
VerwR	Verwaltungsrecht
VGH	Verwaltungsgerichtshof
vgl.	vergleiche
VVDStRL	Veröffentlichungen der Vereinigung der Deutschen Staatsrechtslehrer
VwGO	Verwaltungsgerichtsordnung
VwVfG	Verwaltungsverfahrensgesetz
weit.	weiteren
z.B.	zum Beispiel
ZBJV	Zeitschrift des Bernischen Juristenvereins
ZBR	Zeitschrift für Beamtenrecht
ZfP	Zeitschrift für Politik
Ziff.	Ziffer
zit.	zitiert
ZRP	Zeitschrift für Rechtspolitik
ZPO	Zivilprozeßordnung

Literaturverzeichnis

ACHTERBERG, Norbert — Antinomien verfassunggestaltender Grundentscheidungen, Der Staat Bd. 8 (1969), S. 159-180

--- — Das Parlament im modernen Staat, DVBl. 1974, S. 693-707

--- — Das rahmengebundene Mandat, Berlin/ New York 1975

--- — Die Gesellschaftsbezogenheit der Grundrechte, in: Festschrift für Helmut Schelsky, S. 1-29, Berlin 1978

ARNDT, Adolf — Das Rechtliche Gehör, NJW 1959, S. 6-8

--- — Umwelt und Recht, NJW 1960, S. 423-425

BACHOF, Otto — Teilrechtsfähige Verbände des öffentlichen Rechts, AöR Bd. 83 (1958), S. 208-279

BADURA, Peter — Die Methoden der neueren allgemeinen Staatslehre, Erlangen 1959

--- — Stichwort: Verfassung, in: Evangelisches Staatslexikon, (Hrsg.: H. Kunst, R. Herzog, W. Schneemelcher), Sp. 2708-2725, 2. Auflage, Stuttgart/Berlin 1975.

--- — Verfassung, Staat und Gesellschaft in der Sicht des Bundesverfassungsgerichts, in: Bundesverfassungsgericht und Grundgesetz, Band 2, S. 1-21, Tübingen 1976

BÄRSCH, Claus-Ekkehard — Der Staatsbegriff in der neueren deutschen Staatslehre und seine theoretischen Implikationen, Berlin 1974

BÄUMLIN, Richard — Die rechtsstaatliche Demokratie, Diss. jur., Zürich 1954

--- — Staat, Recht, Geschichte, Zürich 1961

--- — Staatslehre und Kirchenrechtslehre, Über gemeinsame Fragen ihrer Grundproblematik, in: Staatsverfassung und Kirchenordnung, Festgabe für Rudolf Smend, S. 3-22, Tübingen 1962

BÄUMLIN, Richard — Der schweizerische Rechtsstaatsgedanke, ZBJV Bd. 101 (1965), S. 81-102

--- — Das Grundrecht der Gewissensfreiheit, VVDStRL 28 (1970), S. 3-32

--- — Stichwort: Rechtsstaat, in: Evangelisches Staatslexikon (Hrsg. H. Kunst, R. Herzog, W. Schneemelcher) Sp. 2042-2052, 2. Auflage, Stuttgart/Berlin 1975

--- — Stichwort: Demokratie, in: Evangelisches Staatslexikon, (Hrsg. H. Kunst, R. Herzog, W. Schneemelcher) Sp. 362-370, 2. Auflage, Stuttgart/Berlin 1975

BARSCHEL, Uwe — Bürgerinitiativen und parlamentarische Parteiendemokratie, ZRP 1977, S. 129-131

BAUER, Horst — Gerichtsschutz als Verfassungsgarantie, Berlin 1973

BERICHT — der vom Bundesminister des Inneren eingesetzten Parteienrechtkommission, Rechtliche Ordnung des Parteiwesens, Frankf./M. 1958

BESSEL, Fritz — Zur richterlichen Überprüfung von internen Vereins- und Betriebsbeschlüssen, Diss. jur., Köln 1968

BETTERMANN, Karl-August — Verwaltungsakt und Richterspruch, in: Gedächtnisschrift für Walter Jellinek, S. 361-389, München 1955

--- — Stichwort: Rechtsprechung, rechtsprechende Gewalt, in: Evangelisches Staatslexikon (Hrsg. H. Kunst, R. Herzog, W. Schneemelcher), Sp. 2017-2036, 2. Auflage, Stuttgart/Berlin 1975

BEUTHIEN, Volker — Die richterliche Kontrolle von Vereinsstrafen und Vertragsstrafen, BB 1968, Beilage 12 zu Heft 33, S. 2-12

BLANK, Josef-Theodor — Die innerparteiliche Willensbildung nach dem Grundgesetz, ihre Ausgestaltung im Parteiengesetz und ihre Berücksichtigung in den Parteistatuten, DVBl. 1976, S. 564-572

BULL, Hans-Peter — Demokratie - nur im geheimen?, ZRP 1971, S. 196-198

--- — Staatsaufgaben nach dem Grundgesetz, Frankfurt/M 1973

--- — Leitsätze zur innerparteilichen Demokratie, RuP 1974, S. 79-83

BULLINGER, Martin — Öffentliches Recht und Privatrecht, Stuttgart/Berlin/Köln/Mainz 1968

BURDEAU, Georges — Zur Auflösung des Verfassungsbegriffs, Der Staat Bd. 1 (1962), S. 389-404

BÖCKENFÖRDE, Ernst-Wolfgang — Entstehung und Wandes des Rechtsstaatsbegriffs, in: Festschrift für Adolf Arndt, S. 53-76, Frankf./M 1969

--- — Die Bedeutung der Unterscheidung von Staat und Gesellschaft im demokratischen Sozialstaat der Gegenwart, in: Rechtsfragen der Gegenwart, Festschrift für Wolfgang Hefermehl, S. 11-36, Stuttgart/Berlin/Köln/Mainz 1972

--- — Die verfassungstheoretische Unterscheidung von Staat und Gesellschaft als Bedingung der individuellen Freiheit, Opladen 1973

--- — Grundrechtstheorie und Grundrechtsinterpretation, NJW 1974, S. 1529-1538

--- — Freiheitssicherung gegenüber gesellschaftlicher Macht, Aufriß eines Problems, in: Staat, Gesellschaft, Freiheit, S. 336-348, Frankfurt 1976

BREITHAUPT, Walter — Das Parteiengesetz vom 24. Juli 1967, JZ 1967, S. 561-564

BUERMEYER, Volker — Rechtsschutzgarantie und Gerichtsverfahrensrecht, Köln/Berlin/Bonn/München 1975

DALLINGER, Wilhelm — Gerichtsverfassung und Strafverfahren, JZ 1953, S. 432-442

DELIUS, — Der Ausschluß von Mitgliedern aus Vereinen des öffentlichen und privaten Rechts, VerwArch. Bd. 22 (1914), S. 209-268

DÜTZ, Wilhelm | Rechtsstaatlicher Gerichtsschutz im Privatrecht, Bad Homburg v.d.H./Berlin/Zürich 1970

DUX, Günther | Meinungsfreiheit als innere Ordnung der politischen Parteien, DVBl. 1966, S. 553-557

EHMKE, Horst | Grenzen der Verfassungsänderung, Berlin 1953

--- | "Staat" und "Gesellschaft" als verfassungstheoretisches Problem, in: Staatsverfassung und Kirchenordnung, Festgabe für Rudolf Smend, S. 23-49, Tübingen 1962

--- | Prinzipien der Verfassungsinterpretation, VVDStRL 20 (1963), S. 53-102

--- | Diskussionsbeitrag, VVDStRL 24 (1966), S. 94-97

EISELE, Egbert W. | Die Grundrechtsstellung der politischen Parteien und ihr verfassungsrechtlicher Status aus Art. 21 GG in ihren Auswirkungen für Verfahren vor dem Bundesverfassungsgericht, Diss. jur., München 1970

ENGELMANN, Klaus | Prozeßgrundsätze im Verfassungsprozeßrecht, Berlin 1977

ERICHSEN, Hans-Uwe/MARTENS, Wolfgang | Allgemeines Verwaltungsrecht, 2. Auflage, Berlin 1977

ESCHENBURG, Theodor | Ämterpatronage, Stuttgart 1961

FLUME, Werner | Die Vereinsstrafe, in: Festschrift für Eduard Bötticher, S. 101-141, Berlin 1969

FÖHR, Horst | Innere Demokratie in den Verbänden, in: Posser/Wassermann (Hrsg.), Freiheit in der sozialen Demokratie, S. 115-126, Karlsruhe 1975

FORSTHOFF, Ernst — Begriff und Wesen des sozialen Rechtsstaates, VVDStRL 12 (1954), S. 8-36

--- — Zur neuen Rechtsprechung des Bundesverfassungsgerichts, DÖV 1956, S. 513-517

--- — Neue Aspekte der Pressefreiheit, Der Staat Bd. 5 (1966), S. 1-16

--- — Die Umbildung des Verfassungsgesetzes, in: Rechtsstaat im Wandel, Verfassungsrechtliche Abhandlungen 1954-1973, S. 130-152, 2. Auflage, München 1976

--- — Der Staat der Industriegesellschaft, München 1971

FRICKE, Walter — Probleme der Ämterpatronage, Diss. jur., Münster 1973

FRIESENHAHN, Ernst — Die Stellung der politischen Parteien in der Verfassung, in: Heft 4 der Vereinigung für den Gedankenaustausch zwischen deutschen und italienischen Juristen, S. 1-25, Karlsruhe 1969

FUSS, Ernst-Werner — Freiheit und Gleichheit des Parteiwirkens, JZ 1959, S. 392-396

GIESE, Friedrich — Die Parteien als Staatsorgane, AöR Bd. 80 (1955/56), S. 377-380

GRABITZ, Eberhard — Freiheit und Verfassungsrecht, Tübingen 1976

GRIMMER, Klaus — Zur Dialektik von Staatsverfassung und Gesellschaftsordnung, ARSP Bd. 62 (1976), S. 1-26

GROSCURTH, Eberhard — Die Entwicklung der Rechtsprechung zur gerichtlichen Nachprüfbarkeit von Vereinsbeschlüssen, Diss. jur., Göttingen 1966

GRUNSKY, Wolfgang — Grundlagen des Verfahrensrechts, 2. Auflage, Bielefeld 1974

HÄBERLE, Peter — Unmittelbare staatliche Parteifinanzierung, JuS 1967, S. 64-74

--- — Öffentlichkeit und Verfassung, ZfP Bd. 16 (NF) (1969), S. 273-287

--- — Öffentliches Interesse als juristisches Problem, Bad Homburg 1970

HÄBERLE, Peter — Besprechung von U.K. Preuß: Zum staatsrechtlichen Begriff des Öffentlichen, AöR Bd. 95 (1970), S. 651-659

--- — Die Wesensgehaltsgarantie des Art. 19 Abs. 2 Grundgesetz, Karlsruhe 1972

--- — Allgemeine Staatslehre, demokratische Verfassungslehre oder Staatsrechtslehre?, AöR Bd. 98 (1973), S. 119-134

--- — Die offene Gesellschaft der Verfassungsinterpreten, JZ 1975, S. 297-305

--- — Freiheit, Gleichheit und Öffentlichkeit des Abgeordnetenstatus, NJW 1976, S. 537-543

HAHN, Dittmar — Innerparteiliche Demokratie, Diss. jur., Köln 1973

--- — Anmerkung zum Urt. des BGH v. 17.12.1973, NJW 1974, S. 848 f.

HEGEL, Georg Wilhelm Friedrich — Grundlinien der Philosophie des Rechts, Hamburg 1955

HEIMANN, Norbert — Die Schiedsgerichtsbarkeit der politischen Parteien in der Bundesrepublik Deutschland, Bonn-Bad Godesberg 1977

HELLER, Hermann — Staatslehre, Leiden 1934

--- — Rechtsstaat oder Diktatur, in: Heller, Gesammelte Schriften, Bd. 2, Leiden 1971

HERZOG, Roman — Allgemeine Staatslehre, Frankf./M 1971

HOLLERBACH, Alexander — Ideologie und Verfassung, in: W. Maihofer (Hrsg.) Ideologie und Recht, S. 37-61, Frankf./M 1969

HENKE, Wilhelm — Anmerkung zum Beschluß des OLG Oldenburg v. 16.5.67, DVBl. 1967, S. 942-944

--- — Das Recht der politischen Parteien, Göttingen 1972

--- — Art. 21 GG (Zweitbearbeitung 1975), in: Kommentar zum Bonner Grundgesetz (Bonner Kommentar), Hamburg 1950 ff.

HESSE, Konrad — Die verfassungsrechtliche Stellung der politischen Parteien im modernen Staat, VVDStRL 17 (1959), S. 11-52

--- — Der Rechtsstaat im Verfassungssystem des Grundgesetzes, in: Staatsverfassung und Kirchenordnung, Festgabe für Rudolf Smend, S. 71-95, Tübingen 1962

--- — Stichwort: Parteien, in: Evangelisches Staatslexikon, (Hrsg. H. Kunst, R. Herzog, W. Schneemelcher), Sp. 1770-1779, 2. Auflage, Stuttgart/Berlin 1975

--- — Bemerkungen zur heutigen Problematik und Tragweite der Unterscheidung von Staat und Gesellschaft, DÖV 1975, S. 437-443

--- — Grundzüge des Verfassungsrechts der Bundesrepublik Deutschland, 9. Auflage, Heidelberg/Karlsruhe 1976

HUBER, Ernst Rudolf — Deutsche Verfassungsgeschichte seit 1789, Bd. 4, Stuttgart/Berlin/Köln/Mainz 1969

JAUERNIG, Othmar — Zivilprozeßordnung, 18. Auflage, München 1977

JELLINEK, Georg — Allgemeine Staatslehre, 3. Auflage, Bad Homburg v.d.H. 1960

JÖTTEN, Wolfgang Jürgen — Vereinsautonomie und Grundrechtsschutz der Vereinsmitglieder, Diss. jur. Köln 1976

JÜLICH, Christian — Chancengleichheit der Parteien, Berlin 1967

JUNG, Hans — Akteneinsichts- und Informationsrechte des Bürgers, Diss. jur. Berlin 1970

KAACK, Heino — Geschichte und Struktur des deutschen Parteiensystems, Opladen 1971

KÄGI, Werner — Rechtsstaat und Demokratie, in: Demokratie und Rechtsstaat, Festgabe für Zaccaria Giacometti, S. 107-142, Zürich 1953

--- — Die Verfassung als rechtliche Grundordnung des Staates, (Neudruck) Darmstadt 1971

KAFKA, Gustav E. — Diskussionsbeitrag, VVDStRL 24 (1966), S. 92-94

KAISER, Joseph H. — Die Repräsentation organisierter Interessen, Berlin 1956

KAY, Hee-Yol	Die innere Ordnung der politischen Parteien, Diss. jur., Freiburg/Br. 1970
KELSEN, Hans	Allgemeine Staatslehre, Berlin 1925
---	Vom Wesen und Wert der Demokratie, 2. Auflage, Tübingen 1929
KERN, Eduard/ ROXIN, Claus	Strafverfahrensrecht, 14. Auflage, München 1976
KEWENIG, Wilhelm	Die Problematik der unmittelbaren staatlichen Parteifinanzierung, DÖV 1964, S. 829-840
KLEIN, Hans Hugo	Zum Begriff der öffentlichen Aufgabe, DÖV 1965, S. 755-759
KNÖPFLE, Franz	Der Zugang zu den politischen Parteien, Der Staat Bd. 9 (1970), S. 321-346
KÖPPLER, Rudolf	Die Mitwirkung bei der politischen Willensbildung als Vorrecht der Parteien, Diss. jur., München 1974
KÖTTGEN, Arnold	Abgeordnete und Minister als Statusinhaber, in: Gedächtnisschrift für Walter Jellinek, S. 195-220, München 1955
---	Das anvertraute öffentliche Amt, in: Staatsverfassung und Kirchenordnung, Festgabe für Rudolf Smend, S. 119-143, Tübingen 1962
KOPP, Ferdinand O.	VwVfG, München 1976
KRIELE, Martin	Das demokratische Prinzip im Grundgesetz, VVDStRL 29 (1971), S. 46-82
KRÜGER, Herbert	Allgemeine Staatslehre, 2. Aufl., Stuttgart 1966
---	Sinn und Grenzen der Vereinbarungsbefugnis der Tarifparteien, in: Verhandlungen des 46. Deutschen Juristentages Bd. 1/I, S. 7-96, München/Berlin 1966
LARENZ, Karl	Zur Rechtmäßigkeit einer "Vereinsstrafe", in: Gedächtnisschrift Dietz, S. 45-59, München 1973
LAUFER, Heinz	Die Schiedsgerichtsbarkeit der deutschen Parteien, ÖZÖR Bd. 15 NF (1965), S. 1-17
LEIBHOLZ, Gerhard	Verfassungsrechtliche Stellung und innere Ordnung der Parteien, in: Verhandlungen des 38. Deutschen Juristentages, S. C 1-49, Tübingen 1951

LEIBHOLZ, Gerhard	Das Wesen der Repräsentation und der Gestaltwandel der Demokratie im 20. Jahrhundert, 3. Auflage, Berlin 1966
---	Zum Parteiengesetz von 1967, in: Festschrift für Adolf Arndt, S. 179-197, Frankf./M 1969
---	Diskussionsbeitrag (Aussprache), VVDStRL 29 (1971), S. 103
---	Strukturprobleme der modernen Demokratie, 3. Auflage (Neuausgabe), Frankf./M 1974
LEHR,	Diskussionsbeitrag, in: Verhandlungen des 38. Deutschen Juristentages, S. C 84, Tübingen 1951
LENGERS, Elmar	Rechtsprobleme bei Parteiausschlüssen, Diss. jur., Bochum 1973
LENZ, Helmut / SASSE, Christoph	Parteiausschuß und Demokratiegebot, JZ 1962, S. 233-241
---	Zur Regelung des Parteiausschlusses von CDU-Mitgliedern, JZ 1962, S. 432 f.
LESSMANN, Herbert	Die öffentlichen Aufgaben und Funktionen privatrechtlicher Wirtschaftsverbände, Köln/Berlin/Bonn/München 1976
LIESEGANG, Helmuth C.F.	Zentralfragen eines verfassungsmäßigen Grundrechtsverständnisses, JuS 1976, S. 420-424
LIPPHARDT, Hanns-Rudolf	Die Gleichheit der politischen Parteien vor der öffentlichen Gewalt, Berlin 1975
LINDGEN, Erich	Handbuch des Disziplinarrechts, Bd. 1, Berlin 1966, Bd. 2, Berlin 1968
LÖWENSTEIN, Karl	Verfassungslehre, 3. Auflage, Tübingen 1975
LÖWE, Ewald/ ROSENBERG, Werner	Die Strafprozeßordnung und das Gerichtsverfassungsgesetz, 23. Auflage, Berlin/New York 1976/77 (zitiert: LÖWE/ROSENBERG/BEARBEITER)
LORENZ, Dieter	Der Rechtsschutz des Bürgers und die Rechtsweggarantie, München 1973
LUKES, Rudolf/ VOLLMER, Lothar	Besprechung von P. Schlosser: Vereins- und Verbandsgerichtsbarkeit, NJW 1973, S. 1116 f.
LUTHMANN, Walter	Die innere Ordnung der Parteien nach dem Grundgesetz und ihre Ausführung durch das Parteiengesetz, Diss. jur., Köln 1961

LUTHMANN, Walter	Rechtsstellung der Mitglieder von politischen Parteien, DVBl. 1962, S. 166-171
MAGIERA, Siegfried	Der Rechtsanspruch auf Parteibeitritt, DÖV 1973, S. 761-768
MARCIC, René	Recht-Staat-Verfassung, Bd. 1: Recht und Staat, Wien 1970
---	Die Öffentlichkeit als Prinzip der Demokratie, in: Festschrift für Adolf Arndt, S. 267-292, Frankf./M 1969
MARTENS, Wolfgang	Öffentlich als Rechtsbegriff, Bad Homburg v.d.H. 1969
MAUNZ, Theodor	Deutsches Staatsrecht, 21. Auflage, München 1977
MAUNZ, Theodor/ DÜRIG, Günter/ HERZOG, Roman/ SCHOLZ, Rupert	Grundgesetz, Kommentar, Loseblatt, München 1958 ff. (Stand 1977)
MENGER, Christian-Friedrich	Zur verfassungsrechtlichen Stellung der politischen Parteien, AöR Bd. 78 (1952/53), S. 149-162
---	System des verwaltungsgerichtlichen Rechtsschutzes, Tübingen 1954
---	Vom Werden und Wesen der Demokratie, in: Staats- und verwaltungswissenschaftliche Beiträge, 10 Jahre Hochschule für Verwaltungswissenschaften Speyer, S. 49-62, Stuttgart 1957
---	Allgemeine Prozeßrechtssätze in der Verwaltungsgerichtsordnung, in: Staatsbürger und Staatsgewalt, S. 427-447, Karlsruhe 1963
---	Stichwort: Rechtsstaat, in: Handwörterbuch der Sozialwissenschaften Bd. 8, S. 768-772, Stuttgart/Tübingen/Göttingen 1964
---	Der Begriff des sozialen Rechtsstaates im Bonner Grundgesetz, in: Rechtsstaatlichkeit und Sozialstaatlichkeit (Hrsg. E. Forsthoff), S. 42-72, Darmstadt 1968
---	Zur Sicherung des Anspruchs auf rechtliches Gehör durch Wiedereinsetzung in den vorigen Stand, VerwArch. Bd. 64 (1973), S. 429-431

MENGER, Christian-Friedrich — Besprechung von D. Lorenz: Der Rechtsschutz des Bürgers und die Rechtsweggarantie, JZ 1974, S. 71 f.

--- — Zum Stand der Meinungen über die Unterscheidung von öffentlichem und privatem Recht, in: Festschrift für Hans J. Wolff, S. 149-166, München 1975

--- — Deutsche Verfassungsgeschichte der Neuzeit, Karlsruhe 1975

MENZEL, Eberhard — Staatliche Parteifinanzierung und moderner Parteienstaat, DÖV 1966, S. 585-608

MERKEL, Klaus — Verfassungsrechtliche Aspekte der privaten Strafgewalt, Diss. jur., Saarbrücken 1974

MEYER-CORDING, Ulrich — Die Vereinsstrafe, Tübingen 1957

-- — Betriebsstrafe und Vereinsstrafe im Rechtsstaat, NJW 1966, S. 225-231

MICHELS, Robert — Zur Soziologie des Parteiwesens in der modernen Demokratie, 2. Auflage (Neudruck), Stuttgart 1970

MÜHLEN, Ingeborg — Parteienunabhängigkeit vom Staat, Diss. jur., Würzburg 1969

MÜLLER, Ute — Die demokratische Willensbildung in den Parteien, Mainz 1967

v. MÜNCH, Ingo — Grundgesetzkommentar Bd. 2, München 1976

NAUJOCKS, Rolf — Blockwahlsystem und innerparteiliche Demokratie, DVBl. 1975, S. 244-248

OERTER, Volker — Rechtsfragen des Verhältnisses zwischen politischen Parteien und ihren Sonder- und Nebenorganisationen, Diss. jur., Bochum 1971

v. OERTZEN, Peter — Die soziale Funktion des staatsrechtlichen Positivismus, Frankf./M 1974

PALANDT, Otto — Bürgerliches Gesetzbuch, 36. Auflage, München 1977 (zitiert: PALANDT/BEARBEITER)

PETERS, Hans — Öffentliche und staatliche Aufgaben, in: Festschrift H.C. Nipperdey, Bd. 2, S. 877-896, München/Berlin 1965

PLATE, Heiko — Parteifinanzierung und Grundgesetz, Berlin 1966

PREUSS, Ulrich K. — Zum staatsrechtlichen Begriff des Öffentlichen, Stuttgart 1969

QUARITSCH, Helmut — Kirchen und Staat, Verfassungs- und staatstheoretische Probleme der staatskirchenrechtlichen Lehre der Gegenwart, Der Staat Bd. 1 (1962), S. 175-197, 289-320

RABUS, Günther — Die innere Ordnung der politischen Parteien im gegenwärtigen deutschen Staatsrecht, AöR Bd. 78 (1952/53), S. 163-194

RADBRUCH, Gustav — Die politischen Parteien im System des deutschen Verfassungsrechts, Handbuch des Deutschen Staatsrechts, Bd. 1, S. 285-294, Tübingen 1930

RAMM, Thilo — Der Wandel der Grundrechte und der freiheitliche soziale Rechtsstaat, JZ 1972, S. 137-146

RANDELZHOFER, Albrecht — Probleme des Parteienrechts, JZ 1969, S. 533-541

RASEHORN, Theo — Zur Diskussion über die "Leitsätze zur innerparteilichen Demokratie", RuP 1974, S. 193-195

REICHERT, Bernhard/ DANNECKER, Franz J./ KÜHR, Christian — Handbuch des Vereins- und Verbandsrechts, Neuwied/Berlin 1970

REINICKE, Dietrich — Die Zulassung von Rechtsanwälten im vereingerichtlichen Ausschlußverfahren, NJW 1975, S. 2048-2052

REUSS, Hermann — Vom Standort des Disziplinarrechts im Rechtssystem, ZBR 1966, S. 174-176

RIDDER, Helmut — Besprechung von W. Henke: Das Recht der politischen Parteien, JZ 1966, S. 78-80

--- — Die soziale Ordnung des Grundgesetzes, Opladen 1975

RINKEN, Alfred | Das Öffentliche als verfassungstheoretisches Problem, Berlin 1971

RITTERSPACH, Theodor | Die Stellung der politischen Parteien in der Verfassung, in: Heft 4 der Vereinigung für den Gedankenaustausch zwischen deutschen und italienischen Juristen, S. 27-45, Karlsruhe 1969

ROELLECKE, Gerd | Das Gesetz über die politischen Parteien und das bürgerliche Recht, DRiZ 1968, S. 117-120

ROSENBERG, Leo/ SCHWAB, Karl-Heinz | Zivilprozeß, 12. Auflage, München 1977

ROXIN, Claus | Aktuelle Probleme der Öffentlichkeit im Strafverfahren, in: Einheit und Vielfalt des Strafrechts, Festschrift für Karl Peters, S. 393-409, Tübingen 1974

RÜPING, Hinrich | Der Grundsatz des rechtlichen Gehörs und seine Bedeutung im Strafverfahren, Berlin 1976

SAUTER, Eugen/ SCHWEYER, Gerhard | Der eingetragene Verein, 9. Auflage, München 1974

SCHEUNER, Ulrich | Grundfragen des modernen Staates, in: Recht, Staat, Wirtschaft, Bd. 3, S. 126-165, Düsseldorf 1951

--- | Die Parteien und die Auswahl der politischen Leitung im demokratischen Staat, DÖV 1958, S. 641-646

--- | Das Wesen des Staates und der Begriff des Politischen in der neueren Staatslehre, in: Staatsverfassung und Kirchenordnung, Festgabe für Rudolf Smend, S. 225-262, Tübingen 1962

--- | Pressefreiheit, VVDStRL 22 (1965), S. 1-91

--- | Der Entwurf des neuen Parteiengesetzes, DÖV 1967, S. 343-345

--- | Parteiengesetz und Verfassungsrecht, DÖV 1968, S. 88-94

--- | Die Lage des parlamentarischen Regierungssystems in der Bundesrepublik, DÖV 1974, S. 433-441

--- | Die neuere Entwicklung des Rechtsstaates in Deutschland, in: Hundert Jahre deutsches Rechtsleben, Bd. 2, S. 229-262, Karlsruhe 1960

SCHEYHING, Robert — Verfahrensrechtliche Aspekte zum Vereinsstrafrecht, JZ 1958, S. 343-345

SCHLICHT, Helmut — Die Schiedsgerichtsbarkeit der politischen Parteien, Diss. jur., Marburg 1974

SCHLOSSER, Peter — Prozessuale Fragen um den privatrechtlichen Vereinsverwaltungsakt, MDR 1967, S. 884-889, 961-966

--- — Vereins- und Verbandsgerichtsbarkeit, München 1972

SCHMIDT, Walter — Die Entscheidungsfreiheit des einzelnen zwischen staatlicher Herrschaft und gesellschaftlicher Macht, AöR Bd. 101 (1976), S. 24-45

SCHMIDT-SALZER, Joachim — Vertragsfreiheit und Verfassungsrecht, NJW 1970, S. 8-15

SCHMITT, Carl — Verfassungslehre, 5. Auflage, Berlin 1970

SCHMITZ, Jürgen — Innere Vereinsfreiheit, Diss. jur., Köln 1976

SCHNORR, Gerhard — Öffentliches Vereinsrecht, Köln/Berlin/Bonn/München 1965

SCHOLLER, Heinrich — Person und Öffentlichkeit, München 1967

SCHRADER, H.W. — Recht und Gesetzgebung, DÖD(A) 1950, S. 241-243

SCHUNCK, Egon/ DE CLERCK, Hans — Verwaltungsgerichtsordnung, 3. Auflage, Siegburg 1977

SCUPIN, Hans Ulrich — Untrennbarkeit von Staat und Gesellschaft in der Frühneuzeit, Althusius und Bodin, in: Festschrift für Helmut Schelsky, S. 637-657, Berlin 1978

SEIFERT, Karl-Heinz — Zur Rechtsstellung der politischen Parteien, DÖV 1956, S. 1-7

--- — Erläuterungen zum Gesetz über die politischen Parteien (Parteiengesetz), in: Das Deutsche Bundesrecht, Nr. I A 24 S. 15-49, Baden-Baden Stadt 1970

--- — Wahlprüfung und "Blockwahlsystem", DÖV 1972, S. 334-336

--- — Die politischen Parteien im Recht der Bundesrepublik Deutschland, Köln/Berlin/Bonn/München 1975

v. SIMSON, Werner — Das demokratische Prinzip im Grundgesetz, VVDStRL 27 (1971), S. 4-31

SMEND, Rudolf — Zum Problem des Öffentlichen und der Öffentlichkeit, in: Gedächtnisschrift für Walter Jellinek, S. 11-20, München 1955

--- — Verfassung und Verfassungsrecht, in: Smend, Staatsrechtliche Abhandlungen, S. 119-276, 2. Auflage, Berlin 1968

SOERGEL, Hans Theodor/ SIEBERT, Wolfgang — Bürgerliches Gesetzbuch, Bd. 1, 10. Auflage, Stuttgart/Berlin/Köln/Mainz 1967 (zitiert: SOERGEL/SIEBERT/BEARBEITER)

SPIESS, Wolfgang — Zur Dogmatik der Vereinsstrafe, Diss. jur. Freiburg/Br. 1967

STEIN, Ekkehart — Staatsrecht, 5. Auflage, Tübingen 1976

STEINKEMPER, Bärbel — Klassische und politische Bürokraten in der Ministerialverwaltung der Bundesrepublik, Köln 1974

STRUNK, Gert Peter — Parteiausschlußverfahren wegen innerparteilicher Opposition, Diss. jur., Köln 1974

TRAUTMANN, Helmut — Innerparteiliche Demokratie im Parteienstaat, Berlin 1975

TRIEPEL, Heinrich — Die Staatsverfassung und die politischen Parteien, Berlin 1928

ULE, Carl Hermann — Verwaltungsprozeßrecht, 6. Auflage, München 1975

VARAIN, Heinz-Josef — Stichwort: Verbände, in: Evangelisches Staatslexikon (Hrsg. H. Kunst, R. Herzog, W. Schneemelcher), So. 2682-2688, 2. Auflage, Stuttgart/Berlin 1975

VOLLMER, Lothar — Satzungsmäßige Schiedsklauseln, Bad Homburg v.d.H. Berlin/Zürich 1970

WEBER, Werner — Spannungen und Kräfte im westdeutschen Verfassungssystem, 3. Auflage, Berlin 1970

WESTERMANN, Harm Peter — Die Verbandsstrafgewalt und das allgemeine Recht, Bielefeld 1972

--- — Zur Legitimität der Verbandsgerichtsbarkeit, JZ 1972, S. 537-543

--- — Anmerkung zum Urteil des OLG Frankfurt v. 26.4.1973, NJW 1973, S. 2210 f.

WILLKE, Helmut — Stand und Kritik der neueren Grundrechtstheorie, Berlin 1975

WILLMS, Helmut — Zur Problematik eines Parteiengesetzes, JZ 1958, S. 265-268

WITTKÄMPER, Gerhard W. — Grundgesetz und Interessenverbände, Köln/Opladen 1963

WOLFF, Hans J./ BACHOF, Otto — Verwaltungsrecht I, 9. Auflage, München 1974

--- — Verwaltungsrecht II, 4. Auflage, München 1976

WOLFF, Hans J. — Verwaltungsrecht III, 3. Auflage, München 1973

WOLFRUM, Rüdiger — Die innerparteiliche demokratische Ordnung nach dem Parteiengesetz, Berlin 1974

WEITNAUER, Hermann — Vereinsstrafe, Vertragsstrafe und Betriebsstrafe in: Festschrift für Rudolf Reinhardt, S. 179-196, Köln 1972

WERNER, Fritz — Anmerkung zum Urteil des BFH v. 1.12. 1954, JZ 1955, S. 349

ZEUNER, Albrecht — Rechtliches Gehör, materielles Recht und Urteilswirkungen, Karlsruhe 1974

ZEUNER, Bodo — Innerparteiliche Demokratie, Berlin 1969

ZWIRNER, Henning — Die Rechtsprechung des Bundesverfassungsgerichts zur Parteienfinanzierung, AöR Bd. 93 (1968), S. 81-135

Parteisatzungen und -schiedsgerichtsordnungen:

Christlich Demokratische Union Deutschlands - CDU - (Stand: 21.3.1977)

Christlich-Soziale Union in Bayern - CSU - (Stand: 8.7.1976)

Freie Demokratische Parteie - F.D.P. - (Stand: 10.3.1977 - Bund - 20.9.1975 LV NRW)

Sozialdemokratische Partei Deutschlands - SPD - (Stand: 30.8.1976)

Einleitung

"Jede Organisationsgliederung, will sie effektiv sein, ist darauf angelegt,... Eigenleben und Eigeninteresse zu entfalten, eine kleine berufsmäßige Führungsschicht aus sich herauszusetzen und die Interessen der Mitglieder dem ein-, wenn nicht unterzuordnen"[1]. Nicht immer geht es bei diesem Prozeß der Ein- bzw. Unterordnung, wie bei den Parteien zu beobachten, ohne Konflikte ab. Die Praxis zeigt, gerade die Parteien neigen schnell dazu, "wider den Stachel löckende", tatsächlich oder vermeintlich gegen die Grundsätze verstoßende Mitglieder mit Ordnungsverfahren zu überziehen. Dabei wird nicht selten die schärfste Sanktion, der Ausschluß, angestrebt. Selbst Mitglieder mit einflußreichen Positionen in Staats- und Parteiämtern bleiben nicht verschont[2].

Der Gesetzgeber hat das Problem des Mißbrauchs der Parteigewalt in diesen Fällen gesehen, was nicht zuletzt auch durch Art. 21 Abs. 1 Satz 3 GG deutlich wird, und zum Schutz des Mitglieds vor willkürlichem Ausschluß die Ausschließungsbefugnis der Parteien nur unter den Voraussetzungen des § 10 Abs. 4 PartG zugelassen. Zusätzlich hat er eine besondere parteiinterne Stelle, die Schiedsgerichte, für zuständig erklärt (§ 14 Abs. 1 PartG). Das Verfahren vor diesen Schiedsgerichten ist dagegen eher dürftig geregelt. Für die verfahrensmäßige Einbindung der Ausschlußkompetenz beschränkt sich das Parteiengesetz im wesentlichen nur auf die Forderung nach einem "gerechten Verfahren", insbesondere

---

1 BÖCKENFÖRDE, Freiheitssicherung gegenüber gesellschaftlicher Macht, S. 336 (339); ähnlich SEIFERT, Die politischen Parteien, S. V; grundlegend zu den Gesetzmäßigkeiten der Organisationsbildung HELLER, Staatslehre, S. 88 ff., 228 ff.

2 z.B. Antrag auf Ausschluß von Landesministern (FAZ v. 24.2.76, S. 4, DER SPIEGEL, Nr. 38/1976, S. 18), von Bundestagsabgeordneten (FAZ v. 10.12.75, S. 4; v. 18.11.76, S. 1; DER SPIEGEL Nr. 21/1977, S. 67), des Vorsitzenden einer Parteijugendorganisation (SÜDDEUTSCHE ZEITUNG v. 29.4.77, S. 1), eines Oberbürgermeisters (SÜDDEUTSCHE ZEIGUNG v. 28./29.8.76, S. 14), eines Oberstadtdirektors (FAZ v. 18.10.76, S. 2). Von Verfahren gegen "einfache" Mitglieder erfährt der Außenstehende kaum. Parteien und Betroffene gewähren selten Einblick in die Akten. Zur Häufigkeit von Parteiordnungsverfahren in den einzelnen Parteien s. SCHLICHT, Diss., S. 22 f.

der Gewährung rechtlichen Gehörs und der Ablehnung eines Schiedsgerichtsmitglieds wegen Befangenheit (§ 14 Abs. 4 PartG). Gerade ein im einzelnen ausgestaltetes ordnungsgemäßes Schiedsverfahren bietet aber eine erhebliche Gewähr für eine sachgerechte Entscheidung und macht eher deutlich, ob ein Mißbrauch der Parteigewalt vorliegt[1].

Die vorliegende Untersuchung[2] will einen Beitrag zur Ausgestaltung des Ordnungs- insbesondere des Ausschlußverfahrens leisten und damit zur Weiterentwicklung der Parteiverfassungen beitragen. Sie behandelt zunächst das Problem der grundsätzlichen Geltung rechtsstaatlicher Grundsätze im parteiinternen Ordnungsverfahren und will anschließend aufzeigen, welche Mindestanforderungen an ein an derartigen Grundsätzen orientiertes Verfahren zu stellen sind. In diesem Zusammenhang werden auch die Satzungen und Schiedsgerichtsordnungen der großen Parteien CDU, CSU, F.D.P. und SPD einer kritischen Überprüfung unterzogen.

---

1 BERICHT d. Parteienrechtskommission, S. 165; FLUME, Festschrift Bötticher, S. 101 (138); LAUFER, ÖZÖR Bd. 15 NF (1965), S. 1 (17), der darauf hinweist, daß es auch wesentlich darauf ankommt, mit welcher Einstellung die Verfahrensnormen angewandt werden.

2 Das Manuskript wurde im November 1977 abgeschlossen.

1. Teil: Die Geltung rechtsstaatlicher Grundsätze für die innere Ordnung der Parteien

1. Abschnitt: Die Herleitung der Grundsätze aus Art. 21 Abs. 1 Satz 1 GG

§ 1: Die Verfahrensgarantien gem. § 14 Abs. 4 PartG

I. Der Umfang der Garantien

Zum Schutze des Mitglieds vor der Parteigewalt hat das Parteiengesetz die Befugnis der Parteien zum Ausschluß eingegrenzt. Eine Partei kann sich nur dann zulässigerweise von einem Mitglied trennen, wenn dieses vorsätzlich gegen die Satzung oder erheblich gegen Grundsätze oder Ordnung der Partei verstoßen hat und der Partei dadurch schweren Schaden zufügt (§ 10 Abs. 4 PartG). Damit möglichst eine unbeteiligte interne Stelle darüber entscheidet, hat es die Parteischiedsgerichte für zuständig erklärt (§ 10 Abs. 5 PartG). Die Ausgestaltung des Verfahrens vor diesen Schiedsgerichten hat es aber den einzelnen Parteien überlassen, die es demzufolge auch unterschiedlich geregelt haben. Das Parteiengesetz beschränkt sich lediglich darauf, ein "gerechtes Verfahren", insbesondere rechtliches Gehör und die Ablehnung eines Schiedsgerichtsmitglieds wegen Befangenheit zu fordern (so § 14 Abs. 4 PartG).

Vielfach wird angenommen, daß der Gesetzgeber mit diesen Regelungen zu erkennen gegeben habe, den Parteien sei die Verpflichtung auferlegt, ein rechtsstaatliches Verfahren zu gewährleisten, das den anerkannten prozessualen Grundsätzen entspricht[1]. Falls

---

1 BLANK, DVBl. 1976, S. 565 (567); SEIFERT, Die politischen Parteien, S. 255, obwohl er an anderer Stelle Bedenken gegenüber zu weitreichenden Regelungen äußert (S. 227); WOLFRUM, Innere Ordnung, S. 166; TRAUTMANN, Innerparteiliche Demokratie, S. 286 f.; LUTHMANN, Diss., S. 115; LAUFER, ÖZÖR, Bd. 15 NF (1965), S. 1 (9); LENZ/SASSE, JZ 1962, S. 233 (238); LEIBHOLZ, 38. DJT, S. C 24; HEIMANN, Schiedsgerichtsbarkeit, S. 75.

eine Begründung gegeben wird, weist diese Ansicht in der Regel darauf hin, daß die Mitwirkung des einzelnen in den politischen Parteien vor dem Übergewicht der Führungsorgane gesichert werden müsse, um willkürliche Ordnungsmaßnahmen zu vermeiden.

Andere[1] lehnen eine derartig umfangreiche Bindung ab, weil das Rechtsstaatsprinzip für die innere Ordnung der Parteien keine Gültigkeit habe und eine derartige Verrechtlichung mit der Parteiautonomie nicht zu vereinbaren sei, fordern aber dennoch generell Rechtsschutzgarantien, weil in einem geordneten Gemeinwesen jedermann vor Willkür und Gewalt der übrigen geschützt sein müsse[2] oder ein "Gebot der natürlichen Gerechtigkeit"[3] dies verlange.

II. Die mögliche Kollision mit der Parteiautonomie

Sicher ist es wünschenswert, wenn anerkannte prozessuale Grundsätze im Verfahren vor den Schiedsgerichten zu beachten sind; neben der materiellen Garantie der Ausschlußermächtigungsgrundlage des § 10 Abs. 4 PartG bieten diese eine formale Gewähr vor mißbräuchlichen Handlungen, sichern die innerparteiliche Freiheit und tragen zur innerparteilichen Rechtssicherheit bei[4].Nicht von der Hand zu weisen ist aber, daß der Gesetzgeber möglicherweise verfassungswidrig in den inneren Bereich der Parteien eingegriffen hat, wenn man davon ausgeht, daß § 14 Abs. 4 PartG ein rechtsstaatliches Verfahren vorgeschrieben hat, ein Verfahren also, daß denen vor den staatlichen Gerichten ähnelt und somit die Parteien erheblichen rechtlichen Bindungen unterwirft.

---

1 HENKE, Parteienrecht, S. 99; DERS., BK Art. 21, Rdn. 58; BERICHT d. Parteienrechtskommission, S. 165; Gleiches gilt auch im Vereinsrecht, vgl.: BGH, NJW 1967, S. 1657 (1658); OLG München, MDR 1973, S. 405; weitere Nachweise auf die frühere Rspr. bei MEYER-CORDING, Die Vereinsstrafe, S. 78 ff.

2 HENKE, Parteienrecht, S. 99.

3 MEYER-CORDING, Die Vereinsstrafe, S. 82; REINICKE, NJW 1975, S. 2048 (2049) m.w.N. auf RG u. BGH; ähnlich SCHLOSSER, Vereins- und Verbandsgerichtsbarkeit, S. 153.

4 Zur Funktion von formellen Garantien etwa: BÖCKENFÖRDE, Festschrift Arndt, S. 53 (74).

Denkbar wäre hier eine Kollision mit der von Art. 21 Abs. 1 Satz 2 GG geschützten Parteifreiheit[1]. Ausdrücklich erwähnt Art. 21 Abs. 1 Satz 2 GG zwar nur die Gründungsfreiheit der Parteien. Aus Sinn und Zweck dieser Regelung wird aber allgemein gefolgert, daß damit auch der Bereich der inneren Organisationsfreiheit mitumfaßt und -geschützt wird. Der von Art. 21 Abs. 1 Satz 2 GG garantierte Freiheitsbereich für die Parteien erstreckt sich also auf deren gesamte Tätigkeit nach innen und nach außen[2].

Von einem unzulässigen Eingriff in die durch Art. 21 Abs. 1 Satz 2 GG geschützte Parteiautonomie kann aber dann nicht gesprochen werden, wenn die Verfassung selbst eine Entscheidung für die Geltung rechtsstaatlicher Grundsätze für die Parteischiedsgerichtsbarkeit getroffen hat. Denn die Parteien können dann nur in diesen rechtlichen Grenzen ihre inneren Angelegenheiten autonom regeln.

Adressat des Rechtsstaatsprinzips ist die öffentliche Gewalt im Sinne von Art. 19 Abs. 4, 93 Abs. 1 Nr. 4a GG[3]. Eine unmittelbare Geltung wäre also dann denkbar, wenn die Parteien aufgrund ihrer verfassungsrechtlichen Stellung nach Art. 21 Abs. 1 Satz 1 GG ähnlich zu behandeln sind wie die öffentliche Gewalt. Ein wei-

---

1 Vgl. dazu HÄBERLE, JuS 1967, S. 64 (72), der die Parteifreiheit als unabdingbare Voraussetzung für den freien politischen Lebensprozeß in der Demokratie ansieht.

2 SEIFERT, Die politischen Parteien, S. 116, 175; HENKE, Parteienrecht, S. 232 f.; HESSE, Grundzüge, § 5 II 6c aa; DERS., VVDStRL 17 (1959), S. 11 (28); EISELE, Diss., S. 81; KNÖPFLE, Der Staat, Bd. 9 (1970), S. 321 (339); LIPPHARDT, Die Gleichheit der politischen Parteien, S. 679 u. passim; KÖPPLER, Diss., S. 129; FUSS, JZ 1959, S. 392 ff.; bei einem Verstoß gegen Art. 21 Abs. 1 Satz 2 GG können die Parteien Verfassungsbeschwerde erheben.

3 RÜPING, Rechtliches Gehör, S. 123.

terer möglicher Anknüpfungspunkt böte sich ferner - allerdings für eine mittelbare Geltung - in Art. 21 Abs. 1 Satz 3 GG, wonach die innere Ordnung der Parteien demokratischen Grundsätzen entsprechen muß. Beiden Ansätzen soll im folgenden nachgegangen werden. Läßt sich eine grundsätzliche Ableitung finden, bleibt weiter zu fragen, welche Regelungen im einzelnen in einem rechtstaatlichen Verfahren vor den Parteigerichten zu gelten haben.

§ 2: Die verfassungsrechtliche Stellung der Parteien gem. Art. 21 Abs. 1 Satz 1 GG

I. Die Bedeutung des Art. 21 GG

Art. 21 Abs. 1 Satz 1 GG sichert den Parteien die Mitwirkung bei der politischen Willensbildung des Volkes zu. Die Verankerung der politischen Parteien in dieser Vorschrift des Grundgesetzes - einer der wichtigsten Vorschriften des Grundgesetzes überhaupt[1] - muß als verfassungsrechtlich bedeutsamer Schritt angesehen werden[2]. Damit sind in Absetzung von der Weimarer Reichsverfassung und der Reichsverfassung von 1871 Funktion und Stellung der Parteien ausdrücklich verbürgt.

Mit der Aufnahme der Parteien in die Verfassung sind die Parteien aus dem Bereich des Politisch-Soziologischen in den Rang einer verfassungsrechtlichen Institution erhoben und ist der seit der Weimarer Republik bestehenden, später allerdings unterbrochenen Bedeutung der Parteien in der parlamentarischen Demokratie Rechnung getragen worden[3]. Dies ist aber nicht dahingehend zu

---

1 v. MÜNCH, in: v. Münch, GG, Art. 21 Rdn. 1.

2 SEIFERT, Die politischen Parteien, S. 61; schon vor Verabschiedung des Grundgesetzes sind die Parteien in einigen Landesverfassungen erwähnt worden: vgl.: Art. 118-121 Verfassung des Landes Baden v. 1947; Art. 38 Abs. 1 Verfassung des Landes Thüringen v. 1946; Art. 36 Abs. 1 Verfassung für die Mark-Brandenburg

3 TRAUTMANN, Innerparteiliche Demokratie, S. 25.

verstehen, daß es ein nur notgedrungenes Zugeständnis an eine nicht mehr wegzuleugnende Wirklichkeit ist, sondern damit ist die funktionelle Bedeutung der Parteien für die Konstituierung und Erhaltung der politischen Einheit normativ verankert[1].

Wenngleich auch schon im Kaiserreich rechtliche Garantien der Parteienfreiheit bestanden, die sich z.B. aus den für die damalige Zeit schon wichtigen Freiheitsverbürgungen des Vereins- und Versammlungsrechts ergaben[2], war damit über die Mitwirkungsfunktion der Parteien im politischen Willensbildungsprozeß nichts ausgesagt.

Mit der Anerkennung der politischen Parteien im Grundgesetz ist das eingetreten, was TRIEPEL schon vorausgesagt hatte: "Geschichtlich gesehen hat sich das Verhalten des Staates gegenüber den politischen Parteien in einer vierfachen Stufenfolge bewegt: Wir können von einem Stadium der Bekämpfung, dann von einem Stadium der Ignorierung sprechen. An dieses schließt sich die Periode der Anerkennung und der Legalisierung und als letzte würde die Ära der verfassungsmäßigen Inkorporation folgen, die uns freilich noch in Existenz und Eigenart problematisch ist"[3].

II. Die Einordnung der Parteien in den staatlichen und gesellschaftlichen Bereich in Rechtsprechung und Literatur

Eine allgemeine oder zumindest herrschende Meinung hinsichtlich des verfassungsrechtlichen Status der Parteien hat sich bisher noch nicht herausgebildet.

1. Die Charakterisierung der Parteien durch das Bundesverfassungsgericht

Eine Zuordnung der Parteien zum staatlichen Bereich hat das

---

1 HESSE, VVDStRL 17 (1959), S. 11 (15 f.).

2 HUBER, Verfassungsgeschichte Bd. 4, S. 9.

3 TRIEPEL in seiner Rektoratsrede, Die Staatsverfassung und die politischen Parteien, S. 12.

Bundesverfassungsgericht Anfang der fünfziger Jahre vorgenommen, indem es - zunächst nur für Verletzungen des verfassungrechtlichen Status der Parteien durch die rechtliche Gestaltung des Wahlverfahrens, später bei jedem Eingriff in ihren Status - die Parteien zum Organstreit gem. Art. 93 Abs. 1 Nr. 1 GG, §§ 63 ff. BVerfGG zuließ[1]. Damit hat es - unter dem Einfluß von LEIBHOLZ[2] - die schon in der Weimarer Zeit vorhandene Tendenz aufgegriffen, den Parteien organschaftliche Qualität zuzuerkennen[3].

Zur Begründung hielt es eine Fülle verschiedener Bezeichnungen bereit: Die Parteien seien "Kreationsorgane im Sinne Jellineks und damit selbst Staatsorgan"[4], sie übten "Funktionen eines Verfassungsorgans"[5] aus, seien verfassungsrechtliche Institutionen[6] oder integrierende Bestandteile des Verfassungsaufbaus und des verfassungsrechtlich geordneten politischen Lebens[7].

Das Bundesverfassungsgericht bezeichnet die Parteien aber auch

---

1 Vor allem der 2. Senat hat die Parteien auf das Organstreitverfahren verwiesen. Die andere Ansicht des 1. Senats war Anlaß zu einer Plenarentscheidung gem. § 16 BVerfGG (BVerfGE Bd. 4, S. 27 ff.), in der sich der 2. Senat mit seiner Ansicht durchsetzen konnte; siehe dazu SEIFERT, Die politischen Parteien, S. 442 ff.; LIPPHARDT, Die Gleichheit der politischen Parteien, S. 184 f.; HENKE, Parteienrecht, S. 110 ff., 226 ff.

2 LEIBHOLZ, Wesen der Repräsentation, S. 224 ff.; näher dazu KNÖPFLE, Der Staat, Bd. 9 (1970), 321 (327 f.) und SEIFERT, S. 81, aaO.

3 RADBRUCH, HdbDtStR Bd. 1, S. 285 (290, 294) spricht in diesem Zusammenhang von einer "öffentlich-rechtlichen Natur" der Parteien; aA TRIEPEL, Staatsverfassung, S. 24 f.

4 BVerfGE Bd. 1, S. 208 (225) unter Berufung auf RADBRUCH.

5 BVerfGE Bd. 4, S. 27 (30); 5, S. 85 (134); 6, S. 367 (372, 375); 11, S. 239 (241); 12, S. 276 (280); 20, S. 56 (100); 27, S. 10 (17).

6 BVerfGE Bd. 2, S. 1 (10 ff., 73); 5, S. 85 (133); 11, S. 239 (241); 11, S. 266 (273); 24, S. 260 (264); 41, S. 399 (416); 42, S. 287 (292).

7 BVerfGE Bd. 1, S. 208 (S. 225); 2, S. 1 (73); 5, S. 85 (133); 9, S. 162 (165); 11, S. 239 (241); 13, S. 54, (81 f.); 17, S. 155, (166).

deutlich als "frei gebildete, im gesellschaftlich-politischen Bereich wurzelnde Gruppen"[1], die nicht zum Bereich der institutionalisierten Staatlichkeit gehörten[2], andererseits zählt es sie aber "im Vorfeld der Wahlen" als zum staats- oder verfassungsorganschaftlichen Bereich gehörig[3]. Die Parteitätigkeit wird zerlegt in einen "inneren Bereich des Verfassungslebens", in dem sie als Verfassungsorgane tätig werden, und in einen Bereich des Politisch-Soziologischen, in dem sie wie "jedermann" im Sinne des § 90 BVerfGG dem Staat gegenüberstehen[4]. Im Ergebnis erkennt es den Parteien also einen janusköpfigen Status zu[5].

2. Die Auffassung in Teilen der Lehre

Die Folge dieser organschaftlichen Ansicht des Bundesverfassungsgerichts war, daß in der Lehre, wenn auch vereinzelt, die Parteien vollends auf die Seite des Staates gestellt[6], sogar als Bestandteil des staatlichen Ämter- und Behördenapparates angesehen wurden[7].

Die überwiegende Meinung in der Literatur nimmt aber eine ähnliche Zweiteilung in staatlichen und gesellschaftlichen Bereich bei der Statusbestimmung der Parteien vor wie das Bundesverfassungsgericht. Wenngleich sie auch nicht völlig als

---

1 So in BVerfGE Bd. 20, S. 56 (101); ähnlich DÖV 1977, S. 282 (285) und - wenn auch nicht so eindeutig - bereits BVerfGE Bd. 1, S. 208 (224); 4, S. 27 f.

2 BVerfGE Bd. 20, S. 56 (101).

3 BVerfGE Bd. 20, S. 56 (113 f.); 20, S. 119 (130).

4 LIPPHARDT, Die Gleichheit der politischen Parteien, 218 f.; ähnlich HÄBERLE, JuS 1967, S. 64 (67).

5 SCHNORR, Öffentliches Vereinsrecht, S. 85.

6 GIESE, AöR Bd. 80 (1955/56), S. 377 (378).

7 KAISER, Repräsentation organisierter Interessen, S. 26, 234, 238; WEBER, Spannungen und Kräfte im deutschen Verfassungssystem, S. 21 f.

Bestandteile des Staates verstanden werden, werden sie doch immer wieder in Staatsnähe gebracht[1].

So spricht SCHEUNER von der Hineinnahme der Parteien "in das institutionelle Gefüge der Staatsleitung"[2], obwohl er sie auch[3] recht eindeutig als staatsfreie Bildungen bezeichnete, deren Wesen und Funktion durch eine vom Staat her begrenzte öffentlich-rechtliche Stellung erstickt werde. Eine ebenso leicht mißverständliche Auffassung vertreten KÖTTGEN und KRÜGER, die teils jede Staatsbezogenheit ablehnen[4], andererseits aber immer wieder eine Einordnung in den staatlichen Bereich vornehmen[5].

Noch deutlicher wird die Ausrichtung der Parteien auf den staatlichen Bereich bei MENGER[6], der die Parteien als Institutionen des öffentlichen Rechts, als mit öffentlich-rechtlichen nämlich verfassungsrechtlichen Zuständigkeiten Beliehene ansieht und bei BACHOF[7], der sie als teilrechtsfähige Verbände des öffentlichen Rechts bezeichnet. Andere wiederum ord-

---

1 Ausführliche Darstellung bei LIPPHARDT, Die Gleichheit der politischen Parteien, S. 582 ff.

2 SCHEUNER, VVDStRL 22 (1965), S. 1 (31, 93) nicht ganz deutlich DERS., in DÖV 1974, S. 433 (435), Anm. 19: kann aber in einer Demokratie ... die Meinungsbildung der Öffentlichkeit als staatsfrei definiert werden?

3 SCHEUNER, Recht-Staat-Wirtschaft, Bd. 3, S. 144; DERS., DÖV 1958, S. 641 (642); DERS., DÖV 1968, S. 88 (89).

4 KÖTTGEN, Gedächnisschrift Jellinek, S. 195 (220), wonach die Parteien weder selber der Staat seien noch staatstragende Funktionen hätten; KRÜGER, Staatslehre, S. 371: Die Parteien haben ihren Platz in der Gesellschaft.

5 KÖTTGEN, Festgabe Smend, S. 119: verfassungsrechtliche Zuordnung von Partei und Staat; Überschneidung ihrer Ordnung (S. 142 f.); KRÜGER, aaO., S. 232, 273: Das repräsentierte Sein ist das Sein des Staates schlechthin; Den Parteien kommt die repräsentierende Funktion zu. Nicht eindeutig auch FORSTHOFF, DÖV 1956, S. 513; DERS., Staat der Industriegesellschaft, S. 88 ff.; DERS., Der Staat Bd. 5 (1966), S. 1 (8): Heranholung der Parteien an den Staat; FRIESENHAHN, Stellung der Parteien, S. 4.

6 MENGER, AöR Bd. 78 (1952/53) S. 149 (161).

7 BACHOF, AöR Bd. 83 (1958), S. 208 (274, Anm. 88).

nen die Parteien, gleichsam als dritte Größe, zwischen Volk und Parteien ein[1]. Danach agieren die Parteien einerseits im Bereich der freien, spontanen politischen Willensbildung, stehen aber insofern in Staatsnähe, als sie ihm "die lebendigen Kräfte der Gesellschaft"[2] zuführen. Sie sind aber weder Teil des gesellschaftlichen, noch des staatlichen Bereichs. Die Parteien sind "der Brückenschlag"[3] vom Volk zum Staat.

III. Die Problematik dieser Einordnung

1. Die Parteien als Staatsorgane

Für eine Charakterisierung der politischen Parteien als Staatsorgane findet sich im geltenden Recht keine Grundlage[4].

Die Verfassung konstituiert verschiedene Organe, wie etwa den Bundestag (Art. 38 ff. GG), den Bundesrat (Art. 50 ff. GG), die Bundesregierung (Art. 62 ff. GG). Eine diesen Organen ver-

---

1 Im Anschluß an die Zweiteilung der politischen Willensbildung in Staats- und Volkswillensbildung durch BVerfGE Bd. 4, S. 27 (29); 20, S. 56 (98 ff.) und ähnlich auch in Bd. 41, S. 399 (414): HENKE, Parteienrecht, S. 1, 18; DERS., BK Art. 21 Rdn. 14; LESSMANN, Verbände, S. 122; JÜLICH, Chancengleichheit, S. 72; PLATE, Parteienfinanzierung und Grundgesetz, S. 58; BÖCKENFÖRDE, Festschrift Hefermehl, S. 11 (21). Kritisch dazu SEIFERT, Die politischen Parteien, S. 100; RIDDER, JZ 1966, S. 78 (79); MENZEL, DÖV 1966, S. 585 (595).

2 HENKE, Parteienrecht, S. 18.

3 WITTKÄMPER, Grundgesetz und Interessenverbände, S. 165 f.

4 MARCIC, Recht-Staat-Verfassung, Bd. 1, S. 263; EISELE, Diss., S. 92; LIPPHARDT, Die Gleichheit der politischen Parteien, S. 556; HESSE, Grundzüge, § 5 II c, cc; DERS., VVDStRL 17 (1959), S. 11 (34 ff.); siehe vor allem SEIFERT, aaO., S. 77, Anm. 63.

gleichbare Stellung hat das Grundgesetz den Parteien nicht eingeräumt[1]. Auch die Bezeichnung der Parteien als "Kreationsorgane im Sinne Jellineks" trifft nicht zu. Nach der Verfassung steht alleim dem Volk, der Aktivbürgerschaft, als Träger der Staatsgewalt die Befugnis zu, "kreierend" tätig zu werden (Art. 20 Abs. 2 GG)[2] und die Gestaltung des Zusammenlebens durch von ihm "kreierte" Organe vorzunehmen.

Durch die Stellung des Art. 21 GG hinter Art. 20 Abs. 2 GG hat die Verfassung das Prinzip der politischen Willensbildung des Volkes strukturell verfestigen[3] und auf den funktionellen Zusammenhang zwischen Parteien und parlamentarischem Regierungssystem[4] hinweisen wollen. Zwar sind in dem von den Parteien faktisch beeinflußten Bereich die gewählten Abgeordneten, Fraktionen und Regierungsmitglieder (Teil-)Organe und üben Staatsgewalt aus. Die Parteien gehören aber nicht dazu[5].

2. Die Trennung von Staat und Gesellschaft

Auch die Auffassungen, die die Parteien dem gesellschaftlichen Bereich zuordnen, sie aber immer wieder in Staatsnähe bringen oder die, die die Parteien zwischen Staat und Gesellschaft einordnen, scheinen nicht unbedenklich.

Deutlich wird dabei, daß man auf der Grundlage der Teilung von gesellschaftlichem und staatlichem Bereich die Stellung der

---

1 Grds. zur Stellung und Funktion der Staatsorgane HESSE, Grundzüge, § 15 ff.; siehe auch seine Kritik in VVDStRL 17 (1959), S. 11 (40) an der Bezeichnung Verfassungsorgan, die keinen Sinn ergäbe, weil die Verfassung keine Organe haben könne; WOLFF/BACHOF, Verwaltungsrecht II, § 75; HERZOG, Allg. Staatslehre, S. 212 ff.

2 Vgl. dazu JELLINEK, Allg. Staatslehre, S. 545.

3 Ähnlich SEIFERT, Die politischen Parteien, S. 82.

4 KEWENIG, DÖV 1964, S. 829 (833); STRUNK, Diss., S. 142.

5 ZWIRNER, AöR Bd. 93 (1968), S. 81 (116).

Parteien bestimmt. Fraglich ist aber, ob auf dieser Grundlage der Trennung von Staat und Gesellschaft und der damit verbundenen mehr oder weniger stark ausgeprägten Etatisierung der Parteien ein brauchbarer Ansatz zur Bestimmung des verfassungsrechtlichen Status der Parteien gefunden werden kann.

Das Problem der Unterscheidung von Staat und Gesellschaft, genauer: das Wie der Unterscheidung, wird immer wieder diskutiert und kann als nach wie vor kontrovers bezeichnet werden[1].

a) Die Entstehung des Trennungsdenkens

Die dualistische Betrachtungsweise des Verhältnisses von Staat und Gesellschaft entstammt vordemokratischen Vorstellungen der Zeit vor 1918[2] und kann als Charakteristikum kontinentalen Staatsdenkens betrachtet werden. Gerade die andersgelagerte Entwicklung im anglo-amerikanischen und - eingeschränkt im

---

1 Als Beispiel seien genannt: HESSE, Grundzüge, § 1 II; DERS., DÖV 1975, S. 437 ff.; EHMKE, Festgabe Smend, S. 23 ff.; DERS., Verfassungsänderung, S. 110; BÖCKENFÖRDE, Festschrift Hefermehl, S. 11 ff.; DERS., Unterscheidung von Staat und Gesellschaft, S. 7 ff.; DERS., NJW 1974, 1529 ff.; GRABITZ, Freiheit und Verfassungsrecht, S. 158 ff.; SCHMIDT, AöR Bd. 101 (1976), S. 24 ff.; HÄBERLE, JuS 1967, S. 64 ff.; LIPPHARDT, Die Gleichheit der politischen Parteien, S. 70; HENKE, Parteienrecht, S. 110 ff.; SCHEUNER, VVDStRL 22, (1965), S. 1 (30); BÄRSCH, Staatsbegriff, S. 112; PREUSS, Begriff des Öffentlichen, S. 84 ff.; RINKEN, Das Öffentliche, S. 111 und passim; GRIMMER, ARSP Bd. 62 (1976), S. 1 ff.; BADURA, in: Bundesverfassungsgericht und Grundgesetz Bd. 2, S. 1 ff.; LESSMANN, Verbände, S. 121 ff.; SCHMITZ, Diss., S. 132 ff. speziell zur Abgrenzung von Staats- und Parteisphäre, ACHTERBERG, DVBl. 1974, S. 693 (insb. 701 ff.); DERS., Das rahmengebundene Mandat, S. 10, 12 und passim.

2 HESSE, Grundzüge, § 1 II; RANDELZHOFER, JZ 1969, S. 533 (534).

französischen Rechtskreis verdeutlicht[1], daß die Trennung von Staat und Gesellschaft bzw. von Staatssphäre und individuellem, staatsfreien Bereich weniger ein abstraktes Denkmodell - also eine übergeschichtliche, zeitlose Kategorie[2] - ist, als vielmehr Produkt einer konkret geschichtlichen, politisch-sozialen Ordnung[3]. Da eine historische Aufarbeitung der Wurzeln nicht Gegenstand der Untersuchung sein kann, sollen hier kurz nur die Entwicklungslinien aufgezeichnet werden.

Die Entstehung des Trennungsdenkens in Deutschland wird einerseits zurückgeführt auf das Ausbleiben der bürgerlichen Revolution, die soziale und ökonomische Schwäche des Bürgertums[4], als auch auf den Einfluß HEGELS, der den Staat als Inkarnation des schlechthin Vernünftigen, als "Wirklichkeit der sittlichen Idee"[5] ansah und somit die Trennung von Staat und Gesellschaft zur Grundidee seiner Staatsphilosophie machte[6].

---

1 Näheres zum Verhältnis Staat/Gesellschaft in Frankreich und England bei GRABITZ, Freiheit und Verfassungsrecht, S. 162; EHMKE, Festgabe Smend, S. 23 (38 ff.); SCHEUNER, Festgabe Smend, S. 225 (230).

2 SCHMIDT, AöR Bd. 101 (1976), S. 24 (26).

3 BÖCKENFÖRDE, Unterscheidung von Staat und Gesellschaft, S. 7 (107; DERS., Festschrift Hefermehl, S. 11 (12).

4 GRABITZ, Freiheit und Verfassungsrecht, S. 165; EHMKE, Festgabe Smend, S. 23 (37); BÖCKENFÖRDE, Festschrift Hefermehl, S. 11 (14).

5 HEGEL, Grundlinien der Philosophie des Rechts, §§ 182 ff., insb. § 257; zum Einfluß Hegels auf die ältere Staatslehre siehe auch BADURA, Methoden der neueren allg. Staatslehre, S. 87; LIPPHARDT, Die Gleichheit der politischen Parteien, S. 552, FN 352; BÄRSCH, Staatsbegriff, S. 142 ff.

6 Zum Verhältnis von Staat und Gesellschaft in der Frühneuzeit unter besonderer Berücksichtigung der Lehren Althusius' und Bodins: SCUPIN, Festschrift Schelsky, S. 637 ff.; zur Beziehung von Staat und Gesellschaft s. auch ACHTERBERG, Festschrift Schelsky, S. 1 ff. Diese nach Abschluß des Manuskripts erschienenen Beiträge konnten nicht mehr eingearbeitet werden.

Die ältere Staatslehre setzte, trotz aller Unterschiede im einzelnen, den Staat als objektive, geistig-sittliche und rechtliche Ordnung voraus, der über den Menschen steht. Personifiziert wird das staatliche Ganze durch den Monarchen, der sich zur Ausübung der Staatsgewalt auf Adel, Beamtentum und Heer stützt. Das Volk nimmt an der Ausübung der Staatsgewalt nicht teil[1].

Staat und Gesellschaft wurden also als zwei verdinglichte Blöcke von je ganz verschiedener Substanz gegenübergestellt: Hier die Organisation der einheitlichen politischen Herrschafts- und Entscheidungsgewalt, dort die formal gleichen und freien Individuen, die in einer zur Selbstentfaltung freigesetzten Gesellschaft ihre - meist wirtschaftlich ausgerichteten - Interessen und Konflikte selbst regulieren[2].

b) Der Staat als gesellschaftliches Handlungssystem

Spätestens mit der Einführung der parlamentarischen Demokratie konnte dieser strukturelle Gegensatz im Sinne einer substantiellen Trennung beider Bereiche nicht mehr aufrecht erhalten werden[3]. Das allgemeine Wahlrecht machte politische Auseinandersetzungen und Entscheidungen nicht mehr zu Angelegenheiten begrenzter Schichten. Seitdem besitzen alle Bürger die Möglichkeit der politischen Einflußnahme. Staat kann auf die-

---

1 Zu nennen sind vor allem STAHL, MOHL, BÄHR, BLUNTSCHLI, ZACHARIAE; zur ausführlicheren Auseinadersetzung mit der älteren Lehre siehe v. OERTZEN, Staatsrechtlicher Positivismus, S. 72 ff.; BÄRSCH, Staatsbegriff, S. 34 ff.

2 EHMKE, Festgabe Smend, S. 23 (25, 36); BÖCKENFÖRDE, Festschrift Hefermehl, S. 11 (13 f.); GRABITZ, Freiheit und Verfassungsrecht, S. 165; SCHMIDT, AöR Bd. 101 (1976), S. 24 (30); LESSMANN, Verbände, S. 128.

3 Statt vieler HESSE, Grundzüge, § 1 II; schon vor 1918 war die strikte Trennung faktisch durch staatliche Intervention durchbrochen (z.B. durch die Sozialgesetzgebung); vgl. BÖCKENFÖRDE, Festschrift Hefermehl, S. 11 (15 f.).

sem Hintergrund nicht mehr als vorfindliche Einheit verstanden werden. Er konstituiert sich - wie HELLER[1] grundlegend dargelegt hat - erst in gesellschaftlichem Zusammenwirken. HELLER versteht den Staat als Organisation, d.h. als ein auf gegenseitiges Verhalten eingestelltes, gesellschaftliches Handeln einer Mehrzahl von Menschen, deren Zusammenwirken sich regelmäßig an einer regelgeforderten Ordnung orientiert, die von besonderen Organen gesetzt und gesichert wird[2].

Mit diesen Kriterien ist es möglich, staatliche Einheit nicht vorausgesetzt, nicht vorfindlich, sondern als Produkt eines sozialen Prozesses anzusehen, nämlich eines organisierten Handlungs- und Wirkungszusammenhanges, in dem menschliche Leistungen durch leitende Organe zum Schutz, zur Befriedung und zur Förderung der Daseinsbedingungen aller gebündelt und koordiniert werden[3]. Staat wird zu einem Stück Selbstorganisation der Gesellschaft; er ist Führungs-, Koordinierungs- und Lenkungsinstitution. Staatsgewalt wird dann aktualisiert durch Organe, die im Einzelfall die Organisationsgewalt anwenden und die durch kummulierte Einzelleistungen entstandene Macht zu individueller Wirkung konkretisieren[4].

---

1 HELLER, Staatslehre, insb. S. 228 ff.; zur Bedeutung HELLERS in der Staatslehre HÄBERLE, AöR Bd. 98 (1973), S. 119 ff.; BADURA, Methoden der neueren allg. Staatslehre, S. 190 ff. Bereits SMEND hat in seinem 1928 erschienenen Beitrag "Verfassung und Verfassungsrecht" die gesellschaftlichen Wirkungszusammenhänge seiner als Integrationslehre aufgefaßten Staatslehre zugrundegelegt (S. 136 ff.). Diese Integration wird in erster Linie auf geistige Weise bewirkt: "Der Staat ist nur, weil und sofern er sich dauernd integriert, in und aus dem einzelnen aufbaut - dieser dauernde Vorgang ist sein Wesen als geistig-soziale Wirklichkeit" (S. 138).

2 HELLER, Staatslehre, S. 231.

3 BÄUMLIN, ZBJV Bd. 101 (1965), S. 81 (90).

4 So auch z.B. HESSE, Grundzüge, § 1 II; DERS., VVDStRL 17 (1959), S. 11 (18); GRABITZ, Freiheit und Verfassungsrecht, S. 194; EHMKE, Festgabe Smend, S. 23 (45); MENGER, Sozialer Rechtsstaat, S. 42 (67); RIDDER, Soziale Ordnung, S. 36 ("personelles Substrat von Staat und Gesellschaft"); PREUSS, Begriff des Öffentlichen, S. 132 f.; BÖCKENFÖRDE, Unterscheidung von Staat und Gesellschaft, S. 24.

Die Konstituierung von Staat durch gesellschaftliche Wirkungszusammenhänge ist aber nur ein Teil der gesamten gesellschaftlichen Handlungszusammenhänge innerhalb des demokratischen Gesamtsystems. Der Staat steht in vielerlei Beziehung zu anderen Systemen der Gesellschaft in Gestalt von Verbänden, Parteien, Kirchen, Medien, öffentlicher Meinung, single purpose movements (z.B. Bürgerinitiativen)[1]. In diesem Pluralismus der sozialen, wirtschaftlichen und politischen Gruppen konstituiert sich die politische Ordnung der Gesellschaft, wird aber auch andererseits Teilung politischer Macht bewirkt[2]. Dieses Teilsystem "Staat" unterscheidet sich von den anderen "durch seine spezifischen Ordnungs- und Steuerungsfunktionen und der Möglichkeit der Ausübung öffentlicher Gewalt"[3] durch Staatsorgane. Nur diese funktionale Betrachtung läßt eine Unterscheidung zu. Der "Staat" bleibt aber ein gesellschaftliches Handlungssystem. Staat und Gesellschaft stehen im Verhältnis wechselseitiger, lebendiger, wirklichkeitsorientierter Zuordnung[4].

Um diesen Zusammenhang besser verdeutlichen und um auf dieser Grundlage anschließend eine Statusbestimmung der Parteien vornehmen zu können, soll vom Begriff des demokratisch verfaßten Gemeinwesen ausgegangen werden. Gemeinwesen verstanden als staatlichen (im engeren Sinne zu sehenden Führungs- und Lenkungsbereich) und nicht-staatlichen Bereich umfassender menschlicher Gesamtverband zur geordneten Erfüllung der nach

---

1 Hesse, VVDStRL 17 (1959), S. 11 (18); DERS., DÖV 1975, S. 437 (439); GRABITZ, Freiheit und Verfassungsrecht, S. 195 f.; PREUSS, Begriff des Öffentlichen, S. 169; LESSMANN, Verbände, S. 129; speziell z. Bereich Bürgerinitiativen u. Parteien s. BARSCHEL, ZRP 1977, S. 129 ff.

2 EHMKE, Verfassungsänderung, S. 110.

3 HESSE, DÖV 1975, S. 437 (439); so auch RIDDER, Soziale Ordnung, S. 36; juristisch bleiben "Staat" und "Gesellschaft" immer unterscheidbar, weil das Monopol der formellen Setzung von verbindlichem Recht auch weiterhin beim "Staat" liegt, der es mit seinem Apparat auch durchsetzt.

4 HESSE, DÖV 1975, S. 437 (439); DERS., Grundzüge, § 1 II; HÄBERLE, JuS 1967, S. 64 (65); ähnlich LESSMANN, aaO, S. 130.

außen und innen gestellten gemeinsamen Aufgaben[1],orientiert an der Verfassung als rechtlicher Grundordnung eben dieses Gemeinwesens[2].

Wenngleich auch die dualistische Betrachtungsweise weitgehend abgelehnt wird[3], erweist sie sich doch gerade in Grundfragen des Parteirechts als virulent[4].
Mit der Charakterisierung der Parteien als in das Staatsgefüge integrierten Gebilden, als Staatsorgane oder als gesellschaftliche, dem Staat gegenüberstehende Gruppen eigener Art oder als Zwischenglieder zwischen Staat und Gesellschaft[5] und mit der Trennung in Volkswillensbildung (Art. 21 Abs. 1 GG) und Staatswillensbildung (Art. 20 Abs. 2 GG)[6] hat man eine ganzheitliche Staats- bzw. Verfassungstheorie in Frage gestellt. Außerdem kann man die unterschiedlichen Interdepen-

---

1 Grundsätzlich zum Begriff Gemeinwesen EHMKE, Festgabe Smend, S. 23 (44); RINKEN, Das Öffentliche, S. 243; BÄUMLIN, ZBJV Bd. 101 (1965), S. 81 (83 ff.); HESSE, Grundzüge, § 1 II; BÄRSCH, Staatsbegriff, S. 112.

2 Zur Bedeutung von Recht und Staat: HELLER, Staatslehre, S. 240; HESSE, Grundzüge, § 1 III; BÄUMLIN, ZBJV Bd. 101 (1965), S. 81 (83); zum Verhältnis Staat, Gesellschaft, Verfassung, BADURA: EvStL, Stichwort: Verfassung, Sp. 2715; GRABITZ, Freiheit und Verfassungsrecht, S. 198 und unten S. 48 ff.

3 BÖCKENFÖRDE, Festschrift Hefermehl, S. 11 spricht von einer nahezu herrschenden Meinung.

4 TRAUTMANN, Innerparteiliche Demokratie, S. 55; LIPPHARDT, Die Gleichheit der politischen Parteien, S. 531.

5 S. oben S. 11.

6 BVerfGE Bd. 8, S. 104 (113); 20, S. 56 (98 f., 101, 113); auch bei LEIBHOLZ, der die dualistische Betrachtungsweise zwar ablehnt (Strukturprobleme S. 76) scheint ein dualistisches Denken vorhanden zu sein; vgl. dazu die Auseinandersetzung mit ihm bei KAFKA und EHMKE, VVDStRL 24 (1966), S. 92 f., 94 ff. und LIPPHARDT, Die Gleichheit der politischen Parteien, S. 530 ff., 555 ff.

denzen des Staates von anderen Teilsystemen der Gesellschaft, seine Konstituierung durch menschliches Zusammenwirken und die Rückkopplung staatlicher Entscheidungen nicht sachgerecht verdeutlichen. Den Staat "gesellschaftsfrei" wie umgekehrt die Gesellschaft "staatsfrei" zu denken[1], ist nach alledem fragwürdig.

c) Die Trennung von Staat und Gesellschaft als Bedingung individueller Freiheit?

Gegen diese Auffassung vom Gemeinwesen bzw. von der Ablehnung einer Trennung von Staat und Gesellschaft sind starke Bedenken erhoben worden, die vor allem BÖCKENFÖRDE[2] mehrfach dargelegt hat. Diese Ansicht wendet sich gegen eine "nahezu einhellige Meinung"[3], die die Trennung von Staat und Gesellschaft für eine demokratische Verfassungslehre[4] ablehnt. Zwar geht auch BÖCKENFÖRDE grundsätzlich vom Staat als organisierter Wirkeinheit aus[5], will aber die Unterscheidung aufrecht erhalten, weil er in ihr die Bedingung individueller Freiheit sieht[6]. Weil keine Grenze mehr gezogen sei zwischen Staat und Gesellschaft, befürchtet er, dieses Identitätsdenken führe in eine neue Totalität, was zugleich das Ende individueller

---

1 HESSE, Grundzüge, § 1 II; DERS., DÖV 1975, S. 437 (439); GRABITZ, Freiheit und Verfassungsrecht, S. 197; EHMKE, Festgabe Smend, S. 23 (44).

2 Vgl. z.B.: BÖCKENFÖRDE, Festschrift Hefermehl, S. 11 ff.; DERS., Unterscheidung von Staat und Gesellschaft, S. 7 ff.; DERS., Freiheitssicherung gegenüber gesellschaftlicher Macht, S. 336 ff.; ähnlich auch FORSTHOFF, Der Staat der Industriegesellschaft, S. 21 ff.; SEIFERT, Die politischen Parteien, S. 71; HERZOG, Allg. Staatslehre, S. 53, 57, 147 und passim; kritisch auch BADURA, in: Bundesverfassungsgericht und Grundgesetz Bd. 2, S. 1 (12).

3 BÖCKENFÖRDE, Festschrift Hefermehl, S. 11.

4 HÄBERLE, AÖR Bd. 98 (1973), S. 119 (124); SCHMIDT, AÖR Bd. 101 (1976), S. 24 (25).

5 BÖCKENFÖRDE, Festschrift Hefermehl, S. 11 (16); DERS., Unterscheidung von Staat und Gesellschaft, S. 7 (24).

6 DERS., Festschrift Hefermehl, S. 11 (20); DERS., Unterscheidungen von Staat und Gesellschaft, S. 7 (8 f., 32).

Freiheit schlechthin bedeute. Es bestünde die Gefahr, daß die staatlichen Zuständigkeiten "das Individuum in all seinen Lebensäußerungen" erfassen[1].

Auch die Auffassung, die keine Trennung von Staat und Gesellschaft annimmt, sieht in der Freiheitssicherung die Kernfrage für den demokratischen Verfassungsstaat, hält aber den Vorwurf von BÖCKENFÖRDE für unangemessen[2].

Die funktionale Unterscheidung von Staat und Gesellschaft wird nicht bestritten[3]. Es geht vielmehr um die Art und Weise der Zuordnung, der Staat ist ein Stück, nicht die Selbstorganisation der Gesellschaft[4] im Gemeinwesen. Darin kommt zum Ausdruck, daß eben keine Identität bestehen soll.
Totaler Staat meint die Unterdrückung des Individuums durch totale Erfassung nicht nur seiner nach außen tretenden Existenz sondern auch seiner bisherigen privaten. Ein Teil der Gesellschaft benutzt den Herrschaftsapparat um die Gesellschaft insgesamt gleichzuschalten[5]. Aber dies ist kein Problem der Unterscheidbarkeit von Staat und Gesellschaft[6], sondern des gesellschaftlichen Konsenses, von demokratischen Verhaltensweisen der Mitglieder der Gesellschaft[7]. Weil Freiheit eben

---

1 BÖCKENFÖRDE, Festschrift Hefermehl, S. 11 (21); DERS., Unterscheidung von Staat und Gesellschaft, S. 7 (32); ähnlich FORSTHOFF, Staat der Industriegesellschaft, S. 25, 29, 109, 158; SEIFERT, Die politischen Parteien, S. 71.

2 Siehe dazu insbesondere HESSE, DÖV 1975, S. 437 (439); SCHMIDT, AöR Bd. 101 (1976), S. 24 (39 ff.).

3 HESSE, aaO, S. 437 (439).

4 HESSE, VVDStRL 17 (1959), S. 11 (18); DERS., Grundzüge, § 1 III.

5 SCHMIDT, aaO, S. 24 (43 f.); LEIBHOLZ, Strukturprobleme, S. 225 ff.; LÖWENSTEIN, Verfassungslehre, S. 55 ff.

6 HESSE, Festgabe Smend, S. 71 (86); SCHMIDT, aaO, S. 24 (42): auch in einem totalen Staat gibt es keine Identität.

7 HESSE, DÖV 1975, S. 437 (441).

nicht etwas dem Staat Vorausliegendes ist, sondern in einem offenen politischen Prozeß durch menschliches Zusammenwirken im Rahmen der Verfassungsordnung realisiert wird, liegen die eigentlichen Probleme in der konkreten und differenzierten Zuordnung von Staat und Gesellschaft durch Verfassung und Gesetz, wobei es darauf ankommt, das richtige Maß zu finden[1]. Ein demokratisch verfaßtes Gemeinwesen distanziert sich - weil Mehrheitsentscheidungen nicht eo ipso gerecht sind[2] - von der Anmaßung, verantwortliches Handelns allseitig perfektionieren, erzwingen oder auch nur maßgebend feststellen zu können[3]. Persönliche Freiheit ist konstitutionelle Grundlage für die Gesamtordnung des Gemeinwesens[4].

IV. Der Status der Parteien im demokratisch verfaßten Gemeinwesen

Im folgenden soll auf der Grundlage des oben dargestellten Verhältnisses von Staat und Gesellschaft unter Vermeidung einer Aufspaltung der verfassungsrechtliche Status der Parteien erörtert werden, um der Frage nach der Geltung des Rechtsstaatsprinzips für die Parteien näher zu kommen.

1. Die öffentlichen Funktionen der Parteien

Die Mitwirkungsfunktion der Parteien gem. Art. 21 Abs. 1 Satz 1 GG bezeichnet das Parteiengesetz in § 1 Abs. 1 Satz 2 als "eine ihnen nach dem Grundgesetz obliegende und von ihm

---

1 HESSE, DÖV 1975, S. 437 (438).

2 KÄGI, Festschrift Giacometti, S. 107 (140).

3 BÄUMLIN, ZBJV Bd. 101 (1965), S. 81 (99).

4 Dazu noch im einzelnen unten S. 50 ff.

verbürgte öffentliche Aufgabe"[1]. Auf welchen Gebieten der Gesetzgeber die "öffentliche Aufgabe" der Parteien wahrgenommen wissen will, macht der umfangreiche Katalog in § 1 Abs. 2 PartG deutlich.

Obwohl damit die herausragende, auch in der Praxis überprüfbare, Rolle der Parteien recht umfassend dargelegt wird, ergeben sich doch Zweifel hinsichtlich der Verwendung des Begriffs "Aufgabe"[2]. Fraglich ist hier insbesondere, woraus sich dieses Aufgegebene ableiten läßt, ob damit die Wahrnehmung einer normativen Pflicht gemeint ist oder etwa ob bei eventueller Nichtwahrnehmung dieser Aufgaben Sanktionen folgen.
Die Verfassung selbst spricht in Art. 21 Abs. 1 Satz 1 GG nur von der Mitwirkung der Parteien bei der politischen Willensbildung, gewährleistet ihnen also Entfaltungsmöglichkeiten auf einem bestimmten - allerdings weitreichenden - Betätigungsfeld. Deshalb erscheint es naheliegender, nicht von Aufgaben, sondern eher von öffentlichen Funktionen der Parteien auszugehen. Von dem Parteiengesetz wird also die das gesamte öffentliche Leben umfassende Funktion der Parteien herausgestellt[3]. Hierbei handelt es sich nicht um eine abschließende Funktionenzuweisung, denn "die Parteien wirken auf allen Gebieten des öffentlichen Lebens mit" (§ 1 Abs. 2 Satz 2 PartG).

---

1 Allgemeine Meinung: vgl. z.B. BVerfGE Bd. 20, S. 56 (113); Bd. 41, S. 399 (414) allerdings beschränkt auf die Parlamentswahlen; HÄBERLE, JuS 1967, S. 64 (73); HESSE, VVDStRL 17 (1959), S. 11 (39 ff.); DERS., EvStL, Stichwort: Parteien, Sp. 1777; LUTHMANN, Diss., S. 37; LIPPHARDT, Die Gleichheit der politischen Parteien, S. 558; MARCIC, Recht-Staat-Verfassung, S. 256.

2 So ebenfalls SEIFERT, Die politischen Parteien, S. 85.

3 TRAUTMANN, Innerparteiliche Demokratie, S. 40.

2. Der normativ-öffentliche Status der Parteien

Ausgehend von dieser bedeutenden Stellung der Parteien soll dargestellt werden, daß der Status der Parteien am besten mit dem Begriff des Öffentlichen erfaßt werden kann.

a) Der Begriff des Öffentlichen

Die Entdeckung des Öffentlichen ist maßgeblich von SMEND[1] ausgegangen, von HESSE[2] für die Charakterisierung der Parteien wieder aufgenommen worden und kann heute als "Schlüsselbegriff"[3] der neueren Staats- und Verfassungslehre betrachtet werden. Mit diesem vom demokratisch verfaßten Gemeinwesen her gedachten Begriff des Öffentlichen wird der Blick auf den politischen Bereich jenseits des Privaten gerichtet, der auch den staatlichen Bereich, d.h. den der Leitung und Administration umschließt und weiter ist als jener[4]. Öffentlich ist der Bereich des politischen Lebensprozesses des Volkes, in dem Aufgaben und Funktionen durch unterschiedliche Träger von allgemeinem Interesse, allgemeiner Bedeutung wahrgenommen werden,

---

1 SMEND, Festschrift Jellinek, S. 11 ff.

2 HESSE, VVDStRL 17 (1959), S. 11 (39 ff.); DERS., Grundzüge, § 5 II 6; DERS., EvStL, Stichwort: Parteien, Sp. 1778; ihm folgend LIPPHARDT, Die Gleichheit der politischen Parteien, S. 566; HÄBERLE, JuS 1967, S. 64 (73).

3 So HÄBERLE, AöR Bd. 98 (1973), S. 119 (132); ähnlich HESSE, VVDStRL 17 (1959), S. 11 (42).

4 Siehe dazu auch MARTENS, Öffentlich als Rechtsbegriff, S. 17 ff.; RINKEN, Das Öffentliche, S. 21 ff., insb. S. 214 ff.; HÄBERLE, Öffentliches Interesse, S. 24 f. und passim; DERS., ZfP NF Bd. 16 (1969). S. 237 (278 ff.); DERS., NJW 1976, S. 537 (540); PREUSS, Begriff des Öffentlichen, S. 172 ff.; SCHMIDT, AöR Bd. 101 (1976), S. 24 (40); SCHOLLER, Person und Öffentlichkeit, S. 76, 78 f., 127; LESSMANN, Verbände, S. 45 ff.; ARNDT, NJW 1960, S. 423 (424 f.); KLEIN, DÖV 1965, S. 755 (758).

die für ein erforderliches Zusammenleben aller Bürger notwendig sind[1].

Dieser Begriff des Öffentlichen bezieht sich also nicht mehr ausschließlich auf den Staat[2]. Der Staat teilt sich die Erfüllung öffentlicher Aufgaben und Funktionen z.B. mit den Parteien, Verbänden der Wirtschaft und der Wohlfahrtspflege, Kirchen, Presse. Daher ist staatliches Handeln zwar zugleich öffentliches Handeln, öffentliches aber nicht zugleich staatliches. Zum Teil ist es dem Staat kraft grundrechtlicher Verbürgungen ausdrücklich untersagt, öffentliche Aufgaben zu staatlichen zu machen[3]. Welche Aufgaben in concreto zu den staatlichen gehören, ist "eine demokratische, d.h. gesetzgeberische Entscheidung"[4]. Demnach kann es sich bei staatlichen Aufgaben nur um die der Legislative, Exekutive und Judikative handeln.

Wer die Parteien immer wieder in Staatsnähe bringt oder gar "verstaatlichen" will[5], weil sie öffentliche Funktionen ausüben, übersieht, daß es auch einen nicht-staatlichen öffentlichen Bereich gibt, der sich eher erschließen läßt, wenn man die dualistische Betrachtungsweise aufgibt.

---

1 RINKEN, **Das Öffentliche, S. 248:"Öffentlich weist zunächst hin** auf die Öffentlichkeit", das Volk als Subjekt des Gemeinwesens. Öffentlich hat zweitens den Bedeutungsgehalt von "das Öffentliche", das ist: das Gemeinsame, das Grundlegende; das, was als zu verwirklichender Sinn des Zusammenlebens alle angeht; ähnlich auch LESSMANN, Verbände, S. 46 f.; MARCIC, Recht-Staat-Verfassung, S. 256.

2 PETERS, Festschrift Nipperdey Bd. 2, S. 877 (878 f.); so aber BULL, Staatsaufgaben, S. 48 f.

3 BÖCKENFÖRDE, Festschrift Hefermehl, S. 11 (24).

4 BÖCKENFÖRDE, aaO., S. 11 (24).

5 S. oben S. 10 f.

b) Die Konkretisierung des Öffentlichen für den Parteistatus

Fraglich ist aber, unter welchen Voraussetzungen dieser weite und recht unbestimmte Begriff des Öffentlichen als Rechtsbegriff im Hinblick auf den Parteienstatus handhabbar zu machen ist.

Keine zufriedenstellende Lösung bringt ein rein wirklichkeitswissenschaftlicher Ansatz[1], der den Begriff des Öffentlichen lediglich von der Faktizität her bestimmen will[2]. Denn damit stößt man auf große Eingrenzungsprobleme. Von diesem Ansatz her wird es nicht schwierig sein, eine Vielzahl von Einrichtungen bzw. Institutionen zu nennen, deren Handeln für die Allgemeinheit relevant ist. Danach haben nicht nur die Parteien, Verbände, Tages- und Wochenpresse[3], sondern praktisch jedes nicht private Handeln potentielle Relevanz für die Allgemeinheit[4]. Die Zuerkennung eines rechtlich öffentlichen Status wäre demnach eher eine nichtssagende Prädikatisierung, denn eine rechtlich relevante Charakterisierung[5].

Daraus aber den Schluß zu ziehen, ein juristisch relevanter Begriff des Öffentlichen könne unter Verzicht auf die soziale Wirklichkeit rein gesetzesbegrifflich-dogmatisch entwickelt werden[6], kann ebenfalls nicht zugestimmt werden. Das Normsystem

---

1 HESSE, VVDStRL 17 (1959), S. 11 (42); MARTENS, Öffentlich als Rechtsbegriff, S. 39 f.: keine Erhebung metajuristisch gebildeter Begriffe in den Rang von Rechtsinhaltsbegriffen.

2 So wohl KRÜGER, Staatslehre, S. 347; DERS., 46. DJT I/1, S. 7 (24 ff., 27 ff.).

3 BÖCKENFÖRDE, Festschrift Hefermehl, S. 11 (23 f.).

4 KLEIN, DÖV 1965, S. 755 (759).

5 RINKEN, Das Öffentliche, S. 212: Allerweltsbegriff.

6 So wohl MARTENS, aaO. , S. 37 ; ähnlich HAHN, Diss., S. 27 f.; kritisch dazu HÄBERLE, DÖV 1969, S. 653; RINKEN, aaO. , S. 27, 270; LESSMANN , Verbände, S. 48 f.; allgemein zu dieser Methode RIDDER, Soziale Ordnung, S. 14 ff.

steht der sozialen Wirklichkeit nicht unverbunden gegenüber. Beide unterliegen wechselseitiger Bestimmung. Recht ist, um einen modernen Ausdruck zu gebrauchen, "law in action"[1]. Eine Ignorierung der sozialen Struktur stünde einer adäquaten Aktualisierung von Recht im Wege[2].

Anknüpfungspunkt für eine rechtlich relevante Präzisierung des Öffentlichen bietet der normative Gehalt der grundgesetzlichen Regelungen.
Die Verfassung selbst ist Gestalt des Gemeinwesens und daher öffentlich[3]. Nach ihr soll in all den Bereichen, in denen für die Allgemeinheit durch Maßnahmen normsetzender, verwaltender und rechtsprechender Art gehandelt wird, der Delgations- und Verantwortungszusammenhang im Gemeinwesen durchschaubar gehalten werden, weil Offenheit bzw. Öffentlichkeit ein Merkmal des demokratischen Prinzips nach Art. 20 Abs. 2 GG darstellt[4]. Das gesamte öffentliche Geschehen soll rational durchschaubar und kontrollierbar gemacht werden: durch das vom Grundgesetz vorgesehene Verfahren der politischen Willensbildung (Art. 20 Abs. 2, 21 GG), durch die Eröffnung allseitiger Kommunikationsprozesse (Art. 5,8,9,17,21 GG) und durch Anregung und Kontrolle öffentlicher Willensbildungs- und Entscheidungsprozesse.

---

1 Zu diesem Begriff etwa: HÄBERLE, Öffentliches Interesse, S. 27; LESSMANN, Verbände, S. 49.

2 HESSE, Grundzüge, § 1 III 5.

3 HESSE, VVDStRL 17 (1959), S. 11 (42); DERS., Grundzüge, § 1 III 1; BÄUMLIN, ZBJV Bd. 101 (1965), S. 93 f.; HÄBERLE, aaO, S. 709 f.; DERS., ZfP NF Bd. 16 (1969), S. 273 (274 f.); RINKEN, Das Öffentliche, S. 263, 328; HOLLERBACH, Ideologie und Verfassung, S. 46 f.; LESSMANN, aaO, S. 223.

4 HESSE, Grundzüge, § 5 II 6 b; MARCIC, Festschrift Arndt, S. 267 ff.; HÄBERLE, Öffentliches Interesse, S. 709; LESSMANN, aaO, S. 223.

Art. 21 Abs. 1 Satz 1 GG weist den Parteien in dem von der Verfassung geregelten politischen Prozeß die entscheidenden Funktionen für den Legitimations- und Verantwortungsprozeß im Gemeinwesen zu[1].

Ohne die ständige Mitwirkung der Parteien ist heute weder Volk, noch Staat, noch eine Teilhabe des Bürgers am Gemeinleben möglich und denkbar. Aus den politischen Parteien entstehen Regierung und Opposition; sie wirken mit am öffentlichen Legitimations(Gesetzgebungs-)verfahren, womit die Offenheit der demokratischen Ordnung ermöglicht werden soll. Art. 21 GG bietet mehr noch als die anderen Bereiche der freien Meinungs- und Willensbildung (z.B. Art. 5 Abs. 1 und 2, 8, 9 GG) die Bedingungen für die pluralen Kräfte des Volkes, sich zu artikulieren, um Wirksamkeit und Einfluß auf den gesamten öffentlichen Lebensprozeß zu erlangen. Sie formieren die Meinungen im Volk und setzen sie in rechtlich allgemeinverbindliche Entscheidungen in Parlament und Regierung um[2]. Kurz: Sie sind auf das Ganze des politischen Lebensprozesses ausgerichtet, in ihm verhaftet[3]. Sie nehmen auf vielfältige Art an der Gestaltung des Gemeinwesens teil[4]. Sie sind also essentielle Faktoren für den demokratischen Staat[5]. Die permanente[6] Teilnahme der Par-

---

1 HESSE, VVDStRL 17 (1959), S. 11 (12, 44).

2 EHMKE, Verfassungsänderung, S. 112 f.; HÄBERLE, JuS 1967, S. 64 (66); TRAUTMANN, Innerparteiliche Demokratie, S. 48 ff.; FRIESENHAHN, Stellung der Parteien, S. 1 (8); SEIFERT, Die politischen Parteien, S. 84 ff.; BERICHT d. Parteienrechtskommission, S. 65 ff.; LÖWENSTEIN, Verfassungslehre, S. 391 ff.

3 MARCIC, Recht-Staat-Verfassung, S. 256, 263.

4 EHMKE, aaO, S. 112. Etwa als Beteiligte an der Verfassungsinterpretation, so HÄBERLE, JZ 1975, S. 297 (299, 302).

5 HESSE, VVDStRL 17 (1959), S. 11 (30); DERS., Grundzüge, § 5 II 6 b.

6 BERICHT d. Parteienrechtskommission, S. 128; MAUNZ, in: Maunz/Dürig/Herzog, GG, Art. 21 Rdn. 14. Den Parteien nur während der Wahlen eine öffentliche Aufgabe zuzuerkennen (so BVerfGE Bd. 20, S. 56 (113 ff.), wird der Funktion der Parteien nicht gerecht; siehe zur Kritik am BVerfG auch HÄBERLE, JuS 1967, S. 64 (68); MARTENS, Öffentlich als Rechtsbegriff, S. 152 f.; TRAUTMANN, aaO, S. 42, 48.

teien am politischen Geschehen gehört heute zum Wesensbild der Parteien.

Aus dieser Funktionenwahrnehmung folgt der Status der Parteien: Er ist ein normativ-öffentlicher[1]. Öffentlich, als die Parteien im Bereich des politischen Lebens des Volkes verhaftet und essentieller Bestandteil für die Legitimation der Gesamtordnung sind; normativ, weil dies durch Art. 21 GG von der Verfassung als rechtlich öffentlicher Ordnung anerkannt und gewollt ist.
Eine nicht-dualistische Betrachtungsweise öffnet also den Blick auf einen dritten Bereich neben dem privaten und staatlichen und braucht die Parteien weder in die "staatsfreie" Gesellschaft abschieben, noch der organisierten Staatlichkeit zuordnen[2].

c) Die Einordnung der Parteien ins Rechtssystem

Der normativ-öffentliche Status der Parteien läßt noch keinen Schluß auf das für sie geltende Recht zu. Wohl läßt sich sagen, daß aus diesem Status die Verpflichtung zur Beachtung bestimmter Prinzipien folgt, wie sie z.B. in Art. 21 Abs. 1 Satz 3 und Satz 4 GG zum Ausdruck kommen.

---

1 So zu verstehen HESSE, VVDStRL 17 (1959), S. 11 (45); DERS., Grundzüge, § 5 II 6 c, cc; DERS., EvStL, Stichwort: Parteien Sp. 1777 der den Status der Parteien aber als singulären (rechtlich) öffentlichen ansieht; HÄBERLE, JuS 1967, S. 64 (73); LIPPHARDT, Die Gleichheit der politischen Parteien, S. 566 mit Kritik an Hesse (S. 573 f.): Eine atomisierende Auflösung des Öffentlichkeitsbegriffs in singuläre aliud-Verhältnisse ... muß ... den Zentralbegriff des Öffentlichen für die Verfassungstheorie von vornherein entwerten ...; Gegen einen rechtlich-öffentlichen Status der Parteien MARTENS, Öffentlich als Rechtsbegriff, S. 155; SEIFERT, Die politischen Parteien, S. 97.

2 HÄBERLE, JuS 1967, S. 64 (73).

Da aber kein dritter Bereich von Recht entstehen soll, ist für die Einordnung der Parteien ins Rechtssystem die herrschende Einteilung der Rechtsordnung in öffentliches Recht und Privatrecht maßgebend.

Die Anwendung öffentlichen Rechts ist mit Recht abzulehnen[1]. Ungeachtet des Theorienstreits und wachsender Abgrenzungsschwierigkeiten ist das öffentliche Recht das Recht "der Träger hoheitlicher Gewalt und ihrer Organe, durch das nicht jedermann, sondern notwendig eben nur ein Träger oder (meist) ein bestimmtes Organ hoheitlicher Gewalt berechtigt und verpflichtet wird"[2]. Zudem würde die dem öffentlichen Recht entsprechende Bindung und Begrenzung - wie HESSE[3] dargelegt hat - mit der Freiheit der Parteien kollidieren. Der normativöffentliche Status der Parteien setzt im politischen Willensbildungsprozeß Freiheit und Offenheit voraus[4]. Denn freie Willensbildung und die Einfügung in die organisierte Staatlichkeit sind miteinander unvereinbar[5]. Öffentliches Recht gilt für die Parteien wie für alle anderen Rechtsträger auch

---

1 Allgemeine Meinung; siehe Hinweise bei SEIFERT, Die politischen Parteien, S. 80 Fn 74; HENKE, Parteienrecht, S. f.; DERS., Bk, Art. 21 Rdn. 10.

2 WOLFF/BACHOF, Verwaltungsrecht I, § 22 II c; ebenso MENGER, Festschrift Wolff, S. 149 (160); LESSMANN, Verbände, S. 143; MARTENS, Öffentlich als Rechtsbegriff, S. 93: Öffentliches Recht als "Staatsrecht"; Zwar hat HESSE, VVDStRL 17 (1959), S. 11 (44) den Parteien eine Stellung des Öffentlichen Rechts zugewiesen, aber eben nicht im Sinne einer Einordnung in den staatlichen Bereich. In Grundzüge, § 5 II c, cc und EvStL, Stichwort: Parteien Sp. 1778 macht er dies deutlich.

3 HESSE, VVDStRL 17 (1959), S. 11 (S. 27 ff.); ihm folgend HÄBERLE, JuS 1967, S. 64 (71).

4 Allgemeine Meinung siehe SEIFERT, Die politischen Parteien, S. 78 mwN.

5 Hesse, VVDStRL 17 (1959), S. 11 (34).

nur im Verhältnis zu Trägern öffentlicher Gewalt im Sinne von Art. 19 Abs. 4 GG[1].

Das Parteiengesetz, das die Verpflichtungen des Art. 21 Abs. 1 Satz 3 und 4 GG näher konkretisiert, erklärt, wie sich aus §§ 11 Abs. 3, 37 PartG ergibt, das bürgerliche Vereinsrecht für subsidiär anwendbar. Dies ist damit zu erklären, daß die Parteien aus historischen Gründen in der Rechtsform des rechtsfähigen oder nicht-rechtsfähigen Vereins leben[2]. Die grundsätzliche Geltung des privaten Vereinsrechts für die Parteien hängt davon ab, welche Funktion man dem Privatrecht zumißt. Sieht man das Privatrecht als Recht des isolierten, autonomen, auf seine eigenen Bedürfnisse orientierten Individuums an[3], wird man die Anwendbarkeit des Privatrechts für die Parteien wegen ihres öffentlichen Status ablehnen müssen und zu einer Art Sonderrecht kommen. Diese dem dualistischen Trennungsdenken entstammende Sicht muß heute aufgegeben werden. Die Rechtsordnung ist als Gesamtrechtsordnung zu verstehen, in der die Verfassung den für das gesamte Gemeinwesen verbindlichen Ordnungsrahmen darstellt[4]. In diesem Zusammenhang muß sich auch das Privatrecht den vielfältigen Spannungen und Konflikten des gesellschaftlichen Lebens stellen und Lösungen anbieten[5]. Da alles Recht dem menschlichen Zusammenleben dient, besitzt es Geltung im öffentlichen Interesse und

---

1 SEIFERT, Die politischen Parteien, S. 55 ff.: öffentlich-rechtlich sind z.B. die parteirechtlichen Vorschriften der Wahlgesetze und die das Parteiverbot betreffenden Vorschriften des BVerfGG.

2 HESSE, EvStL, Stichwort: Parteien, Sp. 1778; BERICHT d. Parteienrechtskommission, S. 112; NAUJOCKS, DVBl 1975, S. 244 (245).

3 LESSMANN, Verbände, S. 210.

4 HESSE, Grundzüge, § 1 III 1.

5 LESSMANN, aaO, S. 213; SCHMIDT, AöR Bd. 101 (1976), S. 24 (39).

und ist daher - auch als Privatrecht - öffentlich[1]. Daß das Privatrecht diese Funktion erfüllt, zeigt sich insbesondere im Arbeits- und Wirtschaftsleben. Privatvereinsrecht ist also grundsätzlich in der Lage, öffentliche Funktionsträger wie die Parteien zu erfassen[2].

Wegen ihres besonderen Status sind in erster Linie für die Parteien bindend Art. 21 GG und das Parteiengesetz. Da, wo diese Regelungen lückenhaft sind, kommt das Vereinsrecht zur Anwendung, muß aber seinerseits wiederum im Lichte von Art. 21 GG unter Berücksichtigung der Funktion der Parteien ausgelegt werden[3].

V. Schlußfolgerung

Für die Beantwortung der Frage nach der Geltung rechtsstaatlicher Grundsätze im parteiinternen Bereich ergibt sich demnach: Da eine Gleichsetzung der politischen Parteien mit der

---

1 MENGER, Festschrift Wolff, S. 149 (158); RINKEN, Das Öffentliche, S. 283; ähnlich BULLINGER, Öffentliches Recht, der die Unterscheidung öffentliches und privates Recht zugunsten eines differenzierten Gemeinrechts aufgeben möchte, S. 111 und passim.

2 SEIFERT, Die politischen Parteien, S. 56; MAUNZ, in: Maunz/Dürig/Herzog, GG, Art. 21 Rdn. 44, aA PREUSS, Begriff des Öffentlichen, S. 180, der eine subsidiäre Geltung ablehnt.

3 BERICHT der Parteienrechtskommission, S. 158; HENKE, Parteienrecht, S. 53 ff.; DERS., BK, Art. 21, Rdn. 30; ROELLECKE, DRiZ 1968, S. 117 (118); MAUNZ, in: aaO, Art. 21 Rdn. 33, 38; SEIFERT, aaO, S. 55; KNÖPFLE, Der Staat Bd. 9 (1970), S. 321, (338).

öffentlichen Gewalt im Sinne von Art. 19 Abs. 4 GG nicht in Frage kommt[1], läßt sich allein aus dem normativ-öffentlichen Status der Parteien für eine derartige Geltung nichts entnehmen. Möglicherweise folgt die Geltung rechtsstaatlicher Grundsätze aber aus den besonderen, durch die Verfassung in Art. 21 GG normierten Bindungen.

---

1 In jüngster Zeit wird vereinzelt der Begriff der öffentlichen Gewalt dahingehend problematisiert, ob er nicht infolge eines Wandels der gesamtpolitischen Verhältnisse auch auf außerstaatliche Herrschaftsverhältnisse ausgedehnt werden kann, da darin ebenfalls eine problematische, weil unkontrollierte Machtüberlegenheit gegenüber dem einzelnen existiert; so etwa LORENZ, Rechtsschutz, S. 103 mit Besprechung von MENGER, JZ 1974, S. 71 f.; wohl auch WERNER, JZ 1955, S. 349; aA LIPPHARDT, Die Gleichheit der politischen Parteien, S. 123.

2. Abschnitt: Die Herleitung der Grundsätze aus Art. 21 Abs. 1 Satz 3 GG

Ergibt sich somit aus der verfassungsrechtlichen Stellung der Parteien kein Hinweis auf die Anwendbarkeit rechtsstaatlicher Grundsätze im parteiinternen Bereich, bietet möglicherweise Art. 21 Abs. 1 Satz 3 GG die Grundlage der Herleitung.

Art. 21 Abs. 1 Satz 3 GG schreibt zwingend eine "demokratischen Grundsätzen" entsprechende innere Ordnung der Parteien vor. Damit hat der Verfassungsgeber den Parteien eine ihren Funktionen bzw. eine ihrem normativ-öffentlichen Status gemäße Innenstruktur vorgeschrieben. Denn ein demokratisch verfaßtes Gemeinwesen kann nur dann mit den Parteien als Träger eines freien politischen Willensbildungsprozesses rechnen, wenn ein solcher Prozeß im "forum internum" der Parteien[1] selbst gewährleistet ist. Adäquate Mitwirkung ist schwerlich dann möglich, wenn die Parteien im Innersten schon antidemokratisch ausgerichtet sind[2].

Die Herleitung der Geltung des Rechtsstaatsprinzips über Art. 21 Abs. 1 Satz 3 GG stößt vom Wortlaut her schon auf Schwierigkeiten. Diese Norm kann also nur dann als Einbruchstelle dienen, wenn demokratische und rechtstaatliche Grundsätze sich nicht antinomisch[3] gegenüberstehen, sondern sie miteinander verknüpft sind, sei es daß sie kongruieren, sei es daß sie sich gegenseitig bedingen. Zur Ermittlung des Gehalts des Art. 21 Abs. 1 Satz 3 GG hinsichtlich dieser Fragestellung

---

1 BLANK, DVBl 1976, S. 564 (565).

2 Vgl. z.B. BERICHT d. Parteienrechtskommission, S. 156 f.; HESSE, VVDStRL, 17 (1959), S. 71 (30); HENKE, BK Art. 21, Rdn. 45; BÄUMLIN, Rechtsstaatliche Demokratie, S. 138; BLANK, DVBl 1976, S. 564 (565); WOLFRUM, Innere Ordnung, S. 81; EISELE, Diss., S. 83; SEIFERT, Die politischen Parteien, S. 189.

3 Zur Antinomie verfassunggestaltender Grundentscheidungen: ACHTERBERG, Der Staat, Bd. 8 (1969), S. 159 ff.

ist nicht von einem besonderen Demokratieverständnis des Parteienrechts oder einem Typus Demokratie im Sinne der Staatslehre und ihrem Verhältnis zum Rechtsstaatsprinzip auszugehen, sondern vom Verhältnis von Demokratie zur Rechtsstaatlichkeit in seiner konkreten Ausformung durch die Verfassung[1]; denn sie gibt als Gesamt-Verfassung für Art. 21 Abs. 1 Satz 3 GG Ordnungsprinzipien vor, ohne aber in Bezug auf die innere Ordnung der Parteien eine schematische und unvermittelte Übertragung dieser zu meinen.
Im Anschluß daran wird zu untersuchen sein, welche Folgerungen sich daraus für die parteiinterne Ordnung ergeben.

§ 3: Das Verhältnis von Demokratie und Rechtsstaatlichkeit nach dem Grundgesetz

Für die Bestimmung des Verhältnisses von Rechtsstaat und Demokratie nach der Verfassung sollen zunächst diese Prinzipien einzeln dargestellt werden. Die ideengeschichtliche Entwicklung findet dabei insoweit Berücksichtigung, als sie zum Verständnis des hier zu erörternden Problems notwendig erscheint.

I. Das Demokratieprinzip des Grundgesetzes

In Art. 20 Abs. 2 GG ist der tragende Grundgedanke des demokratischen Prinzips[2] normiert. Er bestimmt - unverrückbar gem. Art. 79 Abs. 3 GG -, daß alle staatliche Gewalt vom Volke

---

1 BERICHT d. Parteienrechtskommission, S. 112; für die Verfassung als Ausgangspunkt zur Bestimmung und Tragweite demokratischer Grundsätze ebenso: MAUNZ, in: Maunz/Dürig/Herzog, GG, Art. 21 Rdn. 58; v. MÜNCH, in: v. Münch, GG, Art. 21, Rdn. 45; HESSE, Grundzüge, § 5 II 6 c, aa; TRAUTMANN, Innerparteiliche Demokratie, S. 146; RINKEN, Das Öffentliche, S. 242; SEIFERT, Die politischen Parteien, S. 189; WOLFRUM, Innere Ordnung, S. 64; LENZ/SASSE, JZ 1962, S. 233 (236).

2 Zum Demokratiebegriff vgl. auch KELSEN, Wesen und Wert, S. 3 ff. und MENGER, Demokratie, S. 49 ff.

ausgeht und von der Gesamtheit der wahlberechtigten Bürger durch Wahlen sowie Abstimmungen unmittelbar, durch besondere Organe mittelbar ausgeübt wird. Durch Art. 20 Abs. 2 GG kommt zum Ausdruck, daß die vom Verfassungsgeber als notwendig erkannte Herrschaft von Menschen über Menschen den Bürgern keine aufgezwungende, vielmehr von ihnen legitimierte und ihnen gegenüber verantwortliche[1] Herrschaft ist. Regelmäßig stattfindende Bundes- und Landtagswahlen bilden den Kern[2] dieser Legitimation. Demokratie nach dem Grundgesetz ist weder als Selbstregierung des Volkes noch lediglich als Antwort auf die Frage nach dem Inhaber einer vorfindlich gedachten Staatsgewalt zu verstehen[3]. Wie oben dargelegt[4], kann Staat nicht als

---

1 BVerfGE Bd. 9, S. 268 (281); HESSE, Grundzüge, § 5 I; BADURA, Bundesverfassungsgericht und Grundgesetz, Bd. 2, S. 1 (17).

2 BVerfGE 18, S. 151 (154); KRIELE, VVDStRL 29 (1971), S. 46 (82).

3 Die Theorie von der Selbstregierung des Volkes sieht eine Identität von Regierenden und Regierten. Diese Gleichsetzung trägt die Gefahr totaler Herrschaft in sich, weil Mehrheitsherrschaft demzufolge mit Volksherrschaft gleichgesetz wird und in der Wirklichkeit auftretende Konflikte geleugnet bzw. um der fiktiven Einheit willen eher unterdrückt werden. Außerdem kann in einem so verstandenen Staat leicht eine Minderheit als der wahre Interpret des Volkswillens auftreten mit allen aus der Vergangenheit bekannten bitteren Konsequenzen.
Ebensowenig haltbar ist die Staatsgewaltstheorie. Hier wird nicht näher auf die gesellschaftlichen Voraussetzungen von politischer Herrschaft eingegangen, sondern Staatsgewalt als vorfindlich vorausgesetzt Hat das Volk im Kampf um die an sich existierende Staatsgewalt gesiegt, entsteht als Staatsform die Demokratie. Mit dieser Theorie einher geht auch die Trennung von Staat und Gesellschaft.
Vgl. dazu im einzelnen KÄGI, Verfassung als rechtliche Grundordnung, S. 152 ff.; DERS., Festschrift Giacometti, S. 107 (143 ff.); BÄUMLIN, Rechtsstaatliche Demokratie, S. 11 ff.; DERS., EvStL, Stichwort: Demokratie, Sp. 362; DERS., VVDStRL 28 (1970), S. 3 (7); GRABITZ, Freiheit und Verfassungsrecht, S. 164; HESSE, aaO, § 5 I.

4 S. oben S. 15 ff.

vorgegebene Einheit verstanden werden, sondern bildet sich in ständigem gesellschaftlichen Zusammenwirken. Deshalb hat das Grundgesetz mit seiner Entscheidung für die Demokratie keine zeit- und geschichtslose Doktrin aufgestellt, sondern eine Ordnung für die jetzt konkret existierende Gesellschaft mit all ihrer "Unterschiedlichkeit und Gegensätzlichkeit der Meinungen, Interessen, Willensrichtungen und Bestrebungen"[1] und ihren Konflikten. Um unter Berücksichtigung dieser Heterogenität zu einem modus vivendi zu kommen, sollen durch das Mehrheitsprinzip[2] die Auseinandersetzungen abgeschlossen werden und in eine angemessene Entscheidung einmünden, die allerdings auch dem Minderheitenschutz[3] Rechnung tragen muß.

Das demokratische Prinzip des Grundgesetzes erschöpft sich jedoch nicht allein in der Normierung von Legitimationsregeln. Ausgehend von Art. 1 GG wird es in einer Vielzahl weiterer Verfassungsbestimmungen inhaltlich konkretisiert[4]. Aus einer Reihe von Grundrechten, wie z.B. der Meinungs- und Informationsfreiheit (Art. 5 Abs. 1 Satz 1 GG), der Pressefreiheit (Art. 5 Abs. 1 Satz 2 GG), der Versammlungs- (Art. 8 GG) und Vereinigungsfreiheit (Art. 9 GG), dem Petitionsrecht (Art. 17 GG) und der Chancengleichheit wie auch der

---

1 HESSE, Grundzüge, § 5 I; ebenso BÄUMLIN, Rechtsstaatliche Demokratie, S. 40; DERS., EvStL, Stichwort: Demokratie, Sp. 364.

2 Mit Recht spricht deshalb BAUMLIN, EvStL, Stichwort: Demokratie, Sp. 365 von einem Verfahrensprinzip und sieht das Mehrheitsprinzip nicht als Kriterium für Demokratie schlechthin an, sondern stellt den Kompromißcharakter in den Vordergrund; siehe auch KÄGI, Festschrift Giacometti, S. 107 (140). In der Verfassung wird dies deutlich in den Art. 38 Abs. 1 GG i.V.m. §§ 4 bis BWahlG; Art. 42 Abs. 2, 52 Abs. 3; 54 Abs. 6; 63 Abs. 2; 77 Abs. 4; 79 Abs. 2 GG.

3 HESSE, aaO, § 5 II 1.

4 BVerfGE Bd. 1, S. 10 (32 f.); RINKEN, Das Öffentliche, S. 252; KRIELE, VVDStRL 29 (1971), S. 46 (47); TRAUTMANN, Innerparteiliche Demokratie, S. 161; KNÖPFLE, Der Staat, Bd. 9 (1970), S. 321 (336); LIESEGANG, JuS 1976, S. 420 (421).

Gründungsfreiheit der politischen Parteien folgt, daß Demokratie politische Gleichheit und Freiheit voraussetzt, damit die gleichberechtigte Mitwirkung aller[1] Bürger am Prozeß der politischen Einheitsbildung gewährleistet ist. Mindestens diese Grundrechte sind für die Selbstbestimmung in einem freien politischen Willensbildungsprozeß schlechthin konstitutiv[2].

Die Grundrechte sind Vorbedingungen personaler Existenz. Sie können nicht ausschließlich negativ[3], als Freiheitsrechte des einzelnen gegenüber dem Staat, verstanden werden. Die Verfassung gewährleistet ebenso den Gebrauch der in ihnen garantierten Freiheiten[4] zum Zwecke der Gestaltung des eigenen Bereichs wie auch des Gemeinwesens[5]. Ohne die oben erwähnten demokratiebezogenen Grundrechte beispielsweise wäre der einzelne gar nicht in der Lage, sein Wahl- und Stimmrecht sowie eine wirksame Kontrolle der Regierenden als mündiger Bürger auszuüben.

---

1 BVerfGE Bd. 20, S. 56 (97); auch LEIBHOLZ, VVDStRL 29 (1971), S. 103 (Aussprache): Demokratischen Vorstellungen entspricht es, soviel Bürger wie möglich an der politischen Willensbildung teilnehmen zu lassen; ebenso KNÖPFLE, Der Staat Bd. 9 (1970), S. 321 (331).

2 BVerfGE Bd. 7, S. 198 (208); v. SIMSON, VVDStRL 29 (1971), S. 4 (6); EHMKE, Verfassungsänderung, S. 105; LIESEGANG, JuS 1976, S. 420 (422); WILLKE, Grundrechtstheorie, S. 217; HÄBERLE, ZfP NF Bd. 16 (1969), S. 273 (287); HESSE, Grundzüge, § 9 II 2 b.

3 EHMKE, aaO, S. 103; HESSE, aaO, § 9 II 2 b, b; BÄUMLIN, ZBJV Bd. 101 (1965), S. 81 (98); DERS., VVDStRL 28 (1970), S. 3 (8); HÄBERLE, Wesensgehaltsgarantie, S. 18; WILLKE, Grundrechtstheorie, S. 223; anders FORSTHOFF, VVDStRL 12 (1954), S. 8 (18); ähnlich BÖCKENFÖRDE, NJW 1974, S. 1529 (1537).

4 Siehe grundsätzlich zur Freiheit als Verfassungsprinzip GRABITZ, Freiheit und Verfassungsrecht, S. 235 ff., insbes. S. 240.

5 HESSE, aaO, § 9 II 2b.

Berücksichtigt werden muß hier insbesondere, daß in der modernen Industriegesellschaft zwar auch der einzelne, vor allem aber auch die sozialen und politischen Verbände das öffenliche Leben gestalten, indem sie vielfältig initiativ werden und Alternativen formulieren[1]. Fehlten all diese Berechtigungen, hätte der einzelne keine Chance politisch aktiv zu werden, böten sich der Minderheit keine Chancen zur Mehrheit zu werden, gäbe es keine plurale Interessenauseinandersetzung, kurz: in freier und offener, von allen Seiten bestimmter Prozeß politischer Einheitsbildung wäre unmöglich[2]. Hierbei darf aber nicht übersehen werden, daß allein die formelle Grundrechtsberechtigung zur Wahrnehmung dieser Rechte nicht ausreicht. Die gleichberechtigte Mitwirkung der Bürger am politischen Geschehen verlangt auch, dem Bürger den Gebrauch dieser Freiheiten zu ermöglichen[3]. Der einzelne ist nicht formal gleiches Rechtssubjekt, sondern muß in seiner Eingebundenheit in die sozial-ökonomischen Bedingungen gesehen werden[4]. Erst wenn ein Mindestmaß an materiellen Existenzvoraussetzungen gesichert ist, bietet sich die Chance, wirkliche Freiheit zu realisieren. Die Grundlage dafür hat die Verfassung mit der Sozialstaatsklausel[5] (Art. 20 Abs. 1 GG) gelegt. Demokratie nach dem Grundgesetz ist demnach auch immer soziale Demokratie[6].

---

1 EHMKE, Verfassungsänderung, S. 106; so auch LESSMANN, Verbände, S. 170; BADURA, Bundesverfassungsgericht und Grundgesetz Bd. 2, S. 1 (15); DUX, DVBl 1966, S. 553 (554).

2 HESSE, Grundzüge, § 5 II 4.

3 HESSE, aaO, § 6 II ; DERS., Festgabe Smend, S. 71 (80); BÖCKENFÖRDE, Festschrift Arndt, S. 53 (69); DERS., NJW 1974, S. 1529 (1538).

4 HÄBERLE, Wesensgehaltsgarantie, S. 16; RINKEN, Das Öffentliche, S. 253; WILLKE, Grundrechtstheorie, S. 218.

5 Zur Bedeutung vgl. etwa HERZOG, in: Maunz/Dürig/Herzog, GG, Art. 20 Rdn 148 ff.

6 RINKEN, aaO, S. 253; LESSMANN, aaO, S. 225; WILLKE, aaO, S. 225.

Somit folgt aus der Gesamtschau der Art. 20 Abs. 2, 38, 3, 5, 8, 9, 21 GG, daß das Demokratieprinzip unter freier und gleicher Beteiligung aller am politischen Willensbildungsprozeß ein System verantwortlicher Herrschaft konstituiert, in welchem die Gesamtheit der Bürger die letzte kontrollierende aber auch gemeinsam verantwortliche Instanz bildet[1].

II. Das Rechtsstaatsprinzip des Grundgesetzes

Die Verfassung hat das Rechtsstaatsprinzip an keiner Stelle ausdrücklich normiert, wohl aber in Art. 28 Abs. 1 GG zum Ausdruck gebracht, daß es den Rechtsstaat als verfassungsimmanentes Prinzip versteht[2]. Inhalt und Bedeutung des Rechtsstaatsprinzips nach dem Grundgesetz sind daher ohne Rückgriff auf die wesentlichen indeengeschichtlichen Grundlagen nicht zu verstehen[3].

1. Ideengeschichtlicher Abriß

Der Begriff "Rechtsstaat" entstand im Frühliberalismus im Kampf des Bürgertums gegen den Obrigkeitsstaat und war maß-

---

1 BVerfGE Bd. 12, S. 1 (12); BÄUMLIN, EVStL, Stichwort: Demokratie, Sp. 365; KRIELE, VVDStRL 29 (1971), S. 46 (81); TRAUTMANN, Innerparteiliche Demokratie, S. 169; RAMM, JZ 1972, S. 137 (139).

2 Art. 28 Abs. 1 GG: Die verfassungsmäßige Ordnung der Länder muß den Grundsätzen des ... sozialen Rechtsstaats im Sinne dieses Grundgesetzes entsprechen; vgl. BVerfGE Bd. 2, S. 380 (403); 7, S. 89 (92 f.), 35, S. 41 (47).

3 MENGER, Sozialer Rechtsstaat, S. 42 (43); HESSE, Festgabe Smend, S. 71 (73); RINKEN, Das Öffentliche, S. 242; BÄUMLIN, ZBJV Bd. 101, S. 81 (82).

geblich von v. MOHL geprägt[1]. Rechtsstaat ist der Vernunftrechtsstaat[2] und kein metaphysisches Gebilde. Mit ihm verband sich die Forderung nach einem verfaßten, dem Recht unterworfenen Staat, um so die Freiheit seiner Bürger zu sichern.

Für diese Rechtsstaatsauffassung stand die Begrenzung der Staatszwecke auf den in allgemeinen Gesetzen zum Ausdruck gebrachten Rechtszweck im Mittelpunkt: rechtliche Bindung und Mäßigung der Staatsgewalt zum Schutz der natürlichen, d.h. grundsätzlich unbegrenzten Entfaltungsfreiheit des Einzelnen, wie Freizügigkeit, Glaubens- und Gewissens-, Vertrags- und Eigentumsfreiheit[3]. Dieser Rechtsstaatsbegriff kannte nicht die spätere Trennung von formellem und materiellem Rechtsstaat. Sachlich-inhaltliche und formell-verfahrensmäßige Elemente bilden eine untrennbare Einheit als Ausdruck eines inhaltlichen Freiheitsprinzips[4]. Rechtsstaat ist nach diesem Verständnis eine Staatsgattung: seine Antipoden sind Theokratie und Despotie[5].

---

1 Zwar wird er vorher schon von WELCKER und v. ARETIN gebraucht. v. MOHL hat ihn aber als erster in die staatsrechtliche Diskussion eingeführt; vgl. dazu im einzelnen BÖCKENFÖRDE, Festschrift Arndt, S. 53 (54 f.); SCHEUNER, Neuere Entwicklung des Rechtsstaats, S. 229 (235); v. OERTZEN, Staatsrechtlicher Positivismus, S. 96 ff.; BÄUMLIN, EvStL, Stichwort: Rechtsstaat, Sp. 2041/42; MENGER, Sozialer Rechtsstaat, S. 42 (50).

2 BÖCKENFÖRDE, aaO, S. 53 (55); MENGER, aaO, S. 42 (50).

3 SCHEUNER, aaO, S. 229 (235); BÖCKENFÖRDE, aaO, S. 53 (55 f.); BÄUMLIN, Rechtsstaatliche Demokratie, S. 51; RAMM, JZ 1972, S. 137 (142); v. OERTZEN, aaO, S. 67.

4 BÖCKENFÖRDE, aaO, S. 53 (58); BÄUMLIN, EvStL, Stichwort: Rechtsstaat, Sp. 2043; v. OERTZEN, aaO, S. 67; SCHEUNER, aaO, S. 229 (244); MENGER, aaO, S. 42 (51); HELLER, Rechtsstaat oder Diktatur, S. 443 (449).

5 BÖCKENFÖRDE, aaO, S. 53 (58); MENGER, aaO, S. 42 (50); BÄUMLIN, aaO, Sp. 2043.

Ab Mitte des 19. Jahrhunderts treten die inhaltlichen Aspekte des Rechtsstaatsbegriffs immer mehr zurück bis hin - bedingt durch die positivistischen Strömungen in der Rechtslehre - zur rein formalen Ausprägung. Rechtsstaat bedeutet nur noch rechtlich bestimmte und gesicherte Form von Staatstätigkeit.

Dieses Rechtsstaatsverständnis findet sich zum ersten Mal bei STAHL[1]. Obwohl bei ihm noch die inhaltliche Komponente vorhanden ist, steht doch das Formale, die rechtlich bestimmte und gesicherte Form der Staatstätigkeit im Vordergrund[2].

Fortan verstand man Rechtsstaat immer mehr nur als Form staatlichen Handelns. Er ist nicht eine den ganzen Staat bestimmende, sondern Teilvorstellung, eben rein formales Prinzip[3]. "Wenn nur den Formen der Verfassung genüge geschah, konnten Rechtssätze jeden Inhalts mit verbindlicher Kraft ergehen"[4]. In der Weimarer Zeit ist dieses Rechtsstaatsverständnis insbesondere von SCHMITT[5] und KELSEN wieder aufgenommen worden. Bei KELSEN[6] wird der Rechtsstaat als reines Legalitätssystem verstanden. Rechtsstaat ist der Staat "dessen sämtliche Akte

---

1 Siehe dazu und zu den in der Tendenz ähnlichen Ansichten bei BÄHR, v. GNEIST, MAYER, v. GIERKE im einzelnen BÖCKENFÖRDE, Festschrift Arndt, S. 53 (60 ff.); SCHEUNER, Neuere Entwicklung des Rechtsstaats, S. 229 (240 ff.); MENGER, Sozialer Rechtsstaat, S. 42 (54); BÄUMLIN, Rechtsstaatliche Demokratie, S. 43; DERS., EvStL, Stichwort: Rechtsstaat, Sp. 2043; v. OERTZEN, Staatsrechtlicher Positivismus, S. 72 ff.

2 BÖCKENFÖRDE, aaO, S. 53 (60); MENGER, aaO, S. 52.

3 BÄUMLIN, EVStL, Stichwort: Rechtsstaat, Sp. 2043; SCHEUNER, aaO, S. 229 (247).

4 MENGER, aaO, S. 42 (53); BÄUMLIN, Rechtsstaatliche Demokratie, S. 78.

5 SCHMITT, Verfassungslehre, S. 131, 201, 233.

6 KELSEN, Staatslehre, S. 91.

nur aufgrund der Rechtsordnung gesetzt werden". Gegen Gesetze, die elementare Menschenrechtsverletzungen zum Inhalt hatten, war dieser Rechtsstaatsbegriff völlig wirkungslos[1]. Die Inhalte der Rechtssätze waren für die Frage nach der Rechtsstaatlichkeit nicht maßgebend[2].

2. Der einheitliche Rechtsstaatsbegriff des Grundgesetzes

Indem die Verfassung den Gesetzgeber durch Art. 20 Abs. 3 GG an die verfassungsmäßige Ordnung bindet und dies in Art. 1 Abs. 3 GG im Hinblick auf die Grundrechte auf jegliche Staatstätigkeit erweitert, sieht sie den Rechtsstaat nicht nur als System rechtstechnischer Kunstgriffe[3]; sie hat sich mit dieser inhaltlichen Festlegung eindeutig für den materiellen Rechtsstaat entschieden[4].

Materieller Rechtsstaat läßt sich aber kaum dadurch kennzeichnen, daß sein Zweck in der Schaffung und Erhaltung eines materiell gerechten Zustands bestehe; sein materialer Gehalt ist aus der Verfassung selbst zu entnehmen. Dazu gehören die Grundprinzipien Würde des Menschen, Freiheit und Gleichheit wie sie im ersten Abschnitt des Grundgesetzes und in den Art. 101, 103, 104 GG im einzelnen konkretisiert und ausge-

---

1 MENGER, Sozialer Rechtsstaat, S. 42 (56); KÄGI, Festschrift Giacometti, S. 107 (132).

2 BÄUMLIN, Rechtsstaatliche Demokratie, S. 78.

3 So aber FORSTHOFF, Die Umbildung des Verfassungsgesetzes, S. 130 (152).

4 BVerfGE Bd. 11, S. 150 (163); 22, S. 322 (329) und 387 (426); 37, 57 (65); KÄGI, aaO, S. 107 (137), BÖCKENFÖRDE, Festschrift Arndt, S. 53 (72); SCHEUNER, Neuere Entwicklung des Rechtsstaats, S. 229 (248); MAUNZ, Staatsrecht, § 10 II; HESSE, Festgabe Smend, S. 71 (75); MENGER, Stichwort: Rechtsstaat, HWBSozWiss., S. 769 ff.

staltet sind[1].

Der Rechtsstaatsbegriff des Grundgesetzes unterscheidet sich aber vom ursprünglichen darin, daß diese Freiheit keine unbeschränkte ist[2]. Sie muß im Zusammenhang gesehen werden mit dem in der Gemeinschaft stehenden und dieser vielfach verpflichteten Individuum. Sie ist eine im Einklang mit der politischen Verantwortung und Pflicht des Bürgers eines freien Gemeinwesens durch bindende rechtliche Ausgestaltung des privaten, sozialen und staatlichen Wirkens bemessene, doch zugleich gesicherte Freiheit[3].
Zum anderen ist die Verfassung auch insoweit über das Rechtsstaatsverständnis liberaler Prägung, das von formal gleichen und freien Individuen ausging hinausgegangen, als sie sich für den sozialen Rechtsstaat entschieden hat. Damit kommt zum Ausdruck, daß, weil Sicherung der physischen Existenz freie Entfaltung und Gestaltung erst ermöglicht, Sozialstaat Vorbedingung individueller Freiheit ist[4].

---

1 Allg. Meinung vgl. z.B HESSE, Festgabe Smend, S. 71 (78), Anm. 26; SCHEUNER, Neuere Entwicklung des Rechtsstaats, S. 229 (248, 256); BÄUMLIN, Rechtsstaatliche Demokratie, S. 60; GRABITZ, Freiheit und Verfassungsrecht, S. 242.

2 MENGER, Sozialer Rechtsstaat, S. 42 (58).

3 BVerfGE 4, 7 (15 f.); 12, 45 (55); 33, 303 (334); 37, 217 (239); MENGER, aaO, S. 17, 68; HESSE, aaO, S. 71 (75, 85); DERS., Grundzüge § 4; SCHEUNER, aaO, S. 229 (249 f.); BÄUMLIN, aaO, S. 61; GRABITZ, aaO, S. 172, 237; LIESEGANG, JuS 1976, S. 420 (421); WILLKE, Grundrechtstheorie, S. 227; aA: MAUNZ, Staatsrecht, § 10 I b, der die Freiheit als "prinzipiell unbeschränkt" versteht.

4 HESSE, Grundzüge, § 6 II 3; DERS., Festgabe Smend, S. 71 (85); BÖCKENFÖRDE, Festschrift Arndt, S. 53 (67); SCHEUNER, aaO, S. 229 (245); MENGER, aaO, S. 42 (64 ff.).

Die rechtsstaatlichen Grundprinzipien der Verfassung haben darüberhinaus den Zweck, das menschliche Zusammenwirken zu formen und zu stabilisieren, indem sie die staatlichen Aufgaben sowie die Art und Weise ihrer Erfüllung festlegen, klare Kompetenzen und Regeln schaffen und durch Institutionalisierung von Organen, Ämtern und Verfahrensweisen (z.B. geregelter Ablauf der Rechtsfindung) staatliche Tätigkeit durchrationalisieren, sicher und berechenbar machen[1].
Diese Bedingungen zeitigen aber wenig Wirkung, hätte nicht die Verfassung durch Art. 19 Abs. 4, 92, 97, 101 Abs. 1 Satz 2 GG gerichtliche Kontrolle vorgeschrieben, und zwar nicht nur gegen Maßnahmen der öffentlichen Gewalt, sondern allgemein, um, wie HESSE[2] betont, dem Primat des Rechts zu dienen[3]. Rechtsschutz ist aber nur dann effektiv, wenn auch ein geordnetes, klares und überschaubares Verfahren damit beinhaltet ist[4].

Diese formellen Merkmale stehen den materiellen jedoch nicht gegenüber[5]. Die Bedeutung dieser formellen Garantien und Verfahrensweisen als Formalismus abzutun, unterschätzt ihre Bedeutung. Auch sie haben zum Ziel, was mit dem materiellen Rechtsstaatsbegriff ausgesagt werden soll, nämlich Sicherung und Schutz der persönlichen und gesellschaftlichen Freiheiten[6]

---

1 HESSE, Festgabe Smend, S. 71 (73); SCHEUNER, Neuere Entwicklung des Rechtsstaats, S. 229 (250); BÄUMLIN, ZBJV Bd. 101 (1965), S. 81 (91); KÄGI, Verfassung als rechtliche Grundordnung , S. 41 ; EHMKE, Verfassungsänderung, S. 101; HOLLERBACH, Ideologie und Verfassung, S. 37 (51); LIESEGANG, JuS 1976, S. 420.

2 HESSE, aaO, S. 71 (76); DERS., Grundzüge, § 6 II 1.

3 Ähnlich auch MENGER, Sozialer Rechtsstaat, S. 42 (58); DÜTZ, Gerichtsschutz, S. 106; SCHEUNER, aaO, S. 229 (256); BAUER, Gerichtsschutz, S. 79, 87.

4 BAUER, aaO, S. 80; SCHEUNER, aaO, S. 229 (256).

5 BVerfGE Bd. 11, S. 150 (163); MENGER, Verfassungsgeschichte, Rdn. 417; MAUNZ/DÜRIG, in: Maunz/Dürig/Herzog, GG, Art. 20 Rdn. 60.

6 Vgl. BÖCKENFÖRDE, Festschrift Arndt, S. 53 (74), der mit Recht diesen formellen Garantien eine materielle Eigenbedeutung beimißt.

In Art. 20 Abs. 3 und Art. 1 Abs. 3 GG - und nicht zuletzt auch durch die Verfassungsgerichtsbarkeit, deren Kontrolle der Staatstätigkeit über das Legalitätsprinzip hinausgeht - hat das Grundgesetz deutlich werden lassen, daß die Bindung an das Recht als solches nicht ausreicht, sondern die Bindung gerade an den Inhalt gewährleistet werden soll. Deshalb spricht mehr dafür, die Unterscheidung zugunsten eines einheitlichen Rechtsstaatsbegriffs aufzugeben[1]. Freiheitssicherung kann jedoch nicht statisch verstanden werden. Die gesellschaftliche Entwicklung bedingt immer weiter entwickelte Formen der staatlichen Tätigkeit. Demzufolge muß auch das Rechtsstaatsprinzip als lebendiges Prinzip verstanden werden, das sich auf diese ständigen Weiterentwicklungen einstellt[2].

III. Demokratie und Rechtsstaat, Antinomie oder Synthese

1. Die antinomische Auffassung

Die Auffassung, die von einem Gegensatz von Rechtsstaat und Demokratie ausgeht, versteht den Rechtsstaat defensiv, als Verteidigungsmittel gegen die Staatsgewalt[3]. Sie sieht Demokratie als die unbeschränkte Mehrheitsherrschaft des Volkes an, die keinerlei rechtlichen Bindungen unterliegt. Demokratie wird lediglich als Staatsformbestimmung gesehen, als ein Verfahren zur Bestimmung dessen, der über den Staatsapparat verfügt[4].

---

1 HESSE, Grundzüge, § 6 I.

2 BÖCKENFÖRDE, Festschrift Arndt, S. 53.

3 BÄUMLIN, ZBJV Bd. 101 (1965), S. 81 (96).

4 SCHEUNER, Festgabe Smend, S. 225 (238); BÄUMLIN, aaO, S. 81 (84); s. auch oben S. 35 Anm. 3.

Der Wille des Volkes wird als absolut und allumfassend angesehen[1]. Als absolute Instanz steht er demzufolge auch über dem Recht[2]. Diesem Denken liegt ein Staatsbegriff zugrunde, der nur von der Gewalt bzw. Macht her verstanden wird[3]. "Überall ist der Staat Machtinstrument, manipuliert von einer obersten Instanz, sei diese nun ein Alleinherrscher oder verkörpere sie sich in einer herrschenden Klasse, im demokratischen Staatsvolk oder im Staatswesen als abstrakter Größe"[4].

Demzufolge muß diese Auffassung den Rechtsstaat als Gegenpol zur Demokratie verstehen. Die unumschränkte, vorfindlich und außerrechtlich gedachte Staatsgewalt ("Leviathan, das wilde Tier der Staatsgewalt")[5] soll durch das Recht gebändigt und in Schranken gehalten werden. Der Rechtsstaat dient als Korrektur und Kontrolle der Demokratie. Rechtsstaat und Demokratie werden von vornherein getrennt[6].
Weil die in der Idee des Rechtsstaats zum Ausdruck kommende ratio nicht zur Disposition steht, gewährt sie Sicherheit vor Übergriffen der Staatsgewalt[7]. Konsequenterweise muß diese Auffassung auch von einer Trennung von Staat und Gesellschaft ausgehen, denn der Staat steht ja außerhalb der Bürger[8].

---

1 KÄGI, Verfassung als rechtliche Grundordnung, S. 160; BÖCKENFÖRDE, Unterscheidung von Staat und Gesellschaft, S. 7 (36); MARCIC, Recht-Staat-Verfassung, S. 235.

2 BÄUMLIN, ZBJV, Bd. 101 (1965), S. 81 (85).

3 SCHEUNER, Festgabe Smend, S. 225 (233, 237); BÄUMLIN, Rechtstaatliche Demokratie,, S. 87; BÄRSCH, Staatsbegriff, S. 114.

4 BÄUMLIN, ZBJV Bd. 101 (1965), S. 81 (84); ebenso GRABITZ, Freiheit und Verfassungsrecht, S. 192.

5 BÄUMLIN, EvStL, Stichwort: Rechtsstaat, Sp. 2046.

6 BÄUMLIN, ZBJV Bd. 101 (1965), S. 81 (85); DERS., Festgabe Smend, S. 3 (11); DERS., EvStL, Stichwort: Rechtsstaat, Sp. 2047.

7 BÄUMLIN, Rechtsstaatliche Demokratie, S. 89.

8 BÄUMLIN, EvStL, Stichwort: Rechtsstaat, Sp. 2047; DERS., Festgabe Smend, S. 3 (11).

Das dieser Ansicht zugrunde liegende defensive Verständnis von Rechtsstaat kommt auch in der Grundrechtstheorie zum Ausdruck, die die Grundrechte ausschließlich als Abwehrrechte sieht[1]. Zudem wird Verfassung in erster Linie immer als Staats-, nicht als Gesamtverfassung verstanden.

Dieses antinomische Denken mag im Liberalismus, in dem der Staat, personifiziert durch den Monarchen, als vorgegeben real existierte, seine Berechtigung gehabt haben[2]. In der Demokratie ist diese vorgegebene Einheit des Staates aber eine Fiktion, weil sie sich erst durch permanentes menschliches Zusammenwirken realisiert.

Dieses antinomische Denken ist auch bis in die jüngste Zeit - zwar nicht im Sinne einer Schule oder eines bestimmten Autors[3] - hier und da noch im Ansatz nachzuweisen[4].

---

1 HESSE, Grundzüge, § 1 II.

2 HESSE, aaO, § 1 II; BÄUMLIN, EvStL, Stichwort: Rechtsstaat, Sp. 2046.

3 KÄGI, Festschrift Giacometti, S. 107 (108).

4 So z.B. SCHMITT, Verfassungslehre, S. 23, 31, 125 f., 233, 309, der den Gegensatz von Rechtsstaat und Demokratie dadurch unterstreicht, daß er Rechtsstaat als unpolitisches Formprinzip dem eigentlich politischen Bereich gegenüberstellt:
FORSTHOFF, Begriff und Wesen des sozialen Rechtsstaats, S. 65 (75), der den Sozialstaat mit dem Rechtsstaat für unvereinbar hält und ihn auf Verwaltungsebene abdrängt.
BURDEAU, Der Staat Bd. 1 (1962), S. 389 (392), der von der Autonomie von Verfassung und Demokratie ausgeht; KRÜGER, Allgemeine Staatslehre, S. 760 und HERZOG, Allgemeine Staatslehre, S. 148, die den Staat als in seiner Aufgabenwahl unbeschränkt, als umfassenden Regelungsmechanismus sehen.
Von Demokratie als unumschränkte Herrschaftsgewalt des Volkes ausgehend MAUNZ, Staatsrecht, § 10 IV: zugespitzt ausgedrückt könnte die Mehrheit des Volkes schlechthin über alle Rechte hinwegschreiten.

Auch die Theorie von der Selbstregierung des Volkes[1] geht von der Antinomie Rechtsstaat und Demokratie aus, wenngleich sie auch einen anderen Ansatz als die Staatsgewaltstheorie hat[2]. Da sie von der Homogenität der Interessen von Herrschenden und Beherrschten ausgeht, braucht die Staatsgewalt nicht eingeschränkt zu werden. Sie ist eo ipso gerecht.

2. Die Einheit von Recht und Staat und ihre Bedeutung für das Verhältnis von Demokratie und Rechtsstaat

Wie schon im Zusammenhang mit der Statusbestimmung der Parteien dargelegt[3], erschöpft sich im demokratischen Gemeinwesen permanentes, ständig in Bewegung befindliches und daher niemals abgeschlossenes, menschliches Zusammenwirken zum Zwecke staatlicher Einheitsbildung nicht allein in diesem Prozeßhaften, sondern geht organisiert vonstatten. Es orientiert sich an einer regelgeforderten Ordnung, die ein ziel- und zügelloses Durcheinander der verschiedenen Interessen vermeiden, dafür planmäßigen und bewußten Vollzug sowie Beständigkeit gewährleisten soll[4]. Diese Ordnung soll, unabhängig vom Wechsel der Beteiligten, den regelmäßig wiederkehrenden Prozeß der Einheitsbildung gewährleisten[5].
Diese Ordnung bilden die rechtlichen Regelungen, die jedoch "keine Aprioritäten der reinen Vernunft"[6] bzw. abstrakte Wertvorstellungen sind, sondern "Objektivationen von Rechts-

---

1 SCHMITT, Verfassungslehre, S. 234 ff; dazu die Kritik von HESSE, Grundzüge, § 5 I und BÄUMLIN, EvStL, Stichwort: Demokratie, Sp. 363; s. auch oben S. 35 Anm. 3

2 BÄUMLIN, aaO, Sp. 363.

3 S. oben S. 16.

4 HELLER, Staatslehre, S. 188; HESSE, aaO, § 1 II; KÄGI, Verfassung als rechtliche Grundordnung, S. 41 f, 151; GRABITZ, Freiheit und Verfassungsrecht, S. 197.

5 EHMKE, Verfassungsänderung, S. 101.

6 HOLLERBACH, Ideologie und Verfassung, S. 37 (47).

überzeugungen, die sich als Antworten auf politische Erfahrungen gebildet haben"[1], aber auch weiterbildender Fragestellung bedürfen[2]. Diese den Staat konstituierende Ordnung ist die Verfassung[3], das Grundgesetz. Nicht verstanden als "Staats"verfassung, sondern als Verfassung des gesamten, Staat und Gesellschaft umfassenden Gemeinwesens[4].

Orientiert sich politische Einheitsbildung an rechtlichen Regelungen, kann somit der Staat nicht losgelöst vom Recht verstanden werden[5]. Recht entsteht nicht erst im Nachhinein als durch die Staatsgewalt gesetzt[6], als akzidentelle Schranke einer vorfindlichen Staatsgewalt. Staat ist von Anfang an vom Recht bestimmt; Recht und Staat sind korrelativ aufeinander bezogen und insofern ist Staat notwendig rechtlich verfaßt[7]. Die das verfassungsimmanente Rechtsstaatsprinzip konkretisierenden Merkmale haben daher keine nachträglich bändigende, beschränkende Funktion. Vielmehr bedeuten diese Einzelmerkmale die Verwirklichungsbedingungen staatlicher Einheitsbildung im demokratischen Gemeinwesen[8]. Die Verfassung im so

---

1 HOLLERBACH, Ideologie und Verfassung, S. 37 (47); ähnlich HELLER, Staatslehre, S. 138; RINKEN, Das Öffentliche, S. 242; BÄUMLIN, Staat, Recht, Geschichte, S. 17.

2 BÄUMLIN, aaO, S. 17 f.; KÄGI, Verfassung als rechtliche Grundordnung, S. 81.

3 HELLER, aaO, S. 242; KÄGI, aaO, S. 36; GRABITZ, Freiheit und Verfassungsrecht, S. 198.

4 HESSE, Grundzüge, § 1 II, III; RINKEN, aaO, S. 240; BADURA, EvStL, Stichwort: Verfassung, Sp. 2707; QUARITSCH, Der Staat Bd. 1 (1962), S. 175 (185); RAMM, JZ 1972, S. 137 (139); SCHMIDT-SALZER, NJW 1970, S. 8 (12).

5 MENGER, Sozialer Rechtsstaat, S. 42 (43).

6 QUARITSCH, aaO, S. 175 (178).

7 HELLER, aaO, S. 184, 188, 191; HESSE, Festgabe Smend, S. 71 (88); MARCIC, Recht-Staat-Verfassung, S. 230; HOLLERBACH, aaO, S. 37 (51); GRABITZ, aaO, S. 199.

8 HESSE, aaO, S. 71 (74 f.); SCHEUNER, Neuere Entwicklung des Rechtsstaats, S. 229 (237); DERS., Festgabe Smend, S. 225 (230); MARCIC, aaO, S. 217; RIDDER, Soziale Ordnung, S. 144; ähnlich ACHTERBERG, Der Staat, Bd. 8 (1969), S. 159 (179 f.).

verstandenen Sinne regelt die Zuständigkeiten, Rechte und Pflichten der Beteiligten und zieht auch Grenzen.

Wenn somit Rechtsstaat den sich im Recht konstituierenden Staat meint, bzw. da das demokratische Gemeinwesen als notwendig rechtlich verfaßt angesehen werden muß, ist der antinomischen Betrachtungsweise die Grundlage entzogen. Rechtsstaat und Demokratie bilden keinen Gegensatz, sondern sind miteinander - teilweise bis hin zur Identität - verknüpft, bedingen und ergänzen sich gegenseitig.

3. Rechtsstaat und Demokratie nach dem Grundgesetz

a) Gemeinsamkeiten

Rechtsstaat und Demokratie bilden zusammen die Verwirklichungsbedingungen für die politische Einheitsbildung[1]. Dabei gehen beide von einer gemeinsamen Grundlage aus, nämlich von dem freien und gleichen, sich selbst verantwortlichen, aber ebenso gemeinschaftsbezogenen Individuum. Das Grundgesetz hat in vielen Bestimmungen deutlich werden lassen, daß der frei entscheidende Staatsbürger Voraussetzung des demokratischen Willensbildungsprozesses ist , daß das Rechtsstaatsprinzip um dieses Prozesses willen die persönlichen und politischen Freiheiten des Bürgers durch rechtliche Bindungen sichern will .

---

1 BVerfGE Bd. 5, S. 85 (198); 18, S. 151 (154); HESSE, Festgabe Smend, S. 72 (84, 86); DERS., Grundzüge, § 8; MARCIC, Recht-Staat-Verfassung, S. 236, 239; BÄUMLIN, Rechtsstaatliche Demokratie, S. 92; DERS., ZBJV Bd. 101 (1965), S. 81 (93).

GRABITZ[1] hat überzeugend dargelegt, daß Freiheit ein Verfassungsprinzip darstellt, das mehrere inhaltliche Dimensionen aufweist[2] und im Grundgesetz unterschiedlich ausgeformt ist. Es wird beispielsweise konkretisiert in den Art. 5, 8, 9 GG als Teilhabe am politischen Willensbildungsprozeß, wie auch durch Prinzipien, die man herkömmlich als Prinzipien des Rechtsstaats ansah, wie z.B. die Mäßigung politischer Macht durch organisatorische Vorkehrungen und Voraussehbarkeit und Meßbarkeit staatlichen Handelns[3]. Die durch das Grundgesetz gewährleisteten Freiheiten verklammern Rechtsstaat und Demokratie. Ebenso gilt dies aber auch für das Sozialstaatsprinzip.

Das Grundgesetz bietet darüber hinaus noch konkrete Beispiele, die die enge Verknüpfung von Rechtsstaat und Demokratie, die sich im Einzelfall zur Identität verdichtet, deutlich machen[4]. So kann Art. 20 Abs. 3 GG einmal als Konkretisierung des verfassungsimmanenten Rechtsstaatsprinzips gelten, weil der Primat des Rechts darin zum Ausdruck kommt, zum anderen aber auch als demokratischer Grundsatz angesehen werden, weil dieses Recht die demokratische Volksvertretung, das Parlament, zuwege bringt[5]. Gleiches gilt z.B. auch für die Grundsätze aus Art. 19 Abs. 4, Abs. 2 und 79 Abs. 3 GG, die ebenso Ausdruck des Rechtsstaatsprinzips sind wie auch der Demokratie, weil damit der demokratische Prozeß zusätzlich gesichert wird[6]. Ebenso gilt dies für den allgemeinen Gleichheitssatz (Art. 3), "weil er die ungleichartige Ver-

---

1 GRABITZ, Freiheit und Verfassungsrecht, S. 240 ff.

2 DERS., aaO, S. 244, 246.

3 DERS., aaO, S. 243 f.; ähnlich RIDDER, Soziale Ordnung, S. 148, MARCIC, aaO, S. 239.

4 HESSE, Festgabe Smend, S. 71 (95).

5 HESSE, aaO; S. 71 (95, Anm. 70); RIDDER, aaO, S. 148.

6 HESSE, aaO, S. 71 (95, Anm. 70); RIDDER, aaO, S. 148

kürzung individueller und politischer Rechte untersagt"[1].

Auch aus dem Bereich der Judikative lassen sich ähnliche Gesichtspunkte heranziehen.

Nicht nur, daß die Gewalt dieses Teils der "besonderen Organe" vom Volke ausgeht (Art. 20 Abs. 2 Satz 2 GG), also demokratisch legitimiert ist[2], auch in den prozessualen Verfahrensgarantien kommt die gegenseitige Bedingtheit von Rechtsstaat und Demokratie zum Ausdruck. Denn die damit bewirkte bindende Ausgestaltung des Wirkens der dritten Gewalt ist ein Teil der rechtlich gewährleisteten, ausgestalteten und geschützten Freiheitssphäre des Einzelnen[3], sichert verfahrensrechtliche Gleichbehandlung und macht das Verfahren vorhersehbar. Freiheit und Gleichheit sind aber ebenso die Grundbedingungen des politischen Lebensprozesses der Demokratie.

Besonders aufzeigen läßt sich dies beispielsweise am Grundsatz des rechtlichen Gehörs und der Öffentlichkeit. Mit dem Grundsatz des rechtlichen Gehörs soll deutlich gemacht werden, daß der Betroffene nicht zum bloßen Objekt staatlicher Maßnahmen gemacht, sondern stets als Person gesehen und behandelt werden soll[4]. Dahinter steht also die von beiden Prinzipien gleichermaßen geforderte Menschenwürde (Art. 1 Abs. 1 GG). Der Grundsatz der Öffentlichkeit weist zunächst auf das Demokratieprinzip, weil dies Öffentlichkeit und Kontrolle staatlichen Handelns verlangt[5] , aber auch auf den Rechts-

---

1 RIDDER, Soziale Ordnung, S. 149.

2 HESSE, Grundzüge, § 5 I.

3 BÖCKENFÖRDE, Festschrift Arndt, S. 53 (74).

4 BVerfGE 9, S. 89 (95); 34, S. 1 (7); DÜRIG, in: Maunz/Dürig/Herzog, GG, Art. 103 Rdn. 4, 5; RÜPING, Rechtliches Gehör, S. 130; ähnlich auch ENGELMANN, Prozeßgrundsätze, S. 52.

5 ARNDT, NJW 1960, S. 423 (424); HESSE, aaO, § 5 II; HÄBERLE, Öffentliches Interesse, S. 322; ENGELMANN, aaO, S. 48 ff.; aA : MARTENS, Öffentlich als Rechtsbegriff, S. 74.

staat[1], weil dieser Grundsatz die Unabhängigkeit der Justiz vor Beeinflussung[2] und damit auch das Individuum schützen will.

b) Besonderheiten

Dennoch wäre es verfehlt, von einer völligen Identität von Rechtsstaat und Demokratie auszugehen, gleichsam als Pleonasmus[3], weil sich dadurch die graduellen Unterschiede von Demokratie und Rechtsstaat verwischten.

Beim Rechtsstaatsprinzip liegt der Schwerpunkt eher auf dem Beharrenden, bei der Demokratie auf dem dynamischen Element. Im demokratischen Bereich werden die unterschiedlichen Interessen geordnet und gebündelt und die richtungsweisenden Entscheidungen im Gemeinwesen getroffen. Demgegenüber bietet das Rechtsstaatsprinzip das rechtliche Gefüge, daß relativ unabhängig vom ständigen Wechsel Kontinuität bewirkt[4]. Rechtsstaat und Demokratie nach dem Grundgesetz bedingen sich vielmehr gegenseitig. Diese ist für jenen conditio-sine-qua-non wie umgekehrt[5]. Der freie demokratische Entscheidungsfindungsprozeß ist ohne die funktionierende Rechtsordnung und Frei-

---

1 BGH St Bd. 2, 56 (57); 9, S. 280 (281); 21, S. 72 (73); 22, S. 238 (301); HÄBERLE, öffentliches Interesse, S. 322.

2 ENGELMANN, Prozeßgrundsätze, S. 51 f.

3 So SCHRADER, DÖD (A) 1950, S. 241 (242), der einen Pleonasmus darin sieht, vom demokratischen Rechtsstaat zu sprechen, weil ein Rechtsstaat nur demokratisch geordnet sein könne; ähnlich auch GRABITZ, Freiheit und Verfassungsrecht, S. 199, Anm. 287: der Terminus "Rechtsstaat" ist deshalb ein Pleonasmus, wenn man nicht seine polemische Bedeutung berücksichtigt, die den Gegensatz zu ... dem absolutistischen Staat zum Ausdruck bringt.

4 HESSE, Festgabe Smend, S. 71 (94 f.); Ders., Grundzüge, § 8.

5 So im Ergebnis auch: BVerfGE Bd. 2, S. 1 (12 f.); 5, 85 (140); HESSE, aaO, S. 71 (92); SCHEUNER, Neuere Entwicklung des Rechtsstaats, S. 229 (234); HELLER, Staatslehre, S. 273; BÄUMLIN, ZBJV Bd. 101 (1965), S. 81 (93, 101); DERS., Rechtsstaatliche Demokratie, S. 92; MARCIC, Recht-Staat-Verfassung, S. 239.

heitssicherung nicht möglich, wie umgekehrt Rechtsstaat nach dem Grundgesetz auch nur das bewahren kann, was vorher im demokratischen Entscheidungsfindungsprozeß zustande gekommen ist. Aus alledem ergibt sich, daß die demokratische Ordnung immer zugleich eine rechtsstaatlich-demokratische Ordnung, das demokratisch verfaßte Gemeinwesen immer auch rechtsstaatlich verfaßt ist.

§ 4 Folgerungen für die Auslegung des Art. 21 Abs. 1 Satz 3 GG

Wenn also nach dem Grundgesetz Rechtsstaat und Demokratie zusammengehören, weil von der Demokratie vorausgesetzte Freiheit nicht ohne rechtlich gesicherte Freiheit denkbar ist, muß dies ebenfalls prinzipiell über Art. 21 Abs. 1 Satz 3 GG für den inneren Bereich der Parteien gelten. Die innere Ordnung der Parteien ist also immer eine an demokratischen wie rechtsstaatlichen Prinzipien orientierte Ordnung. Dies verlangt ein rechtliches Gefüge, in denen beide Prinzipien ihren Niederschlag finden, der Disposition der Parteien aber entzogen ist.
Die Anwendung von Grundsätzen, die diese Freiheitssicherung zum Ziel haben, kann daher auch nicht gegen die von Art. 21 Abs. 1 Satz 2 GG gewährleistete Parteiautonomie verstoßen, weil diese immer nur im Rahmen des Art. 21 Abs. 1 Satz 3 GG geschützt ist[1].

Die Übernahme rechtsstaatlicher Grundsätze, wie sie in Verfassung und einfachen Gesetzen ausgestaltet sind, darf für den parteiinternen Bereich jedoch nicht schematisch erfolgen[2].
Es muß jeweils geprüft werden, ob eine grundsätzlich ver-

1 BERICHT d. Parteienrechtskommission, S. 160 f.; MAUNZ, in: Maunz/Dürig/Herzog, GG, Art. 21 Rdn. 54; TRAUTMANN, Innerparteiliche Demokratie, S. 172 f.; LEIBHOLZ, Festschrift Arndt, S. 179 (180).

2 TRAUTMANN, aaO, S. 174; SEIFERT, Die politischen Parteien, S. 190.

gleichbare Interessenlage besteht und wie die innere Ordnung der Parteien rechtlich auszugestalten ist, um den Zweck des Grundsatzes optimal zu verwirklichen, ohne aber den freiheitlichen demokratischen Prozeß im Innern zu ersticken.
Generell läßt sich sagen, daß zu den rechtsstaatlichen Grundsätzen im parteiinternen Bereich ein geregeltes Verfahren gehört, das ein ordnungsgemäßes Zustandekommen der Parteiorgane, der Satzungsbestimmungen (Tatbestandsklarheit) und Beschlüsse gewährleistet. Ferner Regeln über die Kontrolle der Organe und nicht zuletzt Sicherung der Stellung des einzelnen Mitglieds und seiner demokratischen Rechte und Schutz vor Übergriffen der Parteigewalt.

Wie wichtig gerade rechtsstaatliche Sicherungen in einem Verfahren sind, in dem über die Aberkennung der Mitgliedschaft entschieden wird, wird verständlich, wenn man sich die Bedeutung der Parteimitgliedschaft und die Machtstrukturen innerhalb der Parteien vergegenwärtigt.

Das Grundgesetz hat den Parteien mit Art. 21 Abs. 1 Satz 1, wenn auch nicht eine Monopolstellung (" ... wirken ... mit."), so doch das Recht zur dauernden und alle politischen Angelegenheiten umfassenden Einflußnahme zugesichert[1]. Die Bürger sollen nicht nur alle vier Jahre ihr Wahlrecht ausüben, sondern sich möglichst zahlreich in den Parteien sammeln, um so ständig den Meinungs- und Entscheidungsfindungsprozeß innerhalb und außerhalb der Parteien beeinflussen zu können[2].
Durch Art. 21 GG wird dem Einzelnen die Möglichkeit geboten, seine Rechte aus den Art. 5, 8, 9, 38 Abs. 1 GG über das aktive Wahlrecht hinaus umzusetzen und effektiveren Einfluß auf

---

1 SEIFERT, Die politischen Parteien, S. 401; TRAUTMANN, Innerparteiliche Demokratie, S. 48.

2 KNÖPFLE, Der Staat Bd. 9 (1970), S. 321 (331); TRAUTMANN, aaO, S. 50.

die Gestaltung des Gemeinwesens auszuüben. Zwar kommen politische Entscheidungen auch unter starker Beeinflussung der (Spitzen-)Verbände, vor allem in der Wirtschafts- und Sozialpolitik zustande[1]. Während aber die Verbände versuchen, den von ihnen vertretenen Interessen Teilhabe zu sichern, also auf ihren Interessenbereich beschränkt agieren[2], wirken die Parteien auf allen Ebenen des Gemeinwesens mit, wie die Funktionsbeschreibung in § 1 Abs. 2 PartG zeigt. Sie wollen möglichst viele Interessen aufnehmen, integrieren und die dann im parteiinternen Willensbidlungsprozeß zustande gekommenen Zielvorstellungen direkt in den staatlichen Entscheidungsfindungsprozeß einfließen lassen[3]. Ihre Mitglieder sitzen in den Parlamenten, stellen die Regierungen im Bund und den Ländern und haben die leitenden Verwaltungspositionen inne[4]. Die Parteien können wesentlich intensiver und umfassender Einfluß nehmen als die Verbände.

Will also jemand ein Parlamentsmandat erlangen, eine politische Laufbahn einschlagen, Einfluß auf Bundes- oder Landesebene ausüben, ist ihm dies ohne Parteimitgliedschaft kaum möglich[5]. Selbst auf dem relativ überschaubaren kommunalen Sektor wird er Schwierigkeiten haben. Wird dem Mitglied also die Mitgliedschaft entzogen, ist er in seiner politischen Wirkungsmöglichkeit erheblich beschränkt oder sieht sich möglicherweise noch wirtschaftlichen Nachteilen ausgesetzt[6].

---

1 FÖHR, Innere Demokratie, S. 115 (118); s. dazu auch LESSMANN, Verbände, S. 52 ff.

2 FÖHR, aaO, S. 115 (118); VARAIN, EvStL, Stichwort: Verbände, Sp. 2687; SEIFERT, Die politischen Parteien, S. 401; zum Verhältnis Parteien und Verbände BERICHT d. Parteienrechtskommission, S. 79 ff.

3 TRAUTMANN, Innerparteiliche Demokratie, S. 50.

4 SEIFERT, aaO, S. 401.

5 KNÖPFLE, Der Staat Bd. 9 (1970), S. 321 (335); BERICHT Parteienrechtskommission, S. 67.

6 LENZ/SASSE, JZ 1962, S. 233.

ESCHENBURG[1] und in jüngster Zeit STEINKEMPER[2] haben im Rahmen ihrer Untersuchungen zur Ämterpatronage die Wichtigkeit der Parteimitgliedschaft für den Einzelnen dargelegt, wenn er eine politische Laufbahn einschlagen will oder eine einflußreiche Position bereits innehat. Man mag das bedauern, an den Auswirkungen für den Betroffenen ändert es nichts.

Ein weiterer Grund, der die Sicherung der Mitgliederstellung notwendig macht, liegt darin, daß in Großorganisationen wie den Parteien die unvermeidbare Tendenz besteht, daß die Führungsorgane ein Eigenleben und Eigeninteresse zu bilden geneigt sind, was zusätzlich durch zunehmende Technokratisierung und Bürokratisierung der Parteiapparate gefördert wird[3]. Ohne rechtliche Regelungen zur Bindung dieses innerparteilichen Machtpotentials wird die Verselbständigung beschleunigt, Gegenströmungen und Machtverschiebungen verhindert, was dazu führen kann, daß diese Organe in ihnen unbequeme Willensbil-

---

1 ESCHENBURG, Ämterpatronage, insbes. S. 26 ff., 62 ff., 71 ff.

2 STEINKEMPER, Bürokraten, S. 15 ff. (insbes. S. 51 f., 63); zum Verhältnis des Beamtentums zu den politischen Parteien FRICKE, Diss., S. 21 ff.

3 Auf den Zusammenhang zwischen Organisationsgröße und Oligarchiebildung hat schon MICHELS, Soziologie des Parteiwesens, S. 24 ff. hingewiesen. Die an ihm geübte Kritik hat den Grundgehalt seiner Oligarchiethese nicht erschüttern können; vgl. dazu SEIFERT, Die politischen Parteien, S. 195 Anm. 82; LESSMANN, Verbände, S. 243 f.; RINKEN, Das Öffentliche, S. 265 ff.; zum Problem der Oligarchiebildung ebenfalls BÖCKENFÖRDE, Freiheitssicherung gegenüber gesellschaftlicher Macht, S. 336 (339); TRAUTMANN, Innerparteiliche Demokratie, S. 178; MÜLLER, Demokratische Willensbildung, S. 142; KAACK, Parteiensystem, S. 474 f. und 691; KNÖPFLE, Der Staat Bd. 9(1970), S. 321 (329); WILLMS, JZ 1958, S. 265 (267 f.); LUTHMANN, Diss., S. 39 ff; DUX, DVBl 1966, S. 553 ff.; LENZ/SASSE, JZ 1962, S. 233 ff.; LEIBHOLZ, Strukturprobleme, S. 124; SEIFERT, Die politischen Parteien, S. 195 f.; aA wohl HENKE, Parteienrecht, S. 51 .

dungsprozesse eingreifen und die "häretischen" Ansichten durch Entfernung der betreffenden Mitglieder aus der Partei auf administrativem Wege ausschalten[1]. Zwar muß den Parteien grundsätzlich die Ausschließung eines Mitglieds zugestanden werden, das sich parteischädigend verhält bzw. verhalten hat; um dabei aber Willkürakte zu vermeiden, sind entsprechende rechtliche Bindungen notwendig, damit der Entzug der Mitgliedschaft tatsächlich ultima ratio bleibt.

Aus alledem ergibt sich die Notwendigkeit, die Mitgliedschaftsrechte zu sichern und zu schützen. Die Mitgliedschaft muß zu einem schwer entziehbaren Statusrecht werden.

Mit der Einrichtung einer Parteischiedsgerichtsbarkeit durch Parteiengesetz und der Zuständigkeit dieser von den übrigen Organen relativ unabhängigen Stelle für die Entscheidung über den Entzug des Mitgliedschaftsrechts (§ 10 Abs. 5 Satz 1 PartG) ist schon ein wichtiger Schritt hinsichtlich dieses Schutzes getan. Damit das Schiedsgericht seine Funktion ordnungsgemäß erfüllen kann, bedarf es dazu, nach dem oben Gesagten, eines rechtsstaatlichen, d.h. eines an den anerkannten prozessualen Grundsätzen orientierten, Verfahrens[2]. Da aber die Verpflichtung zu einem rechtsstaatlichen Schiedsverfahren nicht hinreichend bestimmt ist, soll im Folgenden untersucht werden, wie dieses Verfahren im einzelnen auszugestalten ist, wobei die Ausschließungsermächtigungsgrundlage des § 10 Abs. 4 PartG mit einbezogen wird. Die diesbezüglichen Regelungen in den Satzungen bzw. Schiedsgerichtsordnungen der Parteien CDU, CSU, F.D.P., SPD werden in diesem Zusammenhang mitbewertet.

---

1 LENZ/SASSE, JZ 1962, S. 233.

2 SCHLOSSER, Vereins- und Verbandsgerichtsbarkeit, S. 153 legt dar, daß der Hinweis auf staatlichen Rechtsschutz anstelle von ausgeprägten rechtsstaatlichen Verfahrensgrundsätzen im vereinsinternen Verfahren nicht selten großes Prozeßrisiko bedeutet; ebenso FLUME, Festschrift Bötticher, S. 101 (138).

2. Teil: Die rechtsstaatliche Ausgestaltung des Verfahrens bei der Entscheidung über den Entzug der Mitgliedschaft

1. Abschnitt: Das Verfahren

§ 5: Die Schiedsgerichte

Der Gesetzgeber hat in Konkretisierung des Art. 21 Abs. 1 Satz 3 GG in § 14 Abs. 1 Satz 1 PartG für alle Parteien verpflichtend die Einrichtung von Schiedsgerichten vorgeschrieben und sie mit dieser Normierung auf eine andere Grundlage gestellt[1] als die Vereins- bzw. Verbandsgerichtsbarkeit, für die derartige Regelungen nicht bestehen.
Das Parteiengesetz regelt das Schiedsgerichtswesen nicht erschöpfend und abschließend, sondern stellt nur Mindestanforderungen auf. Die Parteien können in ihren Satzungen und Schiedsgerichtsordnungen, die als dem Parteiengesetz nachrangige Rechtsquellen des Parteienrechts anzusehen sind, weitergehende Regelungen treffen[2].

I. Die Zuständigkeit

Gem. § 14 Abs. 1 PartG sind die Schiedsgerichte zuständig zur Schlichtung und Entscheidung von Streitigkeiten zwischen der Partei mit einzelnen Mitgliedern[3], über Auslegung und Anwendung der Satzung und über Maßnahmen gegen nachgeordnete Gebietsverbände (§ 16 Abs. 3 PartG). Die ausschließliche Zu-

---

1 SEIFERT, Die politischen Parteien, S. 250.

2 HENKE, Parteienrecht, S. 60; SCHLICHT, Diss., S. 8, 12.

3 Dabei handelt es sich nur um Streitigkeiten aus dem Mitgliederverhältnis, nicht aus dem Arbeitsverhältnis.

ständigkeit der Schiedsgerichte für die Entscheidung über den Entzug des Mitgliedschaftsrechts wird in § 10 Abs. 5 Satz 1 in Verbindung mit § 14 Abs. 1 Satz 1 PartG darüberhinaus nochmals ausdrücklich klargestellt und ist demzufolge von allen Parteien übernommen worden[1].

Die örtliche Zuständigkeit für den Ausschluß richtet sich in allen Parteien in der Regel ausdrücklich, oder stillschweigend vorausgesetzt, nach dem Wohnsitz des Mitglieds bzw. der Zugehörigkeit zu einer Organisationsgliederung. In der CDU ist für den Ausschluß von Bundes- oder Landesvorstandsmitgliedern sowie von Bundes- und Landtagsabgeordneten das Landesparteigericht zuständig, in dessen Bereich das betroffene Mitglied wohnt[2], für alle anderen Mitglieder sind die Kreisparteigerichte zuständig[3].
Bei der CSU sind es grundsätzlich die Bezirksschiedsgerichte[4], "aus wichtigen Gründen" auch das Landesschiedsgericht[5].
Die F.D.P. erklärt für den Ausschluß grundsätzlich die Landesschiedsgerichte der einzelnen Landesverbände für zuständig[6], die auch das Verfahren bestimmen. Das Bundesschiedsgericht ist zuständig für Ausschlußanträge gegen Mitglieder des Bundesvorstands, darüber hinaus auch in den Fällen, in denen

---

1 CDU-Statut § 11 Abs. 3; CSU-Satzung § 52 Abs. 1 b, c; F.D.P.-BSatzung § 7 Abs. 2; LV NRW Satzung § 7 Abs. 6; SPD-OrgStatut § 34 Abs. 2 Ziff. 1; i.V.m. § 35 Abs. 2 Ziff. 4.

2 CDU-Statut § 11 Abs. 3 Satz 2, i.V.m. § 13 Abs. 1 Ziff. 1 PGO.

3 CDU-Statut § 11 Abs. 3 Satz 1, i.V.m. § 11 Abs. 1 Ziff. 1 PGO.

4 CSU-Satzung §§ 9 Abs. 1 Satz 2, 52 Abs. 1, i.V.m. §§ 3 Abs. 1, 2. Abs. 1 b SchGO.

5 CSU-Satzung § 52 Abs. 2 a.

6 Vgl. z.B. F.D.P.-Satzung LV NRW §§ 17 Abs. 1 a; weitere Nachweise auf die Regelungen der übrigen Landesverbände bei HEIMANN, Schiedsgerichtsbarkeit, S. 199. Die Bundessatzung der F.D.P. ist nur Rahmensatzung.

das zuständige Landesparteigericht auf Antrag des Bundesvorstands das Ausschlußverfahren nicht einleitet[1].
In der SPD ist, unabhängig von der Stellung des Mitglieds in der Partei, die Schiedskommission des Unterbezirks zuständig, in dessen Bereich das betroffene Mitglied seine Mitgliedschaftsrechte wahrnimmt[2], was in der Regel auch der Wohnsitz sein dürfte. Nur wenn das sofortige Ruhen aller Mitgliedsrechte angeordnet ist, was gleichzeitig einen Antrag auf Einleitung eines Ordnungsverfahrens darstellt, ist die Schiedskommission des Bezirks zuständig[3].

II. Der Aufbau

Hinsichtlich des Aufbaus hat das Parteiengesetz in § 14 Abs. 1 der Einrichtung von Schiedsgerichten bei der Gesamtpartei und der höchsten Organisationsgliederung zwingend vorgeschrieben[4]. Durch diese regionale Gliederung soll eine zu starke Machtkonzentration bei einem Gericht vermieden werden[5].

Auf der untersten Organisationsstufe (Ortsverbandsebene) hat keine der hier näher berücksichtigten Parteien Schiedsgerichte eingerichtet. In der CDU[6] sind Kreis-, Landes-und das Bundesgericht vorgesehen; in der CSU, entsprechen ihrer Aus-

---

1 F.D.P.-BSatzung § 7 Abs. 2, Abs. 3 Satz 2.

2 SPD-OrgStatut § 35 Abs. 4 Satz 1 i.V.m. § 1 Abs. 2 Satz 1 SchO.

3 SPD-SchO § 19 Abs. 2 Satz 1

4 SEIFERT, Die politischen Parteien, S. 251.

5 LAUFER, ÖZÖR Bd. 15 NF (1965), S. 1 (8); BT-DRUCKSACHE III/ 1509, S. 23.

6 CDU-PGO § 2 Abs. 1.

7 CSU-Satzung § 49.

weitung, Bezirksschiedsgerichte und das Landesparteigericht, in der F.D.P.[1] Bezirks-, Landes-und Bundesschiedsgericht. Die SPD[2] nennt Schiedsgerichte auf Unterbezirks-, Bezirks- und Bundesebene.

Eine weitere Entscheidung über den Aufbau ist insoweit getroffen, als im Zusammenhang mit der Entscheidung über den Entzug des Mitgliedsrechts die Berufung an ein Schiedsgericht höherer Stufe vorgesehen ist (§ 10 Abs. 5 Satz 2 PartG), wodurch von den Parteien ein mindestens zweigliedriger Instanzenzug verlangt wird.
Eine derartige Berufungsmöglichkeit sehen demzufolge alle Parteien vor.

Bei der CDU sind bei Ausschlußentscheidungen der Kreisparteigerichte die Landesparteigerichte zweite Instanz, das Bundesgericht ist zweite Instanz für Entscheidungen der Landesparteigerichte[3]. Bei der CSU ist zweite Instanz das Landesparteigericht[4]. Bei der F.D.P. wird ein zweiter Instanzenzug beim Bundes- bzw. Landesgericht dadurch eingerichtet, daß man bei demselben Gericht eine zweite Kammer bildet, die als Rechtsmittelinstanz fungiert[5]. Die Landessatzungen können als Rechtsmittelinstanz das Bundesschiedsgericht bestimmen[6]. Die SPD sieht grundsätzlich im Ausschlußverfahren einen dreigliedrigen Instanzenzug vor: Gegen die Entscheidung der Unterbezirksschiedskommission ist zweite Instanz die Schiedskommission auf Bezirksebene, dritte Instanz die Bundesschiedskommission[7].
Er wird aber dann zu einem zweigliedrigen, wenn mit Sofortmaßnahmen vorgegangen wird.

---

1 F.D.P.-BSatzung §§ 7, 10; LV NRW §§ 25, 26.
2 SPD-OrgStatut § 34 Abs. 1.
3 CDU-PGO §§ 13 Abs. 3, 14 Abs. 3.
4 CSU-SchGO § 14 Abs. 1.
5 F.D.P.-BSchO § 2; LV NRW-SchO § 2.
6 F.D.P.-BSatzung § 7 Abs. 1 Satz 2.
7 SPD-SchO §§ 25, 26.

III. Die Schiedsgerichtsmitglieder

1. Stellung und Qualifikation

Eine an rechtsstaatlichen Grundsätzen orientierte Schiedsgerichtsbarkeit kann ihre Schutzfunktion nur dann wirksam wahrnehmen, wenn auch Vorkehrungen gegenüber einer Beeinflussung durch Parteigremien oder Einzelinteressen bestehen.

Dies ist Sinn und Zweck des § 14 Abs. 2 Satz 3 PartG[1], der den Schiedsgerichtsmitgliedern einen weisungsfreien und unabhängigen Status zuerkennt. Ebenso folgt daraus, daß eine Verweisung des zu entscheidenden Falles an den Parteitag ausgeschlossen ist, bzw. es diesem Organ untersagt ist, einen der zu entscheidenden Ausschlußfälle an sich zu ziehen[2]. Die Unabhängigkeit wird insbesondere noch dadurch verdeutlicht, daß nur der zum Schiedsrichter gewählt werden kann, der nicht Vorstandsmitglied der Partei oder eines Gebietsverbandes ist, in einem Dienstverhältnis zu ihnen steht oder von ihnen regelmäßig Einkünfte bezieht (§ 14 Abs. 2 Satz 2 PartG).

Unter "Vorstandsmitglied der Partei" fallen nicht die Vorstandsmitglieder von neben der allgemeinen Parteiorganisation bestehenden Personenvereinigungen (Sonderorganisationen[3]), die mit besonderen Aufgaben innerhalb der Parteien betraut sind.

---

1 SEIFERT, Die politischen Parteien, S. 252; TRAUTMANN, Innerparteiliche Demokratie, S. 288; HEIMANN, Schiedsgerichtsbarkeit, S. 176 f.; STRUNK, Diss., S. 9 für die Verbände: LESSMANN, Verbände, S. 268.

2 SEIFERT, Erläuterungen, § 14 Abs. 2, S.15 (32); TRAUTMANN, aaO, S. 169; LAUFER, ÖZÖR Bd. 15 NF (1965), S. 1 (8).

3 Zum Begriff: TRAUTMANN, aaO, S. 239 ff.; SEIFERT, aaO, S. 21, 203, 278; OERTER, Diss, S. 10, 37; dazu zählen z.B. bei der CDU: Junge Union, Frauenvereinigung, Sozialausschüsse, bei der CSU: Junge Union Bayerns, Arbeitsgemeinschaft Landwirtschaft; bei der SPD die Arbeitsgemeinschaften, wie Jungsozialisten, Frauen, Juristen.

Denn sie nehmen nicht an der nach dem Parteiengesetz und den Satzungen geregelten allgemeinen Parteiwillensbildung teil, sondern bilden einen eigenen innerparteilichen Sonderwillen[1].

Fraglich ist aber, welcher Personenkreis in einem Dienstverhältnis zur Partei steht, oder von ihr regelmäßig Einkünfte bezieht und deshalb vom Schiedsrichteramt ausgeschlossen ist. Diese Bestimmung soll verhindern, daß das Schiedsgerichtsmitglied seiner materiellen Abhängigkeit von der Partei wegen aus Furcht vor Nachteilen oder weil er sich der "herrschenden Parteimeinung" (Wess' Brot ich eß, dess' Lied ich sing) verpflichtet fühlt, in seiner Beurteilungs- und Entscheidungsfreiheit beeinträchtigt ist[2].
Neben den der allgemeinen Parteiverwaltung angehörenden Personen wie Geschäftsführer, Referenten, Angestellte der Geschäftsstellen[3] könnte dies auch auf Angestellte von Parteiunternehmen, z.B. Presseunternehmen, Bildungs- und Schulungsstätten, Verlage, Vermögensverwaltungsgesellschaften zutreffen.
Dies wird aber nur dann anzunehmen sein, wenn diese Unternehmungen nach dem Gesamtbild der tatsächlichen, nicht rechtlichen Verhältnisse organisatorisch, finanziell und wirtschaftlich in die Partei eingegliedert[4] sind und Beschlüsse, Anordnungen und Verlautbarungen der Partei für sie verbindlich sind. Ausnahmen wird man da zulassen können, wo die Tätigkeit des Unternehmens vorwiegend wirtschaftlich ausge-

---

1 SEIFERT, Die politischen Parteien, S. 204; TRAUTMANN, Innerparteiliche Demokratie, S. 243.

2 Ähnlich: TRAUTMANN, aaO, S. 288.

3 SEIFERT, aaO, S. 20 f.

4 So RegEntwurf BT-Drucksache III/1509, S. 3, der sie zu den Sonderorganisationen zählt.

richtet ist oder sich auf technische Herstellungsgänge konzentriert[1].

Teilweise wird vertreten[2], daß - mangels Regelung im Parteiengesetz - auch Nichtmitglieder in das Schiedsgericht berufen werden dürften; dies ist zwar rechtlich möglich, in der Praxis werden in der Regel Parteimitglieder vorgezogen[3], weil diese für die Schlichtung der Streitigkeiten wegen der Kenntnis der parteiinternen Zusammenhänge eher geeignet erscheinen, in innerparteilichen Konfliktfällen zu einer vertretbaren Entscheidung zu gelangen[4].

Mit Ausnahme der CSU hat keine Partei weitere Regelungen über die Unabhängigkeit verabschiedet. Die CSU sieht vor, daß Organe "gutachtlich über politische Hintergründe und Auswirkungen des Verfahrens" zu hören sind[5]. Auffallend ist jedoch, daß weder das Parteiengesetz noch die Schiedsgerichtsordnungen der Parteien bestimmt haben, wie diese Unabhängigkeit der Schiedsrichter gesichert werden bzw. ob und wie bei unsachgemäßer Ausübung des Amtes eingeschritten werden kann[6] (etwa vergleichbar der Dienstaufsicht im staatlichen Bereich).

---

1 Wo die Abgrenzung im einzelnen verläuft, wird man kaum sagen können. Den Parteien sollte es überlassen bleiben, welche Unternehmungen sie erfaßt wissen wollen. Dazu zu zählen sind jedenfalls die "Meinungsbildungsunternehmen".

2 SEIFERT, Die politischen Parteien, S. 252; LUTHMANN, Diss., S. 119.

3 Ausdrücklich geregelt bei der CDU, vgl. CDU-PGO § 7 Abs.1 Satz 2: müssen Mitglieder der CDU sein.

4 SCHLICHT, Diss., S. 30.

5 CSU-SchGO § 7 Abs. 3; kritisch dazu HEIMANN, Schiedsgerichtsbarkeit, S. 184

6 SEIFERT, aaO, S. 253; SCHLOSSER, Vereins- und Verbandsgerichtsbarkeit, S. 174; für die Einführung von Kontrollmöglichkeiten durch die Mitgliederversammlung LAUFER, ÖZÖR Bd. 15 NF (1965), S. 1 (8).

Weder existieren Vorschriften über eine Mindestamtszeit noch über die jederzeitige Abberufung (z.B. wegen Unfähigkeit). Bei Pflichtverletzungen bleibt nur die - wenig befriedigende - Möglichkeit gegen das betreffende Schiedsgerichtsmitglied selbst ein Parteiordnungsverfahren anzustrengen[1].

Teilweise verlangen die Parteien, daß die Kandidaten für das Amt des Schiedsrichters die Befähigung zum Richteramt haben müssen[2], da man von ihnen größere Sachkunde und Objektivität im Verfahren vor den Schiedsgerichten erwarten könne[3]. Zwar reicht für das Hinwirken auf eine gütliche Einigung, die eher politisches Verständnis für die Zusammenhänge erfordert, die Kenntnis der Satzung und der notwendigen Verfahrensgrundsätze aus[4]. Die Besetzung des Schiedsgerichts mit zumindest einem juristisch geschulten Mitglied bietet indes eine größere Gewähr für die richtige Handhabung der Verfahrensgrundsätze[5].

2. Die Wahl

Wie die Mitglieder der Schiedsgerichte eingesetzt werden, ist im Parteiengesetz nicht zufriedenstellend normiert[6]. § 14 Abs.

---

1 SCHLOSSER, Vereins- und Verbandsgerichtsbarkeit, S. 174; die F.D.P. sieht bei Nichttätigwerden der Landesgerichte vor, daß der Bundesvorstand das Recht hat, das Verfahren an sich zu ziehen und es vom Bundesschiedsgericht durchführen zu lassen. F.D.P.-BSatzung § 7 Abs. 3 Satz 2.

2 So bei den Parteien CDU, CSU, F.D.P.; vgl. CDU-Statut §§ 3 Abs. 2 Satz 2, 4 Abs. 2 Satz 2, 5 Abs. 2 Satz 2; CSU-Satzung § 51 Abs. 4; F.D.P.-BSchO § 1 Abs. 2; LV NRW-SchO § 1 Abs. 1.

3 SCHLOSSER, aaO, S. 175; LUTHMANN, Diss., S. 119; SCHLICHT, Diss., S. 30.

4 TRAUTMANN, Innerparteiliche Demokratie, S. 287.

5 BGH, NJW 1975, S. 160.

6 SEIFERT, Die politischen Parteien, S. 252.

2 Satz 1 PartG spricht lediglich davon, daß sie "für höchstens vier Jahre gewählt" werden dürfen. Im Gegensatz zum ersten Parteiengesetzesentwurf[1] fehlen Hinweise auf das zuständige Wahlorgan. Zwar wäre nach dem Wortlaut des § 14 Abs. 2 Satz 1 PartG auch der zuständige Vorstand berechtigt, die Mitglieder des Schiedsgerichts zu wählen; für die alleinige Zuständigkeit der den einzelnen Organisationsgliederungen zugehörenden Parteitage (vgl. § 9 Abs. 4 PartG) spricht aber, daß die Schiedsgerichte der Willensbildung dienende Organe im Sinne von § 8 Abs. 2 PartG sind. Dazu sind nicht nur die Organe zu zählen, in denen nach demokratischen Grundsätzen eine gemeinsame Entscheidung gefunden wird; dazu gehören vielmehr ebenso Organe wie die Schiedsgerichte[2], die bei Störungen des Willensbildungsprozesses eingreifen und die dabei entstandenen Streitigkeiten schlichten[3] und - notfalls per Ordnungsmaßnahme oder Ausschluß gem. § 10 Abs. 4 PartG - entscheiden sollen. Sie sollen diesen Willensbildungsprozeß schützen und dienen ihm auf diese Weise im Sinne von § 8 Abs. 2 PartG. Außerdem würde eine Wahl durch den Vorstand dem Sinn und Zweck des § 14 Abs. 2 Satz 2 PartG widersprechen[4], der ja sowohl eine direkte wie indirekte Einwirkungsmöglichkeit dieses Organs möglichst ausschließen will.

---

1 Vgl. BT-Drucksache III/1509, S. 5.

2 TRAUTMANN, Innerparteiliche Demokratie, S. 286 ff.; WOLFRUM, Innerparteiliche Ordnung, S. 169; SCHLOSSER, Vereins- und Verbandsgerichtsbarkeit, S. 172 f.; LUTHMANN, Diss., S. 118; LAUFER, ÖZÖR Bd. 15 NF (1965), S. 1 (8); LUTHMANN, Diss., S. 118; aA: SEIFERT, Die politischen Parteien, S. 252 Anm. 333; DERS., Erläuterungen zu § 8 Abs. 2 PartG, S. 15 (25); HEIMANN, Schiedsgerichtsbarkeit, S. 71.

3 So ausdrücklich § 14 Abs. 1 Satz 1 PartG.

4 LUTHMANN, aaO, S. 118; HEIMANN, aaO, S. 176; Nach der alten Regelung bei der SPD konnte der Vorsitzende des Schiedsgerichts vom Vorstand ernannt werden, vgl. § 28 des bis 21.3.68 geltenden OrgStatuts.

Von der Zuständigkeit der Parteitage für die Wahl der Schiedsgerichtsmitglieder gehen alle Parteien aus[1]. Lediglich die CSU sieht in einem Fall, nämlich der der Bildung des Landesparteigerichts, die Wahl durch einen Landesausschuß vor[2].

Von der in § 14 Abs. 3 PartG vorgesehenen Möglichkeit, Einzelrichter oder auf Wunsch der Streitenden paritätisch besetzte Schiedsgerichte einzurichten, hat keine der Parteien Gebrauch gemacht[3]. Alle Schiedsgerichte sind als Kollegialgerichte gebildet, in denen die Mitgliederzahl zwischen drei und elf Mitgliedern schwankt[4].
Nicht auszuschließen ist bei einer zahlenmäßig umfangreichen Besetzung, daß das Zusammentreten des Schiedsgerichts herausgezögert wird, weil Schwierigkeiten bestehen, einen allen Mitgliedern gerecht werdenden Termin zu finden. Damit der Betroffene nicht zu lange über die Beurteilung seines Verhaltens im Unklaren bleibt, erscheint es praktikabler, eine Mindestbesetzung von drei bis fünf Personen vorzusehen.

---

1 CDU-Statut § 29 Abs. 3, § 6 PGO; CSU-Satzung § 18 Abs. 2 f. für die Bezirksgerichte; F.D.P.-BSatzung § 15 Abs. 2 Ziff. 6; Satzung LV NRW § 17 Abs. 4; SPD-OrgStatut § 34 Abs. 5; vgl. auch § 32 Abs. 1 Satz 1 BGB: Zuständigkeit der Hauptversammlung.

2 CSU-Satzung § 22 Abs. 2 d.

3 Auch in der Vereinsgerichtsbarkeit ist diese Art von Gerichten die Ausnahme, vgl. SCHLOSSER, Vereins- und Verbandsgerichtsbarkeit, S. 173.

4 CDU-PGO § 5 (für das Bundesparteigericht fünf Mitglieder), § 4 (für die Landesparteigerichte drei Mitglieder); CSU-Satzung § 50 Abs. 1 (für die Bezirksschiedsgerichte drei Mitglieder), § 50 Abs. 2 (für das Landesschiedsgericht fünf Mitglieder); F.D.P.-BSchO § 1 (elf Mitglieder); LV NRW SchO § 1 (acht Mitglieder); SPD-OrgStatut § 34 Abs. 4 (für alle Schiedsgerichte drei Mitglieder).

IV. Die Rechtsbedeutung der Parteischiedsgerichte

Ein Teil der Literatur[1] geht davon aus, daß - insbesondere bei der Entscheidung über den Entzug des Mitgliedschaftsrechts gem. § 10 Abs. 4 PartG - von den Parteischiedsgerichten materiell Rechtsprechung ausgeübt wird. Demzufolge setzt sich diese Ansicht mit einem eventuellen Verstoß gegen das staatliche Rechtsprechungsmonopol gem. Art. 92 GG auseinander und prüft darüberhinaus, ob es sich bei den Parteischiedsgerichten um Schiedsgerichte im Sinne der §§ 1048, 1025 ff. ZPO handeln könnte.
Begründet wird diese Ausübung materieller Rechtsprechung durch die Parteigerichte damit, daß sie durch Subsumtion von Tatsachen unter Rechtsnormen eine bestimmte Rechtsfolge herleiten[2] und als unabhängiges Organ anzusehen seien[3].

Zwar geht diese Ansicht zutreffend von der richtigen Definition von Rechtsprechung aus; indes treffen die Voraussetzungen auf die Parteischiedsgerichtsbarkeit aus mehreren Gründen nicht zu.

Zunächst gehört zum Inhalt von Rechtsprechung im materiellen Sinne, daß sie von staatlichen Organen als unbeteiligte Dritte wahrgenommen wird, womit von anderen staatlichen Organen unabhängige - unmittelbare und mittelbare - Bundes-

---

1 HERZOG, in: Maunz/Dürig/Herzog, GG, Art. 92 Rdn. 145; HEIMANN, Schiedsgerichtsbarkeit, S. 176; ZEUNER, Innerparteiliche Demokratie, S. 63; HAHN, Diss., S. 79; SCHLICHT, Diss., S. 189.

2 HAHN, Diss., S. 79; ZEUNER, aaO, S. 63.

3 HEIMANN, aaO, S. 177 ff.; SCHLICHT, Diss., S. 140; insb. S. 186, 189.

und Landesgerichte gemeint sind[1], was für die Parteischiedsgerichte eindeutig ausscheidet. Selbst wenn man sich aber der Meinung anschließt, man dürfe Partei- und Staatsebene nicht verwechseln, und müsse die Grundsätze, die für staatliche Rechtsprechung gelten, entsprechend auf den Organisationsrahmen im Parteiwesen übertragen[2], sind die Schwierigkeiten nicht ausgeräumt.

Es ist fraglich, ob die Parteischiedsgerichte tatsächlich einen derartigen Unabhängigkeitsgrad haben, wie er für staatliche Richter "als unbeteiligte Dritte" verlangt wird[3]. Zwar sehen das Parteiengesetz und die einzelnen Parteisatzungen und -schiedsordnungen Vorschriften für die Unabhängigkeit vor. Insbesondere ergibt sich aus dem Bestellungsverfahren keine direkte Einflußmöglichkeit auf die Schiedsgerichte, wenngleich auch nicht von einer Sicherung der Unabhängigkeit gesprochen werden kann.
Vor allem sagt diese Unabhängigkeit noch nichts darüber aus, ob die Schiedsgerichtsmitglieder tatsächlich Unbeteiligte sind, mit anderen Worten, ob sie Distanz zum Geschehen haben, und daher deren Tätigkeit als rechtsprechende Tätigkeit qualifiziert werden kann.

Bei näherer Betrachtung kann einer derartigen Distanz nicht

---

1 MENGER, System, S. 40 ff, insb. S. 46; WOLFF/BACHOF, Verwaltungsrecht I, § 19 I b 1; HESSE, Grundzüge, § 14 III 1; DÜTZ, Gerichtsschutz, S. 88 mwN; HERZOG, in: Maunz/Dürig/Herzog, GG, Art. 92 Rdn. 20 ff.; VOLLMER, Schiedsklauseln, S. 48; BETTERMANN, EvStL, Stichwort: Rechtsprechung, Sp. 2021.

2 So SCHLICHT, Diss., S. 154.

3 BVerfGE Bd. 3, S. 377 (381); 4, S. 331 (344 ff.); 6, S. 55 (63); HESSE, aaO, § 14 III 2 b mwN; WOLFF/BACHOF, aaO, § 19 I b 3.

zugestimmt werden[1]. Zunächst ist darauf hinzuweisen, daß die technische Abwicklung des Verfahrens mit Hilfe der Geschäftsstellen vorgenommen wird[2], und somit rein äußerlich schon eine enge Verbindung zur Parteiverwaltung besteht. Außerdem nehmen die Schiedsgerichtsmitglieder, wie andere engagierte Mitglieder auch, in vollem Umfang am innerparteilichen Willensbildungsprozeß teil und haben von daher schon eine größere Sachnähe zu den dabei auftretenden Konflikten als dies ein staatlicher Richter haben dürfte. Auch wird oftmals durch die Wahl dieser Mitglieder eine innerparteiliche Richtungsentscheidung getroffen, wie sie sich in Vorstandsbesetzungen ausdrückt, weil beide Organe schließlich von den gleichen Mehrheiten eingesetzt sind.
Als Organ der Partei sind die Schiedsgerichtsmitglieder eher dem Interesse der Partei verpflichtet und nicht etwa einem überindividuellen Interesse wie die staatlichen Richter. Die Partei steht auf beiden Seiten, sowohl auf der, die den Antrag stellt, wie auf der, die - wenn auch unabhängig - entscheidet[3].

Die größten Bedenken gegen die Wahrnehmung rechtsprechungsartiger Aufgaben durch die Parteischiedsgerichte ergeben sich aber dann, wenn man sich genauer die richterliche Tätigkeit

---

1 So im Ergebnis auch: OLG Oldenburg DVBl 1967, S. 941 (942); OLG Frankfurt NJW 1970, S. 2250 (2251); HENKE, Parteienrecht, S. 103; DERS., DVBl 1967, S. 942 (944); SEIFERT, Die politischen Parteien, S. 253 f.; TRAUTMANN, Innerparteiliche Demokratie, S. 288; BETTERMANN, EvStL, Stichwort: Rechtsprechung, Sp. 2031; STRUNK, Diss., S. 9.

2 So ist Sitz der Schiedsgerichte in der Regel am Sitz der Geschäftsstellen der betreffenden Organisationsgliederung, vgl. CSU-SchGO § 4 Abs. 1; SPD-OrgStatut § 34 Abs. 1, von diesen wird der Schriftverkehr geführt und werden, falls möglich, die Räume für Verhandlungen zur Verfügung gestellt.

3 BETTERMANN, aaO, Stichwort: Rechtsprechung, Sp. 2031.

vergegenwärtigt und sie mit der Schiedsrichtertätigkeit nach dem Parteiengesetz vergleicht.

Der Richter richtet sich immer nur nach dem Recht (vgl. Art. 20 Abs. 3 GG), indem er durch Anwendung des objektiven Rechts (Rechtsnormen), entscheidet, was im Einzelfall rechtens ist. Das Recht ist für ihn Maßstab zur Beurteilung fremden Verhaltens[1]. Sicherlich wenden die Parteigerichte auch Recht an, indem sie - z.B. beim Entzug des Mitgliedschaftsrechts gem. § 10 Abs. 4 PartG - prüfen, ob die Voraussetzungen für den Entzug vorliegen. Das Gesetz setzt zwar hier einen Tatbestand fest, überläßt aber, wenn dieser verwirklicht ist, die Rechtsfolge den Parteigerichten, indem er ihnen bei der Ausschlußentscheidung durch die "Kann-Bestimmung" des § 10 Abs. 4 PartG Ermessen eingeräumt hat. Ermessen ist aber eine Entscheidung, die sich nach Zweckmäßigkeitsgesichtspunkten richtet[2]. Die Parteien brauchen ein Mitglied bei Vorliegen der Tatbestandsvoraussetzungen nicht ausschließen, sondern können zwischen mehreren Maßnahmen wählen. Sie können das Mitglied ausschließen, eine mildere Maßnahme aussprechen (z.B. Funktionsverbot für einen bestimmten Zeitraum) oder ganz von Maßnahmen absehen, je nachdem was im Einzelfall als das Zweckmäßigste anzusehen ist. Diese Entscheidung orientiert sich bei den Parteien an außerrechtlichen politischen Zweckerwägungen[3].

Richterliche Tätigkeit hingegen orientiert sich nicht an Zweckmäßigkeitserwägungen. Selbst da, wo dem Richter Ermessen

---

1 BETTERMANN, EvStL, Stichwort: Rechtsprechung, Sp. 2021; DERS., Festschrift Jellinek, S. 361 (365); WOLFF/BACHOF, Verwaltungsrecht I, § 19 I b 1; MENGER, System, S. 49.

2 Zu den Ermessensvoraussetzungen siehe WOLFF/BACHOF, aaO, § 31 II; MENGER, aaO, S. 32 f.

3 MEYER-CORDING, Vereinsstrafe, S. 132; SEIFERT, Die politischen Parteien, S. 226; STRUNK, Diss., S. 189.

eingeräumt ist, wendet er Recht an, indem er sich von Billigkeitserwägungen leiten läßt[1]. Billig im Sinne von angemessen ist aber im konkreten Fall nur eine einzige Entscheidung. Der Richter fällt immer eine Rechtsentscheidung durch Beurteilung. § 10 Abs. 4 PartG ist aber für die Parteien wegen der Ermessenseinräumung nicht Beurteilungs- sondern Verhaltensmaßstab, der über die Berechtigung und Verpflichtung der Schiedsgerichte etwas aussagt[2]. Sie nehmen somit eine Tätigkeit wahr, die eher mit der Tätigkeit staatlicher Verwaltung vergleichbar ist. Rechtsprechung im materiellen Sinne üben sie nicht aus[3].

Insgesamt gesehen sind die Parteischiedsgerichte ein besonderer Zweig der Parteiverwaltung mit der besonderen Aufgabe, den Meinungs- und Willensbildungsprozeß im forum internum der Parteien unter Anwendung rechtsstaatlicher Grundsätze zu sichern und Streitigkeiten der Partei mit einzelnen Mitgliedern, also auch beim Entzug des Mitgliedschaftsrechts, und Streitigkeiten über Auslegung und Anwendung der Satzung gegebenenfalls entscheiden, wenn die normalen Willensbildungsmechanismen festgefahren sind[4]. Sie haben die Funktion, daß

---

1 BETTERMANN, Festschrift Jellinek, S. 361 (365); MEYER-CORDING, Vereinsstrafe, S. 97.

2 Siehe dazu BETTERMANN, EvStL, Stichwort: Rechtsprechung Sp. 2020 f.; HERZOG, in: Maunz/Dürig/Herzog, GG, Art. 92 Rdn. 27 ff.

3 BETTERMANN, aaO, Sp. 2031 f.; WOLFF/BACHOF, Verwaltungsrecht I, § 19 I b 2 und c; SCHLOSSER, Vereins- und Verbandsgerichtsbarkeit, S. 52; MEYER-CORDING, aaO, S. 124; SEIFERT, Die politischen Parteien, S. 229; so auch RGZ 73, S. 187 (191); 80, S. 189 (191), wo die Bestrafung als Verwaltungsmaßregel in innere Vereinsangelegenheiten angesehen wird.

4 TRAUTMANN, Innerparteiliche Demokratie, S. 287; WOLFRUM, Innerparteiliche Ordnung, S. 167.

vor Einschaltung der staatlichen Gerichte zur Entscheidung über diese Streitigkeiten der parteiinterne Instanzenzug ausgeschöpft werden muß[1].
Unbenommen bleibt den Parteien jedoch, wie sich aus § 14 Abs. 3 PartG entnehmen läßt, ihre Schiedsgerichte als Schiedsgerichte im Sinne der §§ 1048, 1025 ff. ZPO auszugestalten. Allerdings müßten sich dann die Aufgaben ändern und das Neutralitätsgebot stärkere Beachtung finden. Dem haben die Parteien aber bisher nicht entsprochen[2].

V. Der Rechtscharakter der Ordnungsmaßnahme

Das Parteiengesetz behandelt den Ausschluß in § 10 Abs. 4 im Anschluß an die in den Satzungen der Parteien näher zu bestimmenden "zulässigen Ordnungsmaßnahmen" (wie z.B. Verwarnung, Mißbilligung, Aberkennung der Fähigkeit zur Bekleidung von Parteiämtern auf Zeit)[3], mißt ihm aber durch die ausführliche Regelung in den Absätzen 4 und 5 eine besondere Bedeutung zu. Es unterscheidet mithin rechtlich zwischen den einfachen Ordnungsmaßnahmen und der besonderen, dem Ausschluß.

Aus der Bezeichnung "Ordnungsmaßnahme" läßt sich nicht eindeutig der Rechtscharakter herauslesen. In diesem Falle ist das für die Parteien subsidiär geltende bürgerliche Vereinsrecht heranzuziehen.

---

1 SEIFERT, Die politischen Parteien, S. 254; WOLFRUM, Innere Ordnung, S. 177 mwN; BETTERMANN, EvStL, Stichwort:Rechtsprechung, Sp. 2032.

2 OLG Oldenburg, DVBl. 1967,S. 941 ff.; OLG Frankfurt, NJW 1970, S. 2250 ff.

3 Zur Zusammenstellung der Ordnungsmaßnahmen s. SEIFERT,aaO, S. 221; LUTHMANN, Diss., S. 112

Seit der grundlegenden Untersuchung von MEYER-CORDING[1] sind die von Vereinsorganen vorgenommenen Ausschlüsse und minderschweren Maßnahmen in Rechtsprechung und Lehre beinahe einhellig als Vereinsdisziplinarmaßnahmen gekennzeichnet worden[2]. Die Maßnahmen, die im Gegensatz zum Parteienrecht im Vereinsrecht als Vereinsstrafen bezeichnet werden, sollen - spezialpräventiv - Verstöße gegen die Gruppenmoral ahnden und - generalpräventiv - die Disziplin und Ordnung innerhalb des Verbandes aufrechterhalten[3]. Ein konkretes Verhalten wird mißbilligt und der Betreffende im schärfsten Fall sogar durch Ausschließung dem sozialen Verband ferngehalten.

Daß diese Funktion auch den Maßnahmen nach § 10 Abs. 3 und 4 PartG innewohnt[4], wird auch durch den Wortlaut des § 10 Abs. 4 PartG gestützt, nach dem ein Mitglied nur ausgeschlossen werden kann, wenn es "vorsätzlich gegen die Satzung oder erheblich gegen die Grundsätze der Ordnung der Partei verstößt".

---

1 MEYER-CORDING, Vereinsstrafe, S. 53 ff., insb. S. 71.

2 Siehe z.B. SCHLOSSER, Vereins- und Verbandsgerichtsbarkeit, S. 20, 152; VOLLMER, Satzungsmäßige Schiedsklauseln, S. 28; LESSMANN, Verbände, S. 269; REICHERT/DANNECKER/KÜHR, Vereins- und Verbandsrecht, S. 207; SAUTER/SCHWEYER, Der eingetragene Verein, S. 207; LARENZ, Festschrift Dietz, S. 45 (48); aA FLUME, Festschrift Bötticher, S. 101 (141). Ihre Kennzeichnung als Kündigung des Vereins gegenüber dem Mitglied im Sinne der Kündigung eines Dauerschuldverhältnisses oder etwa analog § 737 BGB berücksichtigt nicht, daß es sich beim Ausschluß nicht um eine wertneutrale Handlung handelt und dieser, im Gegensatz zur Kündigung ein Verschulden voraussetzt; MEYER-CORDING, aaO, S. 64, 70; LARENZ, aaO, S. 45 (51); ähnlich PALANDT/DANCKELMANN, § 25 Anm. 4 d.

3 MEYER-CORDING, aaO, S. 71 f.

4 So auch SEIFERT, Die politischen Parteien, S. 221; HENKE, Parteienrecht, S. 104; LAUFER, ÖZÖR, Bd. 15 NF (1965), S. 1 (5); LENGERS, Diss., S. 31; SCHLICHT, Diss., S. 50 f.; HEIMANN, Schiedsgerichtsbarkeit, S. 54.

Auch im parteininternen Bereich will man somit ein intaktes und möglichst erfolgreiches Parteileben ermöglichen[1] und reagiert entsprechend bei einem Verstoß gegen die innere Ordnung. Der Unterschied zur Kriminalstrafe liegt darin, daß die zuständigen Parteischiedsgerichte nach dem Opportunitätsprinzip entscheiden, mithin politische Zweckmäßigkeitserwägungen anstellen, hingegen im Strafrecht jede rechtswidrig und schuldhaft begangene Tat ihre Strafe fordert. Außerdem beschränken sich die disziplinierenden Ordnungsmaßnahmen nur auf Verstöße eines Mitglieds innerhalb eines bestimmten Kreises - nämlich des Kreises der Parteibürger - und erstrecken sich nicht, wie das Strafrecht, auf die Allgemeinheit[2].

Somit nehmen die Parteischiedsgerichte eine Tätigkeit wahr, die qualitativ dem öffentlich-rechtlichen Disziplinarrecht ähnlich, rechtlich jedoch unterschiedlich ist[3].
Die grundsätzliche Zulässigkeit der Disziplinierungsbefugnis ergibt sich aus der Satzungsautonomie der Parteien[4], die allerdings nur im Rahmen des Art. 21 Abs. 3 GG in Verbindung mit dem Parteiengesetz ausgeübt werden kann.

---

1 SEIFERT, Die politischen Parteien, S. 221.

2 Zur Unterscheidung von Disziplinar- und Kriminalstrafe etwa BVerfGE Bd. 21, S. 378 (384) und S. 391 (403); LÖWE/ ROSENBERG/SCHÄFER, StPo, Einl. Kap. 7 Rdn. 11; WOLFF, Verwaltungsrecht III, § 115 II c; LINDGEN, Disziplinarrecht Bd. 1, S. 2 ff.; zur Unterscheidung von Vereins- und Kriminalstrafe BGHZ 21, S. 370 (374); 29, S. 352 (356); MEYER-CORDING, Vereinsstrafe, S. 71, 96 f.

3 MEYER-CORDING, aaO, S. 75; HEIMANN, Schiedsgerichtsbarkeit, S. 53 f.

4 HEIMANN, aaO, S. 53; SEIFERT, aaO, S. 117.

§ 6: Die Einleitung des Verfahrens

I. Die Antragsberechtigung

1. Die Antragsbefugnis der Vorstände

Das Parteiengesetz macht hinsichtlich der Antragsberechtigung auf Einleitung eines Ausschlußverfahrens keine näheren Angaben.
Um aber unberechenbare Maßnahmen der Parteigewalt auszuschließen, zwingt § 10 Abs. 3 PartG die Parteien - neben der Festlegung der zulässigen Ordnungsmaßnahmen und der Gründe - auch zur satzungsmäßigen Festlegung der Organe, die Ordnungsmaßnahmen anordnen können[1]. Da auch der Ausschluß eine Ordnungsmaßnahme ist, gilt dies ebenso für den Ausschluß[2].

Der Begriff der Anordnung umschließt sowohl die Einleitung wie die Entscheidung einer Ordnungsmaßnahme. Dies führt dazu, daß der Antrag auf Einleitung eines Ordnungsverfahrens nur von einem Organ im Sinne des § 8 Abs. 2 PartG gestellt werden kann. Obwohl auch die Schiedsgerichte der Willensbildung dienende Organe im Sinne von § 8 Abs. 2 PartG sind[3], können diese nicht "von Amts wegen" tätig werden, da sie ansonsten, ähnlich dem Richter in eigener Sache, gegen die von § 14 Abs. 2 Satz 3 PartG geforderte Unabhängigkeit verstießen. Der Antrag ist also Verfahrensvoraussetzung. Demnach kommen als Antragsberechtigte Vorstand und Mitgliederversammlung in Betracht.

---

1 BT-DRUCKSACHE III/1509 S. 25; SEIFERT, Erläuterungen zu § 10 Abs. 3 Satz 1.

2 S. oben S. 74.

3 S. oben S. 73.

Bis auf die SPD[1] gehen die übrigen Parteien von der Antragsbefugnis der Vorstände aus. Damit ist nicht immer der Vorstand der Organisationsgliederung gemeint[2], dem das Mitglied angehört, sondern auch der Vorstand einer übergeordneten Organisationsgliederung[3]. Bei dieser Antragsbefugnis des Vorstandes handelt es sich aber nicht um ein ausschließlich ihm zustehendes Recht. Gem. § 11 Abs. 3 PartG ist der Vorstand zuständig für die Leitung der Partei bzw. eines Gebietsverbandes und führt dessen Geschäfte. Trotz seiner tatsächlichen Machtstellung ist er gem. § 9 Abs. 1 PartG der Mitgliederversammlung als der höchsten Entscheidungsgewalt in Parteiangelegenheiten[4] untergeordnet. Weil er deshalb an Beschlüsse und Weisungen der Mitgliederversammlung gebunden ist, kann er zwar von sich aus den Antrag stellen, unterliegt aber grundsätzlich den Weisungen der Mitgliederversammlung[5]. Diese kann ihn also im Einzelfall verpflichten, ein Verfahren einzuleiten, den Antrag zurückzuziehen oder erst gar nicht zu stellen. Außerdem muß es möglich sein, auch gegen Vorstandsmitglieder ein Ordnungsverfahren einzuleiten. Denn andernfalls kann gegen diese nur vorgegangen werden, wenn sich ein anderer

---

1 Gem. SPD-OrgStatut § 35 Abs. 4, § 6 Abs. 1 SchO kann der Antrag auf Durchführung eines Ordnungsverfahrens von jeder Organisationsgliederung gestellt werden. Nach FAZ v. 24. 2.76, S. 4 wird vereinzelt erwogen, "zur Sicherung des innerparteilichen Friedens" die Befugnisse der Ortsvereine zu beschränken. Dem Vorstand des Parteibezirks müsse jeweils eine Mitwirkung zugestanden werden, ohne die Ordnungsverfahren nicht in Gang kommen sollten.

2 CDU-Statut § 11 Abs. 3: auf Antrag des örtlich oder sachlich zuständigen Parteivorstandes.

3 CSU-Satzung § 9 Abs. 1, § 2 Abs. 1 b SchGO; F.D.P.-BSatzung § 7 Abs. 3; LV NRW-Satzung § 7 Abs. 6; Ausnahmen gelten teilweise für Bundes- und Landesvorstandsmitglieder; vgl. F.D.P. LV NRW-Satzung § 7 Abs. 7

4 SEIFERT, Die politischen Parteien, S. 231.

5 SEIFERT, aaO, S. 239; HENKE, Parteienrecht, S. 66.

- in der Regel übergeordneter - Vorstand zur Einleitung bereit erklärt. Weil dies in den seltensten Fällen gelingen dürfte, diese Mitglieder also dadurch eine sicherere Stellung gegenüber den einfachen Mitgliedern hätten, spricht auch diese Überlegung mit für eine grundsätzliche Berechtigung der Mitgliederversammlung[1]. Eine Pflicht zur Antragstellung besteht jedoch in keinem Falle. Maßgebend, ob ein Antrag gestellt wird, sind auch hier regelmäßig politische Zweckmäßigkeitserwägungen.

Wird der Vorstand von sich aus tätig, hat er die Förmlichkeiten des Beschlußverfahrens einzuhalten. Falls die Satzung nicht Näheres darüber aussagt, gelten die §§ 32, 34 BGB. Bei Verstoß gegen diese Vorschriften ist der Beschluß nichtig, und ein unwirksamer Antrag liegt vor[2].

2. Die Antragsbefugnis eines einzelnen Mitglieds

Das Recht auf Verfahrenseinleitung eines einzelnen Mitglieds gegen ein anderes ist weder im Parteiengesetz noch in den Parteiverfassungen und Schiedsordnungen vorgesehen. Fraglich ist, ob eine derartige Regelung auch sinnvoll wäre.

Um auszuschließen, daß vor den Schiedsgerichten persönliche Querelen ausgetragen werden[3], wird man dies nur unter ganz

---

1 Insofern bringt die Zuständigkeit der Organisationsgliederung bei der SPD diese grundsätzliche Befugnis besser zum Ausdruck, obwohl in der Regel auch hier der Vorstand als Leitungsorgan die Anträge stellt. Fraglich ist deshalb das Beispiel bei HEIMANN, Schiedsgerichtsbarkeit, S. 223.

2 SEIFERT, Die politischen Parteien, S. 268 f.

3 HEIMANN, aaO, S. 223; SCHLICHT, Diss., S. 79.

engen Voraussetzungen zulassen können. Eine derartige Ausnahme könnte etwa dann gegeben sein, wenn das betreffende Mitglied durch das parteischädigende Verhalten anderer Mitglieder in seinen Rechten aus der Mitgliedschaft unmittelbar gefährdet oder verletzt ist, denn die durch Art. 21 Abs. 1 Satz 3 GG geforderten rechtsstaatlich-demokratischen Grundsätze verlangen einen umfassenden Mitgliederschutz. Zumindest sollte in diesen Fällen ein Antragsrecht auf Einleitung einfacher Ordnungsmaßnahmen vorgesehen sein, weil der Vorgang nicht in jedem Fall zu einem schweren Schaden gemäß § 10 Abs. 4 PartG führen muß[1] aber das Mitglied wie auch die innerparteiliche Ordnung auch dann geschützt sein müssen[2].

3. Das Verfahren gegen sich selbst

Zu begrüßen ist, daß einige Parteischiedsordnungen vorsehen, daß jedes Mitglied die Einleitung eines Verfahrens gegen sich selbst beantragen kann, wenn ihm von anderen Mitgliedern parteischädigendes Verhalten vorgeworfen wird[3].

Mit dieser Regelung, die ihre Parallele in § 34 BDO hat, soll dem Mitglied Gelegenheit geboten werden, unberechtigte Vorwürfe zu entkräften und sein eigenes Verhalten nachprüfen zu lassen[4]. Außerdem ermöglicht dies auch die Weiterführung eines

---

1 Zur Definition s. unten S. 148 f.

2 Gem CSU-Satzung § 48 Abs. 4 Satz 1 ist ein Antragsrecht auf Einleitung einfacher Ordnungsmaßnahmen vorgesehen. Dabei handelt es sich allerdings um ein mittelbares Antragsrecht, da der Antrag an den Vorstand zu stellen ist.

3 CDU-PGO §§ 11 Abs. 1 Ziff. 4; 13 Abs. 1 Ziff. 4; CSU-Satzung § 52 Abs. 1 c, Abs. 2 a; CSU-SchGO § 2 Abs. 1 e.

4 Die Regelungen bei der CDU sprechen ausdrücklich von einem Rehabilitationsverfahren; ähnlich auch SCHLICHT, Diss., S. 109; HEIMANN, Schiedsgerichtsbarkeit, S. 208.

Ordnungsverfahrens, wenn der Antragsteller seinen Antrag zurückgezogen hat, das Mitglied aber ein Interesse an der Feststellung hat[1].
Diese Art des Verfahrens sollte von allen Parteien in ihre Satzungen aufgenommen werden, da damit die rechtsstaatliche Ausprägung des Verfahrens zusätzlich unterstrichen wird. Das außerhalb des schiedsgerichtlichen Verfahrens beschuldigte Mitglied wird so in seiner persönlichen Integrität geschützt[2]. Andernfalls müßte es sich um einen Vorstand bemühen, der den Antrag stellt.

Die Befürchtung, die Schiedsgerichte würden in diesen Fällen von einer Antragsflut eingedeckt, findet in der Praxis keine Grundlage[3].

II. Die Antragserfordernisse

Die Parteien lassen es bei der rein formalen Antragstellung nicht bewenden. Der Antragsteller muß den Antrag, der bestimmt sein soll, schriftlich - in der Regel in mehrfacher Ausfertigung - stellen[4].

Damit das Antragsrecht nicht leichtfertig und mutwillig im parteiinternen Willensbildungsprozeß zu einem besonderen

---

1 HEIMANN, Schiedsgerichtsbarkeit, S. 209.

2 Zur ähnlichen Funktion des "Selbstreinigungsverfahrens" im Disziplinarrecht vgl. LINDGEN, Disziplinarrecht Bd. 2, § 92 II 3; WOLFF/BACHOF, Verwaltungsrecht II, § 115 II c 2.

3 SCHLOSSER, Vereins- und Verbandsgerichtsbarkeit, S. 184 mwN.

4 CDU-PGO § 22 Satz 4; CSU-SchGO § 4 Abs. 2.

Mittel der Auseinandersetzung mißbraucht wird, sind die Anschuldigungen des Antragstellers substantiiert vorzubringen. Er muß dem Schiedsgericht und dem Antragsgegner Kenntnis über die Richtung der Beschuldigung und der Begründung geben, d.h. er muß seine Beurteilung über das Verhalten des Antragsgegners in rechtlicher wie in tatsächlicher Hinsicht darlegen. Im einzelnen führt das dazu, daß der Vorwurf bestimmt zu sein hat[1], indem - neben der Bezeichnung der Person des Antragsgegners - aus dem Antrag klar hervorgeht, welches Tun oder Unterlassen des Antragsgegners Gegenstand des Ordnungsverfahrens sein soll. Ferner muß der im Antrag behauptete Vorgang unter die Voraussetzungen der Ausschließungsermächtigungsgrundlage § 10 Abs. 4 PartG subsumiert werden. Durch Beibringung von Beweismitteln ist diese zusätzlich zu untermauern. Lediglich die pauschale Behauptung, das Verhalten des Antragsgegners sei parteischädigend (gewesen), reicht jedenfalls nicht.

Diese Erfordernisse bieten einmal Schutz vor unüberlegtem Handeln der Antragsteller, zum anderen ermöglicht eine detaillierte Kenntnis der Vorwürfe dem Mitglied erst eine ordnungsgemäße Verteidigung[2], ohne die kein faires Verfahren auskommen kann. Denn wie sollte es sonst Gegenteiliges nachweisen können, wenn ihm noch nicht einmal bekannt ist, welche konkreten Vorwürfe es entkräften soll. Liegen diese Voraussetzungen vor, ist der Antrag wirksam gestellt und das Verfahren zum Entzug des Mitgliedschaftsrecht eingeleitet[3].

---

1 So die Regelung in SPD-SchO § 6 Abs. 2 Satz 2; bei der CDU ist dies nur "Soll-Vorschrift" CDU-PGO § 22 Satz 2, 3; die übrigen Parteien verlangen Begründung und Beifügung von Beweismitteln CSU-SchGO § 4 Abs. 2; F.D.P.BSchO § 9 Abs. 2.

2 GRUNSKY, Verfahrensrecht § 25 III 1; BAUER, Gerichtsschutz, S. 93; SAUTER/SCHWEYER, Der eingetragene Verein, S. 53.

3 CDU-PGO § 22 Satz 1; SPD-SchO § 6 Abs. 3.

III. Die Behandlung des Antrags durch die Parteischiedsgerichte

1. Die Zurückweisung des Antrags

Bevor das Schiedsgericht den vollständigen Antrag dem beschuldigten Mitglied zustellt, hat es zu prüfen, ob die Antragsvoraussetzungen eingehalten sind.
Liegen die Voraussetzungen nicht vor, fehlt etwa die Antragsberechtigung, ist der Vorwurf zu unbestimmt oder wird ein offensichtlich unbegründeter Antrag gestellt, muß das Schiedsgericht ihn unter Angabe der Gründe zurückweisen[1]. Es sollte aber dem Antragsteller die Gelegenheit geben, bei fehlender Antragsbegründung diese innerhalb einer bestimmten Frist nachzuholen und den Antrag erst zurückweisen, wenn diese Frist verstrichen ist. Teilweise ist in den Schiedsordnungen aber vorgesehen, daß nach Zustellung der durch Vorbescheid ergangenen Antragszurückweisung unter Einhaltung einer Frist mündliche Verhandlung beantragt werden kann[2].

Zurückzuweisen ist der Antrag ebenfalls, wenn der Antragsgegner inzwischen die Partei verlassen hat[3].

2. Die Zustellung des Antrags an das beschuldigte Mitglied

Liegt ein wirksam gestellter Antrag vor, ist dieser dem beschuldigten Mitglied unverzüglich zuzustellen. Um sicherzugehen, daß die Verfahrensdurchführung nicht schon an der Zu-

---

1 Davon gehen ausdrücklich aus CDU-PGO § 24 Abs. 1; CSU-SchGO § 4 Abs. 3.

2 CDU-PGO § 24 Abs. 2.

3 SCHLICHT, Diss., S. 87; siehe auch weiter unten S. 116.

stellung scheitert - die Zustellungsvorschriften dienen auch der Garantie des rechtlichen Gehörs[1] -, haben die meisten Parteien besondere Zustellungsregelungen getroffen[2]. Da für das Verhältnis Partei-Mitglied subsidiär das bürgerliche Recht gilt[3], sind in Zweifelsfällen die Zugangs- und Fristenregelungen des BGB anzuwenden.

Obwohl nach allen Parteisatzungen das Verfahren unverzüglich durchzuführen ist, bieten nur einige dem betroffenen Mitglied unter Bestimmung einer Frist die Möglichkeit zur Einlassung[4]. Dieses Einlassungsrecht, das eine Konkretisierung des vom Parteiengesetz in § 14 Abs. 4 vorgeschriebenen Grundsatzes des rechtlichen Gehörs ist[5], gibt dem Antragsgegner schon vor der mündlichen Verhandlung das Recht, auf die Unbegründetheit des Antrags hinzuwirken. Ferner hat dies zur Folge, daß die zur Entscheidung angerufene Stelle die mündliche Verhandlung zügig durchführen kann. Demzufolge ist eine derartige Regelung zu befürworten.

IV. Das Vorverfahren und Güteverfahren

1. Das Feststellungs- und Untersuchungsverfahren

Ein besonderes, dem eigentlichen Verfahren vorgelagertes, Verfahren stellt das - bisher nur bei der SPD geregelte - Fest-

---

1 DÜRIG, in Maunz/Dürig/Herzog, GG, Art. 103 Rdn. 47 mwN; SAUTER/SCHWEYER, Der eingetragene Verein, S. 53.

2 CDU-PGO § 19 (eingeschriebener Brief); F.D.P.-BSchO § 7 Abs. 2 (eingeschriebener Brief); SPD-SchO § 29 (eingeschriebener Brief mit Rückschein und Vorschriften über Zustellungsfiktion bei Annahmeverweigerung).

3 SEIFERT, Die politischen Parteien, S. 211, 351; HENKE, Parteienrecht, S. 85.

4 CSU-SchGO § 4 Abs. 4; F.D.P.-BSchO §§ 7 Abs. 1, 10 Satz 2.

5 DÜRIG, aaO, Art. 103, Rdn 41: im Prinzip unbeschränktes Gehör.

stellungs- und Untersuchungsverfahren dar[1]. In diesem Verfahren, das nur vor Antragstellung auf Einleitung eines Parteiordnungsverfahrens durchgeführt werden kann, sollen Beweise im Parteiinteresse gesichert oder ein Sachverhalt, der zu einem Parteiordnungsverfahren führen kann, aufgeklärt werden. Die Entscheidung, ob ein solches Verfahren durchgeführt werden soll, steht im Ermessen der zuständigen Organisationsgliederung. Zur Durchführung ernennt und beauftragt diese schriftlich eine Untersuchungskommission, die an das im Auftrag bezeichnete Untersuchungsthema gebunden ist und dem Auftraggeber Bericht zu erstatten hat. Diese Kommission darf nur tatsächliche Feststellungen treffen[2].
Aus dieser Funktionszuteilung geht hervor, daß zum einen dem Vorstand die Entscheidung erleichtert werden soll, ob die Einleitung eines Ordnungsverfahrens sinnvoll ist, zum anderen dient es ebenso zur Entlastung der Schiedsgerichte, wenn sich nach näherer Aufklärung des Sachverhalts die Bedeutungslosigkeit herausstellt.

Besonders zu erwähnen ist, daß durch die entsprechende Anwendung der für das eigentliche Verfahren geltenden Vorschriften der Schiedsordnung das Untersuchungs- und Feststellungsverfahren ein förmliches sein muß und dem später Angeschuldigten schon in diesem Stadium ein gewisser Schutz (z.B. rechtliches Gehör) zu gewähren ist[3].

2. Das Verfahren zur gütlichen Streitbeilegung

Ein Verfahren ganz anderer Art ist das Verfahren zur güt-

---

1 REICHERT/DANNECKER/KÜHR, Vereins- und Verbandsrecht, S. 209.
2 Vgl. SPD-OrgStatut § 33 i.V.m. §§ 22-24 SchO.
3 SPD-SchO § 24.

lichen Streitbeilegung[1]. Damit ist der Teil des Verfahrens gemeint, in dem vom Schiedsgericht versucht wird, den Streit zwischen der antragstellenden Parteigliederung und dem betroffenen Mitglied gütlich beizulegen.
Seine Grundlage hat dieses Verfahren in § 14 Abs. 1 Satz 1 PartG, wonach die Schiedsgerichte neben der Streitentscheidung dung zuerst zur Schlichtung aufgerufen sind. Aus dieser Regelung wird ersichtlich, daß diese Organe zur Schlichtung nach Möglichkeit verpflichtet sind[2] und nur, wenn sich keine Einigung finden läßt, als ultima ratio zu den vorgesehenen Sanktionen greifen sollen[3]. Dies trägt zur Stabilisierung des innerparteilichen Friedens bei und entlastet, weil eine weitere Fortführung des Verfahrens obsolet ist, die Schiedsgerichte. Demzufolge sollte schon vor Beginn der Verhandlung auf eine solche Einigung hingewirkt werden.

Welche Wichtigkeit diesem Verfahren zugemessen wird, zeigt die den Schiedsgerichten in einigen Schiedsordnungen auferlegte Verpflichtung, in jeder Lage des Verfahrens eine gütliche Einigung zu versuchen[4]. Dies kann dergestalt erfolgen, daß das Schiedsgericht die Verhandlung unterbricht und Antragsteller und Antragsgegner Gelegenheit zur Einigung gibt oder aber gegebenenfalls selbst einen Vorschlag macht.

---

1 Seine Parallele hat dies in den Verfahren vor den staatlichen Gerichten. Vgl. etwa §§ 279 ZPO, 87 Satz 2 VwGO, 54 ArbG, 380 StPO; zur Bedeutung im Schiedsverfahren SCHLICHT, Diss., S. 39.

2 Die "Kann-Bestimmung" der CDU-PGO § 23 Abs. 2 Satz 1 ist daher nicht als Ermessensregelung zu verstehen.

3 TRAUTMANN, Innerparteiliche Demokratie, S. 287 f.

4 Ausdrücklich CSU-SchGO § 11 Abs. 1; ähnlich CDU-PGO §§ 23 Abs. 2, 28 Abs. 2; in "geeigneten Fällen" muß ein Güteverfahren gem. SPD-SchO § 10 vorgenommen werden. Über SPD-SchO § 24 ist eine gütliche Einigung auch schon im Vorverfahren möglich. Die F.D.P.-BSatzung sieht ein Güteverfahren nur bei "Streitigkeiten unter Mitgliedern des Landesverbandes" vor (§ 25 Abs. 1), ebenso LV NRW-Satzung § 26 Abs. 2.

Dieses Verfahren wird in der Regel auf einen Vergleich[1] hinauslaufen, indem der Streit durch gegenseitiges Nachgeben - Antragsrücknahme und etwa Abgabe einer politischen Erklärung, weil es sich um Streitigkeiten im politischen Willensbildungsprozeß handelt - beendet wird. Denkbar ist ebenso ein einseitiges Nachgeben des Antragstellers durch Antragsrücknahme.

V. Die Verjährung des Antragsrechts

Völlig ungeregelt ist die Verjährung des Antragsrechts. Eine derartige Regelung fehlt wahrscheinlich deshalb, weil eine allseits befriedigende Berücksichtigung des Zeitablaufs nicht möglich ist. Schwierigkeiten ergeben sich vor allem bei der Frage, an welche Merkmale des § 10 Abs. 4 PartG anzuknüpfen ist. Wählt man, etwa wie im Strafrecht, als Anknüpfungspunkt das Tun, also hier den Verstoß gegen Satzung, Grundsätze oder Ordnung im Sinne des § 10 Abs. 4 PartG, läuft man Gefahr, daß dieses Tun erst nach Ablauf der Frist aufgedeckt wird, die Partei sich aber wegen des entstandenen schweren Schadens nicht mehr vom Mitglied lösen kann, wodurch weitere Probleme für sie auftauchen können. Machte man den Lauf der Verjährungsfrist vom Eintritt des schweren Schadens abhängig, verjährte ein besonders schwerer Verstoß, der etwa einen lang andauernden Schaden bewirkt hat, ebenso schnell wie ein minder schwerer. Außerdem ist es schwierig, den genauen Zeitpunkt des (in der Regel ideellen)[2] Schadenseintritts zu datieren. Auch eine abgestufte Verjährungsregelung scheidet aus, weil weder

---

1 Gesondert geregelt in CSU-SchGO § 11 Abs. 2. In den Vergleich wird in der Regel wohl ein Widerspruchsvorbehalt aufgenommen, weil der Vertreter des antragstellenden Vorstands von der Zustimmung dieses Kollegialorgans abhängig ist.

2 S. unten S. 149.

das Parteiengesetz noch die Parteisatzungen festumrissene Tatbestände[1] wie im Strafrecht kennen.

Gleichwohl ist es nötig, daß das Schiedsgericht den Zeitablauf mitberücksichtigt. Der dem Art. 21 Abs. 1 GG übergeordnete, dem Rechtsstaatsprinzip immanente, Grundsatz des Vertrauensschutzes[2] verlangt dies. Das Mitglied muß die ihm gegenüber möglichen Ordnungsmaßnahmen der Partei voraussehen und sich dementsprechend einrichten können[3]. Er muß sich grundsätzlich darauf verlassen können, daß ein einmal überwundenes störendes Verhalten nicht wieder zur Entscheidung ansteht. Auch erschwert der Zeitablauf die Tatsachenfeststellung und die Berücksichtigung von Beweismitteln. Zudem bleibt es fraglich, ob die disziplinierende Wirkung von Ordnungsmaßnahmen nach längerer Zeit noch Erfolg hat, wenn man bedenkt, daß der durch die Dynamik des parteiinternen Willensbildungsprozesses hervorgerufene Wandel der Anschauungen eine andere Einschätzung des vorher als störend empfundenen Verhaltens bedingen kann[4].

Den Zeitablauf aber allein über die Grundsätze der Verwirkung erfassen zu wollen[5], wonach im Zusammenhang mit der Entscheidung über den Ausschluß zu prüfen ist, ob die Ausübung des Antragsrechts nicht gegen Treu und Glauben verstößt, weil es

---

1 Etwa vergleichbar wie im Disziplinarrecht, s. dazu LINDGEN, Disziplinarrecht Bd. 1, § 28 I.

2 BVerfGE Bd. 13, S. 261 (271); 15, S. 213 (324); 25, S. 269 (290); MAUNZ/DÜRIG, in Maunz/Dürig/Herzog, GG, Art. 20, Rdn. 86.

3 MAUNZ/DÜRIG, aaO, Art. 20, Rdn. 86; WOLFRUM, Innerparteiliche Ordnung, S. 149.

4 SCHLICHT, Diss., S. 85, der aber ansonsten eine Verjährungsregelung als zu starr ablehnt.

5 WOLFRUM, aaO, S. 149; REICHERT/DANNECKER/KÜHR, Vereins- und Verbandsrecht, S. 210, beide mwN auf RGZ Bd. 129, S. 45 (48 f.), das das Recht eines Vereins auf Ausschluß als verwirkt ansah, weil er trotz Kenntnis des Verstoßes 1 3/4 Jahr nichts gegen das Mitglied unternommen hatte.

seit Veranlassung zur Rechtsausübung längere Zeit nicht ausgeübt worden ist[1], erscheint nicht zweckmäßig, denn zur innerparteilichen Rechtssicherheit trägt dies nicht bei. Sind beispielsweise von einem Verfahren mehrere, verschiedenen Parteigliederungen angehörende Mitglieder wegen des gleichen Verhaltens betroffen, können die Schiedsgerichte mangels fester Kriterien hinsichtlich der Berücksichtigung des Zeitablaufs zu unterschiedlichen Ergebnissen kommen.

Die Parteien sollten daher dem Zeitablauf durch eine Verjährungsregelung Rechnung tragen. Trotz der oben dargelegten Bedenken sollte die Verjährungsfrist mit dem Tage beginnen[2], an welchem der Verstoß gegen Grundsätze, Satzung oder Ordnung begangen ist ohne Rücksicht auf den Zeitpunkt des eingetretenen Erfolges.

§ 7: Die Durchführung des Verfahrens

I. Die Ladung der Beteiligten

1. Mindestinhalt der Ladung

Für die Ladung der Beteiligten und eventuellen Zeugen sind einige Mindestvoraussetzungen zu beachten[3].

---

1 Zu den Voraussetzungen der Verwirkung etwa PALANDT/HEINRICHS, BGB § 242 Anm. 9 a und b, bb; WOLFF/BACHOF, Verwaltungsrecht II § 37 III e 1 .

2 WOLFRUM, Innerparteiliche Ordnung, S. 149 schlägt dafür eine Frist von 6 Monaten vor.

3 Der Termin sollte allerdings erst dann festgelegt werden, wenn die Streitsache nach entsprechender Vorbereitung verhandlungsreif ist.

Damit Antragssteller und Antragsgegner genügend Zeit zur Vorbereitung auf die mündliche Verhandlung haben, ist neben der Festsetzung von Ort und Zeit der Verhandlung eine angemessene Ladungsfrist ab Zustellung bis zum Verhandlungstermin zu bestimmen[1]. Gegen eine Verkürzung der Frist in dringenden Fällen ist dann nichts einzuwenden, wenn Antragssteller und das betroffene Mitglied sich damit einverstanden erklären. Bei einer einseitig vom Schiedsgericht festgesetzten Fristverkürzung läge ein Verstoß gegen das von § 14 Abs. 4 PartG geforderte rechtliche Gehör nahe, weil nicht genügend Zeit bleibt, sich ausreichend auf die Verhandlung vorzubereiten[2].

Von besonderer Bedeutung sind die Hinweise auf das Ablehnungsrecht wegen Befangenheit und auf die Folgen bei Fernbleiben des Antragsgegners. Das von § 14 Abs. 4 PartG verpflichtend vorgeschriebene Recht auf Ablehnung eines Schiedsrichters wegen Befangenheit ist gewährleistet, wenn den Beteiligten von Anfang an die Besetzung des Schiedsgerichts durch die Ladung bekannt ist und schon zu dieser Zeit auf das Ablehnungsrecht aufmerksam gemacht wird[3]. Denn ein Ablehnungsgrund kann schon von Anfang an bestehen, etwa wenn ein Schiedsgerichtsmitglied in die zu verhandelnde Sache verwickelt war.

Ebenfalls ist der Antragsgegner darauf hinzuweisen, daß bei schuldhafter Terminversäumung nicht etwa der Termin zur mündlichen Verhandlung aufgeschoben oder dadurch etwa das Ruhen

---

1 In der Regel sind 14 Tage vorgesehen: CDU-PGO § 26 Abs. 1 Satz 1; CSU-SchGO § 5 Abs. 3 Satz 2; F.D.P.-BSchO § 7 Abs. 1 (4 Wochen); SPD-SchO § 8 Abs. 4.

2 RÜPING, Rechtliches Gehör, S. 148; fraglich deshalb die Regelungen in CDU-PGO § 26 Abs. 1 Satz 2 und CSU-SchGO § 5 Abs. 3 Satz 3, wonach in dringenden Fällen die Frist durch den Vorsitzenden auf 3 Tage gekürzt werden kann.

3 So bisher nur geregelt in SPD-SchO § 8 Abs. 3 b, c.

des Verfahrens bewirkt wird. Ihm sollte deutlich werden, daß in diesem Fall ohne ihn verhandelt werden kann und er seine Verfahrensrechte verspielt[1].

2. Die Beteiligten

Neben Antragsteller und -gegner sehen einige Parteiordnungen noch andere Verfahrensbeteiligte vor[2]. In der Regel sind es die Mitglieder oder Organisationsgliederungen, deren Interessen durch das Verfahren in irgendeiner Form berührt werden und die zur Aufklärung des Sachverhaltes beitragen können. Sie werden entweder "von Amts wegen" oder auf Antrag beigeladen oder sind von vornherein kraft Amtes berechtigt, dem Verfahren beizutreten. Ihnen steht das Recht zu, Anträge zu stellen.

II. Die Ablehnung eines Mitglieds des Schiedsgerichts wegen Befangenheit

Wichiger Bestandteil eines rechtsstaatlichen Verfahrens ist die durch § 14 Abs. 4 PartG gewährleistete Ablehnung eines Schiedsgerichtsmitgliedes wegen Befangenheit[3], der nicht nur

---

1 Vgl. CDU-PGO § 26 Abs. 3; CSU-SchGO § 5 Abs. 4; SPD-SchO § 8 Abs. 3 e.

2 CDU-PGO § 17; CSU-SchGO § 4 Abs. 4 bietet Dritten Gelegenheit zur Stellungsnahme zur Antragstellung; F.D.P.-BSchO § 5 Abs. 2; SPD-SchO § 9 Abs. 1 d, Abs. 3.

3 Ausdrücklich geregelt in CDU-PGO § 15; CSU-SchGO § 6; SPD-SchO § 5; bei der F.D.P. wird durch die generelle Verweisung auf die StPO dies ebenfalls übernommen, vgl. F.D.P.-BScho § 14 Satz 1. Eine derartige Regelung ist im Vereinsrecht unbekannt. Herrschende Meinung ist dort, daß ein Ablehnungsrecht nur besteht, wenn dies in der Satzung ausdrücklich vorgesehen ist. S. REICHERT/DANNECKER/KÜHR, Vereins- und Verbandsrecht, S. 212; REINICKE, NJW 1975, S. 2048 (2051) beide mwN.

auf das Ausschließungsverfahren beschränkt ist, sondern für jede Verfahrensart vor dem Schiedsgericht gilt. Damit wird deutlich, daß man zu einer möglichst ausgewogenen Entscheidungsfindung kommen soll, die bei Mißtrauen gegen die Unparteilichkeit eines Mitglieds des Schiedsorgans nicht gewährleistet ist[1]. Dieses Ablehnungsrecht besteht in jeder Lage des Verfahrens, also auch schon vor der mündlichen Verhandlung.

Von allen Regelungen ist wohl die der CDU als die weitestgehende anzusehen[2]. Die Parteigerichtsordnung der CDU verweist in der Frage der Ablehnung eines Schiedsgerichtsmitglieds auf die §§ 41-49 ZPO. Damit sieht sie nicht nur die Ablehnung eines Mitglieds des Parteigerichts wegen Befangenheit vor; sondern auch dann, wenn die gesetzlichen Ausschlußgründe des § 41 ZPO vorliegen (z.B. bei Verwandtschaft in gerader Linie). Das betreffende Mitglied ist also qua Schiedsordnung ausgeschlossen.

Das Antragsrecht steht allen Beteiligten, also neben Antragsteller und -gegner auch den dem Verfahren Beigetretenen und Beigeladenen zu. Die Ablehnung wegen Besorgnis der Befangenheit ist nur so lange möglich, als nicht der ablehnende Beteiligte in Kenntnis des Ablehnungsgrundes sich weiterhin zur Sache äußert[3]. Der Antrag sollte auch dann als unzulässig zurückgewiesen werden, wenn der Ablehnungsgrund nicht angegeben wird und die Ablehnung nur zur Verschleppung dienen soll.

---

1 Siehe auch das Beispiel bei REINICKE, NJW 1975, S. 2048 (2051) der bei der Verwicklung eines Schiedsgerichtsmitglieds in die Streitsache die Gefahr sieht, daß im Ordnungsverfahren der Streit mit anderen (schärferen) Mitteln fortgeführt wird.

2 CDU-PGO § 15.

3 REICHERT/DANNECKER/KÜHR, Vereins- und Verbandrecht, S. 212; SAUTER/SCHWEYER, Der eingetragene Verein, S. 55.

Über den Antrag entscheidet das Parteigericht, ohne daß das abgelehnte Mitglied an der Entscheidung mitwirkt. Es darf von Antragstellung an bis zur Entscheidung über seine Befangenheit nicht mehr in der Sache tätig werden. Wird dem Befangenheitsantrag stattgegeben, tritt an die Stelle des Abgelehnten sein ebenfalls vom Parteitag gewählter Stellvertreter[1]. Wirkt das abgelehnte Mitglied dennoch mit, liegt, zumal der Gesetzgeber so großen Wert auf das Ablehnungsrecht gelegt hat, ein absoluter Verfahrensmangel vor, der die Entscheidung nichtig macht.

Ebenfalls zusätzliche Sicherung der Unparteilichkeit bietet das den §§ 48 ZPO und 30 StPO entsprechende Selbstablehnungsrecht[2]. Das betreffende Mitglied des Schiedsgerichts kann also einmal bei Vorliegen eines gesetzlichen Ausschlußgrundes im Sinne von § 41 ZPO, § 22 StPO wie auch dann, wenn ihm ein Umstand bekannt ist, der seine Befangenheit rechtfertigen könnte, den Antrag stellen, von der weiteren Mitwirkung befreit zu werden.

Durch Aufnahme derartiger Regelungen wird der Verpflichtung des § 14 Abs. 4 PartG umfassend genügt[3].

---

1 CDU-PGO § 9; CSU-SchGO § 6 Abs. 5; SPD-SchO § 4.

2 CDU-PGO § 15; SPD-SchO § 5 Abs. 1; einer derartigen Regelung zustimmend REICHERT/DANNECKER/KÜHR, Vereins- u. Verbandsrecht, S. 212.

3 Daß dies aber nicht unbedingt eine Gewähr für die Beachtung der Regelungen bietet, zeigt das Beispiel in FRANKFURTER RUNDSCHAU vom 19. 6. 1976, S. 15, wo auf einen Antrag auf Ablehnung gar nicht reagiert wurde.

III. Die Verfahrensgrundsätze

1. Der Untersuchungsgrundsatz

Ob im Verfahren nach § 10 Abs. 5 PartG der Verhandlungs- oder Untersuchungsgrundsatz gelten soll, läßt sich dem Parteiengesetz nicht entnehmen. Die Parteien selbst erwähnen eine dieser Verfahrensmaximen nicht ausdrücklich. Aus dem Inhalt einiger Schiedsordnungsvorschriften ist aber zu entnehmen, daß in der Hauptsache nach dem Untersuchungsgrundsatz zu verfahren ist[1].

Für seine Geltung anstelle des zivilprozessualen Verhandlungsgrundsatzes ergeben sich gewichtige Gründe[2].

Die Geltung des Untersuchungsgrundsatzes in den betreffenden, vor staatlichen Gerichten geltenden Verfahrensordnungen wie StPO, VwGO, wird damit gestützt, daß es in diesen Prozessen um öffentliche Interessen gehe, wodurch sich eine Verfügungsbefugnis der Beteiligten über das streitige Rechtsverhältnis verböte[3]. Vergleichbares kann im übertragenen Sinne auch für das Parteischiedsverfahren gesagt werden. Die den Schiedsgerichten durch § 14 Abs. 1 PartG zugewiesene Aufgabe der Schlichtung und Streitentscheidung im parteiinternen Willensbildungsprozeß liegt im Interesse eines erfolgreichen, an demokratischen und rechtsstaatlichen Grundsätzen (Art. 21 Abs. 1 Satz 3 GG)

---

1 CDU-PGO § 23 Abs. 3, der dem § 86 VwGO nachgebildet ist; CSU-SchGO § 7 Abs. 1; bei der F.D.P. ergibt sich dies durch Verweisung auf die StPO, vgl. BSchO § 14; nicht ganz deutlich § 13 Abs. 1 SPD-SchO.

2 Grds. zur Untersuchungsmaxime in Abgrenzung zur Verhandlungsmaxime SCHUNCK/DE CLERCK, VwGO, § 86 Anm. 1; LÖWE/ROSENBERG/SCHÄFER, Einleitung Kap. 7 Rdn. 4; GRUNSKY, Verfahrensrecht, § 18 ff.; MENGER, Prozeßrechtssätze, S. 427 (433 ff.).

3 GRUNSKY, aaO, § 18 II; MENGER, aaO, S. 427 (434); ROSENBERG/SCHWAB, ZPO, § 78 II 2.

orientierten, Parteilebens, geht also über die Interessendurchsetzung von Antragsteller und -gegner hinaus.

Ferner lassen auch folgende Gesichtspunkte den Verhandlungsgrundsatz als unzweckmäßig erscheinen. Aufgrund des Verhandlungsgrundsatzes haben die Streitenden die alleinige Verantwortung für die Beibringung der Urteilsunterlagen[1]. Von Gerichts wegen wird der Sachverhalt nicht aufgeklärt. Es bleibt den prozessierenden Parteien überlassen, welche entscheidungserheblichen Tatsachen und Beweismittel vorgebracht werden. Folge ist, daß in der Regel nur diejenigen von jeder Partei eingebracht werden, die sie im günstigsten Licht erscheinen lassen[2]. Da es sich beim Zivilpozeß um die prozessuale Seite der Privatautonomie handelt[3], stehen sich die Streitenden gleichgeordnet gegenüber[4]. Von einem Gleichordnungsverhältnis zwischen den Streitenden kann aber im Parteischiedsverfahren nicht die Rede sein. Hier sieht sich das Parteimitglied einer Verbandsgewalt ausgesetzt, die bei Verstößen gegen die Parteiordnung einseitig disziplinierende Maßnahmen trifft. Zwischen Partei und Mitglied besteht eine Art Über- Unterordnungsverhältnis[5]. Damit ist nicht ein Subordinationsverhältnis im öffentlich-rechtlichen Sinne gemeint. Es handelt sich beim Verhältnis Partei-Mitglied um bürgerlich-rechtliche Vertragsbeziehungen[6], die aber über punktuelle vertragliche

---

1 GRUNSKY, Verfahrensrecht, § 18 I; ROSENBERG/SCHWAB, ZPO § 78 I 1; JAUERNIG, ZPO, § 25 III 2.

2 ROSENBERG/SCHWAB, aaO, § 78 I 2.

3 JAUERNIG, aaO, § 24 I; GRUNSKY, aaO, § 18 II; LÖWE/ROSENBERG/SCHÄFER, StPO, Einleitung, Kap. 7 Rdn. 3.

4 MENGER, Prozeßrechtssätze, S. 427 (434).

5 HENKE, Parteienrecht, S. 105; SCHLICHT, Diss., S. 53, 57; PALANDT/DANCKELMANN, BGB § 25 4 d; ähnlich HEIMANN, Schiedsgerichtsbarkeit, S. 133 ff.; VOLLMER, Satzungsmäßige Schiedsklauseln, S. 28 mwN.

6 SEIFERT, Die politischen Parteien, S. 209 mwN.

Beziehungen hinausgehen. Durch den Eintritt in die Partei wird das Mitglied, wie in jedem anderen Verband auch, in einen umfassenden Rechte-und-Pflichten-Kodex integriert und sieht sich bei Ordnungsverstößen als isoliertes Individuum der Verbandsgewalt gegenüber. Hier steht also der Schwächere vor dem Stärkeren. Ferner böte es keinen effektiven Schutz, wollte man den Beteiligten die Beibringung von entscheidungserheblichen Tatsachen und Beweismitteln überlassen, statt daß eine unabhängige Aufklärung des Sachverhalts durch das Schiedsgericht vorgenommen wird. Durch diese Freiheit der Verfahrensgestaltung überließe man praktisch den streitenden Beteiligten materiell die freie Verfügung über die Beendigung der Mitgliedschaft[1]. Damit unterliefe man letztlich die Zuständigkeit der Parteigerichte, die nach dem Parteiengesetz für **Ordnungsmaßnahmen** allein zuständig sind.

Nach alledem ergibt sich, daß der Untersuchungsgrundsatz die adäquate Verfahrensmaxime im Verfahren vor den Schiedsgerichten ist[2]. Zwar bestimmt der Vorstand mit dem Antrag den Gegenstand des Verfahrens, aber innerhalb dieses gesteckten Rahmens ist das Schiedsorgan verpflichtet, den Sachverhalt in dem zur Entscheidung notwendigen Umfang aufzuklären und alle notwendigen Maßnahmen (etwa Beweiserhebungen) selbständig zu treffen, ohne an das Vorbringen der Beteiligten gebunden zu sein[3].

Die Geltung des Untersuchungsgrundsatzes besagt jedoch nicht, daß Antragsteller und Antragsgegner zur Passivität verurteilt

---

1 STRUNK, Diss., S. 176.

2 So auch für das Vereinsstrafrecht MEYER-CORDING, Die Vereinsstrafe, S. 81.

3 Entsprechend SCHUNCK/DE CLERCK, VwGO, § 86 Anm. 1 1, aa; LÖWE/ROSENBERG/SCHÄFER, StPO, Einleitung, Kap. 13 Rdn. 42.

sind. Das Schiedsgericht kommt in aller Regel ohne die Mitwirkung der Beteiligten nicht aus[1]. Denn meist kennen diese den zu entscheidenden Sachverhalt am besten und können so dem Schiedsgericht erkennbar machen, in welcher Richtung der Sachverhalt noch einer Aufklärung bedarf. Dem dienen ja auch z.B. die Schiedsordnungsvorschriften über Angabe der begründeten Tatsachen und Beweismittel im Antrag und die Gelegenheit zur Einlassung[2]. Aber auch dann, wenn das Parteigericht die Mitwirkung der Beteiligten nicht in Anspruch nimmt, muß ihnen dennoch das Recht zugestanden werden, Behauptungen aufzustellen und Beweisanträge zu stellen[3], denen das Gericht, falls sie erheblich und geeignet sind, nachzugehen hat.

2. Die hilfsweise Berücksichtigung der staatlichen Verfahrensordnungen

Die in dieser Untersuchung näher dargelegten Mindestvoraussetzungen für ein rechtsstaatliches Verfahren gem. § 14 Abs. 4 PartG können nicht sämtliche Verfahrensaspekte behandeln. Deshalb fragt sich, ob und wie in Zweifelsfällen bzw. bei lückenhafter Regelung auf die staatlichen Verfahrensordnungen zurückgegriffen werden soll.

Auf die staatlichen Verfahrensordnungen wie ZPO, StPO, VwGO kann nicht ohne weiteres zurückgegriffen werden. Weder ist ein direkter rechtlicher Vergleich dieser Verfahren mit dem Schiedsverfahren der Parteien möglich, noch ist eine derartig umfassende Regelung über die hier dargelegten elementaren

---

1 Ebenso in den staatlichen Verfahren mit Untersuchungsgrundsatz vgl. GRUNSKY, Verfahrensrecht, § 19 II; SCHUNCK/DE CLERCK, VwGO, § 86 Anm. 1 b, bb.

2 SCHUNCK/DE CLERCK, aaO, § 86 Anm. 1 b, bb.

3 HEIMANN, Schiedsgerichtsbarkeit, S. 250; SCHUNCK/DE CLERCK, aaO, § 86 Anm. 1 b, dd.

rechtsstaatlichen Verfahrensgrundsätze im Sinne des § 14 Abs. 4 PartG hinaus zwingend geboten, weil man die interne Rechtssetzungsbefugnis der Parteien ohne Grund einschränkte[1]. Um aber etwaige Zweifel bei der Anwendung der Verfahrensregeln zu beseitigen, ist auf die staatlichen Verfahrensordnungen - oder genauer: ihre Kommentierung durch Rechtsprechung und Literatur - als Hilfsmittel zur Interpretation der Termini der Schiedsordnungen, also der begrifflichen Ausgestaltung der prozessualen Grundsätze des Schiedsverfahrens, zurückzugreifen, wenn die Parteien nicht ausdrücklich eine bestimmte Verfahrensordnung als Ergänzung des Schiedsverfahrens für anwendbar erklären[2].

Es bleibt aber hier weiter zu untersuchen, welche Verfahrensordnung dem Charakter des Schiedsverfahrens am ehesten entspricht und daher hilfsweise Anwendung finden könnte.

Wegen der qualitativen Ähnlichkeit des Ordnungsverfahrens mit dem Disziplinarverfahren in der staatlichen Verwaltung läge es hier nahe, die Bundesdisziplinarordnung hilfsweise heranzuziehen. Die Disziplinarordnung trifft aber keine umfangreichen Verfahrensregelungen, sondern erklärt über § 25 BDO die StPO für anwendbar, soweit sich aus der Eigenart des Disziplinarverfahrens nichts anderes ergibt. Die hilfsweise Berücksichtigung der zivilprozessualen Grundsätze stößt auf nicht unerhebliche

---

1 Ähnlich für das Vereinsrecht BGH NJW 1967, S. 1657 (1658).

2 CDU-PGO § 44 Generalverweisung auf VwGO, GVG, ZPO; F.D.P.-BSchO § 14 und LV-NRW-Scho § 14 Generalverweisung auf GVG und StPO; CSU-SchGO § 7 Abs. 2 Anwendbarkeit der ZPO-Vorschriften für ein eventuelles Zeugnisverweigerungsrecht. Allgemein für die Geltung der anerkannten prozessualen Grundsätze etwa LENZ/SASSE, JZ 1962, S. 233 (236); HOLZ, 38. DJT, S. C 1 (24); KAY, Diss., S. 192; BLANK, DVBl 1976, S. 564 (567); LUKES/VOLLMER, NJW 1973, S. 1117; SAUTER/SCHWEYER, Der eingetragene Verein, S. 52.

Bedenken. Zwar gilt auch im Ausschließungsverfahren die Dispositionsmaxime - so ist es grundsätzlich dem Antragsteller überlassen, ob er ein Verfahren einleitet oder während des Verfahrens den Antrag zurücknimmt; ferner können die Beteiligten das Verfahren durch gütliche Einigung beenden - , im wesentlichen herrscht aber der Untersuchungsgrundsatz im Schiedsverfahren, so daß die ergänzende Anwendung der ZPO insofern ausgeschlossen ist, als ihre Regelungen Ausdruck der Verhandlungsmaxime sind. Die hilfsweise Anwendung der StPO ist wegen der Geltung des Untersuchungsgrundsatzes zumindest für die Durchführung des Ordnungsverfahrens eher vertretbar, wenn dabei die Geltung der Dispositionsmaxime beachtet wird[1]. Weil der Staat durch die Übertragung der Staatsgewalt das Recht bekommen hat, bei kriminellem Verhalten des einzelnen in dessen Freiheitssphäre und Vermögen einzugreifen, ist, bevor er die Strafe verhängen kann, dem ein Verfahren vorgeschaltet, das besondere Kautelen aufweist und umfassend ausgeprägt ist[2]. Die StPO bietet daher dem am Schiedsverfahren Beteiligten eine Fülle von Hinweisen. Auch die VwGO kann als Interpretationshilfe herangezogen werden. Hier gilt einmal der Grundsatz, daß der Sachverhalt von Amts wegen aufzuklären ist; zum anderen gewährt hier die Dispositionsmaxime dem Antragsteller das Recht zu entscheiden, ob ein Verfahren eingeleitet wird, ob er den Antrag zurücknimmt, und überläßt den Beteiligten, ob sie sich gütlich einigen wollen und so das Verfahren endet. Wegen der Kombination von Dispositions- und Inquisitionsmaxime[3] kann also auf die VwGO schon während der Verfahrenseinleitung zurück-

---

1 SCHLICHT, Diss., S. 93; wohl auch WOLFRUM, Innerparteiliche Ordnung, S. 170.

2 LÖWE/ROSENBERG/SCHÄFER, StPO, Einleitung, Kap. 7, Rdn. 4; KERN/ROXIN, Strafverfahrensrecht, § 1 B I; REUSS, ZBR 1966, S. 174 (175).

3 MENGER, Prozeßrechtssätze, S. 427 (435); SCHUNCK/DE CLERCK, VwGO, § 86 Anm. 1 a.

gegriffen werden.

Welche dieser Verfahrensordnungen konkret heranzuziehen ist, wird sich nicht zuletzt aus der begrifflichen Ausgestaltung der betreffenden Schiedsordnung ergeben[1].

3. Das rechtliche Gehör

a) Grundsatz

Rechtliches Gehör ist elementarer Bestandteil[2] des Verfahrens vor den Parteischiedsgerichten. Ob sich diese Pflicht zur Gewährung des rechtlichen Gehörs unmittelbar aus Art. 103 Abs. 1 GG ergibt, ist zweifelhaft[3]. Jedenfalls gilt der Grundsatz über Art. 21 Abs. 1 Satz 3 GG in Verbindung mit § 14 Abs. 4 PartG, da er als wesentlicher Bestandteil des Rechtsstaatsprinzips anzusehen ist[4]. Dieser Grundsatz erschöpft sich nicht in der instrumentalen Funktion der Sachaufklärung zur Ermöglichung einer gerechten Entscheidung[5],

---

1 Vgl. z.B. CDU-PGO §§ 35 und 23 Abs. 3, die teilweise wörtlich den §§ 86 bzw. 123 VwGO entsprechen.

2 DÜRIG, in Maunz/Dürig/Herzog, GG, Art. 103 Rdn. 1: Eckpfeiler des Verfahrensrechts; ULE, Verwaltungsprozeßrecht, § 30 I: Magna Charta des Verfahrens; rechtliches Gehör als Grundvoraussetzung eines jeden fairen Verfahrens st. Rspr. im Vereinsrecht, so etwa: RG Z Bd. 49, S. 150 (153); BGH Z Bd. 29, S. 352 (355); 55, S. 381 (391); OLG Hamm, BB 1976, S. 663.

3 Art. 103 Abs. 1 GG meint rechtliches Gehör vor den staatlichen Gerichten; so auch LENZ/SASSE, JZ 1962, S. 233 (239 Anm. 86); LENGERS, Diss., S. 161.

4 DÜRIG, aaO, Art. 103 Rdn. 4; MEYER-CORDING, Die Vereinsstrafe, S. 82; RÜPING, Rechtliches Gehör, S. 123, 135; TRAUTMANN, Innerparteiliche Demokratie, S. 289 hält einen Rückgriff auf Art. 103 Abs. 1 GG nicht für nötig, weil das innerparteiliche Recht auf Meinungsäußerung das rechtliche Gehör mitumfasse.

5 RÜPING, aaO, S. 159; ENGELMANN, Prozeßgrundsätze, S. 52.

er hat vielmehr seinen Eigenwert insofern, als es die durch Art. 1 GG geschützte Menschenwürde verbietet, den Beteiligten zum Objekt des Verfahrens zu machen[1]. Zur Konkretisierung dieses Prinzips wird man daher auf seine Ausprägung im Verfahren vor den staatlichen Gerichten zurückgreifen können, wobei allerdings die Eigenart des Schiedsverfahrens mitbedacht werden muß[2].

b) Ausgestaltung

Hinsichtlich der Ausgestaltung des rechtlichen Gehörs gilt auch hier, daß die Eigenart der betroffenen Rechte oder Rechtspositionen und die zur Entscheidung stehenden Rechtsfolgen Art und Umfang bestimmen[3]. Das bedeutet, daß die Ausgestaltung des rechtlichen Gehörs für das vom Ausschluß bedrohte Mitglied umfangreicher sein muß als beispielsweise für den Antragsteller. Anspruchsberechtigt sind alle am Verfahren Beteiligten[4]. Sie müssen bis unmittelbar vor Erlaß der Entscheidung die Möglichkeit haben, Anträge zu stellen und zu den eingebrachten Tatsachen, Beweisergebnissen sowie Rechtsauffassungen Ergänzungen oder Berichtigungen abzugeben[5]. Wegen des Eigenwertes des rechtlichen Gehörs beschränkt

---

1 BVerfGE Bd. 7, S. 275 (279); 9, S. 89 (95); 34, S. 1 (7); DÜRIG, in Maunz/Dürig/Herzog, GG, Art. 103 Rdn. 4; RÜPING Rechtliches Gehör, S. 130; REINICKE, NJW 1975, S. 2048 (2050).

2 Nach HEIMANN, Schiedsgerichtsbarkeit, S. 233 sind die Anforderungen nicht geringer als am Verfahren vor den staatlichen Gerichten.

3 ZEUNER, Rechtliches Gehör, S. 7.

4 RÜPING, aaO, S. 137; ZEUNER, aaO, S. 5; SEIFERT, Erläuterungen, S. 15 (32 f.); HEIMANN, aaO, S. 233.

5 DÜRIG, aaO, Art. 103 Rdn. 39; HESSE, Grundzüge, § 14 III 2 d; RÜPING, aaO, S. 152 ff.; SEIFERT, Die politischen Parteien, S. 255.

sich das Vorbringen nicht auf das, was nach Ansicht des Schiedsgerichts erheblich ist. Auszugehen ist vielmehr von den Interessen der Beteiligten, die ihre Sicht der Dinge darlegen sollen und alles vortragen dürfen, was ihrer Ansicht nach für die Erkenntnis des Schiedsgerichts wichtig sein könnte[1]. Ferner muß Gelegenheit zur überlegten Stellungnahme[2] gegeben werden. Diese kann im Einzelfall unter Umständen nur durch Terminverlegung erreicht werden.

Diesen Rechten der Beteiligten stehen die Pflichten des Schiedsgerichts gegenüber. Es muß die notwendige Kenntnis des Verfahrensstoffes gewährleisten[3], hat dafür Sorge zu tragen, daß die Beteiligten wissen, worauf es im Verfahren nach seiner Ansicht ankommt, um Überraschungsentscheidungen zu vermeiden[4], und darf daher Beweisergebnisse und eventuelle Gutachten nur nach vorheriger Darlegung verwerten[5].Darüberhinaus muß es das Gehörte bei seiner Entscheidung in tatsächlicher und rechtlicher Hinsicht in Erwägung ziehen und bei der Entscheidungsbegründung kenntlich machen[6].

---

1 RÜPING, Rechtliches Gehör, S. 162; ENGELMANN, Prozeßgrundsätze, S. 52.

2 DÜRIG, in Maunz/Dürig/Herzog, Art. 103 Rdn. 65.

3 Dies beginnt durch die Zustellung des Antrags an den Antragsgegner; vgl. auch DÜRIG, aaO, Art. 103 Rdn. 80.

4 BVerfGE Bd. 34, S. 1 (8); DÜRIG, aaO, Art. 103 Rdn. 66; GRUNSKY, Verfahrensrecht, § 25 III 1.

5 GRUNSKY, aaO, § 25 III 1; siehe auch die Regelungen in CDU-PGO § 30 Satz 2; CSU-SchGO § 9 (Äußerungsrecht nur für Antragsteller und -gegner; F.D.P.-BSchO § 13 u. LV NRW-SchGO § 13; SPD-SchO § 11 Abs. 5 und 6 (vor und nach der Beweisaufnahme sind alle Beteiligten zu hören).

6 St. Rspr. des BVerfG. S.E Bd. 11, S. 218 (220); 22, S. 267 (273); 36, S. 298 (301); RÜPING, aaO, S. 178 mwN.

Eng im Zusammenhang mit der Gewährung rechtlichen Gehörs steht auch die Pflicht des Gerichts, das Prinzip des Einzelausschlusses zu beachten. Ist etwa eine größere Gruppe von Mitgliedern vom Ausschlußverfahren betroffen, ist grundsätzlich vom Einzelverfahren auszugehen. Zum einen schreibt § 10 Abs. 4 PartG ausdrücklich und zwingend einen derartigen Einzelausschluß vor, um jede Art von summarischen Ausschlüssen ("Säuberungen")[1] zu verhindern, zum anderen kann dann im Mittelpunkt des Verfahrens nicht mehr die einzelne Person des Antragsgegners sondern nur die Gruppe stehen. Dem einzelnen Antragsgegner ist es dann nicht mehr möglich, sein persönliches Verhalten ausführlich und differenziert darzulegen, sowie hinreichend sorgfältig erörtert zu wissen. Ein gerechtes Verfahren im Sinne von § 14 Abs. 4 PartG ist in diesen Fällen nur bei Trennung der Verfahren gewährleistet. Allenfalls eine vorübergehende Verbindung zu gemeinschaftlicher Sachaufklärung wäre rechtlich unbedenklich.

aa) Der Beistand

Da das rechtliche Gehör insbesondere für das mit dem Ausschluß bedrohte Mitglied von großer Bedeutung ist, fragt es sich, ob sich daraus für die Parteien die Verpflichtung ergibt, dem Betroffenen die Hinzuziehung eines Beistands, in der Regel eines Rechtsanwalts oder sonstigen Rechtskundigen, zu gestatten.

Unstreitig soll das rechtliche Gehör eine sachgerechte Verteidigung zu allen eingebrachten Punkten in tatsächlicher und rechtlicher Hinsicht ermöglichen[2]. Ist der Betroffene dazu

---

1 SEIFERT, Die politischen Parteien, S. 224 mwN; Gleiches gilt im Vereinsrecht, s. SAUTER/SCHWEYER, Der eingetragene Verein, S. 49; REICHERT/DANNECKER/KÜHR, Vereins- und Verbandrecht, S. 206.

2 ULE, Verwaltungsprozeßrecht § 30 I; RÜPING, Rechtliches Gehör, S. 155 ff.; HESSE, Grundzüge, § 14 III 2 d; GRUNSKY, Verfahrensrecht, § 25 I.

nicht fähig, muß er das Recht auf Beistand haben[1]. Dies folgt nicht zuletzt auch aus Sinn und Zweck der §§ 6-10 PartG, die zum Ziel haben, die Stellung des Mitglieds gegenüber der Parteigewalt zu stärken und zu sichern[2]. Teilweise wird jedoch vertreten, auf einen Beistand könne verzichtet werden, wenn die Streitsache in tatsächlicher und rechtlicher Hinsicht einfach sei, da das Mitglied seine Belange selbst ausreichend wahrnehmen könne[3]. Sicherlich kann sich das betroffene Mitglied im Einzelfall in einer derartigen Streitsache auch ohne Beistand helfen.

Nur fragt es sich, wer und wie man feststellt, ob ein "einfaches" Verfahren vorliegt.[4] Selbst hier ist nicht ausgeschlossen, daß sich das Mitglied schwertut, an Zeugen sachgerechte Fragen zu stellen, um deren Glaubwürdigkeit zu erschüttern, oder daß seine Fragen und Anträge nicht zugelassen werden, ohne daß er sich dagegen zu wehren weiß. Um diese - unfruchtbare - Aufspaltung von einfachem und schwierigem Verfahren zu vermeiden, muß sich das Mitglied in jedem Fall durch einen Beistand vertreten lassen können. Auch wenn einige Schiedsgerichtsordnungen Mitglieder mit Befähigung zum Richteramt als Vorsitzende des Schiedsorgans vorsehen[5], bedeutet das keineswegs, daß ein Beistand überflüssig ist[6], denn auch in diesen Fällen sind Verfahrensfehler möglich. Eher könnte man schon vertreten, daß insbesondere dann, wenn der Vorsitzende Ju-

---

1 DÜRIG, in Maunz/Dürig/Herzog, GG, Art. 103 Rdn. 78; ARNDT, NJW 1959, S. 6 (8); RÜPING, Rechtliches Gehör, S. 139; SAUTER/SCHWEYER, Der eingetragene Verein, S. 54.

2 BT-DRUCKSACHE III/1509, S. 24.

3 BGH Z Bd. 55, S. 381 (391); NJW 1975, S. 160; SAUTER/SCHWEYER, aaO, S. 54.

4 REINICKE, NJW 1975, S. 2048 (2050).

5 CDU-PGO § 5 Abs. 2 Satz 2; F.D.P.-BSchO § 2 Satz 5.

6 BGH NJW 1975, S. 160.

rist ist, es der Grundsatz der Waffengleichheit gebietet, daß auch der Beschuldigte sich eines Anwalts bedienen kann[1]. Eine allgemeine Beistandsversagung ist also unzulässig.

Grundsätzlich ist nichts dagegen einzuwenden, wenn die Parteien nur einen Beistand zulassen, der selbst Parteimitglied ist[2]. Jedoch ist durchaus denkbar, daß - namentlich in kleineren Parteien - ein Parteimitglied als Beistand nicht erreichbar ist[3]. Dann gebietet es der Grundsatz des rechtlichen Gehörs, daß sich der Betroffene auch eines bei einem deutschen Gericht zugelassenen Anwalts bedienen kann, der nicht Parteimitglied ist[4].
Die eventuelle Befürchtung, in diesem Fall könnten Parteiinterna nach außen dringen, kann nicht geteilt werden, da der Rechtsanwalt zur Verschwiegenheit verpflichtet ist[5].

bb) Recht auf Akteneinsicht, Wiedereinsetzung

Ebenfalls zum rechtlichen Gehör gehört das Recht, Einsicht in die beim Schiedsgericht liegenden Akten nehmen zu können[6],

---

1 BVerfGE Bd. 38, S. 105 (111).

2 CDU-PGO § 18 Abs. 2 Satz 1; CSU-SchGO § 7 Abs. 5; SPD-SchO § 11 Abs. 3; REICHERT/DANNECKER/KÜHR, Vereins- und Verbandsrecht, S. 211; gegen eine Beschränkung der Beistandswahl BT-DRUCKSACHE III/1509, S. 24; SEIFERT, Erläuterungen, S. 15 (33); HEIMANN, Schiedsgerichtsbarkeit, S. 239 f.; WOLFRUM, Innerparteiliche Ordnung, S. 176 FN 360.

3 DELIUS, VerwArch Bd. 22 (1914), S. 209 (260); SCHLOSSER, Vereins- und Verbandsgerichtsbarkeit, S. 192.

4 Zuzustimmen daher der Regelung in F.D.P.-BSchO § 8.

5 So § 203 Abs. 1 Ziff. 3 StGB.

6 BVerfGE Bd. 18, S. 399 (406); BVerwGE Bd. 30, S. 154 (157); DÜRIG, in Maunz/Dürig/Herzog, GG, Art. 103 Rdn. 63; RÜPING, Rechtliches Gehör, S. 172; vgl. auch die Regelungen in §§ 26 Abs. 3, 61 Abs. 3, 70 BDO; 100 Abs. 1 VwGO, 147 StPO; zur grundsätzlichen Bedeutung des Akteneinsichtsrechts JUNG, Diss., S. 36 ff.

damit den Beteiligten dieselben Erkenntnisquellen offenstehen wie dem Schiedsorgan. Dieses Einsichtsrecht ist auf Antragstellung in jeder Phase des Verfahrens zu gewähren, bezieht sich allerdings nur auf den Streitstoff.

Weiterhin sollte in den Parteischiedsordnungen der Anspruch auf rechtliches Gehör durch Wiedereinsetzung in den vorigen Stand gesichert werden, wenn z.B. einer der Beteiligten an der Einhaltung einer Frist ohne Verschulden gehindert war .

c) Rechtsfolgen bei Verletzung

Fällt das Schiedsgericht die Entscheidung über den Ausschluß ohne rechtliches Gehör gewährt zu haben, liegt ein Verstoß gegen § 14 Abs. 4 PartG vor, der als Verfahrensmangel anzusehen ist und zur Nichtigkeit der Entscheidung führt[2]. Ein solcher Verstoß liegt vor, wenn objektiv die erforderliche Anhörung unterbleibt. Auf ein Verschulden kommt es nicht an[3]. Für die Frage, ob der Grundsatz im Schiedsverfahren beachtet worden ist, entscheidet nur, ob dem Beteiligten vom Schiedsgericht verfahrensrechtlich und faktisch die Gelegenheit zur Äußerung geboten wurde[4]. Deshalb liegt keine Verletzung des rechtlichen Gehörs vor, wenn der Betroffene beispielsweise

---

1 S. dazu etwa MENGER, VerwArch Bd. 64 (1973), S. 429 ff.; ENGELMANN, Prozeßgrundsätze, S. 68 ff.

2 MEYER-CORDING, Die Vereinsstrafe, S. 102; STRUNK, Diss., S. 163; LUTHMANN, Diss., S. 117; REICHERT/DANNECKER/KÜHR, Vereins- und Verbandrecht, S. 204; SAUTER/SCHWEYER, Der eingetragene Verein, S. 50; SCHLOSSER, Vereins- und Verbandsgerichtsbarkeit, S. 190; REINICKE, NJW 1975, S. 2048 (2050).

3 LÖWE/ROSENBERG/SCHÄFER, StPO, Einleitung Kap. 13 Rdn. 94.

4 DÜRIG, in Maunz/Dürig/Herzog, GG, Art. 103 Rdn. 48; GRUNSKY, Verfahrensrecht, § 25 III 1.

von der Gelegenheit zur Äußerung bewußt keinen Gebrauch gemacht hat oder aus Nachlässigkeit die Gelegenheit versäumte[1]. Im letzteren Fall ist aber immer zu prüfen, ob das Versäumen nicht auf Umstände beruhte, die er nicht zu vertreten hatte[2], denn dann hat es an der Gelegenheit zur Äußerung gefehlt[3].

4. Der Grundsatz der Öffentlichkeit

In den Prozessen vor den staatlichen Gerichten bedeutet der Grundsatz der Öffentlichkeit (§ 169 GVG), daß jedermann als Zuhörer der Verhandlung beiwohnen darf[4]. Damit soll die Publizität des Gerichtsverfahrens bewirkt und dafür Sorge getragen werden, daß keine sachfremden Erwägungen in die Urteilsfindung einfließen[5]. So vermeidet man Verhandlungen hinter verschlossenen Türen und daraus resultierendes Mißtrauen und Argwohn, sichert gleichzeitig die richterliche Unabhängigkeit und ermöglicht der Allgemeinheit eine kritische Kontrolle der Gerichtspraxis[6]. Der Grundsatz der Öffentlichkeit ist allerdings nicht ausdrücklich in der Verfassung verankert; er ist jedoch natürliche Folge des Demokratie- und Rechtsstaatsprinzips des Grundgesetzes. Da vom Volk alle Staatsgewalt ausgeht,

---

1 DÜRIG, in Maunz/Dürig/Herzog, GG, Art. 103 Rdn. 49 f.; REICHERT/DANNECKER/KÜHR, Vereins- und Verbandsrecht, S. 211.

2 DÜRIG, aaO, Art. 103 Rdn. 51.

3 Zum Problem der Heilung dieses Mangels s. unten S.123.

4 ENGELMANN, Prozeßgrundsätze, S. 45; LÖWE/ROSENBERG/SCHÄFER, StPO, Einleitung, Kap. 13 Rdn. 99.

5 BGH St Bd. 9, S. 280 (281 f.); ENGELMANN, aaO, S. 49; ROXIN, Festschrift Peters, S. 393; KERN/ROXIN, Strafverfahrensrecht, § 46 A; WOLFRUM, Innerparteiliche Ordnung, S. 170.

6 ENGELMANN, aaO, S. 50; ROXIN, aaO, S. 393 (396); LÖWE/ROSENBERG/SCHÄFER, aaO, Einleitung Kap. 13 Rdn. 99; ULE, Verwaltungsprozeßrecht § 29 III; GRUNSKY, Verfahrensrecht, § 24 III.

müssen demzufolge auch Kontrollmöglichkeiten über diejenigen bestehen, die Staatsgewalt ausüben[1]. Diese Kontrollen wiederum dienen auch der Wahrheitsfindung und tragen so zur gerechteren Entscheidung bei[2].

Erstaunlich ist, daß im Parteiengesetz das Gebot grundsätzlicher Öffentlichkeit nicht aufgenommen ist[3], obwohl sich auch im Ausschließungsverfahren vor den Parteischiedsgerichten insofern eine mit den Verfahren vor den staatlichen Gerichten qualitativ vergleichbare Lage ergibt, als die Parteien über Art. 21 Abs. 1 Satz 3 GG an demokratische wie rechtsstaatliche Grundsätze gebunden sind und für Transparenz und Kontrolle zu sorgen haben. Auch hier ist es mit demokratischen Grundsätzen unvereinbar, wollte man Verfahren in Heimlichkeit durchführen.
Die Notwendigkeit einer Regelung des Öffentlichkeitsgebots zeigen auch die unterschiedlichen Regelungen in den einzelnen Parteischiedsgerichtsordnungen. Sie reichen von völligem Ausschluß jeglicher Öffentlichkeit[4] bis hin zur Zulassung von Parteimitgliedern[5]. Teilweise wird die Öffentlichkeitsscheu der Parteien noch durch die besonderen Vorkehrungen zur Sicherung der Vertaulichkeit unterstrichen[6].

---

1 BGH St Bd. 9, S. 280 (281); 2, 56 (57); 21, S. 72 (73); 22, S. 238 (301); ARNDT, NJW 1960, S. 423 (424); HESSE, Grundzüge, § 5 II; HÄBERLE, Öffentliches Interesse, S. 322; ENGELMANN, Prozeßgrundsätze, S. 48 ff.; GRUNSKY, Verfahrensrecht, § 24 III; KERN/WOLF, GVG, § 25 I 2.

2 WOLFRUM, Innerparteiliche Ordnung, S. 170.

3 SEIFERT, Die politischen Parteien, S. 255.

4 CDU-PGO § 27 PGO; CSU-SchGO § 8 Abs. 1 Satz 1 ; F.D.P.-BSchO § 15 und LV NRW-SchO § 15.

5 SPD-SchO § 16 Abs. 1 Satz 1.

6 CDU-PGO §§ 7 Abs. 2, 27 Satz 2; CSU-SchGO § 8 Abs. 2; F.D.P.-BSatzung § 5; SPD-SchO § 17; kritisch dazu HEIMANN, Schiedsgerichtsbarkeit, S. 246 f.; LENGERS, Diss., S. 177; BULL, ZRP 1971, S. 196 (197).

Zwingende Argumente für die Zulassung der vollen, d.h. allgemeinen Öffentlichkeit werden sich den obigen Ausführungen nicht entnehmen lassen[1], da die Bedeutung der Verfahren vor den Schiedsgerichten geringer ist, als etwa im Strafprozeß[2], wenngleich auch nicht von der Hand zu weisen ist, daß gerade wegen des Gehalts des Art. 21 Abs. 1 Satz 3 GG die Allgemeinheit ein Interesse am Funktionieren einer an demokratisch-rechtsstaatlichen Inhalten orientierten inneren Ordnung im Einzelfall haben kann[3].
Die Zulassung von Parteimitgliedern als Öffentlichkeit ist jedenfalls zwingend geboten. Die Ansicht, eine öffentliche Verhandlung böte dem politischen Gegner die Möglichkeit, die innerparteilichen Meinungsdivergenzen zu seinen Gunsten auszuschlachten[4], übersieht, daß im demokratischen Willensbildungsprozeß der Meinungswettstreit zwischen den Parteien die Regel ist. Sind im Einzelfall für den Betroffenen oder die Partei schwere Schädigungen zu erwarten, können immer die Ausschlußgründe der §§ 172 - 174 GVG entsprechend herangezogen werden[5].

5. Mündlichkeit und Schriftlichkeit

Der Grundsatz der mündlichen Verhandlung im Schiedsverfah-

---

1 aA STRUNK, Diss., S. 14.

2 Ähnliche Argumentation bei ehrengerichtlichen Verfahren vor den Berufsgerichten BVerfGE Bd. 4, S. 74 (94); LÖWE/ROSENBERG/SCHÄFER, StPO, vor § 169 GVG Anm. 1 a.

3 Dies ermöglicht im Ansatz SPD-SchO § 16 Abs. 1 Satz 2, wonach Nichtmitglieder als Zuhörer zugelassen werden können, falls der Antragsgegner nicht widerspricht.

4 S. dazu die Befragungsergebnisse bei SCHLICHT, Diss., S.89.

5 Für zwingenden Ausschluß der Mitglieder auf Antrag des Betroffenen HEIMANN, Schiedsgerichtsbarkeit, S. 245.

ren[1] kann, den gerichtlichen Verfahrensordnungen entsprechend, nur bedeuten, daß Grundlage der Entscheidung nur Tatsachen sein können, die mündlich vorgetragen sind. Andere gelten als nicht existent[2]. Daher dient der Antrag auf Ausschluß durch eine Organisationsgliederung also nur der Verfahrenseinleitung; sein Inhalt kann nur dann zur Entscheidungsgrundlage gemacht werden, wenn er vorgetragen ist.

Auch das Mündlichkeitsprinzip gilt zwingend für das Verfahren vor den Schiedsgerichten[3]. Dies ergibt sich aus der Verknüpfung von Mündlichkeit des Verfahrens mit der Garantie des rechtlichen Gehörs, das nicht als formale Chance der Äußerung zu verstehen ist, sondern als Garantie inhaltlich umfassender Stellungnahme[4]. "Die mündliche Verhandlung dient nicht nur der Verstärkung des rechtlichen Gehörs, sondern sie ist die Möglichkeit zu seiner sachgerechten Gewährung"[5]. Bei persönlicher Anwesenheit kann das betroffene Mitglied eher Fragen an Zeugen und eventuelle Gutachter[6] stellen mit dem Ziel, ihre Glaubwürdigkeit zu erschüttern[7] und die Vorwürfe zu entkräften. Weiterhin kann das Schiedsorgan die Streitsache mit

---

1 Davon gehen alle Parteien aus: CDU-PGO § 28; CSU-SchGO § 8 Abs. 1 Satz 1; F.D.P.-BSchO § 12 Satz 1; SPD-SchO § 8 Abs. 1; zurückzuführen auf BT-DRUCKSACHE III/1509, S. 24: die persönliche Anwesenheit gehört zu einem gerechten Verfahren.

2 Statt vieler GRUNSKY, Verfahrensrecht § 24 I 1; ULE, Verwaltungsprozeßrecht, §§ 46-48; LÖWE/ROSENBERG/SCHÄFER, StPO, Einleitung, Kap. 13 Rdn. 62; HEIMANN, Schiedsgerichtsbarkeit, S. 241.

3 Ohne Begründung: SEIFERT, Die politischen Parteien, S. 255; LUTHMANN, Diss., S. 119; HEIMANN, aaO, S. 240; REICHERT/DANNECKER/KÜHR, Vereins- und Verbandsrecht, S. 210.

4 ENGELMANN, Prozeßgrundsätze, S. 52 mwN; aA: DÜRIG, in Maunz/Dürig/Herzog, GG, Art. 103 Rdn. 72; BVerfGE Bd. 5, S. 9 (11), 36, S. 85 (87); OLG München MDR 1973, S. 405.

5 ENGELMANN, aaO, S. 52.

6 Z.B. Gutachter über politische Hintergründe und Auswirkungen des Verfahrens CSU-SchGO § 7 Abs. 3.

7 REINICKE, NJW 1975, S. 2048 (2050).

den Beteiligten umfassend erörtern, wobei jedes Mitglied des Schiedsgerichts sachdienliche Fragen stellen kann: die Entscheidung ergeht meist schneller als in einem schriftlichen Verfahren[1] und das Schiedsorgan hat Gelegenheit, sich ein Bild über Zeugen, Antragsteller und -gegner zu machen. Die spätere Entscheidung kann somit auf eine breitere Grundlage gestellt werden[2]. Daher wird mit Recht verlangt, daß ein schriftliches Verfahren nur im Einverständnis mit den Beteiligten durchzuführen ist[3].

Haben sich die Beteiligten auf ein schriftliches Verfahren geeinigt, darf das Schiedsgericht nicht eher entscheiden, bis innerhalb einer angemessenen Frist Stellungnahmen der Beteiligten zur Streitsache abgegeben sind[4]. Diese Frist ist zu verlängern, wenn sie ohne Verschulden nicht eingehalten werden konnte[5].

In diesem Zusammenhang zu erwähnen ist noch die teilweise geforderte Protokollierung der mündlichen Verhandlung[6]. Zwar gibt es dafür kein zwingendes rechtsstaatliches Argument; das Protokoll dient aber dazu, den Nachweis über die Beachtung der für ein gerechtes Verfahren notwendigen Förmlichkeiten und über den wesentlichen Inhalt der mündlichen Ver-

---

1 GRUNSKY, Verfahrensrecht § 24 I 2 b.

2 WOLFRUM, Innerparteiliche Ordnung, S. 170.

3 CDU-PGO § 25 Abs. 1; CSU-SchGO § 8 Abs. 3; F.D.P.-BSchO § 12 Satz 2; SPD-SchO § 8 Abs. 5 (mit Einverständnis nur des Antragsgegners).Zum Widerruf des Einverständnisses s. etwa GRUNSKY, aaO, § 24 I 2 b.

4 BVerfGE Bd. 24, S. 56 (62); 34, S. 1 (7); SCHLOSSER, Vereins- und Verbandsgerichtsbarkeit, S. 190.

5 DÜRIG, in Maunz/Dürig/Herzog, GG, Art. 103 Rdn. 67.

6 CDU-PGO § 29 Abs. 3; CSU-SchGO § 10; SPD-SchO § 12.

handlung zu erbringen[1]. Allein die Begründung der späteren Entscheidung wird dafür kaum ausreichen[2]. Der Protokollführer wird alle wesentlichen Verfahrensvorgänge verzeichnen müssen, denn auch hier hat zu gelten, daß nur die Vorgänge stattgefunden haben, die als Geschehen im Protokoll aufgeführt sind.

6. Der Beschleunigungsgrundsatz

Deutlich aus den Parteischiedsordnungen herauszulesen ist, daß das Verfahren so schnell als möglich durchgeführt werden soll[3], um den Betroffenen nur so lange als nötig über das Ergebnis des Verfahrens im Ungewissen zu lassen.
Über die Fristenregelung hinaus sollte deshalb in allen Parteiordnungen sichergestellt werden, daß schon vor der mündlichen Verhandlung vom Schiedsgericht Maßnahmen getroffen werden sollen, damit die Streitsache möglichst in einer mündlichen Verhandlung[4] erledigt werden und in der Verhandlung selbst auf Lücken, Fehler und Unklarheiten hingewiesen werden kann.

Nicht zu verkennen ist aber, daß die zügige Abwicklung des Verfahrens nicht immer eingehalten werden kann, weil ein Spannungsverhältnis zwischen Untersuchungs- und Beschleunigungsgrundsatz besteht[5]. In der Regel wird aus praktischen Gründen (Terminschwierigkeiten) verlangt, das Verfahren in einer mündlichen

1 ROSENBERG/SCHWAB, ZPO, § 107 IV 2 u. 5; SCHUNCK/DE CLERCK, VwGO, § 105 Anm. 3.

2 So aber SCHLOSSER, Vereins- und Verbandsgerichtsbarkeit, S. 195.

3 Ausdrücklich in CDU-PGO § 23 Abs. 1; CSU-SchGO § 5 Abs. 1; deutlich wird dies ferner in den Fristenregelungen wie auch der Verpflichtung, so bald als möglich eine gütliche Einigung herbeizuführen.

4 CDU-PGO § 23 Abs. 1.

5 RÜPING, Rechtliches Gehör, S. 148; KERN/ROXIN, Strafverfahrensrecht § 16 C.

Verhandlung abzuwickeln. Ein gerechtes Verfahren verlangt aber eine Vertagung, wenn die Streitsache zu komplex ist, als daß sie in einer mündlichen Verhandlung ordnungsgemäß erledigt werden kann. Das Gericht soll allen Hinweisen nachgeben, um von sich aus den Sachverhalt gründlich aufhellen zu können. Außerdem dient die Ausnutzung sämtlicher Verfahrensrechte dem beschuldigten Mitglied und hat deshalb angemessen Berücksichtigung zu finden. Dem entspräche es kaum, wenn Regelungen über nicht rechtzeitig gestellte Angriffs- und Verteidigungsmittel Aufnahme in die Schiedsgerichtsordnung fänden. Liegen objektiv Anzeichen einer Verfahrensverschleppung durch das zuständige Schiedsorgan vor, muß der Betroffene die Möglichkeit haben, schon jetzt die staatlichen Gerichte anzurufen[1].

IV. Das Beweisverfahren

Zu einer ordnungsgemäßen Untersuchung gehört ferner, daß bei einem nicht zweifelsfreien Sachverhalt Beweis zu erheben ist[2]. Wegen der Bedeutung der mündlichen Verhandlung gerade auch für das angeschuldigte Mitglied sollte die Beweiserhebung in der mündlichen Verhandlung stattfinden[3]. Findet die Beweiserhebung außerhalb der mündlichen Verhandlung vor einem Schiedsgerichtsmitglied statt, sind die Beteiligten zu dem Termin zu laden und das Ergebnis ist in die mündliche Verhandlung einzubringen[4].

Grundsätzlich kommen aber hier Augenschein, Zeugen, im Einzelfall auch Gutachter, Urkunden und Beteiligtenvernehmung in Betracht. Die Möglichkeiten der Beweisaufnahme sind allerdings gering. Es

---

1 S. unten S. 155.

2 CDU-PGO §§ 29, 30; CSU-SchGO § 7 Abs. 1 u. 2; dürftiger die Regelungen in F.D.P.-BSchO § 13 Satz 2, LV NRW-SchO § 13 Satz 2; SPD-SchO § 13 Abs. 2.

3 REICHERT/DANNECKER/KÜHR, Vereins- und Verbandsrecht, S. 210.

4 So ausdrücklich CDU-PGO § 29 Abs. 2.

fehlt der ganze Hilfsapparat, der den staatlichen Gerichten zur Verfügung steht[1]. Vor allem die Heranziehung von Zeugen bildet eine Quelle ständiger Unsicherheit. Weigern sich beispielsweise insbesondere nicht parteizugehörige Zeugen, zu erscheinen oder überhaupt auszusagen, oder stellt sich heraus, daß sie die Unwahrheit sagen, besteht für das Schiedsgericht wegen mangelnder Befugnis keine Möglichkeit, diese Zeugen zur Rechenschaft zu ziehen[2]. In der Praxis wird daher die Vernehmung von nicht parteiangehörigen Zeugen die Ausnahme bleiben[3]. Eine derartige Ausnahme kann sich allerdings dann ergeben, wenn es sich um ein entscheidendes Beweisangebot handelt. Eine Ablehnung dieses Beweisantrages unter Hinweis auf die eventuell entstehenden Schwierigkeiten mit nicht parteizugehörigen Zeugen wäre unzulässig[4]. Bei parteiangehörigen Zeugen mögen Aussagebereitschaft und wahrheitsgemäße Darlegung schon eher möglich sein, sicher ist dies aber keinesfalls. Den Parteien bleibt als Sanktion diesen gegenüber praktisch nur ein Ordnungsverfahren, was sich aber schnell als unverhältnismäßig und wenig praktikabel erweisen kann. Im Rahmen der Regelung über die Zeugenvernehmung darf letztlich das Zeugnisverweigerungsrecht nicht unberücksichtigt bleiben[5].

Auch im Verfahren vor den Schiedsgerichten kann die Frage auftauchen, ob alle angebotenen Beweismittel verwertet werden dürfen. Zu denken ist hier insbesondere an rechtswidrig erlangte Beweismittel und solche, deren Rechtswidrigkeit in der Verwertung selbst liegt, unabhängig wie sie beschafft wurden. Aus dem Rechts-

---

1 RABUS, AöR Bd. 78 (1952/53), S. 163 (185 f.); LEHR, 38. DJT, S. C 84 (Diskussionsbeitrag); WESTERMANN, Verbandsstrafgewalt, S. 71 f.

2 REICHERT/DANNECKER/KÜHR, Vereins- und Verbandsrecht, S. 210.

3 So ausdrücklich CDU-PGO § 29 Abs. 4 Satz 2; CSU-SchGO § 7 Abs. 2 Satz 3.

4 SCHLOSSER, Vereins- und Verbandsgerichtsbarkeit, S. 197.

5 Zuzustimmen CDU-PGO § 29 Abs. 4 Satz 1; CSU-SchGO § 7 Abs. 2 Satz 2.

staatsprinzip folgt[1], daß dann zum Schutze des Mitglieds die Aufklärungspflicht des Schiedsorgans endet und es die Beweismittel als unzulässig zurückweist. Die grundsätzliche Befugnis zum Ausschluß kann nicht soweit gehen, um jeden Preis einen Ausschuß herbeiführen zu wollen. Ansonsten kann das Schiedsorgan Anträge zurückweisen, wenn sie für die Entscheidung unerheblich, völlig ungeeignet oder die Tatsachen schon erwiesen sind.

Nach Abschluß der Beweisaufnahme würdigt das Schiedsorgan das Beweisergebnis nach seiner freien Überzeugung[2]. Dies bedeutet, daß der Inhalt der Entscheidung von der Überzeugung abhängt, die die Schiedsgerichtsmitglieder im Verfahren gewonnen haben. Wie in den staatlichen Verfahrensordnungen hat auch hier zu gelten, daß nicht die bloße subjektive Gewißheit des Entscheidenden reicht, wo das objektive Ergebnis der Beweisaufnahme einen rational einleuchtenden Schluß auf eine ausschlußwürdige Handlung gem. § 10 Abs. 4 PartG nicht zuläßt. Der Entscheidungsfindungsprozeß muß nachvollziehbar und in den Entscheidungsgründen zwecks Überprüfung angegeben werden[3].

Eine Beweislast im zivilprozessualen Sinne kann es wegen der Geltung des Untersuchungsgrundsatzes im Schiedsverfahren nicht geben[4]. Der Begriff kann hier nur im übertragenen Sinne gebraucht werden. Soweit man also hier von Beweislast sprechen kann, trifft sie wegen der Pflicht zur Wahrheitserforschung das Schiedsgericht.

---

1 BGH St Bd. 17, S. 337 (348); LÖWE/ROSENBERG/SCHÄFER, StPO, Einleitung Kap. 14, Rdn. 1; KERN/ROXIN, Strafverfahrensrecht, § 24 D II; GRUNSKY, Verfahrensrecht, § 42 III 2, jeweils mit weiteren Einzelheiten. Ähnlich ein Beschluß des SPD-Bezirksvorstandes Hessen-Süd "daß unrechtmäßig erlangte Beweismittel in Parteiordnungsverfahren keine Rolle mehr spielen dürfen", zit. nach FRANKFURTER RUNDSCHAU v. 19.6.1976, S. 15.

2 CDU-PGO § 30 Satz 1; SPD-SchO § 13 Abs. 2.

3 KERN/ROXIN, aaO. § 15 C II 1a; ULE, Verwaltungsprozeßrecht, § 50 IV.

4 LÖWE/ROSENBERG/SCHÄFER, aaO, Einleitung Kap. 13, Rdn. 45; ULE, aaO, § 50 I 2.

Es hat also Tatsachen nachzuweisen, die eine Ausschließung rechtfertigen. Ob die Beteiligten die Beweisaufnahme wünschen oder sie gar beantragt haben, ist ohne Bedeutung.

Führen die von den Beteiligten durch Beweisanträge angeregten oder vom Schiedsgericht von Amts wegen vorgenommenen Ermittlungen zu keinem Ergebnis, bleibt der Sachverhalt also in seinen wesentlichen Punkten ungeklärt ("non liquet")[1] oder ergeben sich sonstige Zweifel hinsichtlich eines ausschlußwürdigen Tuns des Antragsgegners, hat sich dies zu seinen Gunsten auszuwirken. Nach dem auch hier zu beachtenden Grundsatz "in dubio pro reo"[2], der sich auf alle subjektiven oder objektiven Tatbestandsmerkmale der satzungsmäßig festgelegten Sanktionsnormen bezieht, kann eine belastende Ordnungsmaßnahme durch die Schiedsgerichte nicht ergehen, und das betroffene Mitglied ist von den Vorwürfen freizusprechen.

V. Die Einstellung des Verfahrens

Die Verpflichtung des Schiedsorgans, das Verfahren einzustellen, ergibt sich bei Antragsrücknahme, bei gütlicher Einigung, Austritt des angeschuldigten Mitglieds und Verjährung.

Wie schon erwähnt, ist die Entscheidung, einen Antrag auf Ausschließung zu stellen von politischen Zweckmäßigkeitserwägungen bestimmt. Gilt also für das Antragsrecht der Dispositionsgrundsatz, ist kein Grund ersichtlich, warum er nicht auch Geltung hinsichtlich Antragsrücknahme beanspruchen soll. Dies entspricht gerade auch dem Charakter des Schiedsverfahrens, durch das ja in erster Linie eine Schlichtung herbeigeführt werden soll.

---

1 ULE, Verwaltungsprozeßrecht, § 50 II 1

2 KERN/ROXIN, Strafprozeßrecht, § 15 D bezeichnet diesen Grundsatz als rechtsstaatlichen Fundamentalsatz; für seine Anwendbarkeit im Schiedsverfahren auch SEIFERT, Die politischen Parteien, S. 223; SCHLOSSER, Vereins- und Verbandsgerichtsbarkeit, S. 199.

Nimmt der Vorstand seinen Antrag zurück, gibt er zu erkennen, daß das von ihm ursprünglich als den Parteifrieden störend angesehene Verhalten nunmehr als nicht mehr so gravierend eingestuft wird.

Erklärt der Antragsteller dem Schiedsorgan die Rücknahme des Antrags[1], hat es das Verfahren einzustellen[2]. Um zu verhindern, daß das betroffene Mitglied wiederholt in Ordnungsverhfahren verwikkelt wird, ist eine erneute Antragstellung mit denselben Gründen als unzulässig zurückzuweisen[3]. War der Antrag aber unzulässig und deshalb zurückgenommen, kann er in zulässiger Weise erneut erhoben werden.

Ein weiterer Grund für die Einstellung des Verfahrens ergibt sich ferner dann, wenn eine gütliche Einigung über den streitigen Sachverhalt zustandegekommen ist, auf die in jeder Phase des Verfahrens vom Schiesgericht hinzuwirken ist. Ob sich nur Antragsteller und -gegner einigen müssen oder auch die Beigeladenen bzw. dem Verfahren Beigetretenen, bleibt den Parteien überlassen. Hält sich der Antragsgegner nicht an den Vergleich, lebt das alte Verfahren nicht etwa wieder auf, sondern es muß ein neuer Antrag gestellt werden.

Erklärt das Mitglied während des Verfahrens wirksam seinen Austritt, der jederzeit wegen der negativen Parteienfreiheit gem. Art. 21 Abs. 1 Satz 2 GG ohne Erschwerungen zulässig ist[4], wird sowohl die Mitgliedschaft wie die Sanktionsbefugnis der Parteien beendet. Es darf auch kein Beschluß des Inhalts gefaßt werden,

---

1 CDU-PGO § 21; CSU-SchGO § 11 Abs. 3; SPD-SchO § 15 Abs. 2.

2 Vgl. dazu das Beispiel in SÜDDEUTSCHE ZEITUNG v. 28./29.8.76, S. 14.

3 Davon ist jeder von den Parteisatzungen bzw. -schiedsgerichtsordnung vorgesehener Antragsteller betroffen. Vgl. z.B. SPD-SchO § 6 Abs.1, wonach jede Organisationsgliederung als Antragsteller in Frage kommen kann.

4 SEIFERT, Die politischen Parteien, S. 228; HENKE, Parteienrecht; SAUTER/SCHWEYER, Der eingetragene Verein, S. 43, 49; vgl. auch den Wortlaut des § 10 Abs. 2 Satz 3 PartG.

daß die Ausschließung beschlossen worden wäre, wenn das Mitglied seinen Austritt nicht erklärt hätte[1].

Ebenso kann das Schiedsgericht einen Einstellungsbeschluß fassen, wenn sich das Vergehen des Mitglieds als zu geringfügig herausstellt[2]. Ergibt sich während des Verfahrens, daß über dasselbe Verhalten des Mitglieds schon einmal entschieden worden ist, muß - auch wenn es sich dabei um eine von einem anderen Parteiorgan verhängte einfache Ordnungsmaßnahme handelt - das Mitglied darauf vertrauen können, deswegen nicht noch einmal belangt zu werden[3]. Die Disziplinarbefugnis des Schiedsgerichts ist in diesem Fall verbraucht. Das Verfahren ist entweder einzustellen oder, wenn noch kein Termin zur mündlichen Verhandlung anberaumt ist, der Antrag zurückzuweisen.

VI. Die Entscheidung

1. Zustandekommen, Form und Inhalt

Trifft das Schiedsgericht nach Abschluß der Beweisaufnahme seine Entscheidung, ist zunächst darauf zu achten, daß es der Schiedsordnung gemäß besetzt ist und die Entscheidung ordnungsgemäß zustande kommt[4]. Meist berät und entscheidet es geheim nach dem Mehrheitsprinzip[5], wobei im Einzelfall[6] Enthaltungen unzulässig sind.

---

1 Allgemeine Meinung vgl. RG Z Bd. 51, S. 66 (67), 78, S. 134 (137), 122, S. 266 (268); MEYER-CORDING, Die Vereinsstrafe, S. 68; SAUTER/SCHWEYER, Der eingetragene Verein, S. 48; REICHERT/DANNECKER/KÜHR, Vereins- und Verbandsrecht, S. 207.

2 Ausdrücklich SPD-SchO § 15 Abs. 2.

3 Für die Geltung "ne bis in idem" deshalb SCHLOSSER, Vereins- und Verbandsgerichtsbarkeit, S. 215 f.; MEYER-CORDING, aaO, S. 83; LUKES/VOLLMER, NJW 1973, S. 1117; REICHERT/DANNECKER/KÜHR, aaO, S. 198 mwN.

4 SAUTER/SCHWEYER, aaO, S. 50, REICHERT/DANNECKER/KÜHR, aaO, S. 204; LESSMANN, Verbände, S. 266; DELIUS, VerwArch. Bd. 22 (1914), S. 209 (246).

5 CDU-PGO § 32 Abs. 1; CSU-SchGO § 13 Abs. 1 Satz 1 u.3; F.D.P.-BSchO § 5 Abs. 1; SPD-SchO § 13 Abs. 3.

6 CDU-SchGO § 13 Abs. 1 Satz 2.

Da das Schiedsgericht an Sachanträge nicht gebunden ist, dem Grundsatz der freien Beweiswürdigung unterliegt und ihm daher gem. § 10 Abs. 4 PartG Ermessen bei seiner Entscheidung zusteht, sind mehrere Entscheidungsinhalte möglich. Kommt es zu der Überzeugung, daß die Vorwürfe nicht zutreffen, hat es festzustellen, daß der Antragsgegner einen Verstoß gegen Satzung etc. nicht begangen hat. Auch kann das Schiedsgericht eine mildere Maßnahme als den Ausschluß aussprechen[1]. Ob das Schiedsgericht bei einem "Verfahren gegen sich selbst" auch einen Ausschluß oder eine einfache Ordnungsmaßnahme aussprechen soll, oder es dabei bewenden läßt festzustellen, daß ein parteischädigendes Verhalten vorliegt, ohne eine konkrete Maßnahme zu erlassen[2], bleibt den Parteien überlassen.

Ein ganz wesentliches Merkmal rechtsstaatlicher Verfahrensausprägung ist die von § 10 Abs. 5 Satz 3 PartG vorgesehene Begründung[3]. Der Betroffene soll über die Gründe, die für die Entscheidung maßgeblich waren, in Kenntnis gesetzt werden, damit er von ihr überzeugt und sich über Rechtsmittel schlüssig werden kann[4].
Sie hat ferner den Zweck, dem etwa angerufenen Parteischiedsgericht der zweiten Instanz oder dem ordentlichen Gericht die Rechtsfindung zu erleichtern[5]. Außerdem soll die Begründung zur Legitimierung der Entscheidung dienen[6]. Im Gegensatz zum Wortlaut des § 10 Abs. 5 Satz 3 PartG, der dies nur für den Ausschluß vorsieht, ist jede dieser belastenden Maßnahmen unter Angabe des ermittel-

---

1 CDU-PGO § 31 Abs. 3; CSU-SchGO § 12 Abs. 2b; SPD-OrgStatut § 35 Abs. 2, SchO § 15 Abs. 1. Als mildere Maßnahmen kommen etwa in Betracht Verwarnung, Verweis, Mißbilligung, Geldbuße, Aberkennung von Parteiämtern auf Zeit. Näher SEIFERT, Die politischen Parteien, S. 221.

2 So ausdrücklich CSU-SchGO § 12 Abs. 5a-c.

3 KOPP, VwVfG, § 39 Anm. 1 mit umfangr. weit. Nachw.

4 DALLINGER, JZ 1953, S. 432 (437); STRUNK, Diss. S. 153; KOPP, aaO, § 39 Anm. 1.

5 BT-DRUCKSACHE III/1509, S. 25.

6 RÜPING, Rechtliches Gehör, S. 181.

ten Tatbestandes[1] schriftlich zu begründen[2]. Für die Begründung reicht es nicht aus, daß auf die verletzte Satzungsbestimmung hingewiesen wird. Vielmehr müssen dem ausgeschlossenen bzw. in sonstiger Weise gemaßregelten Mitglied die Vorgänge, auf die sich die Maßnahme stützt, in einwandfreier Weise erkennbar sein[3]. Dabei ist der Sachverhalt anzugeben, in dem der Grund gefunden wurde. Ein Verzicht auf die Begründung ist nicht möglich, § 10 Abs. 5 PartG ist nicht dispositiv.

Zu einer ordnungsgemäßen Ausfertigung der Entscheidung gehört insbesondere - neben Bezeichnung der Beteiligten und Nennung der an der Entscheidung beteiligten Schiedsgerichtsmitglieder[4]-der Hinweis, daß zumindest gegen die Ausschlußentscheidung als Rechtsmittel Berufung eingelegt werden kann (§ 10 Abs. 5 Satz 2 PartG). Dem betroffenen Mitglied sind die zuständige Stelle und die Fristen mitzuteilen.
Fehlt es an der Rechtsmittelbelehrung, ist die Entscheidung nicht richtig abgefaßt und daher unwirksam. Dieses Wirksamkeitserfordernis kann allerdings nachgeholt werden mit der Folge, daß dann die Frist erst läuft.

2. Wirksamkeit der Entscheidung

Ist die Entscheidung ordnungsgemäß zustandegekommen und vorschriftsmäßig abgefaßt, wird sie mit Bekanntgabe an den Betrof-

---

1 SEIFERT, Die politischen Parteien, S. 227; LESSMANN, Verbände, S. 268.

2 Allg. Meinung: Vgl. RG Z Bd. 147, S. 11 (13); MEYER-CORDING, Die Vereinsstrafe, S. 84; SOERGEL/SIEBERT/SCHULTZE-v. LASAULX, BGB, § 25 Anm. 29; REICHERT/DANNECKER/KÜHR, Vereins- u. Verbandsrecht, S. 215, LARENZ, Gedächtnisschrift Dietz, S. 45 (58); SCHLICHT, Diss., S. 163.

3 KOPP, VwVfG, § 39 Anm. 3a; SAUTER/SCHWEYER, Der eingetragene Verein, S. 50; LESSMANN, aaO., S. 268; DELIUS, VerwArch. Bd. 22 (1914), S. 209 (261); LENGERS, Diss., S. 163. Nach DER SPIEGEL Nr. 49/1975, S. 22, wurde einem Bundestagskandidaten nur der Tenor der Entscheidung mitgeteilt. Dieser Mangel führte hier zu besonderen Auswirkungen: Aufgrund seines Listenplatzes sollte der Betroffene plötzlich in den Bundestag nachrücken, was ihm als Noch-Mitglied durchaus möglich gewesen wäre. Kritisch dazu DIE ZEIT Nr. 50/1975, S. 9/10 u. FAZ v. 1.12.75, S. 10.

4 Ein Verstoß dagegen führt aber nicht zur Nichtigkeit der Entscheidung.

fenen wirksam[1]. Da der Gesetzgeber in § 10 Abs. 5 Satz 2 PartG ausdrücklich Berufung[2] vorsieht, ist aber zu beachten, daß, solange die Rechtsmittelfrist läuft oder ein Rechtsmittel eingelegt ist, dies die Wirksamkeit suspendiert[3] bis die Rechtsmittelfrist abgelaufen oder über das Rechtsmittel entschieden ist. Das Mitglied ist in dieser Zeit als nicht ausgeschlossen zu behandeln. Um Schäden zu vermeiden kann aber gem. § 10 Abs. 5 Satz 4 PartG das Ruhen der Mitgliedschaftsrechte angeordnet werden[4].

VII. Die Rechtsmittel

Die in § 10 Abs. 5 Satz 2 PartG vorgesehene Berufung an ein Schiedsgericht höherer Stufe soll dem Mitglied ermöglichen, die Maßnahme der ersten Instanz von einem der Streitsache noch weiter fernstehenden Schiedsorgan überprüfen zu lassen[5]. Auch aus dieser Regelung wird deutlich, daß der Gesetzgeber zum Schutze des Mitglieds die leichtfertige Handhabung des Ausschlusses vermeiden will. Denn eine Berufung bei Ausschluß nutzt nur dem Antragsgegner. Obwohl § 10 Abs. 5 Satz 2 PartG die Berufungsmöglichkeit nur für den Ausschluß regelt, haben die meisten Parteien diese für jede im Ausschlußverfahren ergangene Entscheidung vorgesehen. Antragsberechtigt sind dabei alle Beteiligten[6].

---

1 DELIUS, VerwArch. Bd. 22 (1914), S. 209 (215); SAUTER/SCHWEYER, Der eingetragene Verein, S. 55; REICHERT/DANNECKER/KÜHR, Vereins- und Verbandsrecht, S. 215.

2 Zum Devolutiv- und Suspensiveffekt bei der Berufung: JAUERNIG, ZPO, § 72 I; KERN/ROXIN, Strafverfahrensrecht, § 52 B I 1.

3 Allg. Meinung im Vereinsrecht: RG Recht 1903, S. 433; SCHLOSSER, Vereins- und Verbandsgerichtsbarkeit, S. 212; DERS., MDR 1967, S. 884 (961); SOERGEL/SIEBERT/SCHULTZE-v. LASAULX, BGB, § 39 Anm. 9; MEYER-CORDING, Die Vereinsstrafe, S. 87; REICHERT/DANNECKER/KÜHR, aaO., S. 216. DELIUS, aaO, S. 209 (216); FLUME, Festschrift Bötticher, S. 101 (133).

4 S. unten S. 124 ff.

5 BT-DRUCKSACHE III/1509, S. 23. Fraglich deshalb die Regelungen in F.D.P.-BSchO § 17 Abs. 2 u. § 17 Abs. 2 SchO-LV-NRW die als Rechtsmittelinstanz eine zweite Kammer beim Schiedsgericht derselben Stufe vorsehen.

6 CDU-PGO §§ 37, 42 (Rechtsbeschwerde in der 3. Instanz); CSU-SchGO § 14; F.D.P.-BSchO; SPD-SchO §§ 25 ff.

Erscheint dem Antragsteller oder einem anderen Beteiligten die Entscheidung als zu milde und legt er Berufung ein, stellt sich die Frage, ob für die zweite Instanz ein Verbot der reformatio in peius gelten soll. Ein solches Verbot läßt sich dem Rechtsstaatsprinzip nicht entnehmen[1]. Nahe liegt ein solches Verbot aber dann, wenn der Antragsgegner, also das betroffene Mitglied, das Rechtsmittel einlegt. Denn andernfalls könnte er davon abgehalten werden, die von ihm für notwendig erachtete Berufung einzulegen, weil er eine Verschlechterung befürchten muß. Die der Berufung auch innewohnende Rechtsschutzfunktion wäre in diesem Fall in Frage gestellt[2].

Das Berufungsschiedsorgan überprüft die Streitsache in gleichem Umfang wie das Schiedsgericht erster Instanz, also nochmals in tatsächlicher und rechtlicher Hinsicht, ohne an die Anträge gebunden zu sein. Es berücksichtigt ferner neu vorgetragene Tatsachen und Beweismittel.
Für das Verfahren der zweiten Instanz gelten die Grundsätze des ersten entsprechend[3]. Auch hier ist bei schuldhafter Versäumung der Rechtsmittelfrist die Wiedereinsetzung in den vorigen Stand zu gewähren[4]. Ergeht eine abschließende Entscheidung in der Sache, ist auch diese schriftlich zu begründen (so der Wortlaut des § 10 Abs. 5 Satz 3 PartG).

---

1 LÖWE/ROSENBERG/GOLLWITZER, StPO, § 331 Rdn. 2.

2 ROSENBERG/SCHWAB, ZPO, § 141 II 2; KERN/ROXIN, Strafverfahrensrecht, § 53 B VI 1; LÖWE/ROSENBERG/GOLLWITZER, aaO, § 331 Rdnr. 1; REICHERT/DANNECKER/KÜHR, Vereins- und Verbandsrecht, S. 218; aA LG Bonn Az.: 7 O 160/76 (unv.).

3 Fraglich daher die Regelung in § 27 Abs. 2 Satz 2 SPD-SchO - die Bundesschiedskommission kann auch ohne das Einverständnis der Beteiligten ein schriftliches Verfahren anordnen - wenn sie als erste Rechtsmittelinstanz im Falle der §§ 18, 19 Abs. 1 u. 2 SPD-SchO angerufen wird. Hier muß sie gem. § 10 Abs. 5 Satz 2 PartG eine echte Berufungsinstanz sein. Unbedenklich ist die Regelung allerdings dann, wenn die Bundesschiedskommission als zweite Rechtsmittelinstanz (Revisionsinstanz, so LG Bonn, Az.: 7 O 215/76 unv.) tätig wird.

4 DELIUS, VerwArch. Bd. 22 (1914), S. 209 (219).

Die Berufungsinstanz kann die Entscheidung bestätigen, eine andere - auch schwerere, wenn der Antragsgegner nicht Berufung einlegt - unter Aufhebung der erstinstanzlichen festlegen, oder unter Aufhebung der Entscheidung an die erste Instanz zurückweisen, wenn dort Verfahrensmängel vorgekommen sind.

Teilweise wird vertreten, daß das betreffende Mitglied Verfahrensverstöße des erstinstanzlichen Schiedsgerichts nicht mehr rügen könne, wenn die zweite Instanz ordnungsgemäß entscheide, weil dadurch eine Heilung dieser Verstöße vorgenommen werde[1]. Einer derartigen Heilung durch die zweite Instanz kann aber nicht in jedem Fall zugestimmt werden[2]. Ausnahmen sind jedenfalls dann zu machen, wenn der Verstoß so gravierend war, daß dadurch dem Antragsgegner praktisch eine Instanz genommen wurde. So geht es beispielsweise nicht, daß bei völliger Versagung des rechtlichen Gehörs in der ersten Instanz dieser Mangel in der Berufungsinstanz geheilt werden kann. Andernfalls wäre der Antragsteller so gestellt, als habe ein erstinstanzliches Verfahren gar nicht stattgefunden. In derartigen Fällen ist also vom Berufungsschiedsorgan zurückverweisen.

Eine "isolierte Beschwerde" gegen Verfahrensentscheidungen des Schiedsgerichts als weiteres Rechtsmittel neben der Berufung im Parteiengesetz vorzusehen, erscheint weder zweckmäßig noch aus dem Rechtsstaatsprinzip zwingend geboten. Zum einen verfügen die Schiedsgerichte nicht über einen so ausgefeilten, den staatlichen Gerichten vergleichbaren Instanzenapparat; sie wären also überfordert und könnten ihre Schlichtungsfunktion nur noch eingeschränkt wahrnehmen. Zum anderen kann der Zweck der Beschwerde im Berufungsverfahren miterfüllt werden. Ohne Bedenken können die Parteien aber derartige Regelungen in ihre Schiedsordnungen aufnehmen.

---

1 REICHERT/DANNECKER/KÜHR, Vereins- und Verbandsrecht, S. 217 f. mwN.

2 Ähnlich auch BVerfGE Bd. 42, S. 172 (175).

VIII. Das sofortige Eingreifen gemäß § 10 Abs. 5 Satz 4 PartG

Wenngleich das Parteiengesetz von der ausschließlichen Zuständigkeit der Parteischiedsgerichte zum Ausschluß eines Mitglieds ausgeht, räumt es in § 10 Abs. 5 Satz 4 den Vorständen der Partei oder eines Gebietsverbandes ein, "in dringenden und schwerwiegenden Fällen, die sofortiges Eingreifen erfordern"[1], das Ruhen der Mitgliedschaftsrechte des angeschuldigten Mitglieds anzuordnen[2]. Damit hat das Mitglied keine Möglichkeit mehr, aktiv am innerparteilichen Willensbildungsprozeß teilzunehmen[3].

Welche Fälle von § 10 Abs. 5 Satz 4 PartG erfaßt werden sollen, ist unter Heranziehung des § 10 Abs. 4 PartG zu ermitteln. Ein sofortiges Eingreifen ist nur dann erforderlich, wenn ein schwerer Schaden für die Partei im Sinne von § 10 Abs. 4 PartG unmittelbar bevorsteht oder ständig akualisiert wird (z.B. durch öffentliches Auftreten des Betroffenen). Erst dann kann dem Mitglied, schon bevor das Verfahren auf Ausschluß eingeleitet ist, untersagt werden, aktiv am innerparteilichen Willensbildungsprozeß teilzunehmen, mit der Folge, daß er auch seine Parteiämter nicht mehr wahrnehmen darf. Ist der Schaden aber schon eingetreten und besteht auch keine Wiederholungsgefahr, ist das normale Verfahren gemäß § 10 Abs. 5 Satz 1 PartG einzuhalten.

Weil die Suspendierung im Einzelfall so wichtig sein kann, ist, um einem Mißbrauch zu begegnen, auch diese Maßnahme schriftlich zu begründen[4]; ferner muß unverzüglich ein Antrag auf Ein-

---

1 SEIFERT, Die politischen Parteien, S. 227 Anm. 236: "In Anbetracht dessen, daß der Fall ohnehin dringlich sein muß, eine Tautologie."

2 CDU-Statut § 11 Abs. 3; CSU-Satzung § 9 Abs. 2; F.D.P.-LV NRW Satzung §§ 9, 23 Abs. 4; SPD-SchO § 18 ff.

3 Siehe dazu etwa die Fälle in FAZ v. 6.12.75, S. 1 u. v. 18.10.76, S. 2 und DER SPIEGEL Nr. 21/1977, S. 67.

4 Mit Recht verlangt daher SCHLOSSER, Vereins- und Verbandsgerichtsbarkeit, S. 212, daß diese Maßnahmen erst nach Abwägung der sich gegenüberstehenden Interessen und nach Beachtung der Aussagekraft präsenter Beweismittel ergriffen werden sollen. LENGERS, Diss., S. 175 will sie nur auf Inhaber von Parteiämtern beschränkt wissen.

leitung eines Ausschlußverfahrens gestellt werden, und vom Schiedsgericht in jeder Phase des Verfahrens geprüft werden, ob das Ruhen der Mitgliedschaftsrechte noch als angemessen anzusehen ist, also ob noch ein dringender und schwerwiegender Fall vorliegt[1]. Spätestens mit Unanfechtbarkeit der schiedsgerichtlichen Entscheidung endet die Wirkung der Sofortmaßnahmen (§ 10 Abs. 5 Satz 4 PartG).

Stellt der Antragsgegner einen Antrag auf Aufhebung der Sofortmaßnahme an das Schiedsgericht noch bevor die mündliche Verhandlung stattgefunden hat, ist eine diesbezügliche Entscheidung im schriftlichen Verfahren möglich. Da es sich hier um einen Eilfall handelt, kann das Prinzip der Mündlichkeit durchbrochen werden.

IX. Die Wiederaufnahme des Verfahrens

Eine bisher in den Schiedsordnungen ungeregelte Wiederaufnahme des Verfahrens nach rechtskräftiger Entscheidung zu Lasten des Angeschuldigten ist dann möglich, wenn der Antragsteller neue bekanntgewordene Tatsachen und Beweismittel beibringt, die mit großer Wahrscheinlichkeit eine erstmalige oder schärfere Disziplinarmaßnahme rechtfertigen könnten. Das Schiedsgericht sollte aber eine solche Wiederaufnahme nur innerhalb einer bestimmten Frist ab Kenntnis der Wiederaufnahmegründe und bis zu einem bestimmten Zeitpunkt nach Unangreifbarkeit der betreffenden Entscheidung zulassen[2].

Eine Wiederaufnahme des Verfahrens von Seiten des ausgeschlossenen Mitglieds ist praktisch nur in der Form eines Antrags auf Wiederaufnahme - versehen mit neuen Tatsachen und Beweismitteln -

1 So ausdrücklich SPD-SchO § 19 Abs. 3

2 REICHERT/DANNECKER/KÜHR, Vereins- und Verbandsrecht, S. 218.

in die Partei möglich[1]. Wird diese abgelehnt, ist meist Einspruch bei der nächsthöheren Organisationsgliederung vorgesehen[2].

X. Die Kosten

Obwohl die Parteien aufgrund ihrer Satzungsbefugnis die Kosten des Ordnungsverfahrens dem ausgeschlossenen Mitglied auferlegen könnten[3], sind die Verfahren in der Regel kostenfrei[4]. Verschiedentlich ist sogar vorgesehen, daß den Schiedsgerichtsmitgliedern, Zeugen und Beigeladenen ihre Auslagen erstattet werden können[5]. Dies ist teilweise auch für den Antragsgegner vorgesehen[6]. Lediglich bei der FDP ist das Verfahren nicht kostenfrei[7]. Sogar die Anberaumung eines Termins oder die Fortsetzung des Verfahrens kann von Kostenvorschüssen abhängig gemacht werden.

Ob eine derartige Kostenregelung angemessen ist, scheint fraglich. Jedes Mitglied hat zur Finanzierung der Parteitätigkeit seinen Mitgliedsbeitrag zu entrichten, damit die Partei wirksam in der Öffentlichkeit handeln kann und auch im Innern ein erfolgreiches Parteileben finanziell gesichert ist. Weil inner-

---

1 CDU-Statut § 5 Abs. 1; CSU-Satzung § 8 Abs. 4 Satz 2 (nur mit Zustimmung des Präsidiums); F.D.P.-BSatzung § 8; SPD-Org. Statut § 7 Satz 1.

2 CDU-Statut § 5 Abs. 3; CSU-Satzung § 2 Abs. 2; SPD-OrgStatut § 7 Satz 3; Zum Anspruch auf Aufnahme s. KNÖPFLE, Der Staat Bd. 9 (1970), S. 320 (333 ff.); MAGIERA, DÖV 1973, S. 761 ff.; WOLFRUM, Innerparteiliche Ordnung, S. 156 ff.; TRAUTMANN, Innerparteiliche Demokratie, S. 193.

3 BGH Z Bd. 29, S. 352 (362); 47, S. 172 (178); DELIUS, Verw-Arch. Bd. 22 (1914), S. 209 (261); REICHERT/DANNECKER/KÜHR, Vereins- und Verbandsrecht, S. 216.

4 CDU-PGO § 43 Abs. 1, nach Abs. 3 kann aber die Durchführung einer Beweisaufnahme von der Zahlung eines angemessenen Kostenvorschusses abhängig gemacht werden; CSU-SchGO § 16 Abs. 1; SPD-SchO § 31 Abs. 1.

5 CDU-PGO § 43 Abs. 2 Satz 2; CSU-SchGO § 16 Abs. 2; SPD-SchO § 31 Abs. 3.

6 CDU-PGO § 43 Abs. 2 Satz 2 spricht allgemein von "den Verfahrensbeteiligten"; SPD-SchO § 31 Abs. 5 u. 6.

7 F.D.P.-BSchO § 21; LV NRW-SchO § 21.

parteilich dazu auch das Schiedsgericht gehört, das bei Verhärtungen im Willensbildungsprozeß als notwendiges Schlichtungs- und Streitentscheidungsorgan tätig werden soll, sind auch die dadurch entstehenden Kosten vom Beitrag der Mitglieder abgedeckt. Den Regelungen, die die Kostenfreiheit vorsehen, ist daher der Vorzug zu geben.

2. Abschnitt: Die Gründe

§ 8: Die Ermächtigungsgrundlage § 10 Abs. 4 PartG

Die Ermächtigungsgrundlage für die Ausschließung eines Mitglieds aus einer Partei findet sich in den Satzungsbestimmungen der einzelnen Parteien[1]. Diese parteiverfassungsrechtlichen Bestimmungen entsprechen nahezu alle weitgehend wörtlich dem § 10 Abs. 4 PartG, wonach nur derjenige ausgeschlossen werden darf, der vorsätzlich gegen die Satzung oder erheblich gegen Grundsätze oder Ordnung der Partei verstößt und (!) ihr damit schweren Schaden zufügt[2].

Diese Normierung der Ausschlußvoraussetzungen verbietet willkürliche Ausschlüsse (" ... kann nur ausgeschlossen werden ...") und sichert dadurch die von Art. 21 Abs. 1 Satz 3 GG gewährleisteten innerparteilichen Freiheitsrechte des Parteimitglieds gegenüber der organisierten Parteigewalt[3]. Denn oftmals wird versucht, den Ausschluß als Instrument einzusetzen, den Führungsorganen unbequeme Parteimitglieder vom innerparteilichen Willensbildungsprozeß fernzuhalten[4]. Insgesamt gesehen sollen die rechtsstaatlichen Verfahrensgarantien und das materielle Parteiausschlußrecht grundsätzlich die Beendi-

---

1 CDU-Statut § 11 Abs. 1; CSU-Satzung § 8 Abs. 4 Satz 1; F.D.P.-BSatzung § 6 Abs. 2 Satz 1; SPD-OrgStatut § 35 Abs. 3.

2 Schon bald nach Erlaß des PartG wollte man die Ausschlußvoraussetzungen erweitern und einen Ausschluß schon dann zulassen, wenn vorsätzlich gegen die Satzung oder erheblich gegen die Grundsätze oder Ordnung der Partei verstoßen war, ohne die zusätzliche Voraussetzung des dadurch entstandenen "schweren Schadens" fordern zu müssen. Zit. nach TRAUTMANN, Innerparteiliche Demokratie, S. 208 mwN aus der Presse.

3 HESSE, VVDStRL 17 (1959), S. 11 (30); DERS., EvStL, Stichwort: Parteien, Sp. 1777; SEIFERT, Die politischen Parteien, S. 214; HENKE, Parteienrecht, S. 94; WOLFRUM, Innerparteiliche Ordnung, S. 148. Auf dem 38. DJT (vgl. S. C 85) wollte man noch die Befugnis zum Ausschluß nicht an materielle Voraussetzungen binden.

4 TRAUTMANN, aaO, S. 215.

gung der Mitgliedschaft verhindern[1].

I. Das Spannungsverhältnis zwischen Partei- und Mitgliedsinteresse

Den durch Art. 21 Abs. 1 Satz 3 GG gewährleisteten Rechten des Mitglieds und den durch § 10 Abs. 4 PartG gebotenen Schutz steht das legitime Interesse der Partei gegenüber, sich den Wählern und potentiellen Parteimitgliedern als geschlossen auftretende und handlungsfähige Gruppierung darzustellen, um effektiv an der Willensbildung teilnehmen und mit anderen Parteien erfolgreich um die Regierungsgewalt konkurrieren zu können. Ferner gehört dazu auch das Interesse an einem intakten und möglichst erfolgreichen Parteileben[2]. Werden diese Interessen gefährdet, muß die Partei die Möglichkeit haben, dieses Mitglied zur Rechenschaft zu ziehen und sich gegebenenfalls von ihm zu trennen.Es besteht also zwischen dem Interesse der Gesamtorganisation und den Rechten des einzelnen Mitglieds ein Spannungsverhältnis[2]. Bei der Untersuchung der einzelnen Tatbestandsvoraussetzungen des § 10 Abs. 4 PartG muß dieses Spannungsverhältnis mitberücksichtigt werden.

Vorab bleibt aber festzustellen: Geht die Partei über den von § 10 Abs. 4 PartG gesteckten Rahmen hinaus, indem sie beispielsweise die Ausschlußgründe verschärft, macht dies die Entscheidung wegen fehlender Ermächtigungsgrundlage unwirksam[3]. Ebenso sind § 10 Abs. 4 PartG bzw. die einzelnen Vor-

---

1 SEIFERT, Die politischen Parteien, S. 221; BLANK, DVBl 1976, S. 564 (567).

2 LAUFER, ÖZÖR Bd. 15 NF (1965), S. 1 (5); WOLFRUM, Innerparteiliche Ordnung, S. 147; SCHLICHT, Diss., S. 113; ähnlich HENKE, Bk, Art. 21 Rdn 55.

3 SEIFERT, aaO, S. 221; WOLFRUM, aaO, S. 148; MAUNZ, in Maunz/Dürig/Herzog, GG, Art. 21 Rdn 68; LESSMANN, Verbände, S. 273; LENZ/SASSE, JZ 1962, S. 233 (239); LUTHMANN, Diss., S. 112; RABUS, AöR Bd. 78 (1952/53), S. 163.

schriften in den Parteisatzungen, da es sich um Befugnisnormen zur Ahndung bestimmter Verstöße handelt, restriktiv zu interpretieren[1]. Ferner verbieten sich eine Analogie zu ungunsten des Betroffenen[2], wie auch summarische Ausschlüsse (sog. "Säuberungen")[3]. In § 10 Abs. 4 PartG sind die Ausschlußgründe abschließend genannt. Fügen die Parteien, was die Regel ist, typische Ausschlußgründe hinzu, müssen sich diese alle an § 10 Abs. 4 PartG halten[4].

II. Der vorsätzliche Verstoß gegen die Satzung

Die Satzung bildet die Grundordnung der Partei. Ihre Mindestvoraussetzungen ergeben sich aus §§ 6 Abs. 2 in Verbindung mit 7 bis 16 PartG. Ebenfalls zur Satzung zu zählen sind die Nebenordnungen (z.B. Schiedsgerichts- und Beitragsordnung), sofern dies ausdrücklich bestimmt ist, oder sie maßgebend die Grundlagen des Vereinslebens beeinflussen[5]. Ihre Gültigkeit richtet sich nach dem Parteiengesetz und Art. 21 Abs. 1 Satz 3 GG[6].

Die Satzung regelt das Verfahren zur Formulierung der Parteipolitik und setzt Rechte und Pflichten der Parteimitglieder fest. Da keine Gruppierung ohne eine Ordnung auskommmt, ist die Satzung Bedingung für das Funktionieren des Parteilebens[7]

---

1 SEIFERT, Die politischen Parteien, S. 225; LESSMANN, Verbände, S. 273; MEYER-CORDING, Die Vereinsstrafe, S. 89; REICHERT/DANNECKER/KÜHR, Vereins- und Verbandsrecht, S. 200.

2 LESSMANN, aaO, S. 273 Anm. 212; MEYER-CORDING, aaO, S. 89.

3 SEIFERT, aaO, S. 224 mwN.

4 TRAUTMANN, Innerparteiliche Demokratie, S. 209; SEIFERT, aaO, S. 224; HENKE, aaO, S. 94; BULL, RuP 1974, S. 79 (80); s. aber auch zu den Ausschlüssen kraft Satzung S. 151f.

5 SEIFERT, aaO, S. 181; HENKE, aaO, S. 61.

6 KNÖPFLE, Der Staat Bd. 9 (1970), S. 321 (325).

7 TRAUTMANN, aaO, S. 209; HENKE, aaO, S. 60.

und sichert die Partei nach innen wie nach außen. Alle Mitglieder sind an die jeweils gültige Fassung gebunden. Ein Verstoß gegen diese Ordnung bedeutet eine Mißachtung grundlegender, durch die Verfassung gebotener, innerparteilicher Strukturprinzipien. Jeder Verstoß gegen die Satzung muß weiterhin vorsätzlich, also mit Wissen und Wollen, geschehen sein und dadurch einen schweren Schaden verursacht haben.

III. Der erhebliche Verstoß gegen Grundsätze und Ordnung

Größere Schwierigkeiten, als die Prüfung eines Satzungsverstoßes, bringt die Feststellung eines Verstoßes gegen die Grundsätze und Ordnung der Parteien mit. Das Parteiengesetz trägt zur Definition dieser Voraussetzungen nichts bei. Es bleibt hier daher zu fragen, ob der Gesetzgeber die Voraussetzungen nicht wesentlich präziser hätte fassen müssen, damit nicht über derartig unbestimmte Tatbestandsmerkmale Nachteile hervorgerufen werden, die gerade durch die ausdrückliche Normierung der Ausschlußvoraussetzungen vermieden werden sollten.

1. Die Unbestimmtheit dieser Tatbestandsmerkmale

Gewiß wäre eine detaillierte Umschreibung der Ausschlußvoraussetzungen zum Schutze des Mitglieds wünschenswert[1]; eine Regelung mit festumrissenen, objektiven und subjektiven Tatbestandsmerkmalen, an deren Erfüllung verschiedene, abgestufte Sanktionen geknüpft werden, diente dem Vertrauensschutz und somit der innerparteilichen Rechtssicherheit. Dies allein zu verneinen mit dem Hinweis, dadurch werde die Parteienfreiheit unzulässigerweise eingeschränkt[2], berücksichtigt nicht, daß diese Parteienfreiheit keine unumschränkte ist, sondern nur im Rahmen des Art. 21 Abs. 1

1 SEIFERT, Die politischen Parteien, S. 225; WOLFRUM, Innerparteiliche Ordnung, S. 151; LEIBHOLZ, Strukturwandel, S. 127; BULL, ZRP 1971, S. 196 (197); LENZ/SASSE, JZ 1962, S. 233 (239); SCHLICHT, Diss., S. 114.

2 LUTHMANN, Diss., S. 112 f.; DERS., DVBl. 1962, S. 166 (170).

Satz 3 GG besteht, was den Schutz des Mitglieds vor der Verbandsmacht impliziert.

Bei näherem Hinsehen erweisen sich aber bis ins einzelne im Parteiengesetz festgelegte Ausschlußtatbestände als unpraktikabel[1]. Der Gesetzgeber kann einen Katalog von Verstößen nicht für alle Zeit unabänderlich bestimmen; da es sich hierbei zum einen um politisch-programmatische Zielsetzungen handelt, unterliegen diese den durch die äußeren Zeitumstände bedingte Wandel der Auffassungen[2]. Was also etwa zur Zeit der Verabschiedung des Parteiengesetzes ein Verstoß gewesen sein mag, ist heute unter Umständen innerparteilich akzeptierte Mindermeinung oder gar ganz herrschende Auffassung geworden. Zum anderen hängt es auch von dem Selbstverständnis der einzelnen Partei ab, was sie konkret unter einem Verstoß versteht. Es ergibt sich also, daß es nicht einfach möglich ist, unter den so bestimmten Begriff den konkreten Lebenssachverhalt im Wege einer logischen Deduktion zu subsumieren. Letztlich erschließen sich diese Begriffe "Grundsätze" und "Ordnung" erst durch eine Reihe von Einzelwertungen, denen unvermeidbar subjektive Elemente innewohnen[3]. Eine detaillierte Festlegung der Ausschlußtatbestände ist daher als unpraktikabel abzulehnen. Zwar sind generalklauselartige Formulierungen immer unbefriedigend; dies ist aber nicht ein Problem der in allen Rechtsgebieten existierenden unbestimmten Rechtsbegriffe, sondern eine Frage der Überprüfbarkeit der Subsumtion unter diese Begriffe durch die staatlichen Gerichte[4].

Das zusätzliche Erfordernis eines schweren Schadens, die restriktive Auslegung der Voraussetzungen und nicht zuletzt auch ein an

1 BLANK, DVBl. 1976, S. 564 (567) hält eine Normierung für praktisch unmöglich.

2 WOLFRUM, Innerparteiliche Ordnung, S. 151; SCHEUNER, DÖV 1967, S. 343 (344); im Ergebnis auch FLUME, Festschrift Bötticher, S. 101 (135).

3 SCHLOSSER, Vereins- und Verbandsgerichtsbarkeit, S. 106.

4 ERICHSEN/MARTENS, Allg. VerwR, S. 152 f.

rechtsstaatlichen Grundsätzen orientiertes Verfahren sollen dazu beitragen, eine mißbräuchliche Handhabung der unbestimmten Rechtsbegriffe im Rahmen des Ordnungsverfahrens zu erschweren. Erwägenswert wäre auch eine Veröffentlichung der letztinstanzlichen Schiedsgerichtsentscheidungen in den parteiinternen Publikationen[1]. Auch dies trüge zu einer Konkretisierung des § 10 Abs. 4 PartG und damit zur innerparteilichen Rechtssicherheit bei.

2. Die Grundsätze

Zu den Grundsätzen einer Partei im Sinne von § 10 Abs. 4 PartG zählen die im Parteiprogramm formulierten wesentlichen Prinzipien und Ziele der Partei sowie die richtungsweisenden und das ziemlich weit gehaltene Programm ausgestaltenden Parteitagsbeschlüsse[2]. Sie bilden im Innern der Partei den Zusammenhalt im politisch-programmatischen Bereich, d.h., sie sollen für alle Mitglieder die gemeinsame verbindliche Richtschnur sein, die ihr politisches Denken und Handeln bestimmt[3], und sollen nach außen hin neue Mitglieder mit gleicher politischer Grundhaltung werben und eine Wahlentscheidung im Sinne der Partei herbeiführen[4].

Die gebotene restriktive Auslegung der Ausschlußvoraussetzungen läßt es nicht zu, zu den Grundsätzen auch Stellungnahmen von Vorständen und sonstigen Funktionsträgern zu zählen, die sich aus

---

1 Zur Zulässigkeit: REICHERT/DANNECKER/KÜHR, Vereins- und Verbandsrecht, S. 216.

2 SEIFERT, Die politischen Parteien, S. 225; TRAUTMANN, Innerparteiliche Demokratie, S. 21o; BULL, ZRP 1971, S. 196 (197); STRUNK, Diss., S. 30; LAUFER, ÖZÖR Bd. 15 NF (1965), S. 1 (3 f.); aA LENGERS, Diss., S. 118, der weniger als das, was in den Programmen aufgenommen ist, zu den Grundsätzen zählt, weil eine Fixierung auf jeden einzelnen Punkt des Programms zur Erstarrung führe.

3 KAACK, Parteiensystem, S. 402.

4 KNÖPFLE, Der Staat, Bd. 9 (1970), S. 321 (343).

der jeweiligen Orientierung an politischen Tagesfragen ergeben, wie dazu auch nicht Beschlüsse unterer Organisationsgliederungen zu zählen sind[1], solange der Meinungsbildungsprozeß in der Gesamtpartei noch nicht abgeschlossen ist oder diese Beschlüsse nicht ausschließlich den Bereich dieser Organisationsgliederung betreffen.

3. Die Ordnung

Mit dem Begriff Ordnung der Partei wird, in Abgrenzung zu den beiden anderen Tatbestandsmerkmalen, auf den "ordre public" der Parteien hingewiesen[2]. Damit sind diejenigen geschriebenen und ungeschriebenen Verhaltensregeln gemeint, die unter Berücksichtigung der Funktion einer demokratischen Partei und der allgemeinen Überzeugung in der Mitgliedschaft für die Zusammenarbeit in der Partei und für ihr politisches Wirken in der Öffentlichkeit unerläßlich sind. Aus der Mitgliedschaft und dem Charakter der Partei als einem Zusammenschluß von Bürgern mit übereinstimmender politischer Grundhaltung folgt, sich auch als Gemeinschaftsmitglied zu fühlen und zu verhalten[3] und Störungen der Parteiarbeit vermeiden oder anders: sich innerhalb und außerhalb der Partei solidarisch mit einzelnen Parteimitgliedern und der Gesamtpartei zu verhalten und Parteidisziplin zu üben.

Nicht jeder Verstoß gegen Grundsätze und Ordnung ist ein Ausschlußgrund. § 10 Abs. 4 PartG verlangt einen erheblichen, d.h., einen nachhaltigen und weitreichenden Verstoß, was in der Regel bei einem einmaligen Verstoß kaum vorkommen wird[4]. Zudem ist hier

---

1 SEIFERT, Die politischen Parteien, S. 225; LENZ/SASSE, JZ 1972, S. 233 (240).

2 TRAUTMANN, Innerparteiliche Demokratie, S. 211, hält dieses Tatbestandsmerkmal für gesetzestechnisch mißglückt, weil er weitgehend die Tatbestände der beiden ersten Ausschlußgründe umfasse. Auch SEIFERT, aaO, S. 225 faßt darunter einen Verstoß gegen Programm und allgemeinverbindliche Parteibeschlüsse.

3 SEIFERT, aaO, S. 212.

4 SEIFERT, aaO, S. 225; TRAUTMANN, aaO, S. 210; REICHERT/DANNECKER/KÜHR, Vereins- und Verbandsrecht, S. 200.

auch die Situation zu berücksichtigen, in der sich der Verstoß ereignete. Nach dem klaren Wortlaut des § 10 Abs. 4 PartG reicht weiterhin für Verstöße der letztgenannten Art die Erfüllung des objektiven Tatbestandes aus. Vorsatz ist also nicht erforderlich[1].

4. Die besonderen Ausgestaltungen in den Parteisatzungen

Einige Parteien haben einen Katalog von Ausschlußgründen in ihre Satzungen aufgenommen[2], die eine Konkretisierung von Verstößen gegen Grundsätze und Ordnung der betreffenden Partei darstellen. Obwohl bei einem Verstoß gegen diese besonders normierten Pflichten immer zugleich ein Verstoß gegen die Satzung vorliegt, wird man es in diesen Fällen bei einem erheblichen Verstoß bewenden lassen können, da dieser Pflichtenkatalog Grundsätze und Ordnung ausgestaltet. Die von den Parteien in der Regel in diesen Vorschriften aufgestellte Vermutung, daß es sich bei einem Verstoß gegen diese speziell normierten Pflichten immer um ein "parteischädigendes" Verhalten handelt, ist im Verfahren gemäß § 10 Abs. 5 PartG unbeachtlich, weil dies gegen § 10 Abs. 4 PartG verstößt. Auch bei diesen satzungsmäßig festgelegten Pflichten muß das Vorliegen eines erheblichen Verstoßes sowie eines Schadens geprüft werden[3].

Dies gilt vor allem bei Beschlüssen der Partei, die die gleichzeitige Mitgliedschaft sowie Tätigkeit in Vereinigungen, die gegen die Partei wirken, als mit der Parteimitgliedschaft unvereinbar

1 BERICHT d. Parteienrechtskommission, S. 165; SEIFERT, Die politischen Parteien, S. 226; HENKE, Parteienrecht, S. 94; BREITHAUPT, JZ 1967, S. 561 (563); MÜHLEN, Diss., S. 58; dies folgt eindeutig aus der grammatischen Auslegung; andernfalls hieße es in § 10 IV PartG ... wenn es gegen die Satzung oder erheblich gegen Grundsätze oder Ordnung vorsätzlich verstößt..., zweifelnd LENGERS, Diss., S. 46. Die CSU-Satzung § 8 Abs. 4 verlangt allerdings Verschulden auch für einen Verstoß gegen Grundsätze und Ordnung und engt so die Voraussetzungen weiter ein.

2 CDU-Statut §§ 12, 14; F.D.P.-BSatzung § 6 Abs. 2 Satz 2.

3 BULL, ZRP 1971, S. 196 (197).

erklären[1]. Zwar sind die Parteien grundsätzlich nicht berechtigt, ihre Mitglieder daran zu hindern, ihr Grundrecht aus Art. 9 GG wahrzunehmen und anderen Vereinigungen beizutreten oder sie zu unterstützen[2]. Ausnahmen sind aber dann gerechtfertigt, wenn diese Organisationen die Partei bekämpfen, gegen die freiheitlich demokratische Grundordnung wirken oder deren Zielsetzung den Grundsätzen der Partei in so großem Maße widerspricht, daß die Partei eine erhebliche Beeinträchtigung ihrer sie tragenden programmatischen Prinzipien befürchten muß[3]. Unter diesen Voraussetzungen ist die Unvereinbarkeitserklärung für jedes Mitglied bindend. Mit dem Beschluß kann aber nicht das Ausschlußverfahren umgangen werden[4]. Dem Mitglied muß Gelegenheit gegeben werden, sich für den Verbleib in der Partei zu entscheiden und die Unterstützung des gegnerischen Verbandes aufzugeben. Die Grenzen der Zulässigkeit eines derartigen Unvereinbarkeitsbeschlusses sind weiterhin dann überschritten, wenn mit seiner Hilfe ein bestimmtes innerparteiliches Willensbildungsergebnis verhindert werden soll[5]. Hier hat der Beschluß primär keine Abgrenzung zu anderen Organisationen zum Ziel, sondern will Meinungskontroversen auf administrativem Wege lösen. Ein derartiges Vorgehen verstieße

---

1 SPD-OrgStatut § 6 Abs. 1 u. 2.

2 SEIFERT, Die politischen Parteien, S. 218; LENZ/SASSE, JZ 1962, S. 233 (241); LENGERS, Diss., S. 135.

3 TRAUTMANN, Innerparteiliche Demokratie, S. 216; SEIFERT, aaO, S. 218; LENGERS, Diss. S. 136 ff. (insb. S. 139); für das Vereinsrecht vgl. MEYER-CORDING, Die Vereinsstrafe, S. 23.

4 TRAUTMANN, aaO, S. 214; RASEHORN, RuP 1974, S. 193 (194); BULL, RuP 1974, S. 79 (81); LENGERS, Diss., S. 141.

5 Vgl. hierzu das bei TRAUTMANN, aaO, S. 217 aufgeführte Beispiel: Der SPD-Unterbezirk Marburg Stadt hatte die Mitgliedschaft im "Bund Freiheit der Wissenschaft" für unvereinbar mit der der SPD erklärt, obwohl die hochschulpolitische Diskussion innerhalb der SPD noch nicht abgeschlossen war.

gegen das dem demokratischen Prinzip immanente Gebot des Minderheitenschutzes[1].

Wer diese Unvereinbarkeitsbeschlüsse treffen kann, sagt das Parteiengesetz nicht[2]. Diese Beschlüsse bewirken die Abgrenzung von anderen politischen Richtungen und verdeutlichen die Trennung der Standpunkte, gleichzeitig konkretisieren und aktualisieren sie damit das Parteiprogramm. Das Parteiengesetz erklärt für die Verabschiedung des Parteiprogramms den Parteitag als oberstes Organ der Partei für zuständig (§ 9 Abs. 3 PartG). Ihm auch die Kompetenz für die Unvereinbarkeitsbeschlüsse zu übertragen, liegt daher am nächsten[3]. Ob derartige Beschlüsse auch von Parteitagen unterer Gebietsverbände oder nur vom obersten Parteitag gefaßt werden können, sollte sich nach der Ausbreitung des gegnerischen Verbandes richten[4].

IV. Die Wahrnehmung der von Art. 21 Abs. 1 Satz 3 GG gewährleisteten Rechte durch das Mitglied

Insbesondere hat das Schiedsgericht bei der Prüfung eines Ausschlußgrundes zu berücksichtigen, ob es sich bei dem vom Antragsteller inkriminierten Verhalten nicht um die Wahrnehmung von Mitgliederrechten handelt, die durch Art. 21 Abs. 1 Satz 3 GG gewährleistet und somit geschützt sind.

Die von Art. 21 Abs. 1 Satz 3 GG gebotene demokratische innere Ordnung sichert dem Mitglied die elementaren Rechte zu, die conditio-sine-qua-non für die Teilnahme am demokratischen Willens-

---

1 TRAUTMANN, Innerparteiliche Demokratie, S. 217; LENZ/SASSE, JZ 1962, S. 233 (239); zur Geltung des Grundsatzes im parteiinternen Bereich: BGH, NJW 1974, S. 183 (184) mit Anm. HAHN, NJW 1974, S. 848; NAUJOCKS, DVBl. 1975, S. 244 (246); anders SEIFERT, DÖV 1972, S. 334 (336).

2 Bei der SPD kann die Vereinbarkeit vom Parteivorstand im Benehmen mit dem Parteirat festgestellt werden. SPD-OrgStatut § 6 Abs. 2 Satz 2.

3 TRAUTMANN, aaO, S. 218; SEIFERT, Die politischen Parteien, S. 218 Anm. 199 mwN.

4 TRAUTMANN, aaO, S. 218.

bildungsprozeß innerhalb der Parteien sind[1], nämlich die Meinungsfreiheit, die Versammlungs-, Vereinigungs- und Abstimmungsfreiheit. Obwohl hier im innerparteilichen Bereich Freiheiten Geltung beanspruchen, die grundgesetzlich verbürgt sind, stellt sich die Frage der Drittwirkung von Grundrechten im parteiinternen Bereich in diesen Fällen nicht[2]. Art. 21 Abs. 1 Satz 3 GG hat eine prinzipielle Entscheidung für die Geltung dieser Rechte getroffen, wenn auch nicht in ihrer grundrechtlichen Weite und Präzision, so doch in ihrem Kern[3]. Diese innerparteilichen Freiheitsrechte haben Doppelfunktion: Sie sind einmal Abwehrrechte gegenüber der Parteigewalt, zum anderen tragen sie zur qualitativen Verstärkung und Aktualisierung der verfassungsrechtlich gewährleisteten Mitwirkungs- und Teilhaberechte bei[4], ohne die der demokratische Willensbildungsprozeß des Volkes nicht funktionieren kann.

So wie diese Rechte auf Verfassungsebene unter bestimmten Voraussetzungen eingrenzbar sind, stehen sie auch im parteiinternen Bereich nicht unter dem Gebot der schrankenlosen Toleranz[5]. Immer ist hier das Spannungsverhältnis zwischen dem Recht der Mitglieder auf Mitwirkung und dem Interesse der Partei an einem erfolgreichen Funktionieren des Parteilebens mitzuberücksichtigen. Wann das eine oder andere Recht zurückzutreten hat, wo im einzelnen die Grenze verläuft, kann nicht abstrakt bestimmt werden.

---

1 MAUNZ, in Maunz/Dürig/Herzog, GG, Art. 21 Rdnr. 58; HESSE, Grundzüge, § 5 II c aa; LUTHAMNN, Diss., S. 106; SEIFERT, Die politischen Partein, S. 214.

2 SEIFERT, aaO, S. 214; BLANK, DVBl. 1976, S. 564 (566); WOLFRUM, Innerparteiliche Ordnung, S. 136; HEIMANN, Schiedsgerichtsbarkeit, S. 47; DUX, DVBl. 1966, S. 553 (554); LENZ/SASSE, JZ 1962, S. 233 (240); STRUNK, Diss., S. 58; auch HESSE, VVDStRL 17 (1959), S. 11 (32), der die Geltung über das besondere Gewaltverhältnis herleitet. AA HENKE, Parteienrecht, S. 87; DERS., BK, Art. 21 Anm. 52; LUTHMANN, Diss., S. 99 ff.

3 SEIFERT, aaO, S. 214, vgl. auch BERICHT d. Parteienrechtskommission, S. 159f.

4 TRAUTMANN, Innerparteiliche Demokratie, S. 252 f.; WOLFRUM, aaO, S. 137, DUX, DVBl. 1966, S. 553 (554); BERICHT d. Parteienkommission, S. 160, der den Schwerpunkt allerdings auf Abwehrrecht legt.

5 HESSE, VVDStRL 17 (1959), S. 11 (33); BLANK, aaO, S. 564 (566); WOLFRUM, aaO, S. 138.

Letztlich entscheidend werden die konkreten Umstände des Einzelfalles sein. Für die dann stattfindende Interessenabwägung sollen einige Kriterien an die Hand gegeben werden.

1. Die Meinungsfreiheit

Ein Essential[1] der demokratischen inneren Ordnung der Parteien und das in der Praxis wohl wichtigste Mitgliederrecht ist die Meinungsfreiheit. Sie umfaßt die Meinungsbildungs- und Meinungsäußerungsfreiheit[2].

Ein legitimes Interesse an der Beschränkung der Informationsfreiheit besteht nicht[3]. Sie hat uneingeschränkt zu gelten. Wie sich das Mitglied informiert und seine Meinung bildet, ist allein ihm überlassen[4]. Insbesondere kann nicht zum Gegenstand einer Ordnungsmaßnahme gemacht werden, daß das Mitglied Publikationen einer anderen Partei abbonniert hat.

Schwieriger festzustellen ist der geschützte Bereich der Meinungsäußerung. Für die Festlegung seines Schutzbereiches ist zu trennen zwischen dem parteiinternen und dem -externen Bereich.

a) Der parteiinterne Bereich

Im internen Bereich steht dem Mitglied grundsätzlich jede im Rahmen des Art. 5 Abs. 1 Satz 1 GG vorgesehene Äußerung zu[5]. Insbesondere muß es jederzeit die Möglichkeit haben, von seinem Initi-

---

1 BLANK, DVBl. 1976, S. 564 (566).

2 HERZOG in Maunz/Dürig/Herzog, GG, Art. 5 Rdn. 1.

3 HESSE, VVDStRL 17 (1959), S. 11 (33); SEIFERT, Die politischen Parteien, S. 215; WOLFRUM, Innerparteiliche Ordnung, S. 140; BLANK, aaO, S. 564 (566); LENGERS, Diss., S. 125.

4 Nach SEIFERT, aaO, S. 215, kann aber die Satzung zum Bezug der Parteipresse und sonstigen Parteischrifttums sowie zum Besuch von Parteiveranstaltungen und Schulungslehrgängen verpflichten.

5 MAUNZ in Maunz/Dürig/Herzog, GG, Art. 21 Rdn. 21; BULL, RuP 1974, S. 79 (80); WOLFRUM, aaO, S. 140; RABUS, AöR Bd. 78 (1952/53), S. 163 (182); LEIBHOLZ, 38. DJT,S. C 23; LENGERS, Diss., 123.

ativrecht und Rederecht Gebrauch zu machen, um die Diskussion einleiten bzw. anregen zu können. Dieses Recht ist nicht schon dann mißbraucht, wenn es sich um geringfügige polemische Äußerungen handelt. Zwar sollen möglichst sachliche Beiträge geleistet werden, überspitzt formulierte Ansichten können aber durchaus einen Beitrag zur innerparteilichen Diskussion darstellen. Nicht geschützt sind aber solche Äußerungen beispielsweise, durch die Mitglieder beleidigt und verächtlich[1] gemacht werden oder die dazu dienen, ein ordnungsgemäßes Funktionieren des Parteilebens zu verhindern (Störung von Versammlungen, Überschreitung der Redezeiten etc.)

Ein Teil der Literatur will dem Mitglied die Ausübung dieses Rechts nur solange zugestehen, bis über den strittigen Punkt ein gemeinsam gefaßter Parteitagsbeschluß vorliegt[2]. Die Umsetzung dieser Ansicht in die Praxis schränkte aber eine inhaltliche Weiterentwicklung der Grundsätze und die daran orientierte künftige Mitwirkung der Parteien auf allen Gebieten des öffentlichen Lebens (§ 1 Abs. 2 PartG) im Gemeinwesen ein. "Wie sollte jemals eine - nach § 9 Abs. 3 PartG selbstverständliche - Programmänderung zustandegekommen, wie sollte die innerparteiliche Minderheit die Chance haben, zur Mehrheit zu werden, wenn eine so rigorose Bindungswirkung von Parteibeschlüssen besteht?"[3]. Außerdem führte dies dazu, daß man der in Großorganisationen, wie den Parteien, ohnehin latent vorhandenen Tendenz zur Obligarchisierung[4] Vorschub leistete, da faktisch nur hohe Funktionsträger ohne Furcht vor Sanktionen von den Parteibeschlüssen abweichende

---

1 LENZ/SASSE, JZ 1962, S. 233 (240); BULL ZRP, 1971, S. 196 (198); STRUNK, Diss., S. 61.

2 HESSE, VVDStRL 17 (1959), S. 11 (33); MAUNZ in Maunz/Dürig/Herzog, GG, Art. 21 Rdn. 89; RABUS, AöR Bd. 78 (1952/53), S. 163 (182); LUTHMANN, Diss., S. 106; SCHLICHT, Diss., S. 123; nicht ganz eindeutig BLANK, DVBl. 1976, S. 564 (567).

3 TRAUTMANN, Innerparteiliche Demokratie, S. 254; ähnlich WOLFRUM, Innerparteiliche Ordnung, S. 140; DUX, DVBl. 1966,S.553 (555); STRUNK, Diss., S. 68.

4 s. oben, S. 57 f.

Meinungen äußern könnten[1]. Ein Versagen der Diskussion nach Beschlußfassung über ein kontroverses Thema liefe also dem Sinn und Zweck des Art. 21 Abs. 1 Satz 3 GG zuwider, der ja gerade durch das Demokratiegebot derartige Tendenzen vermeiden will.

Zwar müssen sich alle Mitglieder an im parteiinternen Willensbildungsprozeß zustandegekommene, in der Regel das Programm präzisierende oder Rechte und Pflichten festlegende Beschlüsse halten, sie sind aber nicht daran gehindert, ihre abweichende Meinung kundzutun und auf eine Revision der Beschlüsse hinzuwirken[2].

b) Der parteiexterne Bereich

Für Äußerungen in der Öffentlichkeit dagegen trägt das Mitglied eine größere Sorgfaltspflicht als im internen Bereich. Gelangt aber eine für den internen Bereich bewußt bestimmte Äußerung an die Öffentlichkeit, so kann sie dadurch nicht ihren innerparteilichen Schutz verlieren.

Wer aber jedes öffentliche Diskutieren parteiinterner Differenzen oder jede abweichende Stellungnahme zu einer von der Parteiführung zu aktuellen politischen Fragen abgegebenen Erklärung als parteischädigend ansieht, weil dadurch mangelnde Einheit zum Ausdruck komme, die die Glaubwürdigkeit und Handlungsfähigkeit der Partei beeinträchtige[3], offenbart eine fragwürdige Vorstellung von Funktion der Partei in der modernen Demokratie[4].

---

1 LENZ/SASSE, JZ 1962, S. 233 (240); DUX, DVBl. 1966, S. 553 (555).

2 SEIFERT, Die politischen Parteien, S. 216; LENZ/SASSE, aaO, S. 233 (240); STRUNK, Diss., S. 60; LENGERS, Diss., S. 117.

3 BULL, ZRP 1971, S. 196 (197): "Daß das öffentliche Austragen parteiinterner Meinungsverschiedenheiten einer Partei schade, gilt als selbstverständlich"; bestätigend die diesbezüglichen Befragungsergebnisse bei SCHLICHT, Diss., S. 118; s. auch SEIFERT, aaO, S. 216, der davon ausgeht, daß das Bekanntwerden der unterschiedlichen Auffassungen den Parteien in der Regel einen ernsthaften Schaden gar nicht zufügt und zudem die Parteien der Öffentlichkeit gestatten müssen, ihnen bis zu einem gewissen Grade in die Karten zu sehen.

4 BULL, aaO, S. 196 (198).

Zum einen sollen die Parteien Volksparteien sein, in denen sich möglichst viele, unterschiedlichen Schichten zuzurechnende Bürger sammeln sollen. Deren unterschiedliche Interessen und Vorstellungen strömen notwendigerweise in die Partei ein[1]. Zum anderen sollen die Parteien geschlossen nach außen auftreten. Eine derartige Geschlossenheit ist aber nur in einer Kaderpartei möglich, "die nach außen als monolithischer Block auftritt und nach innen eine Quarantäne für innerparteiliche Opposition verhängen kann"[2]. Wer allein auf den parteiinternen Weg angewiesen ist, hat real kaum eine Chance, in der Gesamtpartei für seine Auffassung zu werben und Zustimmung zu erhalten[3]. Von einem wirklichen Mitwirkungsrecht der Parteibürger kann nur dann die Rede sein, wenn die Öffentlichkeit als Medium eingesetzt werden kann. Geschlossenheit kann nicht heißen, nach außen einer Meinung zu sein, sondern nur so verstanden werden, daß sich alle Mitglieder an gemeinsame Beschlüsse halten und an ihrer Befolgung nach innen wie außen auch keinen Zweifel aufkommen lassen, damit der Wähler erkennen kann, welche Zielsetzungen die Partei vertritt[4]. Das "Ob" der Meinungsäußerung in der Öffentlichkeit kann also nicht in Zweifel gezogen werden; Beschränkungen ergeben sich nur für das "Wie". Hier kann die Partei von ihren Mitgliedern verlangen, daß Rücksicht auf das Interesse der Partei genommen wird, sich den Wählern als funktionierender und handlungsfähiger politischer Verband darzustellen, um so die für Wahlen notwendige Unterstützung zu erreichen[5].

---

1 SEIFERT, Die politischen Parteien, S. 217; TRAUTMANN, Innerparteiliche Demokratie, S. 131 f.; ZEUNER, Innerparteiliche Demokratie, S. 31.

2 LENZ/SASSE, JZ 1962, S. 233 (240); ähnlich ZUNDEL, in: Die Zeit Nr. 17 v. 16.4.1976, S. 4; STRUNK, Diss., S. 65.

3 WOLFRUM, Innerparteiliche Ordnung, S. 142; BULL, ZRP 1971, S. 196 (198); DUX, DVBl. 1966, S. 554 (556).

4 SEIFERT, aaO, S. 216; WOLFRUM, aaO, S. 141; BULL, ZRP 1971, S. 196 (198).

5 WOLFRUM, aaO, S. 56; BULL, RuP 1974, S. 79 (80); DUX, DVBl. 1966, S. 554 (556); STRUNK, Diss, S. 59 f.; siehe FAZ v. 9.1. 76, S. 5: Ausschluß eines Mitglieds, weil es sich "außerhalb der Partei die Plattform des Elternvereins für seine Kritik gesucht habe".

Die Grenzen sind da überschritten, wo eine grundsätzliche Opposition gegen die gesamte Parteipolitik erkennbar wird[1], die Partei für nicht mehr wählbar erklärt wird, man pauschal ihr Wirken in Gegensatz zu den unveränderlichen Staatszielbestimmungen in der sozialen Demokratie (Art. 79 Abs. 3,1 und 20 GG) bringt, ihr also faktisch die Verfassungstreue abspricht, oder wo die Partei insgesamt als politisch korrupt bezeichnet wird. Geschützt ist ferner nicht, wenn Stellungnahmen für die Partei abgegeben werden, ohne von ihr beauftragt zu sein, eigene Kandidaten der Partei verunglimpft werden, oder etwa, wenn zur Verweigerung der Wahlkampfunterstützung aufgerufen wird[2]. Dabei muß nicht immer die Gesamtpartei betroffen sein; betroffen sein kann ebenso eine einzelne Organisationsgliederung, also auch der Ortsverband.

Dagegen wird es kaum ausreichen, wenn etwa demokratische Führungskritik oder Kritik an einzelnen Mitgliedern erhoben wird[3]. Auch parteiangehörige Regierungsmitglieder können kein Tabu sein. Im einzelnen wird man auch hier zu unterscheiden haben, ob es sich um pauschale und diffamierende Äußerungen handelt oder um den Versuch sachlicher Kritik.

2. Die Vereinigungsfreiheit

a) Externvereinigungen

Ein Verbot, neben den Parteien existierenden Vereinigungen beizutreten und in ihnen zu wirken, ist - wie oben schon im Zusammenhang mit den Regelungen über Unvereinbarkeiten erörtert[4] -

1 BULL, RuP 1974, S. 79 (81)

2 WOLFRUM, Innerparteiliche Ordnung, S. 141; ZEUNER, Innerparteiliche Demokratie, S. 14; LENZ/SASSE, JZ 1962, S. 233 (240); LENGERS, Diss., S. 124.

3 SEIFERT, Die politischen Parteien, S. 216.

4 s. oben S. 135 ff.

nur eingeschränkt zulässig. Da das Mitglied in der Regel seine sozialen Kontakte und Aktivitäten nicht nur auf die Partei beschränkt, ist eine Einschränkung dieses, die individuelle und gemeinschaftliche Entfaltung sichernde Recht[1] nur dann gestattet, wenn die fremde Vereinigung gegen die Partei wirkt[2]. Solange aber von der Partei auf dem nach der Satzung vorgeschriebenen Wege nicht eindeutig bestimmt ist, welche fremde Vereinigung als gegnerische angesehen wird, kann dem Mitglied sein Engagement nicht angelastet werden. Von dem Mitglied kann ebensowenig verlangt werden, bestimmten gesellschaftlichen Verbänden oder Vereinen beizutreten[3].

b) Internvereinigungen

In der Praxis sind Internvereinigungen oftmals ein Stein des Anstoßes. Daß sie aber ein notwendiges Instrument zur Effektivierung innerparteilicher Demokratie sind, wird weder immer in den Parteien, noch in der Öffentlichkeit genügend berücksichtigt.

Gemeint sind hier die mehr oder minder organisierten - nicht mit den Sonderorganisationen zu verwechselnden - oft nur für begrenzten Ziele gebildeten Richtungs- und Interessengruppierungen, die der heute vorherrschende Parteientypus geradezu bedingt[4]. Die Parteien wollen trotz aller Interessengegensätze in der Gesellschaft für alle Gruppen wählbar und beitrittsfähig sein[5], denn wer um den Wettbewerb um die Regierungsgewalt erfolgreich her-

1 HESSE, Grundzüge, § 12 I 8a; MAUNZ, in Maunz/Dürig/Herzog, GG, Art. 9 Rdn. 11.

2 TRAUTMANN, Innerparteiliche Demokratie, S. 216; SEIFERT, Die politischen Parteien, S. 218; WOLFRUM, Innerparteiliche Ordnung, S. 145; LENZ/SASSE, JZ 1962, S. 233 (241); LENGERS, Diss., S. 139.

3 WOLFRUM, aaO, S. 145; LENZ/SASSE, aaO, S. 233 (241).

4 Teilweise wird sogar eine echte Fraktionsbildung befürwortet; ZEUNER, Innerparteiliche Demokratie, S. 117 ff.

5 KAACK, Parteiensystem, S. 435.

vorgehen will, braucht ein möglichst großes Potential an Wählerstimmen. Da sie eben nicht Vertreter partikularer Interessen sein wollen, öffnen sie sich für die verschiedensten Einflüsse, die wiederum in den internen Willenbildungsprozeß einfließen und miteinander konkurrieren. Damit dies erfolgreich geschehen kann, ist ein Zusammenschluß zu Gruppierungen unentbehrlich[1]: So wie im demokratisch verfaßten Gemeinwesen die Bildung von Vereinigungen zur gesamtgesellschaftlichen Willensbildung beiträgt[2], dienen auch die Internvereinigungen dazu, Ideen zu entwickeln, "Meinungen zu bilden, zu pflegen und zu verbreiten"[3]. Durch das Zusammenwirken mehrerer wird das Recht der Meinungsfreiheit potenziert und innerparteilich effektiver zur Geltung gebracht, wodurch insgesamt ein erfolgreiches Parteileben im Sinne von Art. 21 Abs. 1 Satz 3 GG gefördert wird[4]. Eine den Auftrag dieser Norm erst nehmende Partei hat also einen Wettbewerb der Gedanken und Personen in dieser Form zuzulassen.

Abwegig erscheint es auch nicht, hierin einen zusätzlichen Schutz vor oligarchischen Tendenzen zu sehen, weil Gruppierungen dieser Art, eher als daß das dem einfachen Mitglied möglich ist, eine Kontrolle der Führungsgremien ausüben können[5].

Diesen Gruppierungen zuzurechnende Mitglieder müssen sich aber immer vor Augen halten, daß auch für einen innerparteilichen demokratischen Entscheidungsfindungsprozeß der Grundsatz der Publizität gilt[6]. Sie dürfen sich nicht abkapseln und ihre Absprachen

1 TRAUTMANN, Innerparteiliche Demokratie, S. 130 f.; SEIFERT, Die politischen Parteien, S. 217; ZEUNER, Innerparteiliche Demokratie, S. 31.

2 BVerfGE Bd. 20, S. 56 (98); HESSE, Grundzüge, § 12 I 8a; MAUNZ, in Maunz/Dürig/Herzog, GG, Art. 9 Rdn. 2.

3 HESSE, aaO, § 12 I 8a.

4 TRAUTMANN, aaO, S. 131, 240.

5 TRAUTMANN, aaO, S. 135, 240; ZEUNER, aaO, S. 116 f.

6 MAUNZ, aaO, Art. 21 Rdn. 58; MARTENS, Öffentlich als Rechtsbegriff, S. 157 f.; DUX, DVBl. 1966, S. 554 (556); LENZ/SASSE, JZ 1962, S. 233 (240).

geheim halten[1], also zur Blockbildung innerhalb der Partei beitragen. Eine Fraktionsbildung im Sinne einer "Partei in der Partei" zerstört die Identität der Partei nach außen. Insbesondere ist es ihnen verwehrt, Entscheidungen über Zielsetzung der Partei nach innen und nach außen innerhalb ihrer Gruppe vorab zu treffen[2]. Zentrum der Willensbildung müssen die Ortsverbände bzw. die Parteitage bleiben. Es sind also die einzelnen Vorstellungen in den gesamtparteilichen Willensbildungsvorgang einzubringen, damit eine parteiöffentliche Auseinandersetzung stattfinden kann, und sie müssen in diesem Rahmen auf eine Mehrheitsbildung hinwirken. Andernfalls führte es zu einer Desintegration der unterschiedlichen Auffassungen, zur Störung des Parteilebens[3] und Demontage des Willensbildungsprozesses. Für alle Mitglieder verbindliche Entscheidungen können nur von der Gesamtpartei gefaßt werden, nicht an ihr vorbei.

Hinsichtlich ihrer Außenaktivitäten unterliegen diese Gruppen einer gewissen Öffentlichkeitsdisziplin, was allerdings auch hier nicht heißen kann, daß die Partei mit einer Stimme redet. Sie unterliegen mindestens den gleichen Pflichten wie das einzelne Mitglied. Vor allem gilt hier, daß die Gruppenloyalität nicht über die Gesamtloyalität gestellt werden darf. Ebenso wird man verlangen können, daß diese Interessengruppen zunächst den innerparteilichen Weg einschlagen, bevor sie dies über die Öffentlichkeit tun, denn sie haben größere Wirkungsmöglichkeiten im Innern als der einzelne. Ausnahmen müssen aber bei aktuellen Stellungnahmen gelten, wenn zum Beispiel Gesetzesvorlagen diskutiert werden.

---

1 BULL, RuP 1974, S. 79 (80); RASEHORN, RuP 1974, S. 193 (194).

2 S. dazu die Beispiele bei ZEUNER, Innerparteiliche Demokratie, S. 117 f.

3 STRUNK, Diss., S. 68.

c) Sonderorganisationen

Von den hier näher charakterisierten Internvereinigungen sind die Sonderorganisationen zu unterscheiden. Sie sind entweder in der Satzung verankert oder aufgrund von Beschlüssen eingerichtet, um bestimmte gesellschaftliche Zielgruppen leichter für die Partei ansprechen und erfassen zu können, dienen also nicht der eigentlichen Willensbildung[1], wenngleich aber die in den Sonderorganisationen gebildeten Meinungen mittelbar über ihre Mitglieder, die auch in der Regel Parteimitglieder sind, in den Willensbildungsprozeß der Partei Eingang finden. Sie sind zwar Teile der Partei, und als solche in ihrer Selbständigkeit eingeschränkt, faktisch haben gerade zahlenmäßig starke Sonderorganisationen großen Spielraum und erheblichen Einfluß auf das Parteileben, was zu Konflikten mit der "Mutterpartei" führen kann.

Die diesen Sonderorganisationen angehörenden Parteimitglieder unterliegen den gleichen Sorgfaltspflichten wie die Mitglieder der Internvereinigungen. Vor allem aber dürfen sie die ihnen qua Satzung bzw. Beschluß übertragene Aufgabe nicht gefährden und sich der Partei gegenüber illoyal verhalten. Für Meinungsäußerungen in der Öffentlichkeit hingegen besteht eine Besonderheit insofern, als diese Sonderorganisationen auf Öffentlichkeitsarbeit angewiesen sind. Denn sie sollen ja bestimmte Zielgruppen außerhalb der Partei ansprechen. Für sie muß also uneingeschränkt möglich sein, Erklärungen an außerhalb der Organisation stehende Personen, Gruppen oder Institutionen abzugeben mit dem Ziel, ihre Politik darzulegen, solange sie nicht im Widerspruch zu den Grundsätzen der Gesamtpartei stehen.

3. Die Versammlungsfreiheit

Das Recht des Mitglieds, sich außerhalb der Partei zu versammeln, ist nur in Ausnahmefällen beschränkbar. Dies etwa dann, wenn das

---

1 Dazu näher: TRAUTMANN, Innerparteiliche Demokratie, S. 239 ff.; SEIFERT, Die politischen Parteien, S. 21, 203, 278; OERTER, Diss., S. 10, 37. Zu den Beispielen S. 63.

Mitglied Veranstaltungen organisatorisch mitträgt, die gegen die Partei wirken, vergleichbar also den gegnerischen Organisationen oder es damit zu erkennen gibt, daß es sich mit deren Zielen identifiziert, nicht aber lediglich schon beim Besuch von Versammlungen politischer Gegner[1].

V. Der schwere Schaden

Kommt das Schiedsgericht bei der Prüfung der Ausschlußvoraussetzungen zum Vorliegen eines Verstoßes gegen die Satzung, Grundsätze oder Ordnung, hat es weiter zu untersuchen, ob ein schwerer Schaden entstanden ist.

Ein solcher Schaden liegt aber nicht bereits in einem derartigen Verstoß; § 10 Abs. 4 PartG hat das Vorliegen eines schweren Schadens als zusätzliche Voraussetzung aufgestellt[2]. Der Schaden muß also durch besondere Auswirkungen des konkreten Verstoßes entstanden und entsprechend schwerwiegend sein[3]. Aus Sinn und Zweck des § 10 Abs. 4 PartG, der ja neben dem Schutz des Mitglieds vor willkürlichem Ausschluß auch den Parteien die Möglichkeit geben will, die ihnen übertragene öffentliche Aufgabe ungefährdet wahrnehmen zu können, ist zu entnehmen, daß der Begriff des schweren Schadens demzufolge in erster Linie politisch und nicht etwa als materieller Schaden im Sinne des § 249 BGB aufzufassen ist[4]. Zwar ist auch denkbar, daß die Partei materielle Einbußen erleidet, wenn beispielsweise ein Funktionsträger Parteigelder veruntreut oder ein Mitglied seine Beiträge über längere Zeit nicht zahlt. Trotz Vorliegen der übrigen Voraussetzungen des § 10 Abs. 4 PartG

1 SEIFERT, Die politischen Parteien, S. 219; LENGERS, Diss., S. 134.

2 SEIFERT, aaO, S. 226; HENKE, Parteienrecht, S. 94; WOLFRUM, Innerparteiliche Ordnung, S. 151, BULL, ZRP 1971, S. 196 (197).

3 TRAUTMANN, Innerparteiliche Demokratie, S. 211.

4 SEIFERT, aaO, S. 226; LG Bonn, Urt. v. 6.3.1974, Az.: 7 O 527/73 (unv.).

wird ein schwerer Schaden bei den Millionenbeträgen der Parteien im ersten Fall die Ausnahme bleiben, im letzteren gar nicht vorkommen können[1].

Durch den Schadensbegriff werden demnach immaterielle, in ihrer Tragweite nicht geringe, politische Nachteile erfaßt, wie Minderung des Ansehens der Parteien, insbesondere hinsichtlich der Glaubwürdigkeit in ihren politischen Sachaussagen, Minderung der Wahlchancen[2] wie auch im innerparteilichen Bereich Beeinträchtigung der Handlungsfähigkeit durch schwerwiegende Funktionsstörungen des Parteilebens[3]. Ein solcher Schaden braucht nicht für die Gesamtpartei auf Bundes- bzw. auf Landesebene entstanden sein; relevant sind auch die Folgen für die unteren Organisationsgliederungen[4], die ja ebenso im Wettbewerb um Wählerstimmen stehen.

Ein konkreter Nachweis des Schadens ist praktisch kaum möglich. Ob ideelle Einbußen vorliegen, ist letztlich eine Wertungsfrage und im einzelnen kaum juristisch faßbar[5]. Daraus aber den Schluß zu ziehen, es genüge, wenn die Verstöße des Mitglieds geeignet sind[6], der Partei schweren Schaden zuzufügen, erweitert contra legem die Ausschlußvoraussetzungen zugunsten der Partei. Vielmehr muß der Antragsteller im Verfahren auf Entzug des Mitgliedschaftsrechts anhand konkreter und nachprüfbarer Einzelumstände darlegen, daß ein hoher Grad der Wahrscheinlichkeit für den Schadenseintritt spricht[7].

---

1 Von den meisten Parteien werden deshalb die Folgen bei Zahlungsverzug von Beiträgen ausdrücklich geregelt:
CDU-Statut § 12 Abs. 2: Ruhen der Mitgliedsrechte; CSU-Satzung § 8 Abs. 3: Streichung aus der Mitgliederliste; SPD-OrgSatut § 13 Abs. 5: Nichtzahlung gilt als Erklärung des Austritts.

2 TRAUTMANN, Innerparteiliche Demokratie, S. 211; BULL, ZRP 1971, S. 196 (197); STRUNK, Diss., S. 31.

3 SEIFERT, Die politischen Parteien, S. 226; SCHLICHT, Diss., S. 116 f.

4 WOLFRUM, Innerparteiliche Ordnung, S. 151; KNÖPFLE, Der Staat Bd. 9 (1970), S. 321 (345); STRUNK, Diss., S. 67.

5 TRAUTMANN, aaO, S. 211.

6 HAHN, Diss., S. 40.

7 KNÖPFLE, aaO, S. 321 (345).

VI. Das Ermessen

§ 10 Abs. 4 PartG gesteht den Parteischiedsgerichten Ermessen bei der Ausschlußentscheidung zu. Dieses Ermessen gibt den Parteien einen Spielraum, innerhalb dessen mehrere Entscheidungen in gleicher Weise zulässig sind[1]. Damit hat der Gesetzgeber berücksichtigt, daß auch die Entscheidung, ob ausgeschlossen wird, eine an außerrechtlichen Kriterien orientierte, politische Zweckmäßigkeitserwägung ist[2].

In der Ausübung ihres Ermessens sind die Schiedsgerichte aber nicht völlig frei. Die im parteiinternen Bereich geltenden rechtsstaatlichen Grundsätze verbieten jede mißbräuchliche Ausnutzung des Ermessens[3]. Dies verpflichtet die Schiedsgerichtsmitglieder ganz allgemein dazu, sich bei ihrer Entscheidung von persönlichen Motiven freizuhalten und nur solche Gesichtspunkte heranzuziehen, die der Zweck des § 10 Abs. 4 PartG auch deckt[4].

Bindungen des Ermessens ergeben sich ferner aus dem Grundsatz der Verhältnismäßigkeit. Die Entscheidung ist unter Abwägung der sich gegenüberstehenden Interessen zu treffen. Gerade weil der Ausschluß die schärfste Ordnungsmaßnahme ist, müssen die Interessen des Mitglieds an einem Verbleib in der Partei mit denen der Partei an einem erfolgreichen Parteileben besonders sorgfältig abgewogen werden. Es ist den besonderen Umständen des Einzelfalles wie auch dem Gesamtverhalten des Mitglieds Rechnung zu tragen, etwa ob sein Verhalten während seiner Zugehörigkeit zur Partei zu Beanstan-

---

1 Zum Ermessen allgemein etwa WOLFF/BACHOF, Verwaltungsrecht I, § 31 IIa; ERICHSEN/MARTENS, AllgVerwR,S. 155 ff. und der Anwendung im Vereinsrecht; SCHLOSSER, Vereins- und Verbandsgerichtsbarkeit, S. 102 ff.; REICHERT/DANNECKER/KÜHR, Vereins- und Verbandsrecht, S. 214; MEYER-CORDING, Die Vereinsstrafe, S. 95 ff.; LESSMANN, Verbände, S. 268; VOLLMER, Satzungsmäßige Schiedsklauseln, S. 43 ff.; WESTERMANN, Vereinsstrafgewalt, S. 104.

2 STRUNK, Diss., S. 189.

3 Ebenso kann sich dies, wie im Vereinsrecht üblich, aus § 242 BGB geltend gemacht werden. So SCHLOSSER, aaO, S. 103.

4 SEIFERT, Die politischen Parteien, S. 286 mit umfangreichen Nachweisen in Anm. 477, 478.

dungen Anlaß gegeben hat. Bei dieser Interessenabwägung hat das Schiedsgericht auch ernsthaft zu prüfen, ob das Mitgliedsverhalten nicht die Anwendung einer milderen Ordnungsmaßnahme wie Rüge, zeitlich befristetes Funktionsverbot etc. rechtfertigt[1]. Beim Ausschluß aus nichtigem Anlaß wird das Ermessen sicherlich mißbräuchlich ausgeübt.

Weiterhin kann es im Einzelfall nötig sein, den durch Art. 21 Abs. 1 Satz 3 GG im internen Bereich geltenden Gleichbehandlungsgrundsatz zu beachten[2]. So läge ein Verstoß gegen diesen Grundsatz etwa vor, wenn andere Mitglieder bei gleichgelagertem Sachverhalt nicht ausgeschlossen worden sind[3]. Liegt ein Ermessensmißbrauch vor, ist die Ordnungsmaßnahme nichtig.

§ 9 Der Verlust der Mitgliedschaft kraft Satzung

Verlust der Mitgliedschaft kraft Satzung, gelegentlich auch als "automatischer Ausschluß" bezeichnet, bedeutet, daß mit Eintritt bestimmter Voraussetzungen ohne ein Verfahren gemäß §§ 10 Abs. 4, 5; 14 Abs. 4 PartG die Mitgliedschaft endet. Es bedarf dazu lediglich einer formlosen Feststellung.

Gemeint sind ähnliche Fälle wie die, in denen das Mitglied wegen längeren Beitragsrückstands "aus der Mitgliederliste gestrichen" wird, gemäß § 10 Abs. 1 Satz 4 PartG "infolge Richterspruch die Wählbarkeit oder das Wahlrecht" nicht mehr besitzt, oder die

---

1 TRAUTMANN, Innerparteiliche Demokratie, S. 215; SEIFERT, Die politischen Parteien, S. 226; BULL, ZRP 1971, S. 196 (198); LESSMANN, Verbände, S. 269; MEYER-CORDING, Die Vereinsstrafe, S. 99; HAHN, Diss., S. 40 f.; SCHLICHT, Diss., S. 218.

2 BGH Z Bd. 47, S. 381 (385 f.); TRAUTMANN, aaO, S. 173; SEIFERT, aaO, S. 219; WOLFRUM, Innerparteiliche Ordnung, S. 143; HENKE, Parteienrecht, S. 87 f.; LENZ/SASSE, JZ 1962, S. 233 (240); SCHLICHT, Diss., S. 82 ff.

3 SCHLOSSER, Vereins- und Verbandsgerichtsbarkeit, S. 103 hält die Bedeutung dieses Grundsatzes für gering u.a. deshalb, weil die verschiedenen Schiedsgerichte notwendig zu unterschiedlicher Disziplinarpraxis gelangten.

deutsche Staatsangehörigkeit, soweit sie als Beitrittsvoraussetzung erhoben wird[1], weggefallen ist. Weiter wird man anzunehmen haben, daß auch die Personen davon betroffen sind, die entmündigt, oder wegen geistigen Gebrechens unter Pflegschaft oder vorläufiger Vormundschaft stehen, weil dieser Personenkreis nicht geeignet ist, auf die politische Willensbildung innerhalb der Parteien Einfluß zu nehmen[2].

Diese und ähnliche Regelungen sind jedoch nur insofern zulässig, als damit nicht die Schutzfunktion der §§10 Abs. 4, 5 PartG und der verfahrensrechtlichen Sicherungen umgangen wird. Diese Fälle sollten in der Satzung deutlich vom Ausschluß gemäß § 10 Abs. 4 PartG unterschieden werden[3].

Eine besondere Regelung wird auch im Fall der Doppelmitgliedschaft nötig sein, denn nicht immer muß es in diesem Fall zu einem schweren Schaden der Partei führen, eine Trennung aber andererseits möglich sein[4].

1 CSU-Satzung § 3.

2 KNÖPFLE, Der Staat Bd. 9 (1970), S. 321 (341).

3 SEIFERT, Die politischen Parteien, S. 227 f.; WOLFRUM, Innerparteiliche Ordnung, S. 152.

4 SEIFERT, aaO, S. 226, sieht die Regelung des § 10 Abs. 4 PartG als in der Anlage verfehlt an, da auch andere legitime Gründe für eine Trennung bestehen, etwa dann, wenn das Mitglied durch strafbare Handlungen, die es vor seinem Beitritt begangen hat, zu einer Belastung geworden ist.

§ 10 Die Überprüfung der Entscheidung des Schiedsgerichts durch die staatlichen Gerichte

Abschließend soll noch dargestellt werden, vor welchem Gericht das vom Ausschluß betroffene Mitglied Rechtsschutz verlangen kann und in welchem Umfang die Maßnahme zu überprüfen ist[1].

I. Der Rechtsweg

Zuständig für die Streitigkeiten über die Beendigung der Mitgliedschaft und sonstigen Ordnungsmaßnahmen sind die Zivilgerichte (§ 13 GVG). Zwar haben die Parteien einen durch Art. 21 GG gewährleisteten normativ-öffentlichen Status; sie treten dem Bürger aber nicht als Träger öffentlicher Gewalt im Sinne von Art. 19 Abs. 4 GG entgegen, so daß eine Zuständigkeit der Verwaltungsgerichte (§ 40 VwGO) oder des Verfassungsgerichts (Art. 93 GG, § 13 BVerfGG) nicht in Frage kommt. Die Parteien sind vielmehr - aus historischen Gründen - als rechtsfähige oder nichtrechtsfähige Vereine zu behandeln und unterliegen, modifiziert durch die Regelungen des Art. 21 GG und des Parteiengesetzes, weiterhin dem bürgerlichen Vereinsrecht[2].

---

1 Nähere Ausführungen zur Überprüfung von Vereins- bzw. Parteidisziplinarmaßnahmen bei: VOLLMER, Satzungsmäßige Schiedsklauseln, S. 36 ff.; LESSMANN, Verbände, S. 274; WOLFRUM, Innere Ordnung, S. 170; LENGERS, Diss., S. 217 ff.; WESTERMANN, Verbandsstrafgewalt, S. 100 ff.; LARENZ, Gedächtnisschrift Dietz, S. 45 ff.; STRUNK, Diss., S. 134 ff.; MEYER-CORDING, Die Vereinsstrafe, S. 100 ff.; GROSCURTH, Diss.,S. 112 ff.; SCHLICHT, Diss., S. 196 ff.; DÜTZ, Gerichtsschutz, S. 268 ff.; SAUTER/SCHWEYER, Der eingetragene Verein, S. 56 ff.; REICHERT/DANNECKER/KÜHR, Vereins- und Verbandsrecht, S. 381 ff.; PALANDT/DANCKELMANN, BGB, § 25 Anm. 3 ff.; LENZ/SASSE, JZ 1962, S. 233 (238 f.); SCHLOSSER, Vereins- und Verbandsgerichtsbarkeit, S. 94 ff.; BEUTHIEN, BB 1968, Beilage 12 zu Heft 33; BESSELL, Diss., S. 7 ff.; HEIMANN, Schiedsgerichtsbarkeit, S. 274 ff.

2 LG Trier, NJW 1974, S. 1774; VGH Mannheim, NJW 1977, S. 72; s. auch oben S. 28 ff.

Um die Unwirksamkeit der Ausschlußentscheidung zu erreichen, muß das betroffene Mitglied eine Feststellungsklage gemäß § 256 ZPO erheben. Richtiger Beklagter ist die (Gesamt-)Partei, §§ 3 PartG, 50 Abs. 2 ZPO[1].

Der Rechtsweg zu den ordentlichen Gerichten steht dem Mitglied in jedem Fall offen. Ein eventueller Rechtswegausschluß qua Satzung wäre wegen fehlender Dispositionsbefugnis der Parteien über den staatlichen Rechtsschutz unzulässig[2]. Das gilt ebenso für den vorläufigen Rechtsschutz gemäß §§ 935 ff. ZPO[3].

Die Überprüfung der Ausschlußentscheidung durch die ordentlichen Gerichte ist erst möglich, wenn eine abschließende Entscheidung der gemäß § 10 Abs. 5 Satz 2 PartG vorgesehenen Berufungsinstanzen vorliegt[4]. Klagt das Mitglied, bevor über sein Rechtsmittel entschieden ist oder nachdem die Rechtsmittelfrist abgelaufen ist, wird die Klage wegen Fehlen des Rechtsschutzbedürfnisses[5] als unzulässig abgewiesen. Denn im ersten Fall liegt wegen der Suspensivwirkung des Rechtsmittels noch gar kein Ausschluß vor, im letzteren wird die Klageabweisung damit begründet, das Mitglied habe durch Nichteinlegen des Rechtsmittels zu erkennen gegeben, daß es sich der Entscheidung unterwerfe[6].

---

1 HEIMANN, Schiedsgerichtsbarkeit, S. 277.

2 MEYER-CORDING NJW 1966, S. 225 (229) mwN auf die Rspr.; REICHERT/DANNECKER/KÜHR, Vereins- und Verbandsrecht, S. 381 ebenfalls mwN.

3 Siehe hierzu das Beispiel bei MEYER-CORDING, Die Vereinsstrafe, S. 101: Einem Mitglied wurde durch einstweilige Verfügung die Berechtigung zugesprochen, am Landesparteitag teilzunehmen und von seinem Rederecht Gebrauch zu machen, worauf es dort zusammen mit Rechtsanwalt und Gerichtsvollzieher erschien; siehe auch PALANDT/DANCKELMANN, BGB, § 25 Anm. 3c; LG Berlin, Beschl. v. 7.2.74, Az: 4 O 67/74 (unv.).

4 RG Z Bd.85, S. 355 (356 f.); BGH Z Bd. 13, S. 5 (16); 47, S. 172 (174); HEIMANN, Schiedsgerichtsbarkeit, S. 280 mwN.

5 FLUME, Festschrift Bötticher, S. 101 (133); ausführlich GROSCURTH, Diss., S. 27 ff.

6 RGZ Bd. 85, S. 355 (357); BGH NJW 1960, S. 2143 (2144).

Der BGH[1] will eine derartige "Unterwerfung" nicht in jedem Falle annehmen. Seiner Ansicht nach ist es nicht ausreichend, daß der Satzungswortlaut weiter nichts besagt, als daß ein Ausschließungsbeschluß mit einem fristgebundenen, an ein bestimmtes Vereinsorgan zu richtendes Rechtsmittel anfechtbar sei. Aus der Satzung muß einem rechtsunkundigen Mitglied leicht erkennbar werden, daß das Nichteinlegen des Rechtsmittels die Anerkenntnis der Entscheidung bedeutet und eine gerichtliche Überprüfung dadurch ausgeschlossen ist.
Die Satzungen der einzelnen Parteien halten einer derartigen Überprüfung hinsichtlich des ordnungsgemäßen Hinweises auf die Folgen der Nichteinlegung nicht stand.

Das betroffene Mitglied kann allerdings dann sofort Klage erheben, wenn die parteiinterne Berufungsinstanz auf ein Rechtsmittel hin pflichtwidrig nicht tätig wird oder die Entscheidung unangemessen verzögert[2].

II. Der Umfang der gerichtlichen Überprüfung

Nach ständiger Rechtsprechung[3] und einem Teil der Literatur[4] wird angenommen, daß die Gerichte die Ausschlußentscheidung nur beschränkt überprüfen können. Zugelassen wird nur eine unbeschränkte

---

1 BGH Z Bd. 47, S. 172 (175); zustimmend SAUTER/SCHWEYER, Der eingetragene Verein, S. 57.

2 RG JW 1915, S. 1424 (1426); JW 1932, S. 1197; näher dazu SAUTER/SCHWEYER, Der eingetragene Verein, S. 57; REICHERT/DANNECKER/KÜHR, Vereins- und Verbandsrecht, S. 384; siehe auch das Beispiel bei LENZ/SASSE, JZ 1962, S. 432 (433), wo dem betroffenen Mitglied vom Parteischiedsgericht nach Ablauf eines Jahres seit Rechtsmitteleinlegung mitgeteilt wurde, das Parteigericht könne infolge erheblicher Besetzungsschwierigkeiten nicht zusammentreten.

3 RG Z Bd. 80, S. 189 (191); 106, S. 120 (127 f.); BGH Z Bd. 13, S. 5 (11); 21, S. 370 (373); 36, S. 105 (114); 47, S. 381 (385 ff.); 49, S. 396; NJW 1972, S. 1892 (1893); NJW 1973, S. 35; OLG Frankfurt NJW 1970, S. 2250 (2252); OLG Celle, BB 1973, 1190; OLG Hamm, BB 1976, S. 910 (1191); LG Bonn, MDR 1975, S. 139.

4 PALANDT/DANCKELMANN, BGB, § 25 Anm. 4b; SAUTER/SCHWEYER, aaO, S. 59 f.; SEIFERT, Die politischen Parteien, S. 286 f. mwN; HENKE, Parteienrecht, S. 95, 99; DERS., BK, Art. 21 Rdn. 43.

Nachprüfung der formellen Ordnungsmäßigkeit der Maßnahme. Das Gericht prüft, ob der Ausschluß eine satzungsmäßige Grundlage hat, ob das nach der Satzung vorgeschriebene Verfahren eingehalten ist, z.B. die ordnungsgemäße Besetzung des Schiedsorgans, die Begründung der Entscheidung, insbesondere die Gewährung rechtlichen Gehörs.

Eine Nachprüfung der sachlichen Berechtigung der Ausschlußentscheidung wird abgelehnt. Die Feststellung des Sachverhalts und die Beurteilung, ob die Voraussetzungen der Ausschlußermächtigungsgrundlage vorliegen, gehört nach dieser Ansicht zu den Maßnahmen, die die Partei in Ausübung ihrer Parteiautonomie zu treffen hat. Die ordentlichen Gerichte prüfen nur nach, ob die Entscheidung gesetzes-, sittenwidrig oder offenbar unbillig ist[1].

Wenngleich auch die Nachprüfung der Formalien einen nicht unerheblichen Rechtsschutz bietet, kann die Zurückhaltung hinsichtlich der materiellen Überprüfung nicht gebilligt werden.

Die von Art. 21 Abs. 1 Satz 2 GG gewährleistete Parteiautonomie ist keine unumschränkte. Die Parteien können ihre eigenen Angelegenheiten nur in den Grenzen des Rechts, also in den durch Art. 21 Abs. 1 Satz 3 GG gesteckten Rahmen selbständig regeln. Um zu vermeiden, daß in einem demokratischen Gemeinwesen die maßgeblichen Träger des Willensbildungsprozesses des Volkes in ihrem Innern antidemokratisch strukturiert sind, hat der Verfassungs- bzw. der Gesetzgeber "die für einen demokratischen Willensbildungsprozeß konstituierenden Gestaltungs- und Mitwirkungsrechte der Parteibürger privatautonomer Satzungsgewalt entwunden[2]" und so diese Positionen aktiver Teilhabe im innerparteilichen Willensbildungsprozeß entprivatisiert[3].

---

1 Erstmals deutlich über eine beschränkte Überprüfung hinaus geht LG Hamburg, MDR 1971, S. 132. Es prüft, ob auch tatsächlich ein Satzungsverstoß vorliegt. Vorsichtiger dagegen OLG Frankfurt, NJW 1973, S. 2208.

2 LENZ/SASSE, JZ 1962, S. 233 (237); so auch SEIFERT, Die politischen Parteien, S. 117; WOLFRUM, Innere Ordnung, S. 177; KNÖPFLE, Der Staat, Bd. 9 (1970) S. 321 (338).

3 LENZ/SASSE, aaO, S. 233 (237).

Weil es sich dabei um zwingende, im öffentlichen Interesse geschaffenen Regelungen handelt, muß deren Einhaltung kontrolliebar sein[1]. Außerdem: Wenn jede einseitige individuelle Rechtsgestaltung, die ja auch autonom geschieht, in vollem Umfang richterlich nachprüfbar ist, warum soll für die Parteien etwas anderes gelten[2]? Weiterhin steht einer beschränkten Überprüfung das Rechtsstaatsprinzip entgegen. Jeder soll die Möglichkeit haben, ihn belastende Maßnahmen - und zwar nicht nur die der öffentlichen Gewalt (Art. 19 Abs. 4 GG), sondern allgemein[3] - auf ihre Rechtsmäßigkeit hin überprüfen zu lassen.

Insgesamt gesehen ergeben sich also gewichtige Gründe für eine vollständige[4] Überprüfung der Ausschließungsmaßnahme. Neben der Sachverhaltsfeststellung und Subsumtion erfaßt die Überprüfung

---

1 KNÖPFLE, Der Staat, Bd. 9 (1970), S. 321 (338); ähnlich für Verbände LESSMANN, Verbände, S. 277; WESTERMANN, JZ 1972, S. 537 ff. Wenngleich zwar nach geltendem Recht eine Zuständigkeit der Verwaltungsgerichte bzw. des Bundesverfassungsgerichts für diese Art von Streitigkeiten nicht in Betracht kommt, erscheint es dennoch nicht abwegig, de lege ferenda die Überprüfung der Ausschließungsentscheidung, wobei ja immer auch eine Überprüfung der durch Art. 21 Abs. 1 Satz 3 GG vorgeschriebenen demokratischen und - wie dargelegt - rechtsstaatlichen innerparteilichen Struktur vorzunehmen ist, wegen größerer Sachnähe diesen Gerichten zu überlassen.
Für die Zuständigkeit des BVerfG schon RABUS, AöR Bd. 78 (1952/53), S. 163 (185). Der SPD-Entwurf eines bayerischen Parteigesetzes sah die Zuständigkeit des BayVerfGH vor. Zit. nach SCHLICHT, Diss., S. 197; aA HEIMANN, Schiedsgerichtsbarkeit, S. 305.

2 Ähnlich DÜTZ, Gerichtsschutz, S.297; WESTERMANN, Verbandsstrafgewalt, S. 102; SCHLOSSER, Vereins- und Verbandsgerichtsbarkeit, S. 99 f; DERS., MDR 1967, S. 884 (886); FLUME, Festschrift Bötticher, S. 101 (110 ff.); LENGERS, Diss., S. 225 f.; LARENZ, Gedächtnisschrift Dietz, S. 45 (48).

3 Der Primat des Rechts bedingt einen umfassenden Rechtsschutz. HESSE, Festgabe Smend, S. 71 (77). LARENZ, aaO, S. 45 (59); DÜTZ, aaO, S. 104 mwN.

4 So im Ergebnis auch z.B. LENZ/SASSE, JZ 1962, S. 233 (241); WOLFRUM, Innerparteiliche Ordnung, S. 177 f.; DÜTZ, aaO, S. 278; BLANK, DVBl. 1976, S. 564 (567); ZRP 1971, S. 196 (198); LENGERS, Diss., S. 227; WEITNAUER, Festschrift Reinhardt, S. 179 (195); LARENZ, aaO, S. 45 (55); überwiegend auch WESTERMANN, aaO, S. 106; LESSMANN, aaO, S. 277, HEIMANN, aaO, S. 299.

auch die Ermessensausübung[1]. Allein hier haben die Parteien einen Spielraum, der, außer bei fehlerhafter Ermessensausübung, nicht näher überprüfbar ist[2]. Das Gericht darf allerdings bei fehlerhafter Ermessensausübung nicht seine Zweckmäßigkeitserwägungen an die Stelle der Entscheidung des Parteischiedsorgans setzen[3].

Die Beweislast für das Vorliegen der Tatsachen, die den Entzug der Mitgliedschaft begründen, trägt die Partei[4].

---

1 Nur für eine Überprüfung der Tatsachenfeststellung: REICHERT/DANNECKER/KÜHR, Vereins- und Verbandsrecht, S. 386; GROSCURTH, Diss., S. 161; MEYER-CORDING, Die Vereinsstrafe, S. 116 f., aber für eine Überprüfung des Ausschließungsermessens; ebenso SCHLICHT, Diss., S. 225; VOLLMER, Satzungsmäßige Schiedsklauseln, S. 46 f.

2 Insofern ergibt sich keine Abweichung von der Rechtsprechung, die das Kriterium der Unbilligkeit zur Ermessensüberprüfung einsetzt.

3 MEYER-CORDING, aaO, S. 102; REICHERT/DANNECKER/KÜHR, aaO, S. 389; STRUNK, Diss., S. 189 f.

4 LENZ/SASSE, JZ 1962, S. 233 (241); REICHERT/DANNECKER/KÜHR, aaO, S. 391; GROSCURTH, Diss., S. 161.

Printed by
CPI books GmbH, Leck

Kolibri 360 GmbH
Ferdinand-Jühlke-Straße 7
99095 Erfurt, Deutschland
produktsicherheit@kolibri360.de